U0933873

珍藏本
纪念版

汉译世界学术名著丛书

佛教逻辑

〔俄〕舍尔巴茨基 著

宋立道 舒晓炜 译

2017年·北京

F. Th. Stcherbatsky

BUDDHIST LOGIC

Printed and Published by Oriental Books Reprint Corporation

First Published 1984

New Delhi, India

Originally Published as Volume XXVI

Parts I and II of the Bibliotheca Buddhica Series

本书据新德里东方图书翻印公司 1984 年重印本译出

汉译世界学术名著丛书
（120 年纪念版·珍藏本）
出 版 说 明

2017 年 2 月 11 日，商务印书馆迎来 120 岁的生日。120 年前，商务印书馆前贤怀揣文化救国的理想，抱持“昌明教育，开启民智”的使命，立足本土，放眼寰宇，以出版为津梁，沟通中西，为中国、为世界提供最富智慧的思想文化成果。无论世事白云苍狗，潮流左右激荡，甚至战火硝烟弥漫，始终践行学术报国之志，无改初心。

迻译世界各国学术名著，即其一端。早在 20 世纪初年便出版《原富》《天演论》等影响至今的代表性著作，1950 年代后更致力于外国哲学和社会科学经典的译介，及至 1980 年代，辑为“汉译世界学术名著丛书”，汇涓为流，蔚为大观。丛书自 1981 年开始出版，历时三十余年，迄今已推出七百种，是我国现代出版史上规模最大、最为重要的学术翻译工程。

丛书所选之书，立场观点不囿于一派，学科领域不限于一门，皆为文明开启以来，各时代、各国家、各民族的思想与文化精粹，代表着人类已经到达过的精神境界。丛书系统译介世界学术经典，引领时代思想，为本土原创学术的发展提供丰富的文化滋养，为推动中国现代学术和现代化进程做出了突出的贡献。

为纪念商务印书馆成立120周年，我们整体推出"汉译世界学术名著丛书"120年纪念版的珍藏本，寄望既利于文化积累，又便于研读查考，同时向长期支持丛书出版的译者、编者和读者致以敬意。

两甲子后的今天，商务印书馆又站在了一个新的历史时间节点上。我们不仅要铭记先辈的身影和足迹，更须让我们的步伐充满新的时代精神。这是商务人代代相传的事业，更是与国家和民族的命运始终紧密相连的事业。我们责无旁贷，必须做好我们这代人的传承与创造，让我们的努力和成果不仅凝聚成民族文化的记忆，还能成为后来人可以接续的事业。唯此，才能不负前贤，无愧来者。

商务印书馆编辑部

2017年10月

译者说明

费多尔·伊波里托维奇·舍尔巴茨基（Fëdor Ippolitovich Stcherbatsky,1866—1942）是在佛教学研究方面影响过一代风气的学人。他是著名的印度学和佛教学专家，又是印度哲学和藏学文献的权威。生前为苏联科学院院士，列宁格勒大学教授，并且是欧洲三个著名学术协会——伦敦皇家亚洲学会，巴黎亚洲学会和柏林东方学会——的会员。

舍尔巴茨基于 1866 年 9 月 15 日出生于一个俄国贵族家庭。自幼受到良好的教育，少年时代便掌握了德、法、英三种语言。1884 年他进入彼得堡大学，师事著名梵语学者米纳耶夫（Минаев），以后又曾问学于米纳耶夫的高足奥登堡（Ordenburg）；同一时期，他还曾从德国学者 F. A. 布劳恩（Braun）学习哥特语、古代北欧语、古代德国高地语；另外还研习过教会斯拉夫语等，充分显示出他的语言才能。1889 年他以优异成绩毕业于彼得堡大学。之后，前往奥地利维也纳师从印度学权威比累尔（Büler）进修印度文学，攻读梵文经典波你尼（Panini）的语法及法论和题铭学等，从中深深感受了印度古代学者精于分析的学风。梵语当中，“文法”本意即为“分析”；而“正理”本意为“方式”，指释读经典的方法。1899 年参加罗马举行的东方学者集会后，他应邀往波恩同雅各比(Jacobi)教授研究梵语论书，对雅各比直探原典，重视语言分析和思想源流的学风深为膺服。1900 年归国后，执教于彼得堡大学东方语言学系，与著名学者奥登堡共事。同一时期，开始研究北方一系的佛教文献，注意到了藏文文献的重要性。

舍氏对文献学的深湛功力与他从语言学入手，进而研究文学，再转至哲学研究的学术路子是分不开的。他曾在大学中开设研究迦利陀莎《云使》和沙恭达罗戏剧的课程。他的学风接近雅各比和比累尔。依据其深睿锐利的哲学头脑，辅以渊博厚实的语言学素养，他对印度思想往往有精确而严密的理解。

1910—1911 年，舍尔巴茨基曾往印度实地考察。于孟买与印度学者讨论耆那教经典和《法论》等；于加尔各答和贝那勒斯苦心搜求梵文哲学本子，其中多有正理派著述。在此期间，他在塔尔吉林格拜见了第十三世达赖，并获得所馈赠的大批藏文抄本。

从印度归来，他致力于对世亲《俱舍论》和世友释本的研究。作为其研究成果，发表了《佛教的中心概念和法的意义》一书。该书被认为是对小乘佛教哲学体系的精辟而中肯的批判。他在佛学方面的第二部重要著作是《佛教的涅槃概念》*。该书是对大乘佛教思想的总体把握。其中往往涉及婆罗门哲学及梵藏语言问题，显示了其人的广博才识。

《佛教逻辑》(两卷本)是舍氏最后一部巨著。它出版于 1930—1932 年间，最初以英文写成。如果考虑到舍氏对法称的研

* 两书均于 1994 年由北京中国社会科学出版社翻译出版并分别易名为《小乘佛学》和《大乘佛学》。

究始于 1900 年，并曾以俄文出版过《晚期佛教徒学说中之认识论和逻辑》(Теория познания и логика по учению позднейших буддистов，1903—1909)，那么，《佛教逻辑》就是前后约 25 年的研究成果。这部作品的重要意义在于它综合了当时的佛教史、佛教哲学和梵藏文献研究的重要成果。它纵观东西方逻辑思想的发展，选择了三位佛教思想家——陈那、法称、法上为对象，通过东西方逻辑的比较，对晚期大乘佛教的认识论逻辑作了充分估价。该书问世半个多世纪了。它一直享有佛教学研究中的权威著作的地位。直至今天印度的印度学学者们也将它奉为划时代的作品。

译者首次读到这本书是在王森先生和虞愚先生的指点下，目的是为了准备一篇有关因明的硕士论文。当时边读边摘译，待论文完成时，基本上译完了第一卷和第二卷中的一部分。以后又断断续续地补译改订。五年中间，三易其稿。尽管如此，译文仍难让人满意。译者诚恳期待批评。为便于阅读，这里顺便说明几点。

由于舍尔巴茨基在书中坚持采用比较哲学研究的方法，他又是用英文写作，所以好些概念只能借用西方哲学术语表达，而他的研究对象恰恰又是印度思想背景下的佛教逻辑。为此译者对某些重要的术语如何汉译，往往踌躇再三，不敢下笔。因为就是原著者自己也认为要找到一个西方哲学术语等值地表达印度的概念也是不可能的。任何词汇，尤其哲学词汇都是它依存的哲学系统的一部分，孤立地、简单地移借难免造成误解。对此，舍尔巴茨基是有深刻了解的，他在书中显然并未拘泥于一个概念的本来内涵(其实就是在西方哲学中，同一概念名称对不同哲学家往往也有不同的意义)，而只求大致为东西两大系统通融。例如，对于佛教哲学中的终极真实者(paramārthasat),他便认为是可以用实在、存在、实体、实质、本质等来说明的。因而在他的概念系统中,诸如paramārthasat、vastu、sat、dravya、dharma都是可以互换的。译者在译文中也就在等值意义上使用"实在"与"真实"两者,并不以为二者有任何区别。

另外,经量部的认识论——若以舍氏的眼光看,应称为批判性的实在论——或批判的反映论。两个名称侧重了不同的哲学含义。前者表示外部世界的最终极真实性对于认识活动说来,是给悬置了的。它仅仅强调对象(外境)是认识不可缺少的因素,artha-kriyā-sāmarthya-laksaṇam(具有境之功能的自相)。仅在此意义上,它是实在的。后一反映论(sārūpya-vāda)的名称,则说明认识过程中并没有实然地直接把握对象,而只是在意识中生出了对象的影相。由于认识论是佛教逻辑中包含的一大特色,这里多加几句说明。首先,译者对于影相并未作进一步细分,因为若按西方认识心理学来区分的印象、心象表象等都含有印度人"影相"之外的意义。译者只是采用"表象"这个概念,并以它来对译梵文为pratibhāsa、bhāsanam和ākāra的概念,尽管"表象"严格说来已包含了理智加工过了的感觉印象的意义,而印度人原本所指的只是简单的单纯的近乎直觉性的反映。另外,反映(sārūpya)在舍氏的书中译成conformity(符合),译者译为"相似相符",就认识过程言,它指概念形成中忽略个别者差异以及判断形成中主谓统一的过程。这是经量部哲学的要点。玄奘的"带相说"指的便是这种心理过程。从梵文形式上看sārūpya可分为sā的前缀与rūpya(形相、形式、形色),sā有三个意义,即:1)表现为……,含有……,具

有……;2)同……一道的,带有……的;3)属于……同一类的。因而 sārūpya 说明认识过程时便表示了:1)主体意识中生出并包含对象的形相(影相);2)作为最初的认识来源(能量)的感性能力必然是能带相(对象的形式)的;3)当知性介入,着手处理感性材料时,必然有一个将杂多统一,即格式化、形式化(formation)的过程。从这个意义上,舍尔巴茨基的英译"conformity"是恰当的,因为这个词就有"与某一形式同一"的意义。由于"带相说"在瑜伽经量部哲学(佛教逻辑便是其主体)中的特殊意义,译者在此录上《颂释补》中一个颂,以供读者参考——"智中境象,如青黄等。乃外境于识中引生。境象即能量。识中影相与外境有关,故尔说青黄等色是外境,自证是果。外境即所量。"本书第549页,第①注对此有说明。

另外,由于原著者认为陈那的认识论体系与康德哲学有惊人的相似,所以倾向于多用康德的术语,尤其是用他的 Ding-an-sich 来说明佛教的 svalakṣaṇa(自相)。译者在这种情况下称 Ding-an-sich 为"物自体";而在讨论外部世界真实性时,译者将与 Realität(实在)和 Sachheit(物)相关联的 Ding-an-sich 译成"自在之物"。实则两个译名为一回事。最后,原著者在阐述佛教的"刹那存在论"时,创造了一个术语"point-instant"(=Kraftpunkt)。他的意思是指这是空间与时间观念生出的依据。译者译成"点刹那",保留原含义。

最后,建议读者先阅读书末的"逻辑主题索引",以对术语和佛教逻辑体系有大致的了解。

宋立道　舒晓炜

一九八九年二月二十五日于北京

目　　录

第一部分　实在与知识

第二部分　可感知的世界

第三部分　构造的世界

第四部分 否定

第五部分 外部世界的真实性

书名缩写

AK 《阿毗达磨俱舍论》

AKB 《阿毗达磨俱舍释论》

CC 《佛教的中心概念和法的意义》（伦敦，1923）

Nirvana 《佛教的涅槃概念》（列宁格勒，1927）

NB 《正理一滴论》（法称著）

NBT 《正理一滴论疏记》（法上著）

NBTT（或为 Tipp） 《正理滴论疏记补正》（著者说曾将该书收辑于《佛教文库》中并错将它认为是 Mallavādī 所著）

NBh 《正理经疏》

NK 《正理穗》

Nkandali 《正理花饰》（室利达罗著）

NV 《正理释补》

NVTT（或 Tātp） 《正理释补疏记》

ŚD 《论灯》（巴尔塔萨罗底弥希罗著）

SDS 《摄一切见论》

VS 《胜论经》

前　言

这部著作引起了亚洲文化史学家、梵文文献学家及一般哲学家们的重视。

本书是由三部著作所组成的丛书的最后一部。这套丛书的目的在于说明亚洲史上堪称最为强有力的思想运动。这种思想运动产生于公元前六世纪时的印度斯坦流域，逐渐地扩张到几乎整个亚洲大陆，以至日本和印度群岛。因此，这几部著作讨论的是中亚和东亚的主要思想的历史①。

本书也引起梵语学家的重视，因为它依据的是完全基于“论”(śāstra)一类的原始资料，这些资料都是印度学者的著述，具有特别的梵文学术风格，其中的论证使用了相当特殊的术语，形式非常简洁。对其思想的解释和发挥都保存在繁多的注本和疏本中。本

---

① 欧洲学者现在已可以对这些文献进行全面的考察。这些由印度流传到北部国家的文献编纂在《佛陀的法》中，该书由著名的西藏学者布通(Buston Rinpoche)编纂并有 E. 奥伯米勒(Obermiller)的译本。参见《布通佛教史》(History of Buddhism by Buston，海德堡，1931)。这一庞大学术体系中，主要思想有：1)一元论的形而上学；2)逻辑学。形而上学的部分将在一部丛书中充分阐明(参见《佛教文库》Bibl. Buddh. XXXIII)。为此 E. 奥伯米勒已经出版了两部著作：1)无著的《最上要义》(Uttara-tantra. Acta Orient. 1931)和 2)依据《现观庄严论》(Abhisamayālankāra)及其注本的《智度论》(Doctrine of prajñā-pāramitā)(A. O. 1930)。逻辑(tshad-ma)在整个佛教文献中的地位，布通在他佛教史著作中已经指出。参见译本卷一，第 45—46 页。

书第二卷收入了一系列分析性的译文。[①] 其目的就是为了说明这些相当明确而又非常精确的术语。

对于哲学家来说，本书理应引起他对一种尚不熟悉的逻辑体系的重视。它是逻辑，但不是亚里士多德的逻辑；是认识论，但又不是康德的认识论。

有一种相当普遍的偏见，即认为只有欧洲才有实证哲学。而认为亚里士多德对逻辑的研讨已达极致，认为既然他在这一领域是前无古人的，其后也就不必再有来者，这也是一种偏见。后一种见解似乎正在冷落下去。虽然我们对未来的逻辑还没有一致的意见，但对逻辑的现状的不满却是一致的。我们处在某种改革的前夕，在这样的时刻来考虑这种独立的完全不同的思想方法——陈那和法称正是以这种方法来讨论那些既是认识论的又是形式逻辑的问题的——可能是具有某些重要意义的。

如是考虑和比较两种不同逻辑的过程中，哲学家会发现，人类思维打算解决真实与谬误时就自然而然地要遇上某些问题。诸如判断，推理和论证的本质；关系和范畴；综合与分析的判断；无限及无限可分性；二律背反与知性的辩证结构等等。透过异文化的奇特术语，哲学家们将发现好些为他们熟知的特征。在这一逻辑体系中这些特征是以迥然不同的方式来处理和安排的，它们占据着不同的地位，处于完全不同的背景中。哲学家如果熟悉梵文作品的风格，他就会试图以印度的概念术语来诠释欧洲的思想，而不仅

① 为了证明我们的分析，注中给出原文。利用附于第二卷后边的梵藏词汇索引确定上下文意思，依据它来翻译原文术语。

仅是将印度概念译成欧洲的哲学术语。

我的主要目的在于指出两种逻辑体系的相似性,而不是比较估量二者的价值。这方面我乐意先听听哲学专家们的意见;在这一特殊认识领域中,他们具有的经验远远非我所能企及。如果我竟然引起了他们的注意,并通过他们而将印度实证哲学家们介绍给欧洲的同行,我也就相当满意了。

绪　　论 1

§1. 何谓佛教逻辑

我们所理解的佛教逻辑是指公元六世纪至七世纪产生于印度的逻辑和认识论体系。其创立者系陈那与法称两位佛学大师。属于这一体系的文献有两类：一类是鲜为人知的处于酝酿阶段的佛教逻辑著作；再就是北方诸国关于这些逻辑著作的注疏文献。首先，就其含有关于论证形式的理论[①]而言，这一体系就足以称为逻辑。在印度，也跟欧洲一样，一种关于判断本质[②]，关于名言[③]及推理[④]意义的理论也是从论证的理论中自然发展起来的。

不过，佛教逻辑的内容更广泛。它还包含感性知觉理论。更准确地说，这是我们知识的全部内容中关于纯粹感觉活动[⑤]的理论，是关于我们知识的可靠性的理论[⑥]，关于我们的感觉与表象所

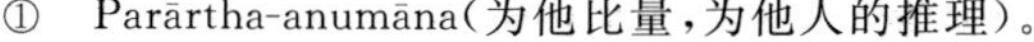

① Parārtha-anumāna（为他比量，为他人的推理）。

② adhyavasāya＝niścaya＝vikalpa（分别）。

③ apoha-vāda（遮诠说）。

④ svārtha-anumāna（为自比量，为自己推理）。

⑤ nirvikalpaka-pratyakṣa（无分别现量）。

⑥ Prāmāṇya-vāda（量论）。

认知的外部世界的真实性的理论①，这些问题通常属于认识论。
因此我们有理由称这一佛教体系为认识论逻辑的体系。该体系的
出发点是感觉论。感觉论是论证外部世界存在的确信无疑的工
2 具。该体系进而讨论了一种相似相符②的理论。它说明了外部世
界与我们通过表象与概念对外部世界进行的描述二者之间的符
合。再之后便是判断、推理和论证的理论。最后还有在公共场合
进行哲学论争的辩论术。因此这个体系包括了人类的整个认识领
域——从最基本的感觉活动到极为复杂的论辩术。

佛教徒自己管这一科学叫逻辑理由的理论③或正确认识来源的理论④，或者就简单地称作正确认识的量度⑤。它是有关真实与谬误的理论。

按这一理论的倡导者的意思，它与作为宗教的佛学，即与作为解脱之道的学说并无特别的联系。它声称自己是人类理性的自然的普通的逻辑⑥。不过它也有权称为批判性的逻辑。凡存在性并未由逻辑规则充分担保的实体都遭受了无情的抨击，就此而论，佛教逻辑仅仅保持了对最初的佛教观念的忠实而已。从而它否认

① bāhya-artha-anumeyatva-vāda.

② sārūpya-vāda. 这里恐怕需要特别说明。原著中之英文为 coordination，直译为“协调”，指内在认识形式与外在对象的符合。译者考虑到书中这一认识理论是瑜伽经量部哲学背景下的，故直截地采用“相似相符”。相似者，谓识中影象与外境相似；相符者，谓自证分对能量工具与所量对象的契合印证。——译者

③ hetu-vidyā（因论）。

④ pramāṇa-vidyā（量论）。

⑤ samyag-jñāna-vyutpādana（正智的启示）。

⑥ laukika-vidyā（世间的学问），参见《中观论释》第 58、14 页及拙著《涅槃》第 140 页。

神、否认灵魂、否认永恒不朽，除了转瞬即逝的事件的迁流以及在涅槃中达到的最终永恒静寂外，它什么都不承认。按佛教徒的观点，实在是能动的而不是静止的，而逻辑则假想了一种凝固于名言概念中的实在。佛教逻辑的最高宗旨就是要说明运动的实在与静止的思想构造的关系。这同实在论者的逻辑学截然相反，正理派、胜论及弥曼差派都主张实在本身是静止的，符合我们认识中的种种概念。作为印度正统宗教的挑战者，佛教被认为是狂妄的虚无主义者，反过来他们也将自己的敌人称为“外道”[1]或“异教徒”[2]。从这种意义上说，唯有佛教徒创立的逻辑理论才是佛教逻辑。

§2. 逻辑在佛教史上的地位 3

佛教逻辑在印度佛教史上，在一般的印度逻辑和哲学史上都占有一席之地。在印度逻辑广阔的领域里，它构成了中间的佛教阶段，而在佛教哲学的范围内，逻辑则形成了印度佛教的第三阶段亦即结束时期的鲜明特色。

印度佛教史可以分为三个时期。佛教徒自己把三个时期称作“法轮三转”。在这三个时期中，佛教始终信守其中心概念：存在是能动的非人格的迁流。但在佛教史上，曾有两次——分别为公元一世纪及公元五世纪——对这一原理的解释作了彻底的变更，结果每一时期又都产生了它自己的新中心观念。大致地说，从公元

① bāhya(外道)。

② tīrthika(异道、外道)。

前 500 年开始的佛教在其诞生地生存的 1500 年中可以平均分为三阶段，每一阶段持续 500 年。

让我们简略地回顾一下前两部论及第一和第二阶段的佛教著作的结论[1]。而这部讨论第三亦即结束阶段的著作，可以视作它们的续集。

§3. 佛教哲学的第一阶段

佛陀时代，印度激荡着各种哲学思辨以及对最终解脱的渴望。佛陀对人的存在进行了精细的分析，人我(Pudgala)被分解成了结构性的元素[2]。这种分析的主导思想出于伦理方面的考虑。构成
4 人格我的存在元素首先可分为善恶(sāsrava-anāsrava)，染净(sāṃkleśa-vyāvadānika)，它有助于解脱或有碍于解脱(kuśalaakuśala)的实现。这整个理论也就称作染净之法(sāṃklesavyāvadāniko dharmaḥ)。人们所想象所珍视的解脱乃是一种绝对静寂的状态。从而人生即普通的生命过程被认为是一种不断地蜕变、堕落的悲惨境况[3]。清净的元素是导向静寂的特性或力量，染污的元素则促成或导致人生的纷扰。除此两种互相冲突的元素外，在每一精神生活的深层中尚有一种一般的、中性的、基本的元素[4]。但无论

① 即《佛教的中心概念及法的意义》(The Central Conception of Buddhism and the Meaning of the Word "Dharma")，伦敦，1923，《佛教的涅槃概念》(The Conception of Buddhist Nirvāṇa)，列宁格勒，1927。

② dharma(法)。

③ duḥkha(苦)＝saṃsāra(轮回)。

④ citta-mahā-bhūmikā-dharmāḥ(心大地法)。

如何，绝对不存在一个容纳这些元素的共同容器，因此，没有自我，没有灵魂，没有人我的存在[①]。所谓人我是时时变化的成分的集合，是它们的流动[②]，其间没有任何持续稳定的元素。

早期佛教的特点是否认灵魂。无我论[③]是佛教的别名。

外部世界也被分解为构成因素[④]，它是自我依赖的对象，是自我的感觉材料，佛教之前的其他哲学派别将这些感觉材料看成[⑤]一种紧密的、实体性的、永恒的原理所呈现的变化着的现象，即物质。佛教清除了这一原理，从而这些物理元素就像心理过程一样成为变化的、短暂的（anitya）、迁流的。没有物质，没有实体（na kimcit sthāyi），只有分离的元素，其中并不包含任何实体的刹那 5
显现的能（energy），无休止的变易（becoming），存在的刹那之流。这是早期佛教的第二个特点。

不过，在抛弃灵魂以及物质实体的原理之后，总得用什么来代替它们，才能说明何以这些无穷变化的分离元素会聚合起来，以致竟产生了稳定的物质世界及生活其中的持续自我的幻觉。取代灵魂及实体的是因果律（hetu-pratyaya-vyavasthā）——既是物理性的又是道德性的因果关系。转眼即逝的刹那之流并不是任意的偶然的[⑥]过程。每一元素虽然只显现刹那时间，但却是“相依生起的刹那”（pratītya-samutpanna）。依据“此有彼亦有”[⑦]的原则，每一

① pudgalo nāsti＝anātmatva＝nairātmya＝pudgala-śūnyatā.

② saṃskāra-pravāha（行相似相续）。

③ anātma-vāda.

④ bāhya-āyatana＝viṣaya（相对于六根的外部存在，即色声香味触法）。

⑤ prabhāna＝prakṛti（即自性）。

⑥ adhītya-samutpāda.

⑦ asmin sati idam bhavati.

元素的出现都是合乎严格因果律的。从而，道德上的因果性观念，或者说轮回观念（vipāka-hetu＝karma）在一般因果联系的理论中找到了哲学基础。相依缘起的理论是早期佛教的第三个特点。

更进一步的特点则是：这些存在的元素与其说是实体性的成分，不如说是类似能（energy＝saṃskāra 行＝saṃskṛta-dharma 有为法）的东西。心理的元素[1]（心法）自然是道德的及中性的力量。而物质元素（色法）被设想成仅仅似现为物质实则并非物质本身。既然这些“能”绝不是孤立地起作用，而是凭因果律相互依持，所以又称“相依者”或合作者[2]。

分析早期佛学，我们发现世界是一个由无数个别构成的急流。一方面，它是我们所见、所闻、所嗅、所味、所思（rūpa-sabda-gandha-rasa-spraṣṭ avya-āyatanāni）；另一方面，它是伴随着感受，观念及或善或非善的意志[3]的心识[4]所构成的，没有灵魂我，没有神也没有物质，一般说来没有持续不变的实体性的东西。

6 在这种相互联系的诸元素急流中，没有规定特定目标的真实人格，除了因果律外没有人格没有灵魂之我驾驭这种迁流。对每一生命的最终寂静[5]而言，目的港就是解脱；在这种绝对静止的宇宙状态中，一切元素或“相依者”都失去了能而永远平静下来。分析这些元素或者只是为了弄清它们迁流不息的条件，找出制止及

① citta-caitta（心心所法）。

② saṃskāra（行）。

③ vedanā（受）samjñā（想）saṃskāra（思、行）。

④ citta 心＝manas 意＝vijñāna 识。

⑤ nirodha（灭）＝nirvāṇa（涅槃）。

减缓这种迁流的方法，以求进入涅槃的绝对寂静状态。本体论的分析是为解脱理论廓清场地，以达到道德完善和最后获救，达到圣者（ārya）的完美和佛陀的绝对，这里我们看到了佛教同除印度唯物论者之外的所有哲学派别的共同特点，也就是它们的解脱理论。比佛教更早的印度神秘主义[①]就一直在教授解脱的途径，佛陀时代的印度思想界针对这种神秘主义而分为赞同者或反对者，或者是追随婆罗门，或者追随那些瑜伽师，也就是说遵从正统教会或者那些具有强烈神秘主义色彩的大众宗派。这种神秘主义的思想主旨在于相信：通过心注一境的冥想活动[②]，可以达到出神状态，冥想者因此获得不寻常的能力而成为超人，出神冥想实践成为寂静之路的最高组成部分，借助这种特殊手段，首先是消除邪见和罪恶意向，然后才能达到最高的神秘境界，至此，超人，修瑜伽者也就成为了圣者[③]，成为了以无垢智[④]为其神圣生命的中心和关键原则的
人，或者可更准确地称之为诸蕴的集合体。这也就是原始佛教的 7
最后一个特点：阿罗汉（圣者）的理论。

按照这个理论总结出所谓“四谛”或者称阿罗汉的四个原则[⑤]，亦即：1）人生是充满不安的挣扎，2）其根源在于罪恶的贪求，3）永恒的静寂是最终目标，4）存在一条所有构成生命形式的相互依赖的能逐渐寂灭的道路。

---

① 这里指瑜伽（yoga）。

② dhyāna 禅＝samādhi 三摩地＝yoga 瑜伽。

③ Ārya 圣者＝arhat 阿罗汉＝yogin 修瑜伽者。

④ prajñā amalā.

⑤ catvāri ārya-satyāni 四圣谛＝āryasya buddhasya tattvāni（圣智所行真实）。

这些是佛教第一时期，即“初转法轮”阶段的主要教义，几乎不能说它代表一种宗教。它最具宗教特性的方面，即关于解脱方式的学说完全是人性的。人通过道德的及理智的完善，凭借自己的力量获得解脱，我们应该了解，当时的佛教并无太多的崇拜；僧团中都是一些没有家庭，没有财产的修行者。他们每日两次聚会忏悔并持守戒行，从事禅定和哲学讨论。

阿育王以后，佛教因为不甚重要的歧见而分裂为十八部。其中只有犊子部离佛教的根本教义较远，它承认了暧昧的半真实的自我人格。

§4. 佛教哲学的第二阶段

佛教史上的第五个世纪之初，佛教及其哲学的宗教特点都有了很大变化。完全消失在无余涅槃中成为阿罗汉的作为人的佛陀理想被放弃了，取而代之的是成为充满生命的涅槃状态中的神的佛陀的理想。它不再只追求个人的解脱。与此同时，哲学上它从极端的多元论转变成一元论。这种转变似乎是同该时代婆罗门教的发展同步的，后者在一元论的哲学基础上，也在同一时代开始发展和确定了对于湿婆和毗湿奴的民族神的崇拜。

新佛学作为出发点的基本哲学概念是一种真实的、真正的终
8 极存在或真实的观念，一种不具任何关系的自在的独立无相待的真实[①]。既然早期佛教多元论所主张的一切物理及精神的元素被

① anapekṣaḥsvabhāvaḥ=sarva-dharma-śūnyatā(一切法空)。

认为是相互依持的[①]或者相互配合的力量[②]。那就不能看成最终的真实。它们是相对的依赖的，因而是非真实的（sūnya 空＝svabhāva-sūnya 自性空）。离开被视为统一体的，被视为唯一真实实体的宇宙本身，离开那一切整体之上的统一体，这些元素只能看成是最终不真实的。这些元素的整体集合，被视为统一体的法性（dharmatā），此时被等同于佛的法身（Dharma-Kāya＝Buddha），等同于他作为世界的唯一实体的方面。前一阶段建立起来的元素分类，诸如五蕴（skandha）、十处（āyatana）、十八界（dhātu），这些人身的集合成分并未完全受排斥，但仅仅被当作自性不真实的晦暗存在物，是缺少终极实在性的元素。前一时期，一切人身和一切持续的物体，亦即灵魂之我及物质之法被否认具有真实性，而现在，它有的构成部分感觉材料，基本的心识成分，甚而一切道德性的势力（心不相应行 citta-samprayukta-saṃskāra），都在辩证的否定过程随灵魂我而被勾销了实在性。早期佛教称作无我论和无实体论[③]。新的佛教则称作自性空论[④]。根据自性空论，一切存在物 9

① saṃskṛta-dharma（有为法）。

② saṃskāra（行）。

③ anātma-vāda 无我说＝niḥ-svabhāva-vāda 无自性说＝pudgala-nairātmya 补特伽罗无我＝pudgala-śūnyatā 补特伽罗空。

④ dharma-nairātmya 法无我＝dharma-śūnyatā 法空＝svabhāva-śūnyatā 自性空＝Parasparaapekṣatā 展转相待，或者简称为空（śūnyatā）。依据拙著《涅槃》第 43 页注 1 当中搜集的有关资料，可以充分证明 śūnyatā 并不是不有（abhāva 虚无），而是等于展转相持（paraspara-apekṣatā）的 itaretara-abhāva（更互无，相持不有），它只是缺少最终极的实在性，或者说，它就是相对性。反对者称之为非有（abhāva），参见《正理经》1. 1. 34（另参 W. 鲁本（Ruben）的 Die Nyāyasūtras（《正理经》）第 260 页）。E. 奥伯米勒提醒我们注意师子贤的《现观庄严论颂》（米纳耶夫 Minayeff Mss. f. 71. b7—9）中的一段：dhar-masya dharmeṇa śūnyatvāt sarva-dharma-śūnyatā, sarva-dharmāṇām S̄aṃskṛta-asa-ṃskṛta-rāśer itaretara-pekṣatvena svabhāva-aparinišpannatvāt。

被分析为基本的元素材料，由于其相对性从而便是虚幻的。

新佛学引人注目的特点首先就是：它否定了以前的佛教所认可的诸元素之真实性。

佛教特有的相依缘起论（Pratītya-Samutpāda），即法与法相互依持而不是由一法而出他法（na svabhāvata utpādaḥ）的理论，不但在新佛学中保留下来，而且更被宣布为整个佛教大厦的基石[1]，虽然其含义略有改变。原始佛学中的一切元素相互依存俱为真实，而依据新佛学的真实性标准，诸元素是不真实的，因为它们是相互依赖的[2]。诸元素仅仅“相依缘起”的一面得到强调，而“俱为真实”则被抹杀了。从最终真实着眼，世界不过是亦无生起亦无消灭的不动整体。既不是像数论所认为的有什么从同一自性中流出；也不像胜论所说，事物从他物生成；也不像原始佛学宣布的事物诸元素仅仅刹那存在。而是根本无物生起[3]。新佛教的第二个特点是：将真实性消融于不动的整体中，从而完全排队了真正的因果性。

不过，新佛教并不绝对排斥经验世界的真实性，它只是坚持经验世界并不具终极的真实性。因而存在着两种真实，表面的和深层的[4]。一是实在的虚幻面；另一则就是实在自身。新佛教中两种真实或“二谛”代替了早期佛学的“四正谛”。

10 涅槃等同世间[5]，即经验界与绝对者的等同是新佛教的又一

① 见《中论颂》开头几个颂。

② 参见拙著《涅槃》第 41 页。

③ 参见《涅槃》第 40 页注 2。

④ Saṃvṛti-satya（世谛），saṃvṛta-satya＝paramāṛtha-satya（性谛）。

⑤ 参见《涅槃》第 205 页。

特点。以往认为诸元素在世间生活中是活动的能量，只有在涅槃时才休眠下来，现在诸元素被宣布为本来就处于静止状态，其活动性不过是一种幻觉。既然经验世界对于普通人的有限理解力说来仅为绝对者展现自身的一种虚幻现象，那么，说到底，二者就没有根本的差别。绝对者或涅槃就仅仅是 sub specie aeternitatis[①]（永恒状态下的）世界。而绝对真实者的这一方面不可能为普通的经验认识手段所揭示。所以推理性的思想方法和结果在认识绝对者时是无济于事的。从而一切逻辑连同早期佛教的所有设置，诸如佛学、涅槃、四谛等都被毫不留情地斥为欺骗性的矛盾的人为构造[②]。唯一的知识来源是圣者的神秘直觉能力和新佛教经典的启示，后者唯一的主旨便是一元论的宇宙观。新的佛教的另一显著特点在于它无情谴责一切逻辑，而将神秘主义及启示置于首要地位。

以后，从这些相对主义者之中分裂出一个不太过激的派别，称自立量派（Svātantrika），自立量派尽管也主张以辩证手段来摧毁认识所依据的基本原则，但却承认以逻辑捍卫自己论点的论辩作用。

解脱之道从前一阶段的小乘转向了大乘，前者的理想被认为是自利的，后者的目标则不在个人解脱而着眼于人类的，甚至一切有情的解脱，大乘解脱之道被认为与它的一元论思辨倾向是一致的。经验世界所以被看作实在的影子，是因为它给超越性的利他的德行（pāramitā，波罗蜜多）和普遍的爱[③]提供了实践的场所，而

---

① 以其本质和普遍形式出现的（sub specie aeternitis）。

② 参见前引书第 205 页。

③ mahā-karuṇā（大慈悲）。

11 这又是达到绝对者[①]的准备阶段。构成圣者诸元素之一的无垢智现在获得了最高智(即般若波罗蜜多智)的名称并等同于佛陀的智身[②],后者的另一方面即是本体世界[③]。以享至福的受用身(Sambhoga-Kāya)的名义,佛陀成为了真正的神,不过还不能说就是世界的创造主。这一点是从前期佛教接受过来的。佛陀仍旧要服从因果律,或者按新的说法,服从世谛[④]。唯有智身(jñāna-kāya)就其真假两面言都超越了虚幻世法及因果律,至此佛教已经成为宗教,成为某种高教会(High church)。如像印度教一样,佛教表现了公开的多神论背后的秘密的泛神论。就其崇拜形式言,则取自盛行的所谓“密咒主义”的法术仪式。为了以雕塑表现宗教理想,它一开始时便利用了希腊艺术家们的成就。

不过,这个新的高教会派并不排斥以前的低教会派,因为已经形成了这么一种说法:每一个人各有禀赋,他将依照自己心中的佛性根器[⑤],选择大乘或小乘作为解脱的合适手段。两个教派的僧侣仍然居住在同一个寺庙中。

§5. 佛教哲学的第三阶段

又过五百年,即接近印度佛教史的第一千年时,它的哲学发生

① Nirvāṇa=dharma-kāya(涅槃,亦即法身)。

② jñāna-kāya.

③ svabhāva-kāya(自性身)。

④ saṃvṛti 受用身中仍有苦谛的残余。

⑤ bija(种子)=prakṛti-stham gotram(本性住种姓)。

了更重大的变化，之后的发展正好处于印度文明的黄金时代，繁荣的笈多王朝统一了印度的大部。这是艺术与科学昌明的时期，这当中佛教又占据着显著的地位。

最终确定佛学这一发展方向的是白沙瓦（Peshaver）的两个伟
人，即圣者无著和世亲大师，他们是两兄弟，依照新的时代精神，前 12
一阶段轻视逻辑的看法显然被抛弃了，佛教徒开始对逻辑问题有了兴趣。直到这一时期结束，对逻辑的强烈关注压倒并取代了先前佛教的其他理论。这是此一时期佛学的显著特点。

新的出发点似乎是印度形式的“我思故我在（Cogito，ergo sum）”。佛教徒一反以往的彻底空幻哲学，他们提出：“我们不能否认内省的真实性。如果否认它，也就要否定意识自身，那样一来，整个宇宙就被归结为绝对的盲目状态。”“如果我们并不知道自己认识了蓝色，就绝不会认识到蓝，因此作为知识确实来源的内省是必须承认的[1]。”内省[2]问题以后不但将佛教也将整个印度思想界分为赞成或反对它的两个阵营，不过从根本上看，内省开始是针对中观宗的极端怀疑论提出的。内省是第三阶段佛教哲学的又一特点。

此一时期的第三个特点则是：先前关于外部世界的怀疑主义

① 《摄一切见论》从《量抉择论》引过这一说法。参见《正理穗》（Nyayaka ṇika）第261页。如果更精确的表述，这一印度公式就会是：Cogitantem me sentio，ne sit caecus mundus omnis＝svasaṃvedanam angīkāryam，anyathā jagad-āndhyam prasajyeta（认识是自明的，否则整个世界都会视之而不见）。希尔万·列维（sylvain Lévi）教授已经比较过 sva-saṃvedana（自觉、自明、自了）与“我思故我在”的说法。参见《大乘庄严经论》（Mahāyāna-sūtrālankāra），II，第20页。

② “内省”在瑜伽行派哲学中即指“自证”，即指认识活动的过程和结果的自明性的证实与确证。——译者

被完全保存下来。佛教成为了观念论的。它坚持说一切存在都必然是精神性的[1]，我们的观念并无客观真实性的支持。但是所有的观念并非是同等真实的，这就确立了不同层次的真实性。观念
13 被分为绝对虚幻的、相对真实和绝对真实的三种[2]。后两种范畴被承认是实在的。前一阶段一切观念都是不实在的（śūnya），因为它们是相待的（paraspara-apekṣa 展转相待，相互依持），而现在又认可了相对真与绝对真两种。这是最后一期佛学第三个特征，它演变成了唯识理论。

最后新佛教尚有另一引人注目之处，这便是它的藏识（ālaya-vijñāna）理论。藏识说在前半期占统治地位。到第三阶段佛学的末了，它已经衰落下去。藏识说认为，既无外部世界，也无了知此世界的认识，只有那自我证实的识的观念在认识自身，认识宇宙，认识真实的世界。这种识被认为由无数潜藏眠伏在阿赖耶（即藏识）中的可能的观念构成。从而实在性即成了可识性，而宇宙是可共存的实在性的最高极限。作为对藏识的补充，又设置了一种称作无始习气（anādi-vāsanā）的生命之力，依据它才使构成现实的诸事实系列进入有效能的存在。如同欧洲的理性主义者假定的那样，上帝的理智中包括了无限的可能事物，他选择了并将实在性赋予那构成可共存实在的最高极限的各个部分。佛教也是这样，区别仅在于这里代替上帝理智的是藏识[3]，而上帝的意志则为无始习气所代替。

① Vijñāna-mātra-vāda＝sems-tsam-pa（唯识说）。

② 即：parikalpita、para-tantra、pari-niṣpanna、（遍计所执、依他起、圆成实）。

③ āgama-anusārin.

同前两阶段相似，第三阶段佛教也有极端的和温和的两个派别。后者在本书后面还要谈到，它放弃了最初的极端的观念论而采取了批判的先验唯心主义立场①。它认为藏识不过是伪装的神我，从而也就放弃了藏识理论。

作为一种宗教，佛教同前两个时期大致一样，涅槃理论、佛性及绝对者的理论中都引入了某些变化以适应新佛学的唯心主义原则。这一时期的最重要的人物似乎都是些自由思想家。说明他们 14
的哲学体系正是本书的宗旨。

图表：　　　　佛教的三个阶段

时　期	I	II	III
中心观念	多　元　论 我空 (pudgala-śūnyatā) 极端　　温和	一　元　论 一切法空 (Sarva-dharma-śūnyatā) 极端　　温和	观　念　论 唯识无境之空 (bāhya-artha-śūnyatā) 极端　　温和
派　　别	说一切有部　犊子部	随应破派　自立量派 中　观　宗	随顺契经派　因明派 （宗经派）
主要人物	——————	龙树和提婆　　清辨	无著和世亲　　陈那和法称

§ 6. 佛教逻辑在印度哲学中的地位 15

当最初的佛教逻辑家着手于逻辑研究时，印度有三个不同的

① 著者这里指的是在本书第二部中提出的观点，他认为后期的法称一系就是温和的观念论者，或不那么极端的唯识论者。也参本书第二卷第 329 页上的注释。——译者

体系，如果从全印度的更大范围来看，不同的哲学观点就更多了。不过在众多的哲学体系中，至少有七个派别是可追寻的，它们给各个发展时期的印度佛教以或正或反的影响[①]。这些派别有：1）唯物主义者（巴拉斯帕蒂耶—斫婆迦派，Cārvāka-Bārhaspatya），2）耆那教及其物活论，3）数论的演化学说，4）瑜伽神秘主义，5）《奥义书》——吠檀多的一元论，6）正统弥曼差派的实在论，7）正理—胜论的实在论。

1）唯物主义者

如同所有的唯物主义者[②]一样，印度的斫婆迦派也否认任何灵魂实体的存在，所以没有灵魂，没有上帝。精神只是某种物质的产物，就像酒精是发酵的产物一样。从而，首先他们只承认现量[③]，除此别无知识来源。对他们说来，认识就是生理的反映。

其次，除了偶然性，他们否认宇宙间有任何既定的秩序。他们否认先天的、固定的、永恒的道德律。他们主张："刑杖"，即刑罚就是道德律。所以他们不承认在世间力量决定的任意报应之外还有果报之说。以印度人的观点看，就是不承认业的理论。值得注意

① 这里仅指只有那些有文字资料留存下来的。那些没有留存任何文献的佛陀同时代人的影响大约更大些。B. C. 洛（Law）辑录了一些对佛教和耆那教产生影响的五位导师的有趣资料。见《历史拾穗》（Historical Gleanings，加尔各答，1922）第 21 页以后。

② 《摄一切见论》（Sarvadarśanasangraha，普纳，1924）中摩达婆（Mādhava）的叙述仍是目前我们了解印度唯物主义的论点的主要材料来源。最近 J. 图齐（Tuai）教授对此作了相当补充。眼下正在致力于从藏文材料中辑录有关信息的还有 M. 图比安斯基（Tubiansky）。

③ sense-perception（感觉认识）。

的是，在印度特别在一些政治思想派别[①]中，保存着这种唯物主义。因此，政治家们的良心不受道德约束，在政治活动中奉行一种 16
生意经的马基雅弗里似的权术。他们支持既定的秩序和基于这种秩序的宗教，自己却无意做宗教徒[②]。不过，唯物主义不仅盛行在印度社会的统治阶级中，它在大众各阶层中也有拥护者，佛陀时代，漫游在印度斯坦乡村中的那六位成功的大众宣教师中间，起码有两位是唯物主义者。

印度唯物主义的另一特点——它只是前述特点的必然结果——就在于：它不承认，人生除了个人的利益还有更高的使命。自我牺牲的观念，放弃个人利益甚至生命去追求更高的目标的观念对他们说来是可笑的。用印度人的方式表达，他们否认涅槃存在。他们说：死即是涅槃，此外别无他说[③]。

佛教在否认灵魂及上帝这点上与他们一样。不同处在于佛教还坚持业和涅槃的信念。

2）耆那教

从另一方面看，佛教在耆那教中所面对的是关于染和净的相当成熟的道德理论及物活论[④]，后者认为灵魂甚而存在于植物和无生命的无机物中。不过耆那教的灵魂是半物质的与肉体共存的

---

① 如巴拉斯帕蒂耶（Bārhaspatyas）派，奥夏纳莎（Auśanasas）派等。

② 参见《憍提利耶》（Kauṭalīya），I. 第 39—40 页。

③ 参见《摄一切见论》，第 7 页。

④ 耆那教也像佛教一样有权称为 sāṃkleśa-vyavadāniko dharmaḥ（染净之法），亦即一种道德教诲。

实体。道德的染污被看作某种细微的秽物经小毛孔而进入灵魂。灵魂充满这种精细物质，如同沙袋装满沙子。道德的净化过程则是关闭这些可能流入秽物的窗口，最高的净化是圣洁的灵魂升至一切运动[①]均达极至的涅槃境界。因而，耆那教的道德律表现为实体化了的超实在论。用印度人的话说，耆那教的业是物质的（Paudgalika）。[②]

17 在相对立的两种观点之间[③]，佛教采取了所谓的“中道”。它否认灵魂和上帝，保留了精神现象，又清除了超实在论的色彩而坚持了业和涅槃理论。

耆那教的本体论与佛教有好些相似之处。他们的出发点一致，即断然反对《森林书》（Āraṇyakas）和《奥义书》中的一元论。它认为真实的存在乃是无开端无结束无变化的唯一永恒实体。耆那教像佛教一样回答说，存在“与成、住、坏、灭联系在一起”。[④] 当时印度的各派哲学分为主“极端”与“非极端”两家[⑤]。这些哲学有的认为万有的本质是永恒，变化是表面现象，有的则认为万有迁流不息，稳定只是表面现象。属于“极端说”的一方面是数论和吠檀多；另一方面便是佛教。而“非极端说”则承认永恒的实体及其真实的变化着的属性。耆那教、旧瑜伽派[⑥]和胜论及其前辈都奉行这种学说。既然耆那教比佛教起源更早，它在反一元论观念的阵营中

① 其中法（dharma）停止而非法（adharma）开始。

② karma paudgalikam（业即补特伽罗）。

③ 指唯物主义者和耆那教。——译者

④ 参见雅各比（Jacobi）的《宗教与伦理百科全书》中的“耆那教”。

⑤ 即一说或非一说（ekāntavāda、anekāntavāda）。

⑥ 指斯瓦衍补婆派瑜伽（Svāyambuva-yoga）。

居领导地位，也就是自然的事。为捍卫其中间立场，它发明了一种有趣的辩论方法[①]。依据这种辩论方法，存在与非存在都同任何对象内在地联系着。从而任何一种断定都是部分假的。即令是“不可说”(anirvacanīya-avaktavaya，不可定义不可说的)，这样的宾词也可以用来否定或断定同一事物。这一辩论方法似乎是针对中观派而提出的，中观派将对绝对真实的每一称述都归结为荒谬，从而将经验实在性归结为空幻，以证明绝对真实是“不可说”的(anabhilāpyaanirvacanīya-śūnya，不可说非不可说空)。

3)数论

数论哲学标志着印度思辨史的一大进步。它不能不对别的派
别——无论是婆罗门系统之内还是之外的派别——产生影响。佛 18
教从批判立场出发，抨击了婆罗门系统的思想；稍晚的时期，它的毁灭性的批判指向了毗湿奴神的观念和数论的非神的自性物质。在数论的古典时期，它一方面假设存在众多的自我灵魂；另一方面又承认有唯一的，永恒的，弥漫一切的实体性物质[②]。这种物质从平衡宁静的无差别状态(avyakta 非变异态)，而展开其衍化过程(pariṇāma，变易，发展)。然后它时时不停地变化着(pratikṣaṇa-pariṇāma，刹那变易)，而最终又复归其宁静平衡，这一自性物质不仅包括人的肉体，也包括我们所有的精神状态，思想状态。它们都

① syād-vāda(非绝对说，相对说)。

② 据医书《迦罗卡》(Caraka)IV. I. 在承认自性物质(pradhāna)与梵为同一实体的早期，数论与佛教更为相近，例如：在 Caraka IV. 1. 44 中甚而提到了相似相符(sārūpya)的理论。

由它提供物质性的根源和本质(jaḍa,愚钝无知觉(状态))。而灵魂我(神我)只是纯净的不变异的光,它照射着宇宙演化过程及认识反映的过程。永远变异的物质与永恒静止的灵魂之间的关系是数论哲学的薄弱处。佛教破斥并讥诮它这种人为杜撰的关系[①]。它无法解释演化过程的开端和结束,而提出的解释则非常勉强。永不静止,不断从一种形式衍化为另一种形式的恒常自性物质的观念是数论体系中的优点,它使数论哲学家们获得了荣誉。正是他们在人类思想史上最先提出永恒运动的物质观念,尤其是数论观点如此明确,时代是如此之早。

就这一点言,佛教非常接近数论。佛教徒也教导说,任何存在
19 物都不是静止不变的。因而他们也就时时提防着[②]以免忽视两派哲学的根本差别,因为这一特点使自己同数论实在太接近了。两派哲学在试图把握瞬时存在[③]时表现出明确可辨的相互影响[④],这点我们在分析佛教关于存在的宇宙之流时将会讨论。不过我们早就指出,佛教徒根本不承认实体物质的存在。对他们说来,运动是诸刹那构成的切分音似的运动,是一股能量之流的刹那闪现。而数论的运动是紧密的,是连奏而非切分音似的运动,瞬息的变化是与这些变化同一的物质实体的起伏变化。由于没有物质,佛教说,"一切无常"(sarvam anityam),而数论说,"一切为常"(sarvam

① 参见,NB和NBT译文,见本书第二卷第203页以下。

② 参见《俱舍论疏》,V.第25页以后及《中心观念》第80页。

③ 参见《中心概念》第42页以后。

④ 参见《正理经》,IV,1.25—1.29以下,尽管有这种分别,但两个体系都主张刹那性(kṣaṇakatva)。

nityam)，因为虽然永不静止，它却显示了根本上说来是同样的一种物质[1]。

两派哲学的共同倾向在于将存在分析至最细微的最终的元素，这种元素被假想成为绝对的属性或只具有单一属性的物。它们在两派哲学中都被称之为“属性(即‘德’，guṇa-dharma)”，意思是纯然的性质，是某种原子(极微的)的，或原子之内的，组成经验事物的能。所以两派都一致否认实、德[2](物质和属性)范畴及联系其间的和合性(内在关系)范畴的客观实在性。数论哲学中没有单独的属性存在，我们称之为属性的是某种精细实体的特殊表现。相应于每新属性都有称作“德(guṇa)”的实则表现精细的物质实体的，一定量的精细物质。早期佛教也是这样，所有的属性都是实体性的[3]，更准确地说，是能动的实体，虽然它们也被称为“法”这样的“属性”。

因此，数论系统在印度思想史中首先认真地驳斥了朴素实在 20
论，在与极端实在论的论争中，它是佛教的同盟军。

4)瑜伽派

古代印度的宗教生活中，瑜伽禅定实践是极其普遍的，除了弥曼差派及唯物主义者几乎所有的哲学派别都将禅定手段同自己的

---

① 因与果都是同一的物质。即 Sat-kāvya-vāda(因中有果说)。

② 参见达斯古普塔的《印度哲学史》I. pp. 243—244. 他将 guṇa 譬之赫尔巴特的“实在”。我以为这非常的精确。我以为“法”或“德”实际上都是“Dinge mit absolut einfacher Qualität”(具绝对单一属性之某物)。

③ 参见亚瑟密陀罗的说法：vidyamānam dravyam(见 CC，p. 26. Note)，不过 dravyam 在此是刹那“非持续的实体”。

理论结合，以提供达到神秘出神状态的机会。有的学者夸大了佛教与别的瑜伽哲学派别共有的禅定特点的意义。诚然，在实践方面，佛教与瑜伽派具有苦修、禅定等共同特点，关于伦理说教、业的理论、染净法等也有相似之处，可这种相似也是耆那和别的宗派同样具备的。波颠阇利（Pātanjali）瑜伽派的本体论几乎完全来自数论。而古老的瑜伽派，即斯瓦衍补婆（Svāyambhuva）[1]瑜伽派承认永恒物质的存在以及非永恒的但却是真实的属性，承认德与实之间和合关系的实在性，显然也承认依据这一原则得出的所有本体论的、心理的、神学的结论。这就使得瑜伽派顺理成章地成为古代印度一元神论的旗帜。他们信仰人格的、全能的、无所不知的、慈悲的神。这一特点使瑜伽派不但与佛教，也与无神论的数论区分开来[2]。作为"非极端"[3]的区别，旧的真正瑜伽派同这两派"极端"[4]哲学就没有什么共同处。但其神秘主义的实践和业的理论是大多数印度哲学系统共有的骨干。即令是后来的佛教逻辑家，
21 虽然反感盲目的思想方法，仍不得不为神秘主义留下一个通道，以此支撑他们关于菩萨或佛的宗教理论。这一通道便是某种理性的

---

① 这些斯瓦衍补婆瑜伽派并不都是因中有果说者（Sat-kārya-vādins），或者他们仅仅是温和的（anekāntataḥ，非决定的），处于一种所有实在论者都可以这么称谓的状态。参见 NK 第 32 页和 Tātp. 480. 20 之后。这里完全没有必要像恰托巴底亚耶先生那样去猜测（参见 JRAS，1927，第 854 页以后）伐差耶那（Vātsyāyana）和《正理论》（I，1，29）中所提到的瑜伽派是否就是波颠阇利瑜伽派。

② 至于由于采纳了人格之神，波颠阇利一派哲学中产生的矛盾，可参考塔克森（Tuxen）的《瑜伽》第 62 页以下。

③ an-ekānta 非决定（说），非一说。

④ ekānta 决定（说），一说。

直观能力[1]，据说是一种能直接观见仿佛就在眼前的宇宙本然状态的禀赋，而这种本然状态对哲学家说来作为逻辑结果只能抽象地暧昧地显示出来。在后来的佛教观念论（即唯识宗）中承认对某种理性构造[2]物的直观能力就是这种神秘主义的主要残余，而在早期佛教那里，在通往解脱的道路上，理性的直观是最后的也是最有效的阶段，注定会取得超自然的成果。

5）吠檀多派

佛教与吠檀多派在平行发展的不同时期的关系，他们的相互的影响，排斥与吸引是印度哲学史上最饶于兴味的篇章之一，值得专门研究。前面说过，佛教有时不得不小心翼翼地同数论和瑜伽划清界限，但和吠檀多它们有时的确是站在一起的，因而除了措词术语的差异，其间并无实质性的区别。起先，佛教代表了与《奥义书》哲学正相反对的一面。《奥义书》宣称宇宙是一个真实整体，是唯一无二者，其中主观和客观，自我与世界，个别我与宇宙我都消融在同一整体之中。同样，佛教也强调说，根本没有真实的整体，万事万物是分离的，分裂为无限的细微元素，个人不过是物理和心理元素的集合体，背后并无真实的灵魂我，而外部世界也是无常的元素集合，也无持久恒常的物质。到了第二阶段，如前面指出的，分离诸元素间的因果联系实体化，因果性成为了融合前一阶段分离的诸元素的唯一宇宙本体，成为了没有任何自性的“空”。佛教

① yogi-pratyakṣa 瑜伽现量。参见拙作《涅槃》第 16 页以下。

② bhūta-artha（五唯对象）。

曾经构造了很有意思的极端多元论体系，以反对一元论，但这种精
22 神并未坚持下来。它也没有能摧毁印度的一元论，因为后者在婆罗门系统中有着深厚的根基。相反，一元论倒是咄咄逼人的。它最终成功地进入了佛教的核心。一经移植到这块新生土地上，旧的一元论产生出种种强大的派别来。在龙树和提婆那里，它以破斥异己的方式，建立了辩证的基础。作为一种唯心主义的(唯识)体系，它又在无著、世亲的哲学中取得了武断的统治。最后，在陈那和法称的哲学中，一元论批判地建立在认识论和逻辑学的基础上。反过来，捍卫自身立场的论辩又不能不影响到旧的一元论派别。我们知道乔荼波陀(Gauḍapāda)就建立了一个叫吠檀多的新宗派。他直率地承认自己追随佛教[①]。而在商羯罗大师那里，这种坦诚的感情变成了宗派的敌意甚而是极度的仇恨。但即令如此，以后在同一个吠檀多派那里，我们仍旧看到像室利哈沙(Śrīharṣa)[②]等人还是通达地说他们的理论与中观宗并无重大的分歧。

因此，印度哲学史上的佛教与吠檀多是互有借鉴的宗派。

6)弥曼差派

弥曼差派是婆罗门祭祀宗教中最正统的神学家，除了祭献，他们厌恶任何理论。吠陀经典在他们看来只是关于祭仪的规定和证明其报偿的七十条命令[③]。弥曼差的宗教中没有宗教激情，没有

① 参见 S. N. 达斯古普塔《哲学史》V. 1，第 422 页以下。

② 见《诘蜜》第 19、29 页。

③ utpatti-vidhi(从吠陀引证的权威文章)。

道德的增进，一切都基于一个原则：施舍给婆罗门，你自会获得报偿[①]。不过由于需要为自己的事务性的宗教辩护，需要加强吠陀经典的权威，他们发明了声常的理论。照这种理论，组成我们言辞的音素(gakārādī)同别的音响不是一回事[②]。它们是自在的实体， 23
是恒常遍有的，但它们只在偶然场合显现，而一般不为凡夫所知。如同光线仅仅照显光线所及的事物而不产生事物，我们的发音也只是显明而不是产生吠陀之声。这种荒谬说法遭受了正统与非正统各派的抨击，而弥曼差也以种种理由和非常精细琐碎难解的诡辩为自己辩护。由于在别的所有问题上，他们都坚持了坚定的实在论的反形而上学的否定立场，所以弥曼差关于声常的哲学冥想，显然绞尽了脑汁。没有创造主，没有全知者，没有圣者，没有任何神秘主义的东西。世界即显现于我们感官的东西而已。从而没有与生俱来的观念，没有构造性的(杜撰的)认知，没有表象，没有内省(自证)，只有纯粹意识[③]——记录和保存我们外部经验的感觉和记忆的白板。从永恒之声理论中透露出来的超实在论精神也在报偿的说法中表现出来。组成复杂献祭仪式的每一部分行动都产生局部的果报(bhāga-apūrva)，然后这些果累积起来，作为结合起来的报偿[④]，产生献祭所企求的结果。在实在论立场和逻辑上，弥曼差与正理—胜论的实在论者几乎没有差别，关于声常的论题是

① phala-vidhi(果报的轨则)。

② 对于巴达弥曼差(Bhāṭṭa-Mīmāṃsakas)，他们像胜论一样以声(dhvani)为空(ākāśa)之德(guṇa)，但词语(varṇa)则是实体(dravya)并且是常。

③ nirākāram vijñānam(无相之识)。

④ Samāhāra-apūrva，关于 apūrva(新生的，先未曾有的)参见 Goldstücker 的词典。

他们的分歧点；而他们的死敌是佛教。在哲学观点上，弥曼差与佛教几乎没有一个论点不是针锋相对的。

所有这些哲学体系，无论其本体论有多大不同，都有一个共同特点：他们的认识理论一般说来都处于朴素实在论阶段。即令是吠檀多，尽管主张精神一元论，也还是在经验界内承认一种实在论的关于知识来源的理论。我们发现认识中同一光线射向对象，捕捉其形式，再带着它返回个体的灵魂。而这光线、这对象和这一个
24 体灵魂都是同一实体的事实本身居然并未妨碍这些哲学家的实在论的思维习惯。

正理—胜论派发挥并捍卫了这种实在论的认识论。

7)正理—胜论派

佛教逻辑的产生，正是出于坚决反对正理—胜论（以下简称正胜派）实在论者的精神。既然我们要一再提到这个系统，不妨在此谈谈他们的主要原则。

印度实在论者认为外部世界以其真实存在为我们感知，没有先天的观念（nirākāram vijñānam）和先验原则①，一切都从外部进入认识个体。一切知识都是感官（trividha-sannikarṣa）活动而导入认识的灵魂的经验，并在灵魂中被筛选、安排（Samākalita），作为过去经验的遗迹保存下来，这些遗迹是眠伏的，（Saṃskāra＝smrti-janaka-sāmagrī）但在适当场合就给唤醒，产生回忆，与新的

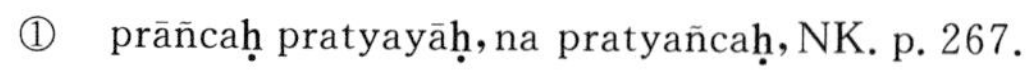

① prāñcaḥ pratyayāḥ，na pratyañcaḥ，NK. p. 267.

经验混合产生有分别的知识[1]。意识是纯然的，不含任何表象的(nirākāram vijñānam)。但它思虑，或以其认识之光直接照显外部实在。它把纯然的意识之光投到感觉范围内的对象上。视觉是一种光线，它可以达到对象(Prāpya-kārin)，捕获其形式，然后将此形式传给灵魂。外部实在与对外部实在的认识两者之间没有表象，因而认识就不是自明的、内省的(introspective)[2]，它不是领悟表象，而是领悟外部实在，世界本身。认识的自我明了(自明性)[3]被说成对自身当中认识活动存在的推导认知[4]，或者说是感觉认识的后一步[5]。外部世界的结构完全符合它在我们认识中的及我们 25
的语范畴中所见的言情况。它由我们的感官可以择取的实体(实)[6]与属性(德)构成，运动(业)，也就是实在本身，它内在于各自的相应的实体。共相一般(同)也是外部实在。外部实在依据一种内在关系(和合性)，而与自身中包含的个别事物(异)结合起来。和合性(即内在关系)也是实体化的，它也是一种特殊的外在实在。所有其他的关系在存在的范畴表上都属于德，但和合性却是区别于与之相系的事物的外在实在，是"句义"[7]。一共有六个存在的范畴(句义)：实、德、业、同、异和合。以后也有加上"非有(abhāva

① savikalpakam pratyakṣam(确定的感觉)。

② svasaṃvedanam nāsti.

③ 指认识主体随认识而应有的明了，觉察，无此明了，等于没有认识。——译者

④ jñātatā-vaśāt(随顺所得智)。

⑤ anu-vyavasāya(随后的规定)。

⑥ 以下每一范畴后面给出的名称是佛经中的旧译。——译者

⑦ padārtha(范畴)。

非存在)”的[①]。非有也是真实的句义,可以经某种特别的接触而由感官认识。因果关系是有创造力的,即是说,质料因与效能因[②]结合起来产生一个代表了新整体(avayavin),一个先前并不存在的东西(asat-kāryam=pūrvam asat kāryam)的新实体,虽然构成它的材料是始终持续存在着的。此整体乃是与构成它自身的各部分不同的实体。此外部世界的全部结构,及其关系和因果性都是经感官可以认知的。理智[③]或理性并非灵魂的本质,是借助某种特殊作用而在灵魂(神我)中生出来的。借助推论,它认识了那已给感官认识的同一对象。不过却有更高程度的清晰明白。这整个体系反映出实在论原则的逻辑运用。如果实体是真实的,其中所属的共相也就是实在的,二者的关系也是外部实在的。如果一切
26 是真实实在,就必然是感觉认识可以达到的。这就确立了这样的原则:把握感觉范围内存在的某一对象的感官,也应该把握内在于对象的共相,关系及偶然性的非存在等。

在这些实在论的学说体系当中推理(比量)理论与演绎形式完全符合其整个实在论的基础。它们的演绎推理过程当中没有先天的观念、必然的真或必然性。每一推理都基于以往的经验,所有偶然性的认识。既然是以往经验的结果,那么一切不变共存关系只

---

① abhāva 等于 abhāva indriyeṇa gṛhyate(由根所获之非有),参见《议论正理》(Tarka-bhāṣā)第 30 页;这同样为古数论所认可,参迦克拉帕尼(Cakrapāṇi)解积迦罗卡的书(IV. 1. 28)。它是 viśeṣya-viśeṣaṇa-bhāva-sannikarṣa(最低限度的能所别关系,称谓关系)。

② samavāyi-kāraṇa(和合因缘),nimitta-kāraṇa(动力因)。

③ buddhi(觉)。

能处在经验范围内。逻辑理由与结论①之间不存在先天联系。因而，不变共存关系都建立在经验、感觉知识上面。它是作为经验的总结（upa-samhāreṇa）而被确立起来的。

演绎式有五支（部分），是从一个特例向另一特例的推演步骤。所以例证（喻）起着单独一支的作用。例证应该说明的一般原则（vyāpti 遍充关系），倒作为附属部分包含在例证中。这个推演形式之所以为五步，因为它是归纳—演绎性的。这五支是：宗（论题）、因（理由）、喻（即例证，它包括大前提）、合（运用，即小前提）和结（结论—论题），例如：

1. 宗　此山有火，
2. 因　有烟故，
3. 喻　如厨，有烟也有火，
4. 合　今此山有烟，
5. 结　故此山有火。

在较晚的时期，弥曼差派作了让步，认为只需前三支或后三支就足以得出结论了。如果我们在后三支中删去喻支内的实例，就得到一个严格的亚里士多德的第一格演绎式。

早期正理派经典中，除了现量论（感觉论）和具有必然结论的比量论（即演绎推理的理论）关于这类的理论，还包括如何进行辩论的详细规则。

佛教对逻辑问题开始感兴趣时，正理派已经有了成熟的逻辑。
然后佛教着手将自身移植到这种前佛教的主干上。但两种完全不 27

① yogyatā-sambandhaḥ= svabhāva-sambandhaḥ（相应系属，相应和合，相应不离）。

相容的世界观之间出现了冲突。婆罗门系统的逻辑学是形式的,它建立在朴素实在论上。佛教当时则是批判的观念论者。他们的逻辑兴趣不在形式方面,而在哲学方面,即认识论方面。改造逻辑已势在必行。陈那完成了这个任务。

§7. 陈那之前的佛教逻辑[①]

正理派的基本经典是乔答摩(Gotama)的格言,其中包含了松散地混杂在一起的辩论轨范及一部逻辑指南,其中专门谈推理和演绎法的部分相对说不很重要。正理派的实在论的本体包含在其姊妹派别胜论学说中。《正理经》第一卷大部分是讨论公开辩论的方法。其中讨论了"善的[②]"及"恶的[③]"论争(即"论议"和"曲解"——译者)、论诘(即"坏义[④]"——译者)、无效的回答(即"倒难[⑤]")、错误理由(即"似因[⑥]")以及出现似因的场合,辩论人必须由裁判宣布失败(即"堕负[⑦]")。同佛教的斗争促成了婆罗门系统的逻辑改造,在新的逻辑形式中,关于论辩的这部分被取代了,演绎的理论成为了中心部分。

---

① 关于这个主题,参见J.图齐(Tucci)的论文,(发表于JBAS,1926年7月)第451页以下。其中有关于无著的和别的著作中有关逻辑的部分的情况介绍。不过他关于《思择论》(Tarka Śāstra)残篇内容的介绍并不同A.V.沃斯特里科夫(Vostrikov)以及B.瓦西里耶夫(Vassiliev)辑录的内容一致。

② Vāda.

③ chala.

④ Vitaṇḍa.

⑤ Jāti.

⑥ Hetv-ābhāsa.

⑦ nigraha-sthāna.

正理经典初成的时代不能确知[①]。系统形式的正理哲学晚于
其他古典派别。但就其辩论术教法言，可能很早就有了。小乘佛 28
教这方面的材料没有保持下来，但极可能他们有过关于辩论术的
著作。《论事》中关于补特伽罗（我）的公开辩争就具有高度的技
巧，其中每一种论法都暗示出完全有可能存在过一些教授辩论术
的指南[②]。当时论题的演绎形式我们不清楚，但辩论的手法是很
丰富的。

我们所知佛教最早的辩论术著作有两部小册子，都在藏译佛经中，即龙树的《迴诤论》[③]和《论题的逐一破析》（《广破论[④]》）。两者都阐述并证明了进行辩论的唯一方法，即：揭示没有肯定性的东西。论敌的任何肯定命题都因为被证明其相对性而遭到辩证地破斥。世间肯定不存在不从某方面显出相对性的事物，因而一当其辩证性揭露出来，其最终真实也就给否定了。前一部小册子提到

---

① 关于正理派的前历史可参见雅各比的《印度哲学早期历史》（Zur Frühgeschichte der ind. Phil.），S. C. 维迪雅布萨那（Vidyābhūṣaṇa）的《印度逻辑史》第1—50页，以及图齐的《陈那之前的经典》（Pre-Dignāga Texts）中的“导言”，在第27页。乔答摩·足目的《正理经》可能的时期可参见雅各比在JAOS（1911）第29页上，H. 乌易（Ui）的《胜论哲学》第16页（RAS），L. 斯瓦里（Suali）的《印度哲学》（Filosofia Indiana）第14页，W. 鲁本（Ruben）的《正理经》（Die Nyāya-sūtras）第7页，S. N. 达斯古普塔的《哲学史》第五卷第277页，以下以及拙著《认识论和逻辑》（Erkenntnisstheorie u. Logik，附录II，慕尼黑，1924）等书。

② 这也是C. A. F. 里斯·戴维斯（Rhys Davids）夫人的观点，见《宗教和伦理百科全书》中的“逻辑”；也参见维迪雅布萨那《逻辑史》第225—250页中关于巴利文经典的逻辑著作的探索，和第157—163页关于耆那教文献的调查各部分。

③ Vigraha-vyāvartinī. CP. 丹珠尔（Tanjur）V. tsa. 月称数次提到此书，现有图齐的梵文译本。

④ Vaidalya-sūtra and prakaraṇa 与上面的《迴诤论》都在图齐的“陈那之前的经典”（Pre-Dignāga Texts）中。

了正理派常用的四种证明法，而后者引述了乔答摩最早的格言并列举了正理经最早的十六句义。龙树挥起他相对性的利斧，证明了十六句义是相待的，从而说到底是不真实的。因而我们可以断定，在龙树时代，正理派已经有了基本的逻辑经典。进而还可以假定早期小乘的派别中大概也有这类小册子，龙树不会是最早的编
29 纂者。尽管如此，龙树引进或遵循了佛教作家们的习惯，专门写作了辩论术的小册子。我们可以看到，此后每个有名声的佛教学者都编纂了自己有关辩论术的小册子，教授公开辩论的方法。

之后的几世纪中，佛教徒在逻辑上并无多大进展。这是很自然的事，只要龙树的观点占支配地位，情况就不会改变。因为对绝对者的认识排斥了一切逻辑。而对经验界的实用目的说来，正理派的实在论逻辑也就够用了[①]。此时的佛教尚未感到批判或改造逻辑的必要性。但新的时代终于来临，龙树的绝对相对主义观点被放弃了，无著、世亲兄弟研究了正理派逻辑，并使它适合自己哲学的观念论基础。

无著大约首先将正理派的五支论法引入佛教加以运用，他也有一套辩证论的规则，本质上与正理派没什么区别，他在逻辑和辩论术方面似乎并无什么独创性[②]。

---

① 乔答摩与龙树的关系有些类似阇弥尼（Jaimini）和波达罗衍那（Bādarāyana）的关系，他们都曾相互引证过，参见维迪雅布萨那的前述书第 46—47 页。此外，《正理经》中的 Vitaṇḍa（论诘）（见该经之 I. 1. 1）我们大约也只能理解为中观随应破派论辩法的含义，室利哈沙在前引的《诘蜜》中使用了 Vaitaṇḍika（反驳者）作为中观派的同义词。从而可以得出结论：正理派和中观派显然较之乔答摩与龙树更早。

② 见维氏《逻辑史》第 263—266 页，他说弥勒写有《十七地论》，另见图齐前所引书。

世亲则是著名的逻辑家，他写过三篇逻辑论文。这三篇著作没有藏译本，其中有一篇有不完全的汉译[1]，名字叫《论净的艺术》 30
(Vādavidhi[2])。从现存部分判断，它与正理派基本经典相似，重要论点，现量及比量(感觉与推理)定义、关于声的论题等，陈那都引用过(在《集量论》I. 15 等中)。但汉译本却没有发现这几点。现量定义说，通过现量，“来自对象本身”的知识被理解。由于强调“本身”二字，我们理解这是指最终的真实对象，事物有效能的真实性。它同表象中构造的对象不同，后者的真实性仅仅是有条件的[3]。这个定义的措词虽然与正理派的说法区别不大，但仍然是佛教的。但陈那批评它表述不正确，评论说这不会是世亲大师所说。这句话把后来的注家们弄糊涂了。胜主慧(Jinendrabuddhi)在他的《广博纯净疏》[4](Viśālāmalavatī)中解释，他以为陈那意思是说这不像是世亲成熟时期说的话，因为后来的世亲批判力已达完善。世亲写这本书时还是毗婆沙论者。贾曹杰(Rgyaltshab)认为[5]，这

[1] 关于这个复杂的问题，可参见：杉浦(Sugiura)前引书第 32 页；维迪雅布萨那的前引书第 267 页；埃因加尔(Iyengar)的 JBORS, XII, 第 587—591 页以及 IHQ, 第 5 页，第 81—86 页；基斯(Keith), IHQ, 第 4 卷第 221—227 页；J. 图齐；JRAS, 1928, 第 368 页, 1929, 第 451 页以及 IHQ, 第 4 卷第 630 页；图齐认为《如实论》与《论轨》无关。但据列宁格勒佛教研究所的鲍里斯·瓦西里耶夫(Boris Vassiliev)的一篇论文，他论证《如实论》原是三卷本的《逻辑科学》，现存《如实论》是一卷辑出本。安德烈·沃斯特里科夫(Andrew Vostrikov)的另一篇论文，考证：1)现存《如实论》是两三个不同著作的片断辑出，其中有世亲的《论轨》。2)世亲写了《论轨》《论式》《论心》而第二部书是第一部的修订本。

[2] Vāda-vidhi《论轨》，据学者吕澂先生说，《论轨》即西藏《解释道理论》，见《现代佛学》1954 年第 2 期。其余两部书已佚。——译者

[3] Samvṛtti-sat(世间的有经验的存在)。

[4] 丹珠尔. 第 115 函。

[5] 出自他所注的《集量论》f 20. a. 5 以下。

个定义可能被解释为承认极微(原子)的实在性;而认为事物是极微所成同世亲的极端观念论是矛盾的。所以陈那的话只能理解为,从世亲后来的观念论立场出发,他不应该下这么个定义。在另一部叫《论式》(Vāda-vidhāna)的著作中(书名与《论轨》意思相近,但形式不相同)据说世亲纠正了这一说法。婆罗门系统各派的逻辑著作都提到这个定义[①],并将其归到世亲名下加以批判。世亲所用的论证方法是正理派的五支作法,虽然这出在《阿毗达磨俱舍论》增补的一段文字中[②],但我们知道他有时也使用一种简略的三支论式。从世亲的著作中,已经可以看出逻辑理由的三相(三方面特征——译者),而因三相是佛教证明不变共存关系的方法。关于因的种类和逻辑谬误分类法与正理通行的一套不同,但它原则上符合陈那开创而由法称发展的理论。如果我们补充说,关于纯然感觉活动的现量定义——这是陈那学说的一大特点——在无著[③]的书中已见端倪,恐怕就不能不得出结论说,为了适应一种观念论体系,陈那和法称的逻辑改造已经酝酿在对正理派的实在论和形式逻辑的改编工作当中,而这件工作开始于无著世亲,或许更早。

① 《正理释补》第 97 页也提到它,《严净论》(Pariśuddhi),第 640—650 页;基斯教授认为这个定义说明世亲并非敏锐的逻辑家(?)。参见 ZHQ 第 4 卷,显然他没有注意到这一简洁定义的众多含义。

② 参见拙著《佛教的灵魂论》第 952 页。

③ 参见图齐撰文,在 IHQ 第 4 卷第 550 页,无著的 Uttara-tantra《究竟～乘宝性论》中已使用"分析性的"因(Svabhāva-hetu,自性因)。

§8. 陈那的生平 31

西藏史家多罗那他(Tāranātha)、布通(Bu-ton)等人的著作中,陈那、法称的传记中充满难以置信的神话色彩,这使我们极难确定其原来面目,当然有的材料比较可信,如师承关系,种姓及出生地等等。世亲是陈那的老师,不过陈那前来问学时,世亲已经年高名重。法称又是陈那的再传弟子,他直接师事自在军(Iśvarasena),自在军事迹不见于该宗历史,尽管法称曾批评他误解了陈那的教法。他们的师承关系如下:世亲——陈那——自在
军——法称[①]。法称的学术活动在七世纪中,因此世亲也就不可 32
能早于四世纪末[②]。

陈那、法称都是南印度人,出身婆罗门家庭。陈那生于建志(Kāñcī)地方,他早年从犊子部教师出家并受戒。犊子部认为人我是与组成人我诸蕴(诸元素)不同的实在物。陈那最早由于这点与老师意见不合而离开寺院[③]。他前往北印度就学于世亲门下,后者在晚期大乘佛教中名重一时,他是唯一被称为佛陀再世的大师。

---

① 见多罗那他的《佛教史》。

② M.诺埃尔·佩里(Noel Péri)在他论世亲年代的杰出论文中将年代定得较早,但其根据显然是弄混了两个世亲,另一个是《俱舍论》中提到的世亲长老,亦即《百论》(Śataśatra)作者婆薮菩萨。V.史密斯在《早期佛教史》(第3版,第328页)中的看法也基于同样的混淆。

③ 博学的翻译家Maṇi-mekhalai认为建志的佛教徒在陈那之前就研究过因明(逻辑)。既然犊子部与胜论的一些观点如此相似,这就不是不可能的。参见《莲花戒》p.132.6。肯定地早在陈那之前的某些大小乘派别中就有了二量和无分别现量的理论。陈那虽然给这些理论以新的意义,但他却从说一切有部的《俱舍论》引一段话来支持自己的说法。

世亲的教法包括当时印度的一切学问，简直是一部百科全书。他门下人才济济，最显赫的有四位高足，都能自立门户（rañ-las-mkhas-pa＝svatantra-paṇḍita），不受师说束缚，发展一门独特的学问。精通十八部知识（即阿毗达磨）的是安慧（Sthiramati）大师，解脱军（Vimuktasena）精于经院哲学（智度论），德光（Guṇaprabha）娴于戒律。陈那则精于量论（因明，即逻辑）。他们的著作都保存在藏译本中。如同他在犊子部中时，因补特伽罗（人我）的说法与
33 师见不和，陈那在逻辑问题上也与世亲不一致①。

他求学时研习创作的两部早期著作是专为初学者准备的手册，一是《阿毗达磨俱舍心要灯》（Abhidharmakośa-marma-pratipa②），这是世亲的主要著作之一《阿毗达磨俱舍论》的摘要。另一部叫《佛母般若圆集要义论③》（Aṣṭa-sāhasrika-prajña-pāramitā-sūtra-piṇḍārtha）。前者是关于早期佛学的一类（即阿毗达磨）的入门书，后者是讲智度的一元哲学的指南。陈那的其他著作都是有关因明的④。开始他写了好些短论发挥逻辑观点，这些短论部分保存于汉藏译本中⑤。后来他又写了一个很大的集子——《集量

① 如前面所说的，他对世亲现量的定义的评论，大约就是一种表达自己不同意老师见解的礼貌的方式。

② 丹珠尔，第 70 函。

③ 丹珠尔，第 14 函。

④ 这些指《观所缘缘论》、《观三世论》、《因轮论》、《正理门论》、《集量论释》、《因门论》（TSP《真理要集评注》p. 339. 15）。

⑤ 奇怪的是，陈那的主要著作《集量论》竟然在中国和日本不为人们知道。取代它的是商羯罗主（Śankara-swāmin）的《入正理门论》（Nyāya-praveśa），关于《集量论》的著作权，M. 图比安斯基有所论证；关于《入正理门论》的著作权，可参图齐的前引书；鲍里斯·瓦西里耶夫在前面提到的论文中论证说中国逻辑家们只是对《集量论》耳闻而已。

论》，精炼地包藏了以往有关量论（因明）的全部观点。《集量论》以颂体写作并附有陈那自己的注解。但注解过于简练，显然是为教师准备的。若不是有胜主慧（Jinendra buddhi）[①]的详尽透彻而明晰的注本，恐怕是无法读得懂的。以往陈那的逻辑短论都被结合起来安排在《集量论》中。

陈那完成学业之后的生活，当然与他那时代印度所有的著名
学者一样。他漫游于印度各大寺院间。偶尔驻足，教授子弟，编纂 34
著作并参与辩论。在那烂陀寺，他以辩才击败了叫苏杜阇耶（Sudurjaya）的婆罗门，成为无敌的因明家。公开的辩论是古代印度社会生活的一个特点。辩论会的场景常常是很壮观的，国王、廷臣及僧俗大众也都参加，寺院的生存繁荣与否往往系于辩论的胜负。胜利者取得国王和政府的支持，为僧团争取到皈依者，获准兴建寺庙。今天在西藏和蒙古，有声望的导师也就是某一大寺的创建人；这些寺庙也就是钻研学问的地方，并且往往享有很高的学术威望。

陈那在辩论中的胜利扩大了佛教的影响。作为强有力的佛教宣传家，他被誉为"征服了世界"。（dig-vijaya）如同普世的君主将整个印度纳入其治下，这位辩论的获胜者力图将他的信念传至整个次大陆。似乎除了迦湿弥罗，印度没有他足迹不至的地方。但他接待过来自迦湿弥罗的传人，他们以后在那里建立了陈那的宗派。这些宗派研讨陈那的著作并且也产生了颇有名气的一些因明家。

---

① 指《广博纯净疏》（Višālāmalavatī）参见丹珠尔，第 115 函。该疏本的选段翻译后在本书附录 IV 中。

§9. 法称的生平

法称生于南印度特利马拉耶（Trimalaya，是否即 Tirumalla，不详）的一个婆罗门家庭。他受的是婆罗门教育，以后对佛教产生了兴趣。为从师于世亲的门人，他到了那烂陀寺，当时护法正做那里的寺主。护法给他授了戒。当他对逻辑发生兴趣时，陈那已经谢世，他便随陈那的弟子自在军学习并且很快就在见解上超过了老师，据说自在军本人也承认法称比自己更能深刻了解陈那的教法。在导师认可之后，法称开始用颂体写作一部巨著，其中包含有对陈那那部主要作品的透彻而详细的注解。

法称的余生完全用来写作这部巨著，教授门人，参与辩论和从
35 事宣教活动。他死在羯陵迦（Kalinga）一座他所创立的寺院中，周围都是他的弟子。

尽管他的传教活动范围相当广大并且颇有成就，但始终未能挽救佛教的衰亡，而至多延缓了这一过程。佛教的命运是注定了的。最有天才的人也不能改变它。紧接而来的是枯马立拉（Kumārīla）和商羯罗大师（Śankara-ācārya）的时代。关于法称在公开论辩中击败婆罗门的故事恐怕是事后的传闻及法称后学们的虔诚希望。这也间接透露出，这几位婆罗门系统的大师没有机会与法称对阵。佛教在印度的没落以及何以得在边境地区幸存下来，其原委大概再不会为我们知道。史家对此意见倒是一致的：法称时代与无著、世亲在世时已不可同日而语。佛教已经在走下坡路，信众的热情正在减退。他们的目光转向了印度教诸神，佛教只有向北发展才在西藏和蒙古找到了家园。

法称似乎预感到了佛教的厄运。使他感觉悲痛的是：弟子中无人充分了解他的思想，无人可继承他的学业。如同陈那的门人都很平庸，隔了一代才有继承人，法称学说的得力后学也是他的再传弟子法上。他的嫡传弟子天主慧(Devendrabuddhi)虽然满怀热忱，不畏艰苦，但天分却比较平庸，不能充分把握陈那思想的深意，把握自宗的先验认识论的系统。法称自己的一些述怀诗透露出为此深感悲哀的情绪。

法称的巨著开头第二颂据说是受到指责后添写上去的。他在颂中说：人类大都满足于平庸陈腐，不求完美，又无意寻求深刻的教义，满心是仇恨和嫉妒。所以我写此书并非为他们，而只因为它 36
可以让我的心得到慰藉，它使我对每一美好言词的深厚长久的爱得到满足。

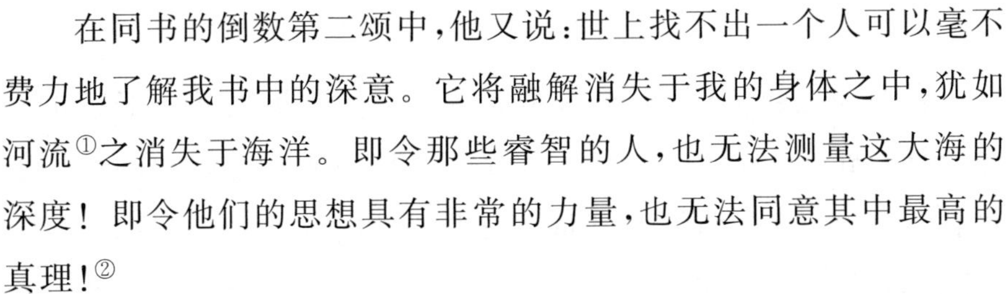

在同书的倒数第二颂中，他又说：世上找不出一个人可以毫不费力地了解我书中的深意。它将融解消失于我的身体之中，犹如河流[1]之消失于海洋。即令那些睿智的人，也无法测量这大海的深度！即令他们的思想具有非常的力量，也无法同意其中最高的真理！[2]

诗歌集中有一首诗也表达了大致一样的情绪，因而人们估计

① 藏译本作 sarid iva 而非 paya iva(如江河，而非水)。

② 新护(Abhinavagupta)在这几句话中发现的 śleṣa(爱、给予、把握)似乎并非著者的本意。注释们未提及它。参见《韵光》(Dhvanyāloka)的注疏，第 217 页。按阎摩梨(yamāri)的解释 analpa-dhi-śaktibhiḥ 必须分解为 a-dhī 和 alpa-dhī-śaktibhiḥ。其意义便成了“那仅有些微或根本没有理解的人，如何可以测度这深度?”并且说这是指天主慧的低能。

这也是法称所作。诗人将自己的作品比作没有新郎可以匹配的美女。“当创造者塑造出这么一个体态娇好的美人时,他会怎样想呢!他慷慨地花费了太多的美的材料!他经历了创造的痛苦!他在那些平静生活的人们心中点起了精神之火!而她,美人自己,却是如此不幸,她不可能找到配得上自己的郎君!”

就个人的性格言,据说法称非常骄傲自信,他蔑视平庸的人和冒牌的学者。多罗那他说,当他完成自己的巨著时,曾给那些学者们(Paṇḍits)看过,但却不受赞赏,那些人不怀善意[①]。法称痛苦地说到他们的愚钝和妒嫉。据说,法称的敌人曾将他的著作拴在狗尾巴上,让狗拖得满街都是。但法称说:随着这狗跑遍所有的街道,我的书也将遍及世界。

37
§10. 法称的著作

法称有七部因明著作,这是西藏任何学习因明的人必读的根本著作(mūla),称作《七论》。虽说《七论》原来只是陈那《集量论》的详尽注释,但它们结果却取代了陈那的著作。七部论著当中,《量评释论》(Pramāna-vārtika)最为重要。它包含了法称的整个逻辑体系,其余六论是从属的,被称作《六足》[②](意思说有支撑《量评释论》功用,这里的《六足》并非说一切有部的基本经典《六足

---

① 参见增喜(Ānandavardhana)的《韵光》第 217 页。多罗那他说到有这么一首颂,法称在其中夸耀他的梵文文法超过月官(Candragomin),诗歌胜过圣勇(Śūra)。这个颂刻在印尼波罗浮屠(Barabudur),参见 Krom,p. 756。

② 另有一种说法认为其中三部为“体”,其余四部为“足”,参见《布通佛教史》。

论》——译者)《七论》之数目“七”使人想起有部的阿毗达磨,那也是一为主六为辅的七部著作。这里的“足”是“助成”的意思。显然,法称认为,对逻辑和认识论的研究不得不取代古代的佛学。《量评释论》包括四品(部分),分别谈到为自比量、知识的可靠性、现量和为他比量(论证),它以2000颂写成。第二部是《量抉择论》(Pramāṇa-viniś-caya),它有颂有散文(长行),是《量评释论》的略本。其中的偈颂,一半以上出自前一部书。《正理一滴》(Nyāya-bindu)更为简略。后两部书都分三品,讨论现量、为自比量和为他比量(即论证)。其他四部著作专门谈逻辑问题,《因一滴论》讲因的分类;《观相属论》(Sambandha-parīkṣā)考察关系问题,是附有作者自注的短论,《议论正理论》(Codanā-Prakaraṇa)谈的是辩论艺术;《成他相续论》(Santānāntara-siddhi)是针对唯我论而写的有关外在的精神实在性的讨论。除《正理一滴》外其他各论均未见梵文本。《七论》都保存于西藏丹珠尔经典中。藏文资料中还有一些据称是法称所写的诗集,对圣勇(Śura)的《本生鬘》(Jātakamālā)及有关《律经》(Vinaya-Sūtra)的注释,但真假尚难断定[1]。

§ 11.《量评释论》各品的顺序 38

法称结果只对该书第一品的偈颂作了注释,而其余三品均交

① 据多罗那他说,法称还写过一部论密教仪式的著作,而爪哇的密教徒也认为他是该派的教师。但这也许只是缘于他们希望本派有一位著名大师的愿望。丹珠尔中有此部密典。

由门人天主慧(Devendrabuddhi)注解，只是法称并不满意天主慧的注释。多罗那他说到天主慧的前两遍注都遭到法称责备，到第三遍才勉强为他认可。法称说弟子并未懂得自己书中的深意，只能说字面意思大体没什么错误罢了。[①]

《量评释论》的体例使人感觉诧异。因为《量抉择论》、《正理一滴》这两个节略本中各品顺序都是自然的，与陈那的体例相符。陈那也是从现量和比量开始讲起的。两个节略本都先讲现量，然后是为自比量和为他比量，而《量评释论》秩序是倒置的，它从为自比量品开始，进而审查知识的可靠性，然后回过头来谈现量，再谈为他比量。合乎情理的顺序本应当是知识的可靠性的"成量品"，然后是"现量品"、"为自比量品"、"为他比量品"，因为这是因明的主题自身所要求的。所以如此，是因为整个第一品，即讨论知识可靠性的一品，实则包含的只是对陈那著作开头的归敬颂的解释，此颂是对佛陀的礼赞，除了通常的称号，这里佛陀又被称作"为量者(Pramāṇa-bhūta)"[②]或称"逻辑的体现"。整个大乘佛学、对绝对者、对无所不知者存在的证明都在这一品中。

自然我们以为法称的著作应该从关于知识真实性(即成量品)的讨论及无所不知者存在的证明开始，然后是现量、为自比量，为他比量，因为这一顺序是因明学科本身所要求的，而且整个印度哲学和婆罗门各派的逻辑著作中也都采取这种体例。从为自比量开始，将讨论知识真实性一品置于为比量与现量之间，现量则

① 参见多罗那他的《佛教史》。

② 参见杜塔的《因明入正理门论导言》。

被放到第三品的位置上，结果，为自比量及为他比量间横插上两 39
品。这就完全违反了印度哲学的惯例，也不符合所讨论问题的本质。

这种极古怪的现象自然不能不引起西藏和印度的法称注家的注意。关于《量评释论》各品的顺序引起了他们的激烈的争论，有赞成将它改动以合乎自然顺序的，也有主张维护原来顺序的。A. 沃斯特里科夫先生考察了这些意见，以下即引自他的论文[1]。赞成维持原体例的理由是说，既然法称嫡传弟子天主慧支持他，而法称本人又只对"为自比量品"作注。我们当然也就设想他是从第一品开始注释的，由于去世他才中断了对其他各品的注解工作。另一个值得注意的事实是：关于佛陀论（宗教部分亦即成量品）的一品不但在其他的各论中被删掉了，而且法称还强调性地明白表达自己的意见说，绝对的全知的佛陀是形而上的实在，是超时空的超出经验的，而我们的逻辑知识只限于经验界，因而关于佛陀我们既不能确定地思想，也不能加以言说[2]，我们不能肯定或否定他的存在，既然自然顺序上的佛陀论一部分必然是法称早年所作——至少在他作自在军弟子时就开始的，A. 沃斯特里科夫先生便认为法称在晚期思想上才有了变化，如果不是宗教信仰方面的，也是方法上的。所以，在他的成熟时期，才放弃了对开头的那一品作注，而将现量品交给天主慧，自己则对那最困难的为自比量品作注解。

① 他的论文在列宁格勒佛教研究所的一次会议上宣读，即将出版。

② 参见《成他相续论》最后一段及《正理一滴》第三品第 97 节。

§12. 释文派的诸注家

无论如何，法称的因明著作是大量注释文献的起点。藏译本的这类著作分为三种，各因其指导思想不同而有不同注释风格。
40 天主慧开创的一派可称直接意义派，也可以称作“释文派”它致力于准确表达法称本子的直接意义，而不纠缠它的深层思想。这一系以后有释迦慧（Šākyabuddhi），光慧（Prabhābuddhi），前者著作有藏译本①，后者著作已佚，他们都注有《释量论释》，但却忽视了《量抉择论》和《正理一滴》，后两部书有律天（Vinītadeva）注本，他也信从字面意义，学风朴实。该派西藏传人值得提出的是克主杰（Khaīḍub），它是宗喀巴（Tso-Khapa）的弟子②。

§13. 迦湿弥罗派或阐义派

另两派并不满足于传达法称著作的直接意思，而致力于发掘其中的哲学含义。第二派可按它活动的地域称之为迦湿弥罗派，或者由于它主要倾向于哲学，而称为“批判派”（吕澂先生称为“阐义派”——译者），在他们看来，佛陀是绝对实在、绝对知识的人格化。大乘佛是形而上的实在，无论遮表（否定或肯定）俱不可认

① 丹珠尔经释，第97、98两函。

② 克主杰为《量评释论》作过两卷极详细的注释（共800片），另有两个较小的独立的因明论著。

识[1]。陈那的《集量论》纯粹是逻辑著作，而《量评释论》不过是对陈那的详细注解。《集量论》开头的皈敬颂固然说到了大乘佛的诸功德并将它等同于纯粹的量（逻辑），但这仅仅是照例表达敬慕，没有理论上的意义。这一派致力于揭示陈那和法称著作的哲学含义，认为它是逻辑学与认识论的批判系统。他们的目的就是使二人的学说发展、改进、完善。

这一派的创始人是法上（Dharmottara），发源地在迦湿弥罗，主要活动家多是婆罗门。法上因为思想敏锐而在西藏享有很高的 41
威望，虽说他不曾直接受教于法称，但他正是大师所渴求的继承人。他的注疏文字不仅透露出思想的遒健，而且往往见解独卓，有的重要论题也能讲出新意来。多罗那他书中并无法上的传记，也许因为他主要活动于迦湿弥罗的缘故。不过，他并非迦湿弥罗人。依迦湿弥罗的编年史载，国王胜鬘在延请他之前曾梦见日从西起。这大约是公元 800 年时的事[2]。九世纪的筏遮塞波底·弥室罗（Vācaspatimiśra）多次提到法上[3]。

法上没有注法称的最重要著作《量评释论》，但对《量抉择论》和《正理一滴》却有细密的注释文字。他对这两部书的注释分别称

① deśa-kāla-svabhāva-viprakṛṣṭa，参见《正理一滴》第三品第 97 节。

② 参见《迦湿弥罗王统记》（Rājataranginī）IV. 498："王认为这是一个绝好的环境，因为法上来到该国，彼时他曾在梦中见到一轮太阳从西方（印度）升起。"斯坦因关于此颂的译文必须加以订正，因其未能注意到（颂中出现的）'阿阇梨法上'实为一专有名词，若允许这部编年史中有 20 年的伸缩，我们以为法上来该国住锡并教学是公元 800 年。

③ 《正理经释补疏记》（以下简作 Tātp.），第 109、139 页。

作《大疏》和《小疏》[①]。法上是否曾有意注释《量评积论》不得而知，他也没议论过《量评释论》各品的秩序，法上曾盛破律天的主张。律天是第一个学派即释文派的追随者，在《正理一滴》的工作上算是法上的前辈。

迦湿弥罗著名的诗艺作家，婆罗门增喜（Ānandavardhana）曾
42 对法上的《量抉择论释》作疏记。但至今仍未发现这个本子[②]。

《量抉择论释》的另一部疏记是迦湿弥罗的婆罗门智吉祥友（Jñānaśrī[③]）所作，此疏藏文丹珠尔经典中存有。再就是外号大婆罗门的商羯罗难陀（Śankarānanda）给《量评释论》作了相当广博的疏记，可惜没有完成，现存注本在丹珠尔中有一大卷的篇幅[④]，是对《量评释论》第一品所作的注疏，但连这一品他也未注完，此疏本本应有四卷，像阎摩梨（yamāri）的疏本那样。后者属于第三派法称注家。

第二派在西藏传人中有宗喀巴的弟子贾曹杰（Rgyaltshab），

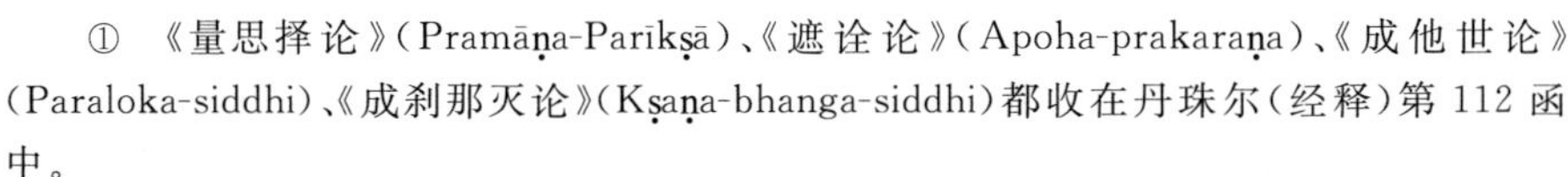

① 《量思择论》（Pramāṇa-Parīkṣā）、《遮诠论》（Apoha-prakaraṇa）、《成他世论》（Paraloka-siddhi）、《成刹那灭论》（Kṣaṇa-bhanga-siddhi）都收在丹珠尔（经释）第112函中。

② 从新护（Abhinavagupta）给《韵光》所作注看，其中有一段（第233页 Kāvyamalā 辑），似乎说增喜写了一部《量抉择论释疏》（Pramāṇa-viniścaya-ṭikā-vivṛtti）作为对法上所作的给法称《量抉择论》的注释的疏本，同时他讥讽他将自己的著作命名为“法最上”（Dharmottama）。这是不加修改理解这段话的唯一途径，不然我们就必须读成 Dharmottarāyam 了。参见 G. Biihler 的“克什米尔报告”第65页。H. 雅各比的《韵光》译本重印本第144页及拙作《晚期佛教徒的认识理论》（俄文版，圣彼得堡，第35页，注2）。

③ 这位作者常被援引并称作智吉祥友，参见 SDS P. 26（浦那，1924），《严净论》（Pariśuddhi）第713页，不过这里有两个作者会被提到，智吉祥贤（Jñānaśrībhādra）智吉祥友（Jñānaśrīmitra）。参见维迪布萨那的《逻辑史》第341页以下；多罗那他的《佛教史》第108页，只提到了那位生活在那耶波罗朝的智吉祥友。

④ 丹珠尔（经释，第17函）。

他专门研究因明，差不多所有法称陈那的著作都有他所作的注疏[①]。

§14. 第三派或明教派的注家

这一派同样致力于揭示法称著作的深刻意义，指明这些著作的根本倾向。他们同样蔑视释文派仅从字面讲解法称。但对法称因明的根本宗旨、究竟什么才是法称学说的核心，他们与阐义一派大相径庭。据他们声称，《量评释论》的目的并非是要解释陈那的 43
《集量论》，后者是纯粹的逻辑著作，而《量评释论》是对整个大乘经典的评释。大乘经要证明的是佛陀的存在、全知和种种功德，这称作法身（dharma-kāya），它又体现为自性身和智身（Svabhāva-Kāya＝no-bo-ñid-sku；jñāna-kāya＝ye-śes-sku）。称作因明的逻辑的全部作用，只是为了给形而上的理论廓清场地，按这一派的看法，法称学说的精髓部分包含在第二品中（依《量评释论》原来的顺序），即专谈我们知识如何可靠的一品，从而，也就是讨论宗教问题，即佛陀论的问题。

明教派的创始人是慧相护（Prajñākara Gupta），他显然是孟加拉邦人。多罗那他的书中没有详细的慧相护传记，但说他是居士，

① 他所作的注本（ṭīk-chen）有《集量论》的，《量评释论》的，《量抉择论》的，《正理滴论》的以及《成他相续论》的。这些本子在彼得格勒亚洲博物馆都有。关于宗喀巴的两个弟子——克主杰和贾曹杰——在注释《量评释论》上的方法异同关系，可参见隆多Loṅ-dol（Kloṅ-rdol）喇嘛的《因明名数释》Gtan-tshigs-rig-paimiṅ-girnams-graṅs，f. 2a（A. 沃斯特里科夫）。

生活在摩诃波罗王(那耶波罗王,Nayapāla)时代,该王是波罗王朝的摩希波罗(Mahīpāla)的继承人。因而他的年代便应是第11世纪。但这不太可能正确,因为10世纪时的乌德衍那·阿阇梨(Udayana-ācārya)曾引用慧相护的作品,[①]慧相护大约是他的同时代人。由于法称已为《量评释论》第一品作过注释,慧相护仅注了其余三品。该疏本在丹珠文藏经中占两卷篇幅。仅第二品就是一卷。慧相护的这个本子不像别的注释称之为 ṭīkā(疏记),而是称 alankāra(庄严,装饰)作者也被称为“庄严大师”(rgyan-mkhan-po=alankāra-upādhāya)。所以用这个名称,他暗示说:真正的注疏需要大得多的篇幅以及不可多得的后学的非凡理解力。所以他只
44 编写一个短短的“庄严”,为才智平庸的人辑出法称理论的要点。慧相护猛烈攻击天主慧及他的只顾及直接字面意义的治学方法,直呼后者为笨蛋。

慧相护的门人又分为三支,代表者分别为胜者(Jina),日护(Ravi Gupta)和阎摩梨(yamāri)。其中胜者[②]是最坚决最起劲的追随者。他也是慧相护思想的推进人。他主张《量评释论》各品的真正秩序应该如此:第一品讨论包括佛陀论在内的知识的真实性,然后才分别以现量,为自比量及为他比量为二、三、四各品。由于傻瓜天主慧没有领悟,因此才将这本来清清楚楚的自然顺序弄乱了,他认为既然法称先注了第三品,所以应该是从为自比量开始,实际上法称可能只是考虑第三品是最难于理解的,而他又觉得

① 见《严净疏》(Pariśuddhi)第730页。

② 多罗那他未提到他,藏文 rgyal-ba-can 中提到他的梵文原名是 jetavān。因为较慧相护的另一弟子日护晚,他必定是11世纪的人。

有生之年恐怕不能完成整部著作的解释，所以才选择注释了第三品。

日护直接受教于慧相护。不过他的活动区域似乎只限于迦湿弥罗，他可能是智吉祥友①的同时代人。日护代表较胜者更温和的一派。他认为《量评释论》的各品顺序应该像天主慧说的那样。虽然天主慧天分不高，但也不至于连老师著作的顺序也不清楚。他相信，法称的宗旨是为作为宗教的大乘佛学确立基础，对陈那著作的注释只是他部分的工作。

慧相护的第三支传人是阎摩梨②，他是迦湿弥罗国智吉祥友
的门人，但他似乎主要在孟加拉一带活动。据多罗那他说，他与大 45
婆罗门商羯罗难陀（Šankarānanda）是同时代的人。阎摩梨是迦湿弥罗派的最后代表，生当波罗王朝那耶波罗（Nayapāla）王的时代③，因而两人都是十一世纪的人。阎摩梨的态度比日护更温和些。他在著作中反驳了胜者，认为他并未弄懂慧相护的原意。阎摩梨也同意，作为法称亲传弟子，天主慧不可能弄不清像《量评释论》各品顺序这样的基本问题。

阎摩梨（关于《释量论》庄严疏）的释论，在丹珠尔中占去四大，

---

① 维迪雅布萨那的《逻辑史》（第 322 页）将这位日护与 17 世纪时另一同名者弄混了。参见多罗那他《佛教史》第 113、130 页。

② 据多罗那他说（第 177 页本文）他似乎是居士和修密法者。

③ 多罗那他《印度佛教史》（席夫纳）藏文刊本第 188 页有段文字，据王西里俄译本第 239 页所解，意为商羯罗难陀注疏的文字出现在法上注疏中，而席夫纳在德译本中亦作此解（!）。但这段文字的真义是：在（八、九世纪的）注疏家法上作品中，竟发现有（十一、十二世纪的）商羯罗难陀的文字，造成这种（时代错乱）现象是因利他贤译师（Gshamphan-bazan-po，曾译法上《量抉择论释》）曾在其使用的（法上注疏）梵本页边抄下商羯罗难陀注疏的文字，遂使后人错会（以为这些页边旁注也是法上原文中所有）。

全书的构思明显与同时代迦湿弥罗派最后注疏家婆罗门商羯罗难陀所造（关于《释量论》的）注释有同样广大的规模。

使人诧异的是，这第三支系的注家都不是僧侣而且显然都信奉密教。

这一支系并未传到西藏。按西藏学者们的说法，慧相护是从极端相对主义，亦即是用随应破中观派的观点来阐扬《量评释论》的。该派的大家月称，完全摈弃陈那的改革而倾向于正理派的实在论逻辑。而慧相护认为陈那的改造是可以接受的，只要像月称那样，承认这样一个前提，即：逻辑方法完全不可能认识绝对者。

寂护（Śantirakṣita）和莲花戒（Kamalaśīla）的立场也如此。尽管他们对陈那体系有深入的研究，并娴于精彩的发挥，但他们是中观派，本质上是宗教徒。这点可从他们别的文字著述看出来。他们属于中观瑜伽派或中观经量部。

46 萨迦班智达[①]所创的西藏学派的看法不同。他认为逻辑（因明）完全是世俗学问，根本不包含佛教在内。因明的地位如同医学、数学。著名的历史家布通也持这种观点。但是，现在占统治地位的格鲁（Gelugspa）派斥责这种说法，他们承认法称的逻辑是作为宗教的佛教的基础。

下表列出了《量评释论》各注家间的关系：（《量评释论》共有七个注本和疏本，其中有五个本子都未对第一品作注释。）

---

① 贡噶坚赞（Kun-dgaḥ-rgyal-mthsan）萨迦寺第五代座主。（吾师王森先生指出：原著者在这里搞错了。贡噶坚赞应为萨迦第四祖。——译者）

第一家（即“释文”派）

《量评释论》

品次：1. 为自比重　2. 为量说　3. 现量　4. 为他比量

注释：自注　天主慧注

萨迦菩提（释迦慧）注

（关于第一家，值得一提的还有律天，但他没有注《量评释论》却注了法称别的书。）

西藏学者中属于这家的还有克主杰（Khai-dub）。

第二家（迦湿弥罗的批判派）

《量评释论》

品次：1. 为自比量　2. 为量说　3. 现量　4. 为他比量

注释：自注

婆罗门商羯罗难陀再作疏

西藏贾曹杰（Rgyal-tshab）的注释

（属于第二家的有法上，他注有《量抉择论》和《正理滴论》，再就是智吉祥友，也注了《量抉择论》。但二人都未给《量评释论》作注。）

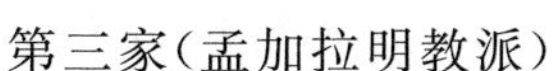
第三家（孟加拉明教派） 47

《量评释论》

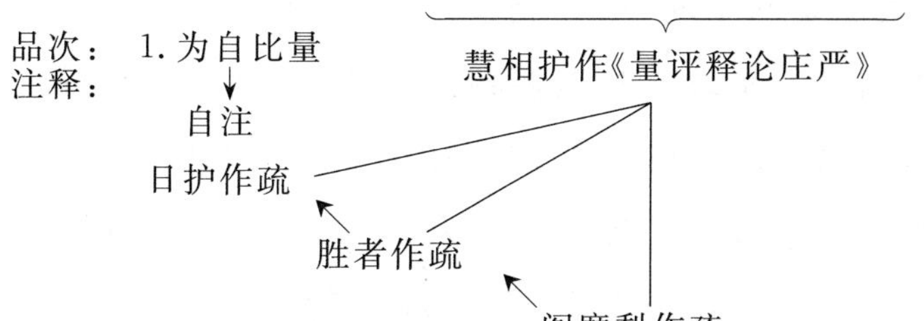

（据我们所知，这一派在西藏无传人。表中箭头表示所批评的对象。）

§15. 后佛教逻辑和印度唯名论与实在论的斗争

佛教在印度哲学中的极盛时代有三世纪之久。这构成了印度哲学的一段间奏，之后的印度哲学史不再包含作为对立一方的佛教派别。尽管隐遁的佛教徒就居住在喜马拉雅山的另一侧而且佛教在这新家园酝酿了一场伟大的文化运动，但两侧的交往却很少，地理环境并不适合相互的了解。对西藏人说来，印度依然是圣地。但佛教的印度已经成为过去。他们对印度新的历史现状感到陌生，似乎根本不了解那里出现的变化。

在与佛教斗争中，婆罗门系的各派哲学尽管从变化甚大的历史条件中得以复兴，但胜利者中也有的似乎因为损失过重而很快就消亡了。唯物主义者作为独立的哲学派别，大约是与佛教一道消失的。经过普拉帕格拉（Prabhākara）的改造，弥曼差派与旧的
48 祭祀宗教一道消失了；而经过改造的数论被纳入了吠檀多派的樊篱，不再是独立的派别，最终剩下的只有两个派别，即作为一元论系统和世俗宗教基础的吠檀多和极端实在者的正理—胜论派。这种现象与西藏和蒙古的一般情况相似，我们发现那里居统治地位的是作为大众宗教的基础的中观宗；另一方面是法称的因明体系。

正理派自始至终捍卫它的一般的实在论原则，但它的敌人却来自各个方面。它们的实在论与形式逻辑很快就遭到了数论和佛

教的进攻。6—10 世纪，它不得不同唯名论者的佛教徒进行斗争，而后者是实在论的死敌。

如上所说，印度的两个独立哲学派别都是极端实在论的。对他们说来，不但共相一般，就是关系，也都是实在的东西，是实在的“范畴(句义 padārtha)”，具有客观真实性和可靠性。这两个派别就是正理—胜论派和弥曼差派。它们的对手起先是数论体系和小乘佛教，后来是大乘佛教与吠檀多派。这些派别攻击实在论，坚决主张某种唯名论，否认共相的实在性，否认内在因(和合性)范畴等。唯名论者的批判在正理和弥曼差那里产生了不同的结果，正理—胜论派对佛教毫不妥协，加强了自己的实在论立场，抵御佛教的影响。由于受到对手强有力的逻辑的逼迫，实在论退守到了极端边缘，得出逻辑上不可避免的荒谬结论。他们诚心诚意地(bona-fides)将实在论弄到了荒谬的境地。这实际上表明了任何人，如果坚持做彻底的实在论者，他就不可避免地要用如此多的客观实在来布满世界，以至于生活于这样的世界上是不会使人舒服的。时间、空间、以太，最高神我、个体的灵魂、内在因，这些都是无处不存 49
在的外部实在。非存在、运动、关系、性质、第一属性(如像体积等)以及第二属性(如对象可感知的性质)所有这一切都是自在的外部实在，与它们所寓居的实体相区别。佛教越是攻击这种理论，正理派就越加顽固地坚持它，如果关系是自在的客观真实，内在因(和合性)又何尝不是实在物呢[①]？如果它是实在物，为什么不能够是唯一的无所不在的力量，不能随时准备将实体和属性结合起来呢？

① 参见普拉夏斯塔巴达(Praśastapada)对和合性(Samavāya)的论述。

这种实在观点的逐步僵化过程是同佛教的争论一开始就注定了的。

这一时期，正理派产生了两位杰出的作家，他们给乔答摩·足目的《正理经》作了注疏和再注疏[①]，前者是伐差耶那·帕克希拉斯瓦明（Vātsyāyana Pakṣilasvāmin），他可能与陈那同时代，他的注疏本质上忠实于《正理经》的传统释意，他以简释的形式写下从正理派的著名创始人那里口口相传至他那个时代的流行解说[②]。给陈那提供批判材料的，也主要是这部注疏。正理派此期的第二位著名人物是巴拉德婆迦（Bhāradvāja）的婆罗门乌地约塔卡拉（Uddyotakara），他的年代略早于法称。他在自己的再注疏中替伐差耶那辩解，猛烈抨击陈那。乌氏擅长言辞，充满战斗热情，他满不在乎地歪曲对手的观点，用诡辩的答复蒙骗对方。他并不打

50 算对自己的体系加以任何改变，不过正理派的极端实在论特点，有部分要归咎于他[③]。在激烈的辩论当中，他提出了极端实在论的观点，他之后的正理派也就保留了这些观点。

同一时期，必须提到的胜论哲学家有普拉夏斯塔巴达（Praśastapāda），其生期多半比陈那早些，就其本体论言，他坚持实

① 不过有一点应指出，正理派经历的发展显示出与佛教类似的情况。正像佛教一样，它们也放弃了原先关于无生命的唯物论的涅槃，但并未像佛教代之以泛神论的涅槃，而是换上了有神论的永恒性。这样的涅槃是对全能者——iśvara-praṇidhāna（从自在天而获的一种境界）——的永恒而静止的冥思虔信，类似的境界可参见以某些欧洲神秘论者如 M. 德·蒂尔蒙特（Tillemont）所描述过的德·波特·罗耶尔先生的感受。

② 不过 W. 鲁本博士在他的《正理经》中试图寻出乔答摩和伐差耶那哲学的实质差异来。参见 OLZ（1929，第 11 号）上我的书评。

③ 例如，关于非有（不在眼前之物）与感官之间的接触（Samikarṣa）的理论——abhāva indriyeṇa gṛhyate.

在主义，逻辑上他受佛教影响较深[①]。

9 世纪时正理派方面产生了最突出的人物筏遮塞波底·弥室罗(Vācaspati-miśra)，他可以称作印度婆罗门哲学中的伟人。他学识渊博，又总是掌握第一手的资料，即令是最困难的最晦涩的理论，经他讲析，也都变得明晰易解。而且他的态度并不偏颇。他并不是新哲学理论的创始人。但却是充满严谨科学态度的哲学史家。他的早期著作之一有《正理穗》(Nyāya-Kaṇikā)，他最后的也是最成熟的伟大著作是《正理经释补疏记》(Nyāya-vārtika-tātparya-ṭīkā)，其中几乎完全是对佛教理论的解释和驳斥[②]。

筏遮塞波底的后学和注释者乌德衍那·阿阇梨(Udayana ācārya)也有好几部驳斥佛教的著作。

他们都生于 10 世纪末期，即正理派与佛教进行斗争的古典时期。

新正理派的创始人是甘格夏(Gangeśa-upādhyāya)，他著有《真实如意珠》(Tattva-cintāmaṇi)。该书的体例，以陈那和法称为范本，因而是分析性的。乔答摩《正理经》原来的松散结构被抛弃了。不再有关于辩论术的指导，逻辑成为了该书主题。批判的对象不再是已经消失的佛教，而常常是普拉帕格拉及其门人。

公开申明其实在论立场并用实在主义逻辑加以论证的第二派是弥曼差派。他们不像第一派那样顽固坚持实在论原则。由于佛
教的抨击，它分裂为两家，其中一家对佛教观点作了重大的让步。51

① 参见拙著《早期佛教史》附录 II(慕尼黑，1924)。

② 关于他，参见 Garbe, Der Mondschein 的导言以及雅各比教授纪念论文集中的拙文。

这并非说他们完全承认了共相的观念性质和唯名论性质而否认了内在因(和合性)的范畴。但在一系列重要观点上,它们的确放弃了正理派的超实在论态度。它的始祖是普拉巴卡拉。他是枯马立拉的学生,后者是佛教的敌人。

枯马立拉(Kumārila-bhaṭṭa)的巨著是《颂释补》(Ślokavārtika),其中有 3500 颂,完全是对佛教的驳斥。但其中关于佛教因明家的信息并不多,并且也不太清晰。作为热情的论辩家,枯马立拉刻意追求惊人的妙语和机敏的反诘,因而引述论敌的观点时态度并不公允。枯马立拉的注释者波利多萨罗底·弥室罗(Pārthasārathi-miśra)常常给他补漏洞。巴氏写有一部《论灯》(Śāstra-dipikā)主要目的在驳斥佛教。

普拉帕格拉[①]真正是佛教的私生子,虽然他是枯马立拉的子弟并宗其老师之说,但他却违背自己老师的极端实在主义,采取了一种自然得多的立场。枯马立拉将时间、空间、宇宙、以太(空)、运动(业)和非存在(非有)一律归为感官可认知的。而普拉帕格拉不承认这些。他认为非存在的认识[②]仅仅是对空无位置的认知,这一点他与佛教是一致的。关于幻觉这样的重大问题,他同意佛教的解释,认为起于对差异的非感知[③],他还承认一切心识的根本特性在于它是内省的[④](自我意识的、自明的)。他承认认识活动中

① 关于普拉帕格拉可参见他的《五句义》(pañcapadārtha),波利多萨罗底·弥室罗的《论灯》中相关段落,《印度思想》中 G. Jhā 的文章及雅各比纪念论文集中的拙文。

② anupalabdhi.

③ bheda-agraha=akhyāti.

④ sva-saṃvedana.

主体、客体和认识行动三者的基本统一性[①]（即量、能量及所量三者的同一——译者）。在好些细节方面，他都背离了师说而同佛教徒站在一起，从而他建立了一个弥曼差神学家们构成的实在论新派别。正理派的逻辑家们则与旧的弥曼差派联合起来攻击普拉帕格拉的追随者。之后的几个世纪中，弥曼差两派都经历了没落与衰亡，但是一个新的强有力的反实在论的派别却兴起了，这就是形 52
式上改造过了的吠檀多派。它有众多的分支。这当中攻击实在主义最力的是室利哈沙（Śriharṣa）。他在《诘蜜》（khaṇḍana-Khaṇḍa-Khādya）一书中公开声明在反实在论的斗争中他与中观派是一致的。室利哈沙主张"中观派和别的大乘佛学的本质是不可否定的[②]"。商羯罗大师（Śankara Ācārya）也受佛教影响，但他对此却是讳莫如深，尽量掩饰。

等到佛教失去与各派的均势时，各派便互相指责对方屈从于佛教的影响。吠檀多说胜论是伪装的佛教徒（Pracchanna-banddha），因为后者承认某些实体具有瞬时性，如运动、声、思都如此。胜论也反过来指责吠檀多派像佛教一样地否认了外部世界的最终真实性。普拉帕格拉通常被称为"佛教的朋友（bauddha-bandhuḥ）"。

甘格夏的门人从杜班迦（Durbhanga）迁到孟加拉（Bengal）建立了学派住地后，原先的好斗精神让位于平和的态度。新学派的注意力集中在推理证明上，致力于为论证过程的每一细小步骤判

① tri-puṭi＝pramātṛ-pramāṇa-prameya.

② 参见前面第 22 页（即本书边码，下同——译者）注②。

定精微的定义。印度逻辑再度回到它的起点上,恢复了形式逻辑的体系。

从而印度逻辑史反映了两千多年的发展过程,其中包含了佛教逻辑的一段300多年的间奏以及同其他各派的持久斗争。

§16. 中国和日本的佛教逻辑

前佛教时期的古代中国有它自己的非常原始的关于逻辑问题
53 的讨论①。但它显然没有通俗性并且同后来随佛教传法僧侣和西行取经的僧侣们引进的佛教因明没有关系。

新逻辑两度从印度传入,第一次在公元6世纪由印度僧人真谛(Paramārtha)带去;第二次则是7世纪的中国求法僧人玄奘。真谛传译了据称为世亲的三部著作,即《如实论》(Tarka-śāstra)、《反质论》(Paripṛcchā-śāstra?)和《堕负论》(Nigraha-sthāna-śāstra)②。它们在《大藏经》中分列为三条目③,其中还有真谛对三论作的三个分册的注疏。从以后的经录看,三个分册分置的三论只剩了一部(一分册),而注疏则完全佚失,仅存的一个分册,虽然也叫《如实论》,但保存的仅是一些片断,很可能是从三部论中辑出来的。

---

① 参见胡适《古代中国逻辑方法的发展》(上海,1922)以及马伯乐(M. H. Maspero)的文章(1927)中关于墨子及其学派的注释。

② 参见鲍里斯·瓦西里耶夫的前引书。

③ 参见《综理众经目录》、《南条文雄目录》第1608号以及《历代三宝记》第1504号。

另外，从汉文的注疏中，我们可以了解玄奘弟子们曾对《正理门论》和《入正理门论》作有注释文字。它们表明，玄奘后学知道世亲的三部因明著作，即《论轨》(Vāda-vidhi)[①]，《论式》(Vāda-vidhāna)和《论心》(Vāda-hṛdaya)。这三部著作的片断保存在《如实论》中，《如实论》列在《大藏经》目录上。

属于这一时期且值得一提的是无著的逻辑著作[②]。

第一次传入中国的因明没有什么结果，没有产生当地的因明著述，并无注疏本和独立的撰述[③]。从外来因明著作均已佚之，最后只剩一个分册的残篇可以看出，这些东西是不受重视的。

由于玄奘，因明第二次传入中国并流向日本[④]。玄奘归国后
就译了陈那的《正理门论》和商羯罗主的《入正理门论》。两部著作 54
都是很短的小册子[⑤]，只是陈那逻辑学的提要。商羯罗主稍加一点补充和改动。哲学及认识论部分连同与外道的争论都在书中避开了。仅为初入门者保留了一些范例，较困难的问题也删除了。中国和日本都没有提及陈那的《集量论》和法称的七部著作，当然也未提到因他们而产生的分裂和后学流派[⑥]。原因大约在玄奘自己，虽说他在印度曾在硕学高僧的指导下研读陈那因明，但他却仅

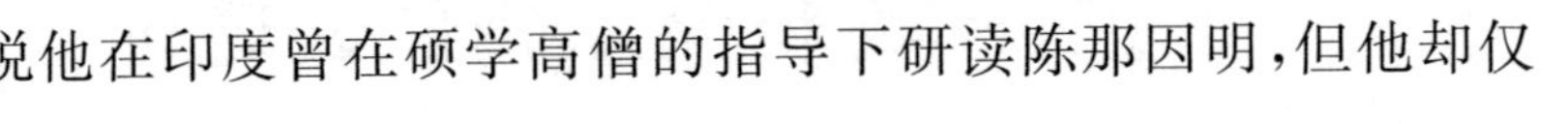

① 而并不是图齐假设的 Vāda-vidhāna(论式)。

② 参见图齐文章，在 IRAS，1929 年 7 月号第 452 页以下。

③ 同上，第 453 页。

④ 参见杉浦，《中国保存的印度逻辑》(费城，1900)。

⑤ 关于两部著作的作者可见图比安斯基在苏联科学院通报(1926，第 957—958 页)上的文章及图齐的前引书。

⑥ 参见图齐的文章，JBAS，1928，第 10 页；B. 瓦西里耶夫认为中国人只是耳闻过《集量论》。

译了两部短论。也许是他更重视宗教本身,而对逻辑与认识论只有有限度的兴趣。

可这次引入因明毕竟有了结果。论疏与疏记都相当多。玄奘弟子中的窥基就很有名,他专门研究了因明。据说他一手执陈那著作,另一手执玄奘讲因明的笔记,就《入正理门论》写了六卷的注释,在中国称作《大疏》[①]。

因明从中国传入日本在7世纪。传播人是日本僧人,叫道昭(Dohshoh)。他慕玄奘大师的名入唐,在玄奘指导下学习因明。回日本后创立了日本第一个因明学派,人称"南寺(the South Hall[②])"。

55 下一世纪,另一位叫玄昉(Gemboh)的和尚从中国带回了《大疏》及别的因明论著,开创了另一因明学派,即"北寺(the North Hall)"。

对所有这些文献的详细内容及内在价值,尽管他们值得复述,但欧洲人似乎尚不了解。

§17. 西藏和蒙古的佛教逻辑

因明在西藏和蒙古的命运与中国内陆不同,除了曾引述片言只语,最早的典籍本身,如世亲的三个论都不为这两地所了解。它们显然没有当地的译本。但胜主慧对陈那主要著作《集量论》的疏

① 参见杉浦著作第39页;关于玄奘的因明学派,也参见瓦西里耶夫前引书中辑的材料。

② 同前一注。

本、法称的七个论、《量评释论》的七个疏本、法上及其他诸人的逻辑著作，都由可靠的藏译本保存了下来。从寂护（Śāntiraksita）和莲花戒（Kamalaśila）到了那片冰雪之原后，西藏与印度的来往想必十分活跃。印度佛教中有名的著作立刻被译成了藏文。当佛教在印度绝迹之后，西藏本土僧侣们的因明著述发展起来，从而逐步继续了印度的传统。最早的西藏因明著作约出现于 12 世纪，正值佛教在北印度的灭绝。藏传因明分为宗喀巴（1357—1419）和他之后的两个历史时期。

第一个独立著述因明著作的藏人是恰巴却杰·僧成（Chaba-choikyi-Senge，1109—1169[1]）。他创造了西藏逻辑风格，关于他的特色后面还要讲到。他对法称的《量抉择论》（Pramāṇa-Viniścaya）作了注疏，并用颂体写了一部因明著作，自己加了注。他的学生精进师子（Tsañ-nagpa-tson-ḍuis-senge）同样有一部《量抉择论》的注疏。这一时期因明著疏的经典是萨迦地区的第五代 56
大喇嘛[2]萨迦班智达·贡噶江村（1182—1251）的《正理藏论》（Tshad-ma-rigspai-gter＝pramāṇa-nyāya-niddhi）。该论为颂体，有萨班自己作的注。他的学生正理师子（Uyugpa-rigspai-Senge）对《量评释论》作了详尽的注释。该疏深受藏人的重视。

这一时期的最后一位代表人物是仁达瓦（Reñdapa-zhounu-lodoi，1349—1412）。他是宗喀巴的老师，对陈那体系的旨趣有一部综述。

---

① 即：法师子，他主持桑浦寺达十八年。——译者

② 经吾师王森先生指出，此处原著有误，萨班应为第四祖。——译者

这一新时代的文献分为系统性的著作和各派自宗的文字，宗喀巴本人只写了一个《法称七论入门》的短论。他的三位高足贾曹杰（Rgyal-thsab，1364—1432）、克主杰（khai-ḍub，1385—1438）和根敦主（Gendun-ḍub，1391—1474）几乎对于陈那和法称的所有著作都有注疏。这类因明著作从未中断，一直继续到现代。西藏和蒙古的这种著作数量之大是很惊人的。

所有这些因明著作均出自西藏各大寺院的喇嘛之手。各个寺庙往往代表不同宗派。其中有一类宗法萨迦大寺。属于宗喀巴一系的不下十个庙宇。也都各各具有讲学世系及经典。扎什仑布寺[①]（Tasiylhuṅpō）就有三个学派（妥桑林、吉康和夏孜三扎仓）。各有该寺喇嘛的不同疏本。色拉（Sera）寺[②]有两派（色拉比和色拉马多扎仓），哲蚌寺[③]（Brai-puṅ）有两派（罗乞林和共茫扎仓）。甘丹寺[④]（Galdan）有三派（绛孜、夏孜和纳里扎仓）。西藏其他寺

57 院都宗法上面的一系，采用相应的范本。蒙古人遵奉哲蚌寺的噶玛（Gomam）派一系。该派为著名的嘉木样大喇嘛（Jam-yaṅ-zhad-pa，1648—1722）创立。这是一位非凡的学者，对于佛教各部的经典都有著述。他是东藏安多（Aredo 甘肃）地方人，就学于西藏中部的哲蚌大寺。因不满老师的教法，便回到家乡安多创建拉卜楞（Labrang）寺。该寺后因其艰深的学问而闻名全藏并成为蒙古的学术中心。注意到他与莱布尼茨属于同时代是令人饶有兴趣

---

① 在西藏中部，始建于 1447。

② 在西藏中部，始建于 1419。

③ 始建于 1416。

④ 始建于 1409。

的事[1]。

各大寺院的因明课程开四年，这期间要求背诵法称的《量评释论》的 2000 颂。这是启蒙阶段的基础教材，也是唯一来自印土的因明教本。至于论释，一般依据十大寺采用的范本之一。印度人的甚而法称的注疏都被忽视而为藏人著作所取代。

西藏人特别重视《量评释论》是值得注意的。法称的其他著
作，法上及别的大师的著作都不曾受到注意。好些博学的喇嘛根
本将它们忘记了。所以如此，据沃斯特里科夫(Vostrikov)说，因
为《量评释论》的第二章专门谈到了佛教作为宗教的真实性。而藏
人对逻辑的兴趣主要是宗教的。因明只作为神学的奴婢。法称的
逻辑对于经验无法证实的信仰，进行了辩证的批判。不过《量评释
论》确实留下了后门，第二章可以使藏人重建批判方法成立的信
仰，即相信无所不在和全知者的存在。而法称的其他著作，以及世 58
亲、陈那和法上等人都倾向于对全知者的存在即佛陀采取批判性
的缄默。

本质上说，因明在西藏并未取得重大发展，法称已确立了它的最后形态。法称在西藏因明中的地位犹如亚里士多德在欧洲逻辑史上一样重要。藏人的因明著述也恰似欧洲中世纪的逻辑作品。他们的注意力首先放在对所有定义的精确和学究式的剖析上。任何一点科学的思想都得归纳为三段论的三个项词。三段论借以表达的命题形式可以是不相关的，只有三个词项才是重要的。

[1] 这两个杰出人物的惊人思想活动都使人联想到他们几乎无所不知。嘉木样的称号便是“无所不知的(Kun-mkhyen)喇嘛”，莱布尼茨则是“全部完全的认识者”(Der All und Ganzwisser)。

辩论中思想的连贯性表现为每一演绎式都依赖另一演绎式。前一个三支比量的因成为后一个三支比量的大词,如此推演下去。直到证明第一个原理。这种连续论式具有下面的形式:如 S 与 P 的存在是因为 M;而 M 所以是确实的,又因为 N;N 又因为有 O,如此等等。这些理由的每一步都可能被敌论者作为错误或不可靠加以反驳。为简化这一连续推理的公式,形成了一种特别的文字风格,称作"果因法(thal-phyir)"。这种方法的创造者归功于法师子。

从而,佛教在印度本土绝灭后,东方仍有三个地方讲因明。1)孟加拉的努地亚(Nuddea),婆罗门系统的正理—胜论逻辑,它在对手佛教消亡之后仍然保存了自己原来的形式。2)中国及日本仍旧研究商羯罗主的《入正理门论》。3)西藏和蒙古的寺院中研究法称的《量评释论》。它成为了诸学科的基础。

三者之中,藏人的学术基地更为重要些。它忠实地保存了印度文明的黄金时代的哲学精华[①]。

限于我们现阶段对因明的认识水平,本书论述的主题,大都依据印度的和西藏的材料。

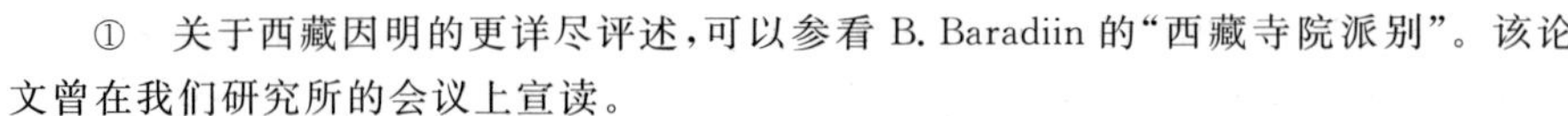
① 关于西藏因明的更详尽评述,可以参看 B. Baradiin 的"西藏寺院派别"。该论文曾在我们研究所的会议上宣读。

第一部分

实在与知识 59

（量论 prāmāṇya-vāda）

§1. 佛教逻辑的范围和目的

"凡一切成功的人类行动都必然以正确的知识为先导，所以我们要研究它[①]。"这是法称给知识论所划定的范围与目的[②]。人的目标或是肯定的或是否定的[③]，或者是欲求的或者是回避的某物。预期的行动[④]在于达到所欲而避开非所欲。正确的知识[⑤]是成功的知识，即是说，它跟随有决心或判断[⑥]，后者便会引导成功的行动[⑦]。那使人误入歧途的认识，即欺骗有知者的希望和欲求的认识便是错误的认识[⑧]。错误与疑惑[⑨]是正确知识的反面。疑惑是双重性质的。它可能是根本无知的怀疑，因为它全然没有决心和判断。这种疑惑便不会引起预期的行动。但它也可能包含了对成功[⑩]的企望或对失败[⑪]的了解，这就会像正确的认识一样，引导判 60

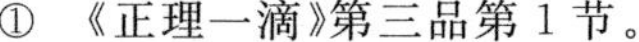

① 《正理一滴》第三品第1节。

② abhidheya-prayojane.

③ heya-upādeya.

④ pravṛtti＝artha-kriyā.

⑤ samyag-jñāna＝pramāṇa.

⑥ adhyavasāya＝niścaya.

⑦ puruṣārtha-siddhi.

⑧ mithyā-jñāna.

⑨ saṃśaya-viparyayāu.

⑩ artha-saṃśaya.

⑪ anartha-saṃśaya.

断和行动。农夫并不能确信丰收，但他指望有好收成并采取行动[①]。他妻子并不知道有行乞僧人要来，不知道会不会要施舍给他为别人准备的食品，但她预料他不会来，所以罐子热在火炉上[②]。

法称的这个知识论定义与现代心理学所认可的定义相差不远。心理学被定义成精神现象学。精神现象的特性就是“对将来的结果的寻求及对所欲达到的目标的手段选择”。[③] 印度的这门学科只限于研究精神的认识现象、真理与谬误，限于人类知识范围。内心的情感成分不在研究之列。从认识的现象定义看，总得说认识活动中存在着（虽然它可以是微妙难言的）情绪，或者是欲望或者是厌恶[④]。这一点在佛教的认识理论中自有特别的意义，因为那称作我（ego）的本质被认为是由情感成分构成的。而详细的分析这些情感并估量价值也就构成了佛学另一分支的内容[⑤]，而不在认识的真理与谬误的讨论中考察。

绪论中已经说了，佛教逻辑是对全盘怀疑论体系的反动，后者

① TSP.，p. 3. 5.

② 同前注。另参见 SDS.，p. 4。

③ W. 詹姆斯的《心理学》I. 8(1890)。

④ 关于正确知识的这一定义——它使知识依赖人的欲求或厌恶——引起了实在论者们的反对。后者指出这一事实：有的正确知识，如对月亮和星星的认识并不依赖观察者的意志，它们既不能说是所欲求的，也不能说是不欲求的对象，而仅仅是无从达到而已。佛教徒回答这一反驳说，不可达到的对象类别必定包含在不欲求的差别中了，因为对象只能分为两种类，即所欲想望的与没有理由要想望的，后一类也许是有害的，也许仅仅是无以达到的。参见 Tātp.，p. 15. 7ff。

⑤ 包括所有情感的精神现象的详尽分类，包含在阿毗达磨中。参见拙作《中心概念》第 100 页以下。

认为一般的人类认知总会遇到不可解决的矛盾。最根本的问题集中在知识的可靠性上，即一切先于有目的的行动的精神现象的可靠性。它研究我们的全部知识来源、感知、反思、概念、判断、推理 61
并且包括演绎式和谬误的全部详细的理论。它还涉及了认识对象的真实性、概念的有效性等问题。实在是什么？思想是什么？其间关系如何？何谓纯有[①]？何谓纯粹思维[②]？何谓因果效能[③]？

意识的阈下部分并不在讨论之列，佛教逻辑只研究推理性质的思想——那种作为预期行动的来源确定的认识活动。它不描述本能的或动物的思维活动，后者，因为常常是本能性质的，所以总是直接地，几乎是自动地[④]追随外来的刺激。这种因果联系的中间环节是不可确定的。新生婴儿和动物都赋有感觉与本能[⑤]这样的先天综合能力[⑥]，但却没有完全的推论能力[⑦]。对此法上说道[⑧]："正确的知识是两重的，或者是本能的，它直接反映于正确的行动中；或者是推论性的，它将注意力指向成功行动的目标。二者当中，只有后者，即促进预期行动的知识，才可以加以审查。它先于预期行动，但又(不以此行动的形式)直接表现出来。当我们获得正确知识时，肯定记住了我们以前见过的东西。记忆加速意志，意

① sattā-mātra.

② kalpanā-mātra.

③ artha-khiyā-samartha.

④ avicārataḥ=āpātataḥ.

⑤ vāsanā=bhāvanā.

⑥ prāg-bhāviyā bhāvanā = avicārita-anusandhāna(斟酌权衡过的思考)。参见NK. p. 252 上，关于动物与人的本能的说法。

⑦ pramāṇa=pramāṇa-bhūtā bhāvanā.

⑧ NBT.(英译本)pp. 9—10。

志产生行动，而行动达到目标。所以它不是直接原因（即是并不具有因果链中介环节的原因）。在预期行动直接显露，目的直接达到的场合，（知识是本能性的），是不能分析的。”

因此佛教逻辑中分析的是我们推论性的思想。这又分为三个
62 主要部分。它们分为知识的起源、形式及语言表达。这三者分别称作感觉认识、推理和演绎（即现量、为自比量和为他比量——译者），不过它们也讨论我们认识外部实在主要依据的感性，产生知识形式的根源的理性和完全表达认识过程的推理论式。所以它们包含了形式逻辑和认识论。

§2. 何谓知识来源

正确知识来源的定义只是佛教逻辑这门学科的范围和目的确定后的自然结果。正确知识的来源是无矛盾的经验[①]。日常生活中，如果某人说的话是真的，并未由经验[②]证伪，我们便称他是正确知识的来源。而在科学中，我们也可以称一切不与经验相矛盾的认识为正确知识的来源，因为正确的知识不过是成功的预期行动的原因[③]。由于这一认识的影响力，我们采取行动并达到目标。就是说，达到那符合我们行动的一点。此点是有效能的实在之点[④]。把握它是预期的。这就建立了实践效果与我们认识之间

---

① pramāṇam avisaṃvādi，（量非虚妄颠倒）参见 NBT.，p. 3. 5。

② NB（英译本）p. 4.

③ Puruṣa-artha-siddhi-kāraṇa.

④ artha-kriyā-Kṣamam vastu.

的逻辑联系。正确的知识是有效的知识[①]。

从字面上说，知识的源泉即知识的原因。原因是双重性的，生起性的或信息性的[②]。如果知识是生起性的，在物理的因果意义上，它迫使人们采取相应行动[③]。如果只提供信息，并无强制性，则属精神性的原因。

在关于正确知识的定义中，我们首先注意到它类似经验论的特点。正确的知识是日常生活的认识，并非对绝对者的认识。是 63
对事物真相的认识，或对外部世界真实性或非真实性的认识。生活中普通人依据感觉认识世界，他们相信对象与感官的联系[④]。或者他们看到了那隐藏在间接处的所欲事物的征象，他们相信隐藏对象与被认识的征象之间的必然联系。他们行动并获得成功。这些凡夫所追求的知识，特点便是逻辑的必然性。法上说，这也就是此学科要研究的[⑤]。

由这种实在论的总趋向产生实在论的逻辑是自然的事。月称也以下列方式给我们描绘佛教逻辑说道[⑥]："对于知识源泉及其相应对象，我们仅仅是将日常生活中的实际情况加以科学的描述。正理派（也是一批实在论者，但却）是蹩脚的逻辑家，他们弄糟了逻辑过程的定义，只好由我们来加以纠正了。"月称说，如果正理派与

---

① NBT.，p. 14，21，Prāpakam jñāṇam pramāṇam.

② kāraka-jñāpaka（能作—令知）。

③ NBT.，p. 3. 8.

④ NBT.，p. 3. 12.

⑤ NBT.，p. 3. 12—15.

⑥ 参见月称《中观论释》p. 58. 14 以下（英译本）。

佛教之间真没有这样一种鸿沟的话，这种工作就是无益的[①]幼稚的了。不过情况显然不如此。佛教对逻辑的补救工作，使其发现了朴素实在论之后的另一世界，这是批判的认识理论所揭示的。与月称的极端怀疑论立场相比较，佛教逻辑显得是实在论的系统，但若与正理派的完全而不调和的实在主义相比较，它又是批判性的摧毁性的。是对我们日常生活中所发生的事物的更深一层的领悟，使佛教在经验主义之后建立了它的先验本源的存在，自在之物的世界。对于月称，终极实在只有神秘直观[②]才能认识。因而，他
64 谴责除日常生活逻辑之外的所有逻辑，认为它们是无济于事的。但对陈那说来，逻辑有其牢固的有效的真实的基础。这点我们将在分析过程中揭示。不过，他的真实与朴素实在论理解的真实是两回事。

§3. 认识和识别

除了不与经验冲突之外，正确知识手段尚有另一特点，即知识必须是新的认知[③]，必须揭示前未认识的对象，它是认识的第一刹那，第一瞬间的明了，第一次闪现的认知，此时正是认识之光被点亮[④]。持续认识只是识别[⑤]，仅仅是第一刹那了知之后的诸刹那中

---

① 参见月称《中观论释》p. 58. 14 以下(英译本)及拙作《涅槃》第 140 页。

② 同前注(拙作《涅槃》第 44 页以下)。

③ anadhjgata-artha-adhigantṛ=prathamam avisaṃvādi=gsar-du mi-slu-ba.

④ NBT. ,p. 3. 11.

⑤ Pratyabhijñā NBT. ,p. 4. 10—12.

的重复认识。可以肯定这种认识是存在的，但它并非单独的知识来源。“何以故?”陈那[①]问道并回答：“由无止境。”即是说，如果任何一个认识都是知识来源，那知识的来源就会是无穷无尽的了。意念、爱欲、瞋恨都是随已被认识的对象而起的，但它们并不被当作知识来源。我们心中的认知成分仅限于了知对象现在(Presence，当下存在)的第一刹那。随之便是理性的综合作用，它构造出对象的形式和表现。但这种构造生自生起性的想象[②]，它并非知识的来源。它是识别，而非认识[③]。

弥曼差派有同样的知识定义，同样认为知识来源是对尚未被认知的对象的认知，[④]但他们认为有持续存在的事物和持续的认识。在相继的每一刹那中，对象及对象的认识都被赋予新的时间特点，但本质上，它们是相同的，因而是持续的(存在)。正理派关于正确知识的来源的定义是：“产生认识的诸原因中的主导者[⑤]”， 65
诸如现量、比量等等。这些定义都预先假设了持续的稳定的原因、设定了持续的认知活动、具体的共相以及具有由混合性认识活动所认知的一般或特殊性质的静止对象。这种认识所以是混合性的，因为它是带有意念成分[⑥]的感觉活动的缘故。佛教认为对象只是刹那而有的，是一系列的事件；它又将感性与理性截然分为两种根本不同的认识工具。感觉领悟，而理智构造。第一刹那是感

① 《集量论》I. 3。

② kalpanā＝vikalpa(分别)。

③ savikalpakam apramāṇam(分别非量)。

④ anadhigata-artha-adhigantṛ pramāṇam.

⑤ sādhakatamam jñānasya kāraṇam pramāṇam.

⑥ savikalpaka-pratyakṣa.(分别现量)

觉刹那，它的功效在于激发那依自身法则[①]产生诸刹那综合的理性活动。外部世界中并没有与此综合完全吻合的具体共相。如果一个对象被感知，第一瞬间的了别总追随有一生动的表象[②]。如果对象由对象的表征而被推知，后者也产生第一刹那的了别，此了别之后追随有那表征的表象以及始终与它伴随的对象的模糊的[③]表象。但在这两种情况下，都只是第一瞬间的了知构成真正的知识来源，无矛盾冲突的经验来源。

一个对象会由它的过去或将来的存在[④]刹那产生刺激，这是不可思议的。只有现在的刹那才有这种功能。所以，那作为新认识的认识，而非识别只能是第一刹那，而且只有此刹那才是真知来源，或达到那对象的最高真实的知识来[⑤]源。

§4. 真理的检验

既然经验是唯一的真理标准。自然会产生这样的问题：产生知识的原因是否同时产生可靠性呢？或者：知识由经验产生，而知识的可靠性则由继起的思维作用来建立？

企图证明吠陀经典权威的弥曼差派首先遇到这一问题。他们
66 提出的四种解答[⑥]在相当长的时间内始终是印度各哲学派别的争

① TS.，p. 390——avikalpakam api jñānam vikalpotpatti-śaktimat.

② sphu ṭābha.

③ asphu ṭa.

④ NK.，p. 260. 4.

⑤ 正理派与弥曼差派自然斥责这种理论。参见 Tātp.，p. 15. 6.

⑥ 参见 ŚD.，p. 74 以下。

论中心。照弥曼差派意见，一切知识内在地都必然是真知，因为知识本身[①]就是可靠的，既然是知识，就不是错误。只有两种特殊场合它可能是谬误：或者它与另一个更为强有力的认识活动[②]冲突，或者它的来源被认明是有缺陷的[③]。例如，色盲错认了颜色。他们规定了这样一个原则：知识本身就是正确的，其缺陷只能由后起的思维作用[④]来证明。莲花戒[⑤]说："为证明吠陀经典的权威性，阇弥尼派[⑥]认为：所有我们的知识来源一般说来是可靠的，错误是外在原因造成的。"

佛教的观点正好相反。他们说知识本身是不可靠的，它内在地靠不住并且有错误。只是通过心智随后的活动的检验，它才成为可靠的知识。真知的标准是有效性。真知是有效的知识。由于无矛盾的经验真理得以证明。所以他们规定：知识的可信赖是由于附加的原因，因为经验自身是靠不住的[⑦]。

正理派认为知识本身无真假可言，真假取决于继起的心智活动。经验既是真理的标准又是谬误的标准[⑧]。所以，他们的规定

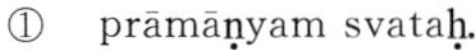

① prāmāṇyam svataḥ.

② bādhaka-jñāna，例如在一枚贝壳被错误地认为是银币结果又被认识到是贝壳时。

③ kāraṇa-doṣa.

④ prāmāṇyam svataḥ，aprāmaṇyam parataḥ.

⑤ TSP.，p. 748. 1.

⑥ 阇弥尼(Jaimini)前弥曼差派的创立人，相传写过《弥曼差经》。——译者

⑦ aprāmāṇyam svataḥ，prāmāṇyam parataḥ(不正确的知识在它自己，正确的知识在于其他)，这里当然指的是 anabhyāsa-daśa-āpanna-pratyakṣa(无十种堕负过失的现量)而非比量。后者本身就是量(认识途径)——svataḥ pramāṇo，参见 Tātp.，p. 9. 4 以下。

⑧ doṣo'pramāyā janakaḥ，pramāyās tu guṇo bhavet.

是：谬误或真理都不是生自那唤起认知活动的诸原因，而生于另外的外在的原因，或是后起的经验。[①]

最后是耆那教，按照他们的总观念，一切实体的本质[②]是不确
67 定的辩证的，他们主张，知识本身无需之后的经验来检查，它是既错误又正确的[③]。它永远是在某种程度上的真理和谬误。

佛教认为，如果有一观念产生，并不足以判断它的真实[④]性，即是否与实在相符合。因为观念与实在并无必然联系[⑤]，其间不符合[⑥]倒很可能。在这个阶段[⑦]，知识并不可靠，但这之后，其来源受到审查[⑧]，当发现它与经验[⑨]符合，并确定[⑩]其有效性时，我们就可以认为它代表真实，便可驳斥一切对它之为正知的异议。至于言辞的证明，那取决于宣说这些话的人自身[⑪]的可靠。但对吠陀经典说，并不存在这样的可信赖之人，因为吠陀的起源据说是天启的、永恒的[⑫]，诸如“树木们参加祭祀大会”“听啦，石头！”之类。这些只能当作疯子的话。显然，它们的来源是那些靠不住的人，从

① ubhayam parataḥ.

② sapta-bhangī-matam＝syād-vāda.

③ ubhayam svataḥ.

④ ŚD. ，p. 76.

⑤ aniścayāt.

⑥ Vyabhicārāt.

⑦ tasyām velāyām，同前注。

⑧ kāraṇa-guṇa-jñānāt.

⑨ saṃvāda-jñānat.

⑩ artha-Kriyā-jñānāt.

⑪ āpta-praṇītatvam guṇaḥ.

⑫ apaụruṣeya（非人为的）。

而，吠陀经若以经验衡量，完全没权威可言[1]。

§5. 实在论与佛教的经验观

不过，尽管经验被佛教当作主要的知识来源（正是在这一点上，它同实在论站在一起），但佛教与实在论对经验的理解差别甚大。对于弥曼差、胜论、正理诸实在论、认识行动与认识内容是不同的（所谓量与量果是不同的——译者）。他们认为，认识行动如同其他的任何行为，总是与行为者、对象、工具和操作过程有关连 68
的[2]。例如，樵夫砍下森林里的一棵树，樵夫是行动者，树是行动对象，斧是工具，斧之运动便是过程。而当一块颜色被某人认识时，他的自我或是灵魂是行动者，颜色是对象，视觉是工具，操作过程便是光从眼睛到对象的运动。所有这些要素中，为主的是视觉[3]，它决定认识的特性，从而称作感觉知识（现量）来源。对于实在论者，那认知结果便是正知。但佛教坚持他们的相依缘起的一般原理[4]，抨击这种基于行动与认识类比关系的整个结构。他们说，这不过是譬喻的说法。既然存在感官、感觉材料和表象，那就有它们之间的相互依赖作用。至于自我（ego）、感官的工具性、对象的摄取、形式的摄取及向灵魂我的形式传递，都不存在。存在的

---

① Ś. D.，p. 77.

② 几乎所有的因明著作都提到这一理论。乌德衍那（Udayana-ācārya）在一节 Pariśuddhi 的摘要中清楚地引述并驳斥佛教的观点。译文见本书第二卷附录 IV。

③ sādhakatama-kāraṇam＝pramāṇam.

④ pratītya-samutpāda.

是感觉活动、概念活动以及二者的配合(Sārūpya,相似相符)[①]或某种协调。我们如果乐意,不妨设想概念活动是对那落到认识范围内的某一具体对象的认知来源。[②] 不过它又是那知识来源的结果。作为来源和结果的是同一事实[③]。无论如何,它是决定我们认识活动的最有效因素[④],不过它并非从实在论角度来理解的工具。对象与表象的相互协调以及表象本身并非两物,它们只是着眼点不同的同一事物。我们可以设想这一协调即是知识来源,但
69 也不妨视为知识结果[⑤]。从这立场出发,量及量果之间的区别是假想的,事实上这种认识手段与认识内容是二而一的。

本书在涉及外部世界真实性问题时,将再度讨论这一有趣的理论。这里只能满足于指出这种差别:实在论以为经验是一种真实的相互作用,而佛教认为是相互依赖的关系。

§6. 两种真实

对于陈那和法称一系,知识的定义与存在或实在(这是两个可以互换的术语,都指终极真实)都是值得注意的。存在,真实存在,终极存在都只是指的效能(efficiency)[⑥]。任何具有因果效能的就是真实的。无效能的则是假,是虚构。物理的因果联系首先是效

---

① sārūpya 可参见本书第二卷附录 IV。

② pramāṇam.

③ tad eva(pramāṇam)…pramāṇa-phalam(量及量果)。参 NB.,I. 18。

④ prakṛṣṭa-upakāraka Tipp.,p. 42. 3。

⑤ 参见 NBT. I. 20—21 和参第二卷上附录 IV 上的评述。

⑥ NB.,I. 15,artha-kriyā-sāmarthya-lakṣaṇam vastu paramārtha-sat.

能。存在、真实、有和事物都是它的不同名称，都是对虚构的否定。无论是纯粹的虚构还是生起性的想象，凡有思想构造痕迹的都是虚构，都不是最终的真实。

燃烧的用来烹调的火是真实的[①]。其存在有真实的物理效能并唤起生动的表象。表象的鲜明程度随距离这物理之火[②]的远近而有变化。即使此火只有一点，它的表象起码清晰到不失为真的程度，即是说，它是经得起视觉检验的当下存在。而非现在眼前的(absent)的火是想象出来的，既不能燃烧亦不可煮食，所以是非真实的火[③]，它产生模糊的、抽象的、一般的表象。即令我们强烈地假想，它也缺少当下的生动性。其模糊的程度与想象力成反比例，而与距离远近无关。只有下的现在的(present)“在此”、“现在”、“此”才是真实的，过去的任何事物都是非真实的，一切未来的、想 70
象的、非现在的、精神的、名言的、一般的共相(无论其为具体共相还是抽象共相)都是非真实的。任何序列与关系，如果撇开其相对待的位置来看待，就是非真实的。只有具物理效能的现在刹那才是唯一的终极真实。

除了这种终极的直接的实在，另有一种间接的实在，这是第二等的，假借的真实。当一表象被对象化而且等同于某一外部实在时，它便获得了一种施设假立的真实性。从这一观点出发任何对象都可以分为真实和非真实的实体，真实与非真实的属性[④]。真

① agni-svalakṣaṇa.

② NB. ,I. 13.

③ NBT. ,p. 14. 6.

④ Tātp. 338. 13，见本书(原书。——译者)第二卷附录 V。

实实体的例子如一头牛，非真实的实体对佛教徒说来，如神、灵魂和物质之类都是。再如数论的原初物质(prnkṛti)就是非真实的。真实的属性如青色等，非真实的属性有恒常不变性，因为佛教看来没有恒常不变之物。我们头脑的虚构物并不具备这种间接的真实性，它是绝对不真的，它只是无意义的言词，如空花，如阳焰[①]，如龟毛兔角，石女之子。

所有这些东西是纯粹想象，仅仅为言辞，后面没有丝毫的客观实在性。相反对的是丝毫不带构想的纯实在。想象与实在之间有一个半想象的世界，虽然由构造性的表象组成，但又建立在客观实在性的牢固基础上。它是现象的世界。因而，有两种真实，纯粹的与杂有想象的。真实的世界由纯的点刹那[②](point-instants)构成。它们(刹那之点)在时间和空间上尚无确定位置也没有可感知的属性。它是最高的终极的真实(胜义有 paramārtha-sat)。另一种真实由对象化的表象构成，它借我们的理性而被赋予时空位置及种种可感知的抽象的属性。这是现象的经验的真实(世俗有 Saṃvṛtti-sat)。

佛教逻辑学的真实有二。一是在纯感觉活动中反映的终极的绝对的实在；另一是在对象化的表象中反映出来的经验的受到限制的实在。

① 沙漠中的海市蜃楼。——译者

② 这是作者创造的一个术语。point 指其为空间上的点，instant 为时间上的点。梵文原文是 Kṣaṇa(刹那)或 svalakṣaṇa(自相)。佛教唯识宗认为只有自相是真实不虚的。——译者

只要与真实[1]有间接的联系，我们就获得了无矛盾的经验[2]， 71
虽说这种经验从终极真实的立场看也是虚幻的[3]。依据这种观点，正确的推理认识（即比量）也是一种幻觉[4]，虽然它是正确的。它是间接而不是直接真实的。

§ 7. 知识来源的两重性

按照我们上面说的真实性的二重性特征，即直接的终极的或先验的真实和间接的经验的真实。知识来源亦可作二重划分。知识来源无非是直接的或者间接的，或者来自对本体的认识，或者来自对被限定者的认识。直接来源是感觉活动，间接来源是概念活动。前者是被动的反映活动[5]，后者是受到限制的反映活动[6]。后者严格说来并非一种反映，因为它只是自发的构造或概念活动，而没有被动性。但折中一点，我们不妨称之为局限性的反映。前者把握对象[7]，后者构想同一对象[8]。需要特别注意的是：对于佛教认识理论说来，并无实在意义上的或拟人意义的“把握捕捉”，不过是从相依缘起的因果联系观点来看，才存在感觉活动对对象的依

① TSP., p. 274. 24——pāramparyeṇa vastu-pratibandhaḥ.

② archa-saṃvāda 同前注（并非 asaṃvāda“不一致”！）。

③ bhrāntatve pi，同前注。

④ NBT.，第 812 页——bhrāntam anumānam（不迷乱的比量）。

⑤ nirvikalpaka-pratibhāsa.（无分别影象）

⑥ kalpanā.（分别）。

⑦ niyata-pratibhāsaḥ=niyatā buddhiḥ 参见 Tātp., p. 12. 27 二藏语 bcad-śes=paricchinnam jñānaṃ；在《正理滴论疏》中（p. 8. 8 以下）该词有不同的意义。

⑧ gṛhṇāti.

赖。使用“把握捕捉”一词仅仅是为了区分认识活动的第一刹那同之后的关于被把握对象的表象构造。一个单一的刹那是独一无二的，并不包含与任何其他物体的相似性[1]的东西。所以它是不可
72 言表，不可再现的。终极实在就是不可言表的[2]。一个心象(representation)[3]或名称总是与一综合的统一体相对应的，后者包含了某种时间、地点和属性。这个统一体是构造出来的，而使它构造出来的心灵的活动并不是消极被动的反映(射)活动[4]。

谈到实在的二重性时，法上同时也谈了知识来源同样有两重性[5]。“认识的对象的确是二重的，即最初的(prima facie)被领悟者和被确定地理解者。前者是实在在第一瞬间直接表现出来的方面，后者是它的形式，此形式在分明的理解中被构造出来。直接地被接受和分明地被思想肯定是不同的两个东西。感觉活动中立刻被了知者只是一刹那。而分明被思想的东西永远是以某种感觉活动为基础的在构想中被认识的刹那系列。”

就知识的不同来源、功能和特征言，印度各哲学派别都有自己的一套说法。如前所说唯物主义者只承认感性认识(现量)。理性在原则上同感性没有区别，因为它也只是物质产物，只是生理过程而已。其他各派至少承认有现量和比量两个知识来源。胜论坚持现比二量(感觉与推理)，数论认为还有一个叫声量的[6]，其中包括

---

① vikalpayati.

② svam asādhāraṇam tattvam 参见 NBT.，p. 12. 14.

③ representation 指经由理性加工过的关于对象的摹状、描述。

④ Tātp.，p. 338. 15.

⑤ NBT.，p. 12. 16 以下。

⑥ 这是指吠陀经典之作为知识来源。——译者

了天启来源。正理论从比量中划出特别的类比推理(譬喻量[①]),弥曼差则增加暗示(义准量)和否定两种认识方法。迦罗卡(Caraka)[②]将知识来源增至十一种,其中"可能性"[③]也是一种独立的知识来源。

陈那[④]以降,佛教一直与胜论站在一起,主张只有现比二量。声量和譬喻都包含在比量之中。暗示(义准量)只是同一事实[⑤]的不同说法。然而,尽管它们都主张两种知识来源,但佛教与胜论关 73
于现比二量的定义、特点分歧是很大的。也就是这种分歧区分了朴素实在论与佛教的批判知识论。这点以后还会讲到。因为现比的二分法是陈那认识理论的基石之一。这里我们只提一句,对于佛教,两个知识来源的区别是本质的真实的区别,也就是先验的区别。感官所认识者绝不从属于比量的认识(推理知识),而比量所揭示者也不从属感官所得。当一堆火眼下存在于知识范围并为视觉所认知时,对于实在论者,这是感觉认识(现量认识);而当火在感知范围之外时,其存在是间接揭示出来的,例如烟被感知才间接报知火的存在。对于佛教,这两种情况下都是既有诸感官也有推理参与的。后一个意义[⑥]在这里只是理性的同义词,因而是非感

① upamāna.

② 迦罗卡是最早的医书作者,被认为是医学创始人。——译者

③ sambhava.

④ 参见德慧(Guṇamati),丹珠尔(经释).第 60 函.f. 79ᵃ. 8 上说到世亲是承认佛经(āgama,契经)为第三种认识工具(Pramāṇa,量)的;也参见 AKB ad. II. 46(英译本则为 V. I,p. 226)。

⑤ NBT.,p. 43. 12。

⑥ 指推理(inference),即比量,推论认识。——译者

觉的知识来源。认识活动或者是感性的，或者是非感性的，或者是直接的，或者是间接的。后一认识都有一个可感知的核心和理性构造的表象，一部分是可感觉的，另一部分是可理解的。事物自身由感官去认识，其间的关系、特征则由理性的想象功能去构造。感官认识纯事物，不包含任何一点关系和一般特性的事物自身。佛教徒并不否认我们通过感性认识认知一个当下存在的火，通过理性认识认知非现在的火，但是除了我们主要知识来源间的这种明显的经验差异之外，还有另一个真实的，终极实在的或先验的差异。由于此差异，两种知识来源中的任何一种都自有对象，自有功能，自有结果。佛教接受所谓“非混合的”或“确定分别的”理论名称[①]，这一理论假定这些知识来源是确定分别的，各有鲜明的界限，不会逾入另一知识来源的范围。实在论者的认识理论是相对的，称“混合的”或“复合的”认识理论，因为按这种理论任何对象可

74 以通过两种方式，或是直接的感觉认识或是间接的推理认识来加以认知。既然两种来源在生活中没有纯粹处于单一状态的，那么，从经验角度看，佛教的观点才应称作“混合论”。为使两种知识来源区分开，我们得越出实际的经验活动，越出可观察的理性的意识或阈下意识活动，并设定有这样一个先验的差别，一个虽然我们无法直接观察到，但那终极绝对实在迫使我们必得承认的差别。在这个意义上，它是关于两种知识来源间“确定”界限的理论。我们对陈那体系的全部阐明可以认为是这一基本原则的发挥。这里我

---

① pramāṇa-vyavasthā（量分别论），参见 N. Vārt.，p. 5. 5，Tātp.，p. 12. 15ff. 参见本书第二卷附录 II。

们只能作这一简单说明,并不指望详细介绍理论本身。

只有两个知识来源的理论意味着认识活动有两个截然分明的根源,一是对终极实在的反映;另一则是终极实在以现象表现出来的构造表象能力。不过它还有另一意义,即不考虑最高实在的意义。从现象的观点看,认识活动可以分为两种方式,感觉认识与推理认识,感觉认识中对象直接生动地[①]认识。推理认识中则是间接的,即模糊地[②]或抽象地经由对象的表征而呈现出来。如果火是感觉范围内直接被认知的,这就是感觉认识(现量);如果火的存在是经其所生的征象,如烟,所推知的,它则被间接地认识,即是推理知识(比量)。两种情况下,都既有感性的内核,也有构造的表象,但前者是直接认知的功能为主,后者是思维功能为主。前者表象鲜明,后者则模糊和抽象。[③]

§8. 认识活动的界限——教条主义和批判主义

上面所述内容清楚表明(而且本书以后的全部分析也将证明):佛教哲学明显地是批判主义的、非教条的。哲学之在印度发源,如同在任何国家,都始于那拥抱整个宇宙的半诗意的想象驰 75
骋。在其幼稚时期,它充满了关于诸存在物的总体的教条式的有些肤浅的论断。这是奥义书时代的哲学特点。在反对奥义书的一

① Viśadabha(清楚明白,清晰)。

② asphuṭa(非明了,不清楚)。

③ NBT.,p. 16.12 以下。

元论倾向斗争中，早期佛教显示了批判精神，产生了一种关于存在的多元论的体系，它将存在分解为物质、心灵和能[①]。晚期佛教坚持了这种批判态度。结果，先前的本体论与心理学却被逻辑和认识论的体系完全取代了。它抛弃了仅仅作断定的教条主义方法，转而研究认识活动的来源及界限。我们已经知道了，知识来源是两种——现量与比量，二者的不可逾越的界限则是经验，即感性的经验。而超感觉的，亦即超出经验界限的东西，则是不可认识的。

诚然，我们拥有一种非感性的知识手段，即我们的知性。但这一知识手段并不是直接的、独立的，它不可能越过感性经验。所以一切超感性的对象，一切“其存在处、存在时间、所拥有的属性不可企及的对象[②]”都是不可认识的。于是，一切形而上学的命运也就注定了。它们的对象都是不可确证的[③]。我们的知性，或者我们的生起性的想象力可以在超感性的范围内尽情作种种杜撰，但所有这些杜撰物都是辩证的，就是说，自我矛盾的。而无矛盾性才是实在和真实的最终标准。

这不免使得史学家们对佛教的另一部分，即宗教理论所确认的佛陀全知的教条感到困惑，这一教条，也被强调地指出是辩证的，是不可断定的对象，对其存在既无法肯定亦无法否定[④]。关于胜论的共相也是这样的教条。既然那证明它的客观实在性的理由也可以
76 用一些同样有力的理由加以驳斥，那么它（共相）就是辩证性的。

---

① 即色法、心法和行。——译者

② NBT.，p. 39. 21. deśa-kāla-svabhāva-viprakṛṣṭa（viprakṛṣṭa＝atīndriya）.

③ aniścita.

④ NB. 和 NBT.，p. 39. 20；75. 13 以下；另参见《成他相续论》的结论一段。

法称有下面这么一段非常有代表性的论述[①]:“当比量和比量借以成立的逻辑结构被当作教条信奉时[②],辩论的基础也就成了教条。”这种辩论“完全不是对真实情况加以无偏见的考虑之后自然得出的,它们是在虚幻的(辩证的)观念影响下产生的[③]……”“有的论题是适合这种辩论的,这是些形而上学(超感觉的[④])、既不能直接观察也不能正确推论的问题,如共相实在性这样的问题。一当讨论这样的问题,教条的论争也就泛滥起来了。”“常常有这样的事,学术理论[⑤]的提倡者,误解了事物的真性,却将冲突的属性归于此事物。”“但如果辩论的基础是实在事物的真性[⑥],当或是必然因果关系或共存关系或可断定之对象之当下不存在[⑦]因此而得以证明时,这里也就不容许任何自相矛盾。”“作为逻辑理由的事实并非(武断地)列出的,而是依其真性提出,而得以确定的。所以,如果作为实在事物的真实状况的共存性,因果相续性、缺无性得以确定,那就不会有什么矛盾。一个被确立的事实便是最终真实的。而并未逾入想象领域的而得到证明的事实才是合理确定了的……这样的事实并不基于想象,而是像实在本身一样确立的”。共相客

① NBT.,p. 81. 19 以下(本文);(英译本)p. 233 以下。

② āgama-siddha.

③ avastu-darśana.

④ atindriya.

⑤ śāstrakāra;这里的 śāstra=āgama(契经);而 āgama 一词可以指“启示”,那它就等于是 āmnāyā=śruti=dharma=sūtra,或者它意味着教条的学问,如胜论学说等。在这两种情况下,它的反面都是 pramāṇa(量,认识来源,知识工具)。在 TSP.,p. 4 以下,它意指佛教的启示真理。

⑥ 这一批判态度的基本原则以有头韵的语言特别地暗示如下:yathā-avasthita-vastu-sthiti。

⑦ 这里指法称区分的自性因、果性因和不可得因。——译者

观实在性的理论便是一种教条断定的例子。

莲花戒[①]曾有大意与此一致的一段话："佛陀本人乐于如此
77 说：比丘们哪，不要仅仅以敬畏心听取我的话，让硕学大德们检验它，如同金匠以三种方法——火烧、将它砸成碎片或以试金石划痕——检验它[②]。"这里佛陀本人说到我们知识的最终极来源有两个。这就是现量与比量的根本原理（即感性与知性二者）。从而他通过挑选出来的事例来说明（检验他言辞的方法）。现量（感觉认识）通过火来暗示说明的，而对于火（之作为直接证据）我们非常熟悉的。比量则是通过试金石提出的，而我们也熟悉它（之作为间接的证据）。而最终极的检验标准是没有矛盾性。这也是通过下面的例子来显示的：即珠宝商检查金器，最终的方法是将它打碎。不过这（最后一种方法，从根本上说并非不同的第三种方法，而）只是比量而已（114. b. 4）。依此（三种知识来源），对象也就分别以三种不同方法来认识，即：当下的，非当下的与先验的[③]。因此，佛陀所说的对象当下在场时，验之以现量，如以火炼金。如果对象是隐藏的（但其表征当下存在），那就必须由一个（圆满的）比量来检验，如同金之纯度由试金石划痕检验。至于先验的对象，只有通过证明它无矛盾性来检验，如像首饰（在火和试金石都不适合检验时）必须打碎（以求确定其纯度）。因而即令在所有这种种场合，我们

① 在他的 Nyāya-bindu-pūrva-pakṣa-sankśipti（《正理滴论本文略说》，丹珠尔．经释第 112 函）中，这段引语在北京版藏文《大藏经》中从该函 114a 开始。另见 TSP.，p. 12. 19。

② 西藏人说，这段话出自《密严经》，但我们未找到。

③ 即：pratyakṣa，parokṣa 和 atyanta-parokṣa（藏文：mnōn-sum，lkog-pa 及 śin-tu Lkog-pa）。

虽有可靠的契经来解决议论的先验主题，我们的做法（也不是靠相信经典，而）是靠相信（那作为理论知识来源的）理性[1]。

先验对象可以例举的，首先有道德责任、最终解脱、业和涅槃之法则等。这些对象不能由经验而认知，但它们是不矛盾的，所以佛陀关于它们所作的启示是可以接受的。

伦理道德与解脱的确不能建立在经验知识之上，作为主动力
制约整个世界过程的业的法则反作为此过程最终目标的涅槃法 78
则，都是关于存在整体的断定，但它们不是辩证的、不是矛盾的，并非“其所处地、所处时、所有性质”不可查明的。虽然它们是非经验的、先验的实在，然而是批判的认识理论所接受的。

此外，虽然我们的知识局限于可能的经验范围内，但我们必须将经验知识本身同这种知识所以可能的先验条件区分开来。感性与知性鲜明地区分为两种单一的知识来源，这就直接导致我们设想有纯感性、纯对象和纯理性（知性[2]）这些却是经验无法给予的事物，但它们又是无矛盾的，甚而作为我们知识全体的先验条件又是不可少的。若没有它，我们的知识也就崩溃了。因而我们必须区分先验的与形而上的对象。前者是“其所处地、所处时、所领有之可感属性不可确定的”对象，后者则相反，就其存在于我们的知识中的每一部分言，它是可以确定的，它是一般经验知识的所以可能的必要前提，但它自身却不可能以感觉表象再加描述。因此，法

① 即：Savikālpaka-pramāṇa-bhāve śrad-dadhānāḥ pravartante。

② 著者在此似乎未区别知性与理性，文中括号内“知性”是原著加的。著者所注的梵文为：śuddham pratyakṣam，śuddha-arthaḥ，śuddhā kalpanā。——译者

上说[①]，他们是“知识无法达到的”。从而，结论便是：形而上的或超验的东西，是构造成的观念，不过它们是错觉，辩证而矛盾的错觉。先验的或先天的事物，例如最终极之个别，最终极之自在之物等，不但是真实的[②]，而且就是实在本身[③]——尽管它不能借助一个概念而被给予，因为它的本质便是非概念的。本书的研究过程中还会有好几处谈到这一问题。

① NBT.，p. R. 19 prāpayitum aśakyatvāt.

② Kṣaṇasya＝Paramārtha-sataḥ，同前注。

③ Santāninaḥ＝Kśaṇāḥ＝sva-lakṣaṇāni vastu-blūtāḥ，同前注，p. 69. 2。

第二部分

可感知的世界 79

第一章　刹那存在论(kṣaṇika-vāda)

§1. 问题的提出

上一章指出佛教徒特别重视这一基本原理:知识的来源有两种,而且只有感觉与知性两者。它们是根源完全不同的两种量,其中一种量是另一种的否定。因此,我们便有感性的或非感性的,或者说非理性的及理性的知识来源。

陈那在他的《集量论》开头就说,严格相应于知识来源的二重性,外部世界也是二重性的,它或是个别,或是一般;此个别是完全符合感性活动的对象;此一般则是相应于知性或理性的共相关系。因而,印度与欧洲一样也有一个两重世界,可感觉的与可思想的①。我们将进而审查佛教关于这个感性的与知性世界的观念。

可感知的世界由那只是刹那闪现的能(energy)之感觉材料构成。那被想象为它们支持者或负载者的永久的弥漫一切的物质②。只是数论和其他哲学派别的虚构。一切事物毫无例外地都

① a mundus sensibilis and a mundus intelligibilis, a χόσμος αἐσθητός and a χόσμος υοετός.(这里原著为希腊文和拉丁文,"感觉世界"与"思想世界"。——译者)

② prakṛti,译为自性,严格地说并非我们今天理解的物质。数论哲学中之世界的本原,可译为原初物质。——译者

80 是刹那事件的系列。莲花戒说[①]，“它们的刹那存在的特性，分裂为非连续刹那的这一特性，是遍于一切事物的。只要证明了我们的这一基本论题，我们本可以一举[②]推翻（有神论者）的上帝，（数论的）永恒原初物质及我们的论敌所珍视的（形而上学的）实体。一一地去审查它们，费尽心力地去反驳它们都完全是无益的自寻烦恼，因为同样的功效本可以轻易达到的[③]。诚然，任何论敌也不会同意说这些实体是刹那的、随生即灭；而且它们的本质就是注定消灭而无痕迹可寻[④]。诚然，我们也清楚地了解，只要一般地证明了存在的刹那性质，这些（形而上的）实体也就随之遭到了驳斥。故而我们打算进一步详细阐明这些论据，以期证明刹那论，好否定那些早已给审查过的实体，如神、物质（或在别的学派中建立的自性、神我）等等，一直到佛教犊子部（半永恒）的自我[⑤]；同时也为了支持我们后面将进行的对（持续性的）诸实体的驳斥。这些将受到审查的实体就是共相、实体、属性、运动、内在性，以致那被认为过去现在未来三时均为实有的（瞬时性）元素（这是佛教说一切有部的观点[⑥]），还有唯物主义者[⑦]认可的永恒物质，婆罗门[⑧]主张的永恒吠陀等等。因而，（任何一点永恒实体的残余都不能留存下来。

① TSP.，p. 131. 17 以下。

② eka-prahāreṇa eva.

③ svalpa-upāyena.

④ niranvaya-nirodha-dharmaka.

⑤ 指补特迦罗（pudgala）。——译者

⑥ trikāla-anuyāyino bhāvasya（dharma-svabhāvasya），参见拙作《中心概念》第 42 页。

⑦ 参见“斫婆迦派的四大（物质）”。

⑧ 参见“阇弥尼经典的恒常之声”。

从而，）刹那存在论才得以建立。对假想的存在稳定性的批判性审查也就包含了全部佛教哲学的最终归宿。”这就是佛教的主导思想——除了分离的刹那存在之点，绝无其他永恒的实在。不但是神和物质这样的永恒实体被断然否定，而且连经验事物的简单稳定性也被认为只是想象力所为。终极的真实只是刹那性的。

§ 2. 实在是能动的 81

同一位莲花戒[①]说：“就打算追求日常生活目标的普通人[②]说来，他对每一事物[③]是存在还是非存在的探求是自然的事。不这样做才是反常的[④]。因而一个人所利用的东西，无论在何时何地，直接还是间接都被他称之为真实的[⑤]……而我们（佛教徒）现在可以证明，这样的（所谓真实的），即某种预期行动的[⑥]对象的事物只是刹那的（它们只能持续一刹那），对这一法则说来毫无例外，即：作为预期行动的对象的资格本身就有建立真实性的本质特征。这是与存在相连接的特征[⑦]。但是，事物只有藉它最后一刹那才得

① TSP.，p. 151. 19 以下。

② prekṣavān.

③ arthasya（＝vastu-mātrasya）astitva-anastitvena vicāraḥ.

④ unmattaḥ syāt.

⑤ yad era padārtha-jātam… tatraiva vastu-vyavasthā；这里注意 padārtha（实体、对象）与 vastu（事物、事情）的对照。padārthas 当中，只有有效能的才是 vastu。实在论者区分的 svarūpa-sattā（自性有，自性存在）与 sattā-sāmānya（共相有）是佛教徒不承认的。参见 SDS.，p. 26。

⑥ arthā-kriyā-kāri-rupa.

⑦ sādhyena（＝Sattayā）vyāpti-siddhiḥ.

以成为预期行动的对象，才有效能。它在前的刹那不会越过有效能的最后刹那起作用，更不必说将来的刹那不会产生在此之先的效果了。”莲花戒还说[①]：“我们主张，对象只有在到达其存在的最后一刹那，也是它唯一的真实的刹那时才会产生某物，而其他诸刹那不会都是有效能的。”种子转变成幼芽是在种子的最后一刹那，而不是平静躺在粮仓中的此前刹那[②]。人们可能会反驳说，这种子所有在先的刹那应该是幼芽的间接[③]原因。但这并不可能，因
82 为这种子若不是时刻在变化，它的本性就成了持续不变的了。如果幼芽产生的一刹那源于“全体的”原因和条件（因缘[④]），那么随便哪一刹那也都如此。每一刹那都应该有使它成为存在的原因和条件的“全体”。“这一刹那（即被我们认为是真实的刹那）是一个行为（即均匀的刹那系列）结束时的那一瞬间[⑤]。”但是在这个意义上，一个行动又是绝不会结束的，每一刹那都追随有另一刹那。构成实在本质的是运动，而此运动的中断则是某一明显的或不相同的刹那的出现[⑥]。只对我们的实际需要说来，它是“明显的”，因为除非这一个别刹那变成新的属性，即足以给我们的思想和行为一种新的态度，否则我们总是自然而然地忽略诸刹那的不停变化。

① TSP.，p. 140. 19.

② kuśūlādi-stho na janayati，同前注。

③ na mukhyataḥ，同前注，p. 140. 22；那种在前的刹那称作 upasarpaṇa-pratyaya，参见 NK.，p. 126. 8；135. 8 等。

④ sāmagrī＝hetu-kāraṇa-sāmagrī；一事物的因和缘的全体同该事物是不能区分的——sahakāri-sākalyam na prāpter atiricyate. Tātp.，p. 80. 5。

⑤ AKB.，II. 46-kriyā-parisamāpti-lakṣaṇa eva eṣo naḥ kṣaṇaḥ；（英译本）第 1 卷第 232 页。

⑥ Vijātiya-kṣaṇa-utpāda.

一事物(直到我们经验地看到它变化——译者)之前的诸刹那的同一性不过是它们之间差别的被忽视[①]。这种同一性中间的中断并非诸刹那运动的中断。同一性是想象出来的,是我们无法注意其间差别的诸刹那的集合。“实在的本质在于运动”寂护说[②]。无疑实在是能动的,世界是一场电影。因果性[③],即前后相继的诸刹那的相互依赖性引起了稳定和持续的错觉。不过可以这么说,它们是没有任何实体的其存在一闪即逝的能[④]或力。它们之间没有任何间歇或者说只有微分的(无穷分剖后的——译者)极小间歇。[⑤]

这里我们叙述了佛教这一理论的基本轮廓,下面的分析中将一一审查那些证明这一理论的论据,佛教徒同他们的论敌都非常重视刹那存在论。对佛教说来,这种理论是其本体论基础。

认为外部世界并无稳定性,存在仅仅是一系列外部变化,这种观念我们是熟悉的。它也表现在希腊哲学家赫拉克利特那里,但 83
却是作为早期希腊哲学的一个插曲。它在之后的希腊思想发展中很快给遗忘了。而我们在印度哲学中又发现了它,这一派的哲学基础可回溯到公元前 6 世纪。它在一系列哲学派别中经历了种种盛衰变化,最后在经历 1500 年的激荡之后,抛离故土而在另一个佛教的国家找到归宿。既然这种观念又重新出现在当代欧洲思想中,并部分地为现代科学证实,就更有必要对印度论证这种思想的

① bheda-agraha.

② TS.,p. 138. 9-cala-bhāva-svarūpa = kṣaṇika;TSP.,p. 117. 17-cala = anitya,参见 TS.,p. 137. 22。

③ TS,p. 1-calaḥ pratītya-samutpādaḥ 参见 TSP.,p. 131. 12。

④ Saṃskāra(也译作:行,有为余气,影响)。

⑤ nirantara(无间相续,无空隙的片刻连续)。

理由，对这种思想在印度的表现形式，进行深入的观察了。

印度哲学中我们面对两种迥然不同的关于宇宙之流（flux）的理论。代表世界运动过程的或者是持续不断的流动，或者是非连续的但却非常紧密的[1]运动。后者由无限多的分离的刹那时刻前后相随而构成，各刹那之间几乎没有间歇。对于前者，现象不过是突出于一个永恒的、弥漫一切而又没有分化的物质（Pradhāna）背景上的波或波的起伏[2]。此波动与物质是同一的。宇宙代表了一种连奏（Legato）运动[3]。对于后者，并不存在物质，只有转瞬即逝的前后相继的能[4]。但它却产生了关于稳定的现象的错觉。因而宇宙是切分间奏（staccato）的运动。数论哲学坚持前一观点，佛教[5]则主张后者。这里的情况是一般哲学史家不很熟悉的，因为两个对立的哲学的体系显然都源于相同的第一原理。

佛教提出的根据如下：

84

§3. 从时空同一性而来的论证

宇宙的瞬息性理论意味着时间持续只是前后相继的点，而空

---

① Sāndratara.

② vṛtti.

③ pariṇāma-vada.

④ saṃskāra-vāda＝sanghāta-vāda.

⑤ 这两种观点都是实在论者所驳斥的；乌德衍那含蓄简洁地表述二者（pariśud-dhi.，p. 171—172—na tāvat pratikṣaṇa-vartamānatvam saugata-mata-vad vastunaḥ svarūpot-pādaḥ，nāpi sānkhya-vad vastu-svarūpa-sthairye' pi pariṇati-bheda eva Mīmā-ṃsakaiḥ svī-kriyate）。必须补充说，数论是否认 Samavāya（和合、结合）的可见性，而这一基本特征使其又区别于胜论，也区别于旧瑜伽派别。

间的延展也是同时而生的毗邻之点组成。运动不过是相续中、毗邻中的点集合[①]。从而可以说,并不存在时空与运动,只有我们想象力构造出来的实体。这些实体所依据的仍是点刹那(pointinstants)的实在。

为理解佛教的时空及运动观念,我们不能不涉及印度诸实在论中的不同观念。我们考察的每一步都要回到这种比较方法上。先从时空开始。

对印度实在论说[②]来,时间是一实体,它是一是常并无所不在[③]。其存在可由现象间的顺序性和同时性推知。空间同样也是实体[④],亦为一为常且含容一切。其存在从所有广延性物体具有不可入性的质碍性而推知,因为这些物体在位置上是相互排斥的。普拉夏斯达巴塔作了一点有趣的补充[⑤]:时、方(即空间)、空(即所谓以太)在其种类上是唯一的[⑥],因而其名是专用名[⑦],不是类概念[⑧]。不同的时间是那相同且为一的(one and the same)时间的部分。如果时空被描述为不同的时间与空间,那只是一种譬喻。被分割的是位于它们中的对象而不是时间与空间自身[⑨]。因而时空

① nirantara-kṣaṇa-utpāda.

② VS. 2. 6—9,参见 praśastp. ,p. 63. 23 以下。

③ VS. 2. 6—9,参见 praśastp. ,p. 63. 23 以下。

④ VS. 2. 10—16,参见 praśastp. ,p. 67. 1 以下。

⑤ 同上注引书 P. 58. 5 以下。

⑥ ekaika.

⑦ paribhāṣikyaḥ sanjñāḥ.

⑧ apara-jōty-ābhāre.

⑨ añjasā… ekatvepi… upādhi-bhedān nānātvopacāraḥ.

“并非推论性的或被称作类概念的东西”[①]，它们只是那“单一的对
85 象”[②]所生的想象。

显然，印度实在论者与欧洲的理性主义者都把时空当作包容一切从而每一个都容纳整个宇宙的两个容器。佛教则否认这两个容器的各自的实在性。我们已经知道，所谓真实，指事物具有各自独特的效能，而事物的这些时空容器并无单独的效能[③]。时空并不能因它们中存在的事物分离开来，因而不是独自的实体。由于我们的生起性的想象能力，我们从不同角度摄取对象并将对象与它的容器区分开来，实则这只是一种想象活动。每一点刹那(point-in-stant)都可视为时间微粒、空间微粒或某一可感觉属性，其间的区分只是我们对待点刹那的思想态度差异所致[④]。而点刹那自身，即同所有想象活动绝缘的最终极实在，是无属性、无时间，而且不可分的。

在其哲学初期，佛教也承认空间的实在性，认为是宇宙元素之一[⑤]。它被想象为不变化[⑥]、永恒的包含一切的中空的实体。但后

---

① 有趣的是康德为证明时空的非实在性而采用的原则论证之一也可以在印度实在论者中发现，但他们并未得出相同的结论，参见《纯粹理性批判》(英文本)第 25 页。

② 参见《正理甘达利疏》P. 59. 6 以下——vyakti-bheda-abhiṣṭhāna；康德在《纯粹理性批判》第 25 页中从此事实作结论说：时间必然是一种直觉。佛教徒则不会这么说，因为在他们看来一个单一对象(vyakti＝svalakṣaṇa)仅为点刹那(point-instant)而直觉仅指那相应于点刹那当下存在的纯感觉活动(nirvikalpakam pratyakṣam)。

③ 它们并非 artha-kriyā-kōrin(境之造作功能，作为对象(生识的)功能)。

④ kālpanika；参见《论事》译者评语(该书第 392 页)。

⑤ ākāśa(空)——名在正理—胜论体系中指功能为传播声音之以太物质。莲花戒(见 TSP.，p. 140. 10)说，既然毗婆沙派承认有此一大元素，他们便不是佛教徒——na-śākya-putrīyāḥ(非释氏后裔)。

⑥ asaṃskṛta.

期佛学在自身内部产生了唯心主义，他们觉得外部对象的实在性经不起严格的证明，于是实体性的空间的真实性便遭受了否定；同样它也否定了实体性的时间[①]。但是细微的时间，即刹那，有效能的点实在[②]不但得到肯定，而且如我们下面将见到的，被当作整个真实性大厦的赖以立足的基础。实体性的时空观之遭受攻击并非
因为它们是无法想象其经验根源的先验直观。它们之被辩证地摧 86
毁完全由于日常生活中广延和持续观念隐藏着矛盾，因而无法认为是客观实在的。

§4. 持续性与广延性是非实在的

可以肯定，只要我们将实在性视作效能，那么若我们假设一事物（尽管它始终是同一的）具有广延性与持续性，我们就会陷入矛盾。一个真实的东西不可能存在于许多地方。存在于许多时刻的同一实体也不真实。如果一个东西现在某处绝不会又同时存在于另一处。后者若真，前者就不能当下存在。居于多处就意味着同时既在又不在某个确定的地点。在实在论者看来，经验事物具有一有限度的真实的持续性。它们由于自然创造力、由于神的意志或人的努力，藉众多极微（原子）而成。极微结合构成真实的新组合。这些创生出来的真实的统一体居于或内在于它们的质料因，亦即极微。于是我们得到了同时内在于众多极微（亦即处于多处）

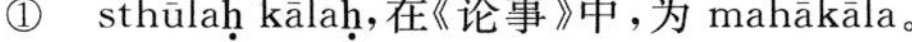

① sthūlaḥ kālaḥ，在《论事》中，为 mahākāla。

② kṣaṇah＝sūkṣmaḥ kālaḥ.

的实在东西。但这并不可能,要么被创生的组合体是虚构,其中组成部分才是真实的,要么其部分为虚构,而那最后的整体是真实的。对佛教,只有部分为真,而整体则为假[①]。因为整体若为一实在,它必是同时居于多处之实在,即同时既在又不在某一特定场所的实在[②]。

出于同样的考虑可以证明事物并没有持续性。一事物如果存在于A时刻(刹那),就不能存在于B时刻。A时刻的真实存在意味着B时刻的非真实存在,或者任何别的时刻的非真实。如果我们接受某物仍然存在于B时刻的说法,这只是意味着它既真实地
87 又不真实地存在于A时刻。如果一个东西通过一系列时间刹那而有真实的持续性,那么此事物也就代表了一个同时处于不同时刻的实在统一体。或者这持续统一物是虚构而只有诸时刻才是真实的,或者诸时刻是虚构的而只有持续性为真实。佛教认为只有诸刹那时刻为真,持续性不过是假想。如果说它是某种实在,那它就成了同时存在于不同时刻的实在[③],即它在某一特定时刻既存在又不存在。

因此,结论是:佛教的最终极实在是无时间的、无空间的、不动的。不过,它之无时间并非说它是永恒的存在,"无空间"并非说它

---

① 参见无忧阿阇梨(ācārya Aśoka)在《佛教六论》中的 Avayavi-nirākaraḥa 及 Tātp.,p. 263. 3 以下;NK.,p. 262. 10 以下;《甘达利疏》p. 41. 12 以下。

② 参见莱布尼茨(一封信的摘抄,1639 年)——"广延仅仅是那展开的东西的某种重复或某种延续的复合性,部分所成的一种多重性,延续性和共存",并且"在我看来,构成物质实体的并不是广延的占据空间的东西",而"广延是抽象的结果"。

③ 参见 Tātp.,p. 92. 13 以下,本书第二卷(英译)附录 I.;另见 NK.,p. 125.

是无所不在的存在,"不动"并非说它是包容一切的不动整体,而只是说它没有持续性没有广延性也没有位移运动。它是数学上的点刹那,是动作效能的刹那。

§5. 直接感知(现量)的论证

存在着的事物之瞬时性,由现量(感觉认识)与比量(推理认识)得到进一步的确证。现量之作为论据可直接感知[①]。内省可以证明这种感觉活动是刹那间的。但是一个刹那的感觉活动只是一个刹那事物的反映,它并不能捕捉那在前或在后的瞬间。正如我们在刹那的感觉活动中看到一块蓝色时,我们只是感知了那与此感觉活动对应的事物,即蓝而非黄,同样我们在此感觉活动中感知了现在刹那,而非在前或在后的瞬间。当一块蓝色被感知时,它的非存在,它的当下不在也就相应而排除了,从而它在前和在后一刹那的存在也就被排除了。只有当下的刹那才为感觉把握。既然一切外在事物都可以归结为感觉材料,而所有的相应感知又总局限于一个单一瞬间。那么很清楚,所有对象,只要它们可对我们产生影响,都是瞬间的存在。对象在感觉活动的刹那之外的持续并不能由经验担保,它只是这种感觉活动的延伸,是我们想象活动的一种构造(杜撰)。我们的想象构造了对象之表象,是受了感觉活动的激励,但感觉,纯然的感觉活动只是指向瞬时性的对象而已。

① NK.,p.123.14 以下;Tātp.,p.92.15 以下。

88 §6. 识别并不能证明持续性

对于这个论点，实在论者作如下的反驳①。诚然感觉只能认知一块蓝色块而不会同时接受与它不同的东西，但我们并不能始终同意这种说法，认为感觉只认识它自身持续的那点时间，而这点持续性又只是一刹那间。感觉活动本身持续不止一瞬间，它可以长到两三个刹那。只持续一个刹那的说法根本就无法证明，而且一事物持续并逐渐地产生一系列前后追随的感觉活动，也绝非不可能。

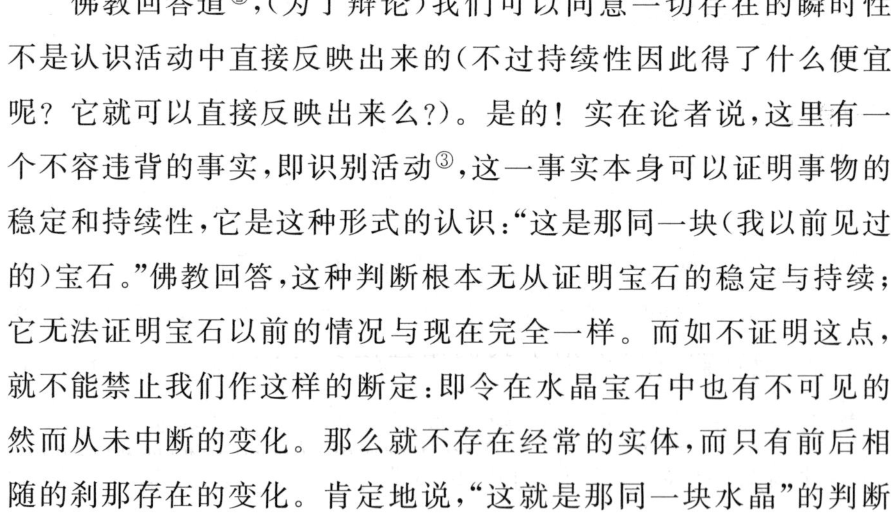

佛教回答道②，(为了辩论)我们可以同意一切存在的瞬时性不是认识活动中直接反映出来的(不过持续性因此得了什么便宜呢？它就可以直接反映出来么?)。是的！实在论者说，这里有一个不容违背的事实，即识别活动③，这一事实本身可以证明事物的稳定和持续性，它是这种形式的认识："这是那同一块(我以前见过的)宝石。"佛教回答，这种判断根本无从证明宝石的稳定与持续；它无法证明宝石以前的情况与现在完全一样。而如不证明这点，就不能禁止我们作这样的断定：即令在水晶宝石中也有不可见的然而从未中断的变化。那么就不存在经常的实体，而只有前后相随的刹那存在的变化。肯定地说，"这就是那同一块水晶"的判断是错误的，它把毫无共同之处的相异的两个成分非法地联在一起。

---

① NK.，p. 123. 23 以下。

② 同前注书 p. 124. 7。

③ Pratyabhijñā bhagavatī，参见 NS.，111. 1. 2 上的同一论证。

所谓“这”的成分指的是那当下存在者，是一感知和一真实对象。而“那”的成分指已成过去者，指在想象活动和意念中留存至今的某物。它们本如冷热一样相去甚远。就是因陀罗大神也无法使二者结合一体！如果这种东西会是同一的，就没有理由不认为整个宇宙是同一的事物构成的。意念的功能只管过去而不会把握现在的刹那，而感觉活动的功能也限于此一刹那，并不会认知过去。如果原因是差异的，果就不会相同，否则那结果就不是这些原因所产生的，而是偶然生出的了。意念与感觉各有活动范围和结果，它们 89
不会混杂起来以致在对方的领域内起作用。识别不能同记忆区分开来，记忆又是思想构造（造作、杜撰）所生。并非实在的直接反映。因而实在论所说的识别认明持续性的论据，不过是他们一厢情愿而已[1]。

§7. 从分析存在概念而来的论证

尽管直接感知和识别活动都无法证明外部世界的对象的稳定性，但佛教徒说[2]，为了论争我们姑且让步，同意直接感觉活动可以认识反映出某种稳定性的对象。只是这种直接感觉认识是虚假的，稳定性只是错觉[3]。有充分的证据[4]可以证明我们所假设的稳定与持续都不存在。

---

① manoratha-mātram，参见前注引书 p. 124. 24。

② 前注书，p. 127. 7 以下。

③ samāropita-gocaram akṣaṇikam，同前注书。

④ 同前注书，p. 123—134。

第一个论证是用分析方法由存在的观念中演绎出不断的变化来。存在，我们知道，不过意味着效能，而效能就是变化，绝对不变的，就是无效的，而绝对无效则是不存在的。例如，以太（空）即令认为它是物质的人都认为它是不动的。对于佛教，依其因果律，不动则无效能，从而也不存在。既然除了效果作用，我们别无其他方法来证明其存在。那么无效能就是非存在的同义词。如果真的有完全无效能的存在，这种存在是可以忽视的。

论证可以采取下列结构的演绎式来表达[1]：

大前提：任何存在者必然服从刹那变化

90 例证[2]：如瓶（其最终极实在性的只是点刹那的效能）

小前提：但空（宇宙以太）被认为是寂静不动的

结　论：故它并不存在

一切存在着的对象的时刻变化，由二难推理来证明。存在即效能，那么就有这样一个问题，这效能是持久的呢？还是瞬息的呢？如果是持久的，那么对象被认为持续了的那些刹那也都肯定参与了结果的生成。但这不可能，前面的刹那不会越过那最后的一刹那来参与果的生成。持久意味着静止，静止即是无效能，即在此时间不能产生任何结果，无效能意味着非存在。任何真实对象的效能只在它产生它之后相随的那一持续刹那上。从而这对象必

---

① TS.，p. 143. 17 以下；SDS.，p. 26 以上也有同样的演绎式，它引自智师子和 NK.，第 127—129 页。

② 智师子的例子是 yathā jaladharaḥ（雨云），也许是出于韵律的考虑。

然（要么）立即产生其结果或者绝不生成它。静止态与非静止态之间没有中间物，静态即不动，永无变化[①]，如同以太（有的现代科学家和印度实在论者都是这样看的）。非静止态即运动和每一刹那都在变化[②]。事物不全像生活中的朴素实在观点和实在论哲学所设想的，它不会停下来，稍事休息才又重新开始运动。生生不息的实在中存在永不停止的运动，而我们只从其中注意了某些特别刹那而将其在想象中凝固下来。

从存在演绎出瞬息性，我们称之为分析性的演绎[③]。事实上，判断“存在即是效能”和“效能即是变化”是分析性的，因为谓词已经暗含在主词中而由分析才揭示出来。那具有存在特性的同一对象也能为有效和变化的特性所规定。存在、效能和变化这些项为那“存在的同一性（existential identity）[④]”联结起来，即是说，它们可以毫无矛盾地适合那为一且相同（即同一，one and the same）的 91
实在之点，真的事实。同一个存在的同一性又赋予它们以别的特性。例如：“任何有生的便有变化[⑤]。”“任何随因而生者都是无常的[⑥]。”“任何随因之变化而变动者都服从刹那变化[⑦]。”“任何意志所生者是无常的[⑧]。”所有这些特性，尽管有不同的内容，但从“存

① nitya＝apracyuta-anutpanna-sthiraika-svabhāva，Anekāntaj，f. 2. a. 10.

② anitya＝prakrtya-eka-kṣaṇa-sthiti-dharmaka，同前注书。

③ svabhāvānumāṇa.

④ tādātmya.

⑤ NB.，III. 12.

⑥ 同前注 III. 13.

⑦ 同前注 III. 15.

⑧ 同前注。

在方面说来都是同一的”。因为它们可以毫不冲突地适应于同一个实在。罐是由陶工做出的，它可以有以下属性：变异、所作、有生、变化、有效、存在。从这个意义上说，刹那性的推导是一种分析的演绎。

§8. 从分析非存在概念而来的论证

前面的论证目的是刹那存在论，我们从存在即效能的观念分析出结论来。下面的论证同样是分析性的①，但它从相反的观念即非存在②意味消灭③着手。对一个已经消灭的东西，什么是消灭呢？除了是消灭了的东西还是别的什么④，比如一个在一事物消灭过程中附加到它上面的单一个体？一事物的非存在是直接的东西，抑或仅仅是观念而已？

为了理解佛教的观点，我们又得与相反的见解进行比较。考虑印度实在论各派的意见，正如时空对他们说来是事物所居所处的真正实体一样，存在是某种内在于事物内部的东西，效能是一事物产生作用时附着到它上面去的东西；因果性是联结因果的实在
92 关系；运动是事物开始位移时加到上面去的某种实体；共相是个别之中的某一实体；内在因是属于那关系的各被联结者中的某种实

① svabhāva-anumāna.

② abhāva.

③ vināśa.

④ arthāntaram.

体。即令是非存在,在实在论者眼中也是确凿的实在的,即那因之而消失的事物之上的实体。

佛教否认它,认为非存在并不存在。对实在论的那一整套实体化了的观念,它否认其最终极实在性。它们只是思想和名言,甚而只是虚假观念,对于纯粹的思想名言说来并无外在的对应物,没有相应实在。虚假观念更没有对应物,只是言词,犹如"空中之花"。因此,存在对于佛教只是存在着的事物的名称,效能是那起作用的事物本身;离开存在于时空中的事物并无单独的时空。除了表示点刹那之集合,也就根本没有什么事物。因果性是产生着的事物的依赖性的产生(相依缘起),这些事物本身就是原因,除这些事物的存在别无因果性;运动不过是运动着的事物;共相并非"居于"个别之中的实体,不过是事物自身的观念和名称,内在因是第二等的非实在,因为它之被承认是为了联结个别与仅为名言的共相。最后,一事物的非存在或消灭也仅仅是名言,只是那消灭的事物而已[①]。

关于非存在论题的争论是佛教与实在论对实在的不同观念的自然结果。对于佛教,唯一实在者是有效之点,其余的只是关于点的诠释和思想构造物。相反,实在论者区分了三种存在[②](sattva)(即实、德、业=实体、属性及运动)和四种真实句义范畴[③](即同、异、和合及非有=共相、个别、内在因、非存在),认为都是客观实

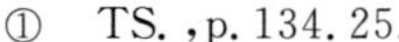

① TS. ,p. 134. 25.

② sattā=astitva.

③ padārtha=bhāva.

在，非存在是正当的，因为它由自身的原因产生[①]。好比罐之非存在由锄头的敲击而生。它并不仅仅是如同“空花”的名言[②]。可是佛教回答，只有存在有因，非存在并非（由因）生成的[③]。如果我们
93 将一事物的非存在理解为另一物取代[④]，那么，这个非存在也就是那被取代的事物本身。如果我们将它理解为只是它简单的不有[⑤]，那么它的因就什么也不会产生，也就不能称作原因。无所作为就意味着不做任何事。非生产者便意味着非因，因此，非存在没有实在性和真实性。

不过，实在论者若问道，对于消灭了的东西，消灭究竟是什么呢？是某种东西，或者什么都不是？如果什么都不是，实在论者说，那么那事物就根本没有消灭而将继续存在。所以它必须是某种东西。佛教回答，如果它是某种东西，是在事物消灭的过程中加到那事物上的某种单独（实体）[⑥]，那么它就会始终是单独存在的——尽管已经加到那事物上去了。而虽然有这么一个不舒服的

① TSP.，p. 135. 1，参见 NK.，p. 142. 1—2。

② 按伐差耶那（《正理经疏》第 2 页）的说法，存在与非存在是实在的两面。任一事物，皆可具有存在与非存在。因此，合流后的正理－胜论添了第 7 个范畴——非存在（非有），而胜论原来的范畴表上是 6 范畴。但这种观点在实在论阵营内不甚流行，虽也未遭强烈反对。胜论的普拉夏斯塔巴达与弥曼差派的普拉帕格拉在这一点上是联合而反对佛教的。参见 Prāśast，p. 225 和 ŚD.，p. 332 以下。寂护书之第 135 页（135. 6）以下简略地指示了实在论者执非存在为一种结果，就像种子出生的芽一样。但寂护（p. 135. 16）评论说：这并不太对，因为正理派等并未断定非存在（非有）就像一个实体（dravyādivat）那样存在着，它是句义（范畴）而不是实体。

③ TSP.，p. 135. 10.

④ 同前书，p. 135. 23。

⑤ 同前书，p. 136. 3 以下；参见 NK.，p. 132. 8 以下。

⑥ TSP.，p. 133. 20 以下；NK.，p. 132. 3 以下。

相邻者，那事物也仍然未受影响[①]。“让那位可敬的先生[②]”，即这样一个东西在事物消灭之后仍然保持它不受影响吧，实在论者讥诮道，这就是你们的“自在之物[③]”——既无一般也无特殊属性和效用的东西[④]。这里实在论暗示的是佛教的纯粹之点的终极实在理论。佛教认为这种点之实在的确是那事物毁灭之后仍然存在 94
的。“你们的这种实在论的非存在是空无和零，”佛教对胜论说，“因为它在那消逝的事物之外”，在外部世界中没有属于它的东西支承它自己。胜论则回答，“正相反，你们的非存在，唯名论的非存在才是空是零。因为它包含于消逝着的事物之内，而自身并非单独的统一体[⑤]。”很清楚：非存在也好，存在也好都肯定是附加在某物之上的单独的个体，因为它们与那东西有所属关系，这种所属关系从语言上也看得出来。像“一事物之存在”与“一事物的非存在”之类，其中有所有格，表明一事物可以具有非存在或存在。佛教则说，这些说法不过是语言的滥用而已。比如“塑像的身体”，塑像即体，并非别有身体。这里的所有格“某某的”并无实际意义[⑥]。存在与非存在并非一事物的不同附属物，而就是那事物本身。

① NK.，p. 139. 15——asmin(pradhvaṃse) bhinna-mūrtau kim āyātam bhāvasya? na kiṃcit! 认为有真实的非存在，实在关系，实在的消灭的实在论遭到了佛教的讥诮。如果这些东西是真实的，那它们便应该各有其体，那我们将会有“人之中的非存在”——vigrahavān abhāvaḥ，vigrahavān sambandhaḥ，bhinna-mūrtir vinaśaḥ。

② āyuṣmāṅ hāvaḥ，同前注。

③ svalakṣaṇa，同前注。

④ nirasta-samasta-arthakriya，同前注。

⑤ 参见 NBT(英译本). p. 83. 注 4。

⑥ TSP.，p. 138. 27，142. 27 等。

的确，有两种消灭[1]，通常被称作毁坏的经验的消灭[2]及称作易逝或[3]无常[4]的先验的消灭。前者如罐盆之为鎯头击碎，后者则如罐盆因时间而瓦解，一种不可感知的，可无限划分的，持续不断的退化或构成实在之本质的无常。因而寂护说[5]："实在本身就叫消灭，即是说，终极实在者仅具有一刹那的持续性[6]。"它并非生自如鎯头被击那样的原因[7]，而是生自自身[8]，因为消灭是实在的本质属性[9]，实在是无常的。通常认为的一事物的消灭追随它先前
95 的存在，这一事实[10]并不适用于这种实在的情况。[11] 这种实在就其本性是能动的[12]，是不可分的[13]。不能将它分割为部分以使非存在追随存在[14]，其易逝性同步地随其生起而有[15]，要不然，易逝性也就不会属于这种实在的本质自身了[16]。因此，存在与非存在都是给予那同一事物的不同名称，"如同那同一种动物可以称驴子和毛驴

① TSP.，p. 137. 21，156. 11.

② pradhvaṃśa.

③ vināśa＝vinaśvaratva.

④ anitya＝kṣaṇika.

⑤ TS.，p. 137. 26-yo hi bhāvaḥ kṣaṇa sthāyi vināśa iti gīyate.

⑥ TSP.，p. 138. 2-ahetuka 同前注书，p. 133. 13。

⑦ TS.，p. 132. 12；NK.，p. 131. 23.

⑧ vinaśvara-svabhava＝vastu＝cala-vastu-svabhāva，TSP.，p. 138. 10.

⑨ vastu-anantara-bhāvitva，同前注书，p. 138. 11。

⑩ na…tādṛśi＝na cala-svarūpe，同前注书，p. 138. 10。

⑪ cala-bhāva-svarūpa，同前注书，p. 138. 9。

⑫ niraṃśa，同前注书，p. 138. 10。

⑬ yena tad-anantara-bhāvitvam asya bhavati 同前注书，p. 138. 11。

⑭ nāśasya tan-niṣpattāv eva niṣpannatvāt，同前注书。

⑮ anyathā…(cala)-svabhāvam…na syat，同前注书，p. 138. 12。

⑯ TS.，p. 139. 7.

的异名一样[①]。”

§ 9. 寂护的公式

寂护的刹那存在公式有这样一句格言:“那瞬时性的事物就代表它自身的消灭[②]。”这是极重要的话。它向我们清楚表明:佛教逻辑所研究的实在并非那可以称为自身消灭的经验对象。没有人会否认,罐经鎯头击碎后不再存在。但在如前所述,这种经验的变化之外,存在着另一种绝对的,无开端也不会终止,划分为无限多阶段的持续不断的变化,一种流动的先验的终极的实在。罐从黏土产生出来又成为碎片,只是不间断变化中的新属性亦即明显的刹那。此变化过程中没有永恒的静止的成分。永恒的物质实体被宣布为纯粹的想象,如同永恒的灵魂之我一样不真。因此,寂护说,前一刹那不会有任何东西,哪怕些微碎片,留存至后一刹那。诸刹那肯定是各各分离的,每一刹那亦即每一瞬时性的事物是即生即灭的,因为它不会留存至下一刹那。在这个意义上,每一事物都代表它自身的毁灭,如果前一瞬间的某物居然延至后一瞬间,这就意味着永恒了,因为它也可以像延存至第二刹那时一样地在第三、第四甚而更后的刹那中存在。静止便是永恒;如果物质存在它必然地是永恒的,如果不存在,那么存在物就是瞬时性的。前者是 96
数论的观点,后者是佛教的观点。没有第三种可能。实在论各派

① TS. ,p. 137. 26.

② nityatvam=avasthāna-mātram,见 Tātp. p. 239. 24;TSP. ,p. 140. 24。

所主张的具有变化属性的永恒实体是没有的。另一方面先验主义者认为，终极实在不可能，分为实体和属性，它必然是不可分的又是瞬时性的。

这种先验性的消灭并非生自偶发的原因[①]。既然存在本身就是不断消灭，它就将继续存在，亦即继续被消灭和变化而不管在任何情况下都无需消灭的原因。存在的诸元素都自动地是转瞬即逝的[②]，它们不需要任何辅助条件来产生变化，变化永远是自动的自为的。

如同每一事件总追随在该事件的因缘总体[③]之后（因为这总体存在[④]，便无需别的什么，因缘总体就是那事件本身）[⑤]；同样每一事物本性都是瞬息的，也不需要别的消灭因或变化。实在的特性是效能，它也就能有瞬息性和消灭的特性。

§10. 变化与消灭

变化的观念[⑥]是直接从消灭的观念而来的必然结果。驳斥了实在论关于消灭的见解，佛教自然也就否定了他们的变化观。“变
97 化”究竟是什么东西呢？前已说过，是一物为他物取替；或者它仍然存在，但其状态或属性有了变化，变成另外的性质。对前一变

---

① TSP.，p. 140，25——kim nāśa-hetunā tasya kṛtam yena vinaśyeta.

② svarasa-vināṣinaḥ(sarve dharmāḥ).

③ 同前注书，p. 141. 9——sarvathā akiṃcit-kara eva nāśa-hetur iti。

④ sāmagrī.

⑤ cp. Tātp.，p. 80. 5——sahakāri-sākalyam na prāpter atiricyate.

⑥ sthity-anyathātva 或者 anyathātva，参见 TSP.，p. 140. 25 以下。

化，佛教并不反对。[①] 不过既然每一刹那都在变化，该物也就每一刹那都被它取代。第二种变化观使实在论者面临一系列的困难。他们假定了实体与其真实属性是并存的。但终极实在不可作这样的划分[②]，它不可能表示一个稳定的东西带有附于它上面的真实运动性质，仿佛是固定的房间拥有来往的过客。这种朴素实在论的观点经不住推敲，这两个相互关连的部分中只有一个可以是最终相的实在。它可以称作实体，但这样一来它也就只是无属性的实体。或者，可以称之为属性，但却是不属于任何实体的属性。世友(yaśomitra)[③]说："存在的只是一个东西，"它既非属性亦非实体。实在、存在、物或刹那之物都是同义词。如果属性是实在的，它们便是事物。实体与属性是相对待的范畴，所以并不能反映那最终极的实在[④]。因而它们是理性杜撰的东西。

我们已经说过，对于否认实体与属性的关系实在性，佛教与数论态度一致；但从肯定的方面看，两派哲学却是背道而驰的。数论只设定了最终真实的永恒物质(自性)。自性本身是不断变易的，他们否认了自性所变现的种种现象的，单独的实在性。反之，佛教否认了永恒物质的真实性，而只是坚持那流动着的属性的实在性，从而也就使它们转成了绝对的性质，不从属于实体的属性。

再有，就变化本身的实在性而言，实在论者同样面临困难。这

---

① siddha-sādhyatā，同前注书，p. 137. 23。

② 同前注书，p. 134. 3。

③ 参见拙著《中心概念》，p. 26 注；另见 TSP.，p. 128. 17——vidyamānam＝vastu＝dravya＝dharma。

④ dharma-dharmi-bhāvo…na sad-asad apekṣate(陈那)。

就同他们关于湮灭的实在性引起的麻烦一样[①]。变化是与变化之
物相同呢？还是相异的两个东西？如果两者并无不同，那么该物
就未曾变化，如果各为一物，它们便是分离的，那么该物也未有
任何变化。因此，除了认为“一事物的变化”的说法本身就是语
言滥用[②]；实际上，从最终极实在性上看，每一相继刹那都只是
另外一物的产生而已。铜熔化为铜汁，实在论者说，物质还是“原
98 来的”，仅仅是它的状态有改变而已。引起湮灭的原因——火，并
未毁灭该物，而只消灭了它的前一状态，从而有了变化[③]。该物的
消灭并非绝对消灭，而是状态方面的依赖生出变化的原因的湮灭。
可这是不可能的。该物或者依然如旧或者不复存在，它不可能同
时兼有两种状况，既变化又依然。如果变化了，就不是同一个东
西[④]。所以熔化的铜汁并不能说明问题。铜汁与铜是相异的
东西[⑤]。

§11. 运动是非连续的

存在并非附着于存在物，而就是存在物自身，湮灭及无常变异也非变化着的毁灭的东西之外的实有，而就是该物自身。同理，运

---

① 参见 TSP.，p. 141. 2 以下。

② 同上注书，p. 142. 27 以下。

③ 同前书，p. 140. 27——anyathātvam kriyate。

④ 同前书，p. 141. 1——na hi sa eva anyathā bhavati；p. 141. 9—naikasya anyathātvam asti。

⑤ 同前书，p. 141. 10——na asiddho hetuḥ 亦即是说，实在论者之 hetu 便是 asiddha。

动并非施加于物体，而是运动物本身。世亲说："不存在运动，因为只有湮灭[①]。"事物不可能运动，它无暇运动，因为它随生即灭。莲花戒认为，瞬时性事物于何处生即于何处灭，因此没有它自身位移的可能[②]。

这里说不存在运动，运动不可能，似乎与前面所说的"实在是能动的""任何事物绝无静止"自相矛盾。事实上，如果坚持实在是能动的，也就暗含任何事物都在运动而没有真正的稳定性。而如果坚持并无真正的运动，我们就会得出结论：实在只是稳定而持续的东西。不过这种表面上看来不相容的说法不过代表了同一事实的两方面。所谓稳定性只是第一刹那的稳定[③]，而运动则是刹那 99

的系列，此系列是由前后无间追随的紧密组合[④]，因而有了运动的错觉。运动有如一排灯，依次点亮，再相继熄灭，就给人以运动的光的感觉。因此，运动是一系列不动组成的。世亲说[⑤]：灯的光芒可以比喻性地说明一系列闪耀的火焰的无间生起。当这种生起改变位置，我们便说灯移动了。事实上，只是这些火焰依次在各自的位置上闪现。

因此，佛教是以纯粹思辨的方法来观察运动，这同现代的数

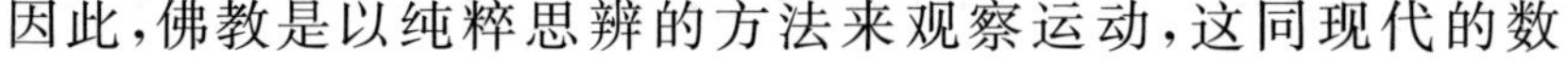

① AK. IV. I——na gatir nāśāt；参见 Tātp.，p. 383. 13—karma-apalāpa nibandhano hy ayam kṣaṇika-vādaḥ。汉文佛经《俱舍论》(大正藏·卷 29. 第 67 页)有"说非行动，以一切有为皆刹那故"。

② TSP.，p. 239. 90——tasya (Kṣaṇikasya) janma-deśa eva cyuteḥ，nāśād，deśāntara-prāpty-asambhavāt.

③ eka-kṣaṇa-sthiti.

④ nirantara-kṣaṇa-utpāda.

⑤ AK.，IX，参见拙著《灵魂论》(无我说)中的英译，第 938 页。

学、物理学有相似之处。

为了更准确地理解佛教对此问题的立场，首先应将它与实在论观点比较，以便分清从先验或经验角度来观察的运动。

依据胜论的实在论观点，运动(即"业")是一实在，它是存在的类(即"有")固有于其中的三件东西之一。另外两件东西是"实"(即物质或实体)和"德"(即属性、性质[①])。业与具有业的东西不是一回事。它表明这样一个事实：事物与某一位置的结合湮灭之后，又会与另一新位置结合。普拉夏斯塔巴达[②]认为业(运动)是造成微粒在空间中的位置变化的真实的非相待的[③]原因。它在第一刹那是瞬时性的并在之后诸刹那中是持续着的，被传递着的运动，[④]它的持续直到物体重新静止的刹那为止。胜论认为这种复

100 制的(被传递的)运动就是持续性，它一直继续到运动停止[⑤]。正理派的观点相反，他以为被复制的运动也是分割为刹那的，前一刹那各各产生相继的运动刹那，就这一方面言，他们与佛教倒有一致性。但所有实在论者都厌恶作为单一实在之点的绝对刹那。即令他们承认不断的变化，他们仍旧主张这种变化有三个或六个刹那的短暂持续。一个物体下落时，作用于它的力是第一瞬间的及被

① 按胜论哲学(《胜论经》，I. 2. 7—8)最高的类，"存在"(sattā，有)是内在于那属于实(实体)，德(属性)和业(运动)的范畴的事物的。别的范畴也是句义，它们具有有时称作自性有(svarūpa-sattā)的"Geltung"(作用、效能)，但它们并不"有"。

② Praśastp. ，p. 290 以下。

③ anapekṣa，即"并不仅仅是相待于静止的(?)"。

④ Saṃskāra(作用力、余势)。

⑤ bahūni karmāṇi... ekas tu saṃskāro'ntarāle 同前注书(p. 302. 11)。

复制的运动中的重力，而重力始终是在起作用的[1]。后面还要讲到，这一点给落体的加速度提供了解释。

佛教的观点与这种构想截然不同，因为他们从根本上否定有任何实体存在。事物内部并没有运动可言，事物自身都是运动。从而当世亲宣称："没有运动，刹那灭故"时，他否认的正是实在论的真实运动观。运动是经验地存在的。如果实在论者只是坚持这种经验性运动后边有某种原因，佛教并不反对。[2] 他们的理论认为，这种原因就是一系列一闪即逝的刹那在相邻位置上的出现，其中并无任何恒常的东西。所有这些闪现并非来自同一个东西，而是(可以这么说吧)出自无(nothing)[3]，因为在前的闪现已经完全消失了，[4]后一刹那的闪现才生出。莲花戒[5]说：事物绝无丝毫碎片(从前一刹那)留存到后刹那。

佛教对于世界真实状态的描述最典型地体现于他们对于下落
物体[6]的加速运动和烟的上升现象[7]的说明。他们以为所有这些 101

---

① ādyam gurutvād, dvitiyādīni tu gurutva-saṃskārābhyām 同前注书，p. 304. 17. "为什么我们不能设想从开始至终了的中间有～运动过程呢？"Praśasta 问道(p. 302. 11)，为什么我们不像佛教或正理派那样主张它是刹那性质的呢？他答道，"因为许多的结合"，即是说运动从定义本身说便有与某一位置的结合与分离，例如箭在空中飞过便有许许多多与它所必经的位置的结合。参见柏格森的观念：运动是不可分的。对于胜论，运动无限可分，但那力(saṃskāra)或势头则是～。

② 前一刹那的"存在"便是原因：sattaiva vyāpṛtiḥ, TS. kār. 1772。

③ niranvaya.

④ niruddha.

⑤ TSP.，p. 183——na hi svalpīyaso'pi vastv-amśasya kasyacid anvayo'sti.

⑥ AKB.，ad 11. 46(de la Vallée 的译本)I. pp. 229—230。

⑦ 同前注。

现象都证实了这种观念：下落物体在每一瞬间都是另一物，因为它的构成已经改变了。它的重量在各个瞬间是不一样的。每一物体由四种基本元素构成，通常称之为地水火风四大。地被视为是坚实的元素，水有黏聚力，火是热，风便是动和重。所有诸元素以同样比例存在于物体中的任何部分。如果物体有时坚硬有时流动，有时热有时冷，则是因为代表这些元素的能的强烈程度不同所致。[1] 而不是说它们的数量占了优势。坚实性对于水也有，水可载舟即是证据。火的微粒被约束于焰中就说明了"流动性"存在。显然物质的基本元素与其说是极微原子，不如说是力和刹那性的能(energy)。它们都属于"合作者"或"合作的力"的范畴。第四种元素称作"动"，但也叫"轻"，即重量。[2] 因而每一物质对象便是排斥力、吸引力、热力和重力的汇合点。当一物体落下时，每一瞬间，它的运动都在加速，亦即每一瞬间它都成为别的运动。它又是别的重量、别的能量。佛教哲学家们概括道：下落的物体在相继运动的每一瞬间都是别一物，因为它的能量于各瞬间不同，平常的物体不过是一定比例的能的配合而已[3]。

102 §12. 消亡是先天规定的

无论是将存在分析为因的效能，还是对非存在与消亡作的分

---

① utkarṣa 因此在古代印度，相对于某种数学物质论，似乎还有动力学的物质论。参见以下部分。

② laghutva＝īraṇātmaka，参见 AKB.，ad. I. 12。

③ 关于下落物体的运动，参见 NV.，p. 420。

析都导致了瞬息无常的理论。我们已经指出，既然两种论证方式都是分析性的，结论也就有逻辑必然性。另有一种论证，方式与第二种略异。其出发点是：凡物总有终结。① 人人都知道这不足为奇的道理。但只要稍微留心，就明白它也意味着瞬息性正是存在的核心。如果一事物永远是转瞬即逝的，它便不可与自己的本质分割开，所以也就不存在持续性。事物的瞬息性就是先天确定的。

因此，结论是：一切存在的刹那性是先天确定的②。

筏遮塞波底·弥室罗告诉我们说早期佛教推断的刹那性观念主要依据观察归纳③，这对他们是经验的，后天的（posteriori）观念。他们先观察了火、光、声、想的时时转变。进一步的思考使他们确信人体也在不停转变，每一刹那间，身体都成为“另一个”身体。以这种方式归纳，推出水晶石也是瞬时性的，每一后继刹那，它都“老”了一点。这便是早期佛教的推理方式。但后期佛教却并未依赖归纳概括的方法来证明刹那性原理。他们发现湮灭，亦即终结本身是必然的不可避免的、先天确定了的，无需再加观察。实在论者却对佛教徒这么说：④“请考虑这样的二难困境：陶罐的碎片存在的继续性是否必然追随陶罐的存在继续性？如果说不，那 103
么罐的终结就不是必然性的。事实上，我们尽可以把眼睁得很大，

① dhruva-bhāvi＝avaśyam-bhāvi，NK.，pp. 132. 14 以下；Tātp.，p. 383. 19 以下 TS.，p. 132. 15 以下；NBT.，11. 37。

② “先天的”意指非经验的；字面上可译为 pratyañcaḥ pratyayāḥ，参见 NK.，p. 267. 19。相对的：a posteriori（后天的，经验的）则为 parañcaḥ. 参见 Tātp.，p. 84. 18。

③ Tātp.，p. 380 以下。

④ 同前注书 p. 386. 14 以下。

但只有在罐变成碎片的那一刹那，我们才看到它的终结。[①] 因此罐的终结的必然性是无法证明的。即令我们承认它的先天(a priori)必然性——其实即令湮灭发生了，我们也看得出这还是由于锄头的一击，还是因为偶然的因素——这里并没有任何必然性。它的终结并不与无条件的(先天的)必然相伴随。你必须证明它并不依赖某一特殊的条件才成。从而我们说，既然所谓刹那变化的证明被驳斥了，那就的的确确应该承认，因为相继的后刹那可以看出同一个罐，便证明了：每一刹那都是那同一个对象而非别的'罐'。"

但是佛教反驳说，"任何非先天必然的东西才依赖特别的因，如布的颜色依赖染料，它便不是必然的。如果一切存在物都如此，其终结依赖特别的原因，那我们当然可以接受有不会终结的经验对象，接受有恒常的经验对象存在的说法。但这是不可能的。终结的必然性指明这样的事实：事物才生起的瞬间同时便规定了它的终结，而这种终结是自动的无须特别因的。它不会进入下一刹那。因此事物是刹那变易的便得到了证明。"

§13. 从矛盾律演绎出来的刹那性

任何存在者都于"其他"的存在物之外单独存在。[②] 存在就意味着单独存在。真实的存在乃是自身的存在。自身的存在意味着

---

① NK.，p. 139. 21 以下。

② sarvam pṛthak，NS.，IV. 1. 36.

凸现于其他存在物中。这是些分析性的命题,因为存在概念的本性[1]就是"单独性(apartness)"。任何东西若非他物外别有便非自
性存在,若依存他物而存在者,那它只是他物的名称一类的思想 104
物。例如:总(体)并非于别(部分)外的单独存在;时空并非于刹那之点外别存;灵魂并非于精神现象之外另有;物质并非于感觉材料之外另有。唯其非另有别存,它们便根本没有。

那么,什么才是别他存在物之外的真实物呢?什么是那唯一有的存在物呢?[2] 是数学的点(kṣaṇa)[3],它与其他存在物的唯一关系是"别性(otherness)",它是数量的而非质量的别他。每一关系或属性或性质都至少从属于两种实在物。因此它没有存在自性,因而若离开这两种实在物,便是不真实的东西。

关于"别性律"的公式如下:如果一事物被结合了不能相容的属性,[4]它就成了"另一个(别它)"。如果这些属性是相互排斥的,那么属性的差异引起事物的差异。两种属性如果其中之一包含另一,或其中之一是另一个的部分,它们自然并无不相容。如红与颜色的关系。但如果它们二者同时从属于一个共同的可规定者,例如红与黄,或者更正确地说,红与非红二者从属于颜色。如果那可规定者极为间接,甚而根本没有这样的可规定者,那么这种不相容性就更大了。[5] 显然这里的"别性律"只是以印度方式表述的欧洲

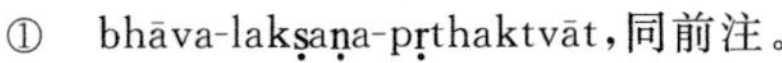

① bhāva-lakṣaṇa-pṛthaktvāt,同前注。

② sarvato vyāvṛtta,trailokya-vyāvṛtta.

③ kṣaṇa=svalakṣaṇa.

④ NBT.,p. 4——viruddha-dharma-saṃsargād anyad vastu.

⑤ 参见后面有部讨论矛盾律和遮论说的部分。

亚里士多德的矛盾律:无物可在同时、同一地同一方面具有两个截然不同的属性。欧洲的矛盾律的前提是假定实体和属性关系的存在(即持续存在者(continuants)与偶然发生者(occurrents)的存在)。而在印度,如我们所见的,两大系统都不承认这种关系的客观实在性。数论只承认有一个持续存在者(contin-uant),而佛教只承认有无数的偶然发生者(occurrents)。无论何时,一事物的规定性(determination,意即存在的状况——译者)一旦改变,该事物即成它物。这些规定性有时、空、属性。[①] 一事物的属性(quality)是别它,该事物即成别它。例如,同一东西不能同时是红与黄的,或红的与非红的。一事物的空间位置是"别",该事物亦便成为"别",如一块宝石在一地的闪烁与在另一地的闪烁是两个不同的东西。

105 既然一个广延的物体涉及至少两个空间点,广延性便不是最终真实的东西。从根本上看,该广延的物体在空间各点上是不同的事物。从时间上看仍然如此。同一事物不可能存在于两个时间点上,因此,每一刹那它都是各别相异的事物。[②] 即使是感觉活动刹那或者关于某事物的统觉的诸刹那,从最终真实性上说,也涉及了两个不同的东西。它们在想象(representation)中形成的统一性是构造出来的或假想出来的统一性。

因此,每一实在都是不同的实在(即独一无二的,对任何别的实在说来是别它的实在——译者)。同一或相象从根本上说都是

① deśa-kāla ākāra-bhedaś ca viruddha-dharma-saṃsargaḥ. NBT. 同前注。

② NBT(p. 4. 6)所给的例子是有意挑出的,佛教与实在论者双方都同意的,但佛教的真正意思可从这句译论看出。同前注。p. 4. 8 以下。

非真实。真实者乃是唯一者①,是自在之物,非相待者。一切关系均属构想。关系与构造没有区别。最终真实是离构想,离想象,是非相待的实在。它是严格的自在的,是数学的刹那之点。

后面我们考虑印度的矛盾律和同一律公式时将再回到这一问题上来。这里仅仅指出矛盾律与佛教刹那存在理论的联系。许多欧洲哲学家都说,同一即包含差异:A 与 B 即令在同一时也是相互区别的。而当它们仅是相似时,更是如此了。佛教哲学则运用了先验的绝对相异及非同一性的实在概念,实在本身于他们只是分离的点刹那。② 莱布尼茨认为,自然中没有绝对同一的事物,因为不可辨别者之间的同一是由质变的持续性来决定的。莱布尼茨的原理在某种程度上可譬之于佛教的思想。其间的主要区别在于:那非连续的、唯一的、分离的东西是一切持续性的极限并且被当作某种绝对的数学的点刹那的最终存在。③

§14. 点刹那是一种实在吗——微分法 106

前面的阐述充分说明了佛教徒的观点,他们认为时空纯粹是我们的头脑依据可感觉的点刹那而作出的虚构。他们将实在性归

---

① svalakṣaṇam=paramārtha-sat.

② 参见后面关于刹那性(kṣaṇikatva)的论述。

③ 就现代著作家言,我看 W. E. Johnson 的《逻辑学》透彻地讨论了"别性(otherness)律"(卷1,第一章),它与印度人的思考有惊人的吻合。不过那种认为"实在者"必然是实在的"一",以及真的存在意味着单元存在的思想已经是主张 en set unum convertuntur(存在与单一是可互换的)经院哲学家们所熟知的;这被莱布尼茨加以扩展,从而创立了他关于单子的终极实在性的理论。

结为“此(this)”,“此时(now)”,“此处(here)”,我们所有关于此实在的知识都是想象的相对分别。实在论者对此说道:“你们的点刹那也不在普遍规律之外,因为它也只是构想物,也是不具真实性的名言。”乌地约塔卡拉说[①],既然可以设想时间仅为名言,显然你们也必须承认时间极限(即刹那——译者)也只是名言,佛教反驳[②]:最短的时间,数学之点是真实的东西,因为它是科学中证明的。占星学家也以它为计算的基础。它是不可再分割的时间微粒,其中不再包含可分为前行后继[③]的部分。印度天文学清楚地了解所谓“粗大时间”(sthūla-kāla)和“精细时间”(kāla-piṇḍa)。一事物在单一刹那当中的运动他们称之为即刻性的运动或“彼时之动”(tat-kālilī-gatiḥ),即不涉及别的时间刹那。这一时间仅仅是行星经度的极小划分。实在论者说,这种时间并非实在,它仅仅是数学上的假设。[④] “恰恰相反,”佛教答道,“我们认定了这种存在的瞬时性就是最后的真实的东西。”世间唯一非构造非想象的就是可感知的点刹那,它是一切构造的真实性基础。[⑤] 的确,它是不能在感觉表
107 象[⑥]中再现的实体。但这只因为它不是思想产物而已。由于绝对
唯一的实在之点刹那不可描述,也不能名称,[⑦]只好用“此”、“此

① NV.,p. 418. 15。

② NVTT.,p. 387. 1——jyotir-vidyā-siddha(天文学所证明的)。

③ pūrva-apara-bhāga-vikala 同前注。参见 NK.,p. 127. 12。

④ sanjñā-mātram.

⑤ vāstavīkṣaṇikatā abhimatā.

⑥ kṣaṇasya(jñānena) prāpayitum aśakyatvāt. 参见 NBT.,p. 12. 19(prāptiḥ=savikalpakam jñānam)。

⑦ TSP.,p. 276.

地”、“此时”表达。从而它不只是名言,而且根本不是名言没有名称。终极真实不可言说。凡可以言表的多多少少都是构想之物[①]。因而,数学之点虽对实在论是虚构物,而佛教认为才是实在本身。反之实在论以为实在的经验时间——“粗大时间”,[②]“实体性的时间”[③]则是佛教眼中的想象产物。数学家们以微分描述速度(velocity),同样,自然数学家——人类的头脑,也以刹那感知描述持续性(duration)。

前已指出,空间也只包含刹那感知,此外并无终极实在。[④]法称说:“广延的形式仅仅存在于观念中而非(真实的)对象里。承认(广延物体)在(非广延的)一个极微原子中是自相矛盾的,而如果承认(那作为统一体的广延物)存在于多个极微中更不可能。”[⑤]既然广延物体是虚构的,那么唯一的出路是接受点刹那的实在性。[⑥]

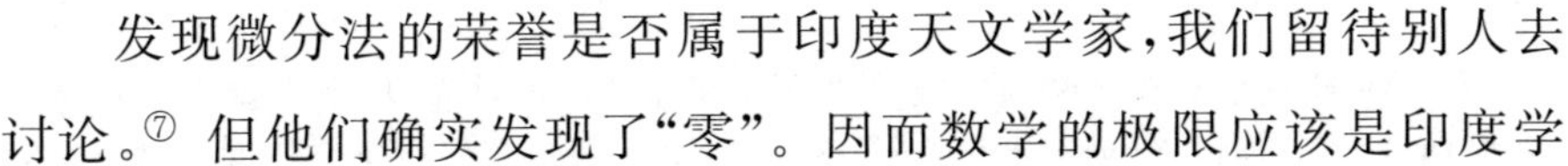

发现微分法的荣誉是否属于印度天文学家,我们留待别人去讨论。[⑦] 但他们确实发现了“零”。因而数学的极限应该是印度学

① śabdā vikalpa-yonayaḥ, vikalpāḥ śabda-yonayaḥ(陈那)。

② sthūla-kāla.

③ kāla-piṇḍa.

④ 参见本书前面第 85 页(边码)以下。

⑤ 参见 NVTT., p. 425. 20——tasmān nārthe na vijñāne...。

⑥ 这种“自在之物”是与 S. 梅蒙(Maimon 的)“感觉的微分(单元)”相比较。

⑦ B. N. 席尔(Seal)博士是如此断定的,在将这些事实提供给皇家天文学家斯波蒂斯伍德(Spottiswoode)先生时,他对此作了有保留的承认。参 P. G. 雷(Ray)的《印度化学》(卷 2,第 160 页以下),(其中也重印了 B. N. 席尔的《印度人的实证科学》中的文字)。

108 者们熟悉的。[①] 无怪印度哲学中，思辨地运用它的大有人在。[②]

§15. 瞬时性理论的历史

刹那存在的理论极可能产生于前佛教时期。[③] 在佛教内部，它的盛衰与各部派历史交织在一起。既然大多数派别的自宗文献已经佚亡而不可考，我们也就只好限于指出这一理论的明显特点，尝试性地勾划它发展的大致线索。我们可以区分如下：

1)这一理论精确制定出来时的初期形式。

2)小乘佛教时期的种种差别异见。

3)大乘佛教似乎被完全放弃了的理论危机时期。

4)它被重新输入无著世亲的学派。

5)陈那、法称一派的最终形式。

---

① M. H 柏格森断定说，数学家的世界的确是片断的世界，也像佛教徒的 kṣaṇika(刹那)的世界。他说：(《创造进化论》第 24—25 页)“数学家们所研究的世界是每一时刻都在死和再生的世界，是笛卡尔在谈论持续创造时所思想的世界。”这一观念肯定是具有佛教色彩的。听起来似乎可以译为梵文如下——ye bhāvā nirantaram ārabhyanta iti mahāpaṇḍita-śrī-Dhekaratena vikalpitās，te sarve jyotir-vidyā-prasiddhah pratikṣaṇam utpadyante vinaśyante ca. 这是柏格森的话的严格翻译，听起来像是印度经典的引述。另外值得注意的是思想和思想构造(杜撰)物的同义词，它称为“算计”(sankalana)。因而思想，生起性质的想象和数学也就有了密切的关系。参见本书第 2 卷第 292 页——samākalayet＝vikalpayet＝utprekṣeta.

② 在这一点上，数论—瑜伽也同佛教的见解极接近。参见《广博经》(vyāsa)(III 52)——kālo vastu-śūnya-buddhi-nirmānah sarvajñaña-anupāti，kṣaṇas tu vastu-patitaḥ… 参见 B. N. Seal 前引书第 80 页。识比丘(Vijñāna-bhikṣu)指出说，离开了刹那，时间也便失去了真实的、客观的存在性，不过刹那是实在的，它在现象上与变化的单元是同一的——guṇa-pariṇāmasya kṣaṇatva-vacanāt. 同前注。

③ 参见拙著《中心概念》，第 65 页以下。

我们知道,这一最终形式已经暗示了那属于数学之点的终极实在性,暗示了其中并不包含前行后继关系的各部分的时间单元。准确地说,这是无穷小的微分实在点,我们理性便依据它构筑经验的世界,它便以多种表象呈现于我们的理性。这一理论当时是以认识论的观察为基础的。从而它是两种截然不同的知识来源——仅仅提供给我们那分离的纯实在之点的感觉和那将这些微分构成多样的有秩序世界的理性——的理论的必然结果。

这一历史过程的另一端,即佛教的起点上,我们可以看到一种本质上相同的理论,虽然它与其认识论基础是分离的。一切实在 109
都给分割为单独的刹那性元素。这种刹那理论包含在关于存在的分离元素的多元理论当中。从佛教开始显露它的元素论,也就暗示了瞬时论。元素论的出现本身就是对《奥义书》和数论的一元哲学[①]的抗议,事实上,这一理论并未半途而废,紧接着,它又宣布了最细微的存在元素的排他的实在性。[②] 这些元素当时还并非数学

① 如同在吠檀多历史中一样,我们在这里也看到了相互之间的借鉴。早期佛教深受数论的影响,而以后波颠阇利瑜伽派又受到佛教说一切有部的强烈影响。参看拙著《中心概念》第47页。

② 如果已故M. E. 塞纳特(Senart)的极富独创性的猜测被接受,那么satkāya-dṛṣṭi(萨迦耶见,身见,我见)最初只是satkārya-dṛṣṭi(因中有果观,果先有观)的讹写,从而我们便可看出数论的基本信条在佛教中便成了基本错误。数论(及邪命外道)都主张:一切事物尽管不断变异,但却是永远存在的,世上没有新东西出现,也无什么东西会消失。相反,佛教则认为,每一事物都是刹那存在的,它从无中生出立即复归于无,根本不存在实体。两种理论都是极端的(ekānta,一边说,边见),它们否定了内在因、实体及属性的范畴,否定了永恒的极微(原子),主张无限可分性,这方面它们与胜论是正相反对的。争论的中心问题似乎便是内在因(和合性),胜论(或许还有早期瑜伽派)都承认内在因,数论与佛教则否认它。佛教的极端立场似乎是它们中最初的见解。以后从它发展变化形成了各部派中,犊子部,说一切有,饮光部等的各自观点,其特征都显示出各观点深层的是分离的刹那元素的"极端"说法。

的点，它们是感觉材料和思想材料，还只是依据相依缘起的因果律在个体生命中联结起来。如果假定佛教是逐步达到这一精确的理论形式的，假定这一发展过程的起点是人们对日常生活中反映出来的无常的考虑，这是极其自然的，只是，似乎佛教规定这一基本原则时，它关于"除涅槃无实、无常、无乐"的公式已经不再是指的简单的非永恒，而意味着其最终实在性局限于单一刹那持续当中的存在元素，因为两个刹那是两个单独的元素[①]。

110 经历危机的恰好是这理论发展的中间阶段。中观宗断然否认这种假设的存在之点的实在性。针对这种理论，他们求助于常识，他们认为：任何明理的人都会相信实在事物将产生、存在并消亡于同一时刻[②]。不过他们的否认对刹那论并无特别的意义，因为中观派宣称，每一单独的对象和观念都是辩证的、相待的，因而是虚幻的。

刹那实在论所经历的第一个历史时期表明，人的头脑要把握纯变化的观念——一种完全没有实体的真实性的观念——是很不容易的。带有变易性质的恒常物质范畴在我们的思想中根深蒂固，即使面对逻辑推导，我们也不愿意接受单纯变化的观点。

承认有情类的诸蕴（元素）结合的确实性的各部派中，首先有犊子部（Vatsīputrīyas），他们对这个问题的立场是很有启发意义的。他们不敢重新承认灵魂是我们的精神实体——这会在诸部派中引起非常强烈的反对。但他们又不乐意否认构成自我的诸元素

① 参见《佛教的中心概念》第 38 页。

② 参见月称《中观论释》第 547 页。

(诸蕴)之间的统一性,也不乐意接受构成自我的分离诸蕴只是借因果律才聚合的。因而他们采取了中间道路,人我被认为是相待的东西,既不与诸蕴(元素)相一,也不与之相异。它既未被许以某种终极元素的实在性,也未被否认其实在性[①]。这种承认辩证实在性而无视矛盾律的手法使我们联想到耆那教学说中非常盛行的辩证法,他们认为某种两重的矛盾的真实本质是无所不在的。这表明早在犊子部之前,就已经有了这样极端的理论,它坚持一切元素是分离的,只是由因果律才将它们完全联系起来。

批评绝对变易论的还有说一切有部(Sarvāstivādins)和饮光
部(Kāśyapīyas)。绝对变易论暗示只有现在才是实有的这种观 111
念。过去并不存在,因为其不复存在;将来也没有,因为其尚未存在。对此,有部的驳斥是:过去、未来同为实在,因为现在植根于过去,而现在之果则在将来。饮光部将过去法分为影响未尽和影响已尽两种。他们主张影响未尽法仍是真实的。这种理论显然有落入数论窠臼的危险,后者主张的正是永恒的物质材料和变易的现象两者。其实也有的说有部论者将诸法(元素)分为常住的本质与暂住的现象[②],虽然他们会抗议别人指责自己近于数论。他们主张,诸法是刹那的,并且随生随灭[③]。

---

① 参见世亲对这种理论的解说,AK.,IX(英译本),拙作《灵魂论》。

② 《佛教中心概论》中世亲的解释。(英译)第76页以下,另见O.罗森堡的相关问题论述。

③ 显然说一切有部对付的也是我们现代的价值哲学(Geltungs-philosophie)的问题:过去者(过去法)与共相一样并不"存在",但它又是真实的,因为它是有效的(es *gilt*,es *hat Bedeutung*)。

世亲告诉我们说[1]，说一切有部的全部理论不过是“经典注释”的发明。就是说它源于阿毗达磨师。世亲认为在佛陀亲授的说法中还不曾发现它。经量部（Sautrāntikas）——也就是自称回到真正佛说去的那派——则否认诸法的恒常本质并重新建立了由刹那之法（元素）组成的实在的理论。他们说：“诸法生于无，存在之后又复归于无。”[2]佛陀本人则说：“眼识生时，无物得生，眼识灭时，亦无物灭。”不过尽管“从无中生”，诸法仍是相互依持的，由因果律加以联系的，这样才产生了稳定性的错觉。

进一步偏离这一诸法（元素）分离、诸法刹那、诸法平等的原理，便有了物质（色法）之分为首要的和第二等的元素[3]以及心法

112 之分为纯意识的中心元素和代表精神现象（心所法）和道德力（行）的[4]第二等元素。这就注定重开了后门，使一开始就被佛教驱逐出去的实体和属性范畴部分地溜了进来[5]。将刹那之法分为主要和次要的做法并非没有招致非议。世亲说过，觉天（Buddhadeva）既不承认纯意识在自我的诸心法中的中心地位，也不同意色法中所谓质碍法的根本地位。[6]

锡兰一派（指上座部）忠实地保存了原始的理论，即认为法（元

---

① 参见《俱舍论释》。见《大正藏》Vol. 29. p. 377. ——译者；另见舍氏的《中心概论》第 90 页。

② 参见《中心概念》第 85 页。

③ 即指大种（mahābhuta）和大种所造（bhantika）。——译者

④ 指心法（citta）、心所法（caitta）；而道德力指思（cetanā）和行（saṃskāra）。——译者

⑤ 参见拙著《中心概念》第 35 页以下。

⑥ 参见 AK. IX 并拙作《灵魂论》。

素、诸蕴——译者)都是瞬时性的,不会持续两个刹那。因为"无有一法能从前刹那至后刹那"。到中世纪,这一派哲学中发明了一种非常奇特的理论,认为思想的刹那比感觉资料的时间更要短暂[1]。外部世界的刹那与认识刹那之间存在先定的和谐,一个感觉材料的刹那之相当于 17 个思想刹那。要清楚了解一个感觉刹那,思想必须经历 17 个相继的阶段。第一刹那中是从下意识状态中觉醒,最后又复归阈下意识状态。如果因为某种原因,这一系列并未完成,认识就是不清晰的。这 17 个刹那如下:1)潜意识[2]。2)—3)第一刹那的思想及其消失[3]。4)五感官之一的选择[4]。5)感官的选定[5]。6)感觉活动[6]。7)描述(presentation)[7]。8)对此描述的肯定[8]。9)—15)情绪[9]。16)—17)两刹那的反思[10]。在这些阶段之后,相应于外部感觉材料的一刹那的内心活动才结束。

这一理论不为其他佛教派别所知。但它的发明者肯定深受无 113
实无常基本观念的影响。 137

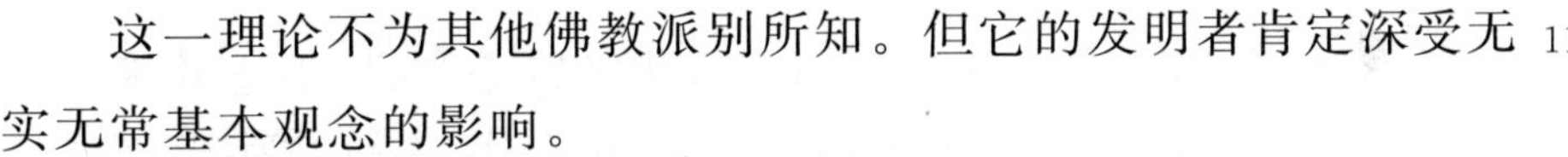

大乘佛教初期,刹那存在论失去重要性。因为中观派在经验的领域内无需乎反驳实在论者[11],而对于终极实在,它又只主张以

---

① 《攝阿毗达磨》IV. 8(Kosambi;辑,p. 18)。

② atita-bhavaṃga.

③ bhavaṃga-calana, bhavaṃga-uccheda.

④ pañcadvārāvajjaṇa-cittaṃ.

⑤ cakkhu-viññānaṃ.

⑥ sampaṭicchana-cittaṃ.

⑦ santiraṇa-cittaṃ.

⑧ voṭṭhapana-cittaṃ.

⑨ javanaṃ.

⑩ tadārammaṇaṃ.

⑪ 参见本书前面第 12 页。

神秘直观去把握。

但到第二阶段，刹那存在为瑜伽行派重新加以肯定。这一派一开始就依据“我思故我在（cogito ergo sum）”的原则承认了思想（识——译者）的实在性。思想因素（诸识——译者）被认为是刹那生灭的。不过有宗的目标是肯定整体的实在性而不在否定部分的实在性。最终极的本质有三大类：纯的绝对的存在（pari-niṣpanna 圆成实），纯的想象（pari-kalpita，遍计所执）和二者之间的有条件的真实（para-tantra，依他起——译者）。第一和第三是真实的两种形式，第二种是完全的想象，是非真实的，不存在的。在对一切存在元素的三种划分当中，已经有了将可感的实在与想象的思维截然分开的雏形，这也就是后来陈那学派的认识论基础。

不过，刹那存在论尽管重新引入佛教唯心主义，但它并未取得无条件的支配权。如同小乘佛教的时代，实体与属性的范畴表面上遭受禁止，但又想方设法从后门[1]溜进佛学中来。大乘瑜伽行派哲学中，灵魂的观念虽然公开被谴责——佛教始终是无我论的——但它仍在佛教哲学内部盘桓，时刻以种种形式表现出来。
114 起初“藏识（ālaya-vijñāna）”[2]被想象出来以代替那被取消了的永恒实体。

以前诸多行为的遗迹，以后思想的萌发种子都储存在“藏识”

① 参见拙著《中心概念》第 35 页。

② 关于无著所做的诸法安排表，可参见 L. de la Vallée Poussin（蒲山）对于七十五法和百法的说明（《博物》VI. 2，178 以下），无著的系统中阿赖耶识属于有为法；而真如属于无为法。

的容器中。依据佛教的哲学传统，这一意识（藏识）当然也是瞬时生灭的。不过它显然是伪装的灵魂之我，陈那法称也是这样指责它的[1]。圣者无著，佛教唯识论的创始人，明显地动摇于这种藏识理论和中观派的神秘观念之间。对于中观派，个人仅仅是绝对者和佛陀宇宙之体（如来法身——译者）的一种现象，这种现象又从属于“如来性（tathāgata-gotra）”“佛种（sarvajñā-bijā，一切智种）”，“如来藏（tathāgata-garbha）”和“真如界（tathāgata-dhātu）”等等。这些都不过是对应于吠檀多的“意识者（jiva 神我）”那样的伪装灵魂我，而所谓宇宙法身则像是吠檀多的“最高梵”。

刹那存在论在陈那法称的经量—瑜伽部哲学中最后定型。他们论证这一理论的理由前已经加以讨论。这一理论并不排斥从更高绝对着眼的另一层次诸法（元素）的统一性，这点容后讨论。

§16. 欧洲的类似理论

莱布尼茨在他的《神正论》（Théodicée）序言中宣布了一个难解之谜。理性在讨论它时也会迷惑于连续性与构成这种连续的不可分点截性问题。为调和作为连续性实体与相对的非连续性成分的观念，他提出了单子论。单子是非广延的，但却是具有内含属性的可感知的单位。莱布尼茨与佛教的观念比较以后还会讲到。

我们已经指出了佛教与赫拉克利特观点的相似处。几次提请读者注意它与现代哲学家柏格森（M. H. Bergson）的吻合。为通 115

① 参见本书第二卷第329页注解。

过比较法更好理解佛教观点，也许有必要再次来思考他的观点。的确，两大哲学体系中形成的关于宇宙之流的观念有许多形式上的相似，虽然在说明它时他们仍有差异。他们论证刹那之流的理由几乎完全是一样的，而根本差别则表现在最终的理论目标上。

作为实在论者，柏格森的最终目标是证明实在的持续性和真实的时间。佛教是先验主义者，他的目标是超越我们时空的绝对实在。

证明宇宙存在之流的事实，提出的理由是两方面的：1）从内省而来，2）将存在观点分析为持续不断的变化以及3）将非存在观念分析为假观念。

“何谓‘存在’一词的准确意义？”柏格森问，[①]“我们在不停地变化。这种状态本身就只是变化。”[②]“变化远较我们原本设想的更为彻底。”[③]这些变化的恒常基础——自我（Ego）——“并无实在性”[④]，“从一种状态转入另一状态以及坚持于同一种状态两者之间并无什么本质区别”，都是“无穷尽的流动（flow）”。[⑤]

柏格森的话大意是说：1）没有自我，亦即精神现象并无恒定的基础。2）存在是不停的流动，那不变化的就是不存在的。3）变化的状态并不由恒常的基础即自我来联系，它们只是藉因果法则，即相继的和相互依赖的法则联结的。这与佛教的基本原则几乎完全

① 《创造进化论》（伦敦，1928），第1页。

② 同上书，第2页。

③ 同上书，第1页。

④ 同上书，第4页。

⑤ 同上书，第3页。

吻合。佛教被称作 1)无我论[①],2)无常论或刹那存在论[②]以及 3)相依缘起论[③],也即是以因果律取代了那些流动着的现象的恒常 116
基础的理论。

柏格森接着说[④],衰老的原因并不像实在论者所说的源于吞啮细胞,而是更为深沉的原因。"衰老的致命因是不可感觉的、无穷阶次的、事物内在的形式变化。""前后相续性即令在自然界[⑤]也是不可否认的事实,"我们知道,佛教注意到了火、声、动作和思想的虚假持续性之后,才注意到人的身体。人也是不断变化的。他们的结论是"人生如是,水晶宝石亦如是(变化)"。存在就是不断地变化,这是普遍的规律,那不变化者是像空(宇宙以太)那样的非存在者。何以我们的思想会将不停顿的运动视作静止呢?柏格森说,因为我们对于眼前充满运动必然性的事物有先入之见。从那"不断地表现自己或使自己消失的,但什么也不曾产生"[⑥]的持续当中我们"挑出了那足以使我们产生兴趣的片刻",[⑦]思想是我们作用这些事物的准备。同样我们知道,佛教也主张思想是预期行为的准备,而实在则被认为是这种行为所体验的事物或点刹那。

不过,更值得注意的是柏格森与佛教为证明他们的非存在和消亡的观念时所用的论据是如此吻合。非存在与否定判断的本质

---

① anātma-vada.

② kṣaṇika-vāda.

③ pratītya-samutpāda-vāda.

④ 《创造进化论》第 19—20 页。

⑤ 同上书,第 10 页。

⑥ 同上书,第 287 页。

⑦ 同上书,第 288 页。

紧密地相联系。这一问题在欧洲哲学中是被施瓦特(Ch. Sigwart)所解决的。否定只是一种特殊的肯定,以后会谈到,这正是佛教的观点。柏格森以相当大的篇幅发挥这一理论[①]。这方面,他坚持说,消亡是一种假概念。他证明道:“当我们寻求某物却发现是另
117 一实在存在时,我们就说它不在。”[②]他证明道,消亡并不是附加到一事物之上的某种东西,如同生成也并非是附加于无(Nothing)之上某物。他甚而主张,无比有具有更多的内容而不是更少[③]。寂护不也主张“事物本身就叫消亡”吗[④]?无论佛教还是柏格森都将日常所认识的变化、消亡和运动的观念斥为虚妄。变化并非突然进入平静存在物的灾难。消亡也并不意味某物取代存在,运动亦非附着于物体的某物,他们都不承认持续实体。说到一致性,它表现在柏格森与佛教关于存在的能动性看法上。他说存在即是不断的变异、运动,而且只是运动,绝对的运动本身,而且是没有物质材料的运动[⑤]。这种观念,我们思维习惯难以接受。而佛教所争论的,恰恰是否认它的另一面,即:对物质体的否定。我们已经了解,在印度,对于持续变化有三家理论。数论认为物质自身在永远变易;瑜伽派认为永恒的物质存在伴随有属性和状态的改变;佛教认

① 《创造进化论》第 287—314 页。

② 同上书,第 312 页。

③ 同上书,第 291 页及第 302 页——“无论我们的断定看来有多奇怪,将对象视为‘非存在’的观点比视为同一对象的‘存在’要更有(理由)一些。”(第 290 页)柏格森指责了那些不太注意零无观点的哲学家。但他并不是针对印度哲学家说的。有的黑格尔主义者也认为无较某种有更重要些。参见 Trendelenburg 的《逻辑研究》I. 113。

④ 参见本书第 95 页。

⑤ 参见柏格森的讲义《变化的感知》。

为实在是没有物质背景的运动。

不过两个体系的主要分歧也就从这里开始。柏格森将我们的感觉器官比作摄影机[1]，它将瞬时性的凝固的镜头片断[2]拼合为运动。这正是佛教的观点。他引述笛卡尔的看法，存在是不间断的新的创造[3]，他引述了芝诺(Zeno)的诡辩，所谓"飞矢不动"，是因
为它没有时间可以运动。即是说，除非给箭以两瞬间来占有两个 118
位置才有"飞"，但不可能给予它两个片刻[4]。世亲不也说没有什么运动，因为在第二时刻，前一瞬间的事物已经消灭了吗？[5] 说一切有部也认为无有一法可从前一刹那至后刹那。[6] 但是柏格森认为，这种瞬时性是我们思想的人为杜撰物。他认为，任何"依据不同状态来构成变化"的企图肯定是要失败的，因为它的前提，即："运动由静止构成"是荒谬的。[7] 可是我们看到，当佛教徒面临挑战，解释运动由不动组成时，他们指出数学天文学也是依据无穷多的非运动性来构成连续性的。[8] 我们的感官不单是摄影机，也是天然的数学家。事实上，即令连续性被承认了，感官也只能挑出其中的瞬时感觉活动，而理性才会将它们合为连续性。柏格森认为："如果箭离开 A 点降至 B 点，从 A 到 B 的运动是单纯的不可分割的。"对于他，一个单一的运动"完全是两个停顿中间的

① 《创造进化论》引书《变化的感知》，第 322 页。

② 同前引书，第 322、358 页。

③ 同前引书，第 24 页；本书 108 页注①。

④ 同前引书，第 325 页。

⑤ AK.，IV. 1.

⑥ TS.，p. 173. 27；另见 TSP.，p. 183. 12。

⑦ 前注引书，第 325 页。

⑧ 本书第 106 页。

运动。”[1]但对佛教徒，除非在想象中否则并不存在停顿，宇宙运动是不停的。日常生活中所谓停顿只是变化的刹那，所谓的“非相似刹那的产生”。[2] 简而言之，对于佛教，持续是一种构造物，刹那感知才是真实的。而柏格森认为真实是持续的，刹那是人为从中切割出来的片断。[3]

① 前引书（柏格森），第 326 页。

② vijātīya-kṣaṇa-utpāda.

③ 要在这一点上全面比较，我们应该将柏格森的艺术家的直觉与佛教圣者的理性的非感官的神秘直觉进行比较，但这是一个应该单独撰文说明的大题目。

第二章　因果关系 119
(pratītya-samutpāda)

§1. 功能相依的因果关系

莲花戒说:①"佛教哲学的瑰宝中,因果理论是最主要的宝石。"因果理论称"相依缘起论"或"缘起论"。这个术语意味着每一实在之点都必然依赖于它所追随的那些点的集合,它之所以产生是功能上依赖那些紧在自己之前的"因缘"(即条件和原因——译者)总体。前一章说佛教哲学的基本特点是刹那存在论,佛教哲学大厦即建立在它上边。相依缘起论只是它的另一面。作为最高真实的实在被归结为有效性的点刹那,这些点刹那作用上依赖在前的作为原因的刹那。它们之生起、存在只因它们是有效能的,也就是说,它们自身为因。任何存在者必为因,原因与存在是同义语。② 就此,一篇古代经文谈到"一切(真实)之力是瞬时性的。(但是)一个绝对无持续性之物,何以(仍然有时间)去生成它物呢?(这是因为那我们称之为)'存在'的只是效能,而唯此效能,我们呼

---

① TSP.,p. 10. 19.

② yā bhūtiḥ saiva kriyā. 这是常见的一句格言。

为生起的原因”。[①] 如同真实存在之为点，真实的因也只是这些点，换言之，存在是动态的，非静止的，它由一系列相互依赖的作为原因的点组成。

所以，佛教的因果理论是宇宙刹那理论的直接结论。一件东西不可能由别的东西和人为意志产生，因为人与物都是刹那存在的。
120 它们没有时间去产生什么。就它们自身言，甚而不会存在两个刹那以上。由于无持续性，所以没有运动。同样，生成需要时间，因此没有真实意义的生起。我们知道，实在论的运动观，表明了他们将矛盾的相反的属性结合在一起。例如：同一地点的同一物有存在与非存在两种属性。[②] 同理，实在论的因果观也表明有两个实物存在，其中之一作用于另一物。对他们来说，因与果至少有一刻是并存的，否则就没有一事物对另一物的作用。例如，陶工与陶罐就是并存的。不过佛教认为陶工也是一系列的点刹那，其中有一点为称作罐的系列之点中的第一刹那追随。世界的整个过程是非人力的，并无可以起作用[③]的持续的自我（Ego）。所以，果生时因已灭。果只是随因而起，并非由因生出。因此说，果是从无中生出的，因为因果没有同时存在的时候。

佛教毗婆沙[④]一派承认有因果同时之说，即两事物相互依赖，相互为因时，有此可能。这肯定是误解。因为它必遭致下面的困

① TSP.，p. 11. 15. 这段本来为一颂，据说是佛陀所说。

② 《纯粹理性批判》论时间部分，§ 5（第二版），参见本书第 85 页。

③ abhūtvā bhavati.

④ TSP.，p. 175. 24. 有俱有因（sahabhū-hetu）和相应因（samprayukta-helu）参见拙著《中心概念》第 30 和第 106 页。

难[1]。这同时存在的东西，其中之一在产生另一个时，已生出了呢？还是没有生出？如果它未生出，显然不能生成他物，如果他已经生起，那既然两物相互依赖同时而起，则另一物也已生成，不需要(由它)作第二次的生起。效能因成为了不可能。同时，因之可能起作用，除非因果都是静止的，而且二者的因果关系被想象成以(一作者和一被作者)这样的拟人方式进行的，[2]如陶工和陶罐可以同时存在。但是因并不能以钳子夹住果，将果拖入存在。[3] 果
也并不由因的拥抱中挣脱而跃入存在，如姑娘之躲过情人的紧紧 121
拥抱。[4] 无论因或果都不作成什么，它们是“无力的”、“无作的”、“无为的”。[5] 如果我们说某因生果，那是表述的不完备[6]，因为牵涉了譬喻[7]。应该正确地表达为：“此果生起于对如是如是某物的功能性依赖中。”[8]既然果是在因的存在之后才出现，它们之间便没有间歇，也就无法于其间作业。便没有因的活动，或者因的活动什么都不产生[9]。只是因的存在便构成了它的作用(业用)。[10] 可如果我们从而问道，那么所谓因生果的活动究竟是什么呢？所谓果待因起究竟是什么呢？答案如下：果待因起是指：果总随因的存

① 《中心概念》，p. 176. 1。
② 同上书，p. 176. 6。
③ 同上书，p. 176. 12。
④ 同上书，p. 176. 13。
⑤ 同上书，nirvyapāram eva。
⑥ sanketa.
⑦ upalakṣaṇam.
⑧ tat tad āśritya utpadyate 同前注，p. 176. 24。
⑨ akiṃcit-kara eva vyāparaḥ，同前书，p. 177. 3。
⑩ sattāiva vyāpṛtih，TS.，177. 2.

在而有；而因生果的作用指：因总是先于果的。[①] 这种因是离弃任何外延，任何附属作用力的事物本身[②]。

§2. 因果律的公式

有三种公式可以解释"相依缘起"的意义。第一，"此有故彼有"[③]。第二，"无真实之物生起，惟有相依。"[④]第三，"诸法不作(forceless)"[⑤]。第一同时也是最通常的表述式意味着：在如是如
122 是条件下，结果便表现出来，随此条件变化，结果也一起变化[⑥]。只有考虑到所有这些说法之提出是为了驳斥和取代当时印度哲学别的宗派的理论，我们才能完整理解这些表述式的全部意义。当时既有数论的也有唯物论的和实在论别派的因果理论。前已说过，数论并不认为有真正的因果关系，在新生的意义上不存在因果作用，没有"创造性"[⑦]的因果联系。果不过是同一自性材料(prakrti)的现象之一。所谓生并非真的生，因为果与因本来是同一的。是从自我中产生的一种东西[⑧]。另一方面，实在论者将每一对象视为单独的整体(又称"总"——译者)，[⑨]此"总"是附于那

---

① TSP., p. 177, 11.

② TSP., p. 177. 3——vastu-mātram vilakṣaṇa-vyāpāra-rahitam hetuḥ，同前书，p. 177. 23。

③ asmin sati idam bhavati，见拙著《中心概念》第 28 页以下。

④ pratitya tat samutpannam notpannam tat svabhāvataḥ.

⑤ nirvyāparāh(akiṃcit-karāḥ) sarve dharmāḥ.

⑥ tad-bhāva-bhāvitva, tad-vikāra-vikāritva.

⑦ ārambha(前无后有的生起)。

⑧ svata utpādaḥ.

⑨ avayavin.

它自身借以组成的“别”（即部分）之上的统一体。因果关系作用时，此“总”便获得一个增加物[①]，生出某种产物，便有了一种新的“总”（整体）。两个“总”之间有一个称作内在因[②]的桥梁，内在因也是单独的实体。从而每一种情况的因果关系就不是出自它自我的关系，而是外在的，生自他我（parata-utpādaḥ）的。再有一种理论承认偶然生成[③]而否认一切严格的因果关系。对这三种理论，佛教回答说：“诸法不从自生，不从他生，亦不从偶然生。诸法实无所生，皆从相依缘生。”[④]如果就某一永恒物质在演化过程中有形式的变化说并无因果性，因为并无这种物质；若就一实体突然进入另一实体言，亦无这种因果性；也没有偶然的生起。每一生起都服从严格的因果律。生成决非某种永恒物质（自性——译者）的形式，而只是能的闪现，但它遵循严格的因果关系。

显然这种理论是无实体论的直接后果。[⑤] 无实论并不承认广延性与持续性是最终的实在，而只是持续的紧密的转瞬即逝的元素的迁流。这些元素并非偶然而依因果律出现。[⑥]

① atiśaya-ādhāna.

② samavāya.

③ adhītya-samutpāda＝yadṛcchā-vāda.

④ na svato, na parato, nāpy ahetutaḥ, pratītya tat samutpannam, notpannam tat svabhāvatuḥ.

⑤ anātma-vāda.

⑥ 一位中世纪著者用一个非常有名的颂子总结四种主要的因果论（一切智牟尼在他的《吠檀多精义略说》Sankṣepa-śarīraka, I. 4），汉译大致如下：

创造进化是实在论者的主张，
佛教则回答：“这是（无数刹那的）集合。”
数论插进来说：“始终变易的物质。”
吠檀多则说：“幻梦错觉。”

数论的心理——物理二元论导致两种实体的建立：包括除意识自身之外的一切精神现象在内的自性物质和与物质截然分开的意识。这个问题在佛教那里是轻易地解决了的。意识是这些事实的功能[①]。如果给定注意刹那（称“作意”——译者）、境色（对象）和眼根（视感官），就有眼识（视觉意识）生起[②]。这种相互依赖是明显的，因为这些因素中任何一个发生变化，结果也就随之变化，如果眼睛受到影响或者去掉，眼识也就改变或完全消失。

光究竟是否生自黑暗，白天是否来自前一黑夜，这无论在欧洲还是印度，都是人们探讨的焦点问题，在佛教因果论中它也是自然而然加以解决的：称作黑夜的系列的最末一刹那由称作白昼的系列的第一刹那所追随。每一瞬间都是它全部的先行者的产物。它总与先行者是相异的，但从经验的角度看，又总有相似和相异性。芽之刹那不同于种之刹那。经验显示相异的因果性与相同的因果

124 性都是可能的。[③] 只是由于我们经验知识[④]的局限性，我们看不出刹那[⑤]的区别，从而认定它们表现的是实体和持续性[⑥]。

因而，毋庸置疑地，在相依缘起的意义上，我们在佛教那里得到了表述非常精确的因果论。

---

① 这里的意识即瑜伽行派的“识”（vijñāna）。

② cakṣuh pratītya rūpam ca cakṣur-vijñānam utpadyate.

③ vijatīyād apy utpatti-darśānāt. Tipp. p. 30. 18.

④ ajnādivad-arvag-dṛśad. NK. p. 133. 5.

⑤ sadṛśa-parāpara-utpatti-vilabdha-buddhayaḥ(na labdha-buddhayaḥ)同上注。

⑥ 为了保留其“同类因果关系”的原则（sajātīya-ārambha），胜论。数论还有医学派别（后者想说明化学物中的新属性形成）都构造了复杂而精微的理论。B. N. Seal 对它们作了说明，参见其著作。

§3. 因果性与实在性是同一的

依据佛教的看法，实在是能动的，世间没有静止的事物。“我们称之为存在者，”他们不厌其烦地重申“乃是一种行动”①，“存在是业用”——寂护这样看。行动与存在只是同义词。“因果性是能动的”②如果以为事物是不动地存在，没有行动，然后似乎是突然间生起，产生某一行动。这种错觉起于将事物理解为平时人的行为。任何存在者总是行动着的。

上面所引的佛教关于存在的定义反复强调了这一结论：任何真实存在者总是一个原因。存在，真实的存在，只能是效能③。从而，任何无效能的，非原因的都不存在。向佛教诘难的乌地约塔卡拉④说：“非原因是两方面的，对你说来，或者是非存在，或者是非变化。”莲花戒⑤纠正他这种说法，指责他根本没有弄懂对手的理论，“因为”，他说，“作为逻辑学者的⑥佛教徒主张非因必然是非实在。”⑦这就表明，真实者只是原因，存在者必然是原因。实在论与 125
佛教之间的讨论涉及空间的实在性，它或者是空虚的或者是充实

① sattaiva vyāpṛtiḥ(事、用)TS. p. 177. 2。

② calaḥ⋯pratitya-samutpādaḥ 同前注，p. 1。

③ artha-kriyā-kāritvam(能达成目标的所作性) = paramārtha-sat(胜义有) NBT. ,I. 14—15。

④ NV. ,p. 416.

⑤ TSP. ,p. 140. 7.

⑥ Nyāya-vādino Bauddhāḥ，同前注。

⑦ akāraṇam asad eva，同前注。

的，即充满了宇宙以太。作为非逻辑学者的早期佛教徒认为它是空虚的空间，[①]但它仍然是一客观实在，一种元素，一种法，一种不变的恒常的实在，与他们的涅槃相类似。实在论者以一种永恒而不动的可穿透的以太实体[②]来填充这个空间。后期的逻辑家的佛教徒抛弃了所谓不变不动的实在，理由是：任何不变易，不运动者即不存在。存在即变易。

这一例子与其他许多例子一样，我相信会引起哲学史家们的应有注意。佛教所经历的论证过程给现代物理学提供了某种借鉴。

§4. 两种因果性

但是，存在两种不同的实在，直接与间接的。一是终极而纯粹的，即点刹那。另一则是依附于点刹那，它与想象功能所生的表象混合在一起。这是经验的对象。从而产生了两种不同的因果关系，终极与经验的。其一是点刹那的效能；另一为依附于点刹那的经验客体的效能。一如我们前面指出的，两个判断——“实在是能动的”与“运动是不可能的”——之间存在着表面的自相矛盾，这里我们也面临着另外两个矛盾的判断：“每一点实在皆有效能”和“效能乃是不可能的”。的确，如上面所说，一切实在是“消极的(inactive)”[③]，因为存在只是刹那，他们没有时间做任何事情。这一矛

① AK.，I. 5.

② ākāso nityāś ca akriyaś ca.

③ nirvyāpāra.

盾的解决在于这样一个事实：根本就不存在单独的被附加到存在之上的效能，存在本身只是因的有效性[①]。原因也好，事物也好， 126
是从不同角度着眼同一实在的所获。莲花戒[②]说："行动者对于工具（以及行为对象）的关系根本上说并非真实的"，莲花戒讲"因为一切真实的元素都是刹那性的，完全不可能作业的"。如果我们将实在性与因的效用视为一体，则可以说任何实在同时亦是原因；如果我们将二者视若有别，则只有承认效能并不可能，因为它使我们陷入了带有两个正相反对的谓词的命题。那样一来，同一事物就得不同时不同地地存在或者同时同地又存在又不存在。比如：一个罐对实在论者是真实的由部分所成的对象，直到为锄头击碎为止，它始终有广延有持续。在黏土与罐，罐与碎片之间，陶工与罐之间，锄头与碎片之间均有因果关系。可是对于佛教，一个早就消失了的一事物，亦即一刹那，不能为因，不能产生一个很久以后才能出现的事物。"一个持久性的事物，"佛教徒说，[③]"应该代表一种非常紧凑的统一体。由于这样紧凑的统一性，它不会使其中的元素成为不同的（前后）刹那。（这样一个紧凑的统一体）作为一种果的产生者是不可思议的。"对此，一位论敌说[④]，我们不能坚持说：对象的效能每一瞬间都在改变。经验告诉我们，只有一系列的刹那才产生同一个效能。要不然，如果第一刹那的青色产生青的

---

① sattaiva vyāpṛtiḥ.

② TSP.，p. 399. 12——na pāramārthikaḥ kartṛ-kāraṇādi-bhāvo' sti，kṣanikatvena nirvyāpāratvāt sarva-dharmāṇām.

③ NK.，p. 240. 筏遮塞波底这里引述的是瑜伽行派的观点。

④ NK.，p. 240. 同前注。

感知，之后的刹那不能，那它们就会造成别的感知了。如果不同刹那不能共同地具有一个相同的效能，青色的表象就无从产生。答复大意是这样的：正如每一刹那，青色对象都有不可见的变化，每一刹那的感觉及表象也有不可见之变化。只有忽视其间的差别才有一个表面上统一的对象和表面上统一的表象产生。[①]

127 因此，存在着两种因果性，其一是终极真实的；另一则是偶然的经验的，因为实在本身即具有二重性。先验的作为刹那之点的实在性以及经验的作为有限的持久性事物的实在性。有一种诘难认为，如果因果性是想象的产物，那么它就不是真实的。法上[②]答道："是这样，但尽管系列的存在（如持久性的事物）并非实在，它们的各部分[③]，点刹那，却是实在者[④]……""当一个果产生时，我们体验的因果性并非真是一种可感事实本身。但一个真的果的存在预定了真实因的存在，所以（间接地）因果性关系也必然是一实在的关系"[⑤]，亦即，经验的因果性是有限度的真实的。

§5. 因之多重性

佛教因果理论的另一特点是坚持认为一事物不能单独产生另一物。它之所以能引出某一结果，除非与其他称作"协作因素[⑥]"

① NK.，p. 240. 筏遮塞波底这里引述的是瑜伽行派的观点。

② NBT.，p. 69. 1 以下。

③ santāninas.

④ vastu-blūta.

⑤ 同前书，p. 69. 11 以下。

⑥ saṃskāra（资助，功用；有为行）。

的配合。因此,“相依缘起”与“配合生起”[①]应是同义词。这种态度亦可见于下面的公式:

“无一法生自一法,亦无多法生自一法,”

或者稍加变化:

“无有一法生自一法,一法若起,必有多法。”[②]

这多法的整体即因与缘。关于因缘,几乎每一佛教派别都试图给它分了类。

实在论者的因果关系是静止的两事物的接续。在此意义上,因果关系是一对一的,一个统一体产生另一个。佛教不同意这种 128
说法,它认为经验已经显示,实在的个体绝不能生另一个体。比方说,一个极微只能有它的下一刹那,并不“能”生出另一物。要具有产生的能力,得有好些个体。实在论者并不否认,种子只是一种“材料”,一种物质的,亦即被动的原因(samavāyi-kāraṇa)。但要产生真实的结果,还需要有动作的或作用因的帮助。[③] 佛教的答复说,如果因是被动的、无效的[④]、无动作的,它完全可以被忽视,而那些单独有效的原因自然就独自可生出结果来[⑤]。这样一来,潮湿、热和土壤无需乎种子就能发芽了,因为种子什么都没有做啊。

佛教的观点是说,实在论的因果观点是拟人化的,如陶工之用

① saṃskṛtatvam(有为性)=pratitya-samutpannatvam(相依缘起性)=sambhūya-kāritva(共所生性)=dharmatā(法性)。

② na kiṃcid ekam ekasmāt, nāpy ekasmād anekam, 或者为 na kiṃcid ekam ekasmā samagryāḥ sarva-sampatteḥ.

③ upakāra=kiṃcit-karatva.

④ akiṃcit-kara=anupakārin.

⑤ SDS., p. 23.

泥做罐，所谓种子活动的原因也是如此。为了有效能，它们相互帮助才行[①]。这种帮助也是以拟人方式为基础的。正如一件重东西搬不动，请别人来帮忙，结果它移动了，所谓协作因就是这么回事——它们在获得足够帮忙时便产生了果[②]。物质因“将它们承担起来”，[③]效能因将自己导入物质因中，它们消灭或消除了物质因并利用剩下的物质“创造”[④]一个新东西，如同泥瓦匠拆除旧房子，用砖头盖了新楼。

照佛教说法，并无物的毁灭或另一物的产生。亦无实体流入别的实体，诸原因间也没有如人手那样的相互协作。唯一存在的是连续不断的无穷划分的变化。有一种结果的确可以跟人们协力
129 合作产生某物相譬。这就是被佛教徒称之为“拟人果”的[⑤]。但他并非将每一因果关系解释为类似人们的合力劳作的过程，而认为即令所谓人的活动也只是非人的过程。所有协作因都只是有效刹那的偶然汇合之流。由于一切运动都是间奏的（staccato）运动，这些原因便是“潜伏因”[⑥]。在这些诸因会合点上才有新系列[⑦]（事物——译者）产生。因、效能与刹那仅仅是同一事物的不同叫法。当潮湿、土壤、种子诸条件的刹那系列结合起来，其最后时刻便有

① paraspara-upakārin.

② AK，Ⅱ.56.（但汉译《阿毘达磨第二品》即《分别根品》似无此段文字。——译者）

③ sahakāri-samavadhāna.

④ ārabbyate-kiṃcid-nūtanam.

⑤ puruṣa-kāra-phalam＝puruṣeṇa iva kṛtam（丈夫果，士用果）。

⑥ upasarpaṇa-pratyaya（生缘）参见 NK.，p. 135。

⑦ sahakāri-melana（相助集合）。

称作芽的系列之第一刹那随之生起。从而，佛教因果关系是多与一的关系。又叫作“一果生”论[①]，并与实在论者的“相互助成”或“相互影响”论[②]对立。

法上说[③]，“协作有两种，或者是（真正的）相互影响，或者（并无真正的相互影响）只是一个果的生成。（在佛教），既然一切事物是刹那，事物便不会再生出别的什么。从而，协作只能理解为（由相继的、一些俱时的刹那）产生的一（瞬时性）结果。”就是说，每一因果行动中必不可少的协作必须理解为多对一的关系。

§6. 因的无穷性

如果因果性是多一关系，便有这样的疑问：这“多”能否计量？为了断定某一事物，是否要将它的全部原因加以了解呢？答案是否定的。一旦我们企图知道全部种类的、直接与间接的、有影响的因与缘，情况就会复杂得不可认识。除非全知全能者，否则不能认识那影响某一事件产生的全部条件的无穷因。世亲引述罗睺罗的话说：[④] 130

“于一孔雀轮，一切种因相
非余智境界，一切智所了。”

尽管这样，在不同的因果关系中，有些依存性相当严谨的系列

---

① eka-kārya-kāritva，或 eka-kriyā-kāritva.

② paraspara-upakāritva（展转饶益）；upakārin（饶益）＝kiṃcit-kārin（作少分）。

③ NBT.，p. 10. 11（英译本，第 26 页）。

④ AK.，IX.，拙译《灵魂论》第 940 页。参见玄奘译《俱舍论・无我品》。——译者

仍是可以观察得到的。说一切有部[①]便从中引出了“六因四缘四果”的理论。这当中有一种因具有“普遍因”的特点[②]。它不能以一个专用名标志，因为它包括一切积极、消极的条件，正是这些条件制约某一特定事件（即果）的产生。所谓消极并非完全消极，就它们本可以妨碍而实则并未妨碍该事件，就可以认为有主动的一面。世亲[③]举例说明消极因[④]，村民们到村长面前说：“由于您老爷，我们是幸福的。”村长并未造福于他们，但他并不压迫他们，虽然他本可以这样做。因此他是村民们幸福的间接因。根据这一原则，每一事件环境中的真实情况只要不妨碍该事件，也就成了它的原因。一个不真实的事物，像是空中的莲花都不能产生影响。而一事物产生之前刹那存在的真实物对它总有某种或直接或间接，或近或远的影响。因而能作因（普遍因）的定义如下。世亲[⑤]问道：“何谓能作因？”他以梵文特有的深隽风格答道：“一切有为，唯
131 独自体，以一切法为能作因，由彼生时为无障位故。”[⑥]就是说，并没有自为因的（causasui），除此之外，世间一切法都是该事件的能作因。早期佛教从一开始将存在分析为无限的分离刹那起，就将它们称之为相互联系的或共同作用的成分[⑦]。这种相依缘起的观

① 参见本书第138页。

② kāraṇa-hetur viśeṣa-saṃjñayā nocyate, sāmānyam hetu-bhāvam(apekṣya) sa kāra-ṇa-hetuḥ(世友)。

③ AKB.,ad. II. 50.

④ 参见施瓦特的前引书 II. p. 162。

⑤ svam vikāya sarve dharmāḥ-svato'nye kāraṇa-hetuḥ 参见 AK.,II. 50。

⑥ 参见玄奘译《俱舍论》卷六。——译者

⑦ saṃskāra＝saṃskṛta-dharma.

念对他们说来是如此重要，以致（指诸法的）“一切”竟成为他们的专门术语[①]。这个“一切（诸法）”指划在这三类之下的成分：个人生命体的结合（称蕴集，有五蕴——译者）[②]，认识的基础（即十二处，包括六根六境——译者），个人认识为中心的世界现象的组合（即十八界，即使人有认识功能之六根，使功能有对象的六境，以及认识结果之六识——译者），三者又称“蕴、处、界”三科。依据因果论，宇宙的观念是作为相互联系的分离的元素的整体再现出来。它又再现于因缘总体（hetukāraṇa-sāmgri）的思想中[③]。一事件的存在担保了其因与缘的总体存在，果本身就只能是全体因缘的现在（be present 当下存在）。如果有了种子，有一定量的湿气、温度与土壤，没有别的不利因素干扰，就会有芽产生。这果就只不过是前面诸因总体[④]的当下存在。这总体因当中也自然包含能作因（普遍因）。它等于说在特定时刻并不处于宇宙中的东西才不是此刻所生事件的原因，或者意味着，任何时刻任何变化中的宇宙与当时宇宙中的任何一部分都有联系。[⑤]

因而结论是：在事件出现时推知其因存在远比从因之存在推知未来之果要可靠得多。果之实现总会受到难以预言的事件的影响。[⑥]

① 参见《中心概念》第 5 页、第 95 页。

② sarvam＝skandha-āyatana-dhātavaḥ.

③ hetu-kāraṇa-sāmagri.

④ 参见 Tātp. ，p. 80. 5——sahākari-sākalyam na prāpter atiricyate。

⑤ 参见罗素《论因果观念》“神秘主义”中，第 195 页。

⑥ 参见 NBT 第 2 品的总结一段。

§7. 因果性和自由意志

与佛教因果理论有关,不能不稍微涉及自由与必然的关系。
132 依据可信的文献资料,佛教特殊的因的理论(即十二因缘论)[①]是佛陀本人创立的。佛陀的目的是捍卫自由意志而反对完全的决定论态度。即令在佛陀的时代,自由与必然也是使人困惑的问题。佛陀创立这种理论主要是针对他的同时代人的。末伽梨(Gosāla Maskariputra)宣扬了一种极端的宿命论,他否认了一切自由意志的可能性,放弃了一切道德责任。按他的观点,任何事物是不可变更地规定了的,无物可以改变。[②] 一切宿命,一切依赖环境与自然。他否定了一切伦理责任及沉溺于苦修的行为。佛陀斥责他是邪恶之人,他像渔夫捕鱼一样,俘获人们并杀死他们。他的哲学是邪恶的理论。"业(行为及行为产生的结果——译者)是实有,果报实有。"佛陀宣布道:"我坚持业的理论。"[③]

另一方面,我们又遇见这样一种说法,无因则一切不生,一切都是相依缘起。作为再世佛陀的世亲就不承认有自由意志。他说:"业有身、口、意三业。前二者(身业、口业)依赖意业。意业则依赖不可言说的因缘条件。"从而我们一下子落到了矛盾的境地。

针对决定论,佛教主张自由意志和责任,针对自由,它又提出严格的因果必然关系。照佛教传统的说法,释迦牟尼就主张这样

---

① 十二支所成的 pratitya-samutpāda(缘起)。

② 参见 Hoernle. 艺术,ERE 中的"正命论者",对照. V. C. 法,拾遗。

③ "aham kriyāvādi. "同前注。

一个似非而是的论题——自由是存在的，以有必然性故，这就是说，业报的必然性依赖因果性。

这问题的解决似乎关键在于自由概念的不同含义。对佛教，
经验性的存在状态好比牢狱中的受桎梏状态。依据其自身的能动
的实在性原则，人生趋向那最终解脱的出路。[①] 这一过程佛教徒
认为从属于严格的因果律。运动与人生都是一个在一切细节上都 133
为最严格必然性制约的过程，它又是必然达到最终目的的运动。
这里的因果性即归宿性(finality)。但在末伽梨看来，必然性显然
就是静止必然的，是一个不变化的实体，意味着无解脱无束缚。相
反，佛教认为必然也是不停流动变化的，是变动的必然，必然导
致最终的目标。这样看世亲的话，与佛陀所说也就没有什么矛
盾了。

但佛教始终不得不反对这样一种说法以保卫自己的立场：对他们说来，既然不存在自我，因为行动者只是集合而成的。那么就不存在解脱的必要性。从而他们的世界观中既无受束缚，也无得解脱。佛教承认这点，但它又坚持说，流逝的事件系列也就是那唯一需要的行为者(行为主体)[②]。佛陀说："业是实有，果报实有。但除诸法刹那前后相继，无有作者由前至后。而此诸法刹那相继无非前法若有，后法必现。"[③]

事实上，在构成个人意志的精神(现象)的流动中，没有哪怕一

① niḥsarana＝mokṣa.

② kārakas tu nopalabhyate ya imān skandhān vijahāty anyāṃś ca skandhān upādatte. 参见 TSP.，p. 11. 13。

③ anyatra dharma-sanketam，"除了法的理论之外的"。

刹那会摆脱相依缘起律的制约而任意出现的[1]。只是那规定身业的意志有强弱区别而已。如果弱，那么业行为就是半自动的。它就不会招致业果，既不受赏亦不受罚。像我们的一切有情动物功能和相貌(airyapathika)便是如此。如果意志是强烈的，那就必然具有道德属性，或善或非善。这种业必然招果，或赏或罚。依此律
134 令，善恶行为必然各有所报，这就是业的律令。

如果某物出现只是前一行为的成熟了的结果[2]，这不再是业。就是说，它不会再带来什么后果，所以这是半自动的(过程)。要招致果报，业必须是自由的，即是说，由一强烈的意志所支配的(行动)[3]。

业的律令是佛陀晓示我们的，但却不能由经验加以证明，它是先验的。[4] 但如果批判地审查它，我们会发现它并不包含矛盾而可以为批判的头脑所接受。所谓自由意志不过是强烈的意志和业

① 在数论中业从唯物的角度加以解释，它是极细微的超极微微粒或物质力的一种特别组合，会造成善或恶的行为。在小乘佛教中意志(centanā，思)是一种精神性的(citta-samprayukta 心相应的)成分(法)或力量(saṃskāra，行)。它代表了一系列的刹那的闪现，每一刹那又都受到因总体(sāmagri，和合)或在前的诸刹那的严格制约。表面的自由是我们无视某一特定行为的所有条件。Garbe 认为数论说法包含了矛盾，不过它大约也得像佛教说法那么翻译。决定论意味着逃脱果报法则是不可能的。

② vipāka＝karma-phala.

③ savipāka＝karma.

④ 参见 AKB ad. II. 10 以下，从宏观宇宙角度看，既然我们无从知道某一特定行为的所有因缘条件，那就仿佛是自由的；但从微观宇宙角度看，每一意志行为(cetanā，思)不可能不表现出严格的与在前诸刹那集合的相应关系。(因此)表面的自由只是我们对所有这些精微的影响视而不见。

(另外，请参看《大正藏》卷 29，第 30—36 页上《俱舍论》中《分别根品》第二之四，玄奘译。——译者)

的法则。并不与因果性冲突，而只是后者的一种特例。

因此佛教的自由意志是在必然性限制之内的自由，是不能逾越因果性而运动的自由，受相依缘起约束的自由。但这种约束又是可以挣脱的。除了业的理论，佛教似乎又另有一个公设，即坚决相信善行就总体言是压倒恶行的。世界的演化过程是道德进化过程。一切善行的结果显露时，便在涅槃中实现了解脱。于是因果关系熄灭，达到了绝对者本身。龙树说："由诸因缘故，此世间是空；由因缘空故，说世间(即)涅槃。"[1]

§ 8. 缘起的四种意义

佛教在其各历史阶段，始终信守其因果理论。但后来的佛教徒努力发掘相依诸法观念的深刻意义，便达到了对此的不同解释。135 我们从而至少可以分辨出四种因的理论来。两种属于小乘佛教，另两种属于大乘佛教。前者在哲学上符合极端多元论，后者则为极端一元论。

早期佛教有两种相依，特殊的与一般的。一般化了的理论是特殊因论的后期形式。归入佛所说法名下的文献仅仅提到特殊的因论。一般的因论在论藏中，因而产生也就晚些。佛教徒自己是清楚这一历史发展的。世亲对我们说，[2]佛所说之法并不包含一

---

① 参见本书第 77 页；拙著《涅槃》第 48 页，关于在现象界判定道德律的困难，同前注书，第 127 页以下。

② AK.，III. 25，参见罗森堡的《问题》第 223 页及拙作《中心概念》第 29 页（亦参见《俱舍论》卷九《分别世品》第三。——译者）

般因论。它是小乘阿毗达磨师①的创作。因此他分别叙述了因论的两方面。一般的因论被世亲放到他的大论——即总结了世间一切法的名类分别定义界限的著作②——之第二品中加以说明。详细解说了种种法的分别，他自然要依据不同因果系列说明其相互依赖的关系。但具有特别的亦即伦理意义的因果法则，世亲是在第三品中讨论的，其中描绘了不同的存在范围。个体的生存，或更正确地说，诸蕴的集合依据前生中所获的善恶之业在各个存在范围（即各世——译者）中形成，而特别的因论就在这种背景下起作用。两种因论必须加以区别，它们在后来的大乘佛教③中也是泾渭分明的，虽说问题从另一方面来加以解决的。但到了更近代或那之前更早些，它们也经常给搞混。阿奴律陀（Anuruddha）证明说，许多著名大德，连佛音（Buddhaghoṣa）在内，都将两种因果律
136 看作一回事，④或者，将其中之一看作另一个的一部分。

① AK.，III. 25，参见罗森堡的《问题》第223页及拙作《中心概念》第29页（此段文字似可见《俱舍论》卷九《分别世品》第三之二。——译者）。

② AK. III.

③ 参见拙著《涅槃》第134页以下。

④ 《摄阿毗达磨义论》VII. 3（D. Kosambi 主编）。

阿奴律陀明显地再次证明了类似《清净道论》的作者佛音这样的学者（阿阇梨）们是将 paticca-samuppāda-nayo 与 paṭṭhāna-nayo 混合起来的。这里的 pratītya-samutpāda 被附到这种特别的理论上，而一般意义的缘起称作 paṭṭhāna。这与龙树刚好相反，他将一般意义的缘起论称作 pratitya-samutpāda；而称特殊的为"十二缘起（nidāna）"。寂护（甘珠尔第544）显然将二者都理解为 pratītya-samutpāda。SDS（《摄一切见论》）第40页以下，依据某种瑜伽行派经典来源，区别了 pratyaya-upanibandhana pratītya-samutpāda（这是盲目的协作因意义上的，此过程中没有有意识的作者）以及 hetu-upanibandhana pratītya-samutpāda（后者则包括了小乘十二因缘与大乘法性在内的内在因果序列意义）。因此 pratitya-samutpāda 一语可指：1）严格决定论；2）协作；3）实体之否定；4）作者之否定。它的同义词相应也就有 saṃskṛtatva（有为法性）＝sambhūya-

特别的因果律致力于解说佛陀所说的人所共知但又令人困惑的事实，即：一方面佛教假设了一种道德律，但这种道德律却没有主体。这当中有善行善报，亦有恶行恶报。但其中却无作业之人，也没有因此作业而受缚而获解脱之人。没有灵魂，没有自我，没有人格的个体。这里只有一组组精神的或物理的，自己形成又自己分解的，相互依赖的法。它们服从那导向最终的永恒寂静的道德律。但个人行为者，恒常的精神原理，道德律的承受者却无任何必
要。佛陀说道："我今宣说，有业便有报，但无造业者。(诸)法无承 137
担者。彼不能担法，亦不可卸法，亦不别取法。"诸法的生灭，完全依照"此有故彼有，亦非从自有，亦不从它有。诸法非真生，原乃依缘显"。[①]

整个生命现象被描述为十二部分(支)所成的轮子。这个轮子，也即生命现象的整个系列都受到作为中心成分的1)我们的有限知识(即无明)的制约。而当那种绝对的知识成分发展起来时，生命中一切幻象消失，永恒得以实现。现象生命中，2)进入胚胎

kāritva(共所作性)＝saṃskāra-vāda(行论)＝eka-kriya-kāritva(一法多所成性)＝kṣaṇa-bhanga-vāda(刹那坏灭论)＝niḥsvabhāva-vāda(法无自性论)＝anātmavāda(法无我论)＝pudagala-śūnyāta(补特伽罗空)＝sarva-dharma-śūnyatā(一切法空)＝paraspara-apekṣā-vāda(展转相待，相对性)。与它相对立的胜论哲学也便有了以下这些表示特征的同义词：paras-para-upakāra-vāda(展转饶益)＝ārambha-vada(造作论)＝sahākari-samavadhana-vāda(协力俱作)＝sthira-bhāvavāda(不变存在)＝asat-kārya-vāda(非有作)＝parata-utpāda-vāda(从他生)。从而，数论也就被称作＝sat-kārya-vāda(有所作)＝svata-utpāda-vāda(从自生)＝prakṛti-vāda(自性论)＝pariṇāma-vāda(转变论)。吠檀多的学说相应称作：vivarta-vāda(假现论)＝māyā-vāda(摩耶说，幻觉)＝brahma-vāda(梵说)。唯物论者则称作adhitya-samutpāda-vāda(宿因论)＝yadṛcchā-vāda(偶然论)。佛教徒否认了数论的从自生，胜论的从他生和顺世论(唯物主义)的无因生等学说。不过中观派的理论也可以叫做摩耶论(māyā-vada幻论)。

① TSP.，p. 182. 19.

前的势力(即行)产生一种 3)新生命。新生命逐渐发展出 4)生理的和心理的成分(名色);发展出 5)六种感官(六入);6)五个外部的、一个内部的感觉或感知(触)以及 7)感受(受);一个有意识的生命产生于一个成熟的个体,他具有:8)欲望(爱欲),9)自由行动(取)和 10)占有(有);这之后便是 11)新生,12)新的死亡(老死),如此不间断的循环,直到那统治整个系列的无明成分停下来时,便达到了涅槃。这当中并没有严密的逻辑成分。经院哲学构造了特别的相互依存的因的理论。按相依律其中一支(1)制约着整个过程,另一支(2)联系到前一世的过程,(3—10)的八支与今生相关,(11—12)两支联系到未来。[①] 今生依于过去世并成为来世依据,这是相依的律令规定了的。没有必要去假定作为永恒之我的原则。莲花戒说[②],"否认真实之我与业有果报的说法并无矛盾,"而且也绝不妨碍这样的事实,即"真实者绝无些微可留存至下一刹

138 那";[③]无有一法可延至第二刹那,后一刹那依前法而生。无需假设以往作业的蓄藏所(即指承受造业影响的自我——译者)就可以凭因果律说明意念的事实。受缚、解脱都不是那先受缚后解脱者的属性。无明及生、死诸环节产生了现象的生命之流,它们就称作束缚,一旦面对绝对知识,它们便都消失了。之后的纯意识状态称作解脱,因为据说"被贪爱无明染污的意识本身就是生命现象,而每

---

① 这一系列的其中两支——无明、行——与前生有关;另两支——生、老死与未来的生命有关;剩下的八支则与今世相联。在大乘佛教中这十二支被称作染法(saṃkleśa)的"大障碍"并且分为三类,即三杂染(染秽):无明、爱(tṛṣṇā)、取(upādāna);二业染:行与有(bhava);第三类称生染,共有七支。

② TSP.,p. 182. 19.

③ 同上书,p. 183. 12。

一摆脱贪爱无明的意识便是解脱”。[①]

进一步普遍化了的因果论同样采取这个原则：否认有任何恒常之法，假定了对于所有一般现象，所有感觉材料和感觉活动，观念和意志说来，都只有分离的无常的诸成分间的相互依赖关系。按照这种理论，每一个别事实，每一点刹那之实在都是受到因缘总体的制约的；这一总体从而也就可以分解为某些特别的因果依存系列。

这些各不相同的因果依存关系在小乘各部派中反映出来。只这点就可以说明这一理论的晚出。说一切有部区分六因四缘。在这一阶段上，关于什么是因什么是缘并无明确的界线。六因的说法似乎是晚期的东西，是后来加到四缘上去的。这些因缘有：

1. 对象之缘（所缘缘）[②]：它包含一切存在物。一切法[③]都可以成认识对象，所以都属所缘缘。

2. 紧处于前的类别相同的缘（等无间缘）[④]：它代表思想之流（即所谓心相续——译者）中的在前的刹那并因而被用来代替胜论的神我及内在因。[⑤] 起初等无间缘只指心理的因果联系，以后归属于偶然因[⑥]（causa repens）。便取代了物质因或一般的内在因。 139

3. 有效的、决定作用的或“制约的”因缘。[⑦] 顾名思义，结果的

① TSP.，p. 184.

② ālambana-pratyaya.

③ sarve dharmāḥ.

④ samanantara-pratyayāḥ.

⑤ samavāyi-kāraṇa.

⑥ upasarpaṇa-pratyaya，又称“生缘”，据说等于次第生起的缘（samanantara）。

⑦ adhipati-pratyaya.

性质取决于它，如视感官之于视觉活动。

4. 协作条件，增上缘，[①]如光之对眼的帮助。连同因缘，它们包括了一切存在物，因为一切法都或多或少是相依的（所以可成为因缘或增上缘——译者）。

六因如次：

1）普遍因（能作因），[②]前已说明，它包括一切存在之法。

2、3）称作同时因（俱有因）[③]与相渗因（相应因），[④]它们互为因果关系，但后者仅涉及心法（心理成分），即这样的事实：纯的意识[⑤]成分（心法）虽然各各分离，但绝不会独自生起，而总与其他的精神成分（心所法）[⑥]，如感觉观念（心识）相伴随。而前者主要是关系到制约可质碍的物质元素（色法）[⑦]的法则。尽管它们也被认为是分离的法，但绝不会单独地并在脱离色等五微（即第二等的[⑧]，相对于五大物质的色、声、香、味、触等细微物质——译者）的情况下出现的。这两个因显然是有意用来代替实在论者的和合性（内在因）的。

4）同类因[⑨]及其相应的自动之果[⑩]（等流果）被用来解释刹那系列（即刹那相续——译者）的形成，而刹那相续是一切对象的持续性和稳定性观念的由来。

5）"道德因（异熟因）"[⑪]或业。它指那些被认为有善恶属性的任何行

① sakakāri-pratyaya.

② kāraṇa-hetu.

③ sahabhū-hetu.

④ samprayukta-hetu.

⑤ vijñāna-citta.

⑥ caitta.

⑦ mahā-bhūta.

⑧ bhautika.

⑨ sabhāga-hetu.

⑩ niṣyaṇda-phala.

⑪ vipāka-hetu＝karma.

为。它主要同有情发展过程或“生因”[1]共同起作用。后者形成一个前卫或保护物，而善恶力量在其后影响生命的形成。[2] 140

6)作用遍及一切的非道德的因(遍行因)。[3] 一般指凡夫的各种欲望[4]和习惯性的思恋方式。它们妨碍人们认识经验实在的根源和本质，从而妨碍人们成为圣者(阿罗汉)。

由此，果也分为四种，或是“自动的”(niṣyaṇda-phala 等流果)，或是“拟人的”(puruṣakāra-phala 士用果)，或是“赋特征的”(adhipati-phala 增上果)和“最终解脱的”(visaṃyoga-phala 离系果)。前两种前已说明，第三种符合我们通常的果之观念，如视觉之于眼睛。最后一种即涅槃，一切生命的最终结果。

前已说过，锡兰一派将十二因缘的特殊的伦理的因果律与一般因果律混同起来。对锡兰一派，一般因果联系又可区分为21个不同的因果系列。这21种因果联系可以轻易地转化为说一切有部的六因四缘。

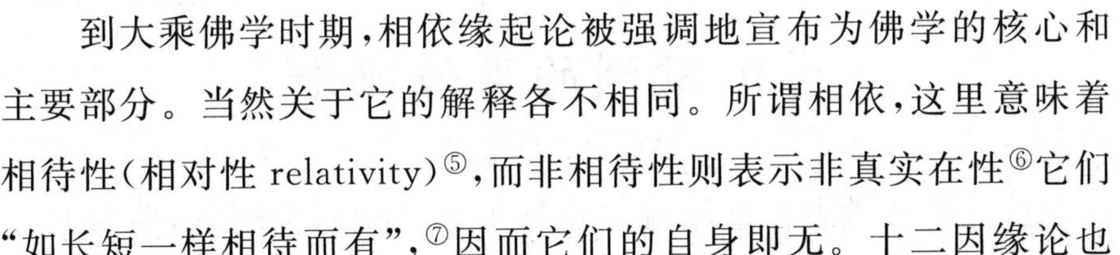

到大乘佛学时期，相依缘起论被强调地宣布为佛学的核心和主要部分。当然关于它的解释各不相同。所谓相依，这里意味着相待性(相对性 relativity)[5]，而非相待性则表示非真实在性[6]它们“如长短一样相待而有”，[7]因而它们的自身即无。十二因缘论也

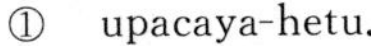

① upacaya-hetu.

② 参见 AKB.，I. 37；另见拙著《中心概念》第34页。

③ sarvatraga-hetu.

④ kleśa.

⑤ paraspara-apekṣatva＝pratītya-samutpannatva＝śūnyatā＝dharmatā.

⑥ śūnyatva＝svabhāva-śūnyatva.

⑦ dīrgha-hrasva-vat.

被认为指的是不真实之人生现象[①]。一般的因果论,即四缘六因理论同样遭受否定,因为它也是依据条件的,非真实的。[②] 但这
141 里,相依缘起观念取得了宇宙观念的地位,所以成为了新佛学的中心。到晚期大乘佛学的观念论派别中,相依缘起论再次改变其意义。它不再涉及那其中各部分只有假想实在性的静止不动的宇宙。相反,相依缘起在这里是指运动[③],本质上运动的宇宙。

大乘佛学对相依缘起的对立解释可见于龙树及寂护论疏中开首的颂。它鲜明地反映出大乘佛教两个阶段阐述这种思想时的不同特色。开首颂通常都有礼赞,称颂佛陀所创造之相依缘起论。这个理论简单而又蕴含极深刻的意义。龙树说[④]:"我礼赞佛陀,宣示缘起义。不多亦无异,无始亦无终,业亦无来去,无此亦无彼。"寂护则说:"我礼赞佛陀,宣示缘起义。依彼诸法转。无神亦无色,无实亦无德,亦无诸业行,无同无和合,唯余因果随。"

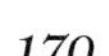

§9. 欧洲的类似理论

虽然欧洲学者一开始就注意到了佛教的因果理论,但对它的理解及发展史的认识始终未有多大进展。说来,恐怕佛学理论中最让人费解的就是因果理论了。关于它的前佛教时期形态我们不知道,这也许得到印度的医学科学中去寻找。我们也不知道它在

① 参见拙著《涅槃》第 134 页。

② 同前注书。另:龙树似乎不知道"六因"之说。

③ Calaḥ pratitya-samutpādaḥ(迁流缘起),见 TS. p. 1。

④ 更接近字面意义的翻译请参见拙著《涅槃》第 69 页。

早期佛教各派中的不同解释的更替。的确，尽管相依缘起的说法在梵文或巴利文经典中就有了，大部分学者仍然在设想：除了相互 142
依存的生起性之外，它是否有别的可能的解释。其所以如此，原因恐怕在于相依缘起论纯粹是逻辑的。这太不可能了。印度人会在这么早的思想史上达到如此现代化的因果论。这种因果原则就是从最现代的科学出发，也是可以接受的。

马赫——欧洲这一理论形式创造者——经过了大致相似的推理过程。他说：当思想对自我的存在失去兴趣之后，当自我被否定之后，除了因果律，除了功能上的相互依赖——而这在数学上仅仅指分离的元素的存在——便一无所有。佛教将这些数学之点推到极端，成为刹那之点，可是相依的公式是存在的，是同样的：此有故彼有。

佛教否认了实体范畴的客观实在性，因而其因果论便受到这种观念的制约。自然，与欧洲的某些具相同否定观的哲学派别相比较，因果论就有某种程度的符合。约翰·史多特·穆勒(John Stuart Mill，1806—1873)就否认实体的客观存在性。他认为所谓实体就是"非恒常的亦即瞬时性的感觉活动的持久可能性"；对康德说来，实体是一个精神的范畴；当代的罗素认为实体是"物质碎片"、"简短事件"，只是具有关系和属性而已。佛教徒的观点，我们已经清楚了，是简短的事件而并不包含属性与关系。早期佛教认为那是瞬息的能的闪现，晚期佛教认为是刹那之点。世界上或有持续或无持续，或有稳定性或无稳定性，但不会兼而有之。从经验的观点看，一个"短的持续"是简单的，可如果从终极实在的观点看，它就是"非持续的持续(unenduring duration)"。事物由其自身而转瞬即逝，本质上并无持续性。这是法称可能对罗素作的回答。

康德认为实体范畴是理性的一般特点所强加于我的，在“多样性感觉能力”的基础上构造出来的。对此，佛教或许并不反对。因
143 为它暗示出两重真实性，即自在的事物的最终真实以及经验的构造出来的真实性（其实，也就是非真实性）。经验的因果关系而非先验的因果关系才是范畴。

早期佛教也可能同意穆勒的观点，因为他们的刹那也是非常恒的感觉材料，没有实体的可感觉性质。稳定性与持续性对佛教说来仅仅是无间断的前后相继的“刹那系列”。“刹那系列”的概念非常符合现代的“系列事件”的观念。据罗素说[①]：“系列事件……被称作一片物质”，这些事件是“急速的，但并非瞬时性的变化”，[②]它们为细小的时间间歇所分离[③]。罗素说：“常识的事物是一种特性”，我将它定义为“沿着直线将相继事件连接起来的某种最高的微分律的存在。”[④]这使我们想起佛教的观念，唯一的区别在于这些事件在佛教那里是瞬时性的没有间歇的或无穷细微的间歇的相续。据莲花戒[⑤]说：“如果前一刹那中被发现的东西在第二刹那中丝毫看不到”，变化就只能是瞬时性的。

可以看出，因果律之解释为功能性的相互依赖，解释为“此有

---

① 《物的分析》第247页。

② 同前书，第245页。

③ 同前注书第372页。一道光线的两个点的间歇等于零的可能性被承认，但是这种间歇对于实在论者仍然是“神秘的而且是不可说明的”。同前注，第375页。

④ 同前注书第245页。

⑤ TSP.，p. 182. 12.

故彼有"的原则，这也是刹那存在的理论的必然结果。因果性通行于两刹那之间，而不是稳定性与非稳定性之间。尽管罗素先生会说，因果关系贯穿了细微的各稳定性与持续性的片断，佛教的因果论仍然与他的理论相似。这种相似性表现在因的多重性学说上，表现在认为因果性是多因对一果的关系的主张上，同时也表现在因的无限性的学说上，就是说，这种理论认为，针对每一点具体变化，整个宇宙存在状态都会有相应的改变。因而我似乎觉得，在这
两种理论中，存在着佛教的观点与最近罗素所表达的观点的几乎 144
是丝丝入扣的吻合。① 他们在驳斥一些与常识的实在论观点相联系的因果观时，也有相像之处。那种因果观有一偏见：因起机械作用②，它们强迫果出现。③ 这种倾向将因果联系看作拟人形态的④。进而，它强调果与因的"相似"⑤。这两种情况的吻合也是惊人的。从它们否定面来看，几乎是分毫不爽的吻合。

从正面来看呢，其间的区别仅在于一为刹那之点，一为简短的事件。站在终极实在的立场，事件的长短并无区别，它们的特点是相对的。但持续与非持续之间差别甚大。点刹那对罗素说仅为数学上的"方便"。而对印度的实在论者，我们知道，它也仅仅是一种观念，一个名词。但对佛教，它代表先验的终极的实在。作为所有的我们理性的人为构造物的极限，点是真实的，是实在自身。除此之外，再无实在者。任何别的东西，无论长或短，只是理性基础上的构造。估量佛教玄想在一般人类思想史上应占据的地位和具有

①② ——见《神秘主义》一书(1921)中关于因果观念，第187—192页。

③④⑤ ——见《神秘主义》一书(1921)中关于因果观念，第187—192页。

的价值的工作，我们必须留待一般的哲学家去完成，不过我们禁不住在此要引述已故的里斯·戴维斯（Rhys Davids）教授对此题目所说的一番意味深长的话。他终生研究佛教思想后这么总结自己所获的感想：所有印度宗教中，佛教因无视神我灵魂而卓然独立。它的新出发点便具有气魄和独创性，并由于它的完全的孤立而更加明显，这一方面，它同当时世界上所有的宗教都是不同的。那些仍然深怀着泛灵论的偏见的欧洲著作家们在评价甚而理解佛教学说时遭遇的巨大困难，也许有助于我们理解佛教创始人在采取哲
145 学和宗教上如此重要的、意义如此深远的步骤时，曾遭遇了何等巨大的艰难。而这在人类思想史上又是如此早的时期……物质的和精神的每一状态中的无常论；任何永恒原理的不存在；对任何实体，任何灵魂之我的否定都通过许许多多不同的经典，从所有可能采取的不同角度而加以讨论[①]。

① 里斯·戴维斯的《对话录》第2卷第242页。

第三章　感觉认识(现量) 146

§1. 现量(pratyakṣam)的定义

依据佛教的观点,一事物究竟是什么,是不可定义的。他们认为,“如果那事物给认知了,定义是无用的,而如果不为人知,定义更是无用的,因而根本不能定义”。[①] 当然这并不等于说佛教放弃了每一认识步骤中的定义方法,并不等于说他们取消了给出最可能明确的定义。但这毕竟意味着:自在之物(the thing in itself)是什么?其本质为何?是我们不能表达的。我们所知道的只是它的关系。印度的实在论者,如同他们的欧洲的伙伴——实在论的学者(包括他们的欧洲始祖亚里士多德)都相信事物应该有本质,认为指出其本质是至关重要的。例如火之作为元素的定义对他们便是:“那具有火性的元素便是火。”[②]这种火性对印度实在论者说来便是火的本质(svarūpa),因而其定义便是由一个否定式的(modo tollente)混合的假言判断形式来表达的推理:[③]

“一切不摄火性者皆不可称为火。

① 《正理花饰》,p. 28. 22。

② 同前注书,p. 28. 15,该处给 prthivi(地元素)下了定义。

③ kevala-vyatireki-anumāna.

此法摄有火性，
故它是火。”[1]

佛教徒回答说，既然并不存在所谓的实质，这种定义便毫无作用。佛教以为我们的一切概念知识，语言手段，一切可名称的事物
147 和名言都具有辩证的性质。每一词汇或每一概念只能与其对应物相关联。这就是我们所能给的定义。因而我们的任何定义，都是从一特定角度来看待的，[2]隐藏着的分类。被定义之物是从负的方面来规定其特性的。[3] 例如，何谓蓝色，我们无法说出。只有将事物分为蓝与非蓝。反过来非蓝可以进一步划分为许多类。蓝色的定义便成了非非蓝。而非蓝色的定义便成了它不是蓝色的。佛教关于名词的理论，又称佛教的唯名论[4]或佛教辩证法，以后还会讨论。这里提及，只因它与现量定义的构成有关。

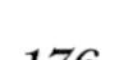

认识本身是什么？我们不能了解，这是个谜。但我们可将它分为直接的[5]与间接的[6]两者。直接即非间接，间接者亦非直接。我们不妨采纳这样的知识观，即将认识视为生理的反射活动，进而又将此反射分为直接的与间接的，单一的与受制约的，[7]亦即反射的和非反射的。

整个认识科学是以划分直接与间接知识的原则为基础的。我

---

① 对于佛教徒，这是有缺陷的推理。

② apekṣā-vaśāt.

③ vyāvṛtti-vaśāt.

④ apoha-vāda，遮诠说。

⑤ parokṣa.

⑥ pratibhāsa(ādarśavat).

⑦ niyata. aniyata. pratibhāsa(就这三个词中在《正理滴论疏》中都出现过而言).

们可以将直接来源称作感性,间接来源称之为理性或知性,但它们的意思无非是说,感性非理性,理性非感性。

陈那(Dignāga)[①]认为只有两种通常称之为现量和比量的知识。[②] 接着他说,现量是“非构造的”。(其实这只是直接的而非间 148
接的知识的另一表述法)。比量在梵文中原意为“随后的量度”之意,顾名思义,也就是间接知识的意思。[③] 事物的存在除了两种方法,即直接被感知,间接被推知,再无其他途径。可是何为直接,何为间接,其间的精确尺度有赖于我们的知识论,而知识论本身又只有在确定了什么是丝毫不含间接成分的直接与丝毫不含直接成分的间接之后才有可能。就是说它产生于我们确定地了解纯感觉[④]与纯理性[⑤]之后。法上说[⑥]:“要指出人所公认的事物是无济于事的。”把“现量”理解为其注意力被唤起的观察者的直接认识,其认识对象在感觉范围内,这不会有什么异议;但是对这简明的事实却有种种解释。正确的说法只有批判、驳斥谬见之后才能从反面(per differentiam)确立。陈那与法称这样谈现量定义有两个目的。1)区别这种知识来源与别的认识手段。[⑦] 2)区分佛教的现量观与他宗的对立观点[⑧]。现量就是这样从否定的方面来加以定义

---

① 《集量论》I. 2。

② 同前注引书,I. 3。

③ anumāna. 有比量分别(anumāna-vikalpa)和现量分别(pratyakṣa-vikalpa)两种,但作为“无分别”(nirvikalpaka=kalpanā-apoḍha)的对立者,比量是分别的代表形式。

④ śuddham-pratyakṣam=nirvikalpakam.

⑤ śuddhā-kalpanā.

⑥ NBT.,p. 9. 19 以下。

⑦ anya-vyāvṛtty-artham.

⑧ vipratipatti-nirākaraṇārtham.

的,而这是唯一的定义方法。

作为由一定感官所产生的由对象作用感官的刺激的认识活动[①],现量的这一通常定义有好些方面的缺陷。首先它没有注意到每一真正认识之为认识的一般特点,就是说,应该是新知,[②]对新事物的认知,而不是识别。而且作为新知,它只在每一认识活动
149 的第一刹那才如此。现量活动,真正的感觉认识,或称感官的认知的,只是感觉的第一瞬间。在其后的各刹那中,第一刹那的现量便不复存在了。此外,前边所说的通常定义包含了这样的毛病,它混淆了现量的作用本身与现量的别的可能原因的作用。现量有其自身的功用、对象和原因,其功用在于使对象呈现于诸感官[③],当然不是说它硬将对象拖入认识范围[④],而是说认识方式。其对象是那个别之物(svalakṣaṇa,即自相),[⑤]因为只有自相才是真实的、有效的并能于感觉器官上产生刺激的真对象。而原因,或原因之一也就是自相本身。一切知识的一般特点就在于那产生知识的原因同时就是对象。如何将这个原因区分出来,或者换言之,何谓作为对象,何谓对象性(objectivity＝viṣayatā)的问题,[⑥]是我们后面要考虑的。这里的主要目标是确定现量的功用。现量的主要作用是使对象凸现于感知范围中,并且仅使其存在于其中而已。而构造表象描述其存在的是另外一种功能,另外一种行动者,也是追随前

① artha-indrya-sannikarṣa-utpannam,NS.,I. 14.

② 参见本书前面第 64 页。

③ sākṣāt-karitva-vyāpāra.

④ na haṭhāt,NBT.,p. 3. 8.

⑤ svalakṣaṇa,NBT.,p. 12. 13.

⑥ viṣayatā(tad-utpatti-tat-sārūpyābhyām).

者的相继活动。所以，现量的显明特点便是非构造性。它之后是表象的构造而它自身则非构造。它是纯的脱离任何忆念成分的感觉认识，是纯粹的感性认识，我们甚而不愿称之为感觉认识。它是感觉活动但更为纯粹，是认识的感性核心。这样，感觉认识的功能便与生起性想象的作用鲜明地区别开来了。前者只是指出对象的存在，后者构造其表象。因而完全的现量定义应该说明这种区别。定义因而如下：现量是知识的源泉，其功能在使对象当下存在于知识域中，其后则是对象表象之构造。[①] 这个定义一再重复而它等于主张只有第一刹那才是真的感觉认识，之后的表象是忆念性的。150
佛教由此引出的结论是简明的——现量是概念活动追随的感觉活动，因为概念不过是特殊背景下的表象。但是"追随"一词又特别受到强调，这就使得定义并不那么简单，因为"追随"的暗含意义可以是多方面的深刻的。

§ 2. 法称的实验

但是这种纯感知的单一刹那，是否也像数学之点的结论，仅仅是一种假设呢？虽说它来自一外在对象所生之刺激，但是那对象既然是绝对纯粹无属性的，它真的是一实在吗？它被假定为绝不掺杂任何一点想象的构造活动的，但它本身不就是纯粹的想象活动吗？这个问题的提出倒不仅仅限于印度。佛教徒对此的回答一如他们答复对于点刹那实在性的怀疑。一个单一的刹那，如果一

① NBT.，p. 3. 13；10. 12.

绝对的个别,并非表象可再加描述的东西,它"不能为我们的知识所达到"[①],也就是说,它并非经验地真实的东西。但将真实性给予其他事物的正是这一成分。它是一切真实而一致的知识的必要条件。它是超出经验的,但也并非"空中的花",并非形而上的。

它既非正理派的大神那样的形而上的实体,也非数论的自性物质、胜论的同(共相 universals)和和合性(内在因)或其他宗派的灵魂观念。法称提出可以用内省的方式的实验来证实它的真实性。形而上之实体之所以为形而上只因它们都是完全的想象,因为其间没有些微实在性,没有它们可以依附的纯感知。"它们无论在时间、位置还是可感觉之属性上,都是不可达到的。"但这些点以及对它们的感知却直接间接地存在于每一经验实在的行动和经验认识活动中。这点我们可以由内省(即自证——译者)来间接证
151 明[②]。法称说:"这种感觉活动与生起性的想象活动完全不同[③],它完全可以由内省加以证明。事实上,人人都知道表象是可说的(能与名称结合的)[④]某物。而如果我们开始盯着一块颜色,保持我们的思想不散逸至其他对象,如果这样,我们便会将自己的意识归结

---

① NBT., p. 12.19.

② pratykṣam kalpānapodḥam pratyakaṣeṇaiva sidhyati,《量评释论》Ⅲ. 第 25 页。参见 Anekāntj, p. 207; TS., p. 374.7 以下。

③ 在外部实在之点(自相)与感知活动(现量)之间有一种共生相随性(tad-bhāva-bhāvitā)。这种相随共生有正反两种意义的:当有一实在时便有一感知活动;无感知活动则无实在。缺少此感知(现量)可以因为没有对象,或者因为对象完全的虚妄。1)前一情况下有一中介的空间(vyavadhāna)挡住视线,即对象并不在感知范围内。2)后一情况下,一个认知对象是完全虚妄的,亦即它是形而上的,时空和其他可感知属性皆不可企及者(desa-kāla-svabhāva-viprakṛṣṭa),参见 TSP., p. 378, 17—18。

④ pratyakṣeṇa = sva-saṃviditena.

到一种凝固状态[1]（并因此成为仿佛是无意识的），这就会是一种纯的感觉状态[2]。之后，如果（我们从这种状况中苏醒），开始思想，那就会注意到一种感受（回忆到）我们曾有过（某种色块在面前）的表象，但我们在之前的状态中并未觉察到这点。（因为它是纯的感觉活动）而我们无法称其名。”[3]

法称的这一实验与柏格森提出的实验有明显的相近。[4]“我将闭上眼睛，不再听，逐一停止感觉活动……所有我的认识活动停止、消失，物质世界陷入了寂静。……我甚而可以视情况做到抹掉并忘却紧接之前的过去的回忆。但我至少可以保持现刻的意识，并使它处于极度的贫乏状态，即仅仅意识到我之身体的实际状态。”这显然是法称的纯感知的片刻，是当下的刹那，即所谓“极度贫乏状态”的意识。柏格森引述它的目的在于证明所谓零无的状态是一种假观念。佛教提到它也正是为了同样的目的。[5] 但这同时也证明了：存在一种最低极限的经验真实和经验的认识活动，而这正是纯的感觉。

莲花戒在下面一段话中提到了相同的实验。[6]“在第一刹 152
那，[7]当一对象被认识并且以它绝对的个别性呈现时，所生的意识状态是纯感觉。[8] 它不包括丝毫可以名称标志的内容。因而，在

---

① rikalpo nāma-samśrayaḥ.

② stimitena cetasā.

③ akṣa-jā matiḥ.

④ indriyād gatau.

⑤ 《创造进化论》第 293 页。

⑥ 参见本书前面第 93 页。

⑦ TSP. ,p. 241,5 以下。

⑧ prathamataram.

继起的瞬间,当同一对象被专注地思考时,注意力会滑向[①]与之相联系的约定的名称。接着,当对象依其名称被专注思虑时,它(持续)存在的[②]与别的(性质的)观念也就产生了。从而我们便用感觉判断将它固定下来。[③] 现在,既然已经有了这些以名言标志的同一个被专注地思考的对象,(那怎么可以否认)它们仅仅是憶念性的呢?……(因为此时对象已经不只是由感官来感知,而且还受到知性的判断了。)但这里所描述的相继的精神状态如何证明它是正确观察到的呢?[④] (已知的)事实是:如果我们的注意力不是以这种方式集中的,那我们能认知的就只是某种无限制、无差别的纯然存在。事实上,因为一种持久的实体观念是以上面所讲的方式产生出来的,当观察者的注意力并未以这种形式集中,如果它指向另一对象,如果它完全沉溺于另一对象,那么尽管此对象就在眼前,但由于其注意力并不在他面对的事物的约定名称(之内容)上,则(此时,即)在每一(感觉认识的)第一瞬间上,仅有(相当不确定的)剥夺了所有可能属性的某种东西的感知[⑤]。否则的话,如果每一意识状态指的会是那(在自身中)包含了其名称所暗示的一切属性的对象,一个处于无心状态(absent-mīnded)(仅仅以感觉来认识的)观察者如何能够看得见纯然的不包含任何属性的事物呢?"

153　陈那从《阿毗达磨经》中引了一段话,大意如此:"完全陷于对

---

① akṣāśritam upajāyate.

② samaya-ābhoga.

③ tad-vyavasāyitayā.

④ ālakṣitaḥ.

⑤ sarva-upādhi-vivikta-vastu-mātra-darśanam.

一块蓝色作观想的人,看到蓝色,却不知道它是蓝的。对于那对象,他仅知道其为对象,不知其是何种对象。"[1]这段话,后来的学者经常引用,它显示出陈那在说一切有部的著作中就已经发现了纯感知观念的胚胎。不过,说一切有部承认有三种构造性的思想,其中之一称作"自性分别"[2](svabhāva-vitarka)的,作为构造性思想的根源,它被认为存在于每一基本的感觉或现量中。

§ 3. 现量与虚妄(错乱)

被当作正确知识两来源之一的现量有另一特点:它不可能有任何虚妄。如果现量是正当的认识,必然具备这样的条件:感觉活动所生的知识并不描写感官的虚妄。[3] 事实上,感觉知识之被认为是正确可靠的知识,[4]只能以此为条件:感觉活动产生的认识不会呈现感觉的虚妄。不过,提到现量这第二个特点似乎有些多余。因为按照该系统的分类,现量就已经是一种正确而无虚妄错乱的知识。法上[5]说,这个定义从而就有下面的意义:"那直接的一致的知识是一致的,"由于"不虚妄(错乱)"一词,对"一致的"作了完

① 《集量论疏》I. 4. 此段常被引用(其中有几个异体词:saṃsargī, samangī, sangī)参 TSP.,11—12。法尊所译之《集量论释》(中国社科出版社版)第 4 页上有以下一段话:《对法》亦云,由成就眼识了知是青,非想是青。于义想是义,非于义想是法。——译者

② 说一切有部认为所有思想都有分别功能,称分别自性。参见《俱舍论》第一品。——译者

③ abhrānta.

④ pramāṇa 量,知识工具,知识来源。

⑤ NBT.,p. 7. 16.

全无用的重复。

但“虚妄(错乱)”一词并非只有单一意义。可以有各种各样的虚妄错乱。有先验的虚妄，[①]依它一切经验知识都是某种幻觉。也有经验的虚妄，[②]它只影响特殊情况的错误认识。知识可以是经验地正确的。亦即说是一致的但并不具有先验的正确性。例如当两人同患一种眼疾，每一物体对他们都有双象，这种复视现象对
154 他们说是一致的，可是并不真实。他们的认识与别人的不一致。二人之一指着月亮说：“有两个月亮哩。”另一位答道：“对啦，真是两个月亮。”两个人的认识是一致的，可它受到了相同的视觉官能的限制。[③] 一切经验知识的地位都如此，它们都受到感官的限制。[④] 如

① mukhya-vibhrama.

② prātibhāsiki bhrāntiḥ.

③ 参见拙译著:《成他相续论》。

④ 虚妄(bhrāntī= vibhrama 错乱)这个词是相当含混的，它既可以是先验的(mukhya bhrantih)，也可以是经验的(prātibhāsikī bhrantiḥ)。例如，比量(推理)从先验角度看便是一种虚妄，但它又是无矛盾性的(saṃvādakam)。(参见 TSP. p. 390. 14——samvāditve’pi〈原文如此〉。) na prāmāṇyam iṣtam. 但在 TS.，p. 394. 16 中则为：vibhrame’pi pramāṇatā。这里“量”(pramāṇa)一词是被当作 saṃvada(一致，同一，相应)。无矛盾性(avisaṃvāditva)意味着 upadarśita-artha-prāpaṇa-sāmarthya(所知对象与了别的相符)，当感知(upadarśana)，注意(pravartana)和概念活动(prāpaṇa)都指向同一个对象，就会有相符而不矛盾的性质(saṃvāda，符顺)。月亮和星星是 deśa-kāla-ākāraniyataḥ(有时间与空间的特征的)，因而是有效能的、真实的与一致的(svocitāsu arthakriyāsu vijñāna-utpāda-ādisu samarthāḥ)，但从先验实在的角度着眼，它们又是错乱的，因为只有点刹那才是真实的。参见 NK.，p. 193. 16 以下及 NBT.，p. 5 以下，同一律、不矛盾律与经验因果律是逻辑思想或前后一贯思想的必要条件，但这种逻辑的一致性却与先验虚妄(bhrāntī，aprāmāṇya)并行不悖。关于虚妄的问题是印度哲学家们最有兴趣的，有关的理论非常之多，分析非常细微。瓦恰斯巴底·弥希罗有一本专著讨论这个问题，即《梵真实察微》(Brahma-tattva-samīkṣā)，但尚未整理复原。在他的 Tātp(pp. 53—57)中有这一理论原则的简略论述。

果我们具有另一种直观能力,理性的而不是感性的直观能力(这是佛陀和菩萨才会有的)我们将直接认知一切,将是无所不知的。而我们只是直接认识一事物的第一刹那,然而构筑该对象表象的我们的理智活动则是主观的。从而一切表象都是先验的幻觉,而非最根本的实在。为了说明这种"不错乱"的特征,(依法上说,)法称有意指出:在纯然的感觉活动中,在我们认识的微分当中,我们触及了终极实在,——那不可认识的自在之物[①]。而继起的表象、概念、判断、推理只是转达给我们以经验的、人为构造的、主观的世 155
界,为了说明这二者的差别,法称才将"不错乱"的特征引入其现量定义。依据这种解释,"不错乱"意味着非主观、非构造、非经验,而是先验的,终极地真实的[②]。从而"不错乱"便将现量与比量和非感性的理智活动区别开来。后者从先验的角度看就是一种错觉。这第二个特点其实几乎是第一特点的同义词,纯粹的感觉本身是被动的,"非构造的",因而它是非主观的,先验真实的、不错乱的。

关于法上就说到这里。不过,看起来法上的解释与法称举的例子有些冲突。法称的举例都是因感官的异常状况所生的经验虚妄[③]。

① NBT.,p.7.13——pratyakṣam grāhye rūpe(=paramārtha-sati) aviparyastam, bhrāntam hy anumānam svapratibhāse anarthe(=saṃvrtti-satti).

② 法上认为,如果第一特点"无分别"被解释成与比量推理的特点相对立,第二特点"不虚妄"就必须看作是对错误概念活动的驳斥。但相反的情况也是可能的;那样的话 abhrānta 便是为了防止与比量相混淆,而 kalpanāpoḍha(无分别)便是针对像正理派那样的不承认感性与知性有分别差异的人而说的。参见 NBT.,p.7.,另见 TSP.,p.392.9。

③ NB. 及 NBT.,p.9.4 以下。

究竟有无必要指出这种“不错乱”的特点在陈那大师的后学[①]中争论甚大。最先提出“不虚妄”的是无著，不过他的用意[②]不详。陈那删去“不虚妄”，法称[③]又将这一特征再提出来，但他的后学[④]没有坚持这一条。将这点肯定下来的后学中有法上。

陈那出于三方面的考虑删去了“不虚妄”，首先，虚妄总是包含了错误的感觉判断的。可判断并不属于认识的感性部分。如果我们认为看到岸上有棵走动的树，“这是棵走动的树，”就是一判断，
156 而每一判断都是理智的构造而非感官的反映[⑤]。陈那批判正理派的现量定义中包含了“不错乱”的特征。[⑥] 他说道：“错乱的认识对象就是理性构造的对象。”[⑦]“纯粹感性认识的现量并不包含任何判断，无论这些判断正确与否。因为它本身是非构造的，不可能包含任何的错乱。”陈那的这层考虑与法称的解释一致。可是对陈那说来，没有必要提及“不错乱”，因为若先验地看非错乱的特征，它不过表明非主观性和非构造性。这第二个特点只是对前一特点(即“无分别”——译者)的重复。

陈那有意略去“不错乱”，恐怕是有深意的。估计他希望自己的逻辑学既能为承认外部对象实在性的实在论者接受，也可以为

---

① sva-yūthyāḥ, TSP., p. 394. 20.

② 参见图齐前所引书。很可能它是直接借用《正理经》(I. 1. 4)的说法。

③ 参 NK. 第 192 页。

④ TSP. 相关所引处。

⑤ 据法上说，“树”这部分是正确现量，“走动”这一部分则为虚妄意识，参见 NBT., p. 7. 5 以下和 Tipp., p. 20. 10。

⑥ NS(《正理经》) I. 1. 4. (pratyakṣam)... avyabhicāri...。

⑦ 《集量论疏》(I. 19)——yid-kyi yul ni ḥkhrul-pai yul yin = mano viṣayo vibhyama-viṣayaḥ。

否认外部世界实在性的观念论者同意。显然,他与现代的许多逻辑学家一样,[①]认为逻辑领域内无法解决形而上的问题。无论对外部实在是肯定还是否定,知识之分为直接与间接及判断的功能在两种情况下是相同的。陈那批判了世亲在《论轨》中的现量定义:"现量是(纯)对象自身引起的认识,"[②]因为它可以被加以实在论的解释。同样,他之决心放弃"不错乱",是因为它会被解释成对瑜伽行派的排斥。对于该派,一切知识都是毫无指望的幻觉。而现量定义为纯感觉是被动的非构造的,这可以为两派都接受。胜主慧[③]说:"陈那尽管确信不可能认识实在本质中的外在对象,但他是如此强烈地希望提出自己的观点,表明自己对认识过程中的生果阶段的问题的看法,以满足坚持外部世界实在性的实在论者 157
和否定它的观念论者。"

莲花戒[④]也有大致相同的这么一段话,尽管他谈的是法称的含有不虚妄的定义。"不虚妄应该被理解为指的是一致的知识,[⑤]而不是指的对象的(最终极)实在性的形式,若非如此,那本来意在满足两家理论的定义就会显得太狭窄(它将排斥观念论),因为在瑜伽行派看来,外部的对象根本就是不存在的。"

陈那所以不提及"不错乱",法称所以重新将它放进现量定义,又说并不与观念论(唯识宗)冲突,都希冀现量定义可能为两大宗派接受。

---

① 例如可见施瓦特的前引书(《逻辑学》)第一卷,第106页,第409页。

② tato arthād utpannam jñānam,见 Tātp,第99页。

③ 参见本书第一卷第387页以下,另见 Tipp 第19页和 TSP.,p. 392.6。

④ 见 TSP.,p. 392.5 以下。

⑤ saṃvāditva.

陈那还有一个更为重大的决定性的想避开不虚妄的特证的考虑。既然“不错乱”可作多方面的解释,那么若让它进入自己的理论系统是危险的甚而是自杀性的。

陈那体系的基础本来就在于严格区分两种不同类型的知识来源。因而,感觉不能判断。可如果错觉或一个错误的判断,被归因于感性,那就没有理由认为正确的判断不可以归因于感觉。(其实,实在论者也正是这样说的。)如此,整个(逻辑)体系的基础就得重新加以探讨了。对于任何一个广延物体的现量认识都是虚幻的,因为“广延性本身不会是一个单一的反映”。[①] 事物的持续性同样是错觉,因为唯有瞬时存在的刹那真实契合单一的反映。一个物体,由众多极微的组成的各部分的统一体便是错觉。[②] 正如从远处见到一片森林整体是错觉一样,因为实则只有一一的树木。但若反过来问,这些认识假若并非错觉,那么界限在什么地方呢?

158 为什么有人能见双月?为什么舞动一个火把会见火环?为什么行船时,船上的人见岸边的树在走动?[③] 这些都是错觉吗?“大师(指陈那)所以略去‘不错乱’的特征。”瓦恰斯巴底说,“正因为所谓不错乱性会引起(对整个体系的)自杀性后果。”[④]

陈那当然没有取消虚幻的或错误的现量知识,不过,它们必须分别看待。如同存在着逻辑谬误[⑤]和不合理的推论一样,当然也

---

① 见 NK.,p. 194. 8——apratibhāso dharmo' sti sthaulyam. 筏遮塞波底解释说——pratibhāsa-kāla-dharmaḥ pratibhāsa-dharmaḥ。(亦即:点刹那并无任何广延)

② 同前注书,p. 194. 12。

③ 同前所引书,p. 194. 12。

④ 同前注所引书,p. 194. 17——tad iyam abhrāntatā bhavatsv eva praharati ity upekṣitā ācāryeṇa。

⑤ hetv-ābhāsa.

会有错误的现量[①]或由于不正确地使用感官而生的错觉知识。然而他们与其说是感官不如说是理智产生的。可能存在的现量知识有下面四种：[②]1)严格意义上的错觉，即 fata morgana(海市蜃楼)，它肯定缘于理性，因为正由于理性的分辨作用，才误将某种光线认为是沙漠中的水。2)一切经验的感觉认识[③]都属于先验的错觉，因为它错误地将对象化了的表象当作外在实体。3)一切推理(比量)和结果被错误地当作现量。当我们说“这是烟，是火的表征”或“火由烟之存在显示”时，这种种判断尽管具有感性判断形式，但实在是忆念性的。4)一切记忆与欲望，因为都由以前的经验[④]所唤醒，便是由知性产生的，虽说它们也总被错误地赋予感觉形式。

陈那将虚妄的概念作了推广引申并将经验的错觉(fata morgana)和经验知识整体所代表的先验错觉等同起来。他的现量是纯的感性活动，其间不杂任何忆念成分。对于纯的感性活动说来，并没有不错乱的特征，因为这样的感知既非错误也谈不上正确。
陈那真正的定义是说感觉能力必须与作为我们有目的的行动的指 159
导的无矛盾的思想构造能力[⑤]区别开来。

关于陈那我们就谈到这里。法称正好在这一点与他的老师分

① pratyakṣa-ābhāsa.

② 因而《集量论》这一颂(I. 8)可以这样恢复——bhrāntiḥsaṃvrtti-sajjñānam anumānānumeyam ca；smṛtir abhilāṣaś ceti pratyakṣ ābham sataimiram. 可参见 TSP.，p. 394. 20，其中的 sataimiram(＝sa＋taimiram，直译：有翳者，同于翳者)被解释为 ajñānam(无知)，也释为“有毛病的智”(taimirika-jñānam)；胜主慧(Jinendrabuddhi)采用两种解释。

③ saṃvrtti-saj-jñāna.

④ pūrva-anubhava.

⑤ kalpanā-apoḍha＝avisaṃvadi-kalpanā-apoḍha 参见 TSP.，p. 394. 21。

歧。他重新引入“不错乱”的定义是出于以下的考虑。

我们必须区分感官的与知性的错觉。如果我们误执一根绳子为蛇,这种错觉是由认识者的知性对感觉提供的材料加以错误解释而导致的。一旦我们确信,此对象是绳而非蛇,①那么错觉便中止了。可是一个人若患眼疾见双月,即令肯定地被告知只有一个月亮,②双月的错觉也不会因此就消失。

另外还有一些错觉,③其中,所见之象是当下存在的且带有直接的感觉认识④的所有生动性,而没有概念思想特有的一般性及模糊性。⑤ 不能认为所有这些错觉是理智误将一物描述为另一物,因为原本就不存在这事物。如果我们坚持这种定义,认为一切概念活动都是错觉,因为它误将一物当作另一物,那就必然会得出荒谬的结论:幻觉就是正确无误的,因为它不存在将一物误认为另一物的情况。⑥

① TS.,p. 392.13 和 TSP.,p. 392.23.

② 同前注,p. 394.5 以下。

③ niradhiṣṭhānam jñānam(无所缘智,凭空而起的无对象的认识)= keśoṇḍrādi-vijñānam(直译:毛轮智,指错误的淆乱的认识)。

④ TSP.,p. 392.23.

⑤ 同前——na hi vikalpānuviddhasya spaṣṭārtha-pratibhāsatā. 参见 NK.,p. 263.13。

⑥ 既然作为知识自发性本质的“构造性”(kalpanā=yojanā)被定义为“对某一实在物,如一个别者的,披上了一般表象形式的认知”(sāmānya-ākārā pratitir vastuni kalpanā),那么,在一个幻觉生起时,其中不会有这种构造性,因为这里并不存在那个别者的外在事物。所以幻觉也就是“非构造的”,它也就会符合定义要求,从而变成了正确的现量(感觉认识)。同样的情形也会出现在“空花”或生动的梦境中。它们也都并不依赖真实的感知活动,因此也就无所谓“构造性”,它们竟会符合正确现量的标准。为防止出现这种致命的结果,所以有必要补充“不错乱”。法称是这么看的。但如果“不错乱性”逾出了它的先验界限,那又是致命地伤害逻辑本身的——这是陈那的考虑。参见 NK.,pp. 191—194。

讨论幻觉与错觉的本质是使人感兴趣的,但我们如果对其细节作详细论述,也就离题有些远了。[①] 法称坚持说错觉的存在是感官引起的;作为认识来源的现量中包括非错觉的特征并非多余。法上以下面这段话来总结这一争论[②]:"错觉的原因有多种,可以在外部对象,也可以在观察者本身。可能由感官的疾病造成,但也可能完全是心理方面的。[③] 如同精神病患者所见的幻象。但所有这些都涉及感官。这时感官都处于一种异常状态。" 160

因此,感官诚然不能判断,无论正确与否,它并不包含判断,不过处于异常状态中的感官将知性引入歧途。

这一结论使我们联想到康德的观点[④]。他坚持说:"感官不可能犯错误,因为它完全没有判断,无论正确与谬误都不可能。感觉能力如果从属于知性,作为知性行使功能的对象,它就会是真正的知识来源。如果它影响知性本身的活动并引导它作出判断,就会是错误的原因。"

另外,法称似乎并不同意陈那对我们认识活动中知性的评价,陈那认为既然知性不是对实在的直观而是构筑表象,那么它就是错觉的根源。尽管法称也同意陈那的观点,但直观能力对他说比感觉活动的范围要广得多。感觉和感性直观并非直接认知的唯一种类。对他说来,二分的对立不在感觉与概念之间,而在直接与间

---

① TS. 和 TSP.,pp. 392—395 中有关它们的总结;另外,胜主慧在《集量论》(I. 8)中有释。

② NBT.,p. 9. 14 以下。

③ 同前注. p. 9. 13——vātādiṣu kṣobham gateṣu... adhyātmagatam vibhramakāraṇam。

④ 《纯粹理性批判》第 239 页(英译本)。

161 接认识活动之间。感性直观并非唯一的直接认识方式，此外另有一种理智的直观[①]。每一现量中都有理智直观的刹那。

§4. 现量(直觉)的种类

a)意现量(mānasa-pratyakṣa)

因而梵文的现量一词较感性知觉的范围要广得多。它意指直接知识与直觉，与间接知识和概念知识相对。感性知觉仅仅是直观的一种，另外存在着“理智的直观”，一般人并不具备这种天赋能力。只有修习瑜伽者才有这种神力。这种理智直观的刹那被认为是追随于纯感知之后的第二刹那，它存在于每一知觉中[②]。显然这只是继外来刺激影响感官的刹那之后的第二瞬间的注意阶段。

在严格确立两种知识来源的分别后，佛教的认识理论需要对感官与理智加以解释。在将二者加以分离之后，这种理论又觉得有必要重新将二者结合起来。早期佛教中，感性知觉的起源，被解释为三种元素的相互依存现象，即：外在的色法(对象)，内在的或肉体的根(感官)以及第六感觉(内在的识)。三者和合便产生了感觉或感性知觉(现量)。由于建立了感性与理智的根本区别，陈那取消了第六识，用纯感知代替了肉体的感官。这样对一块颜色的感知被说成了先是一瞬间的纯感觉，继而是理智的构造，在颜色和其他

---

① mānasam yogi-jñānam(意瑜伽智)，参见 TSP.，p. 392. 17。

② 参见本书第二卷附录 III；TS 和 TSP 中并未详细解说这种理论，但却提及过，见 p. 396. 2。

印象的范围内给特定的感知确定位置成了知性的任务。但是知性活动的第一瞬间同纯感觉活动据说是类似的,它也是直接的、直观的、非概念的。因而,第一刹那之现量可以说是"感性的感觉活动",而第二刹那之现量则是"理智的感觉"。为了给修瑜伽者(yogi)的神秘直观能力保留理智的直觉一语,我们可以称第一瞬间为纯的感觉刹那,第二瞬间为意识的感觉刹那,因为这第二刹那的意识感觉是介于纯感觉与知性之间的中间步骤。关于这点,后面还要讲到。 162

b)瑜伽现量(yogi-pratyakṣa)

我们的直观任何时候都是感性的。它局限于鲜明与生动的实在之刹那,之后便是试图以模糊而一般的表象概念对它加以解释的知性(活动)。如果我们竟然具有那由理智支配的直觉,我们就会像在感觉的第一刹那中感知实在一样而直接理解它,我们的认识就会避免局限性,我们将能够透视遥远犹如眼前,视过去如当下。我们可以设想那摆脱了自身感性局限性的有情之物(being),他们无需费尽心力将两种完全不同的认识手段结合起来,以求得到知识结果;也无需乎拐弯抹角地借助辩证的概念才得以认知实在。对于他们,只有一种认识方法——直观。我们无法判定这些人的全知,因为若要如此,除非我们自己已经是无所不知、无所不晓的。不过我们可以设想,我们凭有局限性的构造煞费苦心只能接近的实在,对于修瑜伽者是能够以精神的直观直接把握的。生起性的想象活动,我们知道是一种先验的错觉,是内在于我们认识活动中的错觉,只有圣者(菩萨)的理智直观能力才算摆脱了它。

看来,为了以说明性的对照方式指出我们受限制的认识活动的特点,两种知识来源及其局限性的理论,亦即表象活动的空泛,感性的盲目等都恰恰需要一种作为其对应物的自由的直观能力。想必这就是理智直观的理论上的逻辑价值之所在。法称的不可知论的态度明确地、逻辑性鲜明地表现出来。他的全知者是人类认识无法企及的极限。

163

c)自证现量(内省 introspection＝sva-saṃvedana)

"一切意识都是自证的(自我明了的)",[①]这是瑜伽行派一经量部的基本命题。对于外部对象的每一认识同时也就是对那认识的认识。一方面每一种感受与意志都与某个对象相联系;而另一方面,它又是自证的(自我明了的)。从而我们才具有"对自己认知的了解(an awareness of our awareness)"。知识是自我显明的(svayam-prakāśa)。正如灯照显事物时亦照显灯自身,不需要另外的光源照显灯自己。同理,认识亦是自我显明的,[②]因为它无需别的意识之光的来源才使自己被意识到。数论和别的宗派都主张认识是某种类似生理反射的东西。知识自身是不能自觉自明的(unconscious),它只能从神我(灵魂)那里获取假借的意识了别(consciousness)。对于佛教,意识并未分离为灵魂和内感官两个部分。所谓内感官,亦即第六感官,如同它之前的小乘佛教否认了

① jñānasya jñānam＝jñāna-anubhava.

② svayam-prakāśa.

灵魂我的存在,经量—瑜伽行派主张说,如果我们竟然不知道我们看见了一块青布,那么我们就绝不会认识它的。[①] “无论是精神现象(心所法)还是意识(心法)都是自觉的(自我明了的、自证的——译者),”法称这样宣布。[②] 即是说,简单的心识(citta,心 = vijñānam,识 = manas,意),即仅对我们感知范围内某物的了知,以及所有构造的、复杂的精神现象(caitta = citta-samprayukta-samskāra,心相应行。——译者)亦即表象、观念连同意志、感受、简而言之,一切意识现象都是自我明了的。

不过这并不妨碍这一事实存在,即:仍然存在着本能性的思想与行为[③]。本能、习惯、业等等印度哲学中继承下来的观念仍旧在经量—瑜伽部中保有重要意义。有的行为是半自动的,因为那由外而内的刺激之后总直接地追随了某种预期的行为[④]。不过这也只能说是仿佛如此。因为那种复杂的过渡过程是习惯性的,和非常迅速的,因而易于躲过推理性的内观。但这并不意味说它就是无意识的或者不能自我明了的。当婴儿停止哭泣而吮吸母乳时,他的行为就是这种意义上的自觉。[⑤] 就此意义说,自我意识与生命是一回事。 164

要说明自我意识的全部意义,除非把它与别的宗派的类似理论作一番比较并考察其在印土和西藏的发展过程(而这本身就足

---

① 参见 SDS.,p. 30,该处引述法称的此颂。

② NB.,I. 10;(英译本,第 10 页)。

③ vāsanā = saṃskāra = karma = cetanā(习气 = 行 = 业 = 想)。

④ NBT.,p. 4. 17.

⑤ 同前书,8. 12 页。

以成为专题讨论)。这里只能够作一个简略叙述。

我们已经提到过数论和医学派别的观点立场。自我意识的只是个体我的灵魂。灵魂是单独的、永恒的、不变易的精神实体(即是说,只有灵魂之我才是自我意识的——译者)。全部认识过程,所有的认识形式及感受和意志本身都是无意识的。(对于数论)存在五种外部的感官及各自的认识对象,同时还有一个内感官[1],它具有三种功能:一种对个人的无意识感受(我慢)[2]、一种对可欲与不可欲的无意识感受[3]及一种无意识的判断功能[4]。这些功能之成为自我明了的,只有依靠灵魂投射其上的光。与此类同,感官对外部对象的认识自身虽然是不自觉的过程,但经由灵魂的反射,它便获得了自明性(consciousness 自觉性)。数论便是用这种说明外部感觉认识的方式来解释内省(自证的)活动的。如同五个感觉器官之外为灵魂或认知者感知外部对象的器官,内感官也是灵魂认识特有对象的工具。

实在论各派别不仅依据外部感知的模式说明内省,同时还保留了灵魂、感官和对象三者结合的形式;他们也承认有第六种感官,即内感官[5]。它与五种外部感官是并列的。不过灵魂已经不
165 再是由纯粹意识组成的非变易实体。它也具有“属性”,即内在于其中的流逝的精神现象。但这些精神现象并不能由灵魂直接认

① antah-karaṇa(内作具)。

② ahaṃkāra.

③ manas.

④ buddhi(觉)。

⑤ 注意:这里的内感官 manas 与佛教徒的末那(manas)区别甚大。

知,因为认识既是一种行动,便不能自己又做自己的对象,正如刀刃不能切割自己一样。弥曼差派认为,灵魂与意识是同义词,意识并非灵魂的属性,而是其本质①。在正理—胜论哲学中,意识(自觉性,自明性)只是灵魂通过与内感官相互作用而产生的一种短暂现象,它自身"如石头一样"是无自明性的②。实在论中两大派对灵魂观念的不同说法涉及他们对内省的不同说明。对于弥曼差派,自我意识是比量。对于正理—胜论派则是单独的一支现量。当瓶被认知时,弥曼差派认为有一种被认知性③(cognizedness=jñātatā)的新属性在瓶中生起,正由于这属性存于该瓶中,我们方得以用比量推知,有某一认识也存在于自我中④。按照正理—胜论派的看法,除非借助感觉,否则什么都不能认识,这一规则无论对外部,对内在对象都是适用的。⑤ 当对象在外时,例如,当瓶在灵魂中以"此为瓶"的形式被产生时,对那认识的认识,即自我感知便以一新的判断形式⑥相随而生。此形式即为"我被赋予了关于此瓶的认识"。"当内在于灵魂中的苦乐等属性被把握时,内感官与苦乐等属性之间的相互作用跟视觉与瓶上色的属性相互作用完

① jñāna-svarūpo, na tu jñāna-guṇavān ātmā.

② 参见拙著《涅槃》第 54 页以下。

③ 见 NK., p. 267. 12。

④ 因而,在印度的极端实在论者与美国新实在论和行为主义者之间有某种惊人的吻合。两方面都是否定表象(nirākāram jñānam 无相智)和内省(自证)的。B. 罗素(《心的分析》第 112 页)同弥曼差派一样地认为:"同(内在)对象的关系是推知性的,外在的。"普拉帕格拉倒是同佛教徒站在一边的(ātmā svayam-prakāśaḥ,灵魂自我显明)。

⑤ 参见《正理经疏》p. 16. 2。

⑥ anu-vyavasāya(随后而起的决定,审度)。

166 全是相同的。”[①]甚而，自我也是以同样的形式才给认识的。当内感官以自我的形式产生关于灵魂的认识时，这种认识是一种在先前的无意识灵魂中[②]产生的新属性。在这整个过程中，器官是内部的感官，对象是无意识的灵魂，对它的认识是灵魂中生起的新属性。

小乘佛教中无论作为实体还是属性的灵魂都是消失了的，不过还保留了意识，感官与对象三者的结合。同时对自证(self-perception)的解释也依据的是对外部感知的说明方式。某种第六感官(mana-indriya 意根＝āyatana No. 6 第六处)还存在着，一切精神现象都是它的对象(viṣaya 境＝dharmāḥ 法＝āyatana No. 12 第十二处)。它代表了流逝的纯意识系列，直接以精神现象为对象，以外部事物为间接对象，依据相依缘起律令，与五个外感官配合行动。

对于这些理论，陈那断然加以否定，[③]他说：“感受并非对象，理智亦非第六感官。”(又译为：乐等非是所量，亦非意根所缘)[④]

对于第六意根，小乘各派从未有过一致的意见。其中有的，例如说一切有部，认为它与理智是一回事[⑤]。他们视纯粹意识、内感官、理智(或知性)为一体。但像上座部的其他派别设定了第六感

---

① 参见《议论正理》(Tarkabhāṣā)p. 28。

② 六根、六处。

③ 境、法、十二处。

④ 参见《中心概论》p. 54ff。

⑤ 《集量论》I. 21. 参 NVTT.，p. 97. 1。

官或内感官(hadaya-dhātu)是意识性的成分。陈那驳斥正理派时提请对方注意他们的诸感官列举情况只有五种[1]。不过伐差耶那 167
(Vātsyāyana)[2]是坚持了这一原则的:认识者,亦即灵魂,除非通过某种感官则不可能认识任何事物。他说:任何现量场合,认识者(jñātṛ)都经由感官作出判断(vyavasāya),因为如果取消了感官,那与之相应的结果判断(anu-vyavasāya)——其形式为:"我被赋予此瓶的认识"等——便无从产生。他的反驳者说:"那么你说说,对于自我,或感受或观念的现量认识是怎么回事呢?"伐差耶那答道:"这是通过内感官完成的,因为内感官的确是一种器官,尽管(在正理经中)它已单独被提及,因为它同别的感官有某些方面的不一样……(在经中)并未特别否认(第六感官)其存在,(这种沉默)就是赞成的表示。"陈那对此反驳:"如果并不提及就是赞同,那经中就根本不必提及那五种外感官了。因为它们本来就是被认可了的。"[3]

陈那否认了内感官的存在,代之以他的"意识的或理智的感知"(mānasa-pratyakṣa 意现量)。所有的认识活动都可以分为主体与客体。意识本身不可再分为两部分。能取与所取是主客的对立,但能取不能再由一部分观察另一部分。如果以对外部对象认识的模式说明内省(自证)就会犯错误。

法上这样论证他所主张的真正的连续的内省活动:在直接的现量活动的意义上,什么是认识呢?认识是一过程,第一刹那是不

---

① NS.,I. I. 12.

② NBh.,I. I. 4.

③ 《集量论》I. 21,参见 NVTT.,p. 97. 28。

确定的感觉,然后是对认知对象[1]的表象构造。他说:“我们可以认识到对象的形式——对此形式,那仅标志某物存在于我们感知范围中的感知的直接作用——总为对象之表象所追随。[2] 毫无疑问,我们有过对自我自身统一性的感受,感受过我们自己(our ownself),但这种感受之后是关于自我(Ego)的表象的构造吗?肯
168 定不是。这种感受仅仅伴随我们的每一意识状态。当我们见一块青色时,同时便体验到舒适的感受,这种感受绝非相应于青布所生感觉活动的表象。可是当某一外部对象,例如青布被认识时,我们同时[3]意识到了别的东西,一种令人愉快的东西。这种感受即是对自我(Ego)的状态的感受。”“事实上,正是这种自我(这里的自我〈ātman〉并非佛经中之“我”)于其中被感受的形式[4]才是直接的感觉的自我认识[5]”,后者是自我明了的(self-conscious)。这样一来,在经验到一种视觉活动的同时,我们同时经验到了其他的某物,附加的、伴随某一精神状态的不同于所见外部对象的东西。[6] 离开了它,就绝对不会有哪怕一种精神状态的[7]。这个所谓的“它”,便是自我(Ego)。

---

① NBT. ,p. 11. 12.

② vikalpena anugamyate.

③ tulya-kālam NBT. ,p. 11. 9.

④ yena rūpeṇa ātmā vedyate,同前注 p. 11. 8,这里的 ātmā 当然并非实在论者与灵魂主义者们的实体性质的神我。

⑤ tad rūpam ātma-saṃvedanam pratyakṣam,同前注。

⑥ nīlādy-arthād anyat,同前注。

⑦ nāsti sā kācit citta-avasthā yasyām ātmanaḥ saṃvedanam na pratyakṣam syāt,同前注。

因此,存在着对认识的了知。这无疑是一种心理(mental)事实,[①]是对自我(the Ego)的感受。它是直接的,并非构造[②]亦非错觉,因而它被划归现量,成为另外一类感觉知识。

这里必须提出,这种理论并不认为有所谓漠然的无所谓的意识状态,自我永远在某种程度上处于激动的状态,虽说其程度可能是微弱的。对象或者是所欲求,或者非欲求的,但不会是漠然的。它们或为所欲达到,或是所欲规避,实在论者假设的漠然只是表面上的,它们应属于要避开的一类,因为不欲追求即是避开。有生命者的意识之流不可能中断。即令在熟睡和完全的出神状态中仍然存在某种有意识的生命活动在进行。再说,意识本身就是本质上的准备行动,从而它不可能是绝对地漠然的。自我(Ego)作为一种关注的成分总伴随着每一意识状态。 169

因而,印度哲学中之自我(Ego)在奥义书时代被奉作至高的"梵",在稍后的数论哲学中成为纯然实体。之后,又在小乘佛学中降格为带有第六种感觉功能的简单的思想相续系列。到了佛教逻辑派别中甚而失去这一较低的地位,成为了每一意识状态的伴随成分,成为了"先验的统觉"。说它是先验的,因为意识之分裂为主客体总是先于可能的经验,从而它成为了经验之可能的先决条件。

① jñānam eva.

② 仅仅是对于 kalpanā(分别)=śabda-saṃsarga-yogyatā(与语词结合)的情况下,才是无分别构造的(nirvikalpaka)东西;而对于能取所取分别(grāhya-grāhaka-kalpanā)的"分别"说来,显然仍可作为非构造之物。依据这一理由,西藏学者主张自明性就已经是某种想象活动的构造物了。

不过我们以后可以看到,[①]在其发展过程的终了,在改造吠檀多哲学当中,在中观及中观自立量(Mādhyamika-Svātantrika-Sautrāntika)派和中观随应破瑜伽派(Mādhyamika-Prasangika-Yogācāra)哲学中,自我的地位重新升级,重建了它的至高梵的地位。[②]

§5. 印度哲学中现量观的历史

现量的系统观点最早出现于数论哲学中,按数论说法,如前已
170 提到的,[③]所有各种变化着的现量认识是生理反映,它自身并无自觉性(自明性),而是因灵魂投射于认识(perception)之上的光而获得假借的自明性。内部的感官(又称觉,buddhi=antaḥ-karaṇa 内作具)其功用在于判断(adhyavasāya),配合它起作用的有我慢

① 关于这点,可见最近《东方文选》上的 E. 奥伯米勒的《无上本续经》(Uttara Tantra)译本。

② 当然,这里仅仅是对印度的一些关于"自休谟以来,心理学中被认为最令人困惑的问题"(W. 詹姆士语)的观点作了一个非常简略的叙述。不过,我们会注意到,既然小乘佛教徒将补特伽罗(自我)看作某种聚合物(samskāra-samūha),其中任一部分的存在都是孤立的事实,那么他们便同英法的联想主义者(Associationists)和德国的赫尔巴特主义者(Herbartians)是同声相求的。吠檀多派、数论及印度实在论者都钟爱某种灵魂论,与之相比较可以认为佛教逻辑家们具有先验主义的理论特征。众所周知,除了先验统觉论,康德有关于某一"内感官"的理论,内感官之由内在对象激励("der innere Sinn von uns selbst afficiert werde")犹如外在感官受到外部对象的刺激。康德的这部分理论几乎与正理派的这种观点完全吻合。不仅如此,甚而对自我的感觉认知(现量)也都被认为是借助于内感官("der Gegenstand des inneren Sinnes, das Ich. "《纯粹理性批判》第 472 页)。若按梵文,这一段得译为 ātmā āntarasya idriyasya arthaḥ(自我是内根的对象),而我们在 Tarka-Bhāṣā(第 28 页)中正可以看见这种精确吻合的说法。

③ 参见本书第 164 页。

(ahaṃkāra)和意(manaḥ),内感官是原初物质(prakṛti)的第一级衍生物,它也称作大(mahat)。因为其行动是无限的,所以包括了一切可以认识的对象。它有五种感官辅助自己,这些感官各有自己的认识对象范围,它们在认识行动中各各发挥自己的作用。外感官认知,内感官判断,而灵魂照显。①

医学派同样设定了灵魂、内感官和五个外官。组成五根(感官)的材料与五种外在物质相对应,每一种感官只在自己的限定范围内活动,因为它们遵从类同者只为类同者认识的原理。我们熟悉这一原理,它也是希腊古代哲学家们所设想的。视觉器官所认识的只是色,因为感官与对象之色本质上都与四大之一的火元素是相对应的②。内感官也是物理性质的,它由某种特别的极微(原子)材料所组成③。以无限的速度运行于身体内部,由一个感官居 171
处至另一感官居处,随处建立起灵魂同外感官的联系。从而它可

① 按自在黑(Iśvarakṛṣṇa)的定义(第五颂),现量是感觉判断(prativiṣaya-adhyavasāya),但依据Varṣagaṇya(在Tātp., p. 105. 10)的说法,它只是感觉活动(ālocanā-mātram),是由"感官取得对象形式"而生出的(indriyāṇam artha-ākāreṇa pariṇatānam);《数论经》认为有不确定的感知(nirvikalpaka 无分别者)和确定的判断(savikalpaka,有分别者,构造者)——它们只有程度的差异;对他们说来,真实的现量便是确定的感觉认识。

② 按数论学说,五种感官(五根)以及相应的五种物质元素都是从某一根本的自我人格(ahaṃkāra,汉译为"我慢")平行衍生出来的,因而它们也称我慢所作(ahaṃkārikāṇi indriyāṇi)。这一基本原理(ahaṃkāra)在正理—胜论、早期瑜伽、弥曼差派和医学派别中给略去了,感官及其相对应的物质元素都是极微(原子)所成。佛教徒假定了作为五种外感官活动场所的五种特殊物质(rūpa-prasāda,净色、色亮)。

③ aṇutvam atha caikatvam dvau guṇau manasaḥ smṛtau 参见迦克拉帕尼(Cakrapāni)的书(I. 8. 5),所以实在论者与所有医疗派别一样都不承认同时而起两种感受或思想的可能,因为内感官不可能同一时刻分处两个位置上。

以譬之为某种假想的神经流,[①]它作为中介物而联系思维的灵魂和生理性器官。

除了在认识外部对象时配合外感官,内感官也有它自己的活动领域,它不仅适用于外在的可感觉对象,也适用于我们的心智(manasas=minds)的内在活动,我们所认识所反映的活动。内在的或者说可理解的对象是灵魂、判断、内感官及其心智活动的特有对象,即情感、观念、意志等等[②]。它们都是由这种内部感官所直接认识的。

从而我们可以作如下的配置。由内感官协助的外感官认知外部对象。内感官[③]则反思我们的心智活动并本能地[④]区分所欲与不欲的对象。判断力[⑤](觉,buddhi=adhyavasāya 意欲)即另一内感官或者说这种感官的另一作用是产生清晰而分明的现量认识,但整个过程须要从灵魂发出的光才得以显明。灵魂使这一过程成为有意识的(明白的)。这一配置本质上与数论的理论是一致的。有时候理智被认为是第六感官,[⑥]但有时又只提及五种外感官。对此,《迦克拉帕尼》[⑦]说并没有什么抵牾之处,它认为,医学因为是一切学问的基础,[⑧]所以可视具体情况而认许那显然是冲突的

① Garbe 教授将数论的根(感官)譬之于我们关于神经系统的诸功能的观念。参见《数论哲学》第 235 页。

② manasas tu cintyam arthaḥ,同前注,I. 8. 16。

③ manaḥ(意),同前注引书。

④ ūha-matreṇa=nirvikalpakena,同前注引书,IV. 1. 20。

⑤ buddhi(觉)=adhyavasāya。

⑥ 同前注引书,IV. 1. 37—40。

⑦ 同前注引书,I. 8. 3。

⑧ sarva-pāriṣam idam śāstram,同前注所引书。

看法，因为它有特定的上下文规定。在专论感觉官能的一章指出诸感官各自的特点[①]并因此与理智区别开来，后者具有非感性的 172
反映官能的独特范围。但在这本书中的别处，迦罗卡(Caraka)将理智算在感觉官能之中，并像胜论与数论一样，列出了六类官能与器官(或十一种)[②]。

实在论各派，如弥曼差、正胜、耆那教都承认灵魂内感官与外部感官。但它们在认识生成过程中所分担的作用是各不相同的。

真正的认知，即判断力的功能活动从内感官转移到灵魂(神我)上。依正理—胜论派的说法，这种认知是灵魂的属性，因为与内感官[③]接触而在灵魂上偶然生起的。对于弥曼差，这种认知即知觉本身[④]。这样一来，认知便成了灵魂通过感官的一种判断。通过灵魂与内感官，外感官与内感官的双重接触，此判断被运用于外部的可感对象；而通过内感官的中介环节，它又被运用于内在的对象、感受、意志和观念等等。内感官在此失去了判断的作用，但仍保留了协助外感官并且认知心智自身活动的功能。从而现量包

① adhika-dharma-yogitayā，同前注。

② 数论中有三种作用各别的内官：buddhi(觉)，ahaṃkāra(我慢)和 manas 意；在正——胜论中这三个词，即 Buddhi(觉)，upalabdhi(想)，jñāna(知)(并非 manas)是同义词；在佛教表示纯意识的则是 citta(心)，manas(意)，vijñāna(识)三个同义词，而表示概念活动的是 buddhi(觉了)＝adhyavasāya(智解)＝niścaya(决定)＝sanjñā(想)；这些都是 manas 的对象。在观念论的大乘佛学中，纯意识被定为 pratyakṣa(现证，现量)，而 vijñāna(识)成了 sākāra，即表象与概念。

③ 正理—胜论派的神我(Ātmā)是恒常的、遍至一切的、清净的、无形的(svat-o'cid nityam，sarvagatam，cetanā-yogād cetanam，na svarūpataḥ)参见 TS.，p. 79—80。

④ 弥曼差派的神我是智性的相，智性的智之自相(本相)(caitanya-rūpam，caitanya buddhi-lakṣaṇa)同上注引书 p. 94。

含了感觉判断。而不确定的感觉活动，虽然也为他们承认，却只在很弱的程度上是认识活动。

小乘佛教完全抛弃了灵魂(神我)，但其内感官却精神化了。整个认知活动被交给了这一内感官。它被认为在认识外部对象将配合外感官并且直接认识心智的内在活动。从而理智成了与其他五种外感官(根)平列的第六根并在认识内在世界时有特别的对象(即：十二处的最末一项“法处”亦即“诸法”，尤指可感觉对象之外的一切。——译者)。世亲转述毗婆沙师的话说：“眼识生时，意识了别[①]。”

173 依据相依缘起的原则，早期佛教将认知活动解释为纯粹意识、对象与感官三种成分的共在(Sannipātah＝compresence)。根、境、识三者和合(sparśaḥ，能，＝trayāṇam sannipātaḥ，根境识三者和合)便有了感觉活动。表象、概念活动(sanjñā，想)或判断的产生则因为概念成分的加入，但任何一种认知活动中总不会缺少纯粹意识的。它在诸法的系统中属于第六官能(意根)[②]，但是世亲说[③]，如果以其他五根为感官，则理智并非感官，其所以也称为感官，那是为了对称的缘故。因为眼根与眼色的关系类似于意根的纯意识与我们心智活动的对应关系。这些活动是意根的特有对象。然而对外部对象的感觉认识中，意根只有辅助作用。从而我们了解到，即令在早期佛教哲学中，虽然根境(官能与对象)搭配不同，但纯感知与概念活动的界限仍然是存在的。虽然在另一种诸

① 《阿毗达磨俱舍论释》(英译本)J. 42。

② māna-āyatana＝ṣaṣṭhendriya＝indriyāntana.

③ 参见《俱舍论》(英译本)I. 16，及拙著《中心概念》第 64 页。

法配置体系中，意根成为了佛教逻辑的鲜明特点之一。这第六根取代了数论的第六感官及实在论各派的第六根与灵魂。在佛学中，它列为心法（纯意识一类，即 vijñāna-skandha 识蕴）而与概念类（sanjñā-skandha 想蕴）等区别开来。

在大乘佛教中，这种诸法配置有了根本性的改变。中观派且不说，因为他们否认了普通逻辑[1]。早期的观念论者，无著和世亲在否认外部世界真实性时，将整个认识活动转换成了对我们心智的活动的观察过程。他们不承认外部世界而假定了“藏识”[2]。但这遭到了法称及其老师陈那的谴责，称之为伪装的“神我”。这之 174
后，他们在佛教逻辑体系中建立了两种完全异类的成分：非构想的纯感知及构造性的或概念的综合。这种理论连同内省自证论、表象论一道成为了佛教认识论的基本内容[3]。

从这一发展过程中，我们得出结论：纯然的无表象意识的观念是印度哲学中始终存在的。我们在数论和医学派的神我中遇见过它；在实在论者的无表象的认知活动中，在小乘佛教的识蕴及第六根中，在佛教逻辑的纯感知中都遇见了它，但只有后者才主张“现量是纯然的感知”，它没有任何忆想的概念的成分。对于别的所有派别——他们在自己的理论中已经引进了不确定的与确定的现量区别[4]——这种差别仅仅是程度上的，感知是不完全的现量，真正

---

① 参见拙著《涅槃》第 141 页注。

② ālaya-vijñāna.

③ 指佛教逻辑中的自证分与带相说。——译者

④ 这里的“确定”，指的是知性成分的介入。确定的现量也就是有分别的现量（savikalpakam pratyakṣam）。——译者

的认知是由确定现量产生的。对于佛教徒则正好相反,真正的知识是纯感知,因为它没有构造性,从而也就是非主观的、非造作的。它是我们与终极实在,与物自体,与纯粹对象或纯存在(纯有)的接触之点。这也是后期吠檀多派与佛教逻辑在此点会互通声气的原因。运用《奥义书》中的格言,他们将现量规定为"非间接的"(pratyakṣa=aparokṣa)认识,而这点我们知道,正是佛教的真正定义。他们将它等同于对绝对者,独一无二者,无自身差异的纯然之梵的直接感受。

实在论者的定义说,现量是感性刺激产生的并且包含了感觉的判断。

无著的定义从字句上看与法称的也一样,不过并不包含它所有的暗藏意义。

世亲显然提出过两种定义。其一出在《论轨》中:"现量是从对象本身生起的知识。"这"本身"就强调了最后的真实对象,即
175 指点刹那(pointinstant)的效能。陈那猛烈地攻击这个定义,因为它与实在论者定义的前半部分实在太相近了。他们说:(现量)"由对象与感官的接触而生起。"因此,它极易被误解为实在论的观点。世亲在随后的著作《论式》中,似乎纠正了这一现量定义。它同陈那的说法一致起来。但原书既已佚亡,我们也无从确知究竟了。

§6. 欧洲的类似理论

我们已经知道了佛教认识论及其他在印度的反对者之间的争

论焦点在于：从严格意义上看，现量本身是否包含了感觉判断。这个问题可以另外表述为：纯然的感觉直观或纯感知是一种实在吗？此问题也联系到另外的说法：是否真有两种相互独立的知识来源——感性和知性呢？我们也明白，说一切有部的大师们都娴于掌握入定的心理活动，他们注意到感官可以强烈地沉溺在对青色的观想中，与此同时，知性却可以对它毫不觉察，甚而没有“此为青”的判断。我们晓得法称要求我们重复的关于内省的实验，是要用它证明纯感知成分的真实性。我们也看见了，在某种程度上，实在论者对此作了让步，他们也同意有两种现量，不确定的混乱的与确定的包含有判断在内的两种。佛教的要点在于，存在着纯然的感觉活动或直观活动，其后才是感觉判断的追随（vikalpena-anugamyate 随顺分别）。对立的观点则认为存在着确定的以及混乱的现量。而前者包含[1]有感觉判断。其间的差别似乎无足轻重，但实则是根本性的。它决定着整座佛学大厦的倾覆与否。它同佛教的刹那实在之本体论密切相关。在通常的感觉活动系列中，纯然感觉活动没有持续性，即是说，它仅仅保持一刹那，因而它在经验上是不可认识、不可言说的。不可说性就是它的特征。我
们因此称之为认识中的先验成分。因为尽管它本身在经验上不可 176
认识，不能为感觉表象所揭示，然而却是我们的经验认识活动，是所有真的知识的先决条件。

在欧洲哲学史上，是否有部分或完全类同佛教认识论的，我留待更有资格的人去评判。我们的任务是通过对比而使这一印度理

① vyavasāyātmaka，NS.，I. 1. 4.

论更为明了清楚。佛教逻辑的基本原则是清楚的，感性与知性是完全不同的两种知识来源，不仅在程度上，而且在本质上都不同，简直是相互否定的，但二者又有相互的作用。要在实际上，即经验认识活动中将它们区别开来，并不总是容易做到的。既然整个认识论大厦都基于这种划分。那我们在讨论过程中就不得不常常回到这上面来，并指出这种划分的逻辑结论和别的暗含意义所遭遇的麻烦。如果说欧洲哲学也在类似的关节上，有相同的困难，那正好说明了困难是本质性的，内在于问题本身的。

欧洲哲学家中，里德（Reid）的突出地位正表现在他鲜明地将感觉活动与感性认识及观念的复苏后两者区别开来。“感觉活动”对于他仅仅意味着主观的某种状态而不是对外部对象的了知（awareness）。有某种感觉仅仅意味着由于作用于感官的某种印象（impression）而有某种感受。纯粹的感觉活动会是纯的情绪的感受意识。一旦感觉活动传达某种意义，就不再是纯的感觉了，它成为了感性认识。这种意义并非来自感觉，而是来自另一个来源，即与忆念和想象相同的来源。这种理论非常接近印度哲学中关于无分别现量（nirvikalpakam pratyakṣam），即纯感觉活动，亦即与想象活动（savikalpakam pratyakṣam，分别现量）并列的作为感知的感性认识同称“唯想量（kalpanā-mātram）”的纯想象活动或观念的复苏的二者区分。尽管两种认识活动的区分是明确表述的，但里德（Reid）并未由此得出意义深远的结论，而且这种区分在他的哲学后继者中也已经消失了。

无论是洛克的“观念”（它是外在事物留下的确定印象）还是休
177 谟的“观念”（它是变得模糊了的感觉）都没有充分地区分纯粹的感

觉活动与完全的感觉认识[①]。

尽管莱布尼茨清楚地看到依据机械论的理由[②]无法说明感觉认识，并因发现感觉认识的先验来源而困惑，但对于他，感觉活动仍然是混乱不清的感觉认识。

不过我们知道，康德在自己的批判时期之初便重建了这种区别。他认为由于哲学中几乎完全取消了这种本源性的区分，结果是非常有害的。想象活动（表象活动）对于康德说来是经验知识的必要组成部分。就此而言，他与里德及印度哲学中的我们所讨论的认识论是吻合的。但纯然的感性活动与表象活动也产生一定的困难。由于康德区分了感觉活动与直观及时空的先验直观形式，纯然感知的问题变得复杂化了。我们知道，佛教徒的时空并非我们头脑中的固有形式，而是由我们生起性的想象力构造出来的，它与其他任何可感知和抽象的形式并无不同。作为纯然感性的感觉能力本身是无形式的。至于生起性想象力（vikalpa. 分别），它在佛教逻辑中包括了除感性能力之外的一切。因而，它包含了康德的生起性想象力及其知性、判断力、理性和推理。对此二分原则没有任何例外，因为它将所有的认识活动都区分为感性的，纯感觉的意识及理性的，纯自发的想象的意识。佛教认为感觉活动与想象活动各有自己的对象和作用。感官的作用仅仅是使对象，纯的对象当下呈现（makepresent）。想象作用则在于构造出表象来。佛教认为没有感觉活动，我们的知识就会是“空无实性”（empty of

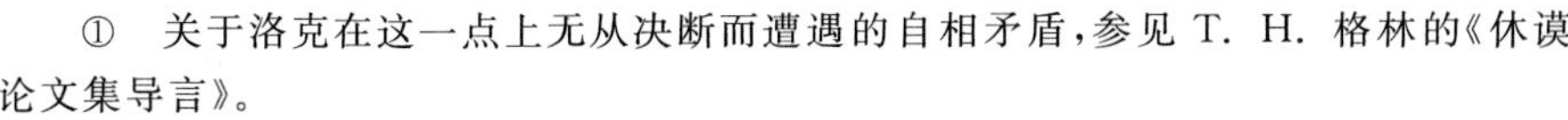

① 关于洛克在这一点上无从决断而遭遇的自相矛盾，参见 T. H. 格林的《休谟论文集导言》。

② 《单子论》第 17 页。

reality＝vastu-śūnya 所缘事空，所依法空）。康德则说[1]：“离开了感性直观，我们的知识失却对象，从而陷于空虚。”“如果所有（借
178 助范畴的）思想离开了经验知识，也便没有了对象的认识，因为仅靠直观是没有思想的。”而法上说[2]：“没有感觉判断，纯然的感觉活动仿佛根本就不存在。”[3]“没有概念的直观是盲目的，”[4]康德说。“离开概念，仅仅依靠纯感觉，我们便不知道向何处运动，也不知道避开何处，”佛教说。康德说：“这两种知识能力和官能的功能是不可互换的。”[5]知性不能视听，感官不能思虑。这与佛教反复强调的完全一致。“唯有二者的结合，”康德说，“才能产生知识”[6]。佛教说：“两种知识方式的结合才是正确的认识手段，但这仅对有目的的活动而言，即仅在经验范围内才正确。”[7]康德又说：“两种功能并无优劣可分。”[8]佛教说：“现量并非二者当中占主导地位的[9]，现量与比量是平等的。”[10]康德说：“纯粹直观与纯粹概念活动都是先天可能的。”[11]而法上表述[12]：“纯感知（kevalam pratyakṣam）之作为知识来源是在这样的意义上，即现量判断

[1] 《纯粹理性批判》p. 50. p. 41。

[2] NBT.，p. 16—6.

[3] asat-kalpa，参见 NBT.，p. 16. 6。

[4] 《纯粹理论批判》第 41 页。

[5] 同前注所出处。

[6] 同前注所出处。

[7] 参见本书第二卷第 362 页。

[8] 同前注中康德著作。

[9] TSP.，pratyakṣam na jyeṣṭham pramāṇam（现量并非最胜的量）。

[10] NBT.，p. 6—12，Tulya-bala.

[11] 同前注中康德著作。

[12] NBT.，p. 16. 16.

(pratyakṣa-pūrvako'dhyavasāyas)(仿佛可以这么说)忽视了自身的概念作用,而承担了感觉的功能活动,亦即指明某一对象之存在于感觉范围内。"对这样一个纯感觉活动的诠释然后过渡到了概念与判断。

这些基本原理和某些措词的相符合,我以为很值得重视。

现代心理学及认识论都已经抛弃了那种将感性与概念活动视为本源不同的两类的立场,回过来认为这不过是复杂性的或程度上的区别问题。W. 詹姆斯便是这样表达他的看法的[①]:"不可能 179
明确地将意识划分为贫乏的或丰富的,因为一旦越出最初的粗糙感知,所有的意识都是一种联想,而因为是同一个联想机制的产物,所有这些联想便渐次相互渗透。在较直接的场合,意识成分便少些;而愈是间接,联想的过程也愈为活跃。"詹姆斯说,"而此刻便越出最初的粗糙感知。"佛教大概会认为这最初的粗糙感知就是纯的现量,其余的便是联想。这种说法非但没有矛盾,而且证实了第一刹那并非联想。即说它是纯然感觉活动。既然实在的本质是瞬时性的,那么纯粹感知如果说只能持续一瞬间,就与实在并不违背,相反倒是证实了它。这种实在并不为推论性的思维所认知,因而不可言说,但这正是感觉活动中揭示的终极实在的特性。"所以,如柏拉图早就教导我们的,(虽然这一教导似乎要求每一时代的哲学家都对它重新解说)符合一致的感觉论是非语言所能表达的[②]。"

① 参见《心理学》II,第 75 页。

② 参见 T. H. 格林的《休谟论文集导言》第 36 页。

B. 罗素认为[①],"理论上讲(虽然实际未必总能做到)在对某一对象的感觉认识中,我们可以将属于过去经验的部分和由对象特征引起的并无回忆成分的部分区别开来。""感觉活动是实际经验的理论核心,此实际经验即是感觉知识。"这与印度实在论者的看法是一致的,对于后者,"确定的感觉知识"便是真正的现量。B. 罗素补充说:"贯彻这种划分(原则)是很困难的。"最基本的难处在于,当瞬时的感觉活动与任何一点忆念分离之后,就会成为法上说的,根本没有知识,"知识成了非存在";而如康德所想与印度实在论所不能不承认的,它并非知识,而是知识的先验来源。

180 而按施瓦特(Sigwart)的说法,"这是黄金"的感觉知识形式已经包含了推理。"一当说出'这是黄金',便已经是将这一现象通过一个一般概念来诠释并进行了一个将其归属于类的推理"[②](原文为德文)。这就意味着每一感觉知识都已包含了推理过程(在严格的意义上,积极而直接的被感知的东西都是摆脱了(思想)诠释的)(原文为德文)。不过施瓦特认为纯然感知只传达了对颜色的认识。"看见虹的人只能说他看见了颜色的排列[③](原文为德文)。"佛教则说:"我的确见了青色,但我并不知道它是青色。"一旦我说出了它为青,那就已经将它与非青比较过了,而这已不是感觉活动的任务。始终是一致的(契合如一的——译者)感觉活动是不可说的。

① 参见《心的分析》第 131 页。

② 《逻辑学》第二卷,第 395 页。

③ 同上书,第 393 页。

现代哲学家 H. 柏格森试图重新建立感性与知性的樊篱。他说[1],“主要的错误在于只看见纯然感觉认识与忆念程度的差别,而不懂得它们的本质不一样”。“感觉认识中有的东西是忆念中根本不存在的,而那就是直观地被把握的终极实在[2]。”这点似乎与佛教主张的现量把握终极实在的理论是契合的[3]。只是对佛教说来有一点不同,终极实在是先验的,只可感觉而不能由推理思想概念言说和认识的。它是所有可言说的事物的反面[4]。

① 《物质和记忆》第 60 页。

② 同前注中所引书第 71 页。

③ 佛教会写成 nirvikalpakam pratyakṣam paramārthasat gṛhṇāti.(无分别现量把握胜义有,亦即终极实在)。

④ O. Hamelin 和 R. Hubert 都指出过,柏格森的感觉认识并非纯感性的,其中始终混有思想成分;概念关系存在于每一经验的感觉中。参见《形而上学评论》1926,第 347 页。

181 # 第四章　终极实在

(Paramārtha-sat)

§1. 何谓终极实在?

前面两章及引言大约可以明白地说明了佛教处理终极实在(Paramārtha-sat 胜义有)的方式。从肯定方面说,实在者是有效能者(artha-kriyā-kārin 能做利事);从否定方面说,实在并非观念(nirvikalpaka,无分别的,无妄想的)。观念的东西总是构造的,是想象的,是我们知性制作的。经验事物由我们的生起性表象活动依据感知[①]而综合的产物。终极真实的东西在于它严格地只符合纯感知活动。尽管感知与想象成分在经验对象中混在一起,但为了决定纯粹真实(sattā-mātram)与我们认识中的纯粹理性(śuddhā kalpanā),必须将二者区别开来。经过这样一番分离,我们似乎才有可能在思想上理解,在语言上表达,那由我们的想象能力构造出来的部分认识。我们能认知的只是关于实在的表层结构的假想,而非实在本身。

---

① vikalpena anugataḥ sakṣāt-kāraḥ.

也许有必要在此重复一下，那不可言表的真实本身所依据得以表述的种种说法，它是：

1)纯对象——感官在纯感觉中认识的对象。此纯感觉活动是纯粹被动的(sva-rasika)，就类别言与理智的自发性完全不同的活动①。

2)这种对象在整个三界中是“唯一的”(trailokya-vyāvṛtta)，绝对各各分离的(pṛthak)，同宇宙间任何别的对象(sarvato vyāvṛtta)在任何方面均无联系。 182

3)因此，对那条认为任一对象都与别对象有部分相似部分不相似的法则说来，此对象是一例外，因为它与任何对象相比较，是绝对的不相似的。

4)它在时间上无持续②，空间上无广延③；虽说一个未知对象引起的不确定感觉活动可以在时间与空间上定位，但定位本身已经属于知性的活动——即知性在构造的空间、想象的时间内确定对象的位置。

5)它是实在之点④，并且其中不再有可寻出前后位置关系的部分，它是无限小的时间，是一事物存在系列中的微分⑤。

6)它不可分⑥，没有部分，是最终的单一。

7)它是纯存在(纯有)(sattā-mātram)。

8)是纯粹的真实(Vastu-mātram)。

9)是严格局限于自身的事物的“自性”(sva-lakṣaṇa 自相)。

10)是极端的具体和个别意义上的特殊。(vyakti)

11)是效能，且仅为效能而已(artha-kriyā-kārin)。

12)它激励知性及理性去构造表象与观念⑦。

---

① 这种自发性称作 jñānasya prāpako vyāpāraḥ(智分辨的作用)，参见 NBT.，p. 15. 2。

② kāla-ananugata.

③ deśa-ananugata.

④ kṣaṇa＝svalakṣaṇa.

⑤ pūrvāpara-bhāga-vikala-kāla-kāla＝kṣaṇa.

⑥ an-avayavin＝niraṃśa.

⑦ vikalpa-utpatti-śakti-mat.

183　13）它是非经验的，亦即先验的[①]。

14）它是不可说的[②]。

那么，它是什么呢？是某种东西，或者什么都不是？它是某物。仅仅是“我不知道是什么”的某物 x，但并非零。它至少可以譬之于数学上的零——正负集合间的极限。它是一种实在。甚而就是实在本身（Vastu-bhūta[③]），即最终真实的存在元素。除此之外，别无实在。任何其他的真实性皆由它而来。任何对象，如果与某种感觉活动无关，与可感觉的实在无关，便是纯想象，或仅为名言，或是形而上的对象。实在与真实，与可感觉之存在，与个别性和物自体[④]都是同义词。它与观念性相对，与一般性和思想构造相对[⑤]。

§2. 个别者是终极的实在

所有认识对象都区分为一般或共相与个别或自相。唯个别者为真实对象，一般者只是非真实的（avastu）或者根本就是非对象

① na saṃvṛtti-sat＝paramārtha-sat，jṅānena prāpayitum aśakyaḥ．“先验”的观念应是 atyanta-parokṣa（经验之外极致或毕竟不可经验）。下一刹那的意现量同样被称作“无分别者”，见本书第二卷第 333 页。atyanta-parokṣa 一词的运用与根现量（indriya-pratyakṣa，感官的纯感知活动）相关联这一点对我说来并不是现成的认识。但正理派（参见 Tarka-dīpikā）将无分别现量的特征规定为 atindriya（超出根的范围的，非根的，非经验的），而 atīndriya 便等于 atyanta-parokṣa。

② anabhilāpya＝avācya＝anupākhya＝anirvacanīya．这四个词都是同一意义的，但中观派特别乐意用 anupākhya，吠檀多派则用 anirvacanīya，从而也各有相应的内涵。

③ vastu-bhūta＝vastu eva，参见 NBT．，p. 69. 2。

④ vastu＝sattā＝svalakṣaṇa＝paramārtha-sat．

⑤ avastu＝anartha＝sāmānya＝āropita＝parikalpita．

(an-artha),是名言(saṃjñā-mātram)而已。

尽管这种理论对于研究从吉洛姆·奥卡姆(Guillaume d'Occam)以来的逻辑史的人说来非常熟悉——奥卡姆就主张"个别才是唯一的存在者",但对佛教逻辑,它具有特殊的意义。这里一般与个别的差异远较学者们所能想象的更彻底。一个人,一头牛,一个瓶等等都还不算个别。个别者在此只指那些基本[①]的可感觉之点的有效实在。对这些点,思想所构筑的一般表象只是一种共相 184
(一般)。只有可感觉的点是真实的,代表了终极实在的物自体。"那被经验地认识的个别,"佛教徒说[②],"并不是终极的真实事物。"一个燃烧的可煮食的火是真实的火,即是说,其燃烧与煮食是真的。但那从我们思想中扩展至所有火的"火"却代表真实火的一般形式,因而它并不真实。这种一般的火既不燃烧又不煮食,仅为一种想象物。

印度实在论者承认三种可言表的存在。一个名言可以表达一个个体,一个种类或形式以及一种抽象的共相[③]。前两种,即个体以及形式相当于佛教的个别[④]。不过从佛教立场上看来,它们还根本不算个别者。这是因为,像正理派所说的,它们是以具有内涵的名言来表示的。从佛教的立场出发,任何可言表者即是一般共相。个别,由于是极端的单一体,是物自体[⑤],所以不可言表[⑥]。

---

① vastu=sattā=svalakṣaṇa=paramārtha-sat.

② avastu=anartha=sāmānya=āropita=parikalpita.

③ vyakti-ākṛti-jāti,参见 NS.,II. 2. 63;TSP.,p. 281. 4 以下。

④ TSP.,p. 282. 5.

⑤ svalakṣaṇam=paramārtha-sat.

⑥ abhilāpa-saṃsarga-yogyasya anvayino(a)svalakṣaṇatvat,参见 Tātp. p. 342. 9。

从而，得出结论：个别与一般可以规定为相互否定的，它们之
间的关系是——真实与非真实（vastu，avastu）、有效与非有效（sa-
martha，asamartha）、非构造性与构造性（nirvikalpaka，kalpita，即
无分别与分别）、非人为与人为（akṛtrima，kṛtrima）、非表象与表象
（anāropita，āropita）、不可认识者与可认识者（jñānena aprāpya，
jñānena prāpya）、不可言说者与可言说者（anabhilāpya，
185 abhilāpya）、自相与相（svalakṣaṇa，sāmānya-lakṣaṇa）、无任何外延
之事物及包含哪怕最基本的外延者[①]、唯一者与非唯一者[②]、时
空中的重复者与不可重复者[③]、简单者与复合者[④]、不可分者与
可分割者[⑤]、先验物与经验物[⑥]、其本质不可分与者与可分与者[⑦]、
外在者与内在者[⑧]、真实与虚伪[⑨]、非辩证与辩证[⑩]、有意义的与无
意义的[⑪]、非形式与形式[⑫]、物自体与现象[⑬]。因此，存在即意为一
种个别，或用莱布尼茨的话说，"存在者乃单一的存在物，乃是
单子。"

---

① sarvato vyāvṛtta，avyāvṛtta.

② trailokya-vyāvṛtta，avyāvṛtta.

③ deśa-kāla-anugata，ananugata.

④ anavayayin，avayavin.

⑤ abhinna，bhinna.

⑥ paramārtha-sat，saṃv ṛ ti-sat.

⑦ asādhāraṇa，sadharaṇa-lakṣaṇa.

⑧ bāhyam，abāhyam.

⑨ analīkam，alīkam.

⑩ viruddha-dharma-adhyastam，anadhyastam.

⑪ atuccha，tuccha.

⑫ nirākāra，sākāra.

⑬ svalakṣaṇa＝paramārtha-sat，samvṛti-sat＝sāmānya-lakṣaṇa.

§3. 实在不可言说

由于观念性或思想构造物就其本身定义言,可以言辞表达[①],显然与它相对立的纯实在是不可言说的。一个被剥夺了所有的关系和构造,在时空中又无位置[②],既无特点属性的实在是不可说的。因为它除了产生某种相当不确定的感觉活动,便无可表达。如果一块青色产生某种感觉认识,在这种视感觉中,我们区别两个根本不同的事实。感觉活动所生的第一瞬间,是真正新知的刹那。186
我们见到了青色,但尚不知道它为青色[③]。可是产生这种知识的视感官并不能提供确定性。从而,可以说,下一步的工作交给了协作者,即活动于感官提供的感性材料并籍忆念成分而构造的知性。唯有这种概念活动是可以言说的。自在之物,它不可分与的本质是不可言表的,故不能加以名称。一个概念,一个名称总是联系到许多刹那的[④]。其活动范围严格局限于一个刹那的客观实在的反射,不能由概念规定,也不可言表。

坚持物自体,自在之物的不可思想与不可言说,等于说它不能以无矛盾的逻辑方法认识。从这个意义看,物自体是不可知的。

---

① 参见 NB.,p. 7. 20—abhilāpa-saṃsarga-yogya-pratibhāsa-pratitiḥ kalpanā。

② 尽管点刹那(point-instant)是实在者,但其时空位置是我们的理智杜撰的。

③ TSP.,p. 12—22—cakṣur vijñāna-sangi(或 samangi 或 saṃsargi) nīlam vijānāti, na tu nīlam iti,陈那在《集量论释》中已经引过《阿毗达磨经》的这一说法。

④ dhī-dhvani,参见 TS.,p. 274. 18 以下。

§4. 实在产生生动的表象

因果效用是终极实在的另一特性标志。这个特性与存在于我们感知范围内的那种元素有关。此特性指的是终极实在产生一个由生动表象[①]追随的感觉活动，而当思想某一不在场的对象时，以名言称说它时，忆念中只有模糊的表象（asputa＝aviśaya＝kalpita＝niścĭta）。另有一种说法[②]：（表象）之清晰生动的程度与对象所
187 处的距离成反比。这一明白而简单的事实即说明当下存在的近在眼前的对象产生生动表象，远的此刻不在眼前的对象则生朦胧的表象。这倒是根据刹那存在理论而得出的特殊诠释。依据这种理论，我们每一刹那都得到“另外一个”对象。同一个真的对象不可能在一种情况下产生生动表象；另一情况下又产生模糊的表象。这会是自相矛盾的。因为依据这种理论，这样一来它就同时产生了两种表象。实在论者说，表象的生动及模糊都在认知当中，而非对象中[③]。同一对象可以在不同时间针对同一观察者或同一时间对不同观察者产生不同的表象。原因就在于，表象是后天的（a

① sphuṭa-pratibhāsa＝sphuṭa-nirbhāsa＝sphuṭābha＝viśada＝viśadabha＝spaṣṭa，但这里的 spaṣṭa（分明）勿与逻辑意义上的“清楚分明”相混淆，从而它便等于 niścita（明确，决定）和 niyata（决定，必定）。

② 法称的说法（NBT.，p. 132. 2 以下）也许是错误的，因为同一个对象并不能产生既生动又模糊的表象，否则就必须将它理解为指的是一个存在连续系列的共同性（sameness），律天将 sannidhāna 解释成当下存在性（presence）更可取一些，参见本书（原书。——译者）第二卷第 35 页注 1—2；参 TSP.，p. 169. 21，510. 13，176. 23—sannidhir sadbhāvah；Tātp.，p. 13. 8—saṃvādakam sad bhrāntam api…pramāṇam。

③ sphuṭatvam api jñeyatva-viśeṣa eva，na saṃvedana-viśeṣaḥ 参见 NK.，p. 267. 14。

posteriori)而非先天的(a priori)[①],它们与外部实在相符。对实在论者说,它们都并非施设于本质不同的实在之上的主观构造物。

然而感性表象的生动性与抽象观念表象[②]的分明性与清晰性差别甚大,而且显然是后者的对立面。瓦恰斯巴底记载了这样一个饶有兴趣的争论。它围绕的是一个外在广延物体[③]的表象的起源问题。佛教认为,它是生起性想象或抽象的思想[④]的构造物,因而是虚幻的错觉。实在本身并非广延的持续物体,而是从刹那感觉活动中提出来的组成事件系列的点。然后再由于理性的某种综合过程,将诸刹那累加起来并产生一种集成的表象。因此想象不过是假想的精神的累计过程[⑤]。实在论者反驳说,统一体绝不可能以这种方式产生出来。因之他们认为广延的物体是真实的存在
并为感官所直接揭示。为了证明自己的论点,他提到了佛教对生 188
动性作的解释。他引述法称[⑥]的话说:如果广延物体竟然是思想构造的,那么它就不能产生任何的表象,因为,据他说,"想象(或抽象的概念思维[⑦])不可能生出对象的生动表象。"佛教的回答是这里并不存在直接的生动性。广延性物体的表象来源于概念思维。

① parāñcaḥ pratyayāḥ,na pratyañcah 参见 NK.,p. 269. 19,关于 paranc 和 pratyanc 在这一段上下文中的意义,可参见 Tātp.,p. 84. 18,其中 parāñ(背后的,后来的,过去的)同样的是在 a posteriori(后天的)意义上使用的,其背景是与 Vaiyākaraṇas(语法学派)的一场争论,后来主张名言逻辑上先于观念,并给观念提供形式。

② niyata-ākāra=ṇiścita-ākāra=niyatā buddhiḥ=paricchinnam jñānam=bcadśes.

③ sthūlatva,见 NK.,p. 262 以下。

④ vikalpa,同前注,p. 263. 9。

⑤ sankalanātmaka,同前注,p. 263. 10。

⑥ 同前注,p. 263. 12,这段话出处尚未确定,但多半是法称的话。

⑦ 同前注,vikalpa-anubandha。

这个表象模糊、普遍而且抽象。但由于一种俱时而起的感觉活动，它也有间接的生动性。生动性是属于这种感性基础的（tad-upādhir）。显然，佛教认为，只要观念的抽象思维活动和生起性的想象活动尚未启动，生动的反映就是单纯刹那的，而此瞬息性的对象也就既无广延，亦无持续。不过，实在论也驳斥了这种说法。后者说，依佛教看来，此广延物体并未被感觉活动所了知，并且只会是这种情况。换言之，除非它被感官直接认识，否则不会产生生动的表象。

寂护与莲花戒[①]都讨论过这一问题。在他们的著作中有这样的思想。生动的影象（spaṣta）与非生动或模糊的影象（aspaṣta）是截然不同的事物。其性质的区别，如同视觉之于味觉。所以，如果一名言或概念指的是一般的表象，那么最低限度，它所指的并非纯感觉活动中反射的真正实在。一个手被烧伤的人与仅凭名言了解“火”的人的表象是绝不会一样的。灼热作为实际的感性经验的对象，其感知是生动的。反之，如果只讲到“灼热”的名言，便不会有什么感觉，因为它只能唤起极模糊的观念[②]。

189　因此，模糊性不是程度的问题，而是一切精神构造物的内在特性，它绝不能以具体生动性来把握对象[③]的。

---

① 参见 TS. 和 TSP. ,pp. 280—281。

② svalakṣaṇam avācyam，同前注，p. 280. 4；avyapadeśyam svalakṣaṇam，同前注，p. 280. 9。

③ 这似乎也是罗素的观点，在《心的分析》中他说，即令是相当具体的事件，我们的表象也多少有些模糊。就是说，这些事件在其限度之中变化并未引起我们的表象也有可辨认的改变。见《心的分析》第 222 页。

§5. 终极实在是能动的

法称说[①]:“现量所认识的对象是该对象的个别本质。”此个别本质,他进一步解释为那产生生动清楚表象的本质。表象或者清晰,或者模糊。只有对象本质当下存在才能生出清晰性来[②]。只有它才能引起生动性,我们甚而不能称之为一种表象,因为我们尚未意识到其特征,它还仅仅是生动的印象,随着它的消失,代之而起的是清楚分明的表象。此分明而清楚之表象是知性的产品,知性依据印象,亦即从对象而来之刺激作用来构造表象。然而,这表象是由刹那之点的外部真实所唤起的内在主观的构造物。这种真实与对象绝不相似,它仅为刺激我们理智的原因。我们在前面审查佛教因果理论时已经充分证明了:原因与结果并不需要是相似的。

这就产生了这样的疑问:为什么只有这种个别者,这种与表象不相似的本质才是纯感觉知识中的唯一对象呢[③]?我们见火时,不就确信外部世界中的眼前的火同我们表象中所呈现的是同一回事吗[④]?法称说,不!外部世界中只有个别的本质,因为只有它是终极的真实元素[⑤]。何以如此呢?为什么说只有个别的本质才是最

---

① NB., p. 12. 13.

② 同前注,p. 12. 1. 3 这里採律天说法,因此 sannidhāna 意指当下存在于感知范围内。

③ NBT., p. 13. 8.

④ 同前注,vahnir drśyātmaka eva avasīyate。

⑤ NB.,p. 13. 10.

190 后的真实元素？法称答道，因为只有它们才有效能，而实在的本质就在于其效能[①]，我们所理解的实在，不过是赤裸裸的有效的事实[②]。表象是不会有效能的。火并非我们以为在眼前的有确定形状大小的燃烧着的对象，而仅仅是一种热能的刹那，此外都是想象[③]；瓶也并非我们想象中的具有一定颜色、形态、质碍、持续性等诸性征的广延物体，而是盛水刹那表现的效能。此外都是想象[④]。而且，它并非盛水的一般图像，而是一极个别的事实。

当腿被棍子打断时，真实的仅仅是折断一刹那。棍子也好，腿也好，打击也好，都只是想象活动对同一事实的解说[⑤]。它们都是扩展了的一般的假想，只有个别之点才有真实性。

外部实在只是激发想象活动的力，既非广延物体，亦非材料，亦非物质，仅为能而已。我们关于外在事物的表象只是外部的有效实在的结果[⑥]。

因此，实在是能动的[⑦]，所有外部世界的元素仅仅是力。

§6. 单子与原子

既然终极个别是无穷小的外部实在，极微（原子）也如此，那它

---

① NB.，p. 13. 15.

② yā bhūtiḥ saiva kriyā ṛi 见本书前面。

③ auṣṇyam eva agniḥ.

④ bauddhānam kṣaṇa-padena ghatādir eva padārtho vyarahriyate na tu tadatiriktaḥ kaścit kṣaṇa-nāmā kālo'sti(《持圣智论》II. 2. 20)。

⑤ TSP.，p. 134. 18.

⑥ 同前注所引书——upalambho eva kāryam。

⑦ sattaiva vyāpṛtiḥ，calaḥ pratityav-samutpādaḥ 参本书前面。

们之间的关系如何呢？我们已谈过了佛教的物质论[①]，它认为构成物体的分子至少由八个极微所成。它们分为四个基本的，四个次一等的，（指四大种 bhūta 和大种所造 bhaūtika——译者）四大种为坚湿暖动四微，大种所造是色香味触四尘。大种所造的物质是透明的（又称色亮——译者）。每一大种所造的极微需要四个大 191
种极微的支持。所以每一分子由二十个极微组成。如果它是有共鸣的，则多加一个声尘极微。那么这分子则由九个或二十五个极微组成。不过这些极微都有特殊的性质，首先它们并非不可分的。佛教强烈反对胜论的说法，后者主张极微是坚实而不可分的。佛教质问道[②]，如果有两极微结合，是一面呢还是所有各面都接触呢，如果所有面都接触，那么两极微将是聚合（coalesced）起来的，整个宇宙都会由一个极微构成；但如果只有一面接触，那么它至少有六个面（六个面至少是六个部分，那么就不能说不可分的了——译者）。这些极微的另一特点即是，它们都并非某种物质的微粒。坚实的极微并非具坚实属性的极微材料，暖热的极微也并非具暖热性质的极微。所谓暖热极微不过是热的[③]能；动的极微不过是动的能；坚实极微表示排斥，而湿极微意味着聚合或黏合。物质，即色（rūpa）一语，据一种古怪的词源学解说，认为表示瞬时性[④]，而非物质材料。这些极微的另一特点在于：一切物体都由相同的分子组成。如果一个物理现象显出火焰，另一个如水或金属，那并

① 参见本书第 101 页；另见拙译《灵魂论》第 953 页注 1。

② 《俱舍论》I. 43（英译本）；另见 SDS. 31. 1。

③ V̄ahnir auṣṇyam eva.

④ 参见拙著《中心概念》第 11 页注 2。

不是因为其相应的元素的数量优势，而在于其强度[①]。因而我们可视佛教的物质论为力本论（dynamic theory）。说一切有部对此论述甚完备，它后来也保存于观念论者的诸派中。这与数论相反，数论的物质观是机械论的，因为它肯定了无所不在的统一原理，统一的物质材料，而一切变化，衍化及经验世界的多样化都借助它得到解释。

可是对于胜论的极微说，数论和佛教又是共同反对的。胜论以为有四种极微，它们带有本源性的、明确的、实在的性质。这些极微有创造能力，可依据复杂的法则[②]而产生分子或更高的聚合物的特有性质。

192 佛教的物质论完全符合实在即效能的定义，符合能动的因果理论。终极实在是能动的，纯有即效能。自在之物不过是我们的感性被外部实在所影响的方式[③]。

法上说[④]："我们的'最终极之真实'指的是一切可以用产生一定结果的力来验证的东西……。正是这点说明了为什么我们的有目的活动是针对直接感觉到的对象，而不是想象构造出来的对象的……反过来看，真正的被认识到的对象产生了有目的的行为。从而得出结论说，真实者仅仅是个别者（即效能之点[⑤]，物自体）而不是经验的对象。"

---

① utkarṣa，参见《俱舍论》I（英译本）；《中心概念》第 29 页注。

② 参见《印度的化学》II. 第 185 页以下，B. N. Seal 博士的精辟分析。

③ NB.，I. 12—15，vastu＝paramārthasat＝artha-kriyā-sāmarthya-laksaṇam.

④ NBT.，p. 13. 18；（英译本）第 37 页。

⑤ "认知是一种效用，如同以罐取水，或跌断腿骨。"见 TSP.，p. 134. 18。

§7. 实在即肯定

终极实在之特点又是：它本身即是肯定或肯定的本质[①]。法上说[②]："（作为否定的对立面的）肯定就是那事物"，而"那事物亦即终极实在的另一名称[③]"。"终极实在即是最终的个别[④]"或严格局限于自体的事物。

要理解由于思想的作用，一事物与判断达到的同一，特别是在一个严格区分实在与思想构造物为主导原则的逻辑体系中，我们必须牢牢记住：佛教逻辑家认为，认知活动的根本行动是肯定而非
概念。从而肯定过程与被肯定者，概念形成与概念，感知过程与感 193
知，作为行动的认识与作为内容的认识便没有什么区别。一头牛的观念的形式被认为即是"此为牛"的判断。在此判断中，肯定的本质在于外部实在的点刹那所产生的视觉存在，这种视觉激发了理智关于牛的综合构想。在"此为空中的花"的判断中，并无实在的肯定，因为对此的视觉都是错觉或幻觉。肯定的本质并不在牛或空中花的概念中，而在直接反映外部实在（自相）的当下感觉刹那中。从这个意义上说，实在即是肯定。甚至像"此无瓶"的否定判断，虽然其形式是否定的，但因为它给我们指出某种视觉活

① sva laksaṇam vidhi-rūpam, Tātp., p. 340. 13, p. 341. 16; 另见 bāhyam vidhi-rūpam ago-vyāvṛttam。

② NBT., p. 24. 16—vastu-sādhanam＝vidheḥ sādhanam.

③ 同上书，p. 13. 18。

④ 同上书，p. 13. 11。

动[①]，所以仍然包含了某种肯定。概念或许可达到最高程度的清晰和分明，但不可能具有自身存在（自在）的事实。我们可以说，“此有牛”或“此无牛”。但若牛之概念真含有事实上之存在，说“此有牛”，则是多余的，仅仅是重复已有之事实而已。说“此无牛”则判断是矛盾的[②]。而具体的感知活动，某一点之刹那则是存在。我们不能说“有存在”（existence is），这是重复；同样又不能说“存在不有”（existence is not）这又是自相矛盾的。这里佛教所涉及的问题，同时也是欧洲哲学史上唯理论者及其对手长期争论的关于本体的论证的真实性问题。实在性本身并不能从概念的清楚明白演绎出来。相反，概念的清楚明白倒保证了它之为思想产物，从而也即作为某种非实在，作为实在之上的增益假设[③]。任何概念与判断的真实性都是假借的，它取自相应的感觉活动。在此意义上，我们说：肯定或肯定之本质即是物自体。

§8. 反对的意见

自然，物自体（自相）的说法遭受了非佛教派别的猛烈抨击。
194 佛教内部的中观派也批评它。由于它集中总结了佛教的批判哲学，不能不成为众矢之的。中观派的破斥工作容易开展，因为在他们看来，不仅是我们的有限无限，可分不可分的逻辑概念是辩证的、矛盾的。而且任何概念都毫无例外地是相对的自身矛盾的，因

---

① NBT.，p. 22. 18.

② Tātp.，p. 340. 10ff.，13. 2ff.

③ NBT.，p. 48. 7——niścaya-ārūḍham rūpam-samāropitam＝buddhy＝ava-sitam.

此是非真实的。“物自体”意味着存在自我规定的事物，如果这种（自我规定的——译者）关系是真实的，那等于说有一把刀切割自己的刀刃。不过实际上，这种关系是逻辑的，因而也就是辩证的、非真实的[①]。

耆那教攻击物自体的论据与中观派在方法上并无两样，虽说他们的目的不尽相同[②]。耆那教认为相对性绝不表明事物是非真实的。因为事物本身就是相对而且真实的。不单是逻辑，实在自身的本质也是辩证的。实在性同时兼有永恒与无常，有限与无限；它既是特殊，也是一般。种种矛盾蕴于实在的本质自身中，这是必须加以承认的[③]。

那种认为物自体因为是终极的绝对个别从而摆脱所有一般特性的论点是站不住脚的。与任何事物没有两样，它既是个别的，同时又是一般的[④]。物自体的概念就在自身中包含了一切，所以说它是一般[⑤]。此外，由于每一个别区别于其他个别，它自然具有“别性”(otherness，它性)，而“别性”，属于知性范畴。物自体的“纯粹性”(purity)是假设的，是幻影。它与任何一个逻辑观念一样是辩证的，同时兼有个别性与一般性。但这并不妨碍它具有真实性。因为耆那教主张，实在自身就是辩证的[⑥]。

① 参见拙著《涅槃》第124页以下。

② 寂护总结了耆那教对物自体的驳斥，TS.第486页以下。

③ 同上书，TS.，p.486.23。

④ 同上书，p.483.25以下和490.11。

⑤ 同上书，p.487.22。

⑥ 在这个问题上中观派与耆那教的相互立场犹如黑格尔唯心主义辩证法同马克思恩格斯的唯物主义的关系，后者也乐意认为物质实在是辩证的矛盾的。

195　一位外号叫“无惭”(Ahrīka)[①]的耆那哲学家据说采取了这么一套对哲学史家说来尚不熟悉的论证方法。他说,任何事物本身都包含了某种相似或相异,相似即普遍性,相异即特殊性。如果世界上真有绝对特殊的东西,那它就会是与其他事物没有任何关系的,绝对相异的。它就是非存在的,会是无,是“空中的花[②]”。另一方面呢,如果它并不包含差异,它就会同所有别的事物连接(混同)起来从而世间便失去了多样化的存在。坚持一实体(Ens)必须是一个单一体的说法是错误的,一个实体总是两分的,它是存在和非存在,运动与静止,一般与个别。实在的本质就是辩证性,即二重性。佛教回答道,如果一般与个别同一,那它们就消失在一个统一体中。而这统一体就不可能有二重性。但如果它们并非同一的,便是差异的,那么就会有两个实在,所以实体又不会是双重的[③]。如果我们假定,实体(Ens)是同一个东西,只是其状态或属性有所不同,那问题就会是:这些属性是真实的呢,还是假想的[④]。如果是假想的,佛教并无异议。但是耆那肯定了真实的属性,而真实的属性不可能自相矛盾,因为一个实体总是一个统一体。如果一事物会是另一事物,则它会失去了同一性而成为其他。只要不是疯子[⑤],任何人都不会否认矛盾律。我们也看到了正是这种矛盾律建立了最终个别的实在或严格局限于自体的个别事物的真

---

① TS.,p.486.25.

② TS.,p.487.5;487.20;495.12.

③ TS.,p.489.7—10.

④ TS.,p.490.14.

⑤ 同上书,p.491.9。

实性。

§ 9. 实在观的演化

印度所有的哲学体系都是解脱的理论，因此，终极实在便有两个方面的问题。它或者指生命在世间演化发展的最终极成分，或指这一演化过程在涅槃之中的永远中止。

数论体系中，最终的演化成分是三类超极微的实在物[①]，它们由种种不同配合方式便产生出多样化的对象与变易，影响这一变 196
易过程的中心力量是“业”(karma)。涅槃是这种演化过程的永远停止。

在早期正理—胜论那里，终极成分是四种极微，在业的驱动下，它们创造[②]世界并使之演化发展。这一过程在涅槃中的停止便是永远的死亡，因为意识与此世界的变易演化都消失了，在后期的正理—胜论哲学中，永恒或涅槃都是对神的永远神秘与静止的观想。

小乘佛教用以取代数论三德与胜论极微四大的是三种元素或能(dharma 法＝saṃskāra 行)。永恒性在这里是无意识的，是作为业消除后的结果的一种永远的寂灭状态。

大乘佛教初期，业的力量变成了幻的力量[③]。永恒性是不朽

① 指数论三德(guṇa)。

② ārabhante.

③ māyā.

的世界[①]，是由于清除幻觉而达到的境界。这也是吠檀多派所接受的主张。大乘佛教的第二期，终极的实在是物自体，它之展示自身差异（grāhya-grāhaka-grāhaka-kalpanā 二取分别——译者），分为主客体二者的过程，便是世间过程，制约此过程的是业力。到了涅槃境界差异才消失。涅槃是纯有（svabhāva-kāya 自性身），与纯意识（jñāna-kāya，智身）的不可说之永恒性，主客两边在其中融为一体。

从而，物自体一方面是外部对象，是认识活动的终极原因。另一方面又是最高的绝对之主客观融化之点。

胜主慧（Jinendrabuddhi）[②]说："从此性（thisness）的立场看，即从绝对实在与物自体的立场出发，主体与客体之间并不存在任何区别，但我们受先验的错觉的障碍……一切我们所知却毫无例外地是由于主客体构造（二取分别——译者）出来的有差异的间接现象。"

"自性"的概念，即每一元素中严格局于自身的本质的概念，小
197 乘佛教中就已经存在了。存在的元素——那一时期的中心概念——被定义为"自身本质的承担者"（sva-lakṣaṇa dharahād dharmaḥ），[③]但后来此概念在许多方面发生了变化，而当时实在性

① "不朽世界，永恒世界"的原文为 the world subspecie aeternitatis（拉丁文），据斯宾诺莎"那（被看见）处于永恒性相状之下的，本质上也就如此存在着（也就是永恒存在的）"。——译者

② 参见本书（原书。——译者）第二卷第 396 页。

③ sva-lakṣaṇa-dharanād dharmaḥ 参见《佛教中心概念》p. 26。注；世友的说法（《俱舍论》I. 3.）；另见《法集论注》p. 39. 第 94 节；参见 Mil. 205 和 Netti. 20。

与观念性之间尚无断然的划分。存在的诸元素分为物理的与精神的，或者分为物理的、精神的及能的[①]（色法、心法、心不相应行——译者）所有这些都是同样真实的[②]。实在性尚未被规定为有效性。主要注意力放在否认每一聚合物的真实性上。从能动的角度来解释，物质被分析得如此精细，精神的成分又互相渗透，结果，色与心的区别消失了，二者都成为力能[③]。

小乘诸部派对于作为实在之点的自性（svalakṣaṇa）看法是摇摆不定的。各家都有自己的法的排列表。虽说并无本质的分歧。

一切法（元素），列为三大类的方法：纯然想象活动（pari-kalpita，遍计所执的），纯然真实的（pari-niṣpanna，圆成实的）和它们之间相互依存的一类（para-tantra，依他起的），是早期瑜伽行派的特色。这里的分类已经透露出实在性与观念性之间的根本差别。这一理论的最终模式是法称所规定的。他将实在性确定为有效性并将它与任何类型的观念性对置起来。从而真实、实在成为纯存在的同义词，它又等于物自体[④]或者最终的个别。它与"非存在"相区别、相反对，后者也就是精神构造的一般性和观念性。

凭纯的感觉活动认识绝对者，即物自体的思想为吠檀多哲学所因袭。"既然对象差异是判断力（savikalpaka，妄念、妄想）所认知的，既然没有对差异的认识也就没有个别对象，（而只有绝对者 198
与整体大全者，从而吠檀多派认为）纯的感觉活动（nirvikalpaka）

① rūpa-jñāna-cittaviprayukta-saṃskāra.

② bhāva＝dharma＝sat＝anitya.

③ 参见《中心概念》p. 84。

④ $\overline{\overline{\text{V}}}$astu＝sattā＝paramārtha-sat＝svalakṣaṇa.

认知纯的有(sattā-mātra)(或绝对的大梵)。”①

§10. 欧洲的类似理论

综述:终极实在的观念依佛教批判论建立起来后,它一开始就包含了几种意义,代表了:1)绝对个别;2)纯有;3)存在的相续系列中的点;4)唯一的非相对者;5)能动的,非广延非持续的;6)激发理智活动产生相应表象的能力;7)赋予表象生动性;8)具有判断的肯定能力;9)不可言说,不可认知的物自体。

两千多年的哲学史上,对终极实在的探索经历了这样几个平行的路线。它们从多少相似甚而完全重复的论据引出了相同的或根本相异的结论,不过,最终的一致结论尚未达到。

佛教逻辑中表示这一终极实在的术语是“自相”(svalakṣaṇa,自性=paramārtha-sat,胜义有)。在某种程度上它类似亚里士多德的第一实体,它之表述为 Hoc Aliquid(此唯一者)也与释作 Kimcid idam(如是少分,如此些微)的“自相”是吻合的。在佛教那里,由于其严格局于自身,从而是不可叙述的。“实体或本质是否为相对者,亚里士多德觉得难以决断,他似乎认为相对者是第二本质,而不会是第一本质。不过他最后承认说这是一个令人困惑的

① 见ŚD.第126页《吠檀多诘难》(Vedānta-paribhāṣā)第31页以下,将“tat tvamasi”释为“元分别”,《正理花露》(Nyaya-makaranda)第153页以下,认为 tattva-sakṣātkāra(能求得真实者)是直接的关于绝对者的知识。瑜伽派神秘主义者认为可直接无分别地认识任一事物,他们只承认唯一的知识来源——直觉。

和难以决定的问题。”[①]印度佛教中的否定(指否定第一本质的相对性——译者)是毫不含糊的。

不过,“亚里士多德的本质概念最具特色的乃在于它保持 Unum et Idem Numero(相同且为一)的同时又可通过自身的变化而分别接受矛盾的事件。”[②](意为:同一本质为基础,其上的属性 199
或状态的变化是可能的——译者)我们已经了解佛教当中并无这种情况。每一变化在这里都是本质的变化。此外,亚里士多德肯定了十种存在(Ens,本质),对于佛教说来,唯一的本质就是“自相”,其他的范畴都是“非本质”。它们只有在第一本质作基础时,才是间接的存在者(Ens),才有假借的实在性。这似乎也是亚里士多德承认的,因为他也说:只有第一本质才是完全意义的存在(Ens)。这恰好类似于佛教的“自相”。“作为主体和基础,它是所有别的范畴所不可缺少的。”

关于实在、存在、实体、本质,历来的哲学家有种种理论,我们姑且略去其间的比较,尽管这些比较有利于揭示理论的实质。我们来看看莱布尼茨的单子论,它有更多的类似之处。我们已经提请读者注意在反对一元论、机械论和原子论时,莱布尼茨与法称的立场非常接近。正如莱布尼茨的理论是对 1)斯宾诺莎的一元论;2)笛卡尔的机械论;3)原子论的不可分实在性等等的反对;法称同样反对 1)中观派——吠檀多的一元论;2)数论的机械论(它认为自然中的一切变化都由于一个恒定数量的运动着的物质的不同分

① 见 Grote 的《亚里士多德》第 72 页。

② 同上书,第 69 页。

配）；3）胜论的极微论（原子论）。

而“自相”也同单子一样是能动的瞬息的。莱布尼茨说：“一方面运动是一连续性的事物，其在时间之外绝不存在，因为它的所有部分绝不会同时而有。……另一方面，力或作用力在每一瞬间都是完全地存在的，并且必然是真实而实在的某物。”最有趣的是：莱布尼茨对持续、广延和运动实在性的否认，其理由与佛教的几无二致，即是说，它们不可能在同一刹那中同时都存在。他说：“离开了活动无法想象纯本质中的实体，运动性通常是实体的本质的。”这与佛教原理“存在即有效”、“效能即实在”是一样的。更引人注目的近似是：“单子是强烈的中心或（力的）单位，它们必然相互排斥，单子之间没有相互影响或引起变化的可能。”而佛教的自相单位，虽无效能，却并未真正产生任何事务，它们是“无所作为的”。我们的比较暂且到此。单子如同亚里士多德的“第一本质”它是一种生
200 命原理，一种灵魂；而佛教的自相是外部实在之点。

许多哲学家都设定两种实在论，即区别了经验知识的事物的偶然的实在性与最后实在的不可知先验起源。我们这里不妨多谈几句康德，因为，在这里，如它所显示的，我们所遇见的不只是某些类似特征和零星论据，而且有整个思维活动的相似性。我们可以注意到以下几点：

1）康德与陈那一样先肯定了我们知识的两个且唯一的两个来源并指出了它们的根本区别。

2）尽管根本不同、且理论上可相互分离，但从经验角度看二者又表现为混合起来的。它们的差异不是经验的，而是先验性质的。

3）在所有别的哲学体系中都肯定了这一点：清楚明白的思想是真实的保证。通过感官，现象只是被杂乱地认识；通过理性或知性才能清楚地认

识终极实在，真正的自在之物。康德在其批判时期，将这种关系颠倒过来。清楚而明白的认识只与现象有关，而"在现象中与感知活动相应的东西构成了一切对象的先验材料，即物自体(实在 sachheit)"。照佛教的说法，我们已经了解，物自体是纯感觉所认知的。被清楚明白地认知的事物是对象化了的表象。

4)康德说，物自体是不可认识的，我们不能以感觉表象来描述它。物自体是认识活动的极限。而终极的个别据佛教说也是认识不能达到的。

5)但物自体仍然存在着并且是有效的。康德又说，它只是外部实在之影响我们感受性的一种方式。法称的说法是，终极之个别之所以是实在，因为唯有它才有效能。

6)存在着双重的实在性与双重的因果性，即物自体的最终极的实在性与因果性以及经验对象的实在性与因果性。物自体不过是最终极实在性与因果性的另一名称而已。对此思想佛教已有相当准确的表述。但它却使康德的解释者们困惑不已。因为他们将实在设想成了一个综合的范畴，设想为并非终极而是有持续和广延的实在——realitas phaenomenon(现象的实在①)。 201

康德的物自体与法称的"自相"之间的区别就在于：法称的自 239
相与那相应于感知刹那的实在之点是完全同一的。印度的物自体在这样的程度上是先验的——单一的刹那之点不能加以综合，因而经验地被认识②。而对于康德"那现象中相应于感觉活动的便是先验的物自体③"的特性完全适用于印度人的第一本质。佛教

① 显然这必然等于说，还存在一种非综合的，终极的实在，并非作为某种连续体，而只是点刹那的实在。参见《纯粹理性批判》第137页。这就是物自体。"物"一语已经表达了存在的含义，康德将它解释为实在(Ding＝Sachheit＝Realität)。然而，为数甚多的诠释家们指责了并继续指责康德，认为这是一目了然的自相矛盾，他们加在他的名下这样一种实则非物的，无所作为的物的理论，尽管它是终极之物，亦即实在与效能本身，纯粹的实在和"纯"效能。

② Kṣaṇasya(jñānena)prāpayitum aśakyatvāt. NBT. ,p. 12. 19.

③ 《纯粹理性批判》第117页(论系统结构)。

之物自体与纯存在[①]之明显同一是两种哲学体系的另一区别。纯存在不是谓词，不是范畴，而是一切称谓断定的共同主体。与此有关的便是佛教对终极实在的观念所作的逻辑运用。终极实在也就是一切判断的终极主体（主词[②]）。这点我们在后面的比量中可以看见。康德的物自体与佛教“自相”还有一重要区别，即：康德假定了每一经验自我之后的内在物自体，如同他之肯定每一外在对象的深层也有一个物自体。从而，看来似乎也就有了两套物自体，二者相对峙而立。这与佛教哲学是不同的。它的“自相”[③]是严格局于自体的，没有任何关系的外在之物。相应的内在之物则是没有
202 任何构造（nirvikalpaka）的纯感知。但纯感知与相应的纯对象并非真实性不相上下的两物。它们是一个最高真实之分裂为主客二者，使其分裂的仍是受二分的辩证的方式支配的，并作为整个经验世界的构筑者的构造性想象活动[④]。只是在逻辑的层次上，外在的“自相”才是最终实在。既然一切哲学最终必须是一元论的，那么在超逻辑的层次（translogical plane）上也就存在主客不分的最终绝对。像法称所说，这是我们无法以语言表达和认识的东西。就是说，与不可认识的外在点刹那相比，它更为遥远，它是最终极的绝对者，其拟人化的形式是法身佛陀。

佛教的作为纯感知的物自体较康德的更接近经验界。康德反

① sattā-mātra.

② dharmin 为一切法（dharmas）的共同主体。参见康德在同一章中所说的：“如果我们无视永恒性的感性条件，实体便只不过是某种可认为是一主词，而不做任何别的事物的谓词的东西。”

③ S̄va-lakṣaṇa＝bāhya-artha.

④ grāhya-grāhaka-kalpanā（二取分别），构造性想象。

对将物自体作半经验的解释，他认为物自体是完全先验的。仅就一个刹那言，佛教的物自体很难说是经验的。

佛教论证中关于存在与肯定之本质同一的部分引起我们的重视，它使我们联想到与赫尔巴特（Herbart）的某些相似观念。这位哲学家也认为存在即“绝对的肯定”，即“承认那不能在思想上加以否定者，”总之其本质也就是不容否定[①]。存在的观念仅仅是一种断定，它仅仅意味着简单肯定某物，如是而已。“对象被陈述了，”他说，“可以怀疑它们完全消失。但它们并不就消失了。对某物的断定依然存在，只是它改变了，它指向某个与先前所指不同的东西。属性（亦即一般共相）可因怀疑而牺牲掉，但那被断定的东西（即极端之个别）则不一样，它是不可认识的某物。”[②]“这种绝对的断定”，包含在每一纯感知中而未被我们注意到[③]。谁也不会相信无存在着，因为这样一来它应该是看得见的。存在的特性是：它是
最终极的简单者。存在并不服从否定。纯存在与实在之可感核心 203
的同一化，它作为不可认知对象的特征规定性、亦即作为简单者、极端个别者、作为不容我们否定的肯定本质；它同属性，即同其中绝不包含肯定[④]，而可加以怀疑的一般共相的对立，（后者是可分别肯定及否定的）——所有这些论证性的思辨都因其同佛教的相似而给我们深刻印象。

佛教将终极实在的刹那之点譬之于微分，将理性的作用譬之于数学计算，这种理论的部分内容，在欧洲哲学史上并非没有相类

① （德文）“绝对断定，承认有不容否认的内容。”参见《形而上学》II. 第 201 节。

②③ 同上书，§ 204。

④ samākalana.

似者。康德之后的哲学家所罗门·梅蒙(Maimon)因其《感觉的微分》而闻名。他说,“对象的微分是本体,而以此微分构成的对象则为现象。”[①]

① 参见 R. Kroner.《从康德到黑格尔》(Von Kant bis Hegel,)I. ,p. 354。

第三部分

构造的世界 204

第一章　判断

§1. 纯感知向概念活动的过渡

将任何些微的想象从最终真实的王国内排除，又将最终真实归结为刹那之点，此后，佛教逻辑家们便遇到了任何企图建立关于外部世界两种知识来源的体系难免要面临的困难。一方面是诸感官的消极感受性；另一方面是想象力的自发创造性。我们已经知道，在终极真实中并无持续与广延，无属性与运动，无共相一般，亦无具体个别等。另外，在想象力活动的经验世界中，有假想的时间，臆构的空间，有多样化的想象属性、运动、共相一般，个别等等。两个世界——先验的非想象之实在与假想的或经验的世界——是绝不相似的。

两世界除因果联系外别无联系。点刹那是有效用的点，它具有激发知性的能力，使它在想象活动中构造种种错乱的表象，普通人便误执此表象为实在本身。这种形式的因果性是对实在论各派主张的严重挑战，后者认为果必须与因是相似的，而佛教的果与因绝无相似。点刹那与表象或想象活动依据点实在之激励所构造的概念之间，存在某种"符合"(sārūpya 相似相符)[①]，如果我们乐意，

① 参见本书(原书。——译者)第二卷附录 IV。

不妨也称之为某种相似(similarity),但它只是“绝对相异事物之
205 间的相似性”。[①] 相依缘起的佛教因果律无碍于因果之间的不相似。设若有实在之点和感受性的意识,则会有感觉活动产生。同样,从功能上依赖一感知刹那以及一客观实在刹那,便有相应的表象生起。

但是有的佛教逻辑家对如何填平纯感觉与相随的忆念表象之间的鸿沟是不无困惑的,他们为如何重建因为假定两个完全不同的知识来源而分裂了的知识之统一深感棘手。这一基本问题的解决显然在于同时在绝对实在与经验实在的鸿沟间架起桥来,而既然实在只是效能,构造性的表象活动只是逻辑,这样也就在逻辑及其效能之间建立了某种联系。

为此提出了两种说明,逻辑学的与心理学的。逻辑问题我们以后在佛教唯名论和共相论[②]中讨论。心理学的说明则仅指注意或“意现量(精神感觉活动)”的理论。[③]

纯感知刹那或感性直观之后立即追随有意识现量或理性直观的刹那。同一思想相续系列中从而就有相随的两刹那,其间存在着因果关系。由于属于同一心相续(思想相续)系列[④],它们是同性质的;但若注意到前一刹那是感觉活动,与外感官有牵涉;而后一刹那是内感官心灵的感觉活动,二者又是不同性质的。从经验

---

① atyanta-vilakṣaṇānām sālakṣaṇyam 见 NVTT,p. 340. 17。

② apoha-vāda.

③ mānasa-pratyakṣa 参见前面第 161 页及本书(原书。——译者)第二卷附录 III。

④ eka-santāna-patita.

论心理学的立场，它仅仅是注意或者关心前一纯感知活动的刹那。心智(mind)在早期佛教中是特殊的第六意识的认识器官[①]，而在实在论体系中，它等于神经流。这里它意味着称作“精神感觉活动(意现量)”的注意的刹那[②]或内感官的感觉活动，与那依据外感官的感觉活动相区别。在这感觉活动的第二刹那中对象现呈于(pr-
esentin)感知范围内，因此理智的直观是第一刹那的感知与第二 206
刹那的对象[③]配合活动的联合产物。在下一刹那，即第三刹那中，忆念的成分被唤醒，诸感知消退了从而理智依其规律便产生一抽象之表象。

这第二刹那的感觉活动，尽管从经验角度看仅为注意刹那，但从认识论角度看则是直接的，非综合的，单一的刹那。尽管它由理智直观标志其特征，但它又缺少作为理智的东西的最大特征：它与前一刹那的感知一样是不可言说的，非想象的。从而可以说，它是半理智的，是纯感知与相应之理智表象的中间物。

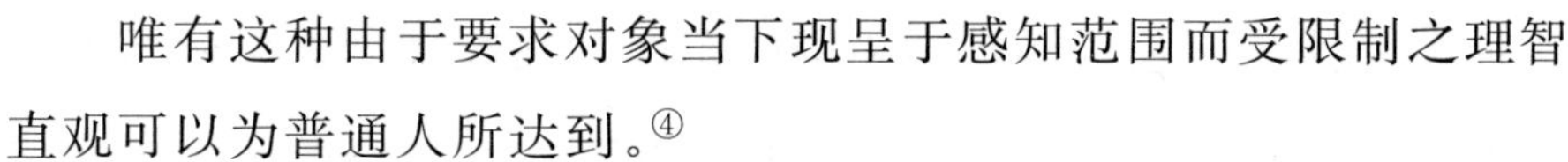

唯有这种由于要求对象当下现呈于感知范围而受限制之理智直观可以为普通人所达到。[④]

而如果我们可以具有理智直观而无须对象现呈于感受范围，

① mana-āyatana，āyatana No. 6，参见《中心概念》第 8 页。

② manasi-kāra，yoniśo-manasi-kāra，参见本书(原书。——译者)第二卷附录 III，第 328 页，第 3 页。

③ 见本书(原书。——译者)第二卷附录 III。

④ 修瑜伽者与佛陀现证(直接地认知)一切事物，他们仅有一种认识方式。达到这种见地，人便成了圣者，成了另一补特伽罗，参见 TS. 和 TSP.，p. 9. 1-9. 2，另见第 396 页 1—2，说有部主张，修瑜伽者的无所不知是由超自然的更为明确的比量推理支配的，因为直接的现量感知活动只适应于当下的点刹那。但经量部并不同意修瑜伽者拥有理智直观(意现量)，无需比量便可以认知自在之物。参见 NB.，p. 11. 17 以下。

我们就是无所不知的了，我们将不复同现在一样，即不再是人，而是超人。

陈那首先提出了这种理智直观为忆念表象追随的理论，以反对实在论将神经流形式的心智当作外感官与灵魂相互联系的一种流动的极微。法称发展了这个理论，以后法上将其精确地确定下来，照法上说，纯感知尽管也是一切经验知识的必然条件，但它仍是明显可知的实在。它的存在如我们已知，是以内省体验的方式
207 确证了的[①]。不过理智直观的刹那是完全先验的。没有事实或可能的实验方法证明其经验地存在。[②]法上说，它只是知性的构造活动的第一刹那。它是独特的刹那，因为它有独特的功用。纯感知（现量）的作用我们知道，是将对象之当下存在于感觉范围内标识出来。理智直观的作用在于"唤起有关自身对象的表象"。

从知识角度看理智直观被认为是联结感觉活动与概念活动的中间项。但实在论者反对这种说法，他们认为不可能将像点刹那这种感受性与表象这样绝不相同的东西联结起来。如果差异如此之大的两事物可结合起来，那么"苍蝇和大象也可以经由驴子而变得相类似了"。[③]

因而反对理智直观刹那的意见首先来自实在论方面，他们既不同意感性与知性的分别也不同意刹那存在的理论。瓦恰斯巴底弥希罗说："感官并不反映分离的刹那，因而认为理智会把握那产生一个简单反映刹那之后的瞬间，是不可能的。相反它所把握的

---

①② 参见本书前面第 150 页及本书（原书。——译者）第二卷第 333 页注③。

③ Tātp.，p. 341. 25——hasti-maśakāv api rāsabhaḥ sārūpayet 参见英译引文（本书（原书。——译者）第二卷，第 423 页）。

只能是感官所认识的同一对象。”[①]

佛教逻辑家们自己内部对这种理论的解释也是多种多样的。反对法上所主张的，感性与知性的严格刻板划分的意见似乎首先来自中观—瑜伽行派方面，他们多少倾向于实在论的观点，并多少染有果必类似于因的偏见。嘉木样措已证实说，极端相对论者——中观随应破派并不反对知性与感性同时达到一俱时性认识的可能性。[②] 注家慧相护也有同样的观点。[③] 但智藏 208
(Jñanagarbha)[④]和别的人坚持说，理智直观（意现量）之刹那之被发明出来是为了有个东西可以作感性到概念活动的中介。要不然，一个感知如何可能由一个与它完全不同的，毫无联系的概念活动来理解呢？纯感知与理智的概念之间总有某种第三者才可以使后者之作用于前者成为可能。而这就是理智直观（意现量），它是纯粹的直观[⑤]，而由此特性，它与纯感觉同质。另一方面它又是理智的直观。由此，感知向概念的过渡才有可能，佛教的同类因果关系（等无间缘——译者）的原则才得以维护。

不过法上不赞成这种解释。[⑥] 他认为相依缘起的因果关系，可以存在于不同类的因果之间。感觉应该可以唤起概念活动，并不需要什么中间的活动。一旦感官活动停止，理智即开始工作。不然的话，感性活动与知性活动便无从区分，它们之间将只有程度

① 参见本书（原书。——译者）卷二，第 321 页；另 NK 第 122 页。

② 参见本书（原书。——译者）卷二，第 327 页。

③ 同前注，第 315 页以下。

④ 同前注。

⑤ 同上书，第 314 页。

⑥ 同上书，第 316 页以下。

的差别，于是感知也就是混乱的概念活动，换言之，将完全没有所谓纯的感觉活动。[①]

坚持认为感性的与理智的两种纯的直观同时存在，这是荒唐的。而据相依缘起的准则，只有当已经完成了使命的外在感知活动消失之后，理智直观才生起。[②] 只有假定其中之一停止，另一刹那才开始，否则无法保全严格划分感性与知性的准则。

209 意识现量不是经验可认识的，因为它是刹那；而单一刹那总是先验的，它不可能由表象描述，因而不可言说。这一设定便是这个以断然划分两种知识来源为基础的理论体系一直在向我们强调的[③]。

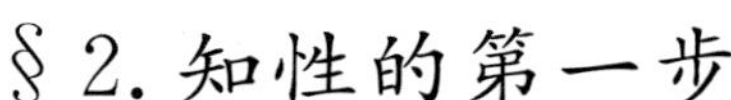

§2. 知性的第一步

知性在认识活动中的特点是主动而自发的。知性的职责是将由仅具接受性的感官提供的贫乏的纯实在加工成多样化的经验世

① 参见 NBT., p. 10. 22——itarathā cakṣur-āśritātva-anupapattiḥ kasyacid api vijñānasya。

② uparata-vyāpāre cakṣuṣi, NBT p. 10. 21.

③ 康德也曾困惑地发现"第三种事物一方面与范畴同性质；另一方面与现象同性质……"这种中介物必然是"一方面理智的；另一方面为感性的"。这一问题至此是很相近的，但对于康德，需要填平的鸿沟是经验表象或概念与相应的纯粹先天的概念之间的。E. Caird(参见他的《康德的批判哲学》第五章，第 423 页，第二版）对康德的这种体系结构提出批判。作必要的修正之后，它可以适合法上的观点批判。"由于将思想视为纯粹的共相一般，而将感觉认识视为纯粹个别"，他说"便不再可能有中间项；但如果感觉认识被认为（经验地）把握个别的事物，中间项也就没有必要存在，因为在这样的认识活动中，个别者就已经成了个别化的一般。"法上也许会回答说，一种批判哲学不能抛弃感性和知性两者之间实质差异的原则，因为若放弃这点，也就回到了正理派朴素实在论上去了，或者堕入了中观派的怀疑主义。

界。它开始提供形式于这种材料。终极实在，物自体的特点是外部的点刹那。不过严格地说，即令这点也不可以称说，因为在第一瞬间，它是简单的内在的感觉活动，再不是别的什么东西。但一旦知性醒来，它立刻将这种感觉分裂为内在某物及其根源；它分化为主客两者；区分为感知本身及其外部原因。这是第一个心智构造物，一种“先验统觉”，一种特性，正是由于它，其他进一步的认知与自我(Ego)的意识相伴随。早期瑜伽行派已经将它当作思想构造物(grāhya-grahaka-kalpanā，二取分别)如我们所知[①]因明家们仍 210
将它看作直接的感知(jñāna-anubhava 领纳智)。在这之后，心智开始“低语”(mano-jalpaḥ)这种感性活动或乐或非乐，但它激起了意志(cetanā 思)。外部对象变成所欲求或非所欲求的。心智则开始“了解”(prajñā)，并依据心理活动中具有的五种分别(pāncavidha-kalpanā)的方法——五个基本范畴或观念——而构造对象。然后，它抛弃“低语”，宣布说“这”(即此真实)是“青之某物”(一种属性)；“这是一头牛”(一个种类)等等。

陈那的范畴表我们将在后面讨论。这里我们只提请注意这一事实：心智的自发性(cetanā-prajñā-viṣeṣa 思慧异，意志的发动)被描写为与了解相配合的，欧洲哲学家中也有这样的观点。但除了含有意志与理解两种活动，这一觉醒阶段的意识尚有寻求[②]和固著[③]的内心活动。

依据世亲的观点，这种双重的活动已经存在于潜意识之中，也

---

① 参见本书前面第 163 页。

② anveṣako mano-jalpaḥ=vitarka(寻)。

③ pratyavekṣako mano-jalpaḥ=vicāra(伺)，此“固著”又称“妙观察”，即思维。

存在于自觉的认识活动中。在一个概念形成之先，总有一连串感觉刹那的直观活动构成一个心相续系列[①]。理解的综合先于概念的识别。

这里说的双重活动在下意识活动中就有了。只是在意识领域之下[②]，它表现为“意志的低语”；而在意识领域之上[③]，它则成为理解。世友[④]解释了理解的综合及概念的识别这两重活动。他举例说，陶工制造了一系列的陶罐，他依据敲打罐时的音调高低鉴别罐
211 的质量。他轻轻一一敲出所有的罐直到找出有毛病的，然后说：“这就是了。”这里对陶罐的检查就像思想经历多样性感受的系列中的活动。找出那有毛病的罐如同概念形式之前的思想固著(fixation)。前者表现思想“粗大性”(andarikatā＝grossness)的特点，后一活动则表现出“微细性”(Sūkṣmatā＝subtility)的特点；前者是原始的，后者是详尽的。从而，我们说理解的综合先于概念的识别。

§3. 何谓判断

上面的两个知识来源中的现量(感性认识)从而被定义成：认识的感性核心，即当每一细微的思想构造成分被剔除之后，想象活

① 这在冥想禅定中是没有的。这种感性直观称无寻无伺般若(nirvitarka-nirvicāra-prajñā)，亦即一种自发的不夹杂意志作用的感性分别活动。

② anatyūha-avasthāyām cetanā(非极思量分位想)ūha 即无分别(nirvikalpaka)。

③ atyūha-avasthāyām prajñā(极思量分位般若)。

④ AKB.，II 33.

动铲除之后剩下的部分。但这只是知识的先验来源(atīndriyam nirvikalpakam)。经验的认识则是那标志对象当下存在于感知范围内[①]的行动,它之后是关于对象的表象构造[②]以及表象被同一于感知(ekatva-adhyavasāya)的行动。这种同一完成于“此为牛”之类的感觉判断模式中,而“这”(或“此”)的成分指的是自身不可认识的感性核心,而“牛”的成分则指用某一内涵名词表达的,并依靠一个施设行为而被等同于对应感知活动的一般概念。实在论者绝不承认什么先验的知识来源。在他们看来,这个判断也就包含于每一感性知识当中,它是感官所得,也是一种感觉活动[③]。佛教将感性知识排斥在感觉活动之外,尽管感性知识是追随现量而起的。仅凭感官就绝不可能达成判断。[④]

感觉知识的判断是知性的基本活动。一切知性的活动都可以归结为判断,知性可以定义为判断的能力。不过知性的根本行动是包含在纯粹感性认识的否定性定义(kalpanāpoḍha 离分别)中的。它是一种非感知,是思想构造物(adhyavasāya 决定=kalpanā 分别)是“此为牛”模式的感觉判断。既然“此”(idaṃtā)的感性核心成分前面已经被规定为向我们指示不可认识的绝对者,从而这样一个判断便可以用 x=a 的公式加以描述。从而判断是一个连 212

① sākṣāt-kāritva-vyāpāra.

② vikalpena anugamyate(随后分别)从而 TSP 上似乎有相冲突的说法。sākārameva pramāṇam(景之相(表象)即量(认识来源))(p. 399. 16)S̄aṃvāditve' pi(sic) na pramānyam((相的)符合并非量)(p. 390. 14)。

③ adhyavasāyātmakam pratyakṣam=savikalpakam(决定现量,分别现量)。

④ yebhyo hi cakṣurādibhyo vijñānam utpadyate natad-vaśāt taj-jñānam…śakyate avasthāpayitum(=avasātum). NBT. ,p. 15. 17.

接感性活动与关于知识的概念活动的思想行动。因为单是纯感知活动并不能提供任何知识；而单是纯概念活动也不包含任何真知。只有感觉判断中二者的结合才有真的知识。感觉提供知识的真实性，具体性，生动性及有效肯定。① 而概念或构造表象则提供知识的普遍性、逻辑性、必然性、清楚与分明。②

我们用于翻译判断的梵文词汇通常使用“决定”（adhyavasāya）一词，它正是一判断，一判决，一意志行动，西藏人译为“意志”（zhen-pa）。从更特殊的方面讲，它是关于两事物同一化的决定。（ekatvādhyavasāya）。在另一相当发达的印度学问——诗歌修辞③中，它也作术语运用。这些修辞手法分为简单比较与等同两大类。等同意味着诗歌对两种绝无共同之处的事物的同一性之

213 断言。如像说月亮是少女的脸庞。而这里感觉判断亦是如此，它断定两个绝对相异事物的同一性。判断就其将不同的两事物弄到一块言，它是综合的。真实性之点刹那在这种判断中获得了相应的时间刹那系列中的地位，它被放置到具体的时间中成为了有持续性（Santāna）的对象的一部分。由于对相续刹那的特殊综合，它成为了广延物体，④又由于对所有这些刹那的特殊综合，它获得其所有可感觉的和其他的性质，从而成为一共相一般（Sāmanya-lakṣaṇa＝ekatva-adhyavasāya）。

---

① vāstavatra，svalakṣaṇatva，sphuṭābhatva，vidhi-svarūpatva.

② sāmānya-lakṣaṇa＝sārūpya saṃvāditva，niścaya，niyata-ākāratva.

③ 参见 Alaṃkāra-sarvasva 第 56 页、第 65 页。

④ 见普拉夏斯塔巴达书和《正理花饰》第 63 页以下，其中时间俱为实体，但其部分则被认为是想象构造出来的。

§4. 判断与概念的综合

除了上面审查的这种综合，即将表象结合于一感知的综合，每感觉判断中还有另一种综合，(ekatva-adhyavāsāya)，它将感知与经验置于一综合表象、一一般概念或多样性的印象之下。一位佛教徒在讨论外部世界真实性①时问道“何谓一判断？”即是说，我们决意将一表象同一于外部真实之点刹那时，所依据的意志行为是什么呢？他说“判断意即思想”。② 比量(推理)和感性知识两者都包含有判断，但比量(直接地)与概念活动有关，“本质上它是思想的行动”，③而现量知识(感觉知识)或感觉判断则是(间接)的思想行动，因为它是“唤起概念活动”④的感知。可是，如果一个判断(除了是判断或决定)也是一思想活动，那么“概念”一语又意味什么呢？答案是，思想意即想象或构造一想象中的对象，被思想的对象是假想的对象。生起性想象意味着产生差别中的统一，综合出异时、异境、异处的(假想)统一物。⑤ 这一综合的表现形式是 214
“此为彼(tad eva idam)”，其中并列的两部分是非综合的“此性(idaṃtā=this-nese)”及综合的“彼性(tattā=thatness)”。

从而，一方面在感觉判断与概念活动之间；另一方面，生起性

① NK.，p. 257.

② vikalpo adhyavasāyaḥ.

③ anumānam vikalpa-rūpatvāt tad-viṣayam.

④ pratyakṣam tu vikalpa-jananāt.

⑤ 参见 Tātp.，p. 338. 15。

的想象、表象、概念和一般观念之间，都不再有什么实质的区别。并不存在个别的概念、表象、观念。而那与某些个别者联系的表象，从形而上学的角度可称之为个别，实则总是一般的。

认识者个体诚然有感觉能力与表象能力，对此，瓦恰斯巴底[①]转述佛教的态度："当认识者个人以为他感知了一个他实则构造出来的表象时，(其实)他仅是掩盖了表象能力而将感觉认知能力推到了前列。这种想象能力是心智的特点，是它的自发性，其根源在于某种自然构造能力，对象的一般特性凭此构造力而被了解(亦即被构造出来)。既然表象由一反映唤起，他自然而然会考虑，他看到了现存于感知范围内的表象，但它实际上只是自己的生起性想象活动的创造物。"

§5.判断及命名

不过，当知识来源依其特征规定为概念性的与非概念性的两种时，心智的每一种思想活动并非都给包括无遗了。有一些基本的分化和统一活动就给遗漏了。所有这样一些活动——感觉最初的分化为主客两方(grāhya-grāhaka-kalpanā 二取分别)；杂多印象
215 混沌之中最初阶段的析取活动，心经历(vitarka 寻)这些印象并停留于(vicāra，伺)其中的某些印象上直到它们稳定下来、可以确定下来得以称名——在一个逻辑体系中都是被忽视了的[②]。

---

① Tātp.，p. 88 见本书(原书。——译者)第二卷附录 I. p. 260 以下。

② 见 TSP，p. 367. 8 以下。

那在感觉判断形成时直接起作用的想象活动(conceiving activity)可以由其徵象清楚地区别出来。此徵象在于其可言表性。概念之可以命名,如同感性之不可言表。那包含对某一心理反映的清楚认识的思想构造物能够与某一语言名称结合——当感觉概念相对照时,我们所指的心智的自发活动就是这种结合,法称说[①]。因此,印度人的"概念"与欧洲人的多少是吻合的。因为双方都假定了它与名言的联系和它的普遍性是其主要特征。如同欧洲的逻辑学[②]证明了概念对名言形成和名言对概念形成的相互影响。陈那也说:"名言源于概念而概念亦源于名言"(vikalpa-yonayaḥ śab-dāḥ, vikalpāḥ śabda-yonayaḥ)。

前面我们说到纯感知与其相对应之物自体的特征是不可言说的。[③] 由此规定我们可以引出结论:概念和判断则是可言说的,获得了名称的成分。

从而得出结论:概念包括着每一能以名言表达的思想[④],而排斥其内容不可言说的纯感知。因而任何标准型的判断中谓词总是
一个概念。谓词只是谓词,顾名思义,它只是可断定的或可言说 216
的。这与非谓词即主词是相对的,后者作为纯主体,是不可言说

① abhilāpinī pratītiḥ kalpanā TSP., p. 369. 9, 371. 21;另见 NB., I. 5。

② 参见施瓦特《逻辑学》I,第 51 页。

③ 参见本书第 185 页。

④ 有的敌论者也承认 kalpana(分别、构造)。就是与名言的结合(jātyādi-yojanā kalpanā,名言结合之分别)。但他在《正理门论》(参见 TSP., p. 372. 22 以下;参见图齐译文第 50 页)和《集量论》I. 2 的表述可满足两种意见,参见 TSP., p. 368. 25 以下。这遭到了商羯罗主和其他人的批判(见 TSP., p. 367. 4 以下)。但如果我们将陈那的这一段文字释为"名言是种类、性质、运动、实体的分别",这种批评也就免除了,因为分别就是一般的名言分别,而其他几种是从属于它的类别。参见 TSP., p. 369. 23 以下。

的。如果一切思想均可归结为判断，而一切判断又直接或间接地是感性的判断，我们认识活动的特点也就是对可言称部分及不可言称部分的结合——或者说概念向纯对象的归属。如同法称在其内省的实验中证明纯感觉的实在性，概念与名言的这种狭隘联系也是内省证明的。[①] 当我们自由地沉溺于想象，让想象力发挥作用时[②]，当我们完全处于想象活动中，我们会注意到，我们的所见所梦的活动都伴随有内在语言。“任何人也不能否认，想象与语言是交织在一起的”寂护说。[③] 纯想象是无实在性的想象活动，纯实在则是无想象的实在。每一判断或认知都是与实在有客观联系的想象，是在某种可言说的关系上指向某一不可言说者的东西。

§6. 范畴

因而判断的类别也就是名称的类别。既然一切认识活动都是判断，而一切判断都是某一非综合成分与综合成分的（不正当）结合，那就产生了这样的问题，那最为根本的名言或谓词的种类（范畴）是什么呢？这并不是一个关于所有可名称事物的范畴的问题，因为只有一种事物，这就是物自体。这一最终极的存在不能再分解或再加分类，本质上说它已经是一。它不可命名，因为它并非名言，是非名，是非谓词，然而对每一谓词描述说来，它是任何判断中必须有的主词。不过，表达它称呼它的方式则可以不同，因为一切

① pratyakṣataḥ，参见 TSP.，p. 368. 1。

② cintotprekṣādi-kāle sā（kalpanā）śabdānuviddhā 参见 TS.，p. 368. 2—3。

③ 同前注。

事物名称都直接或间接地是它不同属性的名称。因而，那最为普通的关系，即在第一本质(First Essence)与别的属性范畴关系的意义上，与通常判断或认识的范围相同的关系，就是实体——属性的关系。

从而佛教与实在论者的范畴区别也就很大。正理—胜论派 217
(最终)建立了包含七项的范畴表：实(实体)、德(属性)、业(运动)、同(共相)、异(殊相)、和合(内在因)及非有(非存在)这七类存在(Beings)或句义是由名称(padā-artha)来标志的。针对这个范畴表，陈那建立了关于实在的五项范畴表(pañca-vidha-kalpanā)，范畴表本身只是名言分类。[①] 它们是：名、种、性、业、实。它们都仅仅是名称而已。[②] 这个表实则意味着：专名、类名、性名(形容词)、业名(动词)和实名(名词)。陈那像亚里士多德一样只给出名称并举例说明，但未给予定义。他说[③]：一事物可随意以某声音起名，即是说，其名称是并无内涵的专名，如"Diṭṭha"(仅为一无意义的声音)。关于类名，他说，如"牛"就是。性名，他举出"青"、"白"等。业名他说有"煮"、"食"等。实名的特点是由另一实体制约的，如"持棍者"、"有角者"、"有角的"。

这个范畴表引起下列看法，它的基本原则是认知活动分为综合与非综合的两大知识原则。综合的成分与一般、概念、谓语成分或名言等是一回事。这些名言分五类，其分类原则是印度语法中

---

① 《集量论》I. 2 以下；见 TSP.，p. 369. 23 以下，另参见 Tātp.，p. 52. 5 以下和 102. 2 以下。

② svasiddhaiva kevalā kalpanā(nāma-kalpanā)见 TS.，p. 369. 21。

③ TSP.，p. 369. 23 以下。

已有的准则。专用名并不真正就是个体的名称，严格地说，它也是类名。莲花戒说[①]“虽然像‘Diṭṭha’（人名）这样的名称，通常也被承认为专名，但既然它指的是一个（相续系列的）存在物——从生到死的诸刹那。它们（名言）并不能指称那刹那变化的并且与别的事物毫无共同处的（实在个体）。名言所指所称的对象也是一个内在于某一事物的类。此事物的特征便是受时间的（流逝）持续的限
218 制”。不过，名称既然没有内涵意义[②]，它们便是作为孤立的单项进入范畴系统的。“日常生活中像‘牛’这样的名词被认为是类名称，但像Gitrangadā（人名）就被认为是专用名”[③]。由于并非每个人都懂得名词总是一般的，而专用名也不例外，所以才将它（专用名）与别的名称区别开来。

因此，依陈那的理解，名言范畴包含了其他的范畴。按印度人在分类中只列举后面的项的方法，所以我们必须将陈那的五重范畴表设想为名言与非名言的分别，然后将名言分为不同的四类。

实体的范畴在举例说明时，例子是“持棍者”、“有角者”或“有角的”。我们会称之为所有形容词[④]，实际上，它们是第二等的实体。这种实体规定着别的实体。唯有事物的第一本质不会成为谓词，别的一切实体对于别的对象都可能成为谓词称述，因而从本质上看，它们都不足以为实体，而是第二等的比喻性质的实体。它们既是实体又是属性。一切属性之最高最真的持有者是物自体。一

① TSP.，p. 370. 17 以下。

② 同上书，p. 370，27——ta eva bhedā avivakṣita-bhedāḥ sāmānyam iti。

③ 同上书，p. 370 以下。

④ daṇḍī viṣāṇī.

切构造的物体对它说来都是属性，当它们以持有别的实体而为特征时，可比喻性地被称作实体。

与胜论的范畴比较，我们在陈那的范畴表中也发现——有三类基本范畴：实、德、业——但先决条件是他的诸范畴都不是实在(sattā)而仅为名言(nāma kalpanā 名言分别)。共相范畴作为单独的一项不复存在，因为一切范畴说来都是共相。作为终极个别的殊相也已消失，因为它是非范畴，是每一对象最底层的不可言说
成分。[1] 和合性和非有也不为陈那采纳。而我们将看到和合性与 219
非有，或者它们的功能出现在另一范畴表中。该表源于比量(推理)判断而非现量(感觉)判断。我们将在比量论中再考察它们。

§7. 被视为分析的判断

非常有趣的是：前面被解释为综合的同一梵文词汇，在同一个概念活动中也有分析和分解(division)的意义。这是个 vox media (中间词)。分析和综合两层意思的联结似乎就在于构造(vilkapā，分别)的观念，而后者就词根看有世界由它演生出的意义。[2] 构造(分别)的观念自然而然发展成了心智的构造杜撰或表象活动中的组合起来的观念。[3] 从而，它极理想地适于表达唯理

① J. S. 穆勒的《逻辑学》(I. 79)提请注意这一事实："所有划分为数量和质量的物体的属性都以我们从这些物体获得的感知为基础。"也可以说，所有的不同种类属性不过是我们的想象力在命名和判断活动中对于感知作的不同解释。

② √ K̿lip.

③ kalpanā = yojanā = ekīkaraṇa = ekatvādhyavasāya.

论的观念，即制造一个表象，并将它投射到外部世界中去的某一意识的观念。这样一来它开始包含了人为、非真实、误加(施设)及错觉等的含义。另一方面，从同一词源又有了另一词汇，它具有二分构造，分裂为二，二难境地，思想的一般的辩证倾向等意义，最后还有分析的意义[1]。在代表差别中的统一[2]的概念意义上，分析与综合两个词是结合在一起的。当统一性推到思想前景上时，它是综合，而当着眼于组成部分时，它即是分析。如果概念活动被视作将构造表象结合于实在之点的判断，那它就包含了综合分析两种成分。当我们考虑从点向表象的思想运动时，我们便会有由统一向多样的分析或分化。而当反过来将判断活动看作综合时即从表象向被联结的实在点运动时，则是由多样趋向统一的运动，亦即综合。第一步的概念思维、生起性想象或判断——三者实为一回事——是最初的统一感知刹那的分裂、它分化为主体与客体，即是说，在最初的统一体中构造出“能取”与“所取”[3]来。但在佛教逻
220 辑中，当我们将这种活动之初始阶段解释为点刹那与表象的结合的判断能力，主词相当于点刹那而谓词相应于表象的判断，此时，心智的这种构想或衡量态度被描述为一个离散过程。最初的实在分裂成了可能着眼的许多观点。事实上，理智可以对同一实在采取无限多的看法，它可以将对象“罐”解释为广延体，解释为坚实

---

① kalpanā＝vikalpa＝dvaidhīkaraṇa＝vibhāga.

② 关于一般的二分的辩证的思维运动，可参见月称《中观论释》p. 350. 12 以下。中观派与瑜伽行派的区别在于：对于后者存在一个实在性的基础，辩证的人为的心智妄分别依它而起；而对于中观派只存在相对性，人类的认知活动中并没有实在的成分。参见：宗喀巴的《善说心要》Legs-bšad-sñiṅ-po。

③ grahya 和 grahaka。——译者

体，为事物，为实体且具有形色等性质，而这种思想构造物的核心则只是一个，即有效之点刹那。同样，对火也可以提供种种解释和理论，而其根本的实在性只是灼热的感觉刹那。这么多不同的看法观点可以描绘成从一个作为单一点的实在对象发散出的光线。从而自在之物成为了我们生起性想象力的游戏对象。佛教说，“故不可分之物自体便被如是如是分析假想”。[①] 从而它便获得[②]一般的和特有的特征。“此即为作种种构造，种种假想的思想分别的领域。”这之后，散射开的光线又向着它们中心的物自体会聚。从而判断中的知性活动便是分析且综合的，好像光线从作为焦点的同一物上散开、会聚。

§8. 在客观上有效的判断

当“此为牛”型的感觉判断被认为具有这种特性时，即作为心智的行动，它联结极端具体而个别的事物与一般概念，或者把一瞬时感觉置于一稳定的概念之下，佛教逻辑家并不否认这样的定义包含了矛盾。矛盾在于它“在两个绝不相似的事物间建立起相似性来”。任何一般的内在的东西绝不会同化于外在的、单一的东 221
西。这正是实在论者否定表象存在的原因之一。他们将表象移到外部世界中，使之成为实在。他们宁取这种观念实在论，而不愿接受内在表象与外部事物结合的不协调。他们反对那些主张表象及

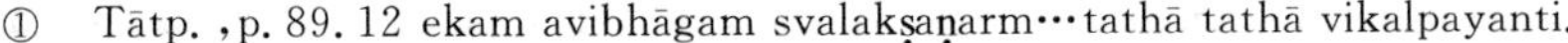

① Tātp., p. 89. 12 ekam avibhāgam svalakṣaṇarm… tathā tathā vikalpayanti.

② Tātp., p. 338. 15 sa ca vikalpānām gocaro yo vikalpyate.

其外部形式(external pattern)二者俱为实在的实在论者。他们回答说,如果这样,我们就得在“此为青色”的判断中认知一个双重的色块,即同时认知两块青色,一内在的,一外在的[①]。佛教这样来解决这一难题,他指出这一事实:世界上并不存在绝对相似者,相反,一切事物是相异的。不过它们由于被忽视差异而在某种程度上达到了相似。从而世间一切事物在多大程度上被忽视差异便在多大程度上变得相同。这是佛教由不可分辨者的同一律得出的必然结论。一切牛是绝对差异的,但如果我们忽视其差异性,在与马或狮相比较时,牛仿佛是同一的。只有在忽视事物表象与一外部实在之点的差异时,二者才同一起来。从而判断也就变成了表象向外部世界的必然投射,即它同相应的外部实在之点的必然同一。“此为牛”的判断必然地将知性综合赋予客观实在。

那么,每一判断中的这种必然的客观化过程是什么呢?佛教问。为此,法上答道[②]:“判断意味着处置自己的并非外部对象的内在反映。但我们确信它是外部的对象。”这种同一化过程既非凭它的表象去“把握”某一外部对象;也非将那表象转换为外部实在对象;也不是真正联结两事物;也不是真实的施设(imputation)或以一事物取代另一事物。[③] 这是我们的错觉,是一种错误的施设(迭加,imputation)[④]。表象是内在的,但由于我们知性的微妙难

---

① TSP.,p. 574. 17——dve nile iti syāt.

② NB.,p. 7. 13. 另见 NVTT,p. 339. 8。

③ na grahaṇam,na karaṇam,na yojanā nāpi samāropaḥ 见 NVTT,p. 339. 10。

④ alika eva 同前注,p. 339. 21 以下。

言的必然性，它被投射到外在世界中去了。法上说[1]，“对象的形
式，即被我们的生起性想象力认作与其对应者（指物自体）全无二 222
致者，是我们的观念而非外在的东西。”

这种外在化过程的语言表现即是作为实词（verbum substantivum）的联系词“是”，它意味着把具有特定表象的客观统一跟主观统一区别开[2]。动词“是”直接联系到外部实在之点，即自在的纯事物。“如果我考虑动词‘是’的意义”莲花戒说[3]，“进入我头脑中的只是物自体的意思。”

综述：判断首先是——

1）判断力，亦即是我们知性的一种决定。

2）这种决定赋予概念以客观所指（即指向或联系到一客观对象——译者）。

3）它与概念活动并无区别，因为作为真正知识（正智）的概念必然也具有客观所指。

4）它包含双重的综合：事物与表象之间的综合以及概念中得到统一的种种感觉的综合。

5）它也可视为一种分析，因为判断中的事物的具体统一性是通过判断谓词的不同方面表现出来的。

6）它虽是必然的但又是虚幻的表象客观化过程。

就数量言，这个判断是单数的，就“此（this）”这个成分作为持久的主体（主词）而言，它甚而是极端的单数。另一面，它的谓词总是一个共相一般。

---

① NVTT，p. 339. 22 以下。

② 参见《纯粹理性批判》第 752 页（§ 19）。

③ TSP.，p. 287，17—svalakṣaṇādi-vyatirekeṇa anyo asty-artho nīrupyamāno na buddher gocaratām avatarati.

就质量而言，这个判断是肯定的。那些否定或不受限制的判断依据的是一种特殊原则，它们属于较后起的思想演变阶段，并且不能同感觉判断并列。就关系说，这种判断是直言式的，假设或虚拟的判断也都是它的变种，这点我们将在别的地方加以审查。就模态而言它是必然的。断定与必然是不能分开的，而或然的东西绝不可能成为判断。法称为表达这种必然性，使用了也被用来表明分析性判断中主谓联系的同一词（即 niścaya，决定、确定）。“在
223 以充分意识肯定陈述的每一判断中，肯定的必然性是包含在内的。”[①]瓦恰斯巴底引述佛教的主张，“判断（或决定）、概念活动（或综合）及必然性（必然的必然性）都并非不同的东西。”[②]

这样描述了判断之后，那么非判断又是什么呢？法称说[③]，是某种反射（pratibhāsa 影相）。他说“感觉对任何人说来都不含有知识的必然性，如果它理解一个对象，并不是以无条件必然的方式，而是借助简单的反映（影象）。现量（感知）在多大的程度上能产生相应的确然的断定，方能在同等程度上享有正确的知识来源的（荣誉）。”

§9. 判断论的历史

感觉与概念从来就没有离开过印度哲学的舞台，只是在不同时代的不同体系中，它们在认识的戏剧中扮演不同的角色而已。

① 参见施瓦特《逻辑》I，236。

② NVTT.，p. 87. 25.

③ 参见《不定论争幢》（Anekāntaj）第 177 页。

纯感知与判断行动的根本区别；判断是决定的意义行动这样的观念；认为我们的整个认识活动是纯意识与半潜意识的反映的不正当结合[1]等等，所有这些特征早在印度哲学初期阶段就存在了。这在数论和医疗学派中都有所见。[2] 事实上，其中的纯感知活动担当了单独的精神实体的角色[3]，而所有的精神现象及其中最突出的——作为决定的判断[4]都被归结为生理学上的反射活动，它们自身是无意识的，而在纯粹的不动的自我[5]（Ego）中“映射”出来。

这些角色在小乘佛教中又被另外分配过了。两种实体的二元 224
论给由因果律结合起来的分离元素（诸法）的多元论所代替并从而在“相依缘起”中再现。纯感知成为了一类元素（法）[6]而概念（判断）又是另一类法[7]。它们代表不同的两列平行的刹那思想相续，绝不踰入对方但却表现得形影不离。

对于印度的心理学，尤其是关系到出神冥想的现象，医疗学派，数论与瑜伽，耆那与小乘佛教都有不同贡献。他们注意到了意识觉醒的第一步并追随它从潜意识状态中脱离后的发展，经历各

① sārūpya 参见《中心概念》第 64 页。

② 《迦罗卡》(IV. 1. 37 以下)。

③ 《中心概念》第 63 页以下。

④ Buddhi（觉，了）在此是“大”的原理（mahat），因为它包含了所有可认知者。它是物质（prakṛti，自性）这个“本”原理（pradhāna，也称自性）的第一个衍生物，同时又是其功能被称作“决定”（adhyavasāya，也译取著，造作）的内感官。不过这种“决定”本身仅仅是超极微的物质微粒与能的特别的瞬时性配置。当在神我的纯粹之光中“映射”出来时，它们便成为了仿佛是自觉的（自明的）。

⑤ 这里的自我即神我，数论范畴中的灵魂。

⑥ vijñana＝prativijñaptiḥ（各了别，对断设）。

⑦ sanjñā（想）。

种程度的入定，直到绝对无知觉的出神(cataleptic trance)[1]。他们证明并描述了一系列的心理作用和状态。我们目前的认识材料，尚不能分清并估价他们各自对认识论宝库所作的贡献。但他们的哲学解释都是一样的。数论及有关的各派都认为心理现象是物质性的活动，而意识(明了性)则来自一外部的实体。对于佛教，没有恒定实体，只有因果律在维系所有分离的精神的成分(心法)[2]。

实在论派别中，正理—胜论派与弥曼差说来并没有现量(感觉)判断。感知(sensation)只是混乱的感性认识，而感觉判断却是清晰的感性认识。它们的差异是程度的而非本质的。在这些体系中，认知活动在神我上。所有种类的对象则是外在世界中的。对象被灵魂(神我)经由感官而思索。像数论哲学中所说的神我自身是无相的[3]不动的。

225 大乘佛教中，现量判断论自然成为了感觉现量论的相对应部分。极端观念论者中观派尽管立场不同却与正理—胜论携起手来同样斥责现量与现量判断[4]。经量部似乎第一个迈出了重要的步子，它将纯然意识转变为充满表象的意识[5]。与此同时(paripas-

① asanjñi-samāpatti.

② 早期佛教中所有心理成分都置于受、想(判断)、行、识(纯意识)四类中。一个并未专门讨论纯意识的分类表与欧洲的心理学近期所达到的分类情况是相同的。参见《中心概念》第 6 页、第 96 页以下。

③ nirākāra. 既然这些哲学体系中对象的一般和特殊的属性都是外部实在，灵魂便通过感官去择取它们，但无分别者(nirvikalpaka)认知的是属性自身(svarūpataḥ)，而分别的感觉(savikalpaka)则认识被联系起来的属性(mitho viśeṣaṇa-viśeṣya-bhāva-avagahitvena，见 NVTT，p. 82. 8)在这个意义上，实在论者的有分别现量也是一种判断。

④ 参见拙著《涅槃》第 156 页以下。

⑤ sākāram vijñānam 有影响之识。

su）外部世界失去了部分真实性，成为我们表象的假设的原因。[①]由于这一派的全部文献和世友（vasumitra）、童受（Kumāralābha）等的著作已经佚亡，故难以估量它们对佛学的贡献。同样，自立量中观派（svātantrika）的文献虽有部分保存，但也不易考察了。

待到瑜伽行派观念论者出现时，外部世界的假定则完全被放弃了。同时，无著又是第一个建立非构造的与构造的世界的分别的人[②]。从而他开辟了通向现量（纯感知）及现量（感觉）判断理论的路径。陈那与法称在逻辑方面则是向着经量部（Santrantika）回归。他们承认外部具体个别对象，即物自体[③]的实在性并将现量判断（有分别的现量活动——译者）转变为联结纯感觉所反映的终极实在与理性构造的表象世界之间的中介环节。

陈那的后学中一直在讨论如何正确表述现量判断论。有的主
张，理智特有的工作就是概念性的判断，绝不能认为其特征是使感 226
性的实在归属于某一范畴（jātyādi-kalpanā），而仅仅是赋名的活动（nāma-kalpanā）。范畴只是进一步的详细的称名。陈那的说法允许作两种解释[④]。法称、法上诸人都同意他的意见。他们规定构造性的心智或感觉判断力是一种理解可言说的表象的能力[⑤]。因而可言说性是这种判断行动的特有标志。判断在某种程度上也就

① bāhyārtha-anumeyatva.

② 参见图齐前引书。

③ svalakṣaṇa，各派哲学之间关于此终极实在之点并非空（śūnya，相对）的问题的争论，请参见拙著《涅槃》第142页以下，宗喀巴的《善说心要》（克主杰作注）中辑有关于这个问题的令人饶有兴趣的详细材料。

④ TSP.，p. 368. 25 以下。

⑤ NB.，Is.

成为了“说出”，不过，它不仅仅是简单的“说出”，而是建立逻辑思想与先验纯实在之间必然联系的“说出”。

佛教消亡后的印度逻辑中，判断论自然地消失了[1]，因为它只是随现量论而来的必然结论。雅各比（H. Jacabi）教授[2]在介绍这一理论体系时，正确地评述道，因为它是某种既不同于现量，又不同于比量的东西，所以这种逻辑中并没有判断的学说。

就佛教逻辑而言，它的判断的理论只是印度哲学中的一段间奏。

§10. 欧洲的类似理论

研究印度哲学的学者会在经典中时常遇到比量（概念活动）一词。但他如果打算将它译为等值的（欧洲）概念时，虽说他熟悉比量，但仍会踌躇苦恼，因为实在找不到一个恰当的对应的术语。哲学与逻辑方面所有的欧洲语言都有同一本源，它们的共同祖宗是亚里士多德的著作。而印度哲学完全不受他的影响。它有自己的亚里士多德与康德。它构成了与欧洲哲学平行的独立传统。因此注意到两个思想源流对于一个共同概念或一个共同理论所达成的一致意见，具有极高的历史价值。这可以部分间接地证明这一理论的真实性，因为真理只能是一个，而错误才会有各种各样的。当
227 我们的论题是由两个或多个命题推导出一个命题，而其中只有三

① 参见本书前面第268页注④。

② 参见他发表在《神学研究者通讯》上的文章。

个词项时，我们无疑会同意这是一个三段论式。而当我们必须决定知性活动之特征是否在于构成判断时，我们就必须首先知道什么是判断。而对此却有无限多的看法。只需查任何一本哲学辞典就足以大吃一惊了——关于此问题竟有如此惊人的矛盾说法，欧洲的主要哲学家们对此都各有见解。大多数人认为判断是“两个概念间的陈述性联结。”但布仑塔诺（Brentano）对此强烈否认。他认为判断是与概念活动迥然相异的东西。而舒佩（Schuppe）则断然作了相反的肯定①。大多数人认为判断是某种综合行为，而冯特（Wundt）将他视为分离的行动。总之，诸如存在的——感性的和无人称的——判断是让人苦恼不已的。但如果审查佛教对于判断的行动所作的描述及其不同于别人的看法特征，我们不能不承认，其中的一些特征在欧洲不同学派中仅仅是支离破碎地存在着的。例如，我们在洛克（Locke）的著作中虽然可以看到有一些被称作简单观念的便是我们所谓的现量（感觉）判断。“此是白的”、“此是圆的”一类的感觉判断被解释为某种当下的感觉被联系于某一持久的思想对象。②

佛教与所有欧洲哲学对判断的看法分歧就在于：后者的分析仅立足于包含两个概念的型式而不涉及它们的客观所指；而佛教

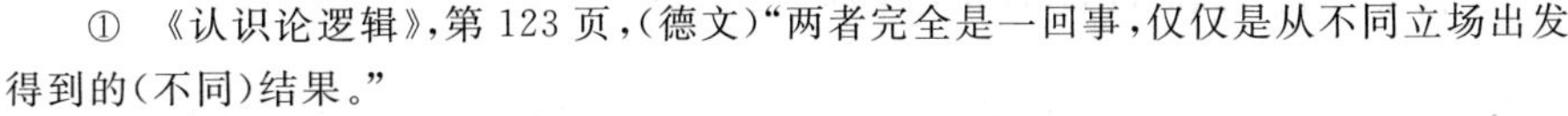

① 《认识论逻辑》，第 123 页，（德文）“两者完全是一回事，仅仅是从不同立场出发得到的（不同）结果。”

② 这些观念——“在领悟它们的过程中，心灵是被动的（II. 12. § 1）”——仍然包含着与别的观念的区别和与自身的同一。尽管是瞬时性的，“才开始便消灭了（II. 17. § 2）”，但它们仍包含有某种“与自身的对照”。此外它们还是自我觉察的，因为“任何人都不可能在感知而并不感受到他在感知（同上出处，§ 9）”。这简直与法称的说法严丝合缝地吻合，后者说 apratyakso-palambhasya nārtha-dṛṣṭiḥ prasidhyati（非现前所得是所缘境缺乏的认识），他认为原因在于感觉的被动性（anubhava，随境领纳，依顺对象）。

自己的判断分析一开始就关系到一个概念及其客观所指。两个概念的判断，我们后面会看到，是一种推理性的判断，一种比量。而
228 真资格的判断是感觉认识的判断。这里值得一提的是施瓦特教授的看法[1]。他提请注意这一事实，即：作为一条规则，只有判断中的谓词必须称名，主词或“被描述的主体则是可以不由言辞描述的”，它可以仅依靠指示代词或手势所指明。他说：“人类的思想正是从这种判断开始的。”“当孩子从小画书上认识动物和说出它的名称时，这就是判断了。”对佛教说来，这种观点是完全可以接受的。一切判断都是联结一个完全不可言表的成分与一个必然可以言表的东西。因而，无人称的判断(impersonal judgement)是最根本的判断形式。

至于康德的观念，我们前面已经提到了，正好与他将知性看作非感性的知识，将判断看作知性功能的见解相吻合。另外，他还抨击了他之前关于判断的定义，以往的人说判断是两概念之间的关系(陈述)，因为，他说：“我们并未被告知这种关系在哪里。”[2]他认为，判断只“不过是将特定的认识放到统觉的对象统一体中的一种方式；而这正是‘是(is)’联结词的目的所在。”这一定义指明了某种综合，即我们判断中的最明显特点；主观表象向客观外在世界的投射。如果我们再添上关于感性直观的种种析取(vitarka 寻)和将它固著(vicāra 伺)于某一点的理论(这两者相当于康德的直观中之了解与概念中的识别)，我们便不能否认康德的思想与佛教理

① 《逻辑》I 第 64 页；另见前注所引书第 142 页。

② 《纯粹理性批判》§ 19。

论这方面有强烈的类似处，尽管前者由于遵从亚里士多德的体系，而在举例时所给的都是两个概念构成的判断。

欧洲哲学中，首先指出每一判断中包含有决定，同意和相信的本质特点的是穆勒(Mills)父子，而布伦塔诺也赞同他们的看法。詹姆斯·穆勒认为“有必要区分这两者：提供心智关于感知或观念的顺序与指明这一顺序是突然的。”[1]他说，“这种区分是首要的根
本的”，“坚持这点并不比坚持感觉与思想的区别是根本性的更困 229
难。”[2]我们已经明白，对佛教说来纯感觉与纯知性之间的区别才是真正的“根本的区别”，而判断是联结这两个成分的某种决定。因此真正的判断的行动就只包含一个概念及其客观所指。这也是布伦塔诺的看法。他说，“如果认为每一判断都是两个表象(representations亦指观念)的结合或分离，那是不对的……单一的表象同样可以是相信和不相信的对象。”另外，布伦塔诺还认为“是(is)”代表了判断中最重要的部分。因而任何判断总可以最终归结为存在判断的形式：“A is”(A 存在或 A 有)。“这人是病的”可成为“这病人是有的”。但是，这样的判断并非为了建立 A 成分(即概念)与存在观念[3]之间的描述关系，而是自身被相信是存在的[4]布伦塔

① 《人类思想的现象分析》I 162。

② 同前书，第 412 页。

③ 按施瓦特的看法(《逻辑学》I 第 92 页)存在判断与感觉判断是不同的两种，区别点在于主词和谓词的位置是颠倒的。判断“这是牛”是感觉认识的，赋名的；而“牛有”则是存在性质的判断，两种判断都有充分的理由。其中一个以存在为主词；另一个以存在为谓词。两者当中，判断都断定了概念间的某种关系。从佛教的立场看，这是错误的。存在绝不会成为谓词，绝不会是名称，而是不可说的。判断“这是牛”与“牛有”的差别只是语法上的。

④ 《心理学》II 第 49 页。

诺说。对佛教说来，我们晓得，一切判断都必然地不是归结为存在判断的，而是现量判断的。存在绝不是谓词[1]。"纯肯定"[2]物自体，其中没有谓语性的特性或关系。

230 在欧洲的判断论中，布拉德雷（Bradley）及鲍桑葵（Bosanquet）对感觉判断所作的分析最为接近佛教的观点。这两位学者也认为基本的判断是联结一个纯的实在与一个构造的概念。主词代表的是"某种唯一的，自身等同的"而只存在于它的"刹那即逝的世界中的"[3]只能由代词"此（这）"[4]表达的东西。而谓词则是"一观念内容，一个符号"或者概念[5]。

① 这方面，佛教的感觉判断中的主词与亚里士多德的第一本质（Hoc Aliquìd）的范畴有某种相似性。我们被告知，第一本质作为主词是必不可少的；但作为谓词则不可显露出来，而其余的一切都可以并且也实际地显示出来。第二本质或实体在与第一者相区别时就根本不再是实体，而成了属性（参见 Grote 的前引书第 91 页）。因此一切知识都不过是将无限多的谓词去描述实在或那第一实体的过程。

② 布拉德雷；《逻辑学》第 5 页。

③ 布拉德雷；《逻辑学》第 5 页。

④ 鲍桑葵的《逻辑学》第 76 页；罗素的《纲要》（Outline）第 12 页，"所有的词，甚而专用名都是一般的，仅有'这（此）'一词例外。"

⑤ 注意到这点是颇为有趣的，按黑格尔的观点（见《哲学史》卷Ⅱ第 143 页），感觉或"这个（das Diese）"是不可言说的看法，只有共相可以为语言表达的看法——这是他从希腊哲学中发现的观点——具有极高的哲学价值。他说，"这是一种我们今天的哲学发展都尚未达到的意识和看法"。

第二章　比量 231

§1. 判断与推理

我们必须区分感觉判断或判断本身与那种称作推理的判断(svārthānumāna)[①]。既然一切正智即对实在的认识都可以归结为判断，或者说对感觉的概念性的诠释，而且既然所有的认识都可以分为直接与间接的，那么判断也就有直接的与间接的两种。前者是现量的，后者是比量的。我们知道直接的判断是感觉与概念的综合，间接的则是感觉与两个概念的综合。直接者有两个词项，而间接者则有三个。直接判断的形式可归结为“此为青”或“此为烟”。间接判断的形式则为“此为火所生之烟”或“此有火，以有烟故。”烟是被感知的，判断“此为烟”是感性认识的，直接的。火是隐藏的，“此有火”之判断是比量的（推论的）、间接的。一切事物都可以分为可见和不可见者。经由可见而推知不可见者是推理（比量）。这是一种间接的认识。形象地说，是绕弯子的认识。经过其“徵象（标志）”而达对象的认识。一个隐蔽的对象有某种徵象。反

① 即为自比量。——译者

过来看,此徵象即为实在之点的特征或标志。关于实在之点的认识,因为其具有双重徵象,即标志的标志,因而被视为推理——事物属性之属性,即此事物的属性(nota notae est nota rei ipsius)。在现量的感觉判断中,我们通过概念A这个符号去认识(具有那符号)事物X。而在推理的比量判断中,我们则依据其双重的符号A与B认识该对象X。

符号A与B是理由与结论的关系,当其中之一A被认识后,B就必然随后而被认识。既然那作为A与B两属性依存者的X,即两个谓词的主体是不确定的,始终是同一的,就可以对它不加表
232 述。不必有形式的表述也必然能了解它的存在。这种情况下那相互关联的A与B两成分或者属性将代表整个的比量或整个比量判断。从而这种判断显然只由两个概念构成,而且相互之间是理由和结论的关系,其中之一是称述另一个的必然基础。

这样,比量的判断也就成了关于遍充关系(vyāpti)的判断[①]。法上说,“比量或借比量认识的对象或者是所推知的属性及其负载者一道的复合观念,或者,当(抽象地)考虑理由及所推知的属性之间的不变共存性时,所推知的事实就像是(与其理由相属不离的)性质。”[②]在前面一种情况下,我们得到一个比量的(推理的)判断,后一种情况下,得到的是关于遍充情况的判断。前者相应于小前提与结论的结合,后者则是亚里士多德三段论推理的大

① vyapti=sāhacarya(俱行,相应)=aviñabhāva(不离,和合)=concomitance(可译“伴随状况”或“共存性”)。

② NBT.,p.20.16;(英译本)第58页。

前提。[1] 印度逻辑认为它们本质上是一种认识，例如是由其徵象所推知的火之认识。

判断“火生烟”或者“彼有烟处皆有火”或者“彼无烟处无火”等如同“辛莎巴是树”或“青为颜色”、“牛是动物”等等就其都是对实在者的认识，都把握真实性言，必然归结为这样的形式：“此有火，以有烟故”。“此为树，由是辛巴莎故”，“此为动物，以是牛故”等等，若如没有“此(here，this)”，则无论被表达还是被理解，都不是对实在的认识。

然而并非每一种认识活动都包含了其中之一为另外两者性质负载者的三个词项。它们只有在这样的情况下，即其中那二属性 233
是必然相互关联的，其一可从另一个当中推演出来，才算代表一个比量。例如判断“此为有烟之山”虽然也有三项，其间都并无必然的关联。而判断“彼有火，以有烟故。”却是比量性质的，因为其烟被描述为与它的原因火是有必然的联系的。[2]

① 很显然，那些将规范的判断中的主谓词关系解释为理由和结论的欧洲逻辑家，如赫尔巴特等，尤其是N. O. 洛斯基(Lossky)都将这种规范的判断化为共存关系的判断。不过，这也是明白的事，即共存关系的判断与其说是真资格的判断，不如说是推理，它是顺从第一格的大前提。这类判断的主词永远是推理的理由，判断“烟是火生出的”在印度将化成这一形式：“任何有烟的地方，那里必然有火，”而“辛莎巴是树”的判断意即“如果某物具有辛莎巴的特征，那它也必然地具有树之特征。”它们成了假言判断。

② 现量判断与比量判断的区别在某种程度上可譬之于康德所划分的感觉判断与经验判断的区别。(见Proleg §20)“太阳晒热了石头”的观察尚非经验的判断。但阳光与石头发热之间的普遍而必然的综合便是康德所谓的经验。它是一种这样形式的推理——“这石头热，因为它被太阳晒了”，或者“任何阳光晒过的便发热，这石头被阳光晒了，它变成了热的。”大致说来，将认识活动划入现量和比量，或感性和知性较之亚里士多德传统将其划入判断和演绎式更合逻辑。的确，一个共存关系的判断与其说是简单的判断过程，不如说更是一个推理过程。

这种必然关系，容后再加讨论。

§2. 三项

每一比量（推理）皆有三个词项，即逻辑主词、逻辑谓词以及它们之间的联接者，即理由或徵象（标志）。

主词是最根本的真实性主体或形而上的主体。最终之真实者是纯实在之点，它代表那必然作为所有思想构造物基础的实在性的负载者，它是“这（此 this）”的成分——我们在讲现量判断时就了解了的“此性（thisness）”。它是非持存的实体（the non-subsistant substance），所有别的范畴于它只是属性。

形而上的或第二等的主词便是被推知的实体、属性，这里是与第一的先验的主体比较而言。但在进一步的推理当中，它被当作承担者，表现为似乎是诸属性的负载者。如比量“此有火，有烟
234 故。”“此”之成分代表真正的主词。而在此山有火，“有烟故”的比量中，主词“山”取代了那真正的主体或基础，它自身是部分地被推知的。

法上说，“这种比量中的主体由一个实际被感知的具体地点和一个并未现见（而被推知的）的部分组成。它是某种直接认识的与不可现见的东西的复合。……‘此（这）’就指的是可见的那部分。”因而，在其结论所表述的并非单一的而是一普遍判断的任何情况下，比量的基础或主体便是直接所见与实际并未见到的部分的结合。例如，当我们推定所有声都是紧密的刹那存在系列时，直接所知者只是某一特殊的声，而其余刹那是推知的……。比量的主体

代表一种负载的基层，一种基础的实在，它上边被移植了相应于谓词的概念，而这被显示为（有时）由直接现知者与非现知（推知、比知）者所构成[①]。

一个比量的主体就相当于亚里士多德的小词，从本体论角度看，作为最终极的主体，则相当于他的第一实体或第一本质，“它只是主词，而绝不会表现为对别的任何东西的谓词。作为 Hic Aliquis（在此者）或 Hoc Aliquid（此者），它处于一切称谓活动的（或显或隐的）的底层。”[②]

筏遮塞波底说[③]，据陈那的观点（作为实在的真实担保者），现量并未指向烟所处的某一广延位置（如有烟之山）。此山是我们想象力构造物。因此，任何比量推理中的真正的，最终极的主体——无论其是被言表的还是仅仅被理解的——都与现量判断中的情形一样，只是“此性（thisness）”，是点刹那，第一实体，the Hoc Aliquid（此者），本质上它就是主体，而不可能成为一种属性或谓词。

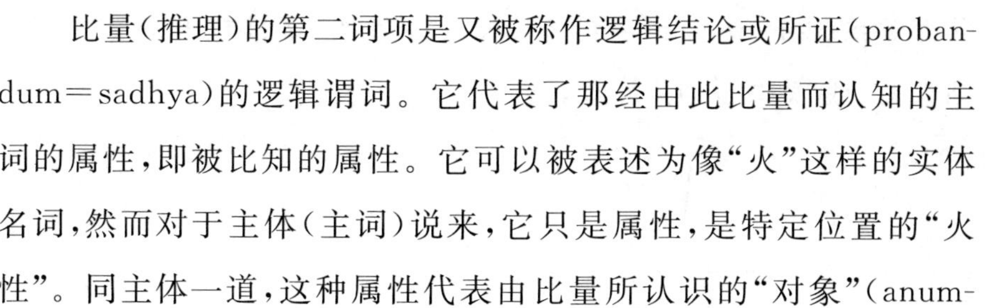

比量（推理）的第二词项是又被称作逻辑结论或所证（probandum＝sadhya）的逻辑谓词。 235
它代表了那经由此比量而认知的主词的属性，即被比知的属性。它可以被表述为像“火”这样的实体名词，然而对于主体（主词）说来，它只是属性，是特定位置的“火性”。同主体一道，这种属性代表由比量所认识的“对象”（anum-

① NBT.，p. 31. 21.

② Grote 的《亚里士多德》第 67 页。

③ NVTT.，p. 120. 27 以下，筏遮塞波底说山想必可以极微（原子）来代替，但陈那也不承认极微，它们必须视作能动的点刹那——Kraftpunkte。

eya所比，所量）。法上说，[①]这种比量所知的对象可能是：1）其属性被希望认识的基础（负载者）。2）连同属性（dharma）一起的基础（负载者）。3）或者仅为这种属性，当它与逻辑理由（中词）的联系——由此联系可加推演——被抽象地考虑时，例如，“彼有烟处，皆有火”或者更准确地说，“彼有烟性处，皆有火性。”陈那说[②]，“一切比量关系都基于实体与属性之关系。这是我们知性的构造，它并不代表最终的实在”。

事实上，无论结论还是理由如果就其作为它们基础的最终极实在言，必须将其视作构造出来的属性[③]。抽象地看待，由推理（比量）而推知的属性或逻辑谓词，却相当于亚里士多德的大词。

第三词项是作为逻辑标志的理由。它也是主词的一种属性或徽象，而由谓词标志出来。它等于亚里士多德的中词并且是推理当中最重要的部分。从而比量式可以表述为：“S是P，M故，”“此有火，以有烟故，”“此有树，是辛莎巴（树）故。”我们已经提到过，日常生活中，经常省去对真正的主体的表述而这些比量都表现为对共存关系（concomitance）的判断形式，诸如“辛莎巴是树”“烟在，则火有”或“烟由火生”等等。

---

① 参见NBT.，p. 20. 16。

② 参见NVTT.，p. 39. 13. 和p. 127. 2。

③ 参见布拉德雷《逻辑学》第199页——“直言判断S—P（这也是推理的结论）”“直接或间接地将S—P附到最终极之实在上”，而表示某一必然联系的大前提则是假设的，“由于某种别的东西，当它存在时它是必然的”。必然性总是假设性的。以后我们会看到这也是施瓦特的观点，参见他的《逻辑学》I. 261及434。

§ 3. 关于比量的种种定义 236

比量可定义为：通过一对象的徵象而认知它。[①] 法上说[②]，这个定义是比量的根源的而非本质的定义。对隐蔽的火的认识是由其徵象显示的。徵象产生该徵象所属对象的认识，认识的根源在徵象。

另一定义则从对象方面着眼，比量是对所推知者，即一个不可见的隐蔽的对象的认识。一切对象无非当前存在或不存在。现存者（the present 当下存在者）由现量去把握，而现时不在者（the absent）则由比量去把握。[③]

第三种定义强调徵象和所比对象之间的不可分割联系并且将比量推理定义为这种不可分关系的结果或者某个已注意到这种关系者对两事实之间不可分关系的运用。从而，在我们的例子中，对那隐蔽的火的认识便是那种不可分的因果联系的结果。它将烟及其原因——火——联结起来。它是在先前的经验中被认识到了的。

另一更具有特点的定义则是：比量认识共相一般，而现量的对象永远是特殊个别者，从某种意义上说，这是最基本的定义了。因

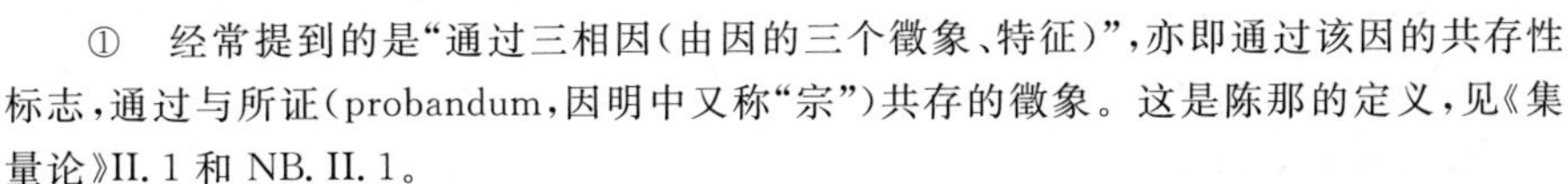

① 经常提到的是“通过三相因（由因的三个徵象、特征）”，亦即通过该因的共存性标志，通过与所证（probandum，因明中又称“宗”）共存的徵象。这是陈那的定义，见《集量论》II. 1 和 NB. II. 1。

② NBT. ，p. 18.

③ 见前述莲花戒书之第 18 页。

为陈那在他的论文[①]一开头就说，量为两种，现量及比量，由能量是二，则所量亦为二，即自相以及共相[②]，由是，共相由比量认知，自相则为诸根（感官）认知。

不过，显而易见的是：其存在被推知的火与那存在被视觉所现知的火同样是个别的。离开了构成对象之火并作为世间一切火之
237 属性的一般特征，那个别之火也绝不会作为火被认知。被推知的火若非在想象活动中联系于某一实在之点，它也就不会被当作实在认知。不过，推理活动中所注意到的特征之一般性与对象提供于感官的个别性之间毕竟是有区别的。

据法上说，比量有一个假想的对象，例如说想象的火，作为其对象，因为比量所认识的是眼下不存在的对象，而此对象只有去想象，而不能直接把握。而其程序则是将想象的对象归属于某实在之点，因而其最终结果与现量中的情况是相同的，经过一个构造的符号而对真实之点的认识。[③] 二者在思维运动过程中的差别是它们互为相反。现量当中，认识活动把握个别而构造符号，比量当中，它却把握那符号而构造出个别。只是在此意义上，一般才成为比量对象，个别才是现量对象。不然的话，感觉的与推理的判断两者之间，在这方面就没有什么区别了。像佛教说的，二者是“同一个认知”代表着“感觉与非感觉、概念与非概念、想象与非想象”[④]的综合。即是说，它包含了一个可感觉的核心和知性对它的解释。

---

① 此论即《集量论》。——译者

② NBT.，p. 18.

③ NBT.，19；20；英译本，第 56 页。

④ NK. 第 125 页。

现量与比量之间的区别,在此成了感性与知性的差别。我们知道存在两个知识来源——现量与比量,更深的意思是说两个来源分别是感性的与非感性的。显然从所说的这一切中可以看出,比量并未被视作由其他两个命题或判断推演出来的一个命题或判断,而是一种认知实在的方法。这种方法的根源在于它具有徵象这一事实。在一比量中真正被推知的是具有某种确定符号的实在之点,例如有不可见的被推知有火的山。"有的人",陈那说,"认为被推知的东西是在某处发现的新属性,因为它与那属性之被现见之徵象是联系在一起的。又有的人主张,比量中所认识的并非属性,
而是该属性与其基础(属性负载者)的联系。何以不设定那被推知 238
的部分正是那具有被推知的属性特征的负载者本身呢?"就是说,在比量中揭示的事物既非大词,亦非大词与小词的联系,而就是那特征为其所推演出的符号所标明的实在之点。这一定义对陈那与法称说来是一致的。世亲的定义本质上与此无什么差异,不过,他在《论轨》中对此所作的表述受到过陈那的严厉批评[1]。

§4. 比量与比量果(推理与结果)

既然比量是一知识来源,我们就面临这样一个问题:来源与结果,认识行动与认识内容[2]的差别是什么呢?推理行为或过程与作为结果的比量或认识,其间有何差别呢?同在现量中的态度一

---

① 《集量论》II. 25 以下。

② pramāṇa(量)和 pramāṇa-phala(量果)。

样，佛教不承认这之间有任何分别。它是同一事物因不同着眼点所致。比量意味着经由标志（徵象）而认识该对象。这个认识是“一个认识”[①]，即一个有效知识的行为，其后伴随一成功的行为。分析起来，它包含一个表象及表象的客观所指。如同在现量认识中，主观表象与客观实在之间也有“符合”或相应（sārūpya）。如果愿意，我们可以认为这种符合是知识产生的最近原因。从而符合便意味着是认识的来源，而它之运用于特定的实在点也就是量果（pramāṇ̣a phala）。不过知识的符合以及知识本身其实是一个东西，区别只在于从不同角度看待而已。

实在论者不承认有表象，当然也就没有表象与外部实在符合。任何行动，包括认识行动都可以同作者，所作对象，及能作工具，过程方法及结果分离开来。比量当中，量果即是结论。操作过程和工具据一派人说，是对理由与结论之间的遍充关系（vyapti）的认识。另一派认为是对比量中的主体（词）的标志（徵象）的认识，这一步骤部分地与所谓小前提[②]的功能是相吻合的，由于这一步被
239 说成包含了遍充性标志，亦即小前提与大前提的结合关系，因而内容还要多些。有此一步，结论立刻随之引出。据乌地约塔卡拉（Uddyotakara）说[③]，这两个步骤却代表比量的行动，它们都是紧靠在结论之前的生果之因。对于佛教，自然并不否认这些前提的存在和意义，但佛教认为它们本身就是认知。佛教所否认的是每一知识内部的 noëma（所知）与 noësis（认知）的区分。认识的对象

① anumānam ekam vijñānam 参见 NK 第 125 页。

② 见 Tātp，第 112 页。

③ NV，p. 46. 6.

目的性与认识本身是一回事。法上说，设若我们经由比量而认知一青色存于某处，就此言，所推知结果同我们由现量所知是没有什么不同的。他说[①]："这种（想象的）青色表象（一开始）生起（颇不确定）；然后它作为一明确的自我明了的（自证的——译者）青色确定下来。（它与一切非青的颜色形成对照）这种对照配合（可以视为）这种（明确地受到制限的表象）的来源，而这种想象的分明的表象也就作为（量的）结果出现，因为正由于经过配合[②]（与对照）青色之明确表象才能被意识到。"

从而"青"及"青之相似相符"是同一个东西。那青意味着与宇宙间一切青色物的相似，也意味着宇宙间一切非青色物的并不相似。相似与非相似二者便构成了我们关于此青的认识内涵和关于此青的认知。无论此青之存在是现见还是比知，并没有什么区别。能量（知识行动）和量果（知识内容）并没有分别。

§5. 比量在多大程度上是真的知识

知识来源在此被定义为不与经验冲突（prathamam avisaṃvādi＝gsar-du mi-slus-pa）的第一刹那的新知。[③] 因而，它必然摆脱了任何主观忆念的或者想象的特征（nirvikalpaka）。我们已经 240
知道只有感性认识的第一刹那，所谓的纯感知才符合这一条件。

---

① NBT，p. 18. 11 以下；（英译本）第 51 页。

② coordination（and contrast）＝sārūpya 即所谓相似相符。这与佛教认识论中的带相说（玄奘所说）有关。——译者

③ 参见前面关于"量"的定义，在《实在与知识》一章中，即本书第 65 页。

但也就是这种感知，由于其相当不确定(aniścita)，故而无法指导我们的预期行动。所以想象的介入进来，便将确定性赋予这种粗糙的感觉材料。

这样感觉判断(Savikalpaka＝adhyavasāya)便是新旧知识的混合产物，是客观实在与主观诠释的混合产物。它取得了正确的新的认识的资格或来源(的地位)，虽然严格说起来，它无充分的权利这么做。比量距离纯感知就更远了。如果感觉判断尚且不足为新的认识(Savikalpakam na pramāṇam)，比量推理更无权称为真正的正确知识来源了。所以法上宣布说："比量是幻象(bhrāntam anumāṇam)[①]它所涉及的是它自身的想象并被(错误地)同一于实在的非实体(non-entia)。"

由抽象化的高度来看，纯感知被认为代表最终极地把握了物自体的正确知识，感觉判断由于混有忆念和主观想象的成分，因此只是半知识(half-knowledge)。至于比量，由于它更深地陷入想象当中——有三分之二的部分，即三个词项中有两个都是想象的——当然更是先验的幻象了。陈那开宗明义地指出两种能知(知识来源)、两种所知——自相和共相。倒仿佛两种能知的存在权利是平等的，而两个所知对象又都是俱为真实的，即俱为客观实在的。这一事实只有从正理—胜论的传统来加以说明。因为，虽然陈那在他的著作中先作了这种陈述，然而在后来又一点一点地消除了它所有的隐含意义。首先，共相绝非实在，而仅为纯粹之想象与名言，所以，那注定只能对付这些构造出来的概念的比量也就

---

① NBT.,p. 7. 12.

不是正确知识的来源，而是幻象的根源。不仅如此，就是感觉判断也只是一半正确的。尽管它直接地达到了物自体，但在面对其不可认知性时则是凝滞无力的。人们只有依靠想象才活动于半真实 241
的世界中。从这点看来，比量是辅助现量（感性认识）和感觉判断的方法，其职能是纠正明显的错误。例如，当声之刹那性在感知中被理解、在感觉判断中被诠释时，就会遇上弥曼差的理论，（后者主张语言之声是恒常实体，而在瞬时的现象中显露自己。）这时，比量便走到前列，首先依据瞬息存在的一般特性，然后再从一条特殊的规则，即任何勤勇（有意识作为的——译者）的产物都不会是永恒的[①]，由此推演出勤勇所发之声的刹那性。因而当比量被用来纠正幻象时是知识的间接源泉。法称说，[②]"感觉是不能向任何人传达的，如果它认识什么东西，是以被动的反映方式而不是判断来完成的。就感觉活动有能力激发随后的判断的作用言，它仅在这一点上才承担了正确知识（的名誉。）[③]但另一方面，由于诸幻觉原因，它又无力产生正确认识，因而才有另一认识来源起作用。它清除了所有的错误想象，这样我们也才有了另一来源（即比量）之推到（认识活动的——译者）前列。"

莲花戒也有同样的论证过程[④]。

知识的来源的确在于其不与经验相矛盾，而从那经验中感性的核心被挑选出作为关于终极实在的知识的真实来源。其他的尽

① prayatna-anantarīyakatvād anityaḥ śabdaḥ.

② 参见 Anekāntaj 中第 177 页，其中部分已在第 223 页上引述过。

③ prāmāṇyam ātmasāt-kurute.

④ TSP.，p. 390.10 以下。

管也代表了不矛盾的经验却表现为某种先验的幻象。“虽然（从经验角度看）它是不矛盾的，”莲花戒说[①]“我们却不承认它代表的是（终极的）真理。”一个外在对象终究要被感觉，被思想，被命名，例如火就是如此。一旦感觉（nirvikalpakam）由这种对象引生，注意力便被唤起，知性便确定它在时空中的位置，并产生某种二分。全
242 部论域便分为两类，即似火与非火的两类对象。它们之间没有中间物，两部分对象是完全矛盾相对的。矛盾律与排中律开始作用，同时产生了两个判断，肯定的与否定的判断，即“这是火”、“这不是花”，即是说，这是非非火。

比量当中，知性的活动更为复杂，当我们从烟比知有火时，论域便分裂为二，一部分是有烟随火，另一部分非烟随非火，两部分间没有中间地带，决无非火而生的烟。

心智的这种二分活动是本质固有的，我们在分析佛教的否定论（anupalabdhi）、矛盾论（virodha）、辩证理论（apoha-vāda）时将再论述它。

§6. 理由的三个方面（因三相）

尽管比量及比量果、现量（感觉）判断与比量（推理）判断之间并无区别（因为两者都赋予我们的概念以客观指向），不过在某种意义上还是有差异的——比量包含了这种指向行动的逻辑理由。例如，当我们将某一点刹那与并未直接见到的火的表象联系起来

---

① TSP，p. 390. 14.

时,我们是有理由的,因为我们现见了烟。烟是火之存在的确定标志并证明结论的合理性。

这种正当性说明或理由从而也就是指明了感觉判断与推理判断的差别的鲜明突出的特征。虽然在这两种场合中认识都是二分的。

认识,就其并非被动的感觉而是头脑的构造性功能言,是一种二分的活动。它一开始总将对象分为相似者与不同者[1]。它总是运用契合差异法,即与相似者契合,与相异者差异的方式展开活 243
动。一旦符合法表达出来,差异法也相应被理解,为了精确与正当,符合与差异两者都应表达出来。

那么比量中的同品(相似例证)和异品(不同例证)是什么呢?法上说[2]:若有一对象"因其与比量所求知的对象共同具有作为逻辑谓词的某一属性而相似于比量对象,则是一种同品。"我们上面的例子中,一切具有"火性"者都将是同品,法上接着说,"它是谓词,是待证明的事物(pvobandum),[3]只要比量尚未得出结论,它就是未证明的;而它又是属性,因为其存在受某种基础(属性的负载者)的制约,从而它是被称谓的(派生的)属性。"法上补充说,"自相个别绝不会成为逻辑谓词,谓词永远是共相一般,所以才说比量中的所知对象是一共同属性。它是被称谓的属性同时也就是共

① 就比量式言,汉译因明中称此相似者为同品,相异不同者为异品;实际所说的"对象"是指论题(宗)中领有或不领有谓词所指明的属性者。——译者

② NBT.,p. 21,1;(英译本)第59页。

③ 这里的pvobandum若据汉地因明学术语,即指所成立,亦即宗之后陈(论题的谓词)。——译者

相。同品是相似于比量所认知的对象的，因为两者都属那被称谓的属性之共同性(universality)而被理解。”

由此，得出结论：一个个别的谓词绝不能进入比量推理的过程[①]，除非它使用的是不自然的乖戾的表述法。

何谓异品呢？异者非同，即同之反面。一切所比对象不存在的情形(如水中无火)都是异品。它们或者是该属性的简单缺乏，或是不同事物的存在，或是正相反对的东西。因此凡缺乏，别异和反对(于所求证对象者——译者)都是异品。缺乏是直接的异品，别异与反对则是暗含的异品。[②]

逻辑理由(因)与比量的基础(负载者)[③]的联系是一个方面；与同品和异品的联系是另一方面。世亲以三条规则来陈述这些联系，陈那与法称肯定了这些规则，这就是著名的佛教的因三相(逻
244 辑理由的三个方面)的理论。印度其他各逻辑派别，除改革后的胜论，无一不攻击因三相理论。

这三相即是：

1)遍是宗法性(理由存在于比量的主词上，即存在于有法上)

2)同品定有性(理由一定存在于比量所知的相似品类上，即存在于有法之法的同品当中)

3)异品遍无性(理由一定不存在于比量所知对象的相异品类上，即存在于法之法的异品当中。)

---

① 以因明术语说，这种反常情形称缺无同品。这种情形之下的理由(因)是无法证成论题的。——译者

② NBT.，p. 21，10；(英译本)第 60 页。

③ 此基础又称宗中有法(论题的主词)，就其与后面所欲证明(probandum)的谓词——后陈——位置关系言，也称后陈。——译者

为了准确地说明这一表述式,法称运用了梵语的一个显著特点,将强调的小品词"just(正、恰,等)"与联结词或谓词结合起来。在第一种情况下,这使断定具有不可能不当下在场的意义[①];第二种情况下肯定了与谓词相异的不可能[②]。从而三相可这样表达。

1)理由(因)于主词(小词)中有,其存在**确有**,而非不有。

2)理由于同品中(相似例证)有,**只**存在于同品中,而绝不存在于所有异品(相异的例证)中。

3)理由由异品中排除,其存在**确非有**,其于异品中绝对没有。

显而易见第二条与第三条规则是相互蕴涵的,如果理由只存在于同品中,也就从异品中排出了。如果从异品中排除,它就只存在于同品中,虽说它并不必然地存在于所有同品中。尽管在正确的比量中,其中之一包含了另一条,但应将两者都陈述出来,在一

个错误的推理中,由于违反这些规则时常导致不同的结论。法称 291

还在每一条规则的表述中添了"必然的"一词。因而其最终形式应是:

1)理由(因)在主词全体中必然有。

2)因于同品中必然有;尽管不必于同品的全体中都有。

3)因于异品的全体中绝无。

若用含蓄简洁的梵文或藏文表达,则是:

1)于主词完全有。

2)于同品但有(即可)。

3)于异品绝无。

① ayoga-vyavaccheda.

② anya-yoga-vyavaccheda.

若理由不存在于主体(主词)之全体中,谬误随之产生。例如耆那教的比量(推理):"树有知觉,以有眠故。"即为过(有谬误过失)量。因为只有部分树木的叶到了晚上卷起来呈睡眠态,而非所有的树叶都能卷舒。

如果比量的规则要求理由应该存在于所有的相同品类中,那么反驳弥曼差派立量说"声是无常实体,勤勇无间所发故。"就是不正确的量。因为勤勇所生(意志所生)的东西只是非常恒物类的一部分,而不是一切无常类属。[①]

同一论式又以变化的形式加以陈述,即"声乃勤勇所发,无常故。"这是违背第三条规则(即"异品遍无"的——译者)的,因为"无常"特性同样存在于("非勤勇所发"的——译者)异品,如闪电当中。闪电是无常的,但却是非勤勇的(非意志所发的)。

如果第三条规则的措辞与第二条一样,即仅要求理由于异类中不有。[②] 那么比量"声是无常,由勤勇(意志)发动故。"就非正量,因为意志所发者并非只在异品中无,而且也在同品即无常的事类中,如闪电等。(闪电无常是没有疑问的,它便是"无常"之物的同类了,但闪电之上并没有"勤勇所发"因——译者)

显而易见,这第二条、第三条规则(即因之后二相原理——译者)相当于亚里士多德的三段论式中的第一、二格的大前提,而第

---

① 这里的本意是说正因(正确理由)本不必于同品上遍有。因而佛教对弥曼差立此比量并没有犯过失。——译者

② 即应该准许理由也在同品中有"非有(absent 或缺)"的情况。如果只准"异品非有",不许"同品有非有",那么正量(如这里举的例)也会成为邪量了。这里作者是主张三相不可缺少,相互配合的。——译者

一条规则是小前提。

前提的位置是倒置的，小前提占据了第一位置。而这一点符合我们知性在推理中的自然过程。推理首先是从一特例到另一特别例子，只是在更进一步的认识中才忆起那一般原理来。一般原则得到两次陈述，其陈述方式是肯定的与否定的或者称作换质位的形式（Contraposed form）我们后面谈到佛教三支比量时还要分析这点。

§7. 法称论关系

我们认为比量的建立在于 a）两概念或事实间的必然联系。b）这种联系的事实被归属于客观实在之点。前者相当于亚里士多德的大前提，后者指出小前提与结论的关系。依据佛教对待比 246
量的这种观点，关系问题具有首要的意义。因为比量不过是表明两事实之间的相互必然关系而这必然性又指向客观实在之点。推理中的三词项之间关系由因三相的理论确定。它们是每一逻辑理由应当满足的形式条件。但我们并未被告知，这种相互关系是什么，也不知道相关的对象及关系本身是否真实，它们是否籍我们的生起性想象才附加到对象上去。那联系事物的关系究竟是什么？是某物或根本是虚无？如果是某物，它必然代表相联的两个统一体间的第三者；如为虚无，那么两个被联系之物仍然是无关的，它们之间并无任何关系。佛教对此的答复是明朗的。关系是偶然随机的，亦即是说并非最终实在性。终极实在是不受关系约束的，是非关系的，它是绝对者。关系是我们知性的构造物，实质

上并不存在。[①] 但印度实在论者则坚持一个原则：关系与事物一样是实在的，可由感官现知的。乌地约塔卡拉说[②]："对象与其标志的联系是比量由以出发的第一步。"据他说，被联系的事实与联系都是由感官所认识的。

247 法称对此很为重视，除了在他的重要作品中顺便论及关系外[③]，还以一个有 25 颂的短论专门讨论了它。[④] 这个短论叫《观相续论》（Sambandha-parīkṣā）。在此论的疏记中，商羯罗难陀（Śankarānanda），外号大婆罗门的，指出了该论的目的和内容特点，"本论讨论实在性问题，它成功地有力地挫败了主张外部实在性的实在论者，与此相对，著者所认可的终极实在也得到了确立。"实际上，只要一切关系被取消，那作为终极实在的无关系者才显露出来。法称在其论首颂中指出结合或关系都意味着依赖。所以"从

① 见布拉德雷，《逻辑学》第 96 页——"如果关系是事实之间存在的事实，那么这种关系和事实之间又是什么呢？真相便是：统一单元一方和存在于这些单元之间的关系的另一方都并非实在的东西。"这听起来很像是佛教的思想，因而可译为如下的梵文 yadi sambandhinau madhye S̄ambandho kaścid vastutaḥ praviṣṭaḥ tat-sambandhasya S̄ambandhinoś ca madhye kòpy aparaḥ S̄ambandhaḥ praviṣto na vā (ity anavasthā); athāyam paramārthaḥ, sambandinau ca S̄ambandhās ca sarve mithyā, mānasas, te, kalpanikāḥ atad-vyāvṛtti-mātra-rūpāḥ, anādiavidyā-vāsanā-nirmitāḥ, aropita-svabhāvāḥ, niḥ-svabhāvāḥ, sūnyāḥ. 按照印度实在论者的看法，两事物之间的某一关系是另外一统一单元，也具有实在性和存在着。但此第三单元统一体（指关系）的两端和它所关联的两事实并无单独的存在性，它具有本质（svarūpa-sattā，本色有＝viśeṣaṇa-viśeṣya-bhāva 主谓关系），但并非实有共相（sattā-sāmānya）。

② NV. 第 468 页。

③ 指《量评释论》。

④ 《观相续论》，藏文大藏经丹珠尔部中有，著者自己作了注释，另有律天和商羯罗难陀（Śankarānanda）的疏本。瓦恰斯巴底在 NK 中分析了佛教的关系论。见 NK 第 289 页以下，其间插有一段《观察相续次第》（S̄aṃsarga-parīkṣā）。

最根本的意义上看，一切存在都并非真正的存在。”律天（Vinitadeva）在另一部疏中说诸如“与别它相关”、“依赖于别它”、“由别它支持”、“从属于别它之意志”等等都是可相互置换的用语。因果性，接触，内在因（和合性）及对立都是无自性的非实在。除了想象活动，并不存在这些关系的“负载者”。一个实在始终就是一个实体，它不能是一又是二。法称说道[①]：“由因果不同时有，于何关系能有？若因果分存两处，如何能成真因果？若因果不分存两处，如何能有关系？”[②]

因而，因果性是我们知性于实在上施设而立，是对实在的诠释，而非实在自身。[③] 筏遮塞波底[④]引述过一佛教徒的论点，此佛

教徒认为如以诸关系为实在，无异于买货物而不肯按量付钱的不 248
诚实商人。他们一方面声称要获取知识，却没有作为价钱而要交付给意识的知识形式。[⑤] 如果一事物是单独的统一体，它必须有可以赋予意识的形式，这形式就是表象。但离开了相关的事物，关系并无形式。所以，律天说[⑥]，就其依赖性言，关系不可能是客观真实的某物。他还说，关系也不可能是部分真实的。因为部分真

---

① 《观相续论》VII。

② 类似议论也可见于《集量论》II. 19 上。

③ 当然这里是指经验的因果关系，即两个知性构造的对象之间的因果性本身也是构造性的，作为点刹那的最终极之因果关系，我们已经知道了，并不是一种关系，因为它与最终极实在是同义词。

④ NK. 第 289 页，在另一处，同一著作还引述过同样的比较。参见 Tātp.，p. 269. 9。

⑤ 同上。

⑥ 同前注。

实就只能意味着它既真实又不真实。[①]“实在并没有部分。有部分者可以是真实的经验的(但不是终极的实在的)”。

因而除去最终极之个别或实在之点,无实在者存在。[②] 实在之点是最终极的原因。只有它是非关系的、独立于任何事物之外的。

§8. 两种依赖关系

但是比量与此最根本的独立且非关系的实在无关。比量的依据在于终极实在之作为基础与其表层结构之间的关系。“一切比量(一切理由与结论之间的关系)”,陈那说,“都立足于知性所构造的、基础(负载者)与其属性之间的关系,它并不反映终极实在性或非实在性。”[③]

既然终极实在是非关系的和独立的,其对应者,即经验的与想象的实在则是相互关联、相互依赖的。而关系并非两事实的偶然并存,而是一物在场,另一物必然也在场的共存,从而在每一必然关系中都有能依赖和所依赖的部分。一部分被紧缚在另一部分上[④]。一切经验的存在物都是依赖性的存在。从而,一事实之依赖另一事实,只有两种方式。或其一是另一的部分,或是其结果。
249 此外再无第三种可能性。这是依据二分原则的划分,排中律禁止

① NK.第289页,在另一处,同一著作还引述过同样的比较。参见Tātp.,p.269.9。

② 参见《观相续论疏》XXV。

③ 见Tātp.,p.127,2。

④ NBT,第25页。

假定有第三种并列项。这就给我们以两种基本的推理类型或比量。一是建立在同一律上的。我们可以称同一性为当存在两个相互联系的方面时，其一是另一的部分。二者都有同一个所指，其对象所指是一致的，它们之间的差别完全是逻辑上的。

另一类型推理依赖的是因果性。每一结果都肯定了其原因的前提存在。因的存在可以从果比知。但不能反过来说，从原因并不能绝对必然地断定结果。因为因有时不产生果。某些不可断言的情况总影响果的产生。[①]

前一类型的推理可由下列比量说明：

“此为树，是辛巴莎故。凡辛巴莎皆树。”

另一例子是：

“声无常，勤勇无间所作故。勤勇所作者皆无常。”

无常与勤勇是不同的属性，但却指向同一客观对象——声音。而辛巴莎与树木一样也联系到同一实在，它们之间的差别是排除性的差别（Vyāvrtti-bheda）。除了排除非树，辛巴莎还排除非辛巴莎的所有树。但两个词项所指向的实在者是一个。因而我们可以说，它们相互联系的基础是同一性，或一个同一的客观所指。

另外一个经常引用的范例是：

“此有火，以有烟故。无火则无烟。”

烟与火都并非由同一性而相互联系，因为这里的客观指向并 250
不一样。它们指向两个尽管必然相依却各不相同的实在刹那之点。我们既然明白，因果性只是相依缘起和相互依存，因而除因果

① 参见 NBT.，p. 40，8。

联系之外，再无别的真实的依赖关系。依赖性，如果不仅仅是逻辑上的，就是因果关系。

从而，我们的推理，或推理性的判断就分为依存于同一性的和非同一性的两种。[①] 前者意谓所指（对象）的同一；后者指因果性。这种严格的逻辑划分依赖某种二分原则。

法上说[②]，“判断中的谓词或被肯定叙述，或被否定……当其（经由某一徵象）被肯定时，（此徵象）或者与它在存在方面是同一的，或者若不同一时，便代表了它的（谓词的——译者）结果。两种情况下，都具有（因的——译者）三相。”即是说，两种情况下，都有必然的依赖关系。

§9. 分析的与综合的判断

从而可以看到佛教逻辑家们在考察比量时，涉及了分析与综合判断的问题。以经验为基础的或者说以因果性为基础的比量判断是综合性的，这点倒从未有什么争论。另外，历来承认有一种并非因果性为基础的判断，其中的谓词本身是主词的一部分，于是仅凭主词本身便足以推知谓词。究竟这种区分是否算穷尽呢？它的区分界限算得上明了吗？究竟这个问题是否符合康德的区分呢？我们现在且不去考虑。但在印度，比量是推理性质的判断，它

---

① 这里舍氏所说的两类实际是法称的因之类型分析法。他将因分为自性因，果性因，不可得因。前二者分别相当于舍氏的依存于同一性的与非同一性的两种。——译者

② NBT.，p. 21，18；（英译本）第 60 页。

将两个非常明白的又必然相互依赖的概念结合起来。这一点是已经充分指明了的。两个相依的概念或者拥有同样一个客观所指或者有两个不同的但却必然相互依赖的客观所指。此外，没有居中的第三者。乍一看，这种划分法仿佛从逻辑上说是无懈可击的。

严格地说，两种判断都是综合性的，因为知性自身及其判断力 251
只是综合的。辛巴莎树的概念是综合，树之概念是综合，它们二者的结合也是综合。烟、火及其联结的概念活动也是这样。理性只有在它以往曾结合过的地方才能分解。[1] 不过，一种情况下谓词是主词的一部分并且似乎由分析而从中抽出来的。而在另一种情况下谓词则并非主词之一部分，而只能附到主词上去，从而只有经验才可以发见它。

这种所谓的综合判断总是经验的，而所谓分析判断总是推理性的。知性有着双重作用，或为纯逻辑的，它将秩序与系统性赋予概念活动，或为经验的，借观察与经验建立因果联系。关于此处的因果性，法上说[2]："是通常生活中熟悉的概念。我们知道因果性来自任何果存在处有因的经验，并且也来自若无因也便无果的否定经验。"所谓分析性判断立足的同一性是不熟悉的概念，因而法称给它下定义说[3]："同一性是当主词自身单独足以作演绎时，推演一谓词的理由。即是说，当谓词为主词之一部分时，可以推出（该谓词）的理由。"从而我们可以说，这并非完全的同一，而是欧洲

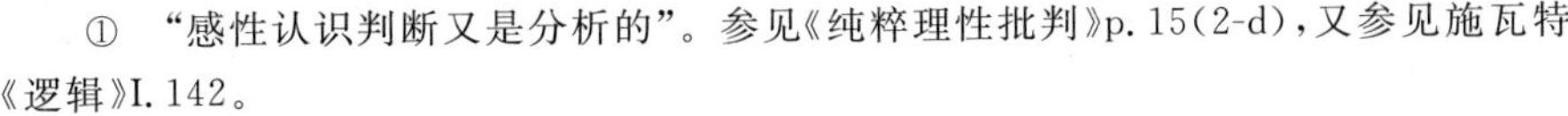

① "感性认识判断又是分析的"。参见《纯粹理性批判》p. 15(2-d)，又参见施瓦特《逻辑》I. 142。

② NBT.，p. 24. 11；舍氏译文 p. 67。

③ 同上。

哲学家们认为的局部同一。法上解释说[①]："那只被包含于自己的谓词中的逻辑理由是什么呢？这种谓词具有的特征是：只要理由之存在可以确定，则谓词也便存在。一个谓词的存在若仅仅依靠理由存在，并且除那作为理由的事实存在无须依据任何别的条件，它便是那种与理由不可分离的（并且可以分析性地从中推出来的）谓词。"欧洲哲学家，也包括康德对综合与分析的判断所作的讨论与佛教的看法的差别后面要加以评述。

252 §10. 最终的范畴表

据前面所说的，要给我们自己列一张佛教的最终范畴表，即列一张符合康德和亚里士多德的范畴表那样的东西并不难。

如前所说，知性的行动中所包含的综合作用总是双重的。首先它是个别感知与一般概念的结合，也是那概念中的多样性的综合。后一种综合，我们晓得是五种的。这五种最为普遍的范畴，多多少少相当于亚氏的十大范畴——如果我们将部分的对应与其包含物都算进去的话。这个范畴表也包含了逻辑的本体论方面的内容，它将存在分为一个共同的主体及其五类谓词。它在感觉判断中得到表达，其中五类名言被联系到这个共同的主体上。这就是所有谓词对待共同的主体的关系。

不过，知性的综合功能不只是安置在一个概念之下的多样性直观并将它联系到一共同主体上，它还要将两个或多个的概念联

① NBT.，p. 24. 16；舍氏译文 p. 65。

系起来。这种综合就不再是对多样性直观的综合，它是两个相互依赖的概念或事实间的综合。因而，除了最一般的名称表，我们有另一张最一般的关系表。这第二张表直接与比量相联系，因为比量是一种基于两个概念间必然关系的认识的方法，此两概念中其一为另一个标志。这点是佛教与欧洲的哲学范畴表的主要区别。名称表与关系表在佛教逻辑中是不同的范畴表，而在欧洲，名称与关系混合置于同一范畴表中。实体与属性的关系，或者更准确地说，第一实体与所有谓词的关系是最为普遍的关系，由于它与判断和知性本身接界，因而在自身中包含了两范畴表的各项。这种关系包括了所有种类的关系，它或为一概念及其客观所指的联系，或为两个不同概念的联系。

这样我们便有两个不同的范畴表，即关于可称名的事物的范 253
畴表和概念间关系的范畴表。

第一实体并不在范畴表内，因为它是一切范畴的共同基础(substratum)，它并不是范畴，而乃非范畴。其中也没有一般的属性，因为一般属性包容一切范畴。它与谓词或范畴是共存并处的。简单的属性是最终的感觉材料，它出现在“此为青”的感觉判断中，或更为准确地说“此点具青性。”复杂的属性是多种类的，例如在“此为牛”的感觉判断中——这等于说“此实在点被综合为有牛性者”。第二实体是形而下的第一实体。依据“具有牛性”之实在的类比，牛本身也显得是一实体，被认为具有“角性(horn-ness)”之类的属性。这种实体的例子，陈那称之为“角之具有者”或“有角的”，这些在我们看来将是所有形容词。从而我们便得到了下面的两个关于判断及其相应范畴的表。

判　断　表

Ⅰ

感觉判断(savikalpaka-pratyakṣa,分别现量)

1. 其数量——极端之单一(svalakṣaṇam adhyavasīyamānam)
2. 其质量——肯定一实在(vidhi＝vastu)
3. 其关系——符合(sārūpya)
4. 其模态——必然性的(niścaya＝apodictic)

Ⅱ

比量的(推理的)判断(anumāna-vikalpa 比量分别)

1. 数量——共相一般(sāmānya-lakṣaṇam adhyavasīyamānam)
2. 质量——肯定(vidhi);否定(pratiṣedha)
3. 关系——综合性的＝因果性的(kārya-anumāna)(果比量);
   分析＝非因果性的(svabhāvānumāna)(自性比量)
4. 模态——必然性的(niścaya)

254

范　畴　表

Ⅰ

同一个概念或名称之下的综合类别及范畴

1. 个别——专名(nāma-kalpanā 名言分别)
2. 种类——类名(jāti-kalpanā 名类分别)
3. 可感性质——性名 (guṇa-kalpanā 德性分别)
4. 运动——业名(karma-kalpanā 业性分别)
5. (第二)实体——体名(dravya-kalpanā 体性分别)

Ⅱ

(两概念间的)关系范畴

1

(对必然依存关系的)肯定(vidhi)

- 同一性＝非因果性(tādātmya)
- 因果性＝基础的实在的非同一性(tadutpatti)

2

(对假定的存在的否定)(anupalabdhi)

依据印度人在分类中列举根本项目的方法，只有三类关系，即否定的，自性的(同一的)和果性的(因果的)。其中不再列出从属的与派生的，而那包括自性与果性两者的肯定之下属也不列出。

§11. 范畴表中的各项是互相排斥的吗

这个范畴表是否符合逻辑划分的原则呢？它的各部分是否相互包含呢？其中是否与其他部分的论域重迭？划分是穷尽的吗？[1] 我们知道亚里士多德与康德在这方面是有漏洞的。佛教的范畴论如何呢？针对所谓的三个根本项即同一、因果和否定，法上问道[2]：“这些是比量所依据的种种关系。但何以我们只列三种 255
呢？其种类若是无穷的呢？”对此法称的回答是：“**推理(比量)认识或者肯定，或者否定；而肯定有两重，基于同一性或基于因果性的**。”这种答复等于说，既然分类是依据二分(dichotomy)原则而来的，那么其中两部分就是相互排斥的，其间并无任何别的东西。这里，排中律杜绝了任何(不穷尽)的错误。一切判断可以分为肯定与否定两种正是依照严格的逻辑原则而建立的。这是从亚里士多德时代就定下了的，他首先将这种划分法引入了判断的定义。因而将这样划分出的各项与别的划分法的各项并列是错误的，那样，它们各项的外延就会有重迭的现象。

肯定的判断又可以是分析的与综合的，换言之，即依据同一性

---

① 同一性和因果性问题，除参见《量评释论·第一品》及《正理滴论·第二品》，另可参见 Tātp.，p. 105 以下和《正理花饰》，p. 206，17 以下。

② NBT.，p. 24，13；(英译本)第 68 页。

的或非同一性的。后者，也就是那非同一的事实间的相互依赖或综合，只能是因果性的。因而可以说，同一与因果的划分，或与此相同，即将一切判断划分为分析的和综合的都依据的是二分原则，都必须由于其符合排中律而肯定逻辑上的正确性——如果分析与综合被放到佛教逻辑中的二分意义上来理解的话。法上坚持说，这种划分肯定是严格符合逻辑的。“判断中的谓词有时是肯定的，有时是否定的。既然肯定与否定代表了两种不相容的态度，它们各自的依据就必然是不相同的。肯定本身又只能是差异的或非差异的某物的(即指同一的或非同一关系为基础的——译者)。差异与非差异因为矛盾律而相互反对，它们(在判断中)的理由也就必然是不同的。”

我们切不可忘记那被称作同一者乃是客观所指的同一，或为外延同一的两概念之结合，或者其中之一为另一在外延上包容，但二者都联系于同样的一个客观实在上(所指同一)。两个概念可能并不相同，但其客观所指的对象可以是同一个。例如，树与辛巴莎
256 (树)的概念虽异，但它们所指向的(所共同依附的——译者)那个具体物则是同一的，是同一个东西。另一方面，一概念可能是同一个东西，或者概念间有不可分辨的差异，但它们所指向的客观实在是不同的。例如，这同一个辛巴莎在不同瞬间是不同的。照佛教说，两刹那间的辛巴莎是因果联系的但又是不同的东西。在火与烟的概念中，两个概念与实在之物各不相同。但同样的因果关系就像存在于烟之刹那和在前的火之刹那之间一样也存在于相继的两个烟之刹那之间。从而综合系指两个不同事物的综合，而分析则系指两个不同概念的综合。

以这种方式来解释的综合与分析判断是相互排斥的，同时，我们不能像欧洲逻辑中的处理方式，主张综合在多大的程度上为我们所熟悉，便在同等程度上成为分析性的。

从而便证明了佛教的范畴表中各部分是互不包含的，具有有序性和系统统一性的。有待检查的是该表是否穷尽。

§ 12. 佛教的关系表是穷尽的吗

法上问道[①]："再没有别的表示可靠理由的关系了吗？""为什么只有这三种关系（即否定、同一、因果三者）[②]才表明可靠的理由呢？"答案是这样的，依据法称：关系亦即依赖。"一事物只有在本质上依赖另一事物时，才能传达后者的存在[③]。"即是说，那作为理由的，作为比量基础的关系是必然相依的关系。法上解释道[④]："当某一事物的原因需要（综合地）被推论时，或者某一本质属性需要（分析地）推论时，那结果本质上说依赖着它的原因（而那分析地推论出的）属性本质上依赖它据以从中推出来的概念。这两种关系都是本质的依赖。"姑且不谈（否定的）不可得关系，它所依据的特殊原理我们后边再讨论。只有两种必然的依赖关系。它们或者是具有同一个客观所指的两概念的逻辑上相互依存关系，或者，假
如它们的客观所指不是同一个对象，便是两个真的事实（其中之一 257

① NBT.，p. 23. 3j；（英译本）第 69 页。

② 汉译有称作不可得、自性、果性三种因的。——译者

③ NB.，11，20；（英译本）第 69 页。

④ 同上。

为另一个的结果)的相依赖。这结果必然依存于它的因。因果性对佛教说不过是相依缘起。除了这两种依赖关系,逻辑的和实在的,不存在别的依赖关系。

对于佛教的这两点主张,印度的实在论者加以斥责。他们不承认存在着基于同一性的分析性判断,也不承认一切必然的综合性判断是因果性建立的。按照他们的说法,这个分类并不是穷尽的。首先,那依据同一性的分析判断就不存在。当两个概念同一时,其中之一不可能成为推导出另一个的理由;这样的演绎毫无意义。如果要驳斥这样的说法——实在是一个,而附丽其上的概念有不同,那么,实在论者会说,假如概念不同,那相应的实在物也不会相同。"如果概念不是实在的,它们就不能成为概念。"[1]"塔鲁是毗喀莎"[2]的判断是基于同一性的,而判断"辛巴莎是树"则不能基于同一性,因为辛巴莎与树对实在论者说来是不同的实在,两者都是在经验中认知的。经验显示给他们树在辛巴莎上的不变共存性和内在性。

并非任何实在的关系都可以追溯到因果关系上。存在着大量无矛盾的经验所确定了的固定关系,它们并不能归结为因果性或同一性。例如太阳的升起必然地会联系到前一天的日出;月亮在地平线上露出一半必然联系到另一半的被遮蔽。月亮的升落必然与潮汐有关。所有这些都是并非基于因果性的不变遍充关系(vyapti 共存关系)[3]假如我们体验到某物的香味便可推知它的

① Tārp. ,p. 108 24.

② "塔鲁"(taru)和"毗喀莎"(viksa)是同一种树的异名。

③ 参见普拉夏斯塔巴达书第 205 页 Tātp 第 107 页。

颜色,[①]因为我们凭经验知道这种香味总与某种颜色是具共存 258 (vyapti)关系的。这种不变的联系并不就是因果性,因为两种现象是同时的,而因果关系指的是必然的结果。佛教回答说,所有的关系均可追溯到因果性上,问题是要正确地理解因果关系。确实,每一味觉材料刹那都依赖一在前的这种材料所由以组成的视觉,触觉及别的材料的复合体。那与香同时俱存的色只是经由在前的刹那之中介——其中视、触及别的感觉材料代表了原因的复合——才与香在相依缘起的功能上联系起来,色的刹那在香之后生起。实在论者之称作物质材料的,对佛教说来是诸刹那感觉材料的复合体。因而经过香而推知色实在地是以一共同因的同时生起作用为基础的。从微观方面说,佛教认为因果性是点的结果。任一真事物都可分解为点刹那之相续,而每一随后之点都必然依存在之前的诸刹那之复合。每一真实物都从属于这种根本的因果性,或称相依缘起性。对此好像瓦恰斯巴底作了间接的让步。[②]他说,"从有某味而推知色是凡夫所为。他们的肉眼(即粗糙的感

① A. Bain 教授倾向于将因果关系视为真实的单元之间的一致性关系。他说,(参见《逻辑》II. p. 11)"共存的一致性当中,很大一部分可追溯至因果关系。究竟是否有不可作如此追溯者还是有待观察的"……"它们都是从先前的某种安排而开始的因果性结局。"另外他还说(同前出处,第 52 页)"在联结起来的属性类别中,也许有无因果关系的共存(coexistence)法则。"所谓"联结起来的属性"很类似于两个概念的"共同内在的属性"或"同一的所指"。因而 Bain 教授尽管不那么信心十足,但仿佛接受了两种相互排斥的关系模式:所指(所依附的)同一性和因果性(tādātmya-tadutpatti)。他还引述了一个(见前引书第 52 页)例子来说明红色与无芬香的共存(=gandhābhāvād rūpānumānam),这与佛教对由香味推知红色(rasād rūpānumānam)的解说很相似。参见 Tātp. p. 105,18 以下。

② Tātp. ,p. 107. 18 以下。

性）尚不能区分终极真实的点刹那之差异，而批判的哲学家们[1]又不被容许越出经验范围并改变确定的现象的迁就自己的观念。[2]因为，如果这样做，他们就不再是批判的哲学家了。”[3]这话听起来像是间接承认了，对哲学家，所有真实的相依都必须最终归结到因果性上。佛教作结论说，由于每一事实只有必然相依于另一物
259 时，才会传达出后者的存在（意义），而任何真实的相依都是因果性，因而除了依据因果性的判断再无任何综合的及必然的判断。从而将必然关系划分为依于同一性基础的与依于因果性基础的两者应是穷尽的划分，“因为”，法称接着说，“当一事实与另一事实既非存在的同一，又非该事实的产物时，它们也就没有必然的依赖（关系）。”

法上补充道[4]，“既非存在上的同一，又非某一确定事实的结果的事实并不必然地依赖这另一事实，后者既不是它的原因，从存在方面看，也不是同一个实在。正因为如此才说除了因果与同一，不存在别的必然关系。如果有某种东西会被别的既非其原因，又非本质与之同一的实在所规定制约，那么（除了所指的同一性及因果性规律之外），一种必然联系只能依赖另一种关系。必然的，或本质的联系事实上指的是相依的存在。而既然除了作为某物之果的状态以及在存在方面（而非逻辑方面）与某物同一的状态这两者之外，再无别的可能的依存，则某物的依存（及它的必然共存或遍

---

① 指所谓经量—瑜伽部的佛教思想家。——译者

② 或者为“以迁就物自体的理论”，“自相”（svalakṣaṇa）在这里有两个意义。

③ 同前注 p. 108. 14 teṣām tattva(＝parikṣakatva)anupapatteḥ。

④ NBT.，p. 26. 22 以下；（英译本）第 75 页。

充关系）只有在两种情况下才可能，或者它是某一确定原因之果，或本质上，它是那同一实体的一部分。”

因此，判断之分为分析与综合，必然有赖于关系之分为因果与存在之同一。这一划分是穷尽的，只要我们将综合判断理解为因果的或经验的，即是说，从综合的概念中剔除先天联系。[①]

§ 13. 共相一般与必然性判断 260

法称[②]说：“经验无论其为肯定的还是否定的（darśana-adarśana）。都不能产生关于那种不可分的（avinābhāva-niyama）联系

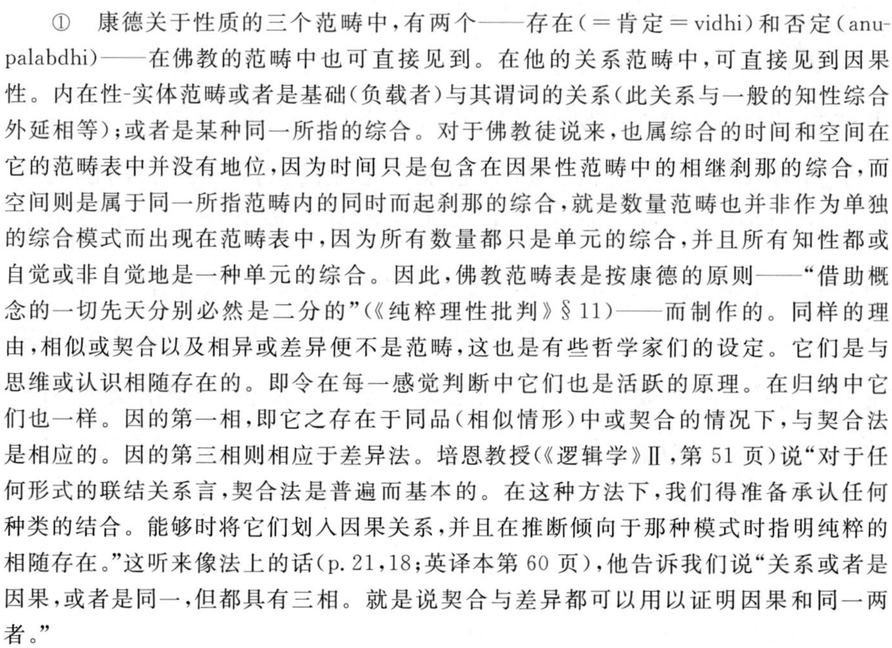

① 康德关于性质的三个范畴中，有两个——存在（＝肯定＝vidhi）和否定（anupalabdhi）——在佛教的范畴中也可直接见到。在他的关系范畴中，可直接见到因果性。内在性-实体范畴或者是基础（负载者）与其谓词的关系（此关系与一般的知性综合外延相等）；或者是某种同一所指的综合。对于佛教徒说来，也属综合的时间和空间在它的范畴表中并没有地位，因为时间只是包含在因果性范畴中的相继刹那的综合，而空间则是属于同一所指范畴内的同时而起刹那的综合，就是数量范畴也并非作为单独的综合模式而出现在范畴表中，因为所有数量都只是单元的综合，并且所有知性都或自觉或非自觉地是一种单元的综合。因此，佛教范畴表是按康德的原则——“借助概念的一切先天分别必然是二分的”（《纯粹理性批判》§ 11）——而制作的。同样的理由，相似或契合以及相异或差异便不是范畴，这也是有些哲学家们的设定。它们是与思维或认识相随存在的。即令在每一感觉判断中它们也是活跃的原理。在归纳中它们也一样。因的第一相，即它之存在于同品（相似情形）中或契合的情况下，与契合法是相应的。因的第三相则相应于差异法。培恩教授（《逻辑学》Ⅱ，第 51 页）说“对于任何形式的联结关系言，契合法是普遍而基本的。在这种方法下，我们得准备承认任何种类的结合。能够时将它们划入因果关系，并且在推断倾向于那种模式时指明纯粹的相随存在。”这听来像法上的话（p. 21，18；英译本第 60 页），他告诉我们说“关系或者是因果，或者是同一，但都具有三相。就是说契合与差异都可以用以证明因果和同一两者。”

② 引自《量评释论》（I. 33）；另见 Tātp.，p. 105. 13 和《正理花饰》，第 207 页。

的严格必然性（的知识）。这（种知识——译者）永远依赖的是因果律[①]与同一律[②]。”这等于说，经验无论其为肯定或否定，都只给我们的知性提供构造概念的材料，但就其自身言，可感的经验仅是一大堆混乱而无秩序的直观。除了构造概念，知性将它们安排，赋予它们秩序和统一的系统性。它或在垂直的深度上，或在水平的广度上安排这些材料。从而知性生成了按垂直方向安排的作为因果的一一实在的片断，并且产生一稳定的相互区别开的概念的系统，但此诸概念又由同一所指的法则结合起来。法称并未提到矛盾律，但显然他暗示它是作为所有否定判断的原则。从而、矛盾律、因果律和同一所指的规律便是知性根本具有的三个规律，它们并
261 非来自经验，而是先于经验并使之成为可能。从而它们免除了经验的偶然事件，成为必然与普遍的真理。

实在论者不承认这些，他们否认知识的普遍与必然。他们也不同意知性可以分解为一定数量的基本而必然的原理。一切知识都来自必须审查的经验。然后它能产生相当可靠的规范性，但我们无法担保我们的一般知识不受新的意外的经验干扰。既然我们的一切知识均来自经验，我们便无从建立穷尽的关系表。关系如同生命，其种类与数量都是无法计算的。[③]“因此”，筏遮塞波底说[④]，“究竟（一种被观察到的结果的一致性）是否并非由某种特别的（附加的）条件引起的，我们必须小心加以调查，而如果我们并未

---

① kārya-kāraṇa-bhāvo niyamakaḥ.

② svabhāvo niyamakaḥ.

③ sambandho yo vā sa vā 参见 Tātp. ,p. 109. 23。

④ Tātp p. 110. 12.

发现什么，我们才可以作出结论说它并不存在。要确定那被观察到的一致性，这是唯一的方法。”

从而我们看到印度哲学中也有类似欧洲哲学的关于真理来源的讨论。实在论者与观念论者的论争围绕着这样的问题：作为纯知性的我们的知性能力自身是否代表了 tabula rasa（白版），即：经验将在它上边描述对象与关系的白纸呢？还是，它只是先于经验的一种主动能力，自己具有一套将直观的复多材料结合起来的原则。用印度哲学的术语说，等于问，究竟一般的正确认识与个别陈述中的比量代表了一种纯然的（可譬之于灯光[①]，与对象无关而只是碰巧照亮了对象的）光呢？还是，认识特别是逻辑推理与那被认识的对象必然相联系呢？在后一种情况下，知性必然由某些确定的原则构成，后者不像感性经验一样地随机偶然；它们必然先于那经验并必然使经验成为可能。这种情况下，我们的知识就有两个来源，其框架由知性提供并且是一定数目的基本原则；其内容将是感性经验的偶然材料。印度哲学中的正理、胜论、弥曼差和耆
那都坚持实在论的观点：知性从初始状态看，是可以譬之于纯然灯 262
光的白板（tabula rasa），在经验未进入而以多少是偶然的事件及规则填满它之前，知性并不含有任何表象，理性中也没有既定的原则。

另一方面佛教则坚持说存在着一组并非由经验的灯所照显的必然原则，而知性自身就像这样的灯。矛盾律、同一律、与因果律是知性在开始搜集经验之前预先要用来装备自己的三件武器。如

① pradīpavat 参见 NBT.，p. 19,2,25,19,47,9；另参见筏遮塞波底书 p. 2,4。

果我们在经验之先并不能确信，我们见到的烟必然有一原因，或者准确些说，每一烟之瞬间必然有赖于在前的诸刹那，我们断不能从果的存在而推知有火。脱离那全知的存在[①]，无人可作任何比量推理。如果像实在论者说的那样，辛巴莎与树是两个实体，它们在同一负载基础上的俱时的内在因果是由偶然的虽说并不矛盾的经验所揭示的，那么任何离开了全知者的人也不能够说辛巴莎必然地并且永远地是树[②]。尽管青色与非青是偶然的经验所揭示的，但我们在未见颜色之前就知道同一对象是青者绝非非青却是确定无疑的。

从而，我们具有普遍的与必然的真理之此一事实内在地联系到：我们具有先于经验的认识的原则；我们具有数目确定的（不多也不少的）范畴。

§14. 纯知性的使用界限

但尽管矛盾律，同一所指律，和因果律是我们的知性根本具有
263 的，尽管它们在根源上就独立于任何感性经验，但知性原则的活动范围并不能越出经验界限。如果有这样的对象，因其本质而处于每一可能的经验之外，它们是形而上的，就"其所处的时间，方所，

---

① 这里的"全知存在"指先验的知识条件。——译者

② 或者另举一例，没有人能坚持直线必然地永远地是两点之间的最短距离。在普遍性判断中的主词与谓词当然并非依据因果性而是依同一所指的法则结合起来的。一切数学上的判断都以同一所指律为基础。从感性经验我们知道了直线和最短的距离，但判断"这是最短距离，因为它是直线"则是必然性的，不属于偶然的经验。就它并不基于因果性而言，它是分析性的。

领有的属性言，都是不可企及的”。那么纯的理性也无法认识它们。法上说[①]：“它们（这种形而上之对象——译者）与它物的矛盾关系，因果依存性、种属关系（或称同一性的所指关系）都是不能确定的。因而也就无法确定，与它们相对立的（矛盾的——译者）是什么，因果性方面与它们相联系的是什么。因为这理由，矛盾的事实，原因与结果，只有经常被观察到之后才适合被加以否定和肯定……（相互依赖的）概念的矛盾性因果性和种属性（在每一个别的事实中）都必然地基于感觉材料的不可得（non-perception 非感性）。”即基于肯定的与否定的经验，基于现知与非现知。

至于因果关系，只有当它为五种连贯性的现知及非现知的事实所证实时，关于因果关系的具体情形才为人所了知。这五者是[①]：

1）果不可得（对果的非现知）如烟被生出之前（便无从感觉）。

2）对烟的现知，在当——

3）它的因，即火，被感觉到时；

4）烟的不可得（对烟的非现知），在当——

5）其原因火并未被现知时。

因而 a）就结果言有两种（1 及 4）不可得和一种可现知（2）；b）就原因说，有一种现知（3）和一种不可得（5）。

那构成因果关系的事实，我们通过现量或现量判断来认识；但它们之间的因果联系，我们只有在比量判断中或关于遍充性的判断中才得以认识，因为因果性本身，亦即因果关系并不能经感官而

① 参见《正理花饰》p. 205. 22 以下。

进入头脑，它是我们知性由于其本性而添加的。法上说[①]："当一
264 个结果产生时，我们并未真正体验到因果性自身（作为可感的事
实），但是，真的果的存在总预定了因的存在。因而，这种关系才是
（间接地）真实的，"即由理智依据某种实在的基础而构造出来的。
而因果性的原则本身是知性根本固有的。法称以其有名的偈颂表
达了上面译文的意思。该颂常常被人引用。[②]

§15. 比量观的历史轮廓

逻辑学在印度是从辩论学（tarka-śastra）中发展起来的。比量是辩论学中的一种论证方法，但其作用并不重要，它消失在公开辩论时使用的诸技巧中。它的地位的提高正好伴随着它在辩论术中地位的下降[③]。小乘佛教似乎并不知道推论式或推理。随着印度各哲学派别各自的经典系统形成的新时期到来，它们大多将推理（比量）作为一种知识来源吸收到自宗学说中。这段期间，我们发现有两派依据相冲突的理由，但都同样否认比量之作为真知来

① NBT.，p. 69. 11；（英译本）第 192 页。

② 《量评释论》（I. 33）另参见第 260 页。

③ 印度的推理和推论式的起源必然是土生固有的。说它是外来的遗产没有任何确凿证据。它之作为知识来源（pramāna）之一种的全部观念从一开始便具有认识论特征。S. C. 维迪雅布萨那认为（《印度逻辑》第 497 页以下）有亚里士多德的影响（"当时亚氏的著作为人们广为传播"），但他又认为，对《分析前篇》（Prior Analytics）的不同部分的介绍"一定是逐步进行的，因为它们不能不有一个融入并与印度思想和语言和谐的过程。"尽管希腊与印度可能有学术交流，但我似乎觉得印度学说是有自己的发展路线的。其间相似可以通过主题本身来说明，而差异分化则可以征之印度思想立场的独创性。

源。一是正统哲学中的弥曼差,因为他们以为无论现量还是比量都不可以作为宗教责任的认识来源[①]。再就是唯物主义者,他们 265
又认为只有现量才可以提供知识。[②] 处于这两种极端之间的是陈那时代之前的正理—胜论派和数论哲学。他们都有自己的比量定义并以它作为知识的第二来源。佛教方面参加这一运动的是世亲,他在《论轨》中第一次提出了佛教的比量定义,所有这些比量定义,包括从陈那的老师世亲开始的定义直到正理、胜论和数论以及弥曼差的否定态度都遭到了陈那的猛烈攻击。正理派的定义是[③]:"由现量在先的认识,"它被解释为第一步是"对理由和结果之间联系的认知"。[④] 数论坚持说[⑤]比量是"当某种联系被感知时,(依据)另一事实的证明便是比量"。胜论的定义只是简单地说比量由对象的徵象(标志)所产生[⑥]。最后世亲在《论轨》中定义说"彼乃与另一对象有必然联系的某一对象的知识,前者是人(从现量感觉)所了解了的"。[⑦]

陈那从用语表达精密的角度批判了这些定义,[⑧]并针对它们

① 《弥曼差经》(I. 1. 2)晚期弥曼差如枯马立拉等认为比量是从个别向另一个别的步骤。

② 一位叫 Purandarà(普兰德拉)的人试图证明唯物论者的主张的合理性,他说,他们仅仅是否认在形而上学和宗教中超世间地使用比量,但佛教反驳道,佛教徒也承认比量只是经验知识的来源的。参见 Tsp.,p. 431. 26。

③ NS,I. 1. 5.

④ 参见 NV,p. 46. 8。

⑤ 这个定义陈那引述于《集量论释》(I. 35)中;并且 NV(p. 59. 17 以下)有重述。

⑥ VS,IX. 2. 1 laingikam=rtags-lasḥ byuñ-ba.

⑦ 《集量论释》中引述;另见 NV,p. 56. 14 以下。

⑧ 《集量论·第二品》第 25—27 项是驳《论轨》的,第 27—30 项驳斥正理派,第 30—35 项驳胜论,第 35—45 驳斥数论,第 45 项以下驳斥弥曼差派。

266 而提出一条总的原则:“关系绝不可能现知[①]。”比量所涉及的是概念,亦即一般共相,“而共相不可现见”[②];它不可能经感官而进入我们的认识。这种观点是将感觉认识当作纯感性活动导致的结果。感觉认识(现量)并非更年长的“或主要的知识来源”[③],比量就其等级和重要性言,并非从属于现量知识来源。两种知识手段是平等的[④]。这里的比量意味着与感性相对的一般知性。仅有感官并不会产生确定的知识,胜主慧说“只有外道才主张感官会生成知识”。另一方面,仅有知性而要产生任何关于实在的认识,也是无能为力的。两种来源单独地看都是无能力的,而合起来则同样有效。但是知性或者其中包含了先于经验的知性原则的比量,具有使我们认识必然性真理的可能性。这似乎已经是陈那的观点,但他并未来得及明确如此表述,以后的法称才完成这个工作。陈那反对正理派的主张,即我们如果认识到原因,便会知道结果,从而我们可以从现存的原因了知未来的结果[⑤]。他说:“结果并非由现存的因成立的,此因可以是现存的,但会受到某种妨碍,另外次一等的因(即缘,又称条件——译者)可能失效,如此,则果就不会

---

① 《集量论》(II. 28)——hbrel-pa dbaṅ-bas gzuṅ-bya-min = na sambandha indriyeṇa gṛhyate(关系非根得),这与康德的说法是一致的(《纯粹理性批判》§ 15)——“任何多样性事物的关系不可能由感官进入我们的认识。”

② 同上注(II. 29)——spyi mthoṅ-ba yaṅ min=na sāmānyam dṛśyate。

③ pratyakṣam na jyeṣṭham pramāṇam, TSP. ,p. 161. 22.

④ tulya-balam 见 NBT. ,p. 6. 12。

⑤ 从这种立场出发,未来是不可认识的。参见《广博纯净疏》(第 124 页 2. 3),另见 NBT. ,p. 40. 8(英译本第 108 页),当我们认为是对未来作陈述时,只不过是因果律的间接结果,换句话说,此因果律规定每物都依据它的诸原因。结果必然地依赖其原因,但原因并不必然地产生果,因为不可预料的妨碍总是会干涉(结果产生——译者)的。

产生了。”[①]陈那也反对数论所确立的“不相容(相互破坏)”关系的 267
理论[②],例如我们可以从某处的獴多而推知该地无蛇。陈那对此反驳说,蛇也有可能战胜獴的,从而这种比量就会是错误的,但是从有所生的原因去推知无常性则是可以的,[③]因为这种关系是基于同一原理的,如同我们依据因果性原理而由果推知其在前刹那一样是确定的。

除了这些基本分歧,非佛教诸派中,胜论最为接近佛教。这从他们关于比量的定义及分类可以看出。[④] 他们都承认四种关系:因果性,同一基础(负载者)中的和合性(内在因)、简单的结合(简单之伴随性)及反对关系或称否定性。如果将内在因(和合性)理解为同一所指并将结合关系省略,胜论的关系分类便与法称的没有区别。或者说结合性是多余的,或者它使另外三个范畴成为多余。但瓦恰斯巴底认为,四种划分的目的是完整而详尽的,因为四分的各项都相互排斥。[⑤] 陈那记录了[⑥]其时代的胜论对知性的概括活动步骤——即从一个特殊例子向一般前提的运动——的解释。胜论认为这是一种超自然的直觉。显然这只是因为它无法从

① 《集量论》(II. 30)——rgyu-las ḥbras-bu ḥgrub-pa min = na kāryam kāraṇāt sidhyati。

② ghātya-ghātaka-bhāva。

③ 同上注引书。

④ 正理派自己对三种正理分类(pūrvavat 有前,śeṣavat 有余,sāmānyatodṛṣṭa 平等三种关系)加了解说。参见伐差耶那《正理经疏》第 18 页,陈那在《集量论》(II. 26 以下)中驳斥了正理见解。《集量论释》同样的地方另外提到数论 7 种关系划分,也见 Tatp.,第 109 页。这完全是偶然的,因为数论这一时期的著作中都未留下对此的记录。

⑤ Tātp.,p. 109. 12——cāturvidhyam tv iṣyate.

⑥ 《集量论释·第二品》。

经验中得到解释。不过最终胜论还是放弃了关系具有确定数量的看法。普拉夏斯塔巴达说[①]“如果《胜论经》提到因果性，那只是为了举例。他们并没有开列范畴表的意思。何以呢？因为经验证明别的关系也是可能的。诸如，当辅祭（adhvaryu）发出‘唵’的声音时，表明了大祭师在场，尽管他并未看见大祭师；月亮的升起是潮
268 汐的象征……；夏日里池塘中的清水与阿伽陀（Agastya）星的升起是有关的。所有这些例子都在提到四种关系范畴的《胜论经》中，（尽管他们没有具体地归到某一类别中去），因为该经的意思并非开出详尽的关系表，而只是指出（并示例说明）一般的共存伴随关系。”

一旦意识到了经验在某种程度上总是偶然的，它们自身并不能提供必然的真理，也给不出确定种类的关系时，那种试图开列一张详尽完整的范畴表的企图自然被放弃了。

普拉夏斯塔巴达的话间接说明，早在陈那时代就曾有过争论，讨论是否真有某种不能追溯到因果性上的关系问题。不过，虽然陈那头脑中可能已经有了我们在法称那里才看到的清楚的关系分类，陈那本人的确未对它们加以规范论述，而将这工作留待他的高足去完成。两代哲学大师中间有点波折，陈那的门人自在军（Iśvarasena）否定我们认识中有严格的必然与普遍的原则。他认为[②]，任何缺少

---

① 大班智达自在军的看法，释迦慧在自己的注疏中提到过，贾曹杰在他的《解脱道》（Thar-lam）中也引用过。他主张说，凡夫（tshur-mthōn-ba-rnams＝arvag-darśinaḥ）绝不可能认知那异品中完全不在的理由；对于一般的大前提总有例外的可能的。这种看法被驳斥在六种情况下站不住脚，它们同《正理门论》和《集量论》中的段落是冲突的，不过，慧相护似乎又返回到了这样的见解，即主张必然性的真理是超自然的直观才能发现的。参见本书第二卷第 130 页底注。

② 所以很显然，无著的 Uttaratantra（《究竟～乘宝性论》）和其他著作中就已经有的 svabhāvānumāna（自性比量，自然比量）与法称的这个术语意义并不一样。

全知的存在者（未成正觉者——译者）都不能具备普遍与必然的知识。在这一点上，他与胜论是志同道合的。他明显地表现出他并不相信陈那的著作中会有后来法称发现的理论内容，因而只能等待后者（法称）去清除这方面的疑惑并最终建立佛教的关系范畴表。

§ 16. 欧洲的类似理论 269

佛教逻辑当作比量的，在欧洲哲学中部分地视为判断，或命题；部分地视作推论式。陈那严格地鲜明地区分了“为自比量”的推理认识，与“为他比量”的推理论证形式。后者我们将会看到是一种完全形诸语言的归纳演绎推理。它根本不是认知过程，它之能称作知识的来源（量）只是比喻的说法。①

另一方面，许多被欧洲逻辑视为直接、不完整的明显的推理(enthymema)的东西，佛教徒又认为是正当的比量。首先那运用于因果之间的条件命题在欧洲或者被当作判断或假言三段论，或者是直言推理。如果有一果，则必有一因；如果其因不存，则其果必不会有。德·摩根(De Morgan)认为：“这种将假设与必然结果联系的思维规律是有特色的，可以认为它较三段论更为基础并且被运用于三段论中，而不是相反。”后面我们将了解到，这也正好是佛教的观点。理由也就在于：三段论是对观察到的因果系列的演绎性表述。我们的推理思想活动有一半是基于因果律的，而相应

① NBT. III. 2.

的判断在无法直接感知的那部分总是推理性的。培恩(A. Bain)教授说道:“当一事物是另一事物的徵象(标志)时,这同样的条件形式终归是靠得住的。”即是说,“不仅是果为因存在的标志时,而且在除果之外的其他标志也……始终同那另一对象联系一起时(这同样的条件形式总是有效的)”。既然一切推理与推论式都可归结为“一物为另一物徵象”的事实(nota notae 事物属性之属性),我们便可以这样解释培恩教授的话:它暗示出一切推理都或是因果性的或非因果性的。而这如我们所知,正是佛教的看法。通过一事物的徵象(或标志)认识该事物在欧洲逻辑中被看成是三段论推理式依据的公理(nota notae est nota rei ipsius 事物属性之属性即该事物自身之属性)。这里的公理显然意味着我们的头脑在每一推理认识中具有的根本特性。从而可以说,如果我们不是
270 称之为公理,而称为比量(推理)的定义并将它与三段论推理式相区别,那倒更为正当得多,后者正是陈那的态度。

至于判断与推理的分界线,印度与欧洲所确定的标准并不一样,既然判断,综合和知性是等值的同义词,一切推理便都属于判断项之下。不过判断或者可陈述一事实,或者是陈述两事物间的必然相依关系。前者总可归结为感觉判断,后者则为推理。陈那的主要原则是划分感性与知性,他分别了纯粹感知,感觉判断以及推理。陈那的真实目的是分别感性与知性,但出于顺从传统的方式,他将它们分别置于现量与比量(sense-perception and inference)两项当中。当康德说知性的种种行动中都有综合时,他表述道[1]:“或

① 《纯粹理性批判》§ 15(第二版)。

者是对直观中的多样性的联结，或者是对几个概念的联结。”这里他无意中暗示了两种截然不同的综合——多样化的直观在一个概念中的综合以及两个相互依赖的概念的综合——当中，知性活动是不同的。

欧洲逻辑将判断定义为两概念间的称谓关系(即综合)。这种判断的通常形式，从印度哲学的眼光看适用于比量判断和三段论式。事实上，三段论的大前提中，总表述了两个概念(中词与大词的)相互依存关系。对这两个概念说，它们的基础就是小词。这点是不加说明就能懂得的。它是一切谓词的主体，一切事物的第一本质。这样一来大前提真正能包含整个推理。当培恩说[①]“肯定一个一般命题时，也就穷尽了真实的推理”时，表明的就是这样的意思。当我们说：“人都是要死的”时，我们作了最为牵强的推理，犯了最为严重的“轻率归纳(inductive hazard)”毛病，关于普遍判断的这种鲁莽行动，数论解释为超人的直观(对此，自在军是他们的同道)。但陈那与法称另有解释。

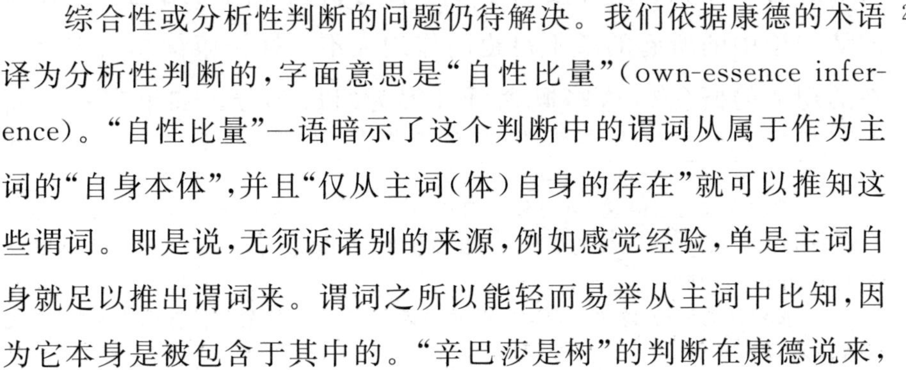

综合性或分析性判断的问题仍待解决。我们依据康德的术语 271
译为分析性判断的，字面意思是“自性比量”(own-essence inference)。“自性比量”一语暗示了这个判断中的谓词从属于作为主词的“自身本体”，并且“仅从主词(体)自身的存在”就可以推知这些谓词。即是说，无须诉诸别的来源，例如感觉经验，单是主词自身就足以推出谓词来。谓词之所以能轻而易举从主词中比知，因为它本身是被包含于其中的。“辛巴莎是树”的判断在康德说来，

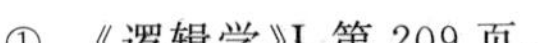

① 《逻辑学》I，第 209 页。

就是最为典型的分析性判断。因为，实际上，它意味着“那棵辛巴莎树是树”。

既然所有一般的知性活动及所有特殊的判断都是综合性的，那么，分析性的判断就似乎成了它的矛盾之称谓(contraditio in adjecto)。事实上康德也并未将分析性判断当作新知。[①] 它是我们知性的第二等的行动，它将我们已经联系起来的东西分解，然而又在一个完全没有认识价值的判断中重新结合起来。[②] 康德说：“因此分析性的肯定判断是那种谓词与主词在其中被认为靠同一性联系起来的判断，而另有一类其中被认为无此同一性的联系的判断，它们可以称为综合性的。”试将这段话与法上所说的加以比较。[③] “肯定(即那被断定的谓词)或者(与主词)差异或者与主词同一。”那所谓的分析性判断是综合性的，但却以同一性为基础。那纯粹的综合判断则含有无同一性的综合。这里印度与欧洲的逻辑观点甚而在术语上也是契合的。

只是同一性一词的内涵意义对康德说来并不完全等同佛教逻辑的意思。而且它对印度哲学中所谓分析判断的作用也与其在欧洲认识论中的所起的微不足道的作用大不一样。康德相信先天存

272 在的现成的概念[④]，这些概念可分解为组成部分。如果有一个新

---

① 按印度人的术语说，纯的分析判断 anadhigata-artha-adhigantṛ 的意义上也并非是量(知识来源)。而无著的著作中，自性比量(svabhāvānumāna)也不是与果比量(kāryānumāṇa)并列的。

② 按罗素的说法，除了哗众取宠的演说者，没有人会反驳分析性的判断的，参见《问题》第128页。

③ NBT.，p. 24. 20；(英译本)第63页。

④ 尽管他说道，如我们先前并未将它联结起来，我们便不可能向自己展示出它是联结在对象中的(《纯粹理性批判》，第二版，§ 15)。

东西被附加到这样一个概念上，便是综合的判断，例如，“一切物体皆重”的判断。“重”并不包含在原来的“物体”之概念中，而是后加上去的，从而有了新的知识。但是对佛教说来，那可以加到一个现成概念上去的旧有的特征和新的特征都由包含在该概念统一体中的同一性结合起来。两个非同一的概念之同一在于它们的客观所指的同一。辛巴莎与树就不是同一的两概念，但它们的客观所指是一致的。那同一个东西就可以既是树，也是辛巴莎。这种判断由于部分地相似于康德的术语，因之被我们称作分析性判断。“即令在这种场合，”法上说，[①]“即比量基于同一性（即基于客观所指的同一性）场合中，（仍有能依与所依两个部分）正是此能依拥有传达出另一部分的存在的能力。而所依——即另一个只能从属于它的部分——是那被推导出的部分。”

辛巴莎与树，尽管它们都指向同一的对象，但自身却不是同一的。它们互相依赖，从而有其中之一的能依部分，另一所依部分也就必然存在，而反之并不然。树并不依赖辛巴莎。有不是辛巴莎的树，而所有的辛巴莎必然是树[②]。

按康德的观点，“一切发生的东西都有原因。”这个判断是综合的，因为“原因的概念完全处于那‘发生的东西’的概念之外”而“绝没有包含在它的表象中”。这就与印度的观点完全不同。前面我

---

① NBT.，p. 26. 3.

② 康德说，“任何分析性的命题中，一切都取决于这点：在描述主体时，谓词究竟是否实在地被思维着”。法称会说（参见 NB. Ⅱ）“任何分析性的命题中一切都取决于这点：在描述主体时谓词必须并且可以被思想，因为逻辑地说，谓词是从这主体（主词）发展出来的。它的标准是逻辑必然，其证明有时则是很困难的。”

们充分证明了一切发生者，一切存在者必然有因；无因者绝不存在；实在是效能，效能是原因。就其是一个关于同一所指的判断
273 言，这判断是分析性的，因为那被称作存在的同一东西也就是称作原因的①。

5＋7＝12 这样的判断对于法称肯定也被当作分析性的。因为它也基于同一的所指。同一的东西指 12 这样的集合体，它可以以 5＋7 或别的分解法再加组合。

从这个意义上说，“诸法无常，无物常住”的判断也是分析性的。谓词完全不是在主词的表象中被“实在地思想”，而是逻辑地包含于其中，尽管证明这点可能是费劲的。这个所谓的分析判断非但不能忽视，它在我们的认识活动范围内还占据了几乎一半的位置。② 一种必然的结合如果不是基于因果关系，则必基于同一所指。此外不会有别的可能。必然联系若非同一性为依据，必以因果性为依据。因果性是一事物对别的事物的必然依赖。

“其谓词与主词的联结属非同一性的判断是综合性的”，康德说。法称则称它们为因果性的，因为联结在此意味着一事物对他事物的依赖，对非同一的事物的依赖。这样的必然依赖即是因果

---

① 康德似乎间接地承认说：“在发生了某物的概念中，无疑我在思考某种在时间上先存在的，从这里便可以推导出某些分析性的判断。”

② 按 J. S. 穆勒的解释，“一切人都是要死的”这一判断是将死之性的特征添加到人的概念上，而这是我们对于经验判断“一切人都是要死的”表示同意的结果，因为约翰、杰克等等都已经被发现死了。这将会意味着，尽管约翰、杰克已经死了，但绝不可以肯定阿尔弗雷德就不会不死。照佛教的说法，这个判断的基础是同一性，因为所有存在并有原因的事物都是必然要消灭的。不死意味着不变易（nitya），而不变易等于非存在。

关系。因而，一切肯定了必然联系或一事物对他事物依赖关系的比量判断之划分——即划分为依据同一所指的及基于虽非同一性的，但却仍相互依赖的关系的判断——是穷尽的，因为划分的基础就是二分(dichotomy)原则。[①]

所以，对印度哲学言，一切判断之划分为综合的与分析的是其 274
关于必然关系的范畴表的不可缺少之组成部分。而对康德说来，这种划分则外在于他的范畴表，因为他的范畴表并不包含分析性的判断。

我们的任务不是在此对印度与欧洲关于逻辑所作的成就作详尽的叙述并加以比较估量。无疑这会有更具资格的人去做。只是从认识论逻辑的特殊着眼点看，我们不能对印度与欧洲的这一理论的突出的部分吻合及差异视而不见。康德的范畴表及其对待分析与综合判断所作的分类被证明是失败的。对此人们的意见多少是一致的。但康德的体系仍是欧洲的喜马拉雅山。许多有声望的思想家都想努力去破坏它，但却不可能完全成功地弄垮它，更不用说以另一同样有权威的体系取代它了。虽然康德的范畴表在细节方面不成功，但他却固执地相信：1)我们的知识于经验之前就自有一套原则。2)这些原则只是普遍而必然的判断之基础。3)必然存在一个穷尽的范畴表——其数目不多不少。这一固执的信念使康德作了十二项的范畴表，尽管实在无此必要。而这一信念却在印度哲学的类似步骤中得到了明显的支持。至于说到分析性的与综

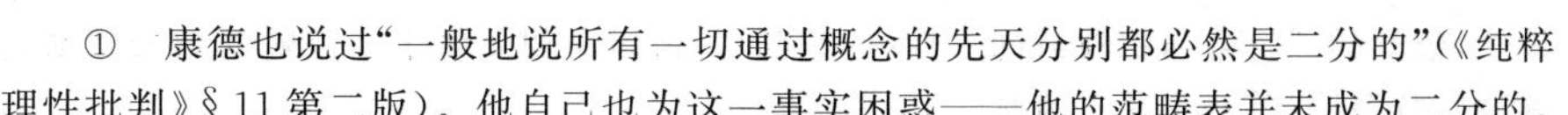

① 康德也说过"一般地说所有一切通过概念的先天分别都必然是二分的"(《纯粹理性批判》§ 11 第二版)。他自己也为这一事实困惑——他的范畴表并未成为二分的。

合性的判断，读者只要细心研读瓦欣格尔(Vaihinger)著作——这是他对后康德时期哲学家们种种相互矛盾的观点所作的综述——就会相信这个问题已陷入一片无望的混乱当中。问题仍然存在，仍未解决或是被取消，康德也就必然拥有欧洲哲学中首先试图解决这个问题的先驱者的荣誉。我们也就必须要期待某个哲学专家的启发，以认识印度对此问题的解决的相关价值。[①]

① 按法称的观点，从而就有不同的两种必然关系，或先天的确定性。一种联系到内在地共存于同一基础中的两概念间的必然结合。另一种联系到两个内在于不同的但又必然相依赖的概念。前者被称为是分析性的，后者则是综合性的。我们可将这种观点与亚里士多德或别的理性主义者作比较。照他们的观点，每一先天的必然知识都是分析性的，与此同时，对康德说来，这种先天必然知识永远是综合性的(分析判断仅仅是同一性的解释)。由于对同一性作了另外不同的定义，法称成功地给纯逻辑和纯数学的命题以完全不同于物理学命题的基础，由于坚持分别这两种知识，法称非常接近休谟，但由于他肯定了先天关系的必然性，他又不同于休谟而接近康德。分析与综合两语是很易于使人误解的。首先感觉判断中的分析与综合就应该区别于(具两概念的)比量中的分析与综合。施瓦特在《逻辑》(I. p. 141ff)上就将它们弄混了。如果将这两种必然性视作静态与动态的更为合理些。人类头脑的思维过程中真正主要的分裂必须以二分的方式来建立(就像每一先天观念的分裂那样)。康德在他的第二个《批判》(§II)中提出这点了。他将一种称为力学的，一种称为数学的。力学的显然符合因果性，数学的则符合内在性或同一性(的基础)。何以康德要将十二范畴的划分硬塞进这种二分系统，其意图并不清楚。

第三章　为他比量(三段论式) 275
(Parārthānumānam)

§1. 定义

佛教逻辑的目的是审查知识来源，希望从我们所知的世界中找到终极实在的成分，并将它与我们在认识过程中加进的想象成分区别开来。为他比量(三段论式)并非知识来源。它由命题构成，目的在于将现成的知识传达给他人。所以称作“为了他人的推论”。如果将某一推理传递给某人，此推理就会在他头脑中复现，从隐喻的意义上[1]，它只能被称作比量。三段论式是在听者头脑中产生某种推理的原因，因此为他比量的定义是[2]:“将因之三相传递给他人的推论形式。”

关于所谓因之三相，我们在比量理论中已经知道了。[3] 它相当于亚里士多德三段论的小、大前提及其结论。就推理形式言，它
们的本质是一样的，区别在于排列的顺序。推理说到底是依据某 276
一特例与另一特例的相同而将其推出的过程。而那联结所有特例

---

① upacārāt.

② NB,III. 1;(英译本)第 109 页。

③ 因之三相即指“因的三方面”，参见本书前面第 242 页。——译者

并由某些例证来引证的一般性规则结果成为插入两个特例之间的联项。反过来,一个三段论开始于申明一个一般原则,进而引某一例证支持此原则,然后就从一般中推出个别来。佛教的三支比量中前提的秩序因而与亚里士多德的第一格相同,它开始于大前提,继而小前提和结论。[①]

“为自比量”(更正确地说是“在自比量”)与作为原因,引起听话人的头脑中生起推理知识的比量是有相当大区别的。前者是一个包含了三词项的认知过程,后者则为传递现成认识的过程并由几个命题构成。

要理解陈那对此所持的立场,我们必须记住他的正确知识来源的概念。正确的知识来源是第一刹那的新知,而不是识别[②]。从而,唯有第一刹那的新的感觉活动可以称作完全的正确认识。现量判断已经是理性的主观构造,比量则距离最终的正确知识来源更远。当知识被传达给他人时,那在别人头脑中引起的第一刹那之新知,在某种意识上可以比作其来源或原因是构成三段论的命题的新的感知。

下面的三个例子可以说明三种“为自比量”及相应的“为他比量”的区别:

277 为自比量:

1)声是无常实体,因为它是勤勇(意志发动)所作的,如瓶等。

---

① 对这点,B.埃德蒙教授(《逻辑学》III.第614页)的态度是犹豫的。他在最后一版的《逻辑学》中迈出了重大的一步,将亚里士多德的前提顺序改变成以小前提打头。他发现这一顺序更符合思维的自然顺序。就是说,他将三段论看成“为自己的”推理。施瓦特认为实践生活中的思维顺序可以是这种或前一种,两种都有可能。

② pramāṇam(量)=prathamataram vijñānam(初生智,新知)=anadhigata-artha-adhigantṛ(对未知者的证得)。

这是一个依据两概念——"无常"与"所作"——的同一性所指的比量。

2)此山有火,以有烟故,如厨房等。

这是一个以两事实的因果关系为基础的比量。

3)此处无瓶,以未见故,故我等未见空中花。

这是一个以否定(不可得)为基础的比量。

三种相应的为他比量(三段论式)如下:

1)任何勤勇所作者都属无常,如瓶等。
而声音即如是。

2)若有烟处必有火,如厨房等。
此山即有如是之火。

3)若我等未见一事物,则否认其现存性。
(presence),如我等否认空中花之存在。而此处我等未见任何瓶——虽然瓶之可见的诸条件都已满足。

为自比量与为他比量的区别在于比量判断的形式通常是我们思维的自然过程,而三段论形式对于科学或公开论辩更加适合。论辩中普遍性的命题作为推理基础首先提出,随后是一个应用的命题或称小前提的;而在实际的思维活动过程中普遍关系的判断并不以其必然性呈现于头脑,它似乎隐蔽于我们意识的深处,仿佛在幕后控制整个思想过程。

我们的思想从一个特例跃向另一特例,而理由好像是自动出现的。它与谓词的普遍必然联系显然休眠于本能之中,除非加以适当的注意才有显露。[①] 对于个人的思想过程我们仍称其为比量 278

① 为什么有的欧洲逻辑家,如穆勒等人将大前提的特性规定成为有助于思想从一特例转移向另一特例的附带注意(collateral notice)其真实原因恐怕便在于这个心理事实。参见施瓦特,op. cit. ,I. 480。

的,因为它更切合从一特例向另一特例的自然转移过程。我们将演绎推理称为"为他比量",因为它类同亚氏逻辑的第一格。事实上,很难分辨清楚,什么是属于思想过程的推理,什么又是形于言表的演绎形式。因为从某种意义上说,思维不能没有语言。实践中,我们是这样解决这个困难的:将推理过程的定义,它的"公理"、规则以及制约思想综合过程的基本关系的相关问题都放到"为自比量"中;而将三段论格式及逻辑谬误划归"为他比量"。不过这种划分并不彻底,法称就把不可得(否定性)比量的格的问题放到为自身的比量中讨论的[①]。因为,据他说,由于对不可得因的各个方面及表述的反复思考,我们才懂得了不可得(否定)判断的本质。

不过,虽然看来首先列出作为推理依据的普遍关系命题是对的,但从西藏和蒙古寺院中留存下来的形式看,却都只是为自比量的紧缩形式。无论在教学的或者实验的(peirastic)论辩中,它都不是从普遍关系的命题开始的,也完全不用命题的形式。答难者总是先摆出三个项来,即主词、谓词及中词(理由),无意赋予它们命题形式。而诘难人则考虑两个问题:1)理由是否真正完全地在
279 主词中,是否有必然性。2)理由是否完全而必然地存于谓词中。这之后,才开始辩论。这两个问题如果以亚氏逻辑来表述,也就是:1)中词在小前提中是否周延。2)中词在大前提中是否周延。这一三段论陈述形式在几世纪的实践中被认为是最便于检验谬误的。真正的逻辑功能只有在三项都清楚而毫不含糊地提出时才开

① NB.,II.45;NBT.,p.37,11 以下;(英译本)p.100 以下。

始生效。而在冗长的命题形式中，真正的词项往往被隐蔽而难以觉察。

§2. 为他比量的各支

从上面所举的例中可以看出，演绎的比量形式包含两个命题。陈那进行逻辑改革时，逻辑演绎形式还是正理派确立的五支比量。它被认为代表了五个相关的先上升然后下降的推理步骤。它始于一个论题并终于一个完全对论题重复的结论。它的各支如下：

1）论题（宗）　此山有火，
2）理由（因）　以有烟故，
3）例证（喻）　如在厨房中等，若有烟即有火。
4）应用（合）　今此山有烟，
5）结论（结）　故此山有火。

从这五支中，陈那只保留了包括例证在内的一般原则，以及包括结论在内的合支。事实上，三支比量的要点与任何为自比量的一样，也就在于那大前提中表述的两词项间的必然关系。其次，便是此必然关系在某一特例上的运用。这是比量的真正目的，亦即依据对于某对象之徵象的认识而认识该对象。完成这两个步骤，演绎的目的也就达到了，而别的各支都是多余的。因此，为他比量就是由一普遍关系原则及此原则之应用于某一个别场合而组成的。①

① 参见培恩（Bain）《逻辑学》I. 146——“任何一正当的演绎推理的基本结构是：1）一个普遍的作基础的命题，它可以是否定或肯定的；2）必然是肯定性的应用的命题。”

但正理派的比量式包含有更多的细节，首先是一单独的命题及一单独的结论，尽管就其内容说，命题只是末尾结论的重述。这种比量式如数学证明，先是一个求证对象(probandum 所证)，而
280 结束时则宣布证明已完成。陈那与法称都详论过正确论题(宗)的定义，显然这是当时各派的论争中心。他们主张论辩中所提出的论题(宗)应当有正当的表述。但同时又声称宗并不是任何一个演绎式必不可少的一支。论辩过程中当不被提及也能被很好地理解时，宗是可以省去的。他们认为宗绝不应该是荒谬的与矛盾的，不应该是不值得证明的，而应该是立论者确信的、真正(bona fide)意欲证明的论题。如果一个哲学家利用的是他并不同意的思想，这就是一种糟糕的逻辑。筏遮塞波底说，如果有一哲学家被人们认为是胜论原理的信仰者，忽然采纳其对手，如弥曼差派的理论来构造自己的宗，如声的永恒等。如果他是在公开的辩论大会上当着权威的仲裁人这么做的，那么不待他说完理由，就不能再往下进行而被宣布为论辩的失败者。

为此，建立了一整套的规则以满足需要证明的宗①。但到了后来，关于正确成宗的部分逐渐失去了意义，因为所有似宗(谬误的论题)的理论已为似因(有毛病的理由)理论所取代了。

在陈那与法称看来，比量式的真正的肢(支)——逻辑过程中的必要部分——因此只有两个：普遍关系的原则及其在某一个别例子上的应用。前者确立了词项之间的必然关系，后者将必然性

① 参见本书第二卷第 160 页 6 以下的译注。

应用于具体的论点。前者被称作不可分离的关系。[①] 后者称作(经由此不可分离关系而)对主词的属性限定[②]。表述起来,它应该是下面的形式:[③]

R(中词)领有 *P*(谓词、大词)

(*R* 在 *P* 中周延)

S(小词)领有 *R*+*P*。(*S* 在 *R* 和 *P* 中周延。)

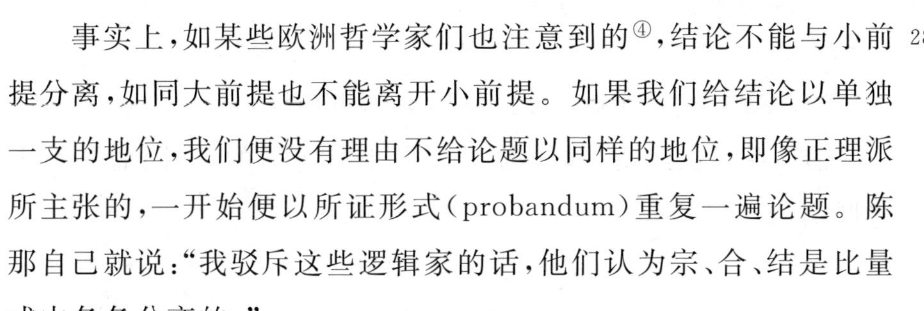

事实上,如某些欧洲哲学家们也注意到的[④],结论不能与小前 281
提分离,如同大前提也不能离开小前提。如果我们给结论以单独一支的地位,我们便没有理由不给论题以同样的地位,即像正理派所主张的,一开始便以所证形式(probandum)重复一遍论题。陈那自己就说:"我驳斥这些逻辑家的话,他们认为宗、合、结是比量式中各各分离的。"

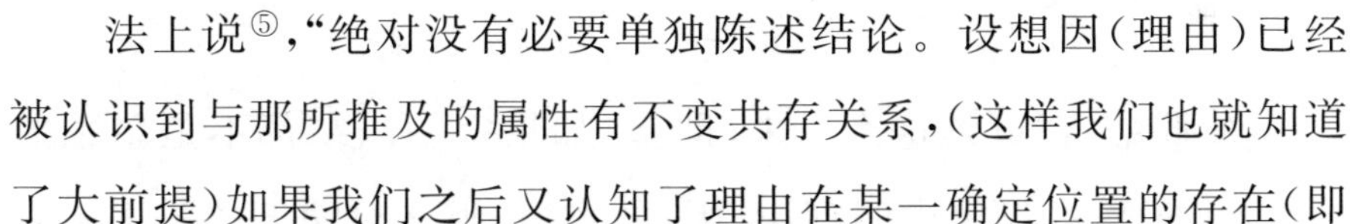

法上说[⑤],"绝对没有必要单独陈述结论。设想因(理由)已经被认识到与那所推及的属性有不变共存关系,(这样我们也就知道了大前提)如果我们之后又认知了理由在某一确定位置的存在(即

① avinābhāva(和合不离)=anantarīyakatva(无间性)=avyabhicāra(决定不违)=vyāpti(遍充,共存,伴随)。汉传因明中,这种不离性或遍充性指的是因(理由)与宗后陈(大词)的关系。它应该满足"同品定有"和"异品遍无"的条件。——译者

② 亦即将这种不可分离之遍充性断定为宗前陈(小词、主词)的属性,即指 pakṣa-dharmatā(是宗法性、遍是宗法性),也简称为 pakṣa(宗义)。汉传因明中这一"对主词的属性限定"实际也就是"遍是宗法性"的满足。——译者

③ 原著者于此有一补充,本载于本书末,现录于此:
更为准确的表述式:R 或同一于 P,或由 P 所产生;因此,S 就包含了 R+P;参见"is(是)"的三重含义,第 441 页。

④ 如施瓦特,参见其《逻辑》I. 478 注释。

⑤ NBT.,p. 53. 16;(英译本)第 150 页。

说我们知道了小前提),那我们就已经知道了结论。重复这推出来的结论是无益的。”

从而,三支比量式的真正的各支与为自比量中证明了的因三相是相同的,只是在为他比量中秩序稍有改变而已。

它们是:

1)同品仅有(只于同类事例中有)
2)异品绝无(于异类事例中绝无)　}不可分离的共存性或遍充性(不相离性)

3)遍是宗法(完全地存在于小词中)=应用(合)

前面我们已经说了,1)与2)实际上是等值的,不同的只是表述形式。

§3. 比量形式与归纳

陈那说[①]:“可是这么一来(即指:如果宗、合、结都不是单独的一支)由于喻支仅仅申明理由(因)的意思,那么对喻例的陈述不就成了另外一支了吗?”陈那的回答大致是:“(为了显示:理由(因)除存在于小词上外[②],还具有另两种条件)因而有必要分别陈说正面的和反面的例子。[③] 但喻例不应同大前提分离,它并非单独的一

① 《正理门论》,见图齐译本,第45页。在玄奘汉译本中,这段文字如下:“为于所比显宗法性,故说因言;为显于此不相离性,故说喻言;为显所比,故说宗言。于所比中,除此更无其余支分。……若尔喻言,应非异分,显因义故。然此因言,唯为显了是宗法性。非为显了同品异品,有性无性。”——译者

② 即说除满足因三相的第一相:“遍是宗法”外。——译者

③ 这应指喻支中的喻依——同喻依和异喻依两者。——译者

支，而是内在于总的原则（大前提）并在事实上与之同一的。” 282

印度的比量式并不仅仅陈述一个演绎推理，它还包含了对于任何演绎之前总有的归纳的指陈（indication）。总的原则或者大前提是由那叫做“例子”的个别事实的普遍化（归纳）而建立的。例子是对原则的说明和证明。例子便是自身中包含了该原则一般的事实，若无例子，也便没有了该一般原则。例子中若无一般原理，这样的个别事实也不成其为例子。这样看来，范例与原则是一个东西。为了保证免除不完全归纳，范例必须有正反两面的。就是说，应当运用契合差异法。如果既无同类也无异类的范例[①]可举，结论就是不可能的，结果也只是谬误而已。但正理派认为例子是比量式中的单独一支，给它下有定义。法称认为，这完全是多余的。因为，如果理由（因）得到正确的界定，也就同样界定了例子究竟是什么。逻辑理由是那总是只存在同类例子而不存于异类中的东西。这些例子与理由相互关联，只要理由受到界定，例子便也由它们与因（理由）的关系而受到界定。关于这点，法称这样说道[②]：“一般地说，逻辑理由的本质被我们界定为：只存于同类事例而不存于异类事例。另外，我们还明确地规定，因果性的与分析性的理由应该显示出来以表明前者代表一种结果（由此果可比知其必然之因）；（后者代表一必然共存之属性），仅此就足于推演（出那结论来）。当理由（因）如此显示时，也就表明：1）凡有烟存在，亦有火存在，如厨房中的情况；若无火亦无烟，如（水塘中或诸异类事

① 即既无同喻依，又无异喻依。——译者

② NB，III. 123；（英译本）第131页。

物中一样)。2)诸有所生者即有变易,如瓶等;若某物不变易,则
283 为非所生者,如空(间)。事实上,显示理由之存在于同类事例中而不存于异类事例中的相反情况是绝不可能的……(除非是采用):1)从一果之存在而由因果联系中推出其因之有;2)陈述一分析性原因,并以分析方法推出其中必然具有的属性。除这两种方法外,其他方法是不能显示一般特征的。一旦这些一般特征显示出来同样地也就显示了范例之为何,因为范例的本质不会包含别的东西。”

§4. 三支比量式的格

既然三支比量式仅仅是以命题形式所表达的推理,那么,显然有多少种推理也就有多少比量式。比量的定义是:经由对象之标志(徵象)而对该对象的认知。而这个徵象,或者称作具三相特征的理由(因),不过是两个词项间的具有必然相依关系的一种情况。随此两词项间联系的种类多寡,相应也就有同样数量的比量式。我们已经知道,有且仅有三种必然关系能使我们经此必然性联系而由一事物认识另一事物。我们或者通过结果去认识某物;或者通过一事物之为另一物的必然属性;或通过它的不可得的(否定的)对应部分。从而也就有三种形式的比量式:因果性(果性的)、分析性的(自性的)及否定性的(不可得的)。这些前面已经举例说明过了。

不过这些差别都并非以比量形式为根据的,而是以内容为依据的。它们依据的是不同的逻辑联系。这些联系又是由法称的范

畴表所严格规定了的。这里还有一种差别会影响比量式形式。同一事实,经由一对象之逻辑徵象对该对象的同一种认识可用两种方法表述。这种区别我们可称为格的区别。每一逻辑标志都有两个主要特征,只与同品(同类事物)相符而与异品(异类事物)相异。陈那认为这是同一个标志,决非两个标志[①]。一个标志在未曾排除其不存于异品的情况下,绝不会只存在于同品中。但事实上,正因为此标志(徵象)是同一个东西,我们才可以涉及其肯定方面时同时暗含地领悟其否定的一面,或者反过来,当注意其否定一面时 284
又暗示性地领悟其肯定方面。这整个的认识领域是由契合差异法所制约的。但既然其肯定与否定两方面是均衡的,只须表属其一方面也就够了。或者相异或者相符,其反对面都可以必然地暗示出来。这便是每一比量式均有两个格的原因所在。在这样的背景下,格并不是推理中词项的安排的不自然歪曲或滥用,以至于其中的推理之真实核心——那两词之间的必然的普遍性联系的相依关系——变得隐晦了。这里的格,意指基于两词项之间必然相依关系的两个普遍的等值的认识真理的方法。我们知道现量判断"这是火"只是对某一与一切火相同的,并与一切非火相异的对象的认识。通过烟,即火的标志(徵象)而认识不可见的火,同样也就认识了该火与一切具有烟与火两个徵象之处的相同性,以及该火与一切不具有烟与火两个徵象之处的相同性,以及该火与一切不具烟与火二者之处的相异性。甚至像"此处无瓶"这种否定判断,虽说是否定性的或用印度哲学的话说,是依据"非现知"而

① 《正理门论》(英译本)第 22 页。

来的推理，也可以用两种方法表述，事实上它可以表现为下面的判断：

无论何物，在其可见性条件具备，而未曾见时，则不是现存的。
此处现未见瓶，
故无瓶。

或者我们也可以用差异法来表述，便有下列命题：

任何现存(present)之物，在其可见性条件具备时，必然可见。
此处现未见瓶，
故无瓶。

瓶于某一确定处的不有或者经过它与别的否定事例的相同或者经过它与别的存在的肯定事例的相异而被认识。这两种方法都可以合乎自然地应用于基于因果性或客观所指同一性的归纳和演绎。

285 依据契合法表述的分析性演绎如下：

任何由相依作用，随其因之变化而变化之物都是无常的，如瓶等。
声是变易的。
故声无常。

同一演绎式又可以按差异法表述如下：

任何永恒之物绝不由相依作用而随其因之变化而变化，如空等。
但声是可变化的。
故声无常。

同样地，每一因果关系演绎也有两个不同的格。若依契合法因果比量式如下：

任何有烟之处必有火，如厨中等。
此有烟。
故此处有火。

若以差异法表述如下：

任何无火处，必亦无烟，如水中等。
而此有烟。
故此处有火。

因而，在印度逻辑中“要从先于某一现象的诸事件中挑选出与该现象具有真实的由不变法则联系的事件”。[①] 契合法与差异法就不只是“最简单最明显的方式”，而且还是证明任何一种联系、任何一种判断的普遍方法[②]。它们中之一是“比较该现象于其中出现的不同事例”；另一则将其中有该现象的与其中无该现象发生的事例进行比较[③]。陈那坚持说，不存在两种不同的方式，而只有相符与差异的混合法，同一目的可以经采取此方式的肯定面而达到，亦可采取其否定面而达到。其烟被现知的远山有火，可依据 286
它与两种现象均被观察到发生的地方相符合而获证明；或者依据它与两种现象（烟、火——译者）绝未出现的地方的差异而同样得以证实。契合法以这种比量式的大前提[④]表述，差异法则以其逆否形式[⑤]来表述。它们是比量式中的逻辑理由（即因）的两则[⑥]。逻辑理由的前一相是比量式中的大前提之肯定形式；后一相是其相对的逆否形式(contraposition)。但此处并无必要都列出两个格，因为我们前面说了：“从一肯定的表述中暗含着相应的

① J. S. 穆勒，《逻辑学》I，第 448 页。
② 见 A 培恩，《逻辑学》I，第 8 页和第 46 页。
③ J. S. 穆勒前引书同一处。
④ 即三支比量式中的总的原则，汉传因明称为喻体。——译者
⑤ 即指异喻体。——译者
⑥ 汉传因明表述为“于同品定有此因”，“于异品绝无此因”。——译者

否定的表述。”[1]法称说[2]:“当一种表述方式直接地表现了(理由与结论的)相符[或者必然的共存(遍充)关系时],它们的差异,即逆否命题(或普遍性命题)是暗中追随的。”“尽管逆否命题并未明说,但如果以肯定形式表述了共存状态,逆否关系也便由暗示而被理解了。”法称说[3]“若不如此,理由同结论之间就不是不变的共存(遍充)关系了。”两种方法同样地证实了两事实或概念之间的相依必然性之事件。法称说:[4]“可以证明,无论如何,只有两种能依的存在事实。这依赖的部分(能依)或者表明与那同一的事物的联系,或是表明作为其原因的另一事件之结果。”那逆否的一般命题永远表示相随两事实的同一个必然相依,或者指向同一事实的两个观念的必然联系。这种(因果与分析的)相互依赖性“不过是肯定形式的普遍性命题。……而正是这个普遍命题——它或直接,或以其逆否形式表述——宣布了逻辑理由之标志之于同类事物(同品)定有,于异类事物中绝无。”[5]

因此说,任何比量式都可以用两个格来表现,其一相当于 no-
287 ta notae est nota rei ipsius 的公理,另一则相当于第二条公理 repugnans notae repugnat rei ipsi[6]。它们是真正的逻辑的格。

由于比量被界定为依存于两词项之间的普遍性的及必然的联

---

① NB.,III. 28;(英译本)第 142 页。

② NBT.,p. 51. 4;(英译本)第 143 页。

③ NB.,III. 34.

④ NB.,III. 33.

⑤ NB.,III. 34.

⑥ 前为“某物属性的属性就是该物的属性”。后为“与某物属性相矛盾者,也就与该物相矛盾。”——译者

系，且基于逻辑理由之必然存在于主词的全部（外延）范围内，我们便得出结论：比量式中没有特称判断的地位。至于那否定的比量式，因为逆否形式实质上并不被认为是否定的，它及其格将在后面的章节中，在对矛盾律分析时分别加以讨论。

§5. 三支比量式的价值

总前所述可以清楚地看出，三支比量式所以是有价值的方法，仅仅因为它正确地表述并传达了现成的知识给他人。它并不是真正的知识来源，作为获取知识和扩展知识的手段，它是无效的。这点在果比量式（因果关系的比量式）是明白的。法称说："可以断言，我们只有在因果关系已知的情况下，要推知原因才说结果是逻辑理由。"[①]如果我们以前不知道火，绝不可以单凭推理就演绎出那产生被观察到了的烟的原因的。"但是在厨房或其他的类似场合中，我们依靠肯定和否定的经验，证明了烟与火之间存在着某种代表因果之间的联系的普遍和必然。"比量本身就是将这种普遍联系应用于个别事实，而且比量式就是将这一事实传达给他人。而那以比量式传达的事物之本质就是这种结果对原因依赖的必然性[②]。这一原则及这种关系的特殊内容，它的经验的先验的部分如何证明，我们在比量论中已经解释过了[③]。比量式除了以命题形式加以表述外不能增添什么东西。

① NBT.（英译本）第137页。

② 同上注，第129页。

③ 参见NBT.（英译本）第260页以下。

一切人类知识都是关于关系的知识,而如我们所知,必然关系
288 只有两种。这里暂不论及否定关系。关系像以前所解释的那样,被运用在一词项对另一词项的必然依赖或者是两个共存的或相继的事实之间相互依赖关系。我们看见了两个不同事物的共存必然性总可以追溯到它们之间的相继必然或因果必然。结果,共存(伴随)性本身——不能归结为因果性之共存或并非不同事实之间的共存——就成了单一某事实范围内的两个必然概念的某种共存(伴随)。这是安置在作为两个不同的概念的共同基础之同一性之上的共存或者称作共在(coinherence)。那么,这种同一基础(负载者——译者)中的两概念之必然共存——基于同一性的共存——的经验内容,也就为经验,而不是比量式所证明。后者的功用即令在理性活动中也仅限于正确的阐述或表达。"实际上,一个逻辑理由(因),"法上说:[1]"并非偶然地产生关于某一事实的认识,它不像灯那样(偶然照亮某些事物,便产生对它们的认识)。它以逻辑必然性而生出知识。逻辑必然性是关于不变共存关系的可明确肯定的事实。事实上,一个逻辑理由的作用就在于产生关于未被观察到的事实之认识,而这正是所说的确定理由与该事实之间不变共存关系的意义所在。(作为准备步骤)首先我们必须确信自己的逻辑理由之当下存在(present)必然依赖被陈述的结论的当下存在(present),(在基于同一性的分析性判断中)我们必须借助那排斥对立面的矛盾律[2]做到这点。之后我们进行比量形式的推理,

① NBT.(英译本)第 129 页。

② bādhakena pramāṇena.

利用我们头脑中保存的普遍关系命题。此命题(大前提——译者)指示出主词与谓词是不可变更地相伴随的,如'一切所作者皆是无常的'。然后,我们将此总原则与一个特殊事例结合,(便是)'声音是无常的'(两个前提之间),大前提包含忆念的记录,代表关于那逻辑理由与其共存性的知识。比量式(本身包含在下一步中,当我们在小前提中)回忆起那内在于声音这种情况中的生起之因必然与非常(non-eternity)之属性伴随时。如果这样,那么对于一个未被观察到的事物的认识(或沟通)只不过是对不变共存性的某种认识。所以才说:基于矛盾律或同一律的分析性演绎之所以可行,就 289
因为已经知道了演绎出来的特征必然地存在于任何肯定有逻辑理由的地方,而不在它处。"既然谓词已经包含在逻辑理由中,那么结论也就必然由理由的存在(presence)而推知了。

但如果是这样,如果一个分析性判断中演绎出来的谓词已知是包含于它的主词中并从后者自动地引出来,对它的演绎就没有什么价值。

法上问道[①]:"那么,何以已知确知的东西还要被追求呢?""为什么我们要进行逻辑推理而从理由中演绎出那早已包含其中的东西呢?"

答案是这样的:尽管分析性演绎的理由与结论(或分析性判断的主词和谓词)都经由同一性而联结,我们还是可以进行这种演绎,作这种判断,虽然我们已经了解到它们经同一性而必然地联结着。与由结果推溯其因的情形相似,我们必须事先由经验知道那

① NBT.,p.47,17;(英译本)第131页。

些现象是如因果那样必然联系着的;同理,我们必须凭经验或别的来源了解属于同一个实在的两特征是由同一性而联系的。它们的同一是这种共同的基础(负载者 sub-stratum)的同一,是并存性(co-substratedness)、同时共在性(co-inherence)[①]。

虽然我们的所有观念都是知性的创造物,但对它们的理解、它们的意旨、它们的种属划分、它们的相互排斥都只能由经验来认识。前面已经证明[②],同一律、矛盾律和因果律都是我们的知性中固有的。但它们的活动又限于感性经验的范围内。法上举出这样一个例子[③],设若有一个从未经验过一般之树的人,看见了一棵很高的阿逾迦树并且被告知那就是阿逾迦,他可能会认为,阿逾迦之为树全在于它的高度。待他再见到一棵矮的阿逾迦时,可能不会认出它是树。然后还得教会他说,树是普通名词,阿逾迦是它的下
290 属种类。这之后,当他得知某一乡野只有岩石而无树木时,他便会知道那里也没有阿逾迦。所有的概念的下属关系是由"感知与非感知(perception and non-perception)"的经验来建立的。这与两种现象间的因果性或者不相容性(incompatibility),——它也由肯定的与否定的经验建立——一样,两概念间的分析性关系要借极复杂的推理来建立。如果这种结论是包含在逻辑理由中的,那就不该从心理学角度来理解,因为一个事实总是呈现于(be present to)头脑的。分析性关系是逻辑的并在外延上是无限的,它有时隐

① 或称"符合(Uebereinstimmung)",如施瓦特(《逻辑学》I. 110)所指出的。

② 参见本书第 248 页以下。

③ NBT.,p. 24,3 以下;(英译本)第 67 页。

藏得相当深。法称说，任何情形的分析性判断都必须由其相应的适合的证据来成立。[①] 诸法无常的总原则就是由佛教以殚精竭虑的论证所确立的。这种论证还可以作无限的延伸。这两个概念间的关系是分析性的，它们处于矛盾律的保护之下。如果存在不是时刻变化的，如果它是如空(Ether 以太或 Space 空间)那种的无变易存在，它便不会是存在。但这并不等于说，每一头脑中有存在观念的人同时也就有瞬息消灭的概念存在。分析性的关系意味着非因果的必然联系，因为必然性只有两种——同一性或非因果性以及因果性或非同一性。同一事物既称为存在，又称点刹那。它们为同一性所联结。对于那必然在前的点刹那(point-instant)它是其结果。除了同一或因果，再无别的瞬时关系。这样的关系的每一单独例子——无论其为分析性的概念关系还是点实在之因果关系——都必须以经验来建立，或者用法称的话说：由"其自身的证据"建立。除了正确的表述，三支论式对关于这些关系的认识并不能增添什么。

§6. 对被视为为他比量的三支论式的历史简述

法上证实道[②]，"大师"，即陈那，是第一个区分为自比量和为
他比量的。陈那视比量为认识过程，即两种知识来源之一，称其为 291

---

① yathā-svam-pramāṇaih，NBT.，p. 47，5 以下。

② NBT.，p. 42，3；另见 Keith，《印度逻辑》第 106 页和 Randle，《印度逻辑》第 160 页。

"为自比量"或"在自比量"。为他比量并未被陈那视为知识来源，而是针对听者以一系列命题对知识加以正确地使人信服地表述的一种方法。这种说法，我们知道，只是原则划分两种知识来源的必然结果。有两种并且只有两种知识来源，因为只有两种被认识的"相"(essence 本质＝lakṣaṇa——译者)。感官只是理解那极端的具体和个别(自相)，比量则只认识一般共相。就比量之被视为与感性相对的知识来源说，它和知性是可互相置换的术语，事实上，我们的分析也已经说明推理(比量)只是变相的判断，而判断仅为知性活动过程的别名；推理之于一般共相，犹如纯粹感性之认知绝对个别，或那严格的物自体。[①] 这种比量(推理)应该与用来向听闻者传达论题的命题系列区分开。这样，我们不单有了权威作者的直接证明，说为自比量与为他比量的区分应归功于陈那，我们还得以说明作此区分的理由，因为这是陈那哲学的基本原则的直接结果[②]。

法上的一番话，现在我们知道是可以由印度逻辑史来证明的。陈那以前的任何著作都未提到"为自比量"与"为他比量"，无论是乔答摩或是迦那达(Kaṇāda)或是伐差耶那，或世亲都未曾这样说过。而陈那以后的几乎所有逻辑著作都有了这种划分。极有可能，是与陈那同时代的普拉夏斯塔巴达首先将它引入了胜论学派。

陈那的创造在正理派那里的遭遇稍有不同。应该注意到乔答

① 参见本书前面第 71 页(边码)以下。

② 参见拙文"关系"等，在《博物馆》第五期，第 163 页以下。

摩在其最早的《正理经》中已经将比量区分为知识的来源(pramāṇa)之一以及五支论式。“五支论式”并未列入四种量(知识来源)中,而是放到了十六论议(padārtha)里边。陈那的创造仿 292
佛是从乔答摩的规则中简单地借用或抽出来的。但正理派并未将五支论式视作听闻者头脑中唤起的推理,而是对推理过程中我们的思想各步骤之详尽而忠实的描述。当推理被传达给他人时,这些步骤要一一重复。五支论式自身也完全是另一种十支论式的简略形式。后者早就口头上存在于正理派学说中了。它的目的是描述我们推理过程中的渐进步骤,从第一刹那的探寻(jijñāsā=inquisitiveness)开始而终止于推理的结论。对于五支论式,这一派的看法主要是心理学方面的。

据正理派的心理学观点,每一思想有三个刹那的持续。到第三刹那它便熄灭而不再活动,要生出效能,须得重新唤醒。一开始是探寻(jijñāsā)的刹那,由它产生五支论式的第一支(宗)论题。理由(因)和范例(喻)随后。等到范例出现,论题之刹那已经熄灭。而作为一个思想包含于一个刹那中的共存(伴随)关系就会熄灭而失去活动力,它由于受小前提之刹那的间隔而无法引出结论,除非在那个前提中重复一次。这种重复被称作“再思虑”①或“第三次唤醒标志”②。对标志(即理由、中词——译者)的第一次考虑是如厨中烟的被感知;第二次则是现见山上的烟,第三次则是在小前提中再考虑它。由于这一“再次考虑”的重复,即“此有那与火相伴

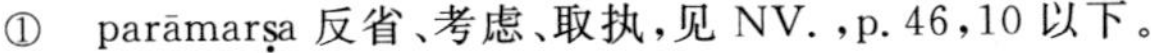

① parāmarṣa 反省、考虑、取执,见 NV.,p. 46,10 以下。

② trtiya-linga-parāmarṣa.

的烟",结论便有了直接的最邻近之因,便有了"故此山有火"的结论。

很显然,正理派一开始并未将他们的五支论式看成仅仅是向听闻者传达现成的知识的命题。不过陈那的观点倒是为乌地约塔
293 卡拉所接受的。[①] 正理派遵循胜论的榜样把"为他比量"结合到他们的逻辑教法之中。我们在甘格夏(Gangeśa)及其之后的新正理派著作中看到了为他比量和为自比量的区分。

附带补充一句,这同样的评价肯定也适用于印度逻辑的另一特征——它的比量式的格的理论。早在陈那之前很久的印度哲学派别就有承认两种且仅有两种真实的格并主张任何特称判断在一个比量式中都没有地位,但发现这一事实的真正意义的应该说是陈那。

肯定和否定两个格,或者更正确地说 modus ponens(肯定前件式)和 modus tollens(否定后件式),为正理派早就接受了,而数论对它的接纳也许更早。但在实在论者眼里,它们是两种各自独立的比量式,而佛教认为任何一个比量式都可以用或是肯定或是否定的方式来表述的。二者是完全等值的。为证明两种方式各不相关,正理论引证这样一个事实:即存在着"纯粹肯定的"(Kevala-anvayin)演绎,其中绝无对应的否定部分。同时也有"纯粹否定的(kevala-vyatirekin)"演绎,其中也无对应的肯定部分。对此佛教加以否定,他们主张,一切名言与判断在其本质上都必然地是否定与肯定的,同样任何演绎也是肯定与否定的。

① NV.,p. 18,10——vipratipanna-puruṣa-pratipādakatvam.

“火”之名称与“此为火”之判断意味着有一真实的点实在，它一面与所有的火相同，另一面又与所有的非火相异。中间情况是不可能的，绝不存在介于为火与为非火之间的第三种东西（tṛtīya-prakāra-abhāva）。比量和比量式也是如此。

数论似乎是首先广泛使用 modus tollens[①]（否定后件）的方式来证明自己因果理论的。他们坚持说，果与因本质上是同一的，亦即说果预先存在于因中。他们这样做是为了证成自己关于永恒物质（自性）的观念，并且将整个作为结果的宇宙包含在这个唯一而普遍的自性物质的原因当中。为了证明这点，他们制造了一个以反面排除法（modus tollens，否定后件）来表述的五个比量式的准则。它们是这样的：

1）如果果非先有，它不能自无中生出。但它生出来了。 294
故它必预先存在（于它的物质因中）。

2）如果果并非先存于其物质因中，
那它就不会与之同性质。
但布与纱是同性质的，而非与织工（他也是因）同性质的。
所以果预先存在于物质因中。

3）如果果并未先存于物质因中而且如果它并非先存于其他地方，那么
布就并非生自纱线，
而可以生自稻草等。
但是布是生自纱线的并且它（不像草垫）并非生自稻草。
故它预先存在于纱线中。

4）产生某物的能力要求有一可作用的对象，

① avīta-pāñcakam，见 NK. 第 30 页；avīta 译成藏文是 bsal-bas ḥoṅ-pa（借排除或否定而达到的）。关于 avita，见 NV. 第 123 页；Sāṅkhya-Kaum. 5；见 H. 雅各比，Aus Indiens Kultur 第 8 页以下。

如对象并未先存,则作用力就不能生效。

然而作用力是生效的,

故它们的对象先存于其物质因中。

5)因是相对于果的,如果果非先存,也就没有了因。

但因是有的,

故果必先存于(其因当中)。

这五个以否定后件方式表达的混合假言的三段论对于数论就是独立的证明方式。陈那不认为它们是独立的[①]。因为每一个否定后件式实际上都预先设定了另一个本质上与自己同一的肯定前件式(modus ponens)。法称令人信服地证明了相同与相异的比量式都是同一个三段论的两个格,因为两者所证明的是一个东西。因此任何比量及比量式都既是肯定的也是否定的。

“纯粹肯定”与“纯粹否定”的比量式只是乌地约塔卡拉的发明。[②] 出于对佛教深恶痛绝,乌氏猛烈地抨击陈那的比量定义、因
295 三相理论、比量的格的理论、逻辑谬误的分类体系等等。他在这些理论上作了大量牵强的吹毛求疵的批评,与其说是要说服读者,不如说打算弄昏他们的头脑。他所有这些创造后来大都被抛弃了,只有关于纯粹肯定与纯粹否定的理论在之后的长时间内仍然是正理派论辩教义的一部分。佛教最乐意举出的比量式,例如“一切有因者皆无常”在正理派看来就是纯粹肯定的,否则就是一种逻辑谬误。对佛教说没有无因而起的事物,因为任何存在物都必有其原因,无因事物也就不存在。可佛教又主张存在一种否定例子(异喻

---

① 《正理门论》(英译本)第 22 页。

② NV.,p.48.10 以下。

依）即那无所不在，不变易不运动的以太或空。一个否定例子（异喻依）倒不一定要是实在物。作为一种对比，像恒常的空这样的喻依就足以达到逻辑论证的目的了[①]。

像"有生者有灵魂，以有动物功能故"这样的比量便是"纯粹否定"的比量的例子。因为并没有一个肯定的例证（同喻依）可以证明有生者与灵魂的共存（伴随）性，相反倒有好些两种属性都不具有的例证（异喻依）。实在论者认为，所有这些例子有能力证明有情与灵魂的不变联系。佛教则认为它们无法证明什么，这种比量是谬误。异喻是从同喻而来的，如果没有同喻，也就不存真正的异喻了。

§7. 欧洲的与佛教的推论式

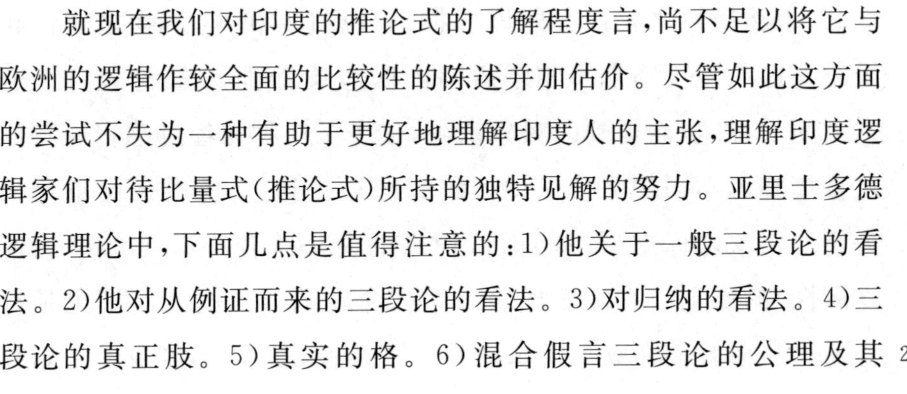

就现在我们对印度的推论式的了解程度言，尚不足以将它与欧洲的逻辑作较全面的比较性的陈述并加估价。尽管如此这方面的尝试不失为一种有助于更好地理解印度人的主张，理解印度逻辑家们对待比量式（推论式）所持的独特见解的努力。亚里士多德逻辑理论中，下面几点是值得注意的：1）他关于一般三段论的看法。2）他对从例证而来的三段论的看法。3）对归纳的看法。4）三
段论的真正肢。5）真实的格。6）混合假言三段论的公理及其 296
意义。

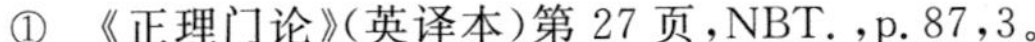

① 《正理门论》（英译本）第 27 页，NBT.，p. 87，3。

a)亚里士多德与佛教各自的定义

依据亚里士多德的说法,三段论是“一种言辞,在其中如果断定了某些东西,与这些断定不同的另一物则由于它们的被规定而作为结论必然引出。”[①]这个定义暗示出存在着至少三个命题组成的三段论,其中之一(结论)必然追随另外两个(前提),只是显然三段论不只是一种言辞,言辞中除了语言表达尚有那言辞表达的事物。亚里士多德以 dictum de omni et nullo 的三段论公理规定了三段论内容的特征,亦即:“对任何一类对象所作的肯定或否定,同样是对该类对象之任何一部分的肯定或否定。”按照这条规则,任何三段论都包含了从一般到特殊的演绎。关于同一内容,这里还有另一种陈述法,即是三段论公理的内涵表述。这就是 nota notae est nota rei ipsius 及其相关的 repugnans notae repugnant rei ipsi(“事物属性之属性亦即该事物自身属性”和“与事物之属性相矛盾者即与该事物自身相矛盾”)依据这条公理,三段论包含了通过中间的标志,而得到的对象认识,代表了一种与经过感官而获取之直接知识不同的间接认识。我们已经提到过,佛教把比量定义为经一对象之标志(徵象)而认识它的说法符合 nota notae(属性之属性)的原则。它之表现于一系列命题同亚氏的“言说”也是符合的。从而我们在欧洲逻辑中看到了某种相应于印度逻辑之划分比量与比量式的准则。不过在这里,两种理论的区别仍是很大的。

在佛教的比量(为自比量)中,正确地说,没有什么命题,至少

① 格罗特的译本,前引书,第 143 页。

是没有亚氏三段论中永远不可或缺的命题。对“声是无常，所作性故，如瓶等。”这种形式的认识是以单一的命题规定的。重要的部分不在命题，而在其三项——如果将例证（喻依）算进去的话，则是四项。那么我们便有了两套关于三段论的定义。一个说它是某种“其中的结论命题由在前之两前提引出的‘言辞’。另一个说它是 297
某种陈述三相逻辑标志（trirūpa-linga），亦即三个词项间相互关系的言辞”。

因而，尽管三段论“公理”的本质是同一的，但两种理论在各自规定的“言辞”中强调的意义（importance）并不一致。对亚氏说，首先是三个一组的命题，其次是公理的外延表述（dictum de omni et nullo）；而陈那的比量，先是相关的三词项，然后才是表达一普遍原则及其应用的两个命题的逻辑结果。

b）亚里士多德的源于例证的三段论

除了区分何谓三段论及三段论表达的实质内容，亚氏理论中另有一种分别，亚氏本人将它的特征规定为为我们的（pro nobis）三段论及本质自身的（notius natura）三段论。这里“为我们的（pro nobis）”就暗含了与为自比量的相似。

亚氏认为 notiora natura（关于自然的认识）与 notiora nobis（关于我们自己的认识）的对立是他哲学的主要特点。前者接近感觉认识，多半处于人类的认知范围内并构成经验。后者更近于最终的或完善的知识而成为科学。

亚氏列举了好几种三段论，将它们列入自身的知识范围中。其区分原则就是从例证还是从归纳来的三段论。

最接近印度的为自比量的是亚氏从例证而来的三段论。例证于此,与在印度一样,被视为除前三项即大词、中词、小词之外的第四项[①]。推理则从一个特殊到一般并经此一般而到另一特殊。

例证所包含并非一切的,而仅为一两个特殊的情况。推论行动从它们首先到整个类,然后到属于此类的某一新的类似个别。推理过程有两部分,一是上升的,一是下降的。推理进行是从一个特殊事例到另一相似例子,中经一个一般前提(大前提)。此前提
298 如果未明白说出,便是始终内含于例证中的。依据这种观点,我们应该承认正理派的五支论式对这种两步骤的推来说是完全正当的。事实上,它的前三支包含了四个词项。前提的顺序是倒置的。推理从结论也即论题开始,然后是小前提,然后为例证。大前提并非单独一支。从而我们有如下的三段论形式:

论题(宗)——声是无常。
理由(因)——以勤勇所作故,
例证(喻)——如瓶。

这代表了理性在由一个特殊移向另一特殊时的自然步骤。大前提并未被充分认识到,但它包含隐藏在意识的深处。到下一步演绎进行时显露出来,这个三段论式便成了下面的模样:

论题(宗)——声无常。
理由(因)——勤勇所作故,
例证(喻)——如瓶,诸勤勇作皆无常。
应用(合)——声即勤勇所作,
结论(结)——故声无常。

---

① 格罗特,前引书,第191页。

这仿佛这正是亚里士多德证明有所谓从例证而来的三段论时心目中的论式。亚氏将它归入为自己的认识一类(notiora quoad nos 属自我的认识)。不过对于正理派,论式中仅前三支连同那紧缩了的大前提就代表为自比量的。完全的五支在他们看是为他比量或公开辩论中使用的论式。

从这点看,似乎 J. S. 谬勒(mill)的著名现代理论——即认为三段论是从一特殊出发,借助一个紧缩的大前提,再移向另一特殊的推理。其中大前提是以往的经验结果。——在主要方面与正理派的理论是一致的。

c)推论(比量)与归纳

佛教与亚氏都承认一般的或大前提是由归纳特殊而建立的。三段论必须以归纳过程为先定的依赖条件。亚氏明确宣布普遍性 299
命题只有从归纳而获得[①]。被忆起被对照比较的个别事实构成了伴有一般观念和联系(conjunction)的经验[②]。法称说:“联系(或大前提)只能通过相应的(个别事实)来确立。”[③]如果真的这样,看来将思维的自然过程切割为归纳与演绎两半,也就是不可能的、极不自然的。二者是互补的,除非在抽象中否则不能将其分割。我们将会看到归纳与抽象的关系是如此紧密,以至于如不将归纳的原则方法考虑在内,便无从建立起正确的论式与格来,其所以会有

① 格罗特(Grote),前所引书,第 187 页。

② 格罗特之前引书,第 193 页。

③ yathā-svam-pramāṅaiḥ,NBT.,p. 47,1 以下,见上下文中关于 pramāna 的意义。NBT.,p. 64,1 和 p. 84,1。

归纳与演绎的对立，那是因为实际生活中我们的注意力集中在归纳过程上而压抑了演绎过程，这便是所谓的为自比量；或者我们将归纳过程先假设为已经达到了的而将自己的注意力指向这一过程的后半部，即演绎，这便是印度人所谓的为他比量，或者真格的亚氏三段论（notius natura 本质自身的）。将三段论这个名称应用于归纳与演绎二者的是亚氏。他认为从归纳而来的三段论是特殊的种类的三段论，其中并无真正的中项，因为假设的中项与大词是互换的。其前提的顺序如像在类比推理三段论（即：从例证而来的三段论——译者）中一样是倒置的。而得出的结论是第一或大前提。亚氏补充说，真格的三段论通过中项显明自身，它是本质自身的（notius natura）推理。就认知活动言，它是主要的更有效的；而从归纳而来的三段论则对我们（pro nobis）更为清楚明白。[①]

从归纳而来的三段论，依亚氏设想，必须具下列形式：

结论（＝论题）：一个人或所有可观察到的人类都是要死的；
小前提：他们代表了人类的全体；
大前提：（＝结论）：所有的人都是要死的。

300 这种三段论不单是从个别上升到一般的过程，更包含了一种没有保障的从已观察到的某一类全部向绝对总体的跳跃。不过亚氏认为重复的无矛盾的归纳本身就带有最大的确定性与必然性，[②]从而一般便经由个别而来的归纳过程在头脑中产生了。

陈那与亚里士多德都实在地只是满足于承认推理过程中的归纳作用，而将注意力集中到分析的演绎作用以及制约演绎的法则。

---

① 格罗特，前引书，第 191 页和 196 页。

② 同前注引书，第 192 页。

有的批评家指责亚氏的做法。说他将归纳变成了三段论式的特殊形式，从而取消了推理活动中上升的与下降的两过程强烈反差。对他们说来，两过程之间的最大的差别就在于演绎三段论的制约力或必然性，这是归纳达不到的[①]。他们认为每一归纳都包含有跳跃，而且是没有保障的危险的从特例到一般断定的跳跃。而在三段论演绎中，却没有无保障的跳跃，而有严格的必然性，这些批评家说，亚氏为了抹掉归纳和三段论演绎式的根本区别，错误地利用了个别之全体与类名词意义的分别。亚氏说："你必须将归纳三段论中的小词项当作所有个别所构成的；因为归纳正是经它们而得出的。"[②]依据这些批评家的意见，从个别到类的不可靠之飞跃在归纳中是允许的并且不至于破坏归纳。但它应被拒绝进入三段论，因为它会降低三段论的尊严。似乎在这里，同别的问题一样，印度人的观点是值得考虑的。困难出在知识本身的内部，它不可能因为将推理活动分为两半并且将它归诿于其中一部分便自动消失。那另外的一部分并不会因为相对的一方有毛病而自身成为正当。判断的普遍与必然是一切逻辑的核心，它总得用某种方式加以说明。缺少解释说明，归纳也好，三段论式也好都不会纯真无
瑕，其中难免潜伏有内在毛病，用印度人的话说，便有"癌症"隐伏 301
其中。佛教的解决方式，我们在比量一章讨论了，后面还将涉及。

d)佛教的三支比量式包含两命题

依据亚里士多德的定义，三段论必须有三个命题，其中两个起

① 格罗特，前引书，第197页。

② 同前书，第260页。

相同的作用并由于作为结论的"前提"之共同特征而联系起来。佛教从它的比量定义出发,认为只有两个必需命题就可构成比量式,其中之一陈述理由和结论间不可变更的遍充(共存)关系的一般原理,而另一个则表达这原理之被应用于某一特定例子。其实小前提与结论之间的联系远较那两个所谓前提之间的关系更窄。洛采(Lotze)和施瓦特正确地指出:"小前提预先假定了结论"[①]小前提与结论一道构成了对主词(小词)的应用或称述限定(the Application or Qualification of the Locus)[②]显而易见三段论式中的两个必不可少部分指的是归纳与演绎,三段论的结论得以证明的真正理由就是结合了全部个别事实的——而不是结合了大前提,大前提也是从个别事实归纳出来的[③]——小前提。例证和应用是佛教逻辑比量式的两支,这在前面已经说了[④]。

e)逆否命题形式

印度逻辑只有在联系到比量和比量式时才涉及命题的主谓词之换位及换质的问题。换位只在大前提或基础的命题中才可能。而在小前提与结论结合的应用命题中主词位置是固定不变的。基

---

① 如果我们不是已经确信苏格拉底是要死亡的,按小前提所说,苏格拉底就不可能是人。

② Locus=pakṣa-dharmatā(宗法聚处,宗有法),对印度逻辑说它指有法(=小词、主词),无论大词或中词代表的类都归属于它。因而大前提与小前提只是称述有法(主词、小词)的属性(quality)。——译者

③ 格罗特,前引书,第199页。

④ 见本书前面第279页。即指"包含例证在内的一般原则和包含结论在内的应用",亦即"喻依"(包括它体现的大前提)和"合"(包括"结"支)。——译者

础命题表达这样一个事实：理由（中词）永远存在于同品中，不在异 302
品中。这也就是大前提的两个互相隐含的规则。因为，如果理由只在同品中有，相应地（eo ipso）它就在异品中无了。但为说明理由对谓词的必然依存关系（遍充关系），两个方面都得论到，必须或明白或隐晦地显示出这点来。理由之仅于同品有就是断定（anvaya，从因到宗的顺序陈述），而理由于异品之无则是其逆否命题（vyatireka，从宗之否定到因之否定的陈述；远离言）[①]。

肯定命题之确立依靠契合的归纳法。而其逆否命题则由其相应的必然结果，即差异法建立。二是表现的是同一个事实。它们是同一思想的两种方式。逆否命题的逻辑价值和可靠是易于看出的。显然如果中项（理由）必须依赖大项，它也就蕴涵于其中，对它的否定的范围从而必然超出大项的否定范围，其溢出程度恰好与大项超出中项范围的比例范围的比例相当，可图式如下：

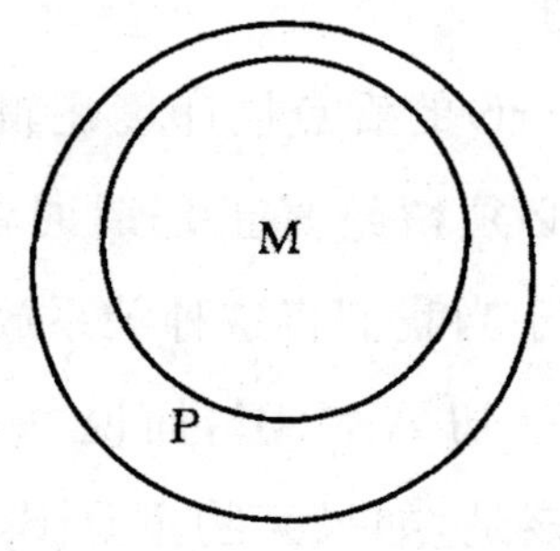

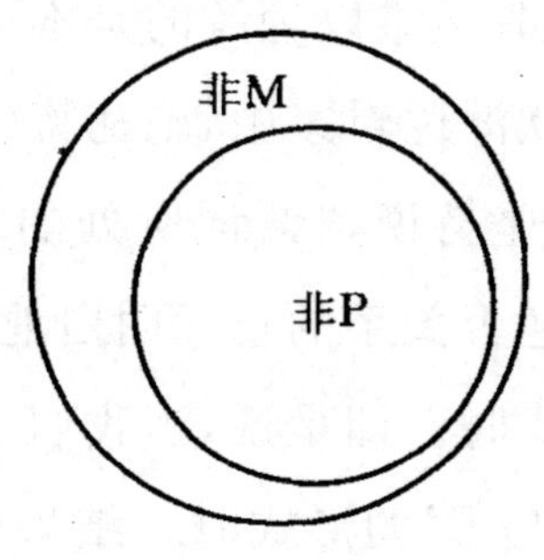

例如："一切所作（M）皆无常（P）"与"一切常者（非 P）皆非所作（非 M）"；或者"诸有烟处（M）必有火（P）"与"无火（非 P）则无烟（非 M）"便是这种关系。M 的范围整个包含于 P 之中，从而非 P

① 格罗特，前引书，第 199 页。

便落到大圆圈之外,非 M 就更在其外。因而非 P 便为非 M 所包含。

全称否定显然是可以被换位的。如果主词与谓词完全没有关系,这种无联系也就是相互间的。

但全称肯定则不能换位。它表示了一项对另一项的依赖关
303 系。这种关系不可加以倒置。如同结论中的主词一样,(普遍命题
中的)主词的位置也是固定的。大多数逻辑谬误都源于对这条规则的忽视。例如,我们遇见这样的命题“一切勤勇所作皆是无常”。若将它简单地颠倒一下,便有“一切无常皆是勤勇所作”。这便是不定因的过失,因为理由“无常”同样地存在于如瓶的同品及如(闪)电的异品当中。[①]

亚里士多德对换位的处理是形式上的语法方面的,他试着改变主词与谓词的位置,然后发现这种(倒置)过程有的情况下是可行的,有时又难以理解的是不可能的。

在欧洲逻辑家中,施瓦特(Sigwart)的观点同印度逻辑的态度相同,他坚持说,“谓词所处的位置必须留给真正是谓词者。”[②]他还说:“逆否关系的意义明白地表现于当我们将这种关系放入假言判断形式时。即是说,当我们不说‘一切 A 皆 B’,而说‘如某物为 A,它必是 B’的形式时。结果就应该是,如果某物不是 B,它就也不是 A。”“一个好的意义和一个(逻辑上)有价值的意义,应该满足

---

① 原著者的举例这里颇费解。不如用三段论中关于判断主谓项的周延定义说明来得直截明白些。“全称判断的主项都是周延的”“肯定判断的谓项都是不周延的”,因而“S 是 P”当然不等于“P 是 S”。——译者

② 前所引施瓦特《逻辑学》I. 451。

两个状况，纯粹的（否定命题）换位以及命题的换质换位。它们从各方面表达一种断定，一个谓词必然地属于或不属于其主词。而在其他的状况下，只会引出特称命题，这也就表明不可能有确定的结论。”

因而，印度逻辑才从它的逻辑理由中逐出了特称命题。逻辑是普遍的必然关系的命题的领域。

f）格

亚氏逻辑区分了直言三段论和假言三段论，并且在直言三段论中分出四格及十九个式。关于直言三段论及假言三段论的划分在多大的程度上影响到语法形式或者属于推理的本质，这点我们后面将说到。不过这种四格十九式的区分理论与换位理论一样是 304
以中词在两个前提中的位置的语法原则为基础的。语法上看，中词可作大前提的主词，小前提的谓词，或者反过来，作小前提中的主词及大前提中的谓词，或者在两者当中都作谓词。另外其中有一个前提可以是否定的或者特称的。再将中词位置不同的四格配合前提之一的或特称或否定，则有十九式可靠的形式。但这当中，亚氏认为“最终的（final）”真正的还只是第一格（Barbara）。其他的各格可借助复杂的推导过程而变换获得。

这一整套复杂的理论几乎构成了欧洲中世纪的和近代的形式逻辑的整个大厦。关于这方面的理论，我们发现印度逻辑也很值得一提。首先在印度逻辑中，排除了所有的特称判断。特称判断意味着理由并非完全存在于主词的范围的。这就违反了整个规则（因三相规则——译者）的第一条（遍是宗法性——译者）而导致谬误产生。否定的结论又被佛教归入一个特别的种类,同全称的肯定判断全不相关[1]。因而第三格与第四格就被逐出了印度逻辑的比量式(三段论演绎式)的领域。为保证这些归类与格式可靠所作的种种规则从而对印度逻辑说来便成为了多余的东西。中词大前提中换位成谓词以及在小前提中换位成主词的规则也未能进入印度逻辑。比量的三词项中,其一(小项)是主词,它是真正的主体,逻辑的主体,除非在被错误地混乱地表述时,否则它不会换到谓词的地位上去。小前提的主体与结论中的主体是同一个东西,在正确地被表述时应该占据同样的位置,它是应用的命题的主体。基础的或大前提的主词必然是中项,因为这个命题表明中项对大项的依赖。这点从语言学角度讲,就是中项被归到对大项的称述当中。"让谓词之成为称谓所是,"施瓦特说。[2] 谓词位置的改变是多余的也是无用的。从而我们便只有第一格(Barbara)的

305 各式和第二格(Cesare)各式——后者相当于是前者的逆否形式——。前面我们已经解释过了,在一个换质位的命题中,中词可以同大词互换位置,因为两种形式都只是不同然而等值的对同一事实的陈述。两种表述法决非任意改变主谓位置的结果,而是由于它们分别代表了两个普遍的——归纳的与演绎的——认识

① 这就使三段论第二格成为了具有特殊意义的推理形式。因为该格中正当的各式都是否定性的全称或特称判断。——译者

② 《逻辑》I. 451—在第二格第一式(Camestre)中,中项被认为是大前提的谓词,但那大前提中作谓词的中项就词项言是矛盾的(contradictio in adjecto)。这只有通过前提换位才有可能。培恩说(参见所引书第 140 页)"与标准的否定式(Celarent)差异甚大的变种可以在此(Camestres)看到。那必然是普遍性的基础命题成了小前提,从而几个前提的正常顺序被倒置了。"

程序。

佛教的逻辑理论从内容上将比量与比量式分为三类。它们是分析的、综合的(即因果性的)和否定的演绎。从形式上看,每一种又可以依据其是契合的或是差异的方法来表述而为:modus ponens(肯定前件的)或 modus tollens(否定后件)方式的混合假言三段论。

按陈那的观点,有且仅有两种比量式的格,这视其大前提被表述为一肯定命题形式或其逆否形式而定。两种形式都是可能的,而且是互补的,是对同一事实的表述,当其中之一被陈述时,另一即令未说出也是暗合的。它们相当于因三相规则的后二相:即理由在相似的例子中存在与在相异的例子中不有。法上说:"比量式的目的在于(传达)意思。真实的事实由比量式表达。它是涉及了契合法与差异法两种比量式的事实。这两种论法所建立的事实并无任何差别。事实上,(比量式的)目的在于表述逻辑关系……尽管它代表不同的方法,却表述了同一种逻辑关系的事实。……就表面(prima facie)意义言,它们各不相同,但运用的目的都是一个,其间没有差别。肯定地说,当直接的或者肯定的伴随状况以大前提(形式)表述出来时,其逆否关系必然地暗随其后……同理,如果逆否形式的共存(遍充)状况得以表述,它的肯定形式也就被暗示出来了。"①

这样一来,如果说三段论式在欧洲有十九个式,而在印度只有 306
两个式的话,也就有了以下问题:1)这十九个式如果与印度的两种

① NBT., p. 43, 2 以下;(英译本)第 115 页。

式有对应关系的话,是如何对应的呢? 2)两种逻辑的第三格与第四格在印度不予考虑。因为它们得出的结论是特称的判断。这些结论若不加还原(reduction)就印度逻辑言便无价值。基于同样的理由第一格与第二格的三四种式是被排除了的,因为它们得出的只能是特称判断。[①] 第二格的第一式代表了隐伏着某种真正错误的不当表述[②]。从第二格中只剩下了第二式(Cesare),它是第一格第一式的逆否形式,所以相应于陈那的肯定的或直接的格。至于第一格的第二式(Celarent),它的否定仅仅是语言学方面的。我们将看到,一切真的否定结论都可以变形为这种类型的例子"此处无瓶,因为我们不见故。"但既然所有的名称都是肯定的或否定的命题,那么用某种否定判断来掩盖一个肯定结论总是可能的。例如,我们可以说:

一切人都不会永远生存,
苏格拉底是人,
他便不会永远生存。

这一结论同那个"苏格拉底是要死的"的结论的区别就仅仅是语言学上的。或者,我们来看印度逻辑的典型例子:

诸所作者皆非恒常,
声是所作,
故声无常。

为这种语言学上的差异而建立单独的一个逻辑格式完全没有意义。既然每一名称及判断都可以肯定地或否定地加以陈述,那

① 即第一格之 AII(Darii) EIO(Ferio);第二格之 EIO(Festino) AOO(Baroko)各式。——译者

② 即 AEE(Camestres),因为中词在大前提中应为谓词。——译者

么像印度逻辑那样，将否定的问题单独视为我们思维中随时会出现的特征，而不是将格与式翻一翻，要方便得多了。

对于作全称命题结论和特称命题结论区分的式，也可作同样的批评，因为后者是包含在前者之中的。关于这个问题法上说[1]： 307
“比量的有法（主词、小词、主体——译者）是直接被认知了的（单一）部分与实际未被认识的部分的结合……例如，当声音代表的是某种瞬息的存在这点被推知时，只是某一个别之声被直接指陈，其他的并未被实际地感知。”这就是说，在上面的例子中，“声”意指“所有的声”“某些声”“某种声”，但若在分类上分别三种不同的项目却是无意义的，因为其区别并不重要而这种细微分析是无用的。

从而结论说，陈那的两种式相应于亚式三段论第一格之第一式及第二格之第二式，即 Barbara 和 Cesare。

我们说比量式只有两个格，也说到了亚氏的理论中这两个格隐藏在人为的十九个式的结构当中，这就触及到了比较（两种逻辑的）价值问题。

有的作者已经认为，陈那（比量式）的格式表的简单就足以说明它的低级。相反，别的人又说，简单的理论胜过复杂理论。施瓦特说[2]：“如果我们将（第一格当中）演绎进行所依据的必然法则归结为相应的公式，则得到——如某物是 M，它就是 P。如果我们假定 S 是 M，结果将会是 S 是 P。”

① NBT.，p. 31. 21；（英译本）第 89 页。

② 施瓦特，《逻辑学》I. 485。

他接着说,“同样的规则也制约着第二格,因为从单纯的概念关系**不可能有别的结论**。不过我们在这里是从(必然)结果的不存在而推知其(必然)在先者的不存在的。”因而,同一个施瓦特说[①],“亚里士多德的前两个格与我们在前一部分所说的是完全相符合的。”即是说,三段论的真实的式只有肯定前件和否定后件[②]两种。“第一格与第二格的联系与差别可以用一个简单的事实加以说明,前者我们是从先行理由的确实性而走向(肯定的与否定的)必然结果的确实性,而后者,我们从必然结果的缺无得出先行理由也没有
308 的结论。”这两个格与混合假言推理的 modus ponens(肯定前件)和 modus tollens(否定后件)是一致的。

这点也为 J. N. 基尼思(Keynes)所同意[③]。基尼思在叙述了混合假言三段论的两个式之后,评述道:“这些式都分别与直言三段论的第一格与第二格相符合,因为我们看见,在第一格中,我们从理由走向结果,在第二格中,则从结果的否定推向理由之否定。”

康德[④]认为第二格的原则是这样的:“那与某一事物的标志冲突的便是与该事物冲突的,”也就是三段论的公理——repugnans notae repugnot rei ipsi(与事物的属性冲突者即与该事物相冲突),然后康德证明第二格永远可经换质位而转换成第一格。这又是与佛教的理论相契合的。佛教逻辑认为,比量式的两个格仅仅

---

① 前注施瓦特所引书 I. 466。

② 同前书,第 465 页。

③ 《形式逻辑》第 352 页。

④ 见他的短论文《从虚假的吹毛求疵到四个三段论的格》“Von der falschen Spitzfindigkeit der vier syllogistischen Figuren”。

是大前提（同异体——译者）和它的逆否形式（异喻体——译者）或者仅为两条规则（因之后二相），即：理由（因）于同品中有，于异品中缺无。

如果总结一下对亚里士多德的格式体系所作的评述，我们就会发现：

1）亚氏并不乐意改变主谓词在前提中的相对位置。

2）除了 modus tollens 或逆否形式的命题陈述，他的体系中若要引进其他否定式是很不方便的。

3）引入特称判断无济于事，因为只有在可以转换为第一格的情况下，它才可靠。

康德说[①]："不容否认，对四个格说来都可能有正当的结论。但逻辑的目的是避免纠缠而非增加混乱。是明白地简单地说明事物，而不能采用隐蔽的甚而别扭的方法（来说明事物）""亚里士多德对逻辑格式作这种虚假的细微分别的第一动机是显而易见。这位首先写下逻辑演绎式——即依次将三命题分写为三行的人，将三段论式看成棋盘，他试着改变中词的位置并注意观察不同的后果。一旦可靠的结论出现，其惊异不下于从某个名字中发现了字谜。这两者同样都是稚气的。"康德称亚氏的格式体系是"虚假的细微
分别"。施瓦特称之为"多余的详细说明"。而他们所确认的两个 309
格正是陈那所肯定了的，印度哲学中也有这种"虚假的细微"与"多余的详细说明"，并且远较亚氏的水平为甚。当乌地约塔卡拉为了超过陈那的针对理由在同品异品中不同分布情况而作的九句因时，他就采用了"多余的详细说明"与"虚假的细微"，轻而易举地列出了中词（理由）有错误的或正确的 2032 种情况！

g)因果的与假言的三支比量式

据法称说，我们的一切论据的基础只有同一性和因果性两者[①]。我们只谈肯定的论据，而将否定的留待专门的讨论。我们知道，这种同一性并非两个概念的逻辑同一。法称心目中的同一是那规定了两种不同概念的实在(reality)的同一。这些概念由它们客观所指的同一而联系起来。一概念的形成并非纯想象的虚构，而仅就它所具有的某种客观所指言，它仍是真的知识。法称的原则也可以这样表达：两概念间的一切逻辑关系都基于或是同一客观指向的同一性，或者是其不同所指之间的相互依赖性。

两个相依概念的客观所指可以或者是相同的，或者——如果不相同的话——必须是两个不同的然而必然相依的事物。"辛巴莎是树"的判断，或者"此为树，是辛巴莎故"的推理中包含了三个词项，其中之一是另外两个实在性的基础。这两个概念间存在某种同一性，某种间接的同一，用某些欧洲逻辑家们乐于采用的称呼法[②]，是"部分的同一"。就这个意义说，它们并不矛盾，并非不相容。一个单一的实在不可能同时具有两个不相容的概念，就它们属于同一个一致的事物而并非不能相容说，它们是同一的。辛巴
310 莎必然地是树，而绝不会是非树。因为若它不是树，则不是它自己了，而我们也就会有一个竟然同时是树与非树的对象。**如果属性(或概念)是不相容的，那么领有此二属性的实在**(reality)**就不会**

① tādātmya-tadutpatti.

② 施瓦特，《逻辑学》I. 110 以下。

是**同一的**，[①]佛教的矛盾律规定道。这是概念间的逻辑规律，也是实在的规律[②]。如是理解的同一性就是如因果性一样的实在关系（real relation）[③]，它是从因果性而来的必然结论。同一性中的客观所指是一个，因果性中，客观所指虽是两个，但却是相互依赖的。

那么，因果律的本质是什么呢？它的公式我们已经知道了"此有，故彼有"。它是每一实在之点与之前的刹那点的必然依赖关系。其陈述是一个假言判断。既然对于实在之每一刹那点都有某个概念相对应，而且除非经过概念，点刹那之实在无从认识，那么在对应于这些实在之点的概念之间也就有一种相同于实在之刹那之间真实性关系的关系。烟由火产生，即是说，在未曾中断的刹那相续系列中有因果的纽结，即被归属于概念之火之下的部分，以及被联结到烟之概念之下的相随部分。只是这些**概念间的关系与实在孝点刹那间的真实关系正好相反**。因为逻辑意味着必然，而原因之后并不必然地追随有结果。那妨碍[④]一定结果产生的某种东西总会出现。对于人们可以直接确信的必然性说来，绝不可能有因果性判断[⑤]。但那相反的关系却具有必然性特征。结果必然是其因的结果，若无其因它必不存，而且若非其因的必然之果，它必不能为果。因此，逻辑的因果律实则是结果律。这是法称所起

① virrudha-dharma-saṃsargād(dharmī)nānā（相违法聚种种）。

② vastuni avastuni ca，见 NBT.，p. 70. 22。

③ 施瓦特，《逻辑学》I. 442。

④ geg-byed-pa srid-pai-phyir＝pratibandha-sambhavāt.

⑤ 施瓦特，《逻辑学》I. 418。

的名。[①] 他称之为“经过果”的比量。[②]

311 在这个意义上,逻辑的因果律与实在的因果律是相反的。一个原因并非理由。原因并非断定(或预言)结果的充足理由。但结果则是断定它之前的原因先存在的充足理由。从这个意义上说,因果律与同一律都同样下属于矛盾律,任何事物,如果它竟然不是其他某些事物的结果,它便不再是事物。

因而将因果律与矛盾律并列是错误的。后者是一个更为普遍的规律,同样地制约一切共相或概念及一切实在或点刹那的普遍规律。但因果性只制约点刹那的生起。

施瓦特认为莱布尼茨将矛盾律与充足理由律并列作为我们一切论据的两大原理是一个错误。因为[③]莱布尼茨的充足理由律只是因果律,而将它们并列是不合适的,后者是实在的但并非逻辑的。

而我们如果从法称的立场看,也有一个理由充足律,这是我们所有论据所依赖的普遍法则,同一性与因果性两大原则也仅仅是对它的详细说明。这个规律可以称作因(hetu=gtan-thsigs)或者逻辑三相律(trirūpa-linga=thsul-gsum-rtags)。它的表述我们已经见过了。

1)遍是宗法性;

2)同品定有性;

3)异品遍无性。

---

① Kārya-anumāna(所作比量)=Kāryeṇa-anumāna(因所作比量,果比量)。

② 因之最后一刹那与果之第一刹那之间的必然性显然也是被承认了的。见NBT.,p.39.72;(英译本)第88页。

③ 施瓦特,《逻辑学》I.254。

依据其具有的两个主要的格，又可以称作断定及其换质位的规律（law of Position and Contra-position）。[①] 它若陈述出来，就是：断定了理由，也就必然断定结果，而必然结果之缺无同样便是其理由的缺无。

被视作相依缘起的佛教因果律用假言判断表达出来便是："（若）此有，则彼有"；佛教的充足理由律同样可表达成假言判断或假言三段论。这一规律的肯定论断与其换质位形式相当于混合假 312
言三段论的 modus ponens（肯定前件式）及 modus tollens（否定后件式），既然普遍充足理由律像在基于因果性的演绎中一样，同样地实现于基于同一性的演绎中，我们便可以主张我们的一切论据都基于此两大原则，并且果比量便同分析性的自性比量具有同等的地位。

欧洲逻辑理论绝不承认因果演绎是一种特殊的比量式。现代的理论承认因果性，或性质上的一致性原则——也就是同样的因生出同样果——是归纳的基本原则，而归纳又只是演绎或三段论的反面，后者的基础是分析性的同一原理。归纳在结论中绝对得不出严格的普遍性与必然性，而三段论的演绎正好具有必然性特征。

这并非亚里士多德的看法。他认为归纳也是三段论的，而因果性也依于分析性同一的原则。他的因果性三段论只是从原因推演出结果。原因被说成与中词一致和同一[②]，果则占据了结论中

---

① anvaya-vyatireka（合离，指"说因宗所随，宗无因不有"）。anvaya 实际指大前提的肯定命题陈述的主谓顺序；vyatireka 则是其逆否形式的主谓形式。

② 诚然，亚里士多德也承认，果往往比因更令人瞩目，所以我们以它做理由（参见格罗特，《逻辑学》第 223 页），并从它倒溯原因。但在这个意义上，这个三段论被认为并非因果性的。它是关于实体的知识，而不是关系的。

的大词的位置。但这种基于因果性的演绎并非如佛教所看待的，是与由一般向个别的分析性演绎相并列的另一种类[①]，而是从属于它的，甚而相反，分析性演绎是从属于因果性演绎的，因为一般被当成了一种原因。对于亚里士多德，原因永远是一般，它的结果则是特殊。对某一事物之原因的寻求即是对中词的寻求[②]。因与果之间的普遍联系经过对特殊例子的归纳方为我们所认知。亚氏
313 所设想的四种原因也就是我们可从它推知结果或大项的诸中词[③]。因的本质就是生果，正如三角形本质上便具有等于两直角和的三内角的原因与基础[④]。

以因果性作为分析性关系的看法是学者和现代哲学家们从亚氏那里继承的。斯宾诺莎将原因或理由(Causa sive ratio)等同时，这种观念达到极致。结果它导致了因果性三段论被忽视，使之成为从属的一类或根本被取消了。当休谟从心理学角度，康德从先验角度摧毁了分析性的因果论时，因果性三段论仍未被承认具有与分析性三段论并列的权利。休谟否认了一切因果系列的必然与普遍，而康德虽将它们安置在先验的基础上，但又将它等同于假言判断，而将直言三段论形式完全给予了分析性的演绎。

说到康德从假言判断中演绎出他的因果性范畴，有趣的是，我

① 不过，亚里士多德也承认 quaesitum(问题)有时属于 Quiddity(事物自身的本质)有时又是外在的事实(《分析后篇》II，ii，a. 31；另见 Grote 的《亚里士多德》第 220 页)在这里亚里士多德似乎承认每推理都有两个相互排斥的最终极的依据；或为同一性(共存性)或为因果性(即对外在事实的依赖)。

② Grote，《亚里士多德》第 240 页。

③ 同上书，第 246 页。

④ 同上注。

们注意到了康德本人不能为之直接负责的这种理论，它是康德观点的演绎结果。这种理论应当以印度人的类似观点来加以说明。依据这种理论，共同内在性[①]，被表述为直言判断"所有 A 都是 B"，而因果关系则成为假言判断"如有 A 则必有 B"。这种理论似乎承认一切论证所依据的只有两大原则，即：共存（共在）及因果。然后我们很容易地看到，假言判断形式对这两者都适用，它并不完全只是适合因果关系[②]。普遍关系的前提"一切 A 都是 B（omne A est B）"实际意味着，如某物是 A，它必然为 B。这里的必然性关系同因果性的情况一样，是以假言形式[③]表述的。普遍关系的前提"A 总是由 B 产生的"意味着，"如果有 A，则之前必有 B。"若加这点修正补充，这种理论便与印度的理论成为相对应的了。事实

上存在着一个制约一切论证的总法则。我们称之为因（理由）的或 314
充足理由的法则或是关于三相的法则——这是佛教的说法。它若以假言判断形式表述便意味着：**假定给予理由，则结论必随其后；而如缺无必然结果，理由也就缺无**。这条法则的别名又叫断定及其换质位的规律（the law of Position and Contraposition）[④]，它相当于假言混合三段论的两种方式——肯定前件式（modus ponens）及否定后件式（modus tollens）。其规则在三个方面：（理由）

① 共同内在性（coinherence）= contamitance（伴随性）= identity（同一性）= vyāpti（遍充性）。——译者

② 参见施瓦特，《逻辑学》第 297 页；培恩《逻辑学》I. 117；另见 J. S. 穆勒，《逻辑学》I. 92 他似乎第一个提出这种看法：假言判断说到底与直判断并无区别。

③ 在梵文中则是 yo yo dlūmavān sa só gnimān。

④ anvaya-Vyatireka（合一离），合者，合因与宗，即建立中词与大词的联系；离别指离因于宗，即说在无宗处即无因，亦即说被否定的大词中绝没有中词。——译者

全有于主词当中;仅于同类物中有;于异类物中绝无(亦即遍是宗法,同品定有,异品遍无)。这是完全符合 nota notae est nota rei ipsius 及 dictum de omni(三段论公理的内涵和外延表述的)[①]。它也同样符合我们一切论证所依据的普遍原则:同一性和因果性的原则。那就让我们看看印度人的比量式范例。

若有所作,则属无常,如瓶等。

若是其常,见非所作,如空等。

声是所作。

故声无常。

再看相应的欧洲三段论:

若某存在是人,他必有死,如此人和彼人等。

若他为不死者,则不能是人,而如上帝。

此人是人。

他是有死者。

数学的演绎也可换为同样的形式:

如某物为直线,它必然是两点间最短的距离。

如像此或彼之直线。

如果它并非最短距离,则不是直的,如曲线等。

此为直线,

故是最短距离。

这种演绎从形式上看与因果性演绎并无区别。我们再看印度的范例:[②]

---

① 两种表述实则是一回事。这是康德在其论文《从虚假的吹毛求疵到四种三段论的格》中证明了的。

② 这种判断的假言形式可以梵文表述为:yatra yatra dhū maḥ 或者 yo yo dhūmavān(若于是处有烟)这等于拉丁文的 quis quis(任何……者)。

诸有烟处,则必有火,如厨中等;

诸无火处,则必无烟,如水中等; 315

此处见烟,

故此有火。

这两组例子之间并无形式的差别。都可以归属到断定及其换质位律或三相逻辑标志的法则或假言判断[①]的两种方式(modus ponens et modus tollens)的规律之下,其间若有区别,仅在于:因果系列的普遍性与基于同一性的关系之普遍与必然性不完全相同。印度人解决这个问题的方法以及它在多大程度上类似康德的解决方式,我们在比量章中已讨论过了。

h)总结

通过欧洲的,主要是希腊的逻辑体系与印度的主要是佛教的体系的比较总结,我们可以看出:

1)人类思维有一个构成其本质的基本程序,希腊人与印度人都致力于追求这一本质。希望对其实质与形式加以明确的分别。这一程序便是比量或三段论。比量过程与一般的思想对佛教说来是一回事,因为知识的来源只有现量与比量两者,它们同感觉与知性是相当的。

2)无论在欧洲还是印度,这种探索都受到一般的哲学立场的限制。希腊哲学家们眼中的世界是现实化了的概念的有序体系,诸概念间的全体或部分的联系与非联系都由三段论式来规定。印度哲学家将世界视为点刹那的迁流,其中有的点被凝固化的概念加以说明并由造作的人类在其预期性的行动中把握。

3)希腊的逻辑科学将演绎式规定为三个命题的系列,其中有三项;并

---

① 斯多噶派逻辑学说的显著特点之一也是重视假言三段论。参见 Paul Barth《斯多噶派》第 74 页。

随各项在三个命题中的位置变化而产生十九个式(moods)的可靠论断。而印度逻辑学则将比量规定为一种认识和把握真实的方法。这种方法不
316 如现量那么直接,但却经过两概念的必然联系这样的表层结构而间接认识实在。

4)事实上,欧洲逻辑学并非不了解三段论包含了推理性认识的内心过程。不过对于那以主谓词位置可互换的三命题充分传达的东西说来,这一过程被认为是不完善不完全的形式。相反,印度的逻辑中比量式是服从内心的推理过程的,它是一种在命题中规定三项之间相互关系的方法,因而三项在相应命题中各有固定位置。

5)尽管对于亚里士多德,三段论还是归纳法和演绎法的一般形式。但他的后学将三段论严格限于演绎性质的。而随着现代归纳法的抬头,严格的演绎三段论的地位便动摇了。它被许多哲学家指责为无用的经院哲学形式,对知识过程说来毫无作用。在印度逻辑中,演绎与归纳不可分离,相互包容,互相证明。演绎之先不可没有归纳,即令是纯演绎科学也有归纳的基础。另一面,如果归纳不进而与特殊事例结合应用,也是无意义的。

6)因而,佛教的比量式中只有归纳与演绎两部分,二者相当于思想的基础和应用过程。

7)佛教逻辑体系中包含了因果性推理式(果比量——译者),对欧洲体系言,因果比量式起先是混合消失在分析性三段论中的,以后又被排除在三段论范围之外。

8)佛教逻辑体系主张我们的一切论证及其语言表达(即三段论式、比量式)都依靠平列并处的因果性与同一性(共同内在性)的根本原则。

9)这两个原则在形式上的统一可表述为充足理由律,或者印度人所说的三相因的规律。

欧洲的逻辑理论中,分析性的与因果性的联系规律,充足理由以及分析与综合判断的结合问题都不在三段论理论中讨论,而在印度逻辑中,它们是一个整体。理智(intellect)只是理由(reason,因)的别名,而理由本身不过是充足理由或者代表了同一与因果两
317 大原则的形式统一体的原理。一般的理由与具有三相规定的三段

论的理由之间并没有什么区别。

10)三相规则的后二相相当于混合假言三段论的肯定前件及否定后件两个方式。因此只有两种真正的三段论的格——断定形式的及其换质位形式的。一切比量式的基本原则便是混合假言三段论的原则,即是"理由之为必然的结果追随且必然结果的否定必由因之否定所追随"。

11)充足理由律,既可以用因三相的规则表达,也可以用混合假言三段论的等值的原理表达或者以断定形式及其换质位的形式来表达。三者都是逻辑必然性的规律。混合假言判断在西方逻辑中主要被视为辅助的,其次的,并不是真正的演绎三段论式。但在佛教逻辑中,它是基本原理。

欧洲的与印度的三段论有很大的区别,但二者都试图解释人类认识原则的基本问题,而陈那与法称的答案在某些方面比亚里士多德更接近康德和施瓦特的立场。

前面,我们已经提到了康德对亚氏的逻辑格式的"虚假细微分别"的批评。但这还不是康德之接近佛教逻辑思想的唯一点。康德的下面这些思想也是值得注意的:他说,"比较一事物同它的标志,即是判断""经由一个中介标志(即:经由那标志的标志)的判断便是我们理性的推理(Vernunft-schluss)。"然后,他还提醒我们注意换质换位原理并把那些由对大前提作肯定陈述和其逆否命题加以陈述得出结论的三段论式称为 ratrocinium hybridum(混合的推理方式=(梵)anvaya-vyatireki anumānam 合离比量)。他认为肯定的三段论即是亚氏的第一格,而其换质位形式则是亚氏的第二格,其余的便都是"无用的虚假的细微分别"。由于如此强调断定的及其换质位的形式的三段论,所以康德虽然未曾明说,但实际上承认了演绎论式的基础是带有肯定前件式(modus ponens)及 318
否定后件式(modus tollens)两种式的混合假言三段论原则。康德

说,尽管四个格是无用的东西(plunder),但他无意一笔勾销亚氏三段论创立者的地位。我们应该了解,实际上,只有施瓦特一个人真正接受了康德的暗示而依据混合假言三段论来建立自己的演绎体系。

施瓦特的确坚持了[①]"任何推理的最普遍形式都是所谓的混合假言论式"。"只有当那种'如A是真的,则X也一定真'的无条件的且普遍的命题得以承认时,显然才可能假设A判断为真,而有依存于它的判断X。"[②]他接着说,前提的顺序依赖每一个别场合下的思想运动。[③] 这与陈那的观点是一致的。陈那认为在个人的内心深处,我们经常从小前提开始,而在论争场合则先提出一个普遍性质的命题。

施瓦特然后接着说:"所有关于一个简单陈述的演绎都必定追溯到那通常被称为肯定前件式(modus ponens)和否定后件式(modus tollens)的混合假言推论的形式。"他在解释中补充道:"肯定前件式(modus ponens)可以变形而成为否定后件式(modus tollens)"因而他主张两种式(moods)是等值的,因而似乎可以说,他同反数论的陈那站在一条战线上。

然后,他又陈述道,推理理论的深入发展便会触及这个问题,即:"究竟是什么东西使判断A与判断X的联系成为必然性的呢?是不是就不可能从这一必然性追溯到有限的几种规律(原则)呢?"

---

① 施瓦特,《逻辑学》I.434。

② 同上注。

③ 同上注。

这段话与印度理论的立场相近而特别令人感兴趣。[1] 他提出了这些问题而未作出明确的回答，尽管他还说道“同一性也是思想间的关系”。而我们知道，此外的必然相依关系还有两个相依事实间的非同一性，而相依的非同一性也就是因果关系。对印度人说来，从这观点出发，除了（两个必然相继的事实之间的）因果性和（两个概 319
念的客观所指的）同一性便再无别的关系。

一切必然联系所依据的规律，我们晓得，用印度的方式表述，就是自性的（同一的），果性的（因果的）和不可得的（矛盾的）规律。

施瓦特的关于换位，换质位及特称判断表达的观点由于与某些印度观念的相似而非常出名。这我们于前面已经引述了。

① 施瓦特，《逻辑学》第 442 页。

320

第四章　逻辑谬误

§1. 分类

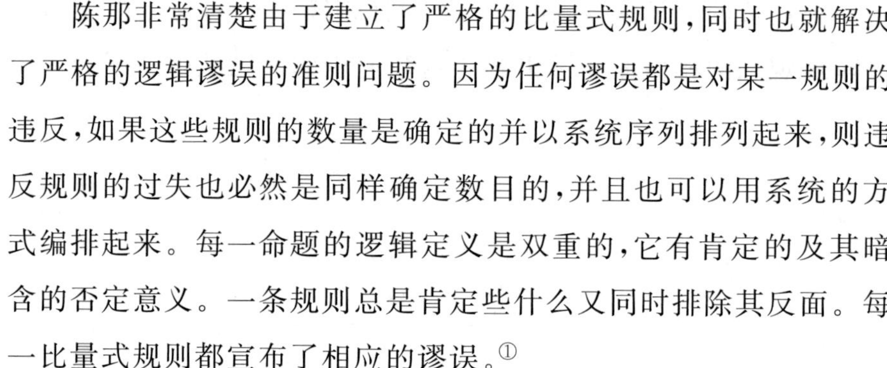

陈那非常清楚由于建立了严格的比量式规则，同时也就解决了严格的逻辑谬误的准则问题。因为任何谬误都是对某一规则的违反，如果这些规则的数量是确定的并以系统序列排列起来，则违反规则的过失也必然是同样确定数目的，并且也可以用系统的方
380 式编排起来。每一命题的逻辑定义是双重的，它有肯定的及其暗含的否定意义。一条规则总是肯定些什么又同时排除其反面。每一比量式规则都宣布了相应的谬误。①

我们知道，一个逻辑比量式的规则有三条②：

1)理由之存在于推论的主词当中，即：它必然地存在于主词的整个外延范围中。

2)它只是必然地存在于相同的品类中，即：由于存在于推演的谓词的范围中而仅存于相同品类中。

3)它在所有相异品类中必然缺无，即：在与被推知的属性相反的品类中缺无。

---

① NBT.，p. 61. 18；(英译本)第 171 页。

② 实则即理由的“三相”。——译者

因而，任何一个虚假的理由都可能是对这三条原则的违反。只是我们应该区分对第一相及对第二、第三相的违反。事实上，也没有违反第二相而不违反第三相的。后两相只是同一规则的正反两个方面[①]，如果理由并非只在同品中有，相应地也就或全体或部分地溢出到异品中去了。因而有两类主要的逻辑谬误，一是对比量式原则第一相的违反，一是对后两相的违反。转换为欧洲的形式逻辑语言就意味着一种违背了小前提，另一种违背大前提，或者 321
说小前提中的中词不周延或是大前提中的中词不周延。因为一个比量或三段论必须是：1）一种不可改变的共存性事实，或者更精确地说，是两个项之间必然依赖性之事实；2）两个必然相依的项联系到某个实在之点。前者以大前提、后者以小前提表述。

既然小前提包含了联系到某一实在点的逻辑结构，那么对这条规则的违反就代表了与实在不符合的谬误。而一个并不能联系到实在的理由可能称作“不实在的理由”。[②] 另一方面，大前提包含了理由对其结果必然依赖关系的表述。如果原因代表了某种必然依赖于结果的事实，则它的存在必然导致结果的存在。任何不具备这一方面的理由都代表了一种谬误，而且并非实在性的（reality）而是一致性（consistency）方面的谬误。两项之间的不变共存性便是被证伪了的。由于没有确定的结论，所以因（理由）便成了“不确定的因”[③]。因此有两大类逻辑错误，违反了实在性（reality）的与违反了一致性（consistency）的。后一种是严格意义上的逻辑

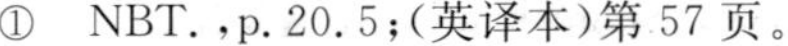

① NBT.，p. 20. 5；（英译本）第 57 页。

② asiddha-hetv-ābhāsa 不成因。

③ anaikantika-hetv-ābhāsa 不定因。

错误，为了确定逻辑谬误的数量和体系，陈那拟定了一个称作“因轮（Hetucakra）”[①]的系统表。

这张表中，考虑到了理由在同品中与异品中分布的全部可能状况。这种理由的状况正好是九种。其中仅有两种为正当的因（理由）。其余七种当中，有两种是极端的错误，它们正好与正当的理由相违背，从而称作“矛盾”“相违”。[②]

余下的五种为不定因（anaikāntika＝sandigdha）。这是因为中项在同异品之间的分布状况尚不明确，要么从同品中溢出到了
322 它不该存在的异品当中，或者包含了所有的同品和异品，或者它严格地仅仅局限于主词，而于同、异品中俱不存在。这在后一种情况下，理由是“排斥性的”或者“过于狭窄的”[③]因此导致无结论。反之，若理由（因）拥有所有的同品与异品，它则“太宽”了或称“过于普遍”[④]也无法引出结论来。过宽与过狭的理由显然实际上难得遇见。但不能因此便低估其意义。因为它们表明了一个正当的理由所属的最高与最低极限。只有三种不确定的理由，这是严格意义的不定因，因为它部分或者全部地溢入了异品的禁区。于是九句因中的同异品间，两种正（确）因，两种相违于正确的因，两种表明最高和最低极限的内涵，其余三种因共溢入禁区而成为不定因。

这些都在陈那的（九句因）图示[⑤]中一一标出来。图式中我们

---

① 也即 Hetu-cakra-ḍamaru 或 Hetu-cakra-samarthana。

② viruddha-hetv-ābhāsa 相违因。

③ asādhāraṇa-hetv-ābhāsa 不共因＝avyāpaka-anaikāntika 不遍不定。

④ sādhāraṇa-anaikāntika 共不定＝ati-vyāpaka 非不遍不定，甚遍不定。

⑤ 这个图又称因轮。——译者

以 S 表示因于同品中的存在，于是便有三种存在状况，因于所有 S 中有；于 S 中缺无；于部分 S 中有。以 D 代表因于异品中的存在，相应地有三种可能：因于所有 D 中有；于 D 中缺无；有部分 D 中有。再将第一组三种情况与第二组三种情况配合起来，我们便有了因于同、异品中分布的九种情况。

在这个九句因图式中，“同品遍有（in all S）”有三次（1，4，7）；“同品无（in no S）”也有三次（2，5，8）；“同品分有（in some S）”也有三次（3，6，9）。“异品遍有（in all D）”有三次（1，2，3）；“异品遍无（in no D）”也有三次（4，5，6）；“异品分有（in some D）”也有三次（7，8，9）。如图：

323

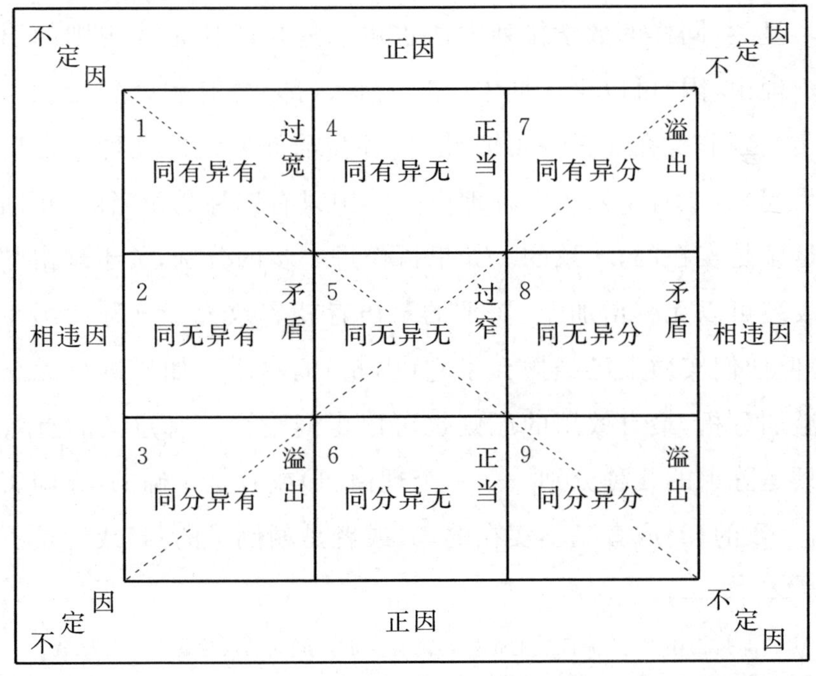

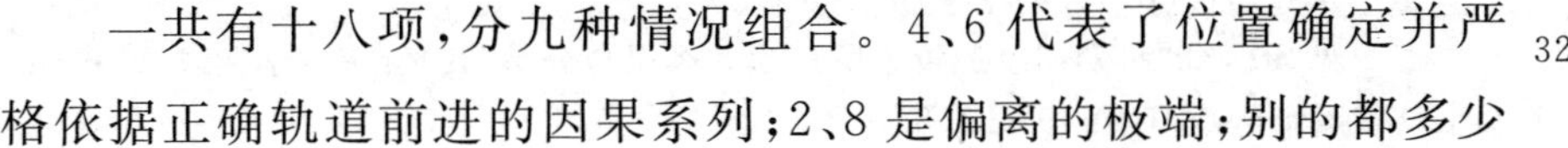
一共有十八项，分九种情况组合。4、6 代表了位置确定并严 324
格依据正确轨道前进的因果系列；2、8 是偏离的极端；别的都多少

离开了正确的轨范。1、5的理论意义在于它们显示了理由在两个品类中溢出的极限。3、7、9三种溢出情况最为普通。只有两种情况下的共存必然性是正确的，其余的共存状况都可以证实其虚伪性。七种毛病的谬误，问题都在大前提(喻体。——译者)上，如果理由过宽、过窄或溢出，它便不能引出结论，便是不定因；如果正好(与要求的大前提条件。——译者)相反，虽说理由是确定的，但恰好是不意欲的确定，于是这理由代表了正确理由(正因)的矛盾对立方面[①]。

因此，每种逻辑谬误都对应于比量式之规则，每种错误都只是对规则之一的违反[②]。

显然，同样的数学排列方法也可以应用于比量式规则的第一条。理由(因)可以于主词中(完)全有、(部)分有和(完)全无。将从实在到非实在的三种可能性，各各与前面所说的九种结合情况联系起来，便有了六十七种理由。其中只有四种是正当的(正因)，即是说是实在的，一致的。如果再作进一步的分别，关于理由的系列表还可以无穷增加[③]。陈那的摹仿者就有致力于这种无用工作的，但他们实质上已经抛弃了它(因轮)的本质。如果进行无意义的滥加分析，最有效用的原则也可以走向荒谬。有意义的有效用的只是陈那的几种分别——一个理由：1)或者是正确的，亦即实在的，一致的；2)或者是不实在的；3)或者是颠倒了的；4)或者是不能

① 即是相违因，所能证成的正好是论者意欲。成立的反论题。——译者

② NBT.，p.80.9；(英译本)第220页。

③ 见Stasiak“早期印度逻辑家所认为的谬误与分类”载于《东方学杂志》(Rocznik Orientalistyczny) VI，第191—198页。

确定的,亦即不一致的并非共存状态的(非相随的 non-concomitant)。

总的说来,一个比量——比量式只是它的语言形式——是三
个词项间的复合关系。其中之一为基础(负载者 substratum)或
称主词(S)。它代表或包含了终极的实在之点,而另外两个相互 325
依赖的词项是与此点相联系的表层结构。两词项中,其一为能依
部分,另一为必然所依部分。那能依部分,因为必然依存的缘故,
便具有揭示其所依部分必然存在的力量。后者即是所谓的逻辑结
果,或逻辑谓词或大词(P)。另外,能依部分必须现存于(present
in)那基础中,以便联结谓词(P)与基础(S)。因而,正是经过理由
或中项(M),P 才得以与 S 相联结。三项之间存在双重关系。M
必然地普遍地、逻辑地依赖 P,M 作为事实又完全实在地存于 S
上;M 之在 S 上结果导致 P 存在于 S 上。在西藏和蒙古的佛教比
量式是这样的:

我的 S 如是如是;

我的 P 如是如是;

我的 M 如是如是;

这是正确的呢,还是错误的呢?即是说 M 之存在于 S 是否正确无误?或者 M 之必然依赖 P 是否有问题?如果两者俱无问题,则理由将导出结果,比量式则无懈可击。

如果有问题,是什么问题呢?M 立于 S 上有问题吗?M 于 P 上之必然依赖有问题吗?前一情况下,理由(M、因)缺乏实在性,后者若有错,则(M 与 P 之间。——译者)缺乏一致性。

当比量式的真实性受到审查时,只有三种答案。接受考试的

学生可以回答其中之一：

1)理由无误。我接受(ḥ dod＝kāmam，如实)；

2)理由不实！(rtags-ma-hgrub＝asiddho hetuḥ 因不成)；

3)无共存性！(khyah-pa-ma-hbyuñ＝vyāptir na bhavati 因不遍)。

这种分类是穷尽的。任何人的回答不出三者之一。诘难人完全清楚他们的回答是什么意思，他们使用的术语也很明确，这就形成了不证自明的条件。

谬误可能掩盖在不够清楚的术语下边。必须加以分析、辨明，才能免除疑惑。在较简单的形式下，谬误很少发生，或根本不发生。瓦恰斯巴底说，人类的头脑对于真理有某种自然的倾向。只要谬误清楚地展示在他面前，他便不会走入歧途。因而，为达到教学目的，哪怕使用错误的命题也是有益的，尽管它的错误可以严重
326 得出乎人们的想象。除非被本质的模糊的言词所掩盖，否则不会有谬误产生。如果澄清了用语，则错误自然显露出来。假如比量式中 M 与 S、M 与 P 各不相关，这便是 nec plus ultra(无关系且多余)的逻辑谬误，其形式如下：

一切羊都是马，因为是牛故。

这种比量对任何人都不会发生，因为如筏遮塞波底所说，人类理性对真理怀有自然的倾向性。但也有一些为形式所掩盖的有名的论证式，其中既无实在性，亦无共存关系。M 与 S，M 与 P 全不相关。

下面的例子将以相当简单的几种形式说明几种情况：1)两重关系(M 是 S，M 是 P。——译者)正确无误；2)理由缺乏实在性(M 并非 S——译者)；3)没有共存关系(M 并非 P)：

1)言说的主词是瓶(S)。逻辑谓词(P)是“非常的存在”。理由(M)是“存在故”。便有下面比量式：

一切存在者皆为无常存在物；

瓶存在；

瓶是无常存在物；

回答：正确。

2)言说的主词是瓶(S)。逻辑谓词(P)是非存在物，

理由(M)是“因其不有故”。比量式如下：

一切不有者即非存在物。

瓶不有，

瓶非存在物。

回答：理由不实！过失在小前提(因支)，瓶是存在的(并非不有)。

3)言说的主词是瓶(S)。逻辑谓词“恒常存在物(P)”。

理由(M)是“存在故”。比量式如下：

诸有(存在)者皆为恒常存在物，

瓶有，

它是恒常存在物。

回答：因非共存关系！大前提有错误。

因为存在着非恒常的东西。

转换为 S、M、P 之间的简明形式，可以这样表述：

1)当针对 S,P 为正确时，答案：正确(如实)！ 327

2)当针对 S,P 不正确时，发问：何以？

3)当针对 P,M(理由)不正确时，尽管在 S 上正确，答案仍是：无遍充关系(因不遍)。

4)当针对 S,M(理由)不正确而 M 对 P 部分正确时，回答则是：理由不实(因不成)！

这只是简单的论议格式，下边还会举一些例子。任何一个逻辑错误都可以转换为这些简单的论议式。

§2. 与实在性相违的谬误(不成因过)

何谓违反实在性的谬误,前已说过,当理由与结论的不变共存关系得以建立,而理由在主词中或根本没有或其存在尚属可疑(即有此过失),换言之,因的第一相未曾满足,比量式的第一条规则被违犯,便产生了因非实在的逻辑谬误。[①]

我们还说过,这就是西方形式逻辑中的小前提上的谬误。若理由(因)于小词上不可能存在或存在是可疑的,结论就将是错误的。当两事实间必然共存(遍充)关系没有疑问,但它们在一个特例中被显示的处所却不能确定(是否存在)时,这种过失的典型例子便产生了。

假设我们听见了孔雀的叫声,[②]无疑其声音就是孔雀存在的标志。而我们眼前有好些洞穴,孔雀在哪一个洞穴我们无法确定。因此要求具有确定性的结论便无从得出。我们便有下面的论式:

大前提——有孔雀鸣声处,即有孔雀。

小前提——鸣声(大概)从那个洞穴中发出。

结论——孔雀就可能在那个洞穴中。

结论既然是不确定的——可能性,它本身就是一种谬误——这就叫非实在的过失类。以后,我们将会看到,称作不确定理由的

---

① 即是说此因(理由)违背了"遍是宗法性"的规则。遍是宗法性提的是因所表示的性质必须是宗(之有法)普遍含有的性质。从外延上看,即 M(中词)的范围应包容或重合于 S(小词)的范围。——译者

② NB. 及 NBT. ,p. 64. 17;(英译本)第 177 页。

过失类属另外的性质。

对那规定比量判断的实在性的疑惑不单使得理由不实，它所
确立的这种非实在性更进而将所有与之联系的理由都变成了非实 328
在的过类(不成因过)。例如，灵魂之作为单独的精神实体是佛教所不承认的；它是非实在的对象(客体)。结果呢？任何作为理由与它相联结的谓词，都变成了不具实在性的相似因。

胜论认为个人的灵魂是无所不有的实体，它自身无意识且不动——其所以不动是因为无所不在。而乐与非乐的感受虽说是灵魂我的内在属性，却并非无所不在。它们只显现于灵魂中的与身体及内在器官[①]的存在相偶合的部分。内在器官与灵魂我的交互作用，在遍处一切的灵魂的某一确定部分中，在特定的时刻产生了乐与非乐的感受。随着身体自身的变化，同一个人的不动的灵魂的其他部分便生出相应的感受。

这些看法可以用下列的比量式来表述：[②]

大前提——其属性随处可知的实体是无所不在的，如空。

小前提——神我(灵魂之我)是属性随处可知的实体。

结论——神我是无所不在的。

理由与其结论之间的共存关系没有任何疑问，大前提完全正确，但小前提不对，理由缺无实在性，因为被应用之点[③]，亦即两个相互依存概念之表层结构所立足的实在之点是虚假的。并没有什

① manas(意)，数论第25.i节。——译者

② NB.及NBT.，p.63.13；(英译本)第178页。

③ 即将大前提的普遍原则应用于个别事例之上。此个别事例从约定的世俗观点看，即逻辑意义上的实在之点，或自相。——译者

么无所不存的单独实体之灵魂我，至少佛教不承认有灵魂实体。因此整个推理也就代表了一种不真实的比量式谬误，它违背了佛教比量规则的三相之第一。

虽然在佛教看来，神我作为单独的实体是非实在（unreality）而且任何与之发生关系的谓词均属非实在，但仅仅在神我占据了比量中小词地位，即结论中主词地位时，它才是不真实的，原因在于它是逻辑和实在的联结点。如果实在之点——或称基础（负载者）或称制约整个推理过程的实在本身——缺无的话，比量式的过失便是非实在性的谬误。而在其他的比量式中，如果神我并不占
329 据小词位置，那么从逻辑一致性的立场看，就可以认为是并非专门针对佛教无我论而发的。例如：

"诸有情皆有神我，以有动物功能故。"

若从纯逻辑的角度看待（后面还将作此分析），便认为它并不牵涉到实在与非实在的问题。非实在性的过失是针对小词或小前提之真实性有否的比量谬误。

自然，论争的双方无论是公开辩论或是推理认识都应该有共同的一致内含意义的词项，这点非常重要。如果立论一方在某种意义上使用一个词，而另一方却赋予它另一种理解意义，论争双方也就谈不上是诚恳的（bona-fide）辩论。[①]

但当一方有意在不为对方允许的意义上使用一词时，就可能

---

① 这是指关于因之是否同遍于宗有法（小词，S），论辩的双方有不同意见。若一方对此不同意，因有随一不成过。《入正理门论》上举这种似因的例说，如果立论"声是无常，所作性故"，则要看什么对象与你论辩，"所作性故，对声显论，随一不成"。——译者

出现:对立论者本身说来,比量无可指责。而对方则根本不能接受,认为它是非实在的。例如,耆那教有这样的论式:[1]

大前提——剥皮会死的有机体是有知的。
小前提——树即这样的有机体。
结论——故树应有知(觉)。

对耆那教说来,这种理由完全是正当的,因为他们有自己关于死亡与知觉的看法。但佛教并不认为这些理由实在。对死与知,他们另有看法。他们认为树并非实在的点。这种比量对佛教说来属于没有实在性的谬误,问题出在小前提上。佛教当然也可以反对大前提的说法,“剥皮会死的有机体是有知觉的,”但那是另外一个问题了。眼下的例子中这一规则既未被否认也未生疑惑。但即令它完全正确,也不适合树的场合,因为死对于他们另有一番意义。死只是有意识生命的中断,而在树上并不能发现的。

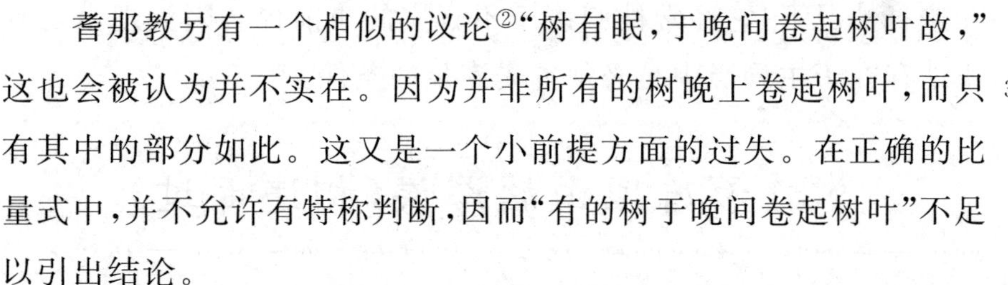

耆那教另有一个相似的议论[2]“树有眠,于晚间卷起树叶故,”这也会被认为并不实在。因为并非所有的树晚上卷起树叶,而只 330
有其中的部分如此。这又是一个小前提方面的过失。在正确的比量式中,并不允许有特称判断,因而“有的树于晚间卷起树叶”不足以引出结论。

但相反的情形也偶有发生。有时候,小前提对于引用它的论者本人也不真实。有的论者并不接受敌者的观点,有时却为了从对方的观点中取得助成自己论点的方便而引用其意见。陈那谴责了这种从异己的、自身并不信服的理论中讨方便的做法。

① NB.及 NBT.,p.62.13;(英译本)第 173 页。

② NB.及 NBT.,p.19.7;(英译本)第 54 页。

例如，数论师就坚持认为一切苦乐之类的感受自身是无意识(非自我觉察)的，因为只有神我才有意识。但神我不变易，只能照显而不含任何感受。数论师认为，感受是自性(原初物质)的衍变，从这种意义上，感受也是恒常的，①因为其材料是永恒的自性。但为了证明感受不是有意识的(自我觉察的)，数论师想利用佛教不承认任何恒常实体的理论。感受的来去并未内在于某种恒常物质。然后，他们论证说，如果感受是非常的，它就不可能是有意识的(自我觉察的)。因为只有神我的灵魂实体才是有意识的(自我觉察的)。②

这种做法遭受了陈那的谴责。作为过失，它是不实在的谬误。因为即令对立论者说来，它也是不实在的，而况他还想从中得到支持。

当然，也可以认为它是不一致及不实在两种过失的结合。但在这种情况下，它经常被归诿于不真实的小前提。因为理由之真正地存在于主词当中是必须首先满足的条件。③

§3. 矛盾理由的谬误(相违因过)

这是涉及一致性方面的，有关共存(遍充)状态的过失。这种

---

① kāraṇa-avasthāyām nityam.

② 数论的比量式应如下：

受非自证(感受并非自我觉察的)，以非常故。

这里的因“非常”是否周遍于宗“受”颇成问题。它与数论哲学冲突，故为不成因。——译者

③ 陈那将不成因分为两俱、随一、犹豫、所依四种不成，法称将随一和所依不成再区分，共列六种不成(非实在)因，参见《正理门论》(英译本)第14页。

理由,或中词所代表的并非是与自然的(意欲证明的)结论的不变伴随性,倒是与欲证的结论相反的情况的不变伴随性。即是说(理由)所能达到的结论或自然结果正好相反。在陈那的九句因图表 331
中,相违因占据第2、第8两个位置。[①] 它的意义就在于显示出逻辑理由可能犯的错误的最大极限。事实上,若非方式隐晦,这种赤裸裸的相违过失是不可能出现的。“人类头脑对真理及一致性的自然倾向”会强烈地反对这种“理由”。但当这种理由在不明确,不肯定而难以让人充分领会的用语掩盖之下时,常常可以看到这种过失是一种似是而非的论证。九句因图式中相违因的第二和第八的位置[②]的区别在于,前一谬误中,理由遍于异品,后一过类中,理由覆盖的仅仅是那禁区(异品)的一部分。而共同的特点正在于应该必然存在的同品范围中,它们却不存在。任何时候,一位哲学家若出示一个一经分析便与他所承认的基本原则相矛盾的论据时就建立了这样一种掩盖起来的相违因。从下面的例子可以看到这种相违论式显露出来的形式:

1)(吠陀之)声是永恒实体

以有因而作故

诸有所作皆常,如空。

恰恰是这种遍充(共存)关系的反面才是真实的。[③] 结果,所援引的理由是一个成就反论题的因(理由)。由于它于所有同品

---

① 据汉传因明系统,如在《因明大疏》中四、六才是相违因,也许是藏传的九句因排列图略有差异。当然本质上是没有区别的。——译者

② 根据前面所列九句因图。——译者

③ 事实应是:诸有所作皆无常。——译者

（恒常物）中不有而仅在瓶等的非常物之中有，所以居于九句因图表的第二位置。

2）（吠陀之）声是恒常实体；

以是勤勇所发（意志发动）故；

任何勤勇所发者都是恒常实体。

这个理由同样于所欲证明的恒常实体中是没有的。与上一例的区别在于它并非充斥于全部异品（即非恒常实体）当中，而只是存在于其中的瓶罐等异品上。而在闪电等无常之物中并没有勤勇所作性。

下面还有一个隐蔽的相违因范例：[①]

数论师希望建立感官是某人的器官，亦即神我的器官。神我
332 是一个单一实体，而感官是复合生理实体。他提出这样一个普遍原则——复合者是为了简单者的缘故而存在的，因而诸感官的复合物是为了神我灵魂的缘故而存在的。这一论证的真正品格都被含混不清的用语如“为某人的缘故而存在”掩盖起来了。[②] 事实上，为某个人的缘故而存在意味着直接或间接的影响他，而影响意味着在他身上引起的变化，但变化只对复合的实体才有可能，神我这样简单实体是不能有任何变化的。

从而得出结论，数论的眼感官等为灵魂而存在的论据同他们关于灵魂是单一、非合成、不变易的原则是冲突的。

这种掩藏的相违因在哲学中是经常可见的。如在《正理经》中

---

① NB. 及 NBT.，p. 63. 13；（英译本）第 175 页。

② 据《入正理论》这即是相违四过之一的“法差别相违因过”，例如下：眼等必为他用（宗）积聚性故（因）……如卧具等（喻）。——译者

它就被列为一类过失。陈那承认它是一类有过失的矛盾理由，但法称并不认为要单列为一类特殊的谬误。[①] 他主张它们属于因轮表(九句因图式)上的二、八两种，它已经包含在相违因中，尽管它是隐蔽起来的。

§4. 不确定理由的谬误(不定因过)

陈那因轮表的中间是一类具有最小内涵的理由(不共不定因)。这种理由被确证于同品异品中都不存在。它与主词在外延上正好相等，故而作为理由，它无从引出结论(无推论力)，根本不是(证宗的)理由。如果我们说：(吠陀之)声是恒常实体，因可闻故。则可闻性便完全存在于主词声音之中，它并没有任何同品和异品。要作为推论的理由，我们说它过于狭隘了。当它以这样一种粗糙未经掩饰的形式表述时，这种论证显然只有理论意义。但与相违因一样，在它被掩藏在某种尚未充分分析的不明确的概念或用语下边时，我们可以看到，它便可能有某种实际意义。在任何情况下，它都代表可结论性的最低极限，其成宗(论题)的能力等于零。

在那居于中央的(不共不定因)理由过失的上下两方是正确的 333
理由(正因)；左右两侧则是相违因；四角为不定因。[②] 法上说，确定性是一种归宿(issue)，它是可以成宗的(可得出结论的)比量式

① 参见 NB. 和 NBT.，p. 73. 8；(英译本)p. 203ff。

② 这里指前面的九句因图表。

的目标。无力成宗(得不出结论)即是不定,它是结论及结论之否定都无从断定的场合,相反,其唯一的结果是使人疑惑,我们将那些使自己在结论及否定结论二者间游移不定的理由称为不定因。

所有这些不定因(理由)的共同特征就在于大前提的逆否形式或是错误的或是可疑的[①],这是对因三相最末一条规则的违背,即因(理由)之不存在于异品当中这一点或者是虚假的或者是可疑的。[②] 尽管第三相规则仅仅是第二相的另一表述,但所有的不定因过失都可以归诿于这条规则的未能满足。从而世亲与陈那才有必要区分这两条规则,如同他们有责任区分契合法比量式及差异法比量式,或者区分混合假言三段论的肯定前件式(modus ponens)及否定后件式(modus tollens)一样。

我们说过了,四种不定因居于因轮表的四角,它们都包含了对第三相规则的违背。位于左侧上下两格的不定理由的共同特征是:它们逾越了同品范围而遍存于异品当中。而处于右侧上下两格的不定因的特征是都部分地存在于异品当中。

如果我们沿因轮表划两道对角线,它们便相交于中心“过于狭隘的”不共不定因而将四角的不定因联系起来。同时两道线又将确定因与不定因分开来了。而四个确定因中,中间上下两格是正确的因,两侧中间的则是相违因。这的确是个“神奇的因轮”。

334 因轮表的左上角是过宽的不定因。由于它作为理由于同品异品中都遍有,所以是无法引出结论的理由。它与过于狭隘的理由

① asiddha-vyatirekin 远离不成,Sandigdha-vyatirekin vā 远离犹豫。

② 亦即未确定无疑地保证“宗无,因不有”,见《正理门论》。——译者

一样都是不正确的。[①] 如果我们说:“(吠陀之)声是永恒实体,因其可知故。”[②]这种可知性的理由既可以在永恒实体如空中发现,也可以在无常实体如瓶中发现。它之不能推出结论是因为过于广泛了。其理论意义也是可以理解的,因它显示了一个越出范围的因所能达到的极限,这同过狭的因显示最低极限是一样的道理。实际当中很难见到这样形式简单的不定因,而以隐蔽形式出现的这类理由则是可能的。而且欧洲逻辑也证明当从可认知性(cognizability)的逻辑标志得出重要的然而牵强的结论时,就属于这样的逻辑谬误,而审查出这种粗糙形式的逻辑过失需要经过许多代人的努力。

位于因轮表左下的是第二种不定因,它存在于同品之部分上并溢出同品进入异品又完全覆盖这一范围。法称举了这样一个例子:[③]——“声非勤勇所作,无常故”。“无常”之理由只是部分地存在于同品(“非勤勇作者”)当中,如闪电这种无常物便“非勤勇所作”。另一方面,“无常”之因却违背因三相之规则第三,遍存于所有瓶罐等的异品中。任何人为的努力造作(即“勤勇所作者”,它是非勤勇者的异品。——译者)无不具有无常性。这种过失近似相违因,同时也几乎不会以明显的方式出现。不过1)“声音”2)“恒常”或者“不变的存在”及3)“因果相生”或变易存在及其下属概念的“勤勇所作”三个词项之间的正确位置,只有在排除了一切不正确的相互位置之后才能建立起来。它们的正确逻辑位置只有从另

① “共不定因”。——译者

② NB. 及 NBT.。

③ NB. 及 NBT.,p. 66. 8 以下;(英译本)第182页。

一方面才能清楚而肯定地建立起来。除非逻辑理论可以清楚地显
335 示在这种情况下它排除了些什么，否则它无法明确告诉人们，其中包含了些什么。同样地如果我们将亚里士多德的“苏格拉底会死，以是人的缘故”中的三个词项换位，如果我们将“苏格拉底”、“会死”、“人”去试着调换它们的每一种位置，以求除掉其中有毛病的判定，我们也将在“苏格拉底非人，因他会死故”的形式中得到第二种不定因——“苏格拉底不是人，因他会死故。”有死性包含了整个异品范围(“人”)，因为人无不死的。但这并不是相违因，因它在同品中也部分有。有死于人类当中遍有，于非人类当中也是部分有的。

因轮表右上的是第三种不定因，它存在于所有的同品领域内并部分地溢入相反的异品领域。这种谬误与正确的因较接近。它经常可能遇见，它多半由不当的换质位所造成。如果所有由勤勇所生的事物是无常的，并不会就有(命题)：一切无常之物都由勤勇所生。如果烟总由火生出，并不能说火总生烟。如果说所有人必死，则不能说必死者都是人。亚里士多德注意到了这种毛病，并称之为秩序颠倒的谬误(Fallacia Consequentis)，它由理由和逻辑结论之间的不当换位造成。当然这种谬误的全部意义和价值之清楚地抽引出来是在这样的时候，即：通过一张图表来清楚地显示了它在理由可能据有的所有位置中，亦即那九种位置中的地位时。

陈那因轮表中右侧下方的不定因的第四种谬误主要在于理由于同品和异品中都是部分存在，陈那举了这样一个例子[①]：“声是

① NB. 及 NBT.，p. 66. 12；(英译本)第 183 页。

无常实体,以无质碍故。”质碍体是有方分(体积)的物理实体。于恒常实体的同品范围中我们可知胜论的极微是常是体,可也有无体而恒常的空(ether);于异品的范围内,我们所见有瓶罐的无常体,可也有非质碍体而无常的业(运动)。与极微类比,声可以是不 336
变易的;与业类比,声又是无常的。理由所处的位置并不确定,不确定性在这个例子中也达到了极致。

不一致性(即非共存关系)的极端便是相违因;内包范围的最大极限是共不定因过(the over-wide fallacy);内包范围最小极限是不共不定因过(the over narrow fallacy)以及不确定性的极端即表中右下角的第四种不定因[①];而最易违犯且属自然的过类是右上角的第三种。[②]

§5. 二律背反的谬误(相违决定因过)

除了中项所处的九种位置之外,陈那还提到了另一类特殊的不定因,虽然他并未在九句因中列出。因轮表被认为是划分详尽,各类互不包含的。但如将这类逻辑错误放到表中,它可以占据两个位置:正因(4 或 6)的位置及相违因(2 或 8)的位置。由于它同时是正确的又是错误的,所以是相持不下的平衡。每一个不定因都在相反的两端间摇摆。这种不确定性的特点就是无法决断,引起犹豫的心理态度。但具有同等力量的相反的两个结论被断定

① 《入正理门》上称为“同品份有、异品份有”。——译者

② 《入正理论》称之为“同品有异品份有”。——译者

时，心理态度便不是犹豫而是肯定。同时便有了两个确定性，尽管依据矛盾律它们应该相互排斥，但在思想上却仍然对峙而立。这种相违决定的例子是胜论的共相实在及相对的共相非实在论。而可以提供更好说明的是早期佛教关于时空有限无限的记载。陈那说这种相违决定因过主要在形而上学和宗教中才有可能出现，他还说[①]："在此世间，现量与圣教量（经典的权威）比任何理由论据都更有力。"虽然陈那作了这样的限制，仍旧遭受法称的批评，说
337 他的老师将超逻辑的内容引进了因明。法称说："正当的比量范围在三相逻辑关系上——即：遍是宗法性，于同品定有，于异品遍无性上。只要这三相的联系由肯定的事实来建立，便会产生比量知识……既然我们量知的主题只有正确的比量，我们便不能与那同时是正确与错误两者的因打交道……双重性的因（它既正确又矛盾）不是建立在实在的事实上的东西。"[②]既然比量的基础只是自性（同一性）的，果性（因果性）的与不可得的（否定的），法称接着说道："……因此为了真有真实的矛盾（相违决定），果必然无须其真实因而存在，性质必然在包含它的概念之外存在，否定也会变成某种不同于我们所证明的东西。"这三种关系（此外亦无别的关系）不可能造成矛盾和相违决定。"当论据（理由——译者）建立在一个恰当地符合实在事物的真实情况之上时……便不容有二律背反（相违决定）的地位。"[③]在辩证的比量式中，有从某种教条袭取理

① 见图齐《正理门论》译本第35页。玄奘汉译本作"又于此中现教力胜，故应依此思求决定……"——译者

② NBT.，p. 80. 21ff；（英译本）p. 221。

③ 同上，译本 p. 222。

论原则而不是从归纳法所得的原则中推出结论的过失。所以相违决定的议论必须与真实的论证的比量式相区别。

§ 6. 法称的补充

法称对相违决定因的反对态度非常明朗。其实陈那似乎也并不坚持有这种理由过失。实质上他与法称的评价也并无区别。后者只是抓住机会强调比量规则与谬误种类之间的严格对应关系。他说"似因(有过失之理由)三种,不成因(非实在的),相违因及不定因。它们各各起于比量规则之一或其中两条之错误及不确定。"法上说,"分别地说,这都意味着这每一种过失取决于非实在性或内在于真实性的疑惑或关于相应规则(指因(理由)与宗(后陈)的遍充关系——译者)的疑惑。"[1]这一系统中并无相违决定因,所以实质上拒绝了对它的承认。

但逻辑显然并不能于形而上的及宗教的问题面前保持绝对漠 338
不关心。法称强调性地关闭了陈那羞怯地留下来的入口,又另外补充两种谬误,从后门又将它们引进去。他以为这两种似因可以为公认的因轮表接纳。于是全知者——大乘佛教中的神——佛陀——的宗教问题以及灵魂(补特加罗我)的问题都由于法称而在最终的谬误类系统中获得了一个补充项。

灵魂的问题以下列比量式表述[2]:"有生命者有灵魂,以有气

① NB.,p. 80. 6;(英译本)p. 220。

② NB.,p. 75,20;(英译本)p. 208,ff。

息和别的动物功能故。”此理由并非不真，因为它在主词中有，但它的共存（遍充）关系却是不定的。实在论者主张这种遍充关系是以“纯否定的”方式证明了的。由于承认动物功能在不具灵魂之物中缺无，那么它们的存在便成为了从另一方面证明凡有功能处皆有灵魂的可靠理由。法称解决这个问题的方法是纯逻辑的。他并没有运用佛教的“无我”教条[①]，而在逻辑上他并不承认所谓“纯肯定”或“纯否定”的理由。为了辩论，他也承认存在有灵魂的同品和无灵魂的异品这样的事物，承认这一特征于有生命的或无生命的事物中之某处存在。但这中间，与有灵魂一类的必然联系以及与另一类缺无灵魂的必然联系却是无法证明的。从而这个比量违背了三相的后二者，因为即使承认有灵魂存在某个地方，此理由于同品类中定有，于异品类中绝无的关系仍然是不确定的。因而它是不定因。从而，法称说：“依据这样的因（理由）我们既不能肯定灵魂与有生命体联系，又不能说没有联系。”[②]

关于无所不知的绝对存在者的理论，法称补充了一种似因，它
339 与陈那的九句因中第七（同有异分）略有区别，它虽存在于同品类事物中，但于异品当中的缺无却未能肯定。[③] 前面的似因过类当中，三相规则的第二、第三都是不确定的。而此过中，第二相虽然满足，第三相则含有不可解决的矛盾。它是这样表述的“某种人是非全知的，因其有语言及（一个人的）其他官能故。”人之有语言功

---

① 参见《正理花饰》其中室利达罗（Śridhara）引法称的论证并反驳，并从而将普拉夏斯塔巴达忽视了的“纯否定因”引进了胜论学说。

② NB. 及 NBT. ，p. 79，23；（英译本）第 219 页。

③ 同上，p. 66. 16 以下；（英译本）第 184 页以下。

能是可以肯定的。三相之第一条规则是以满足。这理由并非“不真实”，它之存于同品，即非全知的人们当中也是可确定的。因三相之第二条规则是以满足。但此理由于异品中，即语言等官能在全知者当中的不存在却永远是不能证实的，因为全知者是形而上的超逻辑的。我们不能认定它根本没有，因为否定判断也要依赖经验。否定一个从未经验过的东西是没有用的在后面讨论否定判断的部分，我们将证明这种否定并无任何意义。既然是违背第三相规则的，那理由就是不确定的。这个例子产生的原委可能是出于这样的考虑——绝对真实是不可言说的，全知者（佛陀）不会以人的语言来揭示它，因为语言只适合表达那些想象所构筑的一般而含混的观念。[①] 这就与法称在其他著作中表达的意见相符[②]，这种意见认为我们既不能认识亦不能表述全知。全知的存在者如同绝对真实或最终绝对，都因不可认知而不可言说，每一与之相关的谓词，无论是肯定的抑或否定的，都是有争议的，不确定的。陈述这个例子很可能是出于纯粹形式上的三个概念的不同排列。但它也并非不可能含有反驳正理派的纯否定因的意思，既然一切凡夫都是非全知的，那么非凡夫则应是全知的。这种演绎之受批判是因为全知与语言并非截然反对的（概念）。这两种属性之一的存在并不能证明它对另一属性的否定是正当的。[③]

如上所说，法称所引以代替陈那相违决定的这两种不定因过 340

① NK.，p. 112. 24.

② 参见《观相续论》最末段，参见俄文拙译本第 49 页。

③ NB. 及 NBT.，p. 71. 1，ff.；（英译本）p. 198。

同后者的区别并不大。所有这些过失都涉及形而上的对象并因此而有争论。严格地说，它们并非逻辑的问题。因为这些已使我们越出了逻辑范围。

§7. 历史

a）有关论议的教本

在印度，逻辑——关于真伪的科学——一开始就表现得更关心谬误的分类而不是考察真实。当正确认识方法的理论（量论）尚未系统形成时就已经有了《堕负论》（Nigraha-Sthāna-Śāstra）这样的教本。《正理经》中也附有一个关于堕负的材料，它最初显然是一篇单独的论著。

无著世亲的时代，佛教徒也开始研究逻辑，他们也编撰了一些实质上与《正理经》中所附的那篇论著并无不同的逻辑教本。《正理经》的那个教本中列举了二十二项论辩者犯的错误。因为这些过失，论辩者必然招致对方的驳斥，并为主持的裁判宣布其论争失败。通常的辩论有立论者[①]、质难者[②]及一个不偏袒任何一方的裁判[③]，后者有权加以评论和提问。《堕负品》显然是为论辩的裁判者准备的手册，它的编撰是论辩术长期的实践经验的产物。它导致建立了一整套关于论辩的典型范例及其规则。立论者实际地或

---

① pūrva-pakṣin.

② uttara-pakṣin＝prati-pakṣin＝pratidvandvin.

③ madhyāstha＝prāśnika＝sabhya.

者故意地可能犯的过失有以下这些：①

1)(由于不当的例子)而破坏了自己的论题，

2)(辩论当中)转移了论题，

3)矛盾的论题，

4)放弃了论题， 341

5)—6)改变理由或话题，

7)—10)无意义的，不知所云的，无内在联系的或不适当的论议，

11)—12)表述的多余或不充分，

13)重复，

14)沉默，

15)承认无知，

16)不能理解(问题)，

17)当看见取胜无望时，借口有别的事而停止辩论，

18)(间接)承认对方的指责，

19)—20)有必要驳斥质难者时不说，无必要驳斥时又言说，

21)不能信守自己的原则，

22)错误的逻辑理由。

值得注意的是最后一项，因为它似乎并不属于原则的堕负，但它注定是要驱逐并取代所有其他的错误的。同一部《正理经》在另一处，当涉及比量式理论时，再次提到似因(有谬误逻辑理由)，其中列举了五种似因。② 这也间接证明了所谓《正理经》是几种著述的混合产物。它的成书时代正值印度逻辑发展到清楚的比量式理论初成时期。最早的(《正理经》)注释者伐差耶那(Vātsyāyana)已

① 旧译名分别为：自立义；取异义；因与立义相违；舍自立义；立异因义；异义；无义；有义不可解；无道理义；不至时；不具足分；长分；重语；不能诵；不解义；不能难；立方便避难；信许他难；于堕负处不显堕负；非处说堕负；离宗；似因。——译者

② NS.，I. 2. 4.

经指出比量式是真正的逻辑，是正理学问的顶点①。伐差耶那还说，正确地运用合离法②是最博学的人的特征③。

尽管如此，与关于论辩中堕负的章节相比较，《正理经》对比量及比量式的讨论是非常贫乏的。按照传统，《正理经》对论议中的堕负作了详尽的讨论。似乎世亲写过一本关于堕负的小册子，但陈那（在自己的著作中）删去了相应的这一章，理由是它所包含的
342 内容有的应该在破斥性的比量式中表述，有的则与逻辑无甚关系。并不属于逻辑范围之内④。而关于堕负的章节在陈那以后的逻辑中便不复存在了。

除了关于立论者的堕负的这一章，或者这个教本，早期的文献中还保存有一些关于质难人的堕负（称作错误的驳斥的，它们有破斥的外表而并无任何实在性）教本或章节。这类破斥大都是基于虚假类比的相反论据。例如：立论者说“声是无常，勤勇所作故，如瓶”驳斥者（敌论者）提出一相反的破量——“声常，非有限方分体故如空。诸无限之方分体者必是常。”《正理经》中单独有一章专门罗列这种似是而非的破斥，其有二十四种。世亲好像也有一个小册子讨论这种错误的驳斥，其中数量没有这么多。陈那倒没有完全省略这部分，但他将数量精简到十四种典型例子⑤。但他并不认为这个内容是重要的，说这种似是而非的破斥论议的数目是无

---

① paramo-nyāyaḥ，NBh.，p. 5. 5.

② 即指相当于混合假言判断的肯定前件式（modus ponens）和否定后件式（modus tollens）。——译者

③ paṇḍita-rūpa，同前注之中 NBh.，p. 43. 7。

④ 参见《正理门论》（英译本）第 71 页。

⑤ 即“十四过类”。——译者

限的，任何种类都无从穷尽[①]。陈那之后的逻辑同样也取消了这一部分。错误的破斥是错误的比量式，并仅仅是逻辑谬误，关于它们，陈那已经建立了穷尽的体系。

模棱两可的语言是谬误与诡辩最常见的原因。但在立论者的堕负及错误的破斥两章中都没有提到这种谬误的根源。它被放到专讲论议种类的一章中，其中提到有三种语言暧昧的曲解根源，即含混的言辞、命题，以及譬喻推理[②]，含混而模棱的语言为不诚实的犯规者所使用，为了获胜，他们决意不惜任何代价。

如同古代的希腊，辩论之于古印度也是教学的宣扬的或者辩证的诡辩的[③]。真正的辩论中，议论的两方或师生之间应该有位
公正的仲裁人。论题与反论题都必须用诚实的手段来证明，所依 343
据的应是事实或可靠前提[④]。而在诡辩中，急于获胜的一方并不在乎事实，不惜采用两可之间的言说，虚假的破斥及不真实的指责[⑤]，目的无非是欺人耳目而获胜，真正的（bona fide 诚恳的）论者并非不使用双关语，诡辩或虚伪的指责，但它不是主要的论议手段。如果他已使用事实和圆满的前提证成自己的命题，而敌论者仍以不诚实的手段纠缠不休，他也可以用同样的手段对付论敌。但这不是为了证明他用正当手段达成的道理，而是要揭示论敌的愚蠢。如同种子因有刺而免遭鸟啄食。诚实的立论者也可以运用

① 《正理门论》（英译本）第 71 页。

② Vāk-chala，sāmānya-chala，upacāra-chala.

③ jālpa-vitaṇḍe（纷论议、坏义）。

④ pramāṇa-tarka（量思择）。

⑤ chala-jāti-nigrahasthāna（曲解、倒难、堕负）。

带刺的诡辩手法，以驱逐不择手段的诡辩家取胜的妄想。

b）中观派破斥性的比量式

因而陈那发现印度流行的这套论议方法允许使用模棱的语辞，不真实的指责及不真实的破斥手段，但目的不是为了不可变更的最终真理的证明，而只是为了使自己的论议经得起故意犯规者的攻击。辩论从一开头就是复杂的争论。以诡辩对付诡辩家是可以的。只是诡辩论争有两种，它们的共同特征是立论者不考虑逻辑而一味要想取胜。但在此过程中，诡辩家提出要保卫一个真实的主张，然而他却使用不正当的手段去捍卫只是貌似这种主张的东西。另外一种诡辩家根本不打算捍卫什么真实的主张（论题），无论别人提出何种论据，他只是要破斥对方而已。从某一方面来看，他还是诚实的，因为他只是不相信逻辑而已。这样的诡辩就不再是诡辩了，因为它已经丧失了诡辩的基本特性，既无不诚实的目的也没有权宜的盘算。论辩的目的是使对方确信他自身的自相矛盾。而质难人若使立论者陷入自相矛盾，也就达到了目的。这对某一类哲学家说来总是可以做到的。人类的头脑总是处于自身矛
344 盾中，内在地说来是辩证的。如果有一位实在论的哲学家——他是相信逻辑同实在的一致性的——竟然采取了破斥一切的否定方法，那他便对自己都是不忠实的，他的做法便是不诚实地故意找岔子。但在佛教徒看来，实在性是与逻辑不同的东西[①]，对于某一些佛教徒说来真实便是否定逻辑本身，他们相信，只有摧毁逻辑手段

① 参阅本书前面第二部分的二重真理，二重世界的看法。——译者

才能显示真实。这种真实便是神秘者的境界，它由剩余逻辑法(Logical method of Residues)[①]认知，作为破斥逻辑方法的结果，它只能是超逻辑的。中观派采取的就是这种方法，月称这样说道：[②]

"诚然一般的规则要求反驳者同意立论者为证明自己的论题而作的每一论证。但是(中观派不同)，他并不为了使别人相信而维护自己的论断。他也没有真正的(bona fide)理由和例证。他提出自己的反论题并加以证明，但只满足于说明它可以与对手的主张并存，可以摧破对手的论证。从而他提出的是无法证明的断定。他甚而与自身都是冲突的。他当然不能使论敌相信(这种想象出来的论题)。但他的论敌除了证明他不能建立自己的论题，又能提出什么更有说服力的驳斥呢？何况，真有提出进一步论据的必要性吗？"

依据中观派的说法[③]，任何一个比量式都是错误的，因为它必然招致一个矛盾的比量——一个同样有力的称作"随应比量或者敌比量"的。[④] 由于这个特点，这一派又得了另外一个名称，叫"随应破派(prāsangika)"。

因而，佛教一元论在极端相对主义派别(中观随应破派)中的建立不是依靠逻辑理由，而是依靠对逻辑的全面否定。只是这种全然无视逻辑的态度很快改变了。这便是清辩(Bhavya,

① pāriśeṣyāt(可以取残余的)。

② 参见拙著《涅槃》第 95 页。

③ 如前第 29 页所说，后期吠檀多派也采取这样的方法。室利达罗便自称吠檀多并说中观派方法并不会被逻辑破坏。

④ prasanga-anumāṇa.

345 Bhāvaviveka)创立的另一派别的主张。清辩认为不可以完全抛弃逻辑。即便要证明所有的比量都是谬误总还得依据圆满无缺的理由并立量破斥①。与反对比量的一派相区别,清辩一家称作自立量的派别②。无著首先主张菩萨的诸学问中应有论辩和逻辑(同时他也并未放弃佛教的一元论原则)③,而世亲之后借鉴正理派而进行了逻辑研究。因而可以说逻辑改革始于世亲而在陈那与法称那里获得长足的发展。

关于世亲的谬误分类,我们已经不甚了了。但比量式的规则既然首成于他,既然陈那的谬误分类体系严格符合比量的三相规则,而且,既然我们在胜论体系中已经发现了逻辑谬误种类的要点,我们便能假定世亲的体系与陈那的应该相同或者相去不远。

陈那的谬误分类影响了胜论及正理的教法。接下来我们将看看他们的似因理论所接受的影响。

c)受佛教影响的胜论体系

迦那陀(Kaṇāda)的《胜论经》尚未有议论争辩的规则。但其中已有比量定义,并列举了作为比量的诸种关系;又说到必须"熟知"逻辑理由(与主词和逻辑结论)的联系,亦即确证这种关系。④如果此种联系未经确证,则它为非理由(非因)或逻辑过失。似因"或是非真实的或是不定的",经中接着说道。迦那达时代这些术

---

① svatantra-anumāṇa.

② Svātantrika.

③ 参见奥伯米勒对弥勒—无著的《究竟一乘宝性论》(Uttaratantra)作的译本。

④ vs III.,1.14.

语的准确含义我们不能确知，因为没有古代的注本可参考。但我 346
们从名称上多半可以猜测：它们大致与陈那的两大类似因相应。在这一点及其他一些地方，胜论师尽管是实在论者，却似乎做了佛教逻辑改革的先驱。① 我们已经很难确定②，普拉夏斯塔巴达是否即因为这点还是别的原因才将陈那的相当发展了的比量理论（不包括认识论基础）认为是源于《胜论经》的。他一开始便历数了佛教的因三相理论并且说违背这些规则之一或其中两条，便会产生"非理由"的谬误，亦即不成因，不定因及相违因。然后他断然宣称这种理论属于迦夏巴（Kāśyapa），即迦那陀（Kaṇāda），尽管迦那达

① 《胜论经》（II. 2. 22）中另外还有关于不定因的定义，从实质上看，它与陈那的不定因定义并无两样，也说这种不确定性源于理由存在于同品（tulya-jātīya）和异品（arthāntara-bhūta）上。普拉夏斯塔巴达书上（239. 14）在论及有关过类时也提到了该经。

② 关于普拉夏斯塔巴达对陈那的借鉴，我在论文《佛教理论中有关印度其他哲学派别的认识和教法报告》（Rapports entre la théorie bouddhique de la connaissance et l'enseignement des autres écoles de philosophie de l'Inde）已有论证。他所借鉴于陈那的有：1）为自比量与为他比量的分别，2）因三相，3）似宗之四不成，4）似喻，5）三种过类区分，不过他重加安排分为四种，补充了一种 anadhyavasita（无决断、踌躇）的混合过类。H. N. Randle 教授将一种我从未说过的看法加在我的名下，至少他是这样说的："陈那的逻辑中经世亲而上承普拉夏斯塔巴达。"我也从来并未假设"从《胜论经》到普拉夏斯塔巴达，胜论哲学中全无发展。"我们现在知道，世亲的著作中就已经包含了因三相的理论。诚然我曾经指出世亲与普拉夏斯塔巴达之间的相似之处，也曾指出佛教的，尤其是犊子部与胜论之间的亲近。我们不能否认它们很早便有相互间的影响借鉴的可能。但成熟的三相理论基本上是佛教的。它的目的是证成必然不可分离的关系，而这是实在论所不同意的。这涉及了逻辑必然性（niścaya）与先验实在（paramārtha-sat）的关系。胜论对此有详尽透彻的了解。筏遮塞波底（NVTT，第 127 页）引述陈那的话介绍了佛教的理论。陈那说"逻辑（anumāna-anumeya-bhāva 能比所比关系）是在实在之外的"。因此，乌地的约塔卡拉才拼命攻击三相论。他对胜论与数论就没有表现这么大的敌意。

347 关于过失只有不真(不成)与不定两类部分相似于佛教的分类体系[①]。然后普拉夏斯塔巴达又用两类(相应于陈那的"相违"和"相违决定"的谬误)来补充迦那达的两种原因。同样地为了将自己的发明归功于迦那达,他给《胜论经》动了手术[②],牵强地于其中构造了四种而不是实际存在的两种逻辑谬误。从而,他在不成因和不定因之后添上了矛盾因及"零无"(不决断)的因。矛盾因(相违因)是适得其反的理由,对于那本指望由它证明的命题,倒是其反命题可由它证成。这是似因的最大极限。例如:"这是马,以有角故。"本来应该说"这不是马,以有角故的。"所谓"零无"因是混血儿,首先它包括了陈那的不共不定因,如像"声是无常,所闻性故"那样的典型过类。我们知道此过在陈那因轮表中居于正中(第五),它是可演绎能力的零点或最低极限。[③] 普拉夏斯塔巴达还将陈那归入

① 令人注目的是普拉夏斯塔巴达在歪曲《胜论经》(III. 1. 14—15),为自己找理由,他说(其著作第 204 页)《胜论经》的作者(Sūtrakāra)将有一套同迦夏巴(Kāśyapa)的谬误分类学说,但他根本无意将三相论与《经》联系起来。他的立场表现出三相论完全属迦夏巴,不过,他的谬误学说如稍加变化,可以在经中看到。谁是这位迦夏巴呢?说到底不就是陈那或世亲么?

② 这种手术在印度语法家中非常流行,又被称作相属分辩(yoga-vibhāga);主要表现为牵强地将两经合为一经或一经分为两经并依此而创造新义。通过揉合《胜论经》(III. 1. 14)和注释经典,造成这样的意义来,即 anapadeśa(二非因,ahetu)或者是不极成(aprasiddha),或者是不得(asan)或是犹豫(sandigdha)参见普那夏斯塔巴达书(p. 204,26)。通过把不极成(aprasiddha)解释为"相违",得到陈那之似因三类。但在书中(p. 238. 9 以下)普拉夏斯塔巴达又添了一类似因,它包括了陈那的不共不定因与相违决定因,被他称为"不决断因"。这个词(adhyavasāya)我们又称为"零无",因为 adhyavasāya 意即判断,加上前缀 an,则为"无判断"。这点可参见雅各比的《印度逻辑》第 481 页;Keith 的《印度逻辑》第 133、139 页;Faddegon 的《胜论学说》第 302 页。

③ 关于促使陈那将其吸收的理由,可参见《正理门论》(英译本)第 33 页。

不定因[1]的相违决定过失等同于这种最为贫乏的似因(即不共不定因。——译者)。他说,[2]"有的哲学家(这里显然指陈那)认为,如有两个相持不下的理由,造成了疑惑犹豫,那理由就是不定因,但我们可以证明,这种理由如同'过于狭窄'(不共不定)的原因,它 348
也就是'零无'(不决断)因。"[3]普拉夏斯塔巴达显然认为,如果两个理由相互摧折,那么只有在分开单独考虑时才是理由,[4]如果两者结合于同一个主词(主体)则只会是"非理由(non-reasons)",而这两个理由正好被发现只于一个主词上有。在这种情况下,便既无同品也无异品可举。[5] 普拉夏斯塔巴达将这种不符事实的牵强的解释硬塞进了与它无关的迦那达的《胜论经》。陈那划给他的相违决定的推理范围是形而上的和宗教的问题,它们是超逻辑的,因此是不确定的。两种理由同样有力,因而无法决断。但对普拉夏斯塔巴达说来,与宗教的矛盾便与真实相违。所以他将陈那的相违决定因剖为两半。一半归之于"相违因",另一半归之于"零无因(不决断因)"。在宗教领域内,与某一既定的教条矛盾的论据便是谬误。它遭到斥责并归类于"相违因",即谬误过失达最极端的一类过失。但在世俗的哲学中,两个同样有力的冲突理由取消了比量作用因而必须与不共不定因一道,看作"零无的

① 同上注书,第 31、35、60 页。

② 普拉夏斯塔巴达书之第 239 页。

③ anadhyavasita.

④ 何以将这两种不同的理由塞到一起,构成一类杂种,其真正的理由恐怕是出于别的考虑。参见后边第二个注释。

⑤ 《胜论经》(III. 1. 14)参见普拉夏斯塔巴达书第 239 页。

似因”。[1]

349 从而，胜论系统的第二位立法者普拉夏斯塔巴达试图吸收陈那形式逻辑的原则而改造了胜论。他所移借的逻辑谬误有：1）似宗（之四不成）；2）似因的三种过类，虽说他将它改成了四分。而在合流了正理——胜论体系中，我们知道，似宗给略去了，似因也成了五分。

下面的表格说明了陈那对普拉夏斯塔巴达的影响以及后者对巴莎婆阇那（Bhāsarvajña）的影响。

陈那对胜论体系影响的示意表

《胜论经》	陈那	普拉夏斯塔巴达	巴莎婆阇那
1. 非真实 （asat）（不成因） 2. 犹豫 （sandigdha）	1. 不成因 （asiddha） 2. 不定因 （anaikāntika） （包括不共不定因）	1. 不成因 （asiddha） 2. 犹豫因 （sandigdha） （不包括不共不定与相违决定）	1. 不成因 （asiddha） 2. 不定因 （anaikāntika） （不包括不共不定与相违决定）

① 从《正理门论》（英译本，第31—34页）可以清楚地看到，陈那的一些反对者是将（因轮表中的）不共不定（asādhāraṇa）与（并不包括在因轮表中但肯定应居因轮表的第2和第4两位置的）相违决定（viruddha-avyabhicārin）排斥在六种不定因之外的，从而他们将不定因的数目局限于因轮表四角的四个位置上（即指第1，第3，第7和第9）。这样不共不定与相违决定便被塞到了一起，称作非因（非理由），认为其无从得到结论。普拉夏斯塔巴达将这两类似因称为“零无”（不决断因）时，正是这么做的。那么这是否意味着陈那在《正理门论》中是反驳普拉夏斯塔巴达或者别的什么哲学家呢？如果前者属实，便印证了法德根（Faddegon）和我的假定，即此二人（陈那与普拉夏斯塔巴达）为同时代人。关于这点可以参见拙著《认识论和逻辑》德译本（慕尼黑，1920）中的补遗。图齐《陈那之前的印度逻辑》（第483页）认为，普拉夏斯塔巴达从陈那的某位前辈那里借鉴过不少，但他可能改变了自己的观点。参见图齐，《正理门论》译本（p. 31、58）。如果不先解决《正理门论》中提到的争论，则不共不定和相违决定这两种根本不同的似因的结合是无法理解的。（见《正理门论》（英译本）第31页以下）

续上表

《胜论经》	陈那	普拉夏斯塔巴达	巴莎婆阇那
	3. 相违因(viruddha)	3. 相违因(viruddha)	3. 相违因(viruddha)
		4. 无决断(anadhyavasita)(包括不共不定与相违决定因)	4. 无决断(anadhyavasita)＝不共不定因(asādhāraṇa)
			5. 相反对之真实(sat-pratipakṣa)＝相违决定因(viruddha-avyabhicārin)相违决定因
	4. pakṣābhāsa 似宗	5. pakṣābhāsa 似宗	6. bādhita ＝pakṣābhāsa,似宗

d)受陈那影响的正理派体系

正理派对佛教的态度与胜论很不一样。实质上正理与胜论都从佛教借取了许多东西。但胜论对此绝口不提,表现得克制一些。350 而正理派却吵吵嚷嚷,不惜曲解滥用佛教的观点。乌地约塔卡拉(Uddyotakara)对陈那的因三相理论,从语言到本质都加以猛烈抨击,说这套理论像是傻瓜的作品。他自己认为,逻辑标志(中词)并非永远具有三相。有的可靠推理,即令没有异品,仅有同品也是可作结论的。而另外的若无同品,仅凭异品也就足以作推理了。这就意味着陈那的理由(它总是有同品和异品这两个互相包含的例子的)之外,还有两种理由——纯的同品而不含异品的一类,以及只有异品而绝无同品的另一类。实际上,也正是乌地约塔卡拉在正理派逻辑中首先将理由分为三类:纯粹的肯定,纯粹的否定以及混合的，亦即肯定——否定的。他对陈那的无情抨击，结果是悄悄地接过后者的因论，以纯肯定与否定作补充。

但当乌地约塔卡拉面对逻辑谬误问题时，他再次表现出对陈那谬误划分原则的不满，而实际上却略加补充而将佛教的谬误分类偷运到自己的体系中。[①]

伐差耶那对《正理经》中的五种似因——不定因[②]、相违因[③]、
351 无证因[④]、无决定因[⑤]和不合时的因。[⑥] 前两种显然可与陈那(的似

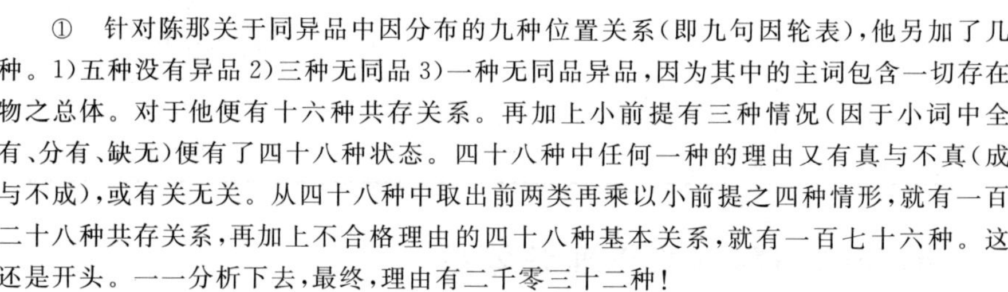
① 针对陈那关于同异品中因分布的九种位置关系(即九句因轮表)，他另加了几种。1)五种没有异品 2)三种无同品 3)一种无同品异品，因为其中的主词包含一切存在物之总体。对于他便有十六种共存关系。再加上小前提有三种情况(因于小词中全有、分有、缺无)便有了四十八种状态。四十八种中任何一种的理由又有真与不真(成与不成)，或有关无关。从四十八种中取出前两类再乘以小前提之四种情形，就有一百二十八种共存关系，再加上不合格理由的四十八种基本关系，就有一百七十六种。这还是开头。一一分析下去，最终，理由有二千零三十二种！

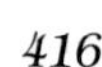

② savyabhicāra(不确定因)(《正理经》I. 2. 5)从其意义和实质说都等于不定因(anaikāntika)，属于共存状况(遍充性)方面的错误。

③ viruddha(相违因)(《正理经》I. 2. 6)与其自身原理冲突的理由。相应于陈那说的“坏所欲，所欲不成(iṣṭavighātakṛt)”，这是法称所说的相违因之特例。见 NB.，p. 73、10；(英译本)第 203 页。

④ sādhya-sama(能立不成)(《正理经》I. 2. 8)，依乔答摩和伐差耶那，指的是预期理由；但乌地约塔卡拉说成陈那的不成因(asiddha)，因为据乌氏说，它包含了所依不成(aśraya-asiddha)。依陈那的说法，乔答摩的这部《经》指的是一个其中喻依与所立(所证，probandum)没有差别的比量(Tātp. p. 238. 27)，但乌地约塔卡拉不以为然，他将它转换为 asiddha-aśraya(不成所依)，prajñāpanīya-asiddha(能立不成)和 anyathā-siddha(所成不实)。就后期正理派言，这 sādhya-sama 大致与陈那的 asiddha 过类是相等的。

⑤ prakaraṇa-sama(同等论议)(《正理经》I. 2. 7)很容易便转变成了 sat-pratipakṣa(相反对之真实)指相互抵消的，背反的理由。

⑥ kalātyaya-apadiṣṭa(时间、场所不合适之论议，非时处议)(《正理经》I. 29)其意义与伐差耶那时代不同(参该书 p. 54. 11)筏遮塞波底解释这“非时”，意味着根本不值得考虑之因(理由)，因为其已经超越了可能影响我们探寻的时间。因而它等同于陈那说的不极成之宗(论题)，以后的正理一胜论体系中有这一类谬误。

因）对应。其余三种，依伐差耶那的解说是互相渗透的，每一似因都可以说是无证的、无决定的、不合时宜。为什么要对似因用五分法呢？乌地塔卡拉自问自答，是为了给逻辑理由作详尽的分类。"但在人类（头脑中）究竟有多少真或似的理由呢？"他自己答道："由于受时间、个人性格和对象的种类的具体情况规定，理由的种类是无限的；但是，就理由与被演绎事实的联系（即因果的纯逻辑关系）而言，系统总结起来，真与似的因共有176种。"乌地约塔卡拉说，如果进一步考虑限制的条件，理由的种类会有2032种[①]！

那么，为什么要作这种可笑的铺陈分析呢？乌氏自己是清楚
的，任何圆满的原则一经滥用就会陷入荒谬。他的意图在于将陈 352
那的理论发挥过头而吓唬读者，显示自己的智慧。陈那依据数学原则建立了九句因。乌氏便想"好吧，我就以你这种数学法来建立2032种理由"。乌氏自己也承认数目本身并不重要，它只稍稍改变了陈那的九的基数。重要的是方法原则本身，即：逻辑过类的数目是确定的并且可以用系统表格方式来编排的。乌氏的基本观念来自陈那，176或者2032的数目仅仅是人为的发挥或夸张而已，是陈那九句因的衍生形式。乌氏自己承认：1）有某种纯的逻辑谬误源于中项之溢入不应存在的异品，若此溢出达到充斥整个异类的地步，则成相违因。2）中项对同品和异品的关系（即中项在其中的分布状况的）类别是可以计算的。3）这种谬误的数目必须符合

① 对乌地约塔卡拉的学说，S. Stasiak教授在他的文章"早期印度逻辑家们所认为的谬误与分类"。载于《东方学杂志》VI，第191页以下。

决定理由与同异品关系的比量规则的数目。在佛教中，规则只有三个，似因也便有三种。乌氏不能任意改变似因的五类分法，因为那是乔答摩与伐差耶那的权威规定了的。但他可作自己的解释，并依据这种解释来构造五种谬误。指令性的与禁令性的数目之间的那部分便被保留下来。这五条规则便是：

1)(理由)之存在于主词中，
2)存在于同品中，
3)不存在于异品中，
4)并非背反的(相违决定的)，
5)并非(一开始)就受驳斥的。

前三条与佛教的规则吻合，第四条符合陈那规定的相违决定似因；第五条取代陈那的似宗。对于乌氏来说，这里似宗被当作似因引入了，按照这一原理，每一过类都是因的过失造成的。因而就有相应的五种似因：1)不定，相当于陈那之不定因。2)相违，相当于陈那之相违因。3)不成(非真实)，相当于陈那之不成因。4)背反，相当于陈那之相违决定。5)“被拒绝的”相当于陈那所拒绝的似宗四种。[①]

353 下面的图说明了正理派似因理论的发展过程。可以注意到巴莎婆阇那(Bhāsarvajña)之摹仿陈那理论已经预含了普拉夏斯塔巴达对后者的借用。

---

① 这四个似宗应为：能别不极成，所别不极成，俱不极成，相互极成。参阅玄奘译《因明入正理门论》中似宗部分。——译者

陈那对正理派过类分别的影响示意图①

《正理经》及 《正理经疏》	陈　那	乌地约塔卡拉	巴莎婆阇那 (Bhāsarvajña)	甘格夏 (Gangeśa)
1. savyabhicāra 不定因	1. anaikāntika 不定因	1. savyabhicāra 不定因	1. anaikāntika 不定因	1. savyabhicāra 不定因
2. viruddha 相违因	2. viruddha 相违因	2. viruddha 相违因	2. viruddha 相违因	2. viruddha 相违因
3. prakaraṇa-sama 同等论议				
4. sādhya-sama 无证因				
5. kālātīka 非时处因				
	3. asiddha 不成因	3. sādhya-sa-ma (＝asiddha) 不成因	3. asiddha 不成因	3. sādhya-sama (＝asiddha) 不成因
	4. asādhāraṇa (包含于不定因中的不共不定因)		4. anadhyavasi-ta 无决断因	
	5. viruddha-avya-bhicārin 相违决定因	4. prakaraṇa-sama 相违决定因	5. sat-prati-pakṣa 相违决定因	4. sat-prati-pakṣa 相违决定因
	6. pakṣābhāsa 似宗	5. kālātīka 似宗	6. bādhita (＝paksābhāsa) 似宗	5. bādhita 似宗

① 正理派过类学说的早期历史，可参见图齐的饶有兴味的说明(《陈那之前的典籍》第 20 页)。

§8. 欧洲逻辑中的类似理论

欧洲逻辑中可能数逻辑谬误这部分最为混乱了。大多数现代哲学家的意见是：真实性（truth）是自有规范的，而不会有谬误。依据他们的看法，谬误的起源和种类如同生活本身一样是无穷的，不可以用任何内在联系的学说来加以安排。因而他们都放弃了讨论逻辑谬误的章节。施瓦特也好，B. 埃德蒙（Erdmann）也好，或者舒佩（Schuppe），冯特（Wundt）、布拉德雷（Bradley）、鲍桑葵（Bosanquet）都没有考虑这个重要问题。亚里士多德的分类法还保存在某些现代著作中，但其分类原则却被认为是不合逻辑的，被
354 认为应该另作安排，虽然从本质上说，这种列举并未增加什么新东西。[①] 魏特利（Whately）大主教竭力去改善这种分类，力图使之安排得更合理，但他也承认说："无论是某一谬误之归属于某类，还是哪怕一个个别逻辑谬误之归属于某一种，（都似乎没有准则。——译者补）。这常常是令人困惑的或者毋宁说是武断地决定的事。"就是亚里士多德本人，在分别列举了十三种不同的逻辑谬误之后，接着证明说，它们都可以归结为一类谬误——盲目的论证，即对一个真正的反驳的条件的误解和忽视。一个反驳不过是针对某一特定命题提出的三段论。[②] 任何谬误，无论情形如何，总违犯了或者不能满足那构成可靠的驳斥（Elenchus）或可靠的三段论式的规则

① 培恩的前所引书（I. 278）。

② 格罗特的前所引书，第 390 页。

条件。一个正当的反三段论的规则与正当的三段论的规则并无区别。魏特利大主教所说的话等于说有多少规则便有多少谬误。而这点我们知道正是印度人的态度。既然这里注意力已经不在命题上面而转到了三个词项，特别是转到理由（因）的中词上边，则逻辑谬误就被定义成对三条逻辑规则其中的一条或其中两条的违反。其他的并不违背某一条逻辑规则的谬误当然数量是无限多的，但从严格的意义上说，它们都不是逻辑谬误。法上在研究因三相规则时，就特意指出了那些被每一规则排斥在外的相应谬误。在介绍有关谬误的那一品时，[①]他说道："如果谁想用语言表述（比量的三条规则，亦即）因的三相，他就应该精确表述，而除非（对应于每一规则）的否定部分都得以表述才可能做到精确。我们如果知道那不在规则之内的东西，便能更好地了解规则所接受的内容。"比量式是对三条规则约束下的事实的语言表述。如果有一条或两条规则被违反，就会有逻辑过失。"过失是不具任何实在性（reality） 355
而又像是比量的东西。它是三项规则中某些部分被违背了的错误。"

亚里士多德并没有能够坚持这种简单而明了的观点，这点可以从他的目的得到说明，他的有时被说成是研究逻辑错误的论著，实则是专为发现诡辩和正确地驳斥诡辩而作的，诡辩本身很少有以错误推理为基础的，它的根源可说是五花八门，可以是逻辑方面的，但也可能是心理的或语言上的。亚氏关于诡辩的论著与印度关于"论敌之谬误"的论著[②]和关于"立论者的谬误"的

---

① NBT.，p. 61. 18ff；（英译本）p. 171。

② 即 jāti-śāstra《谬误论》。——译者

论著[①]相像。在这些论著当中，关于因的逻辑错误只占很小的比例。

亚氏的论著叫《诡辩的驳斥》。诡辩的驳斥是相对于苏格拉底的反驳的方式而言。后者的方法是不断向立论者提出问题以阐明事实真相。相反，诡辩的驳斥则是不断发问以制造混乱。它是“强加于普通人的驳斥的假象，好让他们将假的当作真的东西接受下来。”[②]这刚好相应于被解释成为 dūṣaṇa-ābhāsa（似破——虚假驳斥）的谬误。我们知道《正理经》中这类似破有 24 种，陈那承认其中的 14 种。但这种吻合仅在名称而已。印度的“显破”(apparent refuta-tion)的确代表一种反驳论议，即一种反三段论。一个似破量（有错误的反三段论）是基于虚伪类比之上的比量式，在狭义上它相当于盲目的反驳(Ignoratio Elenchi)。而亚里士多德的言辞表达谬误(Fallacia in Dictione)相当于印度的 chala（含糊语言，曲论）一类。它们被分别地看作基于语言含糊的一些谬误。亚氏所列举的六种谬误并非逻辑方面的，这点从此事实可以看到，即：一旦你试图将它们译成外语，这些谬误也便消失了。依亚氏的说法，它们是语言方面的，基于言说(Dictione)表达的，而余下的七种是
356 非语言的(extra Dictione)表达，但也只有三种是严格逻辑意义的谬误[③]，其他的则是心理的或实质上的。

魏特利大主教将谬误分成逻辑与非逻辑的。但奇怪的是，他

① 即 nigraha-shāna-śāstra《堕负论》。——译者

② 格罗特，前所引书，第 376 页。

③ 基于偶然的谬误(Fallacia Accidentis)；由于推断引起的谬误(Fallacia Consequentis)；将有限制情形下的言说当作普遍的言说(sccundum quid ad dictum simpliciter)。

的逻辑错误类别包含了亚氏的言说方面的谬误，例如一词多义(Equivocation)、语句混乱(Amphibolia)等。至于他的非逻辑谬误从名称上看确乎是非逻辑的。魏特利将所有的预期理由(petitio principii)和论题转移(ignoratio elenchi)都归入这一类。事实上它们也并非逻辑错误，就是说，它们之失误倒并不在于中词对大词和小词的位置关系上。他们的失误在于缺乏三个清楚的确定的词项。预期理由的错误中全然没有大词。因为它与中词(理由)完全是可互换的。而在盲目反驳中，中词又没有固定下来。

不过魏特利的谬误分类法也有合理处，如果我们将这种分类理解为两类谬误，即不确定的与不真实的两组的话。前一类是严格的逻辑错误，问题主要在大前提上；第二类是实质上的(material)[①]半逻辑的，这主要是对小前提的违背。这差不多与《胜论经》所表现的[②](同时也是陈那学说之基础的)原则是一样的。它有一大优点，即划分了人类理性的自然错误与诡辩家们的有意吹毛求疵的严格界线。就古代希腊与印度都盛行辩论之风言，它们的历史环境有相似之处。公开辩论的风气使两个民族都产生出大量的职业辩论家，他们善于利用人们的自然偏好，[③]毫无顾忌地以诡辩俘获群众。筏遮塞波底虽然说[④]，人类思维有自然倾向于真理的一面，但那另一面也就是思想中随处可能有错误[⑤]。乌地约塔卡

① 即相当于本书前面分析因三相的必然性本质时采用的"真实性的""实在性的"(of Reality)观念。——译者

② 《胜论经》(III. 115)——asan sandigdhaś ca.

③ NV., p. 15. 2——lābha-pūjā-khyāti-kāma.

④ NK., p. 151. 15——buddher bhūtārtha-pakṣapātaḥ.

⑤ NV., 21. 21-puruṣa-dharma eva bhrāntir iti=errare est humanum.

拉说，当虚假的学识[①]为名利虚荣而宣扬诡辩[②]时，逻辑也便完
357 蛋了。[③] 诚实的论辩是教学式的[④]，而不是争雄好胜[⑤]，不能是诡辩的。进行论辩是为了论敌被说服[⑥]。这种情境中的逻辑过失并非处心积虑的诡辩，而是逻辑真实的自然对应物[⑦]。因而我们应当将偶然的真正的逻辑过错与诡辩论者或讼棍们故意布下的语言圈套加以区别。亚里士多德的主要目的是揭露诡辩家，因而他所列举的诸论辩过失中，真正的逻辑谬误只是很少的一部分。

正由于欧洲逻辑并未完全摆脱亚里士多德的框架，所以始终不能建立起严格意义的逻辑谬误的理论。

另一方面，我们却清楚地看到陈那依据比量规则而建立了逻辑过类的理论并从而将它们与根源于语词含糊和心理方面的缺陷的诡辩区分开来。

这一方面，法称又迈进了一步。我们知道，他反对陈那的相违决定因，就因为他以为那在自然的逻辑思想过程中是不可能发生的事[⑧]。思想固然可能偏离规则制约的正确道路，但它不可能同时是偏离的又不偏离的，不能同时是正确的又是错误的。法称对这个特殊情况（指相违决定。——译者）的论证具有极大的教益。

---

① paṇdita-vyañjana，NVTT.，p. 29. 7.

② tīrtha-pratirūpakaḥ pravādaḥ，NV.，p. 15. 2.

③ NV.，p. 15. 2——nyāya-viplavo'sau.

④ 同上注，p. 21. 18-vādasya śiṣyādi-viṣayatvāt。

⑤ 同上注——na śiṣyādibhiḥ saha apratibhādi-deśanā kāryā。

⑥ yāvad asau bodhito bhavati 同上注。

⑦ pramāṇa-pratirūpakatvād dhetv-ābhāsānām avirodhaḥ，同上注。

⑧ NB.，III. 112—113；（英译本）p. 220ff。

它充分揭示出他的比量理论或者因论(的实质)。的确,什么是因(理由)呢?它必须完全存在于主词中,仅仅存在于同品中,完全不存在于异品中。这些规则明确了两个方向上的必然联系,对主词的以及对谓词的关系。这些规则的一条或两条在自然思维过程中无意地可能会被违反,但绝无既违反又不违反的事。就内容言,何谓比量式呢?它是同一关系的情况,或者因果关系的情况[①],或是否定关系的情况。此外再无其他性质的关系了。人类理性可以由错误而对真实关系错加描述,但在理性活动的自然过程中,绝不能 358
对这关系同时加以既正确且错误地描述。因而实际上并没有相违决定的谬误。

我们还得详细地考虑亚氏的及印度的谬误种类的对应关系。但我们首先必须考察那种对亚氏说是正当三段论而陈那却视作谬误的例子。如这样一个三段论:“苏格拉底是贫困的,苏格拉底是智慧的,因而有的穷人是智慧的。”依据第三格的规则,它是可靠的三段论。但陈那并不同意“有的穷人是智慧的,”这个论断是比量判断,它至多只是现量判断,是观察的判断。什么才是比量呢?它应该是一个项必然并且普遍依存于另一项的事实,是这两个项共存于同一处所的必然事实。那么,如果比量式有如下形式“任何智者必然穷困,苏格拉底是智慧的,故他必然是穷困的”,就其形式它会是真实的了,亦即是必然的演绎了。但以前面形式叙述时,它的毛病便是显而易见的。虽然小前提是正确的。苏格拉底的确有智慧,但在这基础上,我们无法决定苏格拉底究竟是否穷困,因为必

① NB. ,III. 112—113;(英译本)第 222 页。

然共存关系并不存在。这个理由"智慧的"在陈那因轮表中处于第九位(即同品分有异品分有。——译者)。它既存在于某些同品("穷困")中,也存在于异品("富足")中。理由既然不定,结论自然无从说起。穷困与智慧有时间的共存关系是无关轻重的,因为"有时",贫困也同除矛盾概念之外的任何情况是共存的。特称判断在正规的比量式中没有任何地位。

培恩(Bain)教授依据略有不同的理由认为[①],当审查像"苏格拉底是穷困的,苏格拉底是智慧的,因而有的穷困者是智慧的"这种例证时,我们有充分的理由将它们从三段论中排除。这里并无"推理的步骤",只有"相等的命题形式和直接的推理"。针对那个

359 印度的典型例子[②]"提婆达塔(Devadatta)不在日间进食,故他在夜里进食,"法上也表示了相同的看法[③]。它们是相等的命题,意思并无改变。如果其意义是证明两个词项之间的普遍而必然的联系并将这种联系应用于某一特定例子,那它就属于三段论(比量式)的范围。

另一方面,有的被亚里士多德算作逻辑谬误的(非言说方面的,extra dictione),陈那却以为不属于似因范围而省略了,因为它们并不涉及中词的位置关系,也不影响中词对小词和大词的关系。如像预期理由(petitio principii)的谬误。如果将它用露骨的形式加以陈述并使用典型的常与非常的论题,则有"声无常,无常故"或

① 《逻辑学》,I. 159;参见基尼斯的前所引书第 299 页。

② 这个例子,弥曼差派认为属于义准量;普拉夏斯塔巴达认为是比量;佛教认为是等值命题。

③ NBT.,p. 43. 12;(英译本)第 115 页。

者“声常、常故”。按佛教的观点，这里头根本不存在理由。[①] 听的人按理会说，为什么？拿出理由来！声是无常，因为其无常，不就等于只是说它无常么？实际运用中，它（论式）如果是隐蔽而难以发现谬误，它算是一种谬误。但印度逻辑家们经常说到它，[②]认为从严格的理论看，因的位置的系统（即因于同异品的分布情况。——译者）中没有这种似因的地位。因为它根本不成为理由（因）。即令那作为不共不定的狭窄因，虽说它代表了理由的最低极限，但总算是个理由。“声无常，所闻性故”至少预先设定了“凡所闻者即无常”的大前提之存在。而在预期理由的谬误中，大前提可以转换为“诸无常者即无常”的形式，而这等于完全没有理由，因而反驳人必然说：“拿出理由来！”

严格的逻辑意义上的谬误在亚里士多德有三类：1）Fallacia Accidentis（基于偶然性的谬误）；2）fallacia a dicto secundum quid ad dictum simpliciter（将有限制情况下的言说当成普遍意义的言说）；3）Fallacia consequentis（推断的谬误）。

这些谬误的共同点在于，它们都可归结为某一肯定性普遍命题的不当换位，用佛教的语言说，是喻体未获证明[③]，它们是大前

---

① 照亚里士多德的定义是这样的：前提与结论相等同。但是按照德国教本 Antibar barus Logicus（《非巴巴拉式逻辑》），这种错误被定义为——论证的理由或者是错误的或者是需要另作证明的（die Beweisgründe sind entweder falsch oder bcderfen eines Beweises）。

这样的定义将使我们将每一谬误都视为预期理由。

② 称 sādhyn-sama（能立不成），Siddha-sādhana（能立待成）。

③ asiddha-vyatireka（远离不成，不离）。

提方面的毛病。[①] 这里并无中词对谓词的普遍依赖性。从而可以
360 说谓词无法从这样的中词推出。这些都是陈那称作不定因和相违因的。

这些谬误与陈那的相应谬误之间的关系如下：

1)基于偶然性的谬误，亚里士多德举的例子是："科里库斯不是人，因为他不是那个是人的苏格拉底，"或者"这位不是科里库斯，因为他是人，而人并不是科里库斯"。[②] 这两种情形都不能划归"非实在的"原因（不成因），因为理由在主词上是存在着的。但理由与谓词（即大词）的不变共存关系尚未建立。而那被出示这些比量的人必定会说，"没有共存性！"过失发生在大前提上。在前一个例子当中，科里库斯是主词，非人是谓词，非苏格拉底是中词理由。而"非苏格拉底即非人"的共存性（遍充关系）是不确定的。无论同品（非人）和异品（人）当中都有中词（非苏格拉底）。这属于九句因的第九（同分异分）无法引出结论。在后一例中，主词是这一位，谓词是非人，理由是科里库斯，这里也没有共存状况，暗含的共存关系应为"任何为科里库斯者（一切处于这一名称下的事件）都是非人"。真的情况恰好相反，这里的理由与谓词没有共存关系。这是一个颠倒的理由，因而应归入相违因，它在九句因表中处于第八位。科里库斯于同品（非人）中缺无而在异品（人）中却是遍有。

亚里士多德挑出这些并不相同的谬误归成一类，显然是因为论证中从个别事例（如"科里库斯并非苏格拉底"）而得出一个普遍前提的情形于诡辩家说来是司空见惯的。

2)第二种非言说（extra dictione）的谬误，它与前面的谬误难以分清，

---

① 换言之，是中词不周延的毛病，因为"中词的周延或者普遍性的量对它的全部一致性说来是根本的"（培恩，前所引书 I. 163）。若以这一形式来表述，它表明的是那唯一的或普遍的逻辑谬误。有趣的是，有的欧洲逻辑家硬说亚里士多德完全忽视了这种真正的逻辑的谬误。参见培恩《逻辑学》第 278 页。

② 这第二个例子有误。依据后面的解释看，应该是："这位不是人，因为他是科里库斯，而人并非科里库斯。"但原文既然如此，也就暂从原文了。——译者

亚里士多德举例说："埃塞俄比亚人是黑皮肤白牙齿，故他们同时是黑且白的。""皮肤黑，牙齿白"的理由是因轮表第二（同品无异品全），也是相违因。 361
此因于（完全地既黑且白的）同品中绝不可见，同时又始终存在于（部分白部分黑的）异品之中。

3）推断的谬误。这是最自然的谬误。理由逾越溢入异品范围。它与正因相差不同，诡辩的价值并不大。其大前提反映某一肯定陈述的错误换位。这种理由（因）于因轮表中居第七，因于同品有，于异品部分有；也有的属于第九，即同品部分有，异品部分有。如说："此人是贼，夜出故"，即为第九，因为"夜出"之因在同品（"贼"）和异品（"非贼"）中有部分存在。

4）盲目驳斥（盲目回答）（Ignoratio Elenchi）的谬误，从本质上并非前提的某物中抽引出的结论的错误，又称以非因为因的谬误[①]（Non-Causa Pro Causa）以多种问题当一个问题回答的（Plurius Interrogationum ut Unius）谬误。这些谬误并非严格逻辑的，它们依存于某种误解。

虽说所有一切谬误均出于错误领会，亚里士多德将它们统统归入盲目回答（Ignoratio Elenchi）。但下列这些谬误的产生仍是逻辑性质方面的；1）中词在相同和相异的例子之间的位置有过失，属大前提方面的过失。因而为估量任何推理的逻辑价值应将其中的三个词排出来并且检验①M 对 S 的关系②M 对 P 的关系。若三个词得到明白无误的表达，就不可能产生答非所问的，引证非本质的前提的以及多重问题简单回答的谬误等等。这些谬误在生活中屡见不鲜，但它们属心理的而非逻辑的过失。所以应当建议作推理式时，不使用易引起误解的命题，而将三个词项挑出来，并显示它们毫无含混性。西藏与蒙古寺院中的因明方法就是这样的。
M 对 S，M 对 P 的关系一清二楚。被问难的人只须回答"是"或 362

---

① 这相当于 anyathā-siddha（所成不实，被伪证了的）错误。这种常见错误是心理的而非逻辑的。

“理由不实在（因不成）”或“无共存（遍充）关系！”无共存关系的一类过失又分为相违因（按本书陈那因轮表为第二第八）及不定因（第一、第三、第七、第九）。而相违决定过类占了九句因轮中的两个位置（二、八相违因位置连同四、六正因位置）其他的因的位置是不可能的。陈那的九句因划分类别是穷尽的。它使得过类的研究既系统又严整。某一谬误应属哪一类别，不会有什么疑惑的。

当亚里士多德说：“若被问难者面对一个虚假的驳斥性三段论，他必须审查虚假三段论以什么方式出现在哪一前提中”时，他同陈那的结论就很接近了。[①] 如果亚氏坚持这一原则，如果他排除所有语言和心理方面的原因，他大概就会得出一个与陈那相近的逻辑体系。

① 格罗特，《逻辑学》第 406 页。

第四部分

否　　定

第一章 否定性的判断

§1. 否定的本质

既然佛教徒认为每一认识都是对某一外部实在之点的直接或间接认识，而且他们对逻辑的兴趣不在形式方面，而在认识论方面。那么否定问题对他们说来就包含有特别的困难，他们对否定问题的讨论就特别的透彻。的确，否定是什么呢？是认识活动？对实在(reality)的认识？是直接的还是间接的，即是说，是放到现量还是比量中去讨论呢？乍一看来，似乎是非认识，是对认识的取消；或者，如果从根本上说是认识，那它必然是对非实在(non-reality)的认识，即是对无(nothing)的认识。不过它确实存在着，并且确乎是某种认识而不是关于无(nothing)的认识。它是关于某种东西的认识。实在论者对此的解答我们在前面考虑佛教关于存在之观念的分析时，已经顺便提及了。实在论者认为否定是一种特别的认识方式或存在方式。

佛教徒的立场与此大不相同。我们知道佛教的存在指的是点的终极实在，对点的认知就是相应的纯的感觉活动。某种非实在或者不在场的东西(absent things)是想象物，它不能引起直接的感觉活动(现量)；但是那已经产生了现量活动的肯定的事物(posi-

tive things)却可以被理智解释为涉及了其存在遭受否定的另一物之非有(absence)。因此,否定就不是思想的直接而本源的态度,而纯然感觉才始终是这样的态度。[①] 从否定方面去阐明某种
364 特定的感知(sensation,现量所得)的正是唤起意念性表象的知性。[②] 如果我们有这样一种形式的认识:"此无瓶"或"瓶不有",直接的认识由空无的空间所引起,而不是由那缺无的瓶所产生的。缺无的瓶只是被记忆唤起的,被知性构筑出来而不是感官直接取得的表象。至此,佛教的看法仿佛是无懈可击的,实在论者很难对其加以反驳。不过实在论者的极端态度也使他们采取自己的一套说法,他们并不承认关于缺无者(the absence)的纯假想性(ideality)。因而在他们想象中,缺无的对象与那空无的空间(empty place)有某种实在的联系。[③] 佛教对于实在与假想(或观念、名言。——译者),感觉活动与表象活动(现量与比量)作了严格的区分,因而没有必要在设定否定的假想性(ideality of negation)时摇摆于实在与非实在之间。他们轻而易举地驳斥了感觉(现量)认识当下不存在的对象之可能。但仍有未能解决的问题:"此无瓶"形式的否定判断是否与"此有瓶(或此为瓶)"这样的判断一样,应划入现量判断当中呢?或者因为它是某种不可见的事物,由于可见的标志而被认识,故应划入比量判断?因为,我们已经知道,比量本质上是对某种并不存在于感觉范围内的东西的认识。不过现量

---

① 纯感觉便是 vidhi=bgrubs-byed,纯肯定。

② 否定凭知性才有可能。现量在本质上是没有否定倾向的。——译者

③ 联系者是 svarūpa-sambandha(自性相续)= viśesana-viśesya-bhāva(能别所别性;主谓关系)。

判断与比量之间的界限并非极其判明的，因为现量知识（感觉认识）——它与纯感觉之现量是不同的——包含了大量的意念成分及知性的综合成果，另一方面呢？每一比量又可以视为某种单独的知性活动，视为建立在纯感性基础上的单一概念[①]。从而它之中既包含了可见的又包含了不可见的部分，非构造的与构造的，非想象与想象的成分。比量"此山有火，以见烟故"就可以视为一个其基础为感性活动的烟火的综合构造表象。这里（指现量知识与比量之间。——译者）并无原则的而只有程度的区别。比量中占优势的是想象活动。在否定判断"此无瓶，我未见故"中，想象（假想）仍旧占统治地位。所以否定应属于比量认识一类。虽然它也可以被视作包含了可见与不可见，想象与非想象两部分的单一概念作用。

从而，否定就主要地是想象活动。这点标志出它与实在论观点是正相反对的，后者主张否定是基于对缺无对象的肯定性认识 365
（此缺无性是当下存在的）。佛教则断言，否定断定的基础是对某一现在事物的否定性现知（其当下存在性是缺无的）。而对缺无对象的现知并不可能。这是一种自相矛盾的说法。如果说它是现量认识，对象事物必然现在（即当下存在），不可能缺无。但它如何存在呢？现存于想象中，而这意味着现见它的一切必然条件都是充足的，如果现在它就会必然地被见到；但它缺无，故只能加以想象而不能现见。它是在想象中被现见的。施瓦特让我们注意这个事

① 一个比量智，参见 NK 第 125 页。

实：[①]从普通人的实在论观念出发，“此无火”或“火并未燃”的命题包含了自身矛盾。如未燃，它如何称火？如果让一个人看炉子里面而他并未于其中发现指望可见的火，因而便说“此无火”，确实意指那想象中的火并不存在。因而否定指向了假想的火，指向假想的可见性。法上这样解释道：[②]“如像瓶这样的对象，在其当下不存在(absent)时，如何可以是现量的呢？说它可以被现量，乃是因为它有假想的可见性，虽然它实际并不存在。我们以下列的形式来假想：‘如果它竟然现在于此处，肯定就会被现知的。’从这个意义上说，一个对象尽管非现在(absent)，但仍由于假设(ex hypothesi)而为可见的，但那可作假想对象的又是什么呢？是其空无位置被见到的对象，因为现见它的一切必要条件都是具备了的。什么时候，我们可以说所有的条件都具备了呢？当我们实际地见到包含在同一个认识行为中的另一对象时(即当见到了我们否定活动的对应物，亦即那被否定对象被想象应存在的空无空间被见到时)，我们所谓的‘同一个认识行为中被包含者’是两个相互联系的侍服于同一感觉官能的对象，是某种眼睛或其他感官可以固著其上的对象。实际上，若眼前有两个这种对象，我们的现量活动就不能只局限于其中之一，因为就它们二者之视为现量认识的(前提)可能性言，实在是彼此无别的。所以，如果我实际上只见到其中之一，我自然便要想象：假如那另一个竟然存在，我们将可以同样地
366 感知它，因为(可见性的)全部必要条件是具备了的。”于是乎，假想

① 《逻辑学》(卷三)I. 168。

② NBT.，p. 33. 8 以下；(英译本)第 62 页。

的感知力便赋予了那对象。对这种对象的非认识(non-cognition)即是否定。但它仅仅否定了某种假设的可见性,所以,那并无瓶存在的地点与集中于此地点的认识,两者都被理解为对某种可能的可见性的否定,因为两者都是否定判断的真实的来源。否定的是那缺无(absent)的对象,也是对此对象的认识。每一认识,就其称为认识言,都是对实在的一种认知。法上接着说[①],"从而,作为认识活动的否定并不简单的是没有知识,而是某种肯定的实在(reality)及对此实在的断定性认识。简单的无属性特征的缺无认识,因为其中不含任何断定,它不可能传达什么知识。而当我们说到其实质是对假设的可感知性的否定时,可以认为这些话必然地暗示了不包含任何事物的纯无的空间位置的当下存在(presence)以及对此位置的认知;它在这样的意义上说是位置(处所),即:如像空无处所被见到的一样,如果有一个对象现在(present)于此,它本来也会给见到的。"

这样一来,否定被从逻辑方面和本体论方面加以考察。它既是空无的空间处所的现在(当下存在);也是对它认识的事实本身。

§ 2. 否定是一种比量

一切认识都是对实在的认识。就我们所见,否定于这条总的规则并无例外。初看来仿佛在否定中被认识的是非实在(unreality),或非存在(non-existence),它们是作为想象的非实在而显示

① NBT.,p. 22. 17ff;(英译本)p. 63。

其自身的。我们不要忘记，实在、真实、存在、事物都是同义语，它们与假想，非存在，表象或概念——这都是非实在的不同名称——是对立的。不过，假想（想象）有完全是错乱的，如“空中莲花”，它便与实在没有任何关系；也有另一类一致的可靠的与实在有关的假想，例如同某一实在点刹那联系的花，它为感觉活动揭示出来。否定属于后面一种非实在（假想。——译者）。它是某种观念，是想象，但它是可信赖的观念，是生起性的想象。是足以指导我们的预期行为的知识来源。

但如果否定仅仅是其后跟随有心智构造的对实在之点的认识
367 的话，原则上它便与现量认识（感觉知识）没有什么区别了，后者也只是一种其后追随有所知表象的感知。否定并不是对某种缺无（非当下存在）的而其标志却被见到的事物的认识。它并不是经过标志而对那被标志之物的认识。即是说，它不是比量。其中不包含从已知到未知的思维运动。而既然只有直接的与间接的两种知识来源，原则上说，否定便与现量认识没什么区别，它将与感觉知识是平列的。那么按实在论者的说法，就有肯定的与否定的现量认识，肯定性的与否定性的感觉判断了？事实上如果否定没有别的实在意义而仅是某个空无位置的存在及对于这个空无位置的认识，那么，比量“此无瓶，以我未见故”也就仅仅意味着“此无瓶，以无瓶故”；或者“我于此未见瓶，因我未见故”。法上说[1]：“某一非现在的（absent）的瓶被称作现在的（present），因为它被想象为现

① NBT.，p. 28. 18 以下；（英译本）第 80 页。

在的，被想象为于一切可见性的正常环境中被认识了的，被想象为存在于它被指望存在的某位置上——相应于那非现有的瓶而且在同一认识行动中与瓶相联系的位置，而此位置却是空无的……因而[1]，我们称之为对现量（感觉认识）的否定或取消的不过是与该认识有联系的某一对象的肯定存在及对此对象的认识……”就是说[2]，“被称为一个现在的瓶的非存在（亦即，那缺无的（absent）的瓶）只是对某种实在的肯定的认识”[3]。法称说“如果它会是真实的，那否定就是不可能的了”[4]，即是说，如果缺无（absence）或非存在（non-existence）会是实在的，就像实在论者设想的那样，那么否定认识就不可能，它就会是认知活动的缺无（absence），是绝对的空白。但它是假想的，而且并非空中莲花那样的假想，它以对某一存在对象的真实量知作的基础。这就说明了何以它也是一种可靠的知识并能够指导成功的预期行动。

思考佛教关于实在的观点时，已经指出过佛教与实在论关于
非存在问题的互相攻讦。实在论者抨击佛教的非存在（non-exist- 368
ence）是无是零，因为它自身什么都不是，除了其负载基础什么都不是，是绝非差异的统一体。它被包含于自己的肯定性的对应者中。反之，佛教指责实在论所假设的实在的非存在物（vāstavo' bhāvaḥ），被实体化了的非存在物（non-Ens），具有形色的非存在物（vigravahān abhāvaḥ），别有形体的存在物（bhinna-mūrtir

---

① NBT.，p. 28.18 以下；（英译本）p. 28.20。

② 同上，p. 28.22。

③ 同上，artha—jñāna eva。

④ NB.，p. 27.17.

abhāvaḥ)，即说它是那种名副其实的非存在物；而从批判的眼光看，它不过是想象物而已，不过，依据某种肯定的感性知识而想象的这种非真实的非存在物与简单的感性知识——知性构造的表象所追随的感知——原则上并无区别。它并不是由另一事实推演[①]出来的某物，它是某一终极事实本身[②]而不是一种推论。未见到假设的对象，这一事实本身不可以被用作中词，去推演出对象的非现存(absent)，因为对象的非现存只能够是想象它存在于某个空无(empty)处所(位置)。但是，既然陈那与法称将现量定义为认识过程中纯的感性成分，同时否定之作为否定又根本不是感觉活动，所以他们将否定划在比量范围中，而这一知识来源的范围中占主导的仍是知性的构造作用。

再者，如果对象的非现存(如像瓶的缺无)是感知的，而非推知的东西。这种对空无处所(位置)的感性认识与直接感知该对象的实际结果有如此大的不同，以至于它可以说明我们将否定划入间接知识是有根据的。法上说[③]："瓶的非现在(当下不在)并不是真给推知的，被推知的说来更应当是那否定判断的实际结果。"这些结果是什么呢？是否定性的命题及其相应的目的性行为，还有就是当它们都以那被描述的形式的某种否定性感觉知识为基础时，这种认识导致的成功结果。[④] 不过，还有另一种否定，并非针对某

① sādhya(所成，被推导者)。

② siddha(成，成立)，参见 NBT.，p. 29，9；(英译本)第 84 页注 4；另参见 TSP.，479、22、481、2。

③ NBT.，p. 29. 10；(英译本)第 83 页。

④ NBT.，p. 29. 22；(英译本)第 84 页。

一想象的现存性(presence)的否定性认识,而是关于非现存性,关于某种非想象的或不可想象的现在的否定性认识。这种否定认知 369
并非正确的知识来源,不会导向成功的预期目标。后面我们还会讨论关于这种否定性认识的一些有趣细节。

依据那使我们将否定划归比量范围的理由,法上如是说[①],“不是已经说过了,像‘此无瓶’之类的判断是由对于某个空无处所的现量知识才产生的吗?而现在我们又将这种判断包含在从现量而生的比量所推演出来的实际后果当中。”(是的,我们不否认这点。)既然空无的处所是由现量揭示的,而且“此无瓶”的否定性判断又是现量的直接功能产生的判断——即是说,这种功能使对象直接呈现于感官——那么,如果说紧随对空无处所的现量的否定性判断是感觉认识判断,就是相当确实的。事实上,依据我们之前解释的理由,否定性判断便是由现量知识直接产生的,因为(纯现量之外的)受属性限定的现量正有能力产生那关于我们眼前的空无处所的存在状况的判断。然而,否定的固有的功能还在这下一步。对象可以是未被现见的,而这只会引起疑惑(即产生关于对象现存(present)的疑问问题)。只要不消除这种疑惑,否定便没有什么实际意义,它便不能指导我们的预期行动。这之后是想象的涉入,这样一来,作为一种否定性的演绎活动,否定才给非存在物(non-Ens)的观念提供了实际意义。[②] 既然一个被我想象为现有

① NBT.,p. 29. 22;(英译本)第 84 页。

② 参见文德尔班(Windelband)的理论:否定是另外一种判断,是再判断;另见本书后面对于欧洲有关否定类似理论的介绍。

于某特定处所的对象并未实际地被感知，我就可作出判断：“它不在此。”因而这种对某一假想的现有性的否定是赋予非存在物（non-Ens）之现成概念以生命的比量。它并没有新造出这概念自身。从而我们结论说，否定判断之取得实际的意义乃是经由被激发的想象活动（参与的）比量，尽管否定判断实则是由现量引起的并且在生活中只适用于经由演绎性的比量过程，它的逻辑理由是否定性的经验事实。从而当我们在生活中应用一非存在（non-Ens）的观念时，我们采取的步骤便受到否定性比量的指导。

370 §3. 否定性三支论式的格和简单否定格

至此我们确定了否定的本质和作用。它的本质始终可归结为某种假设的可现知性。外部世界中并无否定；否定绝非对实在的直接认知。外部世界中间接地存在着与否定相应的外部实在，它是负载否定的实在。这负载基础及对它的认识也可以是否定的本质的特征。由于这一特征，否定虽属假想的领域，仍然有“意义及合法性”。它的功用是以某种特别方式指导我们的目的性行动。它是知识的间接的正当来源，是比量形式的知识，是担负那联系（否定的实在性。——译者）基础与否定的中词职能的假设的可见性事实。对这种假设的可现量性（可现见性）的否定因而便是否定的本质和一般形式，是现存于每一否定个别例子中的形式。如同我们的比量一样，当否定以比量式形态表述时，我们可以选择契合方法或差异方法。因而我们便会见到经过与被否定事实相契合而表述的否定以及经过与被否定之事实相异而表述的否定；也即是正面表述的否定以及反面表述的否定。表达否定的反面方法结果便是从一肯定中演绎出它（否定）来，因为任何双重否定总产生一个肯定断言。这些比量的形式将显示如下。它们只是形式上的不同，在表述结构和语言表述上有所差别。到目前为止，我们尚不知道否定所指的对象究竟是什么。

否定可以针对某物或某种关系。我们知道，事物可分五大范畴；关系则有两种，存在的必然同一性，存在的必然因果性或称存在的前后相继性。五种范畴指名、种、性、业、实（亦即个别、种类、属性、运动和实体）。它们都可以成为简单否定的内容。但对于否定的分类，它们不足以提供任何基础。而关系由于是相互依赖的，可以分别看作能依部分对所依部分的关系，或者相反，所依部分与能依部分的关系，或者因对果或者果对因的关系（能生与所生的关系）；或者包含者与被包含者（能遍充与所遍充的关系）[①]被包含者对包含者的关系。此外，它们可以交叉，因而我们会遇到这样一些 371
例子，一事物与另一事物的关系可以是后者为包含项（能遍充）而前者为因项（能生）。当对其中之一否定时，我们的否定基础就是因果性加上同一性的双重关系。

考虑所有的可能的结合情况，否定性的三支比量式有十一种格式。只有全称判断可成为比量式的支，特称判断或者被完全视为非逻辑的结论或者是逻辑谬误。

① 从外延范围看，“一切人(S)都是要死的(P)”这一判断的主谓词关系便可以是所遍充与能遍充的关系。P上的性质无不遍满于S，充满于S。——译者

这十一种否定格式如下，首先是：

简单否定[①]（自性不可得）。每一个否定的现量判断中都包含了这一格。尽管它并非现量判断，因为被认识的对象并不可见。它之被认识还是经由那作为非现知的标志才实现的。既然被推演出的部分同那所出自的部分并无大差别，既然非现知与非现有（或称不有）实际上是相同的东西，就可以设想，被推演出的部分便是随一个否定判断而产生的特别的行为。一般说来，每一认识都是某种行动的准备活动。否定的种种格式自身并未被区别开来，它们的本质是相同的，即都是对于假设的可见性之取消。但一否认(dinial)所导致的结果是不同的，否定表述公式的差别也就因此得以区分。简单否定的结果是一种相应的行动。肯定性的感觉判断当然也可以视为一种比量，即依据其所现见者而对所量对象的现在（当下存在）的推知，同时那推演出的结果也便是相应类别的行为。但对于现量说来，它的特征是那具体表象的直接生动性，这是使它与比量所处理的不在场事物的昏昧表象相区别的差异。它有不同的本质和作用，同时它的格式必须与肯定性比量式的格式分别加以讨论。

如上所说，简单的否定格可以通过契合法的公式，也可以通过差异法的公式来表述。前者将会如下：

大前提：对某一可表象对象的非现见即随有相应的否定行为。

例证：如未见空花，（则无采花的行为随后）。

① 后面括号中译名采用吕澂先生译法，参见《佛家逻辑、法称的因明说》（原载《现代佛学》54 年 2—4 期）。——译者

小前提:此处未见可表象的瓶。

结论:此处不会有瓶。

小词提出了“此处(on this place)”的概念,它是规定整个推理 372
的实在性(reality)之基础。大词中提出了相应的否定行为“于此并不可见瓶”的概念。中词在于取消了被否认的事物的假定存在。大前提指出的是共存状态(遍充关系)。诚然,如柏格森所说“从取消到否定是更为普通的过程,这当中只有一步!”法上说,“这意味着某一可表象的对象并未给现见,这种情况也就为关于此对象的否定的预期行为提供了可能机会。”[①]未现见是被包含的(所遍充)[②],依赖的部分(能依)。否定或否定行为是能遍充部分[③],是外延范围更大的部分,是前者的所依部分[④],是必然的结论。[⑤]

陈述逻辑理由必然伴有逻辑结果即是陈述遍充关系。这是符合比量式的全部规则的,亦即理由与其必然结果(或者说主词与宾词)之间的伴随关系(遍充关系),这在于1)宾词必然于主词上有(绝不会无)2)主词绝不会溢于宾词(外延)范围(绝不超出它)。

例证指出个别的事实,表述遍充关系(伴随状态)的大命题是由归纳法对它作的概括。每一当下仅存在于想象中的对象,都是事实上并不存在的对象的例证,客观上它是不存在的。通过指出

① NBT.,p. 44. 1;(英译本)第117页。

② vyāpya.

③ vyāpaka.

④ pratibandha-viṣaya.

⑤ niścita-anubandha(决定相续)。

这些可证明总原则的事实，得以充分证明遍充关系。

总原则确立之后，比量过程开始显示它在小前提中于某具体个别事例的应用，如“于此处我们并未见可表象之瓶”。这种方式
373 是凭藉想象假设性地将并不存在的瓶放置到所有必要的可见性条件中去。这便是“如果此处有瓶，我必现见；而我未见，所以此无瓶”的假言判断。

从而我们认为，任一否定性的经验都可以视作隐含着一般总原则的个别事实，所谓非存在指的是那些在别的环境下本该看得见的对象。另一方面，我们并不能否定那些未见的，不能以假设方式置于可见性条件中的，不可想象其本性的对象，因为否定仅仅是对想象的取消。

同样的简单否定还可以用差异法来表述。于是我们便有了关于否定的反面表述，即被否认的否定，亦即某种否定追随其后的判定性的一般命题，其方式如下：

大前提：当一切可现见性条件满足时，感知范围内的一切存在都必然是可感知的。

例证：如青色，

小前提：此处不见瓶，虽然一切可感知性的条件是具备了的。

结论：故此无瓶。

为考察否定的本质，这里运用了差异法。我们比较除一点之外其他一一情况都相同的两个例子。如果一种情况下，出现了观察对象，即说出现否定，我们可以宣布，“它不在此”；另一情况下，它未出现，也即没有否定，我们不能说“它不在此”，因为此处有它——如果两个事例的每一具体细节相同，即所有可感知性条件

均满足,唯有一点例外,[①]其中之一例未显见到对象,而此对象在条件俱足时本应可见的。而出现于前一事例中,并不出现于后一事例中的条件便是原因,或称否定现象的不可缺少的成分。这点证明了否定比量的本质乃是对假设之可感知性的取消。我们已经晓得,契合法也一样可得出这个结论。然后我们比较某一想象的瓶被宣称于某一特定处所不存的情况,因为若它现在于此,本应可现见的。我们将它与别的例子对照时,例如,有的例子中对象肯定地被宣告为不可能存在的,如空中花、兔子角、石女之子等等。因为它们仅仅是想象出来的。只有那种情况——在其中所有这些事例与第一种相符的情况——才是这种缺无的对象的假想的当下存在。这种情况正是否定的原因和必不可少的部分。所以,否定的本质就是假想的存在之取消。差异法在这里表述为随结果的取消而原因也便被取消。这是以否定后件(modo tollente)方式表达的混合假言三段论,事实上,大前提如下—— 374

① pratyayāntara=所有因缘条件;pratyayāntara-sākalyam=此外的全部情况(具足的一切因缘);sākalyam=sannidhiḥ=共同领有或存在,参见 NBT,p. 22. 23—23. 1。非现见很难说是否定的原因的属性特征,因为非存在及对非存在的认知都同样是藉这个词来理解的,参见 NBT p. 28. 22—artha-jñāna eva pratyakṣasya ghaṭasya abhāva ucayate,否定被包含在一个被否定了的感性认识中。否定与被否定的感性认识之间的关系一般地是分析性的,后者是前者意欲中的一部分,并将其置于自身内包范围中。因而,从非现见向非存在的推论性(比量性)步骤是允许的,因为前者必然是后者的一部分。注意到这点是有意思的:A. 培恩在表述他关于归纳的第二法则时省略了这些话"或那原因的必不可少的部分",而这半截话,J. S. 穆勒用在自己的表述中。如果穆勒先生竟说"那唯有在其中两个事例上才不同的情形条件或者是结果,或者是该现象的必不可缺的部分",他的说法便同佛教的观点是一致的,按这种观点,只有两类对象间的关系,基于同一性的(=矛盾律),和基于因果性的。任何单一事例的内容只有通过来自同类和异类事例的归纳才能在两种情况中得到确立。

> 如对象现在(present),若此处并无妨碍它被感知的障碍物,则应见到它。而在一特定处所它并未被感知。所以它是非现存的(缺无的)。

大前提的命题陈述道,若全部条件均获满足,可现见某物的存在必随有感觉认识(perception 现知),存在乃非存在的否定,认识乃非认识的否定。这里我们得出了依据符合法表述的大前提命题的换质位形式(这当中非现知(non-perception[①])被表述为与非存在保持遍充关系)。对主词的否定被作成谓词,否定谓词则作成主词。从而大前提表述道,否定结果必然与否定理由是伴随不离的,
375 因为前一否定依赖着后者。如果否定了非存在,即如果存在得到肯定,那么只要其中并无别的妨碍因素,非非现知必然随后。结果之不存在(即非存在之不存)必然产生理由(即非感知,亦即不可得之因)的不存。但这里,理由是存在的。所以它的结论必然也是存在的。就是说,一切必要条件俱足的情况下,对象并未被感知,故尔对象(于那特定处所)不存在。理由的否定总代表能遍充项(vyāpaka)(包含项),而作为被包含项(所遍充 vyāpya),结果的被否定总是下属于它的。当我们运用差异原则时,它必须永远表明:一旦取消了被推演出来的结论(如这里的某一假设为可见者的非现知),就必然造成它的理由的取消。

§4. 其他的十种格式

不可得(否定)比量的其他十种"并不直接表述对假想的可见

① 即所谓"不可得现量"。——译者

性的否定，但它们表达的是对某物的肯定或否定，并且这必然地可转换为对那假设可见者的简单的否定。”[①]因而，尽管是间接的，它们仍不过是掩饰起来的简单否定的表述程式。

这十一个不可得比量的格显然是依据演绎的逐步复杂化而安排的。它们开始于那个简单否定的格，结束于那个肯定某一结果的格，该结果与那被否认的事实之原因是不相容的。这十个格可分为两大类。从肯定某一不相容者而推导出否定来的表述程式都归为一大类。它包含了从第 4—第 8 格和第 10—11 格共七个格。另一类包含第 2、第 3 及第 9 格，它们都是从另一否定——与被否认的事实有因果联系的某物的否定，或者对所遍充之否认逻辑地引出的能遍充项的否定——得出的否定。

第二格[②]是对果的否定，从而必然伴随着对它的因的否定，例如——

大前提：任何无烟处，则无生烟之有效能因。 376

小前提：此处无烟。

结论：故此处无生烟之有效因。

“任何处”指出的处所（位置）相当于小词，生烟的有效能因之存在（presence）相当于大词，而“无烟”之事实相当于中词。如果将“非烟”视作肯定的，比量式便是亚氏三段论的第一格之 Celarent 式（EAE 式）。否则它将是由三个否定命题组成的，而除了承认包含两个否定的大前提是肯定的断言，即是 Camestres 式（AEE 式）的，否则无法不违背亚氏的三段论规则。

---

① NBT.，p. 37. 7；（英译本）第 100 页。

② 果不可得因。——译者

从原因之有而推至结果的必然性在佛教逻辑中并不被认为可靠。因为因并不永远生果，在最后生果时刻之前，总可能有不能预料的因介入从而使预计的果无从生起。因而，我们考虑佛教因果论时，就会看到只有生果前的最后一刹那才是真实的原因，是具有效能的真实刹那和终极实在。而在由果之不存回溯其因不存的比量中，那原因即指的是有效能的，亦即生出果之前的刹那。

当因不可见，而因的假设可见性被否定时，就会用到这一推理格式。

其次，第三格[①]适用于从一事实之否定推知另一事实之否定的场合，两事实在此并非因与果的关系，而是同一的关系。它表明对能遍充(vyāpaka)的否定逻辑上必然导致对所遍充的(vyāpya)否定。例如：

> 大前提：彼无树处，自无阿逾迦树。
>
> 小前提：彼无树，
>
> 结论：故自然无阿逾迦树。

小词由“彼”表示，大词是“阿逾迦树”，中词为“无树”。如前一格式，这个比量式也有三个否定命题，因而可缩减为 EAE(Celarent)或者 AEE(Camestres)式。能遍充项的不存在由自性不可得(简单否定)即证实。所遍充之不有基于同一性原则。

此格及以下各格中，实在论各派都仅仅满足于建立两个事实
377 或概念间的不变共存(遍充)关系，并不追究这些关系的特征也未
告诉我们两项之间是怎样的关系及基于怎样的原则。佛教的不可

---

① 能遍不得。——译者

得比量（否定三段论）都可以归结为同样的一个 Celarent（EAE）式中，或许部分地可以放到 Camestres（AEE）式中。但佛教理论的出发点是此原则——事实或者概念间只有两种关系，基于矛盾原则或基于因果原则，而且从这一立场出发，进行演绎推理时有十一种可能的组合形式，它们虽说都可以归属于 Celarent 式，但又是不同类型的否定性质的推理过程。这种划分法倒不是“三段论式的虚假精细”，事实上，这种格式的分类基础是它们与认识活动的两大基本原则的联系。

第四格是对不相容事实的肯定，（肯定其中之一）必然可推出对其对应部分的否定[①]。例如：

大前提：凡有有效能火之存处，无寒冷。
小前提：今彼处有效能之火。
结论：故彼处不冷。

此格为 Celarent 式，其依据矛盾律而关系到两个同一的事实。热——作为冷的直接矛盾对立物——并未直接感受到，而（排除热的）火却被见到，否则也就不会用到这一格式了。此格适用于火为现见，热并未感到（因为火离人有一段距离）的场合。某种假想的冷因此便被否定了。

再次，第五格[②]是由于引进因果性以补充矛盾关系而成的第四格的变形。例如：

大前提：凡有烟处，无寒冷。
小前提：今彼处有烟。

① 自性相违可得。——译者
② 相违果可得。——译者

结论：故彼处无寒冷。

提到烟当然暗示出有效能之火的存在。此格运用火与冷二者都没有直接经验到时。当寒冷本可被感受时，其单纯否定本要依据第一格（自性不可得）来断定；在火会被直接感知之处，会用到第
378 四格，即对不可共存者的否定格（自性相违可得）。但当二者均在感觉范围之外时，便会用到此格——断定不可共存结果的格式（相违果可得）。

再次，第六格①的肯定在于肯定不可共存之被包含项（subordinate＝所遍充项 vyapa），它引起进一步的复杂化，但它仍然是以两事实间，其一为另一之部分的分析性关系为基础的。例如：

大前提：任何依存于非连续因者都不是恒常的。

小前提：经验事物的短暂性依赖特别因。

结论：故经验事物无常。

这是实在论者对佛教的刹那存在理论或无常理论的一种反驳说法。佛教坚持说任何事物的湮灭都是先天的，因为存在的本质就是灭亡。存在与灭亡是同一性的关系；任何真实存在着的且有其根源的事物，也就必然是无常的。实在论者采用这个事实，即：每一毁灭必有其因，如瓶并非时间使之毁灭，而是毁于槌子的敲击。这种偶然的特别因是与非因果性对立的；非因果性是永恒或恒常的下属部分（即说“非因果性”是所遍充部分，“永恒”是能遍充部分，也就是说“永恒”的外延比“非因果性”大，它充满于“非因果性”。——译者）由于指明了那与“永恒”不相容的所遍充部分（即

① 相违所遍可得。——译者

“特别因”)，也就否定了永恒性。因果性、非因果性及永恒性诸观念间的关系基础是矛盾律与同一律。

显而易见，这个例子中我们是与抽象的概念打交道，既然如此，也就产生了一个问题，究竟还能不能坚持认为假设可见性的否定原则始终只是否定的本质呢？法上说[①]，“当否定了‘恒常’的谓词或大词时，的确我们只能以此方式立论——如果我们面前的事实是恒常的，我们就多少可以经验到它的永恒本质；但并无任何永恒之本质被经验到，所以它是非恒常的。”从而可以说，当我们否定恒常(永恒)时，这种否定涉及假设地存在于所有可见性条件中的某物。即令是否认鬼魂的存在(它被认为是不可见的)，我们也只有先努力设想它在某一时刻是可见的然后才能否认它。如此才能有“此为瓶”“此非鬼”的判断。依据佛教的判断理论及其判断论与偶合的现比二量同一的理论，这等于直接宣布不存在完全抽象的观念，如果观念不是某一方面与现量感觉相关的话，那这种抽象观念便是“空中的花”。

否定的第七格[②]也是一种基于因果关系的间接否定，它对结果的不可共存加以断定，例如：

大前提：彼有有效能之火处，无寒冷之有效因，
小前提：此处有效能之火，
结论：故此处无寒冷之有效因。

由于不可能直接地认知那被认为是生出冷的因素的存在，我们便设想其存在并在之后由指出远处被直接看见的火的光辉而排

① NBT.，p. 36. 16；(英译本)第 94 页。
② 果相违可得。——译者

除这种设想。当寒冷本身及其原因都不能够直接感知时，我们会用到这一格式。而如果寒冷可以感知，则用第二格，亦即否认果(果不可得)之格式，如“此无寒冷因，以无寒冷故”，而当寒冷之因可以感知时，我便用第一格(自性不可得)的简单否定，如“此无寒冷，以未感受故。”这里的推演部分基于因果律、部分基于矛盾律。火之存在与寒冷之不存是依据矛盾律联系起来的；寒冷因之不存与寒冷之不存是因果联系。

下一个是不可得比量的第八格[①]，它也是完全以同一性和矛盾律作基础的，它是对能遍充事实的不可共存特性的断言，例如：

大前提：任何与名言有关者都并非单纯感性刺激的反映，
例证：如神或自性，物质的观念等，
小前提：我们的任何观念都与名言有关，
结论：故其非单纯感性反映[②]。

这里所否定的是为来自对象的感性刺激所生出这一事实。而“感性所生的”特征是下属“与名言无关”的(即说“感性所生”是所遍充，“与名言无关”是能遍充。——译者)而这一特征与“与名言
380 有关”正属相互反对(不相容)的关系。因而，由于这种关系的建立，也就排除了可言说之观念会成为单纯性反映的可能。

在此，为否认可言说之事实会是单纯反映，必然努力设想有产生如此观念的单纯反映，然后再以断然之否定排除这一想象过程。作为构造性概念的可言说观念以及不可言说的反映之间的相互联系和相互依赖是以同一律和矛盾律为基础的。这是经由存在同一

① 能遍相违所得。——译者
② Tātp.，p. 88. 17 以下。

性的否定性演绎。对被否认的事实的假设可现见性必须像在第六格（相违所遍可得）中那样去理解。

否定的第九格[1]完全以因果关系为基础。它是对因的否定，例如：

大前提：一切无火处，皆无烟，
小前提：此处无火，
结论：故此处无烟。

此格可用于某一因的结果不能直接认知时，当其存在可被想象为处于感知范围内之某处所时，我们便可使用自性不可得（简单否定）。

同一个大前提还可以为依据差异法表述的肯定性三支论式采用。那样它便将显示出印度的归纳—演绎三段论之标准形式，其中的归纳依据差异法，并且这种三段论式代表了混合假言三段论的否定后件（modus tollens）的模式，事实上，这样一来我们便有了：

大前提：凡无火处，皆无烟，
小前提：此处无烟，
结论：故此处无火。

第十格[2]又是一个基于双重联系的不可得的比量，其一依赖因果性，而另一个依赖矛盾性。它是对与被否认的事实的原因的不相容性的断定。例如：

大前提：任何具有有效能之火处，绝不会冷得打颤，
小前提：此处有有效能之火，

① 因不可得。——译者
② 因相违可得。——译者

结论：故于此处不会打颤。

此格用于寒冷存在而不可直接感知时，甚而连冷的征象即打颤都不可直接认知时，于是想象它们并且以指明有真火的存在而
381 排除了假想。打颤发抖与寒冷的联系基础是因果关系，寒冷同非寒冷或火之关系以矛盾律为基础。

最后，第十一格[1]不可得比量由于深一层的因果联系而更复杂。它是对与某种被否认之事实的原因不相容之某物所生之果的肯定，例如：

大前提：彼有烟处，绝不会寒颤，
小前提：此处有烟，
结论：故于此处不会寒颤。

当寒颤可以直接感知时，可用自性不可得否定比量。在寒颤之原因——冷之感觉活动可以直接感知时，我们会用到第九格（因不可得）；若火是可现知的，我们用第十格（因相违可得），即对与因之不可共存性的断定。但若三者都不能直接感知时，我们设想被推出的事实的存在然后以不可得比量否定它，这里也就肯定了某种与原因不相容事实所生出的果。因而，此格本质上也就是一种排除了的设想。因而事实上第一格就包含了其他的十个格，此外再无别的格式。例如，那断定一个不相容的所遍充项的格并不是合法的格，它产生的只是特称判断，而特称判断，我们知道在印度逻辑合法的推理范围中是没有地位的。

① 因相违果可得。——译者

§5. 否定的意义

我们已经追随佛教逻辑家对不可得比量作了仔细的分析。考察了自性不可得(单纯否定)及其他可能的否定比量。我们发现,所有这些情况下,它们都以同一个原则为基础,它是一种被排斥了的设想,而非认知实在的直接方式。如此它便有指导我们行动的某种意义,它具有间接的"意义"和效力,虽然它仿佛完全是多余的而并非不可少的。为什么就其本质说是对实在的认知的我们的知识,为什么它有一半的领域竟与被排斥的这种设想有关呢?[①] 既然实在以及对实在之认识两者之间的关系是因果性的,即肯定性 382
的知识是实在的产物,那么自然就可以说否定的知识必然是实在非现有的产物。许多印度的和西方的哲学家都是这样看的,但这是一个错误。实在并非由存在与非存在构成的,它永远是存在的。故仍需解决的问题是:在我们的认识本可以很好地运用于直接认知实在时,为什么其中有一半的领域不得不忙于否定那些设想呢?回答如下:虽然实在并不就是存在与非存在二者,而知识也并不由知识与非知识构成。但每一种认识都是由**关于同一对象的非感知为先导的感性认识**,即是说,每一感性认识之前是该对象自身的假设的可见性的当下不在(absence),而不仅仅是非感知,也不是对某种绝对不可见者的非感知。感性认识若不能为非感知所隔断便

① 见施瓦特,前所引书,I. p. 171,(德文)"它行动于此认识范围内,为什么我们需要这样一种认识真实世界的主观方式呢?"

不会是感性认识。作为现量的感性活动总是为同一个对象的非感知所隔断所分开的感知。因而非感知不能逾入现量活动的范围。否定不过是非感知(非感觉认识)。而非感知总联系到某种可能的感知,它必须将我们的知识保持在感性经验的范围内。

关于这点,法上说[①]:“既然每一种否定比量都指向那可以置于可感知性条件中的对象,即那些 sensibilia(可感知者 dṛśya)[②]。因而,任何否定比量本质上都是对假设的可见性的简单否定。”而其他的否定比量式或者基于矛盾律或基于因果律,只是这两种规律都在可能的经验范围内。如果有某物与某一概念的已确定之外延和内涵是矛盾的,如果某物与一事物之因或果是矛盾的,我们便可宣布一个否定判断。法上说[③]:“只要我们认识到了同某事实的(已经确立的)上下位关系(包含关系)的矛盾,或者与事实的因果关系的矛盾,我们便必然地意识到我们已经有了关于它们

383 的感性认识及由感知先导的非感知。从而那些(交替地)被感知和非感知的对象就必然是可感知的。因此,在所有基于矛盾律的(如第四格那种对不可共存事实断定的格[④])以及所有基于因果律的格(如第九格那种对因否认的格)[⑤]当中都必须作这样的理解——对矛盾的事实或者因或者果的否定所关系到的只是可感觉的经验!”

---

① NBT.,p. 38. 6;(英译本)第 102 页。

② 依据罗素的观点 sense-data 是可感觉并被认识的对象,称感性材料;而 sensibilia 是作为感觉对象存在而并不一定被认识了的部分。——译者

③ NBT.,p. 38. 11;(英译本)第 103 页。

④ 即自性不可得。——译者

⑤ 即因不可得。——译者

§6. 仅存于经验范围中的矛盾性与因果性

我们已经证明所有种类的否定之所以可能都以可感事实为基础，又一方面，我们又证明，所有这些种类都基于两个根本的，我们对关系的所有认识都必须依赖的规律——同一律与因果律，从而结论是，我们认为这两大规律通行的范围也就是我们的经验。一旦越出经验领域，在绝对领域中就既无否定，也无矛盾，因为在那种领域，连非存在也没有，仅有非相对的存在本身，因而没有矛盾性与因果性。因此法称说了[①]："两个规律的影响作用不会溢出到非经验的对象上面。"法上解释法称这段话时说[②]："与那交替地被感知与非感知认识的对象不一样的是形而上的对象。无法想象它会同什么矛盾，会同什么东西有因果联系。从而也就无法断定什么东西与它们正相反对，与它们有因果联系。因而，矛盾事实（还有因果事实）只有在对它们的肯定同否定的观察多次完成后才能断言。"由于证明了不可能有别的矛盾性、因果性，因而除非事实是sensibilia，即可以被感知和非感知的，才能否认它们间的不可兼容性。事实上，[③]只有在清楚地意识到一项的存在依于另一项的非现存（absence）时，才有矛盾性。而除非果之不存必然造成因也不存的理解，才有了因果性。而只有当能遍充不存在则所遍充也不存在时，概念的上下位关系（包含关系）似乎才得以证明。的确，我 384

① NB.，p. 38. 19；（英译本）第 104 页。

② NB.，p. 38. 20；（英译本）第 104 页。

③ NB.，p. 39. 2；（英译本）第 105 页。

们必须时刻记住：概念的外延及内含是以否定为依据的。当我们知道若某一确定地点没有树，则不会有阿逾迦树时，便确定了阿逾迦与树的相对外延。关于某物非现存(absence)的知识永远是由于排除了假想的现存(现有)才产生的。因而，如果我们记住了一些关于因果性，矛盾性，或不同外延关系的例子，我们便必然地在记忆中有某种否定性的经验。对可感觉对象的否定是我们的非存在观念的依据，它规定着我们对矛盾律，因果律及下属关系的认识。"如果我们的记忆中并无相应的否定性经验，我们便记不住矛盾性和别的关系，而这样一来从某一不相容事实的存在便不会得出相对一个事实的非存在，或者从某一因的否定，得不到果之不存在，如是等等。既然否定性的经验——它是我们一开始了解不相容性的事实或因果关系事实时便有的经验——必然地存在于我们的记忆中，那么显而易见，对某种否定的认识总是以现在的或过去的对假想的可现见性之排斥。"[①]

§7. 关于超感觉对象的否定

佛教的否定理论是其判断论的结果，我们知道判断的基本形式是现量(感觉)判断，或命名的判断，如像"此为瓶"等。这种判断包含于所有的与客观实在相应的概念活动当中，从而判断与概念是相互替代的。[②] 因而否定便是对所意欲的感性判断的否定，为

① NBT.，p. 39. 9；(英译本)第 106 页。

② vikalpa＝adhyavasāya(分别＝执著、执、决定)。

此，所有的否定都是对可感觉对象（sensibilia）的，对可想象为现存的对象的否定。例如对不可见之鬼魂的存在的否定，我们已经知道，便仅仅是对其现有的，亦即对其可见形式的否定。不过实在论者和唯理论者（胜论与数论）都谈到了超感对象[①]，即本质上不可 385
见的，绝不会呈现于感官的，不可能为感官取量的这种对象。对这种对象的非感知或否定是对"不可现量者的非感知，"对想象的可感对象之非感知是正确知识的来源（pramāṇa），因为它导向成功的行为，但对那绝不可想象会呈现于感官的对象之非感知或者否定，不是知识来源，因其不能导向成功的目的性活动，法称问道：[②]"这种否定的实质与作用是什么？"他回答说，其实质在于排斥了直接与间接的两种认识方式，而其作用则同于或然性判断，那是说，它是非判断。对于形而上的对象，并不存在直接的或者间接的认识，而只会有问题，即疑问。形而上的对象是非对象，形而上的概念是非概念，形而上的判断是非判断。或然性的判断是 contradictio in abjecto（词项本性的自相矛盾）。一个问题便是一个疑问。而一个判断，我们知道是一种回答，一种断定。

法上解释道：[③]"某种对象在时、空和本质这三方面是无法了解的。"意思是形而上的对象是超时空及可感实在性（reality）的东西。"或然推理的根源便在于对这种对象的否定，那么，这种推理的实质又是什么呢？是对直接和间接两种知识的排斥。意思是，它根本不是知识，因为知识的实质便是认识和认识对象之间的断

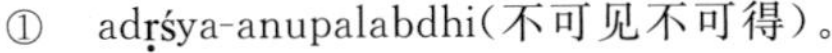

① adṛśya-anupalabdhi（不可见不可得）。

② NB.，p. 39. 19；（英译本）第 107 页。

③ NBT.，p. 39. 21；（英译本）第 107 页。

定的关系。”

知识是可以认识者和认识活动，对象和关于对象的认识或者实在和逻辑之间的关系，所以有人问道[①]“如果认识活动证明被认识者的存在，自然而然的，人们会认为：若无认识活动便证明被认识对象也没有了？”

法称这样回答这个问题[②]，“如果全然没有认识手段，当然便不能证明那对象的非存在。”这是说，当某一对象不能以肯定方式
386 认知时，它也不可能以否定方式认知的，一个形而上的实体无法加以断定或否定，它永远是悬而未决的问题。

法上作了如下解释[③]：“若无原因，结果不会出现；外延较大（能遍充）之事实不存在，其下属事实（所遍充）自然不会有。”只有两种必然的相依关系，因果性与同一性（即相随共存的内在关系。——译者）。如果认识与实在发生关系，是怎样的关系呢？是因果的，还是客观所指同一的？如果认识竟然是实在性（reality）的原因，或者如果它竟然将实在性作为下属（所遍充）成分包含于自身中，那么，这认识的缺无是会证明相应之实在的缺无的。但知识并不是这两者。因而它的缺无证明不了什么。实在和认识的关系的确是实在生知识的因果关系。原因的异质并不说明因果性不可能。依据相依缘起的原则，异质并不妨碍因果之间的相互依存性。既然每一真实事物都是其原因的结果，我们得到结果，并由它而推知其原因实体就完全是合法的。恰当的知识来源（手段）

---

① NBT.，p. 40. 1；（英译本）第 107 页。

② NB.，p. 40. 2；（英译本）第 107 页。

③ NBT.，p. 40. 4ff；（英译本）第 107 页。

的存在正说明相应对象的存在，而不是相反。关于某对象的知识之不存并不说明对象不存在。法上说[1]："正确知识的存在就说明实在对象的存在，但知识的不存在，并不能同样地说明对象不存在。"

诚然依据法称不可得比量的第二格(果不可得)，结果不存在就可以证明原因不存。例如，当由烟之不存我们否定有其原因火时，果不可得的格式是可能的。法上解释[2]道："事实上既然原因并不必然生果，那我们见果不存时，能推知的只是这种效能未受到阻碍的因的(而非别的什么因的)不存在。"然而这些因是什么呢？"(是)其效能始终必然不曾受干扰的原因，是(紧密的相续刹那系
列中)最后一刹那存在的原因，(其所以强调生果前的最后刹 387
那。——译者)乃是因为不能排除这种可能性：果生之前的诸刹那效能可能受到阻滞干扰。"如果我们坚持认为作为心理现象的否定在任何情况下都必须有外部世界中的某种原因的话，那它只有在这种意义上才是正确的：即令这种否定也是对某物的肯定认识，即对某种不确定实在刹那的认识。

这样的想法非常紧要，它们触及了作为宗教的佛教核心。全知者佛陀的存在岌岌可危了。他肯定是形而上的存在，而依据已经规定的原则，对他是既不能肯定，也不能否定的。如果他与存在自身，即与最终的存在是同一的，那他当然不能被否认，存在绝不能是非存在。而对于这种存在，无论以肯定还是否定的方式都不

[1] NBT.，p. 40. 8；(英译本)第108页。

[2] NBT.，p. 31. 10；(英译本)第88页。

能获得什么认识。

§8. 这种理论在印度的发展

佛教的否定论及其采取支持这种理论的论据的独创性不可能不对印度逻辑产生变革性的影响，迫使各哲学派别重新考虑他们对否定理论所执的态度，在不背弃当然不能放弃的基本原则的情况下，尽可能接受这种新的理论。他们有的或全盘或部分地接受佛教的观点，也有的对它作了顽固的抵制。佛教坚持认为：

1）实在不可分裂为存在与非存在，它只是存在。

2）尽管如此，那种特别的非存在由于可作为指导我们目的性行动的认识方法，仍有客观真实性。

3）否定并非认识实在的直接方法，而是迂回的认识方式，故应归入比量当中。

4）在这种比量中的逻辑理由是"非感知（现量）认识，"即是说，是一种被排斥了的假设的感性认识。

这四点当中，正理派虽只承认最后一点，只是他们的解释已经剥夺了所有它的价值。伐差耶那承认说，[①]非存在是以假言判断的方式来认识的。如果对象存在，它就被认识，如果是非存在，便不被认识，因为如果它是存在的，它本该被认知。但这并不妨碍他
388 的基本观点：实在是由存在与非存在两者组成的，并且两者都是现量所认知的。而那对象之缺无（absence）因之被认识的假设判断被解释为某种特别的经过感官的直接感觉，而非存在被解释为存

① NB.，p. 2. 5.

在的某种附属性质。在非现存的瓶和瓶所不在的处所之间是一种“限定对被限定(能别与所别)”[①]的关系,这种关系,因为既非关连性(conjunction),亦非内在性(和合性),而只是“简单关系”[②]。因而仍然是感官所认识的客观上真实的某种东西。从而感官与非现在的对象间存在着一种实在的相互作用,[③]非现在(非有)也就成了实在。

胜论在很大程度上离开了它的实在论同伴——正理派。他们同意非存在并不是一种存在,因而并无称作非存在的存在之范畴。[④] 因而非存在并不是感官所揭示的[⑤],而是比量所了知的。[⑥] 例如,要推知原因的缺无,结果之不生便是充足的理由。他们承认这一比量是对某种可能的现量的排斥。[⑦] 但他们仍坚持非存在对象与该对象被感知不在的空的场所之间存在的“能别与所别(限定与被限定者)”的关系的实在性(reality)。在他们看来,对非存在的事物的现量不是独立的而是依赖性的认识。[⑧] 在这个基础上,胜论设法对正理派妥协,而当后来两派合流时正理的观点都被吸收进来了。

① viśeṣya-viśesaṇa-bhāva(能别所别性,主谓关系)。

② svabhāva-sambandha(自性相续,自然联系)。

③ sannikarṣa.

④ 参见 NK.,p. 226. 21,其中以赞成的态度引用了《正理释补颂》(NV-kāra)。但批驳了对非有的现量。

⑤ 同上,p. 225. 16,23。

⑥ 普拉夏斯塔巴达书第 225 页。

⑦ 参见 NK.,p. 226。他们承认有说明性质的不可得(yogya-anupalambhaḥ pratipādakaḥ),但否认有真实的对非有的感性认识(bhūtalasyaiva abhāvasya pratyaksatā)。

⑧ 同上,p. 226. 23.

针对否定问题，(当然还有别的好些问题)弥曼差派分裂为两派。“佛教徒的朋友”[①]普拉巴卡拉完全接受佛教的否定论，他认为非存在不是独立的实在，否定也不是独立的知识来源。空无之
389 处所是外部的实在(reality)，非有的对象则是想象。空无处所由感官现量，非存在之对象则在排斥其假想的存在的否定性判断中被否认[②]。但是另一支弥曼差派，即枯马立拉—巴塔(Kumarila-bhaṭṭa)一派仍然忠实于夏巴拉主(Śabarasvamin)的权威字句，后者宣布说“一种认识手段的非存在便是(对象之)非存在的论据”。[③] 他们反驳佛教关于非存在仅仅是想象的说法，不仅认为非存在是外部实在，而且承认了一种双重的实在，即主观之非存在与客观之非存在的两种实在。他们认为，这种看法是夏巴拉主所谆谆教导的。客观的非存在是真实的非存在。它或者是产生前之非存在，或者是毁灭后之非存在，或者是相互间的非存在(换言之，即是对另一对象说来，此一对象所具的“别他性”)，或者它是绝对的非存在。这四种非存在为客观之非存在；主观的非存在是所有认识手段的非存在或无效。当现量、比量和别的任何知识手段都无用时，非存在的知识手段本身便是一种新知的来源。从而实在的对象为实在的认知方式所揭示[④]。非存在(abhāva)便是对象之非存在与相应知识来源之非存在两者。他们反对胜论，否认非存在

① 参见《雅各比纪念论文集》中的拙文；bauddha-bandhuḥ Prabhākaraḥ(与佛教徒为伍者)。

② SD. 第 326 页以下。

③ abhāvopi-prāmāṇyābhavo nastīty asya arthasya asannikṛṣṭasya.

④ 《颂释补》中“非有(abhāva)”第 373 页以下；Ś. D. ，第 322 页以下。

可凭藉比量推知。他们主张非存在本身就是一种特殊的基本的知识来源，与比量并列而非下属于它。[①]

于是，我们看到了一种逻辑理论的正反两方面的影响。一部分人屈从于某一新观念，放弃自己的学说而以新异理论取代它；另一部分人则斥责新奇的理论，坚持旧有信仰，并以逻辑演绎的方式将它发展到更远的另一端去。

经院的吠檀多派承认否定是一种特殊的可与现量、比量及其 390
他知识来源并列的手段。他们的否定理论是从佛教徒那里移借的。坚持否定是正确的知识来源与坚持否定是断定性的，它都包含有必然性的断定，都是出于同样的考虑。在这种意义上，否定即是肯定，是一种对终极实在的肯定。事实上，在经院的吠檀多派看来，一切正确的知识来源都是对梵，对那唯一的实在，那唯一不二者的认识。正如现量是对“此为瓶”判断中之“此”的纯实在成分的认识，否定也是对“此非瓶”的判断中之“此”的正确了知；或者是对“此为空无处”判断中“(於)此(here)”的认知。在这些判断中，“这”也好，“此”也好，都是先验性的“此性(thisness)”。佛教逻辑中的物自体(svalakṣaṇa，自相)与经院吠檀多派的终极实在，永恒之梵是相同的。

① NK当中批判了这一派的否定论，见 p.227.5 以下。

§9. 欧洲的类似理论

a)施瓦特的理论

正如法称(部分地还有陈那)在印度解决了否定的问题一样；在欧洲这个问题的解决者是施瓦特。因而东西方两位逻辑学家在他们各自领域中的地位是相仿的，虽然他们中一位生活在七世纪的印度，一位在十九世纪的德国。要研究印度关于否定观点的历史必须考察法称之前的状况，法称的改造以及不同哲学派别对此问题的反响；同样，在欧洲方面，我们也得考虑施瓦特之前的状况，他的改造之功以及现代人对他的改造的反动。

亚里士多德认为肯定与否定是同一层次的。对他说来，这样看待并没有难通之处，因为两者都是独立的，同样是基本的并列的两种认识方式。但他的范畴中并未包含否定及非有，因而他没有必要假设非有(non-existence 非存在)的存在性(existence)[①]。但是否定并不像肯定那样根本，这一事实又是明显可见的，当然亚氏不会不注意到这点。他说“肯定之先于否定，犹如存在之先于非存在”。尽管注意到了这点，但他仍然在给命题或判断下定义时将否定与
391 肯定并列起来置于同一水平上。这种态度在欧洲哲学史上在施瓦特之前一直被忠实地保留下来。即令康德也未离开这一立场，虽

① 《分析后篇》I. 25，86，b. 33；见 B. 埃德蒙，《逻辑学》III. 495，注 4。

然从他的一句极富启发性的话中[①]可看出他似乎意识到了后来的否定论。不过，他并未赋予它重大意义。这一理论在康德那里并无发展。对亚氏，肯定与否定是存在与非存在的逻辑对应物，而对康德，肯定及否定判断是实在与否定两范畴由中演绎出来的方式。它们所代表的是仅仅作为现象的世界的两个并列方面。

施瓦特一开始就谈到了亚氏和他所有的追随者将判断的特点分为肯定与否定两类，并且将这种区分列入定义。他说，"就其划分之详尽言，他们的做法是正确的，而一般的判断也只在肯定或否定一个主词的谓词时才可能；但他们将肯定与否定作为根本的独立的并列的认识方式是不对的。[②]"否定总是对某一意欲之综合的反对，并且它预先假设了或由内而起或由外而入的设想去联结[③]主词与谓词。因而"一个否认只有在它以一个在否定判断中被排斥的意图为先导时，才具有完整的意义。"肯定判断并不需要某种在它之前的否定，然而它却是每一否定的必要条件，因此在思想中，否定应该以意欲的肯定为先导。[④]

---

① 他说：(《纯粹理性批判》第508页；第二版则为第709页)"否定判断的真正目的是防止错误。因而，意在防止错误知识的否定判断在绝不会有错误的场合也许是非常真的，但却是空的；它不能满足任何目的同时听起来往往是荒谬的；如像人所熟知的教书先生的说法：亚历山大皇帝若无军队便无法征服任何国家。"

② 同前所引书，I. 155。

③ Zumuthung＝āropa.

④ 从J. S. 穆勒的《逻辑学》(I. 第44页)中可以看到施瓦特否定论的重要预兆。在讨论专用名时，他说这些名称"是肯定的又是否定的"。像"瞎子"的名称不可以用到棍子和石头上面，虽然它们也都看不见。它们包含着某种属性的缺乏及此事实——该属性的存在"自然而然地是本来被预期的"。所以除非在诗歌中，我们不会说，"那石头是瞎子。"这个石头看不见，不会说话的例子被施瓦特(《逻辑学》I. 172)和布拉德雷(I. 119)等人都反复引用过。

392 事实如此，“否定只有在面对意欲的肯定论断时才有意义。特别是当我们考虑到能够归属于主词的肯定性谓词的数目是受限制的，而否定性谓词却是无穷时[①]”，这一点就变得一目了然了。不过实际上被否定的只是那些本来被自然地预期存在的东西。“灶中无火”或“天未打雷”[②]是关于非存在事物的判断。而关于非存在的判断如何可能呢？只有在想象中！——以一种非存在者被想象的方式。否定判断关系到某种被假想象为现存(现有)的非存在(absent)之物。因而，否定预期的易于想象的东西是自然的。但如果被否定之物的现有绝不可能预期的话，那么否定就成了荒谬的事了。如果有人说“灶中无象”而不是说“灶中无火”，他这判断就太古怪了。虽说两者都说的是非存在，但前者是绝不可能想象其存在的。

如果比较施瓦特与法称的论述，其中可发现惊人相似之处。佛教哲学家一开始就将认识分为直接的与间接的，否定是与间接认识有关的一类。也即他们称之为比量的认识[③]。即令是最简单的否定例子，如像“此无瓶”这样的判断形式也被当作间接认识而不是现量认识，当成具推理性质的非现量。这种判断形式的全部意义如下：“既然所有正常的可见性条件未改变，那么，如果此处有一瓶，它就会被感知，但其并未实际被看到，所以必须结论道：此瓶非有。”[④]于是非感知的简单判断(自性不可得的判断)便归结为充

---

① 同上书，I. 156。

② 同上书，I. 168。

③ anumāna＝anūmāna-vikalpa.

④ NBT.，p. 49. 17；(英译本)第 138 页。

分的混合假言比量式。“一个非存在的对象如何在一特定地点被认识呢?”法上问道,[①]然后他回答,“由想象”,以下面形式的假言判断方式来想象:“如果此处有瓶的话,它会被现见的;但既然未曾现见,便可以否定其存在。”非现见的事实是瓶借以推知非有的中 393
项。否定判断,即令最为简单的,即关于非现见知识的判断,都是推理。法称称之为比量。而施瓦特称之为否定性判断。这种差异本身并无什么特别的意义,因为这里的比量就是间接知识。否定是间接知识,其作用在反驳一个假设的肯定。

发现否定的意义并明确将它表述出来的,在印度应是法称,在欧洲则是施瓦特。对这样一个重大的逻辑问题,其解决方法的吻合,应该视为比较哲学史的引人注目的事实。

东西方的两位哲学家似乎都经由相似的途径达到了同样的发现。与亚里士多德无意间所说的相吻合,施瓦特宣称将否定判断定义为“与肯定判断中的主谓词综合相反的、主谓词的分离”的同时,不可能保留否定判断的独立地位。

他说[②],“判断的谓词绝不可视为一种实在,绝不可视为单独的实在体,视成某种与主词真正分离的东西。”“这种分离性并不存在于我们判断[③]指向的那种实在(reality)中”,“事物仅同其属性,而属性也仅随事物存在。两者构成不可分割的统一体。”“如果我

① NBT.,p. 22. 8;(英译本)第 62 页。

② 施瓦特《逻辑学》I 第 170 页。

③ 同前,第 104 页,作为欧洲逻辑家,施瓦特心目中的这种判断,印度人称为分析性的(自性比量的),因为在基于因果性的推理判断中,主词与谓词是指向两个不同的实体的。

们仍停留于最简单的，感觉知识的判断上，感觉与表象的一致便完全是内在的关系，而我们也就不能坚持说一个判断各成分的联结对应于相应的客观成分的结合。”[①]我们知道，这是非常典型的印度看法，依据这种看法，真正的判断是联结感觉与表象的现量知识（形式的），并可以归结为那永远为实在体（Ens）的主体与绝非实体的谓词的综合关系。

如果这种谓词永远是主观的构造，那无论其是肯定的还是否定的，肯定性与否定性之间的差别都归结为同一实体（Ens）的直接与间接特征的差别。当亚里士多德判定真实的存在物（Ens），
394 即 Hoc-Aliquid（仅此者，绝对的这个），是一切谓词的主体而不设定所谓非存在的范畴时，他所暗示的正是这点。

b）否定系词与否定性谓词

一般否定观点的吻合导致了另一个吻合——在回答否定缀词固有位置应该在哪里时，双方解释是一致的。既然判断由主词、谓词与系词组成，那就产生了否定是在系词“是”字上，还是在谓词上的问题，显然，否定不会在主词上。判断的认识论形式中，主词是真实的部分，是那“此（这）”的存在本身而不是非存在。但谓词则永远是可否定亦可肯定的共相。在“此为彼”的类型中，系词可以被否定，从而我们便得到了“此不是彼”的类型；或者谓词是否定性的，我们便有了“此是非彼”的类型。施瓦特认为否定永远影响的是系词。是系词被否定（denied），而不是谓词。他认为并不存在

① Benennungsurtheil（指称判断）。

施以否定的(denying)系词,因为否定性的系词构成了“词项本性的矛盾”(contradictio in adjecto)。因而只存在被否定了的系词。依据这种观点,带有否定性谓词的判断是肯定的,因为系词并未遭受否定,这也是亚里士多德的观点,[1]他认为非人(non-homo),不义(non-justus)等谓词是肯定的,尽管其是不确定的,而判断“不是正义(non est justus)”是否定的;判断“是非正义的(est non-justus)”则是肯定性质的。康德的观点大约也是这样的:他把这些否定的或者无穷的谓词叫做“限定性的(limiting)”,把相应的否定性判断叫不确定的。施瓦特的观点遭受冯特(Wundt)[2]的猛烈抨击,后者认为带否定性谓词的判断是否定判断的主要类型;带否定性系词的判断,又称“分离判断(separation judgement)”的,倒是不那么重要的。B.埃德蒙[3](Erdmann)犹豫一番之后说,带有否定性谓词的判断仍是否定的判断。这也是布拉德雷[4](Bradley)的观点。

那么面对施瓦特的论点及其引起的争论,佛教的态度如何呢?

照法称的观点,否定是针对某种意欲断定之存在的反对,结果 395
它便是对系词的反对——如果系词意思是存在(existence)或当下存在(present)的话,带有否定谓词的判断将“仍然”是肯定的;如

① 参见格罗特,前所引书,第122页。

② 《逻辑学》(“认识论”部分,第223页注)。

③ 《逻辑学》第500页。

④ 《逻辑原理》第116页,他认为否定的基础永远是主谓之间公开的隐藏的反对关系,否定的谓词则是被反对的谓词。

果系词也是否定的，判断也会是否定的，如亚里士多德的例子 non est justus non homo（正义不是非人的）或印度的例子“一切事物都不是恒常的”，但是判断“est justus non hono（正义是非人的）”和“一切事物是无常的”则是肯定性的。这一方面，施瓦特与法称的看法是一致的。

另一面也存在着分歧。印度逻辑的基础是现量判断。从而否定判断的基础是某一非现量的判断，即对某一预期基于某一特定处所存在（presence）的对象的非感知的判断。法称和法上一一比较了所有可能的否定判断事例并将它们都归结为对假想可见性的非感知。排斥某种存在的理由首先是直接的现量，即是感知那被否定之对象本指望其会存在的空无处所。这是简单的或直接的否定。[①] 不过还有间接的，演绎的否定。借助比量我们可以确定于某个我们现量不能达到的处所，某对象的非存在。而这在两个方面是可能的，即：或者是我们不能感知在特定处所本会必然存在的对象——如果我们否认的对象也在该处的话，[②]或者，我们以肯定的现量（感觉认识）看见了与对象不相容的事物的当下存在[③]。但无论依据是必然联系的东西的缺无，还是不相容东西的当下存在；无论是缺乏性还是反对性（opposition），[④]任何情况下，否定都可以归结为对假设的可见性的非感知的事例。这样，否定总影响到

① NBT.，p. 38. 5.

② svabhāvānupalabdhi.

③ 参见施瓦特前引书（I. 172）——“entweder fehlt das Prädikat，order... ist das Subject mit dem Prädicate unverträglich”。

④ 参见布拉德雷，《逻辑学》第 117 页。

系词而其依据或是直接感知，或者是必然的联结律，即矛盾律，同一律和因果律。而肯定的同一律，因果律与否定的矛盾律之间相互作用所生的一切不可得比量的格式前面已经分说过，无须在此重复了。[①]

但尽管在否定判断中否定的确影响着系词，我们绝不能忘记 396
那表现这种联系的存在动词有两重功能：1）表示存在 2）在称述中作连系词，与此完全相对应，否定的或被否定了的系词也有双重作用：1）表示非存在 2）否认联系，即是说，表达分离性。诚然，照施瓦特说的，分离性的系词是 contradictio in adjecto（词项本性的矛盾），但这一系词也仅就名称说是系词，在非一致的意义上它是分离的符号。而既然分离只见于两概念之间，这样的判断就总是带有两个概念的判断，或一个推理性的判断，一个大前提。它不再是感觉判断。不过，作为感觉判断的替代物，它在之后仍然存在于比量的小前提中，例如：

大前提：彼无树处，绝无辛莎巴树。

小前提：此处未有树（＝现量所得）。

结论：故此处无辛莎巴树。

这一结论的获得必须联系到此先决条件：如果它们是现在的

① 施瓦特（前引书，第 179 页以下）似乎在寻找某种或一些规律以解释为什么有的表象（或观念）在本质上就是不相容的，而别的表象（或本质）并不如此；他希望获得否定的某种基础。他说不相容性（incompatibility）是赋有我们表象及其关系之实际性质的某种东西；而在这方面继续了施瓦特的探求的布拉德雷发现了一种解释（他的书第 119 页），即“对属性的某种主观的心理排斥”，也就是说某种借喻于物理不可入性的心理之不可入性。依据印度人的观念，我们将看到，不相容性直接间接地是以矛盾律为依据的。再无须别的解释了。

(present)并且没有任何东西妨碍我们可见到它，我们就能看见这些树。因而任何否定都必须归结为对某一假设可见的对象的非感知。不容否认，存在着某些既非可见也非不可见的抽象概念，因为，据佛教的观点，每一概念同时又都肯定地是现量判量；它必然与实在(reality)有关，否则它便不在知识范围之内。

从上面我们所解释的看来，可以这样认为：否定判断中根本就没有系词，因为在这些非感知的判断中存在动词既无系词或连接词的意义，也无否定性系词或分离的意义。这里它是在另外的意义上，即存在的意义上被使用的。系词的否定形式从而便意味着于特定处所特定的某对象的非存在，而不是两种属性的分离或者

397 对某一否定属性的称谓。一个否定性的属性只是某种差异的性质而所有的性质都是差异的。在这个意义上，没有哪种属性不是差异的及否定性的。佛教关于否定谓词的理论后面会讨论。如同别的一些重大问题一样，它与否定问题是不可分的。我们对它的讨论必须联系矛盾律，①对照欧洲与印度的形式加以研究。

c)判断与再判断

许多哲学家，如法国的柏格森，英国的鲍桑葵和布拉德雷都完全接受施瓦特的理论。冯特是批评它的，其他的如埃德蒙等虽承

---

① 因此很显然，印度哲学家们对存在动词的两种功能的了解是很透彻的。有趣的是，西藏人和蒙古人绝不会对这两者混淆，因为他们的语言中对这二者都分别有词汇来表达。藏语中动词 yod 和 med 与 yin 和 min 绝不相混，前一对指现有(现在)和非有，后一对指结合与分离。但在欧洲这两个意义总是混起来的，第一个对二者作鲜明划分的是法国哲学家拉罗米杰尔(Laromiguiĕre)，要充分发挥并说明这种混淆，需要领会诸如霍布斯、詹姆士、穆勒和 J. S. 穆勒等人的敏锐分析。参见格罗特前引书。

认它,但有很大的保留。我们似乎有必要提及文德尔班(Windelband)的态度,因为印度逻辑中也有与他类似的观点,而这点特别适宜说明问题。按照这种理论,每一判断都是双重的①,它由判断与再判断组成。后者是对前者的判断(ein Urtheil über ein Urtheil)。肯定与否定都并列于一个共同的基础上。但它们二者都属于再判断一类。它们不是判断。判断一开始并不含决定,它既非肯定亦非否定。这样一来被施瓦特作为鲜明特征归属于否定判断的间接和主观特性由文德尔班扩大到了肯定判断中,而这两种基本的认识活动再次作为第二步的和间接的并列起来。洛采(Lotzé)将这第二步——它包含了关于前一步骤是否具有有效性(validity)的决定——称作第二位的"副思想(Nebengedanke)";B. 埃德蒙保留了"再判断(Beurtheilung)"的名称,但布仑塔诺(Brentano)和柏格曼(Bergman)却宁愿称第一步为表象,而称后者为判断。依他们

看来,当第一步既无断定亦无否定时,根本不是判断,真正的判断 398
包含在为文德尔班称作再判断②的第二步当中。他们认为第二步是真的判断。后一种看法与法称表达的观点是符合的,丝毫不影响他将否定性判断视作排斥某种假想的肯定的间接认识。

前边我们已经引述了法称③关于认识中相区别的两个步骤的极富特色的叙述。此两步分别与人脑的机能相应。"(简单的)感觉并不使任何人信服;如果它认识了什么,那么它是以简单反映而

---

① W. 文德尔班,《否定判断论》。图宾根,1921 年。

② 参见本书前面第 65—66 页,印度人关于知识的可靠性是自身的还是外在的争论(jñānasya tat-prāmāṇyasya ca svatastvam paratastvam)。

③ 参见本书前面第 241 页。

非判断方式[①]认识的。只是因为它能产生某种相随的判断(或决定),它才被认为是正量(真的知识来源)"相随的判断实则是认识活动中的第二步,而第一步的当时并不包含任何判断。不过这一基本区分与判断之分为肯定与否定全然无关,对于某个简单反映或对某一表象(presentation)说来,每一判断都是第二步;但是对于它所取消的一个意欲断定说来,每一否定判断都是下一步的。文德尔班的理论显然有漏洞——如果我们将它应用于唯一真实的判断,即现量判断的话。事实上,依据这种理论,"此为瓶"的判断中既不包含肯定,也不包含肯定。而再判断,或第二判断才给我们以这样的认识"此有一瓶为真"或"此处有一瓶为假",显然这会导致无穷递归,同时它倒有力地证明了施瓦特和法称是正确的。文德尔班承认说问题回到了何谓判断的正确定义上[②],而如果按舒佩和别的人的观点看,判断中已包含了再判断,因为按这种——我们知道也是印度人的——观点,概念与判断并无任何区别。"已经
399 包含于每一概念的断定中的存在不只是一个正当的判断形式,也是每一一般判断的**最纯粹和最简单的基本类型**。"我们知道,这是印度人的说法。"这样的条件下,对概念与判断的传统划分似乎同逻辑通常要解决的问题无关,即,逻辑的任务就是建立思想形式和规范系统。这种划分是语法的,而非逻辑的……仅仅是将每一判断解释成为关于那通过它被思想的复杂表象的存在判断。"但对印度人说来,真正的判断不是存在性质的,而是感觉认识的(感知

---

① na niścayena, kiṃtarhi tat pratibhāsena(非以决定的而是以直接照显的方式)。

② 参见本书前面第181页。

的)。存在,亦即肯定,也就不是作为谓词而是作为必须的主词被包含于每一判断中。如果在“此为瓶”的简单型式中包含的综合、同一、对象化及决定当中发现了实在的判断,我们便把握了印度的理论。

文德尔班在另一重要问题上也非常接近印度的判断论。它涉及了比量判断和其中表述的关系范畴。[①]“在‘玫瑰是花’的判断中被理解的存在同‘闪电产生雷’这样的判断中包含的存在很不相同。”如果我们将这两个例子换为法称的“辛巴莎是树”及“烟由火生”,我们便会看见文德尔班接近了依同一性和因果性划分两类关系的基本立场。既然在“辛巴莎是树”的命题中有两个概念,也就自然包含两个现量判断:“这是辛巴莎”和“这是树”。对于康德的“有学识的人并非无学识的”这个例子,施瓦特[②]表示了同样的意见,他也在其中区分了两种感觉(现量)判断“x 是饱学之士”和“x 是无学识的”。[③]

① 参见本书前面第 183—184 页。

② 施瓦特前所引书(I. 196)。

③ 这里,我们解释文德尔班的多少有些奇特的“再判断”的本质也许有些冒昧。那通常被认为是所有判断的类型的两个概念的判断实际上并不包含任何断定综合的实在性的成分。例如“玫瑰是花”的判断是一个共存的(遍充的、伴随的)状况的判断或者大前提,它仅仅肯定了两概念的一致或者和谐。它的实在性其实是在第二步,(“这是玫瑰”的小前提)才被肯定的,结果才是花。这个小前提好像是某种关于实在性——或大前提中暗示的综合真实——的再判断。推理和关于大前提的判断之间的混淆导致了关于小前提中包含的再判断的混淆。从根本上我们发现再判断有一种类似于小前提的功能。这便是为什么当以文德尔班的理论来说明感觉知识的或实在的判断时它显得如此奇特的原因。在说了“这是瓶”之后,并无必要再重复说“这是真的这是瓶”。

400 # 第二章　矛盾律

§1. 矛盾的起源

我们知道[①]，从佛教逻辑本身来理解，每一判断或概念都根源于一种心理行为，它经历了一个多种成分组成的不确定的直观活动[②]，并在其中某一点上固著[③]下来。从这一点，整个多样分裂为不均衡的两个部分。一方面是数目有限的相同者；另一方面是无限多的或相当多的相异者。相同和相异两者之间是互为“别他”的。其中任何一方都代表了另一方的非存在。二者之间没有中间带[④]。从而每一种觉察的思想或认识都代表了某种二分(dichotomy)行动。意识中的主动部分，认识的能动性就开始于二分的行动。**一旦理性的眼睛睁开，思想就充满了矛盾**。一当心识相续停下来并固著于某一外在之点，即会从内部产生“此为蓝色”的判断，与此同时我们的论域便分裂为不等的两半，即受限制的蓝色部分及较少受限制的非蓝色部分。关于此蓝色的确定思想只是确定地

---

① 参见本书前面第 209 页。

② vitarka 寻。

③ vicāra 伺。

④ tṛtīya-prakāra-abhāva.

排除了非蓝色。思想固定在那自身非蓝然而沿着它才有蓝与非蓝分别的分界点上。同理，当我们认知对象之“火”时，同时便思想“此处有火”与“此处无火”二者，其间也是没有中介的。从两重否 401
定之等同于肯定这个事实，我们清楚地看出分裂的两部分仅仅是相对应的。非非火就是火，因为火并不是非火。当在同一个可确定者之下，两方面保持均衡时，哪一方面作肯定或否定的表述都变得无关紧要了，例如：热与冷，明与暗，常与非常，非非常与常等等。但在大多数情况下，相同的部分是对立两者中我们更宁愿倾向的，以肯定方式表达的部分，相对的那一方则用否定方式表达。因而积极地思想，创造性地思想便意味着以二分的方式去思想。因此“构造(kalpana 分别)”与“二分(vikalpa)”应用于思想活动时便是同义词。除了意识中的完全消极部分，纯然现量部分，它们包括了所有的意识的行动。概念、意象、观念(representation)、表象(presentation)，判断和推理统统都是二分的，都是思想的构造物或生起性的想象，都与纯的现量活动相对峙。

这样，矛盾律也就仅仅表达了一切认识都是二分的，相对的这一事实。**只有将一事物同并非它本身的一切对立起来，我们才能积极地认识或确定该事物。**

这一对立中，否定部分是由对肯定部分的否认或非存在构成的；而这否定反过来又构成那或者仅为“别他”的某物，或者与之对立的事物。因此非存在是一个普遍概念，别他性(otherness)及矛盾性都从属于它。法上说[①]：“只要相同者的非存在未被意识到，

① NBT.，p. 21. 6；(英译本)第 59 页。

那么相异者及矛盾者便不能被思想。所以别他性(otherness)和对立性被理解为对相同者的否定,因为这正是别他与对立的意义。否定被认为是相同者直接地非存在。别他与对立被认为是相同者的间接不存在。"对于火说来,相异的种类包括了:1)火的单纯的非存在;2)除火之外的某物的存在;3)与火相违的不相容的及与火积
402 极对立的东西的存在。相异的与相违的(不相容)预先设定了单纯的非存在观念。

不相容性(incompatibility 相违性)或对立性(opposition)是两重性质的。它或者是不可能没有冲突而并存的两事物间的有效、积极的矛盾,如像冷与热一样;或者它是两事物间的单纯逻辑对立,其中之一是另一个"完全的否定",如像蓝色与非蓝色那样。它是矛盾关系,是逻辑的对立,是背反相(Antiphasis)[①]。

§2. 逻辑矛盾

宇宙间的事物,无论其为实在的抑或纯属想象的,都服从"别他律(the law of otherness)",一切事物都由于该规律而是其所是,即与世间别的事物相异相区分。这种规律亦可称为同一律,因为它决定了该物之为该物,决定了物与其自身的同一性。不过佛教并不认为世间有相同的真实物。一事物处于不同时不同处就不是同一个事物。时空的每一变化都使它成为他物。寂护说:"如果蓝色是遍于一切的",即,如果它是随处与自身同一的实在,"那么

---

① lākṣaṇiko virodhaḥ(相相违;矛盾性质的限定)。

它也失去了可分派给它以辨认的界限,因为相同性是随处可见的,‘一切’就都成为了‘整体’,宇宙便成了唯一无二者。”[①]因而宇宙中的每一事物是单独的。[②] 每一事物都是严格的自我真实的,每一终极实在便是物自体。同一性是不可辨认者的同一,事物之相同或相似是就我们不能分辨其区别而言的。[③] 由于其存在,两事物“被禁止成为一个事物”[④]的规律便是矛盾律。佛教哲学中终极实在是点实在;真实而终极的因果性是点的效能。同理,终极的差异便是物自体的差异。

不过,这一理想的矛盾律并不适合我们实际生活的要求,它无
助于我们形成概念并指导我们的预期行动。法上说[⑤]:“任何一对 403
对象都不可避免的包含其中两方的相互否定。”他接着说,“但是那我们可以想象其在别的某物中不存在的是什么东西呢?(是)清晰可辨的某物,并非不受限制的某物,如像那作为(终极实在的)点刹那样的事实。既然一切存在的对象(无论蓝色或其他别的颜色都是这种对象)都由相关的终极的纯的实在(reality)所组成,那这种事实便没有(确定可辨认的)界限。仅仅去同点刹那作对比,便什么也不能认识。”这里佛教避开了他的否定论造成的无限制的概念和无穷判断的不确定性质。法上问:“事实上,为什么这个非存在是无限制的呢?”就其具有明确的被排斥对象,形式上说,它并非没

① TS.,p. 493,3—4;另见 TSP.,493. 19 以下。

② sarvam pṛthak.

③ bhedāgrahāt.

④ niṣiddha-ekatva 见 NBT.,p. 70. 19;(英译本)第 197 页。

⑤ 见 NBT.,同前注所出。

有限制。它是某种设想的具体的关于非存在的情况，故当我们在某一个否定判断中分明认识某一特定处不存在某一特定物时，我们认知它并非处于一种无限制的非有形式中。其形式是确定的，不管这种形式是经验到的还是想象的。

法称将矛盾律定义为每一事物——无论其是实在的还是想象出来的——特性。由于矛盾律，每一对象表现为两部分所成的对偶体，其中之一方否定着另一方。他说："每一对偶体中都有矛盾[1]，其本质就是某种完全的相互排斥，如同有与非有的相互排斥一样。"完全的[2]相互排斥意味着是没有中间过渡的相互排斥。从本体论观点看，相互反对也称作存在（有）及非存在（非有）；从逻辑立场出发，它则是对同一事物的肯定与否定。运动地看待，它是相互排斥的；静止地看待，它是事物的两面。作为一种关系，它是对称的又是相随的，这种关系中，前者对后者，或后者对前者的联系方式是一样的。它不仅是相互的往复关系，而且是完全的互换关系。
404 寂护说，两部分中一方有的另一方必定没有[3]。因而这一规律也可称排中律或排除第三方[4]的规律，因为只有二分的原则。它也可称双重否定律，因为一方正是另一方的否定，如 A 之于非 A 正如非 A 之于 A 的关系，那么显而易见，对非 A 的否定便是 A 了。如果蓝色之中不过是非蓝的反面，那非蓝之反面便显然只能

---

① NB.，p. 69. 20；（英译本）第 192 页（文中"完全"是添上的）。

② pari-hāra＝pari-tyāga＝atyanta-tyāga＝tṛtīya-prakāra-abhāva.

③ TSP.，p. 1. 6；参见 486. 20。

④ tṛtya-prakāra-abhāva.

是蓝了。既然一切事物都是相关的，那么除了终极实在，每一事物只是它与自身否定的相对之物。也许印度实在论者坚持每一事物由有及非有组成是对的，他们的错误在于假设了有及非有而忘记了两者仅仅是依真正实在性成分而立的思想性的表层结构，它是不可能与实在(reality)的绝对无待者一样(并列的)。这种表层结构的建立完全是我们想象活动依据二分原则的结果。中观派与吠檀多派的相反观点也是部分地正确的，他们认为事物的不真实性在于其相对性，如“长与短”一样，长只是对短的否定，反之亦然。但他们却错误地否定了每一思想的表层结构依赖的相应实在之点。只有经量——瑜伽部的哲学避免了两种极端的错误，他们坚持认为，假象的现象界是我们生起性想象依据先验的实在性的基础而建立的。

§3. 能动的对立

从形而上的角度看，完全的相互排斥的特性可以追溯其原因于一个对偶体的相矛盾部分。它们可以毗邻而相安无事，并不妨碍对方的存在(presence)，并不侵入对方所据的领域。这是逻辑的而非实在的相互排斥。

不过这里也有一种矛盾关系，它是逻辑的，另外又是实在的能动的。正相反对的部分不但在逻辑上相否定，而且是对方的抗争对手。正确地说，这根本不属于背反相(Anti-phasis)的逻辑矛盾， 405
它可以称之为抗争性的因果关系(Contrapugnating Causalty)。这种情况下，争斗的两方竭力将对方逐出各自的领域。明与暗便是一方对另一方的完全否定，反之亦然。就这方面而言，它们之间存在矛盾的逻辑关系。光亮是对黑暗的完全否定，而黑暗也仅仅是否定了光亮。但它们却不可以像蓝色与非蓝那样毗邻而存，相安无事。它们之间是持久的战争状态。其中之一竭力要占据对方的领域，对这种矛盾关系，法称下定义说[①]:“**如果一种现象由其全部原因产生并（从而）持续着，但一旦另一现象逼近，它便突然消失，那么这两种现象间有一种（实在的）反对关系，如同冷热的关系一样**。”在这个定义中，首先引起我们注意的是“反对现象的全部原因”。那有时居于热之前的冷是否就是热的原因或原因之一呢？有的场合居于黑暗之后的光亮是否就是黑暗的结果呢？那永远在先的黑夜是否就是永远在后的白昼的生起原因呢？这些都是使哲学家们困惑的问题。佛教的答复是肯定的。我们已经考察了佛教的因果理论。按照这种理论，每一真正实在之点之生起都依赖它之前的全部因素，所有这些都是它的原因。这些因的整体中不但有肯定的因之集合，也有否定的并不妨碍后继的现象出现的因之集合，[②]如果某一现象的总体之因中出现了意外的中断同时并不妨碍该现象出现的因素之一被取消，该现象消失了，总体因的中断本身就成为原因或原因之一。从这个意义上说，在后的光亮可以视为在前的黑暗所产生的，因为它是由于存在于先的黑暗中的原因的缺少才引起的。这种场合中，前一部分是因或因之一，它产生
406 了后一部分。如果一部分反对另一部分，并且同时还“做了点什

① NBT.，p. 68. 3；（英译本）第 187 页。

② 参看本书前面第 127 页。

么”,那便是它间接参与了后者的产生。[①]

在所有的不相容场合中,矛盾关系并不永远是完全的。光亮是非光亮的完全矛盾。光亮与非光亮间并无中间物。这里排中律是适合的。可是在视为真实现象的光亮与黑暗之间总会有某种中间物的。即令其间的转变非常突然,即是说某一瞬间之前的绝对的黑暗统治的特定处所突然有光出现[②],这之间还是会有哪怕极短的朦胧时刻。这种转变,无论产生得多么迅速,总还要三个刹那——最后刹那的黑暗,最先一刹那之光亮以及其间变化所需要的中间一刹那。

如果就时间说,反对关系不是完全的,那么就空间言也仍如此。当一盏灯在大厅中亮起来,只是灯紧邻的周围的黑暗被驱除了,剩下的地方仍是半明半暗的朦胧与黑暗[③]。光亮的发生仅仅是就生光的有效能力可以作用而言的。

这便与逻辑上所说的光亮与非光亮的对立关系不同。那种关系是完全的,光亮与非光亮间并无中间的朦胧(朦胧被认为属于非光亮部分),逻辑上的反对关系也不受空间条件的影响,光亮之否定非光亮是随处而能的,光亮与非光亮之间的特点是逻辑必然,不能将它混同于作为真实现象的光亮与黑暗的关系。

同样这与那关于无所谓感受的争论有关。小乘佛教坚持认为

---

① kiṃcit-kara 参见 NBT.,p. 68. 9;另见 TSP.,p. 157. 7——akimcit-karo virodhī 意思是说特定的点刹那作为因是有效能的,但并非作为反对关系或矛盾关系起作用,因为矛盾是理智的构造。

② NBT.,p. 68. 19 以下;(英译本)第 189 页。

③ NBT.,p. 68. 16;(英译本)第 189 页。

苦与乐感受之间有一种无所谓苦乐的感受。但佛教逻辑家们说，既然它属于非乐，就在苦的范围内，[①]因为只存在两种相互划分完
407 整的感受——乐与非乐，欲与非欲。实在论者反驳说，如果中性的感受应划归于苦，因为它是非乐，那它也可以归入乐的一类，因为它也是非苦。解决这种争端，只有指出事实上存在两种反对关系，一种有中间项，一种不允许有中间项。

但如果将这种矛盾关系归结为某种因果联系的状况，还称之为矛盾性不就是名不符实么？它为什么不就是简单的因果关系呢？这似乎是早期胜论的看法，他们将这种理解为有效反对性的矛盾关系的特征说成“杀人与被杀者”[②]之间的关系，是两事物之间的獴与蛇那样的不可调合的关系。佛教并不反对说有效的反对性具有这种特点，即所谓“制止与被制止者之间的关系”，[③]但佛教有一点保留意见：制止者与被制止者是“持续性”的[④]。因而对这种构成有效反对关系的矛盾的定义中包含有这样的特性——消亡的现象是**具有持续性**的。这同样适合于那种取代性的现象，它也必定有持续性。在相依缘起的意义上，因果关系存在于有某种持续性的消失的现象与同样有持续性的取代性的或对立的现象之间。这只是譬喻意义上的因果性而非实在的因果关系。因为，如我们所知，因果关系仅仅存在于有效能的点实在之间。被称作黑暗的系列之最后一刹那，在相依缘起的意义上，是被称作光亮的系

① Tātp.，p. 65. 1 以下。

② ghātya-ghātaka-bhāva；参见 VS，III，1，11。

③ nivartya-nivartaka-bhāva.

④ bhavataḥ(存在，现有)＝prabandhena vartamānasya(相续存在)，NBT.，p. 69. 9。

列中之第一刹那的原因。可是光亮与黑暗并不仅仅是刹那,只要它们持续某些时刻,也就成了光亮与黑暗的现象。因而,这就是有效之反对关系与实在之因果关系的区别——实在之因果性,如同实在之存在,只是单一刹那的;而一列相续刹那与另一列相续刹那之间是有效的反对关系,这种有效的反对关系之确立如同诸刹那相续的集合本身一样,都是我们理智所构造的。换言之,有效能的反对关系并非真实的实在性(reality)事实,并不属于物自体,而属 408
于构造出来的现象。前面就已经指出了逻辑上的矛盾律并不能适用于物自体,显然它的特征是逻辑的实在而非终极的实在,因为逻辑是思想,而思想是想象的,并非终极实在。

从法上的话[①]似乎可以看到佛教逻辑家们对于有效能的反对关系有过争论。究竟它是真实的呢?还是逻辑的?是先验实在呢?还是仅为一种现象?法上解决这个问题的方式大致是说:如同因果性之有两种,即一种通行于点刹那之间,为先验的真实的因果;另一种是范畴,是现象间的譬喻性的关系;同理,有效的对立关系也有两种。不过点刹那间的关系仅仅是因果关系,而因果性并非矛盾性。莲花戒这样解说[②]这一要点:"有这样一些实体,对于别的实体说来,它是取消其存在的原因。它使得(那组成这些实体的)刹那相续系列转低变弱,如火对冷的关系便是如此。但别的实体并不如是,它们不是低落的原因,例如,同一火对同样的烟的关系便是如此。尽管上面所说的对偶体之间,即产生低落与低落者

① NBT.,p.69.11以下;(英译本)第192页。

② TSP.,p.156.27以下。

的实体之间(仅仅)为因果性关系,然而普通人,因为其视觉能力为无明所障,仍错误地将它作为矛盾关系。”(它是对立关系)这种对立关系以种种形式表现,即寒冷与火相对立,灯焰与风相对立,黑暗与光亮相对立等等。从根本真实上看,实体之间(因为作为物自体)并没有对立关系,正因为如此,(法称)大师这样说道:[①]“如一个事实,只要其全体原因未曾改变便保有持续性,而一旦(与之对立的)另一事实出现,它便消亡时。便可得出结论:此二者是(能动地)对立的,(如同对冷和热的现量一样)。‘它们的对立关系随后’,意即这种对立关系是(我们的理性)所构造的,并不是终极真实的。”

409 §4. 别性律(Law of Otherness)

别性律是一种从属性法则,它依存于矛盾律。诚然蓝色与非蓝色是矛盾的,因为它们代表了相互之间完全的否定。但蓝与黄也是矛盾的,亦即它们仅仅是对方的“别它(other)”而已。因而蓝与非蓝是直接地矛盾的,而黄与蓝是间接矛盾的,因为黄必然是非蓝,“它不可避免地是非蓝。”[②]如同我们先假想了瓶之存在于某一处所然后再否定这种联想,从而达到了否定判断“此处无瓶”。同样,我们先假定了蓝于黄之上的存在,然后又否定了这种假设的存在,从而判断说,蓝不是黄。当把两种难以区分的色彩放到一起比

---

① 参见 NBT.,p.68.3;(英译本)第187页。

② NBT.,p.70.3.

较时，这一点表现得更为分明。它们必然是冲突的，其中之一被想象存在于另一方上，然而又被宣布为不同的——如果其差别可辨认的话；或者宣布是同一的，如果不能察觉有何区别的话。差别永远是存在的，因为它可以无穷地细微地被(分辨)。同一只是差别的极限，是“不可辨认者的同一”，如果一个对象本质上不可见，如果它的本质即是这样一种不可见的东西，尽管可以宣称它是“别它”，就是说，只有在将某一特定处所的可见存在加给它之后，它的存在才可以被否定。在黑暗中见眼前有某物直立并不能判断其为柱为人，除非有一刹那设想，那被否定对象的存在，否则无法作决断。然后我们才在内心宣布这一判断：此为柱子，非人。我们已经引述过法上对这一点的看法。他主张：“肯定与否定(或有与非有)是直接矛盾的，但对象之偶合体的两部分，只是就它们相互间必然地包括了对方的否定而言才是矛盾的(或相互排除的)。那么，其否定被必然地包含于(偶合体的)另一方的对象究竟是什么呢？是某个具有确定的(可表象的)形式的对象而非不确定的(或无限制的)某物，例如像瞬息性便是。因为，(如我们所知)瞬息性是规定 410
某块蓝色(或别的任何实在对象)的终极实在的，是所有实在物的本质。从而在排除像一般存在这样的不受限制的对象之后，便没有什么可表象的内容可以认识了。”法上的意思是说，如果把一事物同这种作为一般存在的无所不包的特性相比较，便没有任何确定的东西可以认知。认识是比较一确定事物与另一确定事物，而不是与另一无限制的对象作比较。法上接着说，“可是那样一来，否定(或非有)不也是自身(相当)不确定的么？(即是说，非 A 是无限的么)而答复是：‘为什么它必然会是不确定的呢？’(为何非 A

是无形式的呢？）由于，（如我们理解的）否定是对某一假想存在的否定，就其受到某一实在对象的确定形式限制言，它是具有确定形态的某种假想的非有。”于是法上主张，通过不受限制的否定，如同经过无限制的存在，都是认识不了什么的。知识的本质就是限制。矛盾律是基本的思想律。这是说，在每一存在的场合，除非我们的思维二分成表明完全相互否定的两个假想部分，否则无法进行思维活动。“有效能的反对律”与“别性律”都是从属性的法则，是矛盾律的直接产物。

§5. 对矛盾律和别性律的不同表述

佛教看待矛盾律和别性律的方式对其本体论的重大意义，前面已经指出了。[①] 这也是他们证明刹那存在论的主要理由之一。在与婆罗门教各派对手的论争中，佛教几乎每一步都用到了矛盾律。通常它被叫做相违限定律[②]，这个名称之下保留了所有我们称之为有效能的对立关系[③]，逻辑的背反相，[④]同一律[⑤]，别性律[⑥]
411 排中律[⑦]等等的不同方面的内容。它通常以条件命题陈述“任何

---

① 参见本书前面第 103、403 页。

② viruddha-dharma-samsarga（相违法集合）＝lākṣaṇika-virodha（相相违）。

③ Saha-anavasthāna-virodha＝nivartya-nivartaka-bhāva（所除能除关系，制止与被制止的关系）。

④ paraspara-parihāra（展转相除）。

⑤ anyatva（＝niṣiddha-ekatva）-virodha（别异相违）。

⑥ ekātmakatva-virodha（各各相违）。

⑦ tṛtīya-prakāra-abhāva（第三类缺无）。

充满矛盾属性的都是杂多性的,如冷与热”[①],乍一看来,这是不言而自明的命题,其真实意义并不在于说两事物是不同的东西,而是说,如果一事物,或被认为代表一个统一体的事物具有矛盾的两属性,它实在地便不是一个事物,而是两个。这使我们想到那一事物不能同时具有两种冲突属性的公式表述,如果我们以同一种属性的有和非有两者来替换“两种矛盾的属性”,就有了亚里士多德的表述——“同一物同时并且于同一方面属于[②]并且不属于同一物是不可能的。”但这个意思与佛教公式陈述的意义相去甚远。亚氏认为同一东西在不同时间、不同方面可以属于且不属于同一物,或者,同一事物在不同的时间可以具有两种矛盾属性;那东西在一刹那间是热的,另一刹那是冷的[③],而按佛教的原则,一事物不能具有两种矛盾的属性。如果它似乎具有这二者,它便不可能真正是一事物,而是在一起的两个不同的冷及热的东西。佛教的立场只能如此。当一事物由恒常物质及变易之属性构成时,那性质可以改变,但事物却保持同一。但如果质料本身并不存在,而事物仅仅为流逝的属性,属性的变化即事物的变化。我们已经从关于矛盾律的分析中看到,包含在矛盾关系中的只是别性(otherness)。即令说黄与蓝仅仅不同而不矛盾,但它们仍然是相冲突的,因为黄摄于非蓝之中而非蓝与蓝是矛盾的。因而,具有矛盾属性也便意味

① 参见 SDS 第 24 页。

② δπάρχει.

③ 我们在赫拉克利特的残篇中发现了同样的例子,不过那里它意味着(或被认为意味着)热与冷是共同存在或被包含于同一事物中的。作为一个例子它用来反驳矛盾律。

412 着各不相同。一事物如果具有两种不同的而并非其中之一包含另一个的属性，那它就不是同一事物，而实际上代表了两个东西。

另一个稍有不同的表述式则说："由于与一个矛盾的属性结合，该事物便成为了别它（另一个）。"[①]即是说，一事物失去了它的同一性或成为另一物——如果它与相违的属性结合的话。可是什么是相违的属性呢？即指时间、空间和本质（可感受之属性）等等。如果一事物存在于一个时间，那么若假设它存在于另一时间或另一刹那中便是相违的；如果它存在于某一空间，而假定其于另一位置存在则是相违的。如果这事物有一种内容或本质，那么假定它与另一具有不同内容的"别他"相同就是矛盾的。任何蓝色不能成为非蓝，一千个能人也不能使之成为非蓝。当然，现实生活中这并不意味色彩的不可改变，而是指它本身不能是非蓝。这种蓝的同一并不是自在的（existing by itself），它的成立是以对非蓝的相违矛盾作为基础的。矛盾律消除了这蓝的实在性并且同时在与非蓝对立的基础上构筑其假想性。

还有一种对矛盾律的表述或证明可以从下面的论据看到。[②]任何东西"被排除"[③]也就是"被澄清"[④]，而且其"澄清"的程度与其"被排除"程度是一致的。例如，一块红宝石被澄清，亦即被确定地加以描述，与此同时它也被排除，即是说，被揭示其与非红宝石，如与黄玉的对立关系，其所澄清程度正如其被排除程度。对这块红

① NBT.，p. 42. 2；（英译本）第 8 页。

② NBT.，p. 69. 22 以下；另见 Tātp，p. 92. 15 以下。

③ paricchinna＝rnam-par-chad-pa（断、分别）。

④ vyavacchinna＝yons-su-chad-pa（断绝、区分）。

宝石的表象内容、概念内容的界定程度恰恰等于对非红宝石的对立关系的揭示程度，并且前者之澄清准确地依赖非红宝石中所含属性的显示。这条规则也适用于红宝石的时间与空间条件，因为该红宝石也仅仅是存在于某一时，某一地和某种感性材料状态中的。红宝石之时间有赖于排除别的时间，即排除它所处特定时刻之外的一切地点和条件。从而它也就归结到某一终极的实在之点
上，归结于 Hoc Aliquid（绝对的这个，绝对的此）上——即没有持 413
续的随生即灭者之上。这样，佛教的矛盾律在某种程度上也就维护了红宝石的同一，维护它之作为某种现象的假想之同一，但它也牺牲了它真正的作为物自体的同一。

不过也存在一些尽管互为“别他”但并不相违的属性和概念，例如蓝色与莲花，或者更准确地说，如“蓝性”与“莲性”。它们并非相违的，而是同时存于一物中而不相冲突。用佛教的话说，它们是同一的。这部分理论后边还要讨论。

§ 6. 印度其他派别的矛盾观

矛盾律在印度称作“相违限定法则”，[①]它尤其是佛教的规律。并非说其他的印度派别都否认或忽视了一切思想规律中的这一“最强有力最著名的规律”；而是说，直到佛教着手讨论这一问题之前，其他各派都认为这是自明的无须解释的。

胜论经典中有这样一种矛盾学说，认为矛盾是实在的事实之

① viruddha-dharma-saṃsarga（相违法聚）。

间的实在关系，它们由对立的纽结联系着。[①] 这是一种实在的能动的对立关系，显然它被当成一种因果关系。胜论即令在专讲逻辑的部分也未提到逻辑矛盾。我们知道，胜论体系是在佛教的影响下才将矛盾的逻辑理由（相违因）作为谬误引入自宗哲学的。[②]另一方面，《正理经》忽视了两个实在的事实之间的矛盾关系，但正理系统有一种说法，认为相违因[③]是逻辑谬误。这样的因足以毁掉立论者所立之宗（论题）。它是两种判断——其中一判断所肯定者是另一判断所否定者——之间的相违矛盾。

数论哲学中也有矛盾关系或反对关系，它是实在的事实[④]之
414 间的诸种关系，这方面它与在胜论哲学中的地位是一样的。由于数论也同佛教一样反对和合句义（内在关系范畴）[⑤]，我们本来还以为它会同意相违限定法则（Contradictory Qualification）的理论的，但在现存的数论经典中尚未有这方面的发现。

对于佛教，我们已经看见了[⑥]，为证明它的刹那存在论，矛盾律是主要的论证工具。如果一种实在并不能包括相违性质，相违的时间刹那及相违的空间位置，那么它就可以归结为单一的某种点刹那。对于这一论证的驳斥，便产生了正理派自己关于矛盾律的定义：[⑦]“矛盾的意思是说两事物并不能于同一时、同一处共同

---

① V. S. ,III. 1. 10—12.

② 参见本书前面第 349 页。

③ NS. ,1. 2. 6.

④ 参见 Tātp. ,p. 131. 27。

⑤ Tātp. ,p. 131. 15.

⑥ 参见本书前面第 103 页以下。

⑦ 参见 Jayanta，p. 60。

存在。”原则上这同“同一特征在同一时间不可能属于又不属于同一事物”的说法以及“同一处所的事物不可能同时存在又是非存在”的表述原则上并无两样。既然存在与非存在对实在论者说来都是客观真实的，它们若于同时同地都存在便不可能。这一公式的基本原则就在于——两个不同事物同时占据同一处通常是不可能的。逻辑的矛盾原则以物质不可入性的物理原则为依据。法上说[①]，即令是对那种能动的冲突法则说来这也不会是正当的表述。这种法则是从属于矛盾律的一部分，它只具有一个相对狭窄的应用范围。他说，[②]一切极微都有共同的特点，它们不能占有同一处所，亦即一极微不能占有同时为他极微所处的位置。但仅此还不够，有效的反对在于：一事物在某一特定位置上的持续是遭受抵抗的，或者说遭受了另一事物持续性的有效抵制，后者竭力将前者逐出其阵地并占据这一位置。

很显然，从很早的时候起，耆那教便对矛盾律采取了一种独特 415
的立场。他们根本不承认有矛盾律。当佛教与数论的创始人展开激烈的争论时，后者认为“万物皆常”，由自性物质的缘故；而佛教主张“无物为常”，由自性物质是假想故。耆那教对此二者都加以否认，他们认为任何事物都同时是常与非常的。依据这种理论，你既不能肯定也不能否定某一主体有什么属性。肯定与否定都是同样不真的，真正的关系是介乎肯定与否定之间的某种东西，就像希腊哲学家阿那克萨哥拉的理论一样，这种否认与其说是针对矛盾

① NBT.,p.69.5 以下。

② 同上。

律而发不如说是对排中律而言的。不过在个别与一般的问题上，耆那所采取的态度是直接对矛盾律的挑战。[①] 他们坚持具体的对象是个别化了的一般，是一般同时又是个别。这种观点也有一个早期佛教部派坚持，即“犊子部(Vātsiputrīyas)”。它们违背小乘佛教否认灵魂(神我)的基本原则，主张只有蕴集之我的分离的无关的成分，使诸成分蕴集的只是使它们和谐地出现的因果性。犊子部认为，由诸蕴而成的集合之我是半真实的，它是有又是非有。[②]

一元论的中观派和吠檀多派对矛盾律的忽视后面还要讲到。至本章为止所阐述的东西已经表明：矛盾律并未越出经验的范围而达物自体的领域。虽然法上说，一切对象，无论其是实在与非实在，都从属于矛盾律[③]。但从上下文看，他所意指的仍然是能动的反对关系之受制约的实在性(reality)。冷与热都是真实的，因为它们都**关系到**两个点刹那，它们**自身倒不是**两个点。既然这种反对关系只作用于“有持续性”的对象，它就不可能逾入那作为无持

416 续性对象的物自体。在绝对真实的境界，矛盾的部分融而为一，所以不会有矛盾关系存在。

§7. 欧洲的类似理论

施瓦特表示了他对同一、对立及矛盾关系这些用语的绝望。

---

① TS. 及 TSP.，p. 555. 5 以下；《颂释补》中空论部分，第 219 页。

② 《俱舍论》(第九品)及拙著《佛教的灵魂论》。

③ NBT.，p. 70. 22.

他说，[①]这些词语在哲学中失去了作用，因为对它们的使用，充满了奢侈的语言混乱。重实际的英国人 J. N. 基尼思（Keynes）建议不要去碰否定的问题，因为“任何企图对它加以说明的做法与其说是讲清不如说是将问题弄得更糊涂”。[②] 不过，这种情绪未能阻止我们，反倒鼓励我们尝试性地与印度人的观点加以比较，希冀这种比较也许多少有助于阐明而不是将关于否定的讨论弄得更加晦暗。

a) 排中律

现代欧洲逻辑中有三大基本的思想规律——同一律，矛盾律及排中律，而在印度，我们只晓得有一种规律，又称作“相违限定”[③]的原则。这种状况符合亚里士多德的观点，他就单独挑出矛盾律来作为那种原则——即一切人类思维[④]的“最强有力且最为人熟知”的原则；而他认为另外两大规律只是矛盾律的推衍出的结论或它的一方面。事实上矛盾律也不过是排中律，因为矛盾律的特征与对立性的区别也正基于这个事实——矛盾的两部分之间没有任何中间物。法称说：[⑤]“矛盾是完全的相互排斥”[⑥]，而“完全的”排斥，便是对任何中间物的排除。亚氏同样说，矛盾对立双方

① 《逻辑学》I，第 167—168 页；另见 I，第 108 页。

② 《形式逻辑》第 120 页。

③ viruddha-dharma-saṃsarga＝virodha（相违法集合，意为“矛盾谓词的联结”）。

④ 施瓦特，《逻辑学》I，第 191 页。

⑤ NBT.，p. 69. 21；（英译本）第 193 页。

⑥ paraspara-pari-hāra＝pari-tyāga（完全的相互排斥）；同前注，此中 pari 意即“完全地”。

没有中间物[①]。我们明白，每一认识都是对于处在相同事物中
417 的与相异事物区别开来的实在之点的认识。相同事物由同一性原则联结，它们同相异事物的区别则依据矛盾原则，而"完全地"区别则依据排中的原则。[②] 但这并不是三种不同的原则，而是一种基本原则在三个场合中的应用。当我们的"此为蓝色"判断形式了知一块蓝色时，由于生起性想象[③]的主要作用，构造出了蓝与非蓝两部分组成的论域。任何不与蓝色有关的事物皆为非蓝所包含，其间无第三种可能性，即无居中者。这就是矛盾对立的本质。[④]

b)双重否定律

从法称的定义还得出另一极重要的结论。矛盾不仅是完全的排斥，且是相互的排斥。即是说，A 与非 A 相互排斥。二者当中，任何一方都不能自我肯定，也没有自我否定，否定是相互间的。A 之排斥非 A 的程度正等于非 A 之排斥 A。A 排斥非 A，换句话说，A 排斥了对 A 的排斥，因为非 A 不过是对 A 的排斥。A 之排斥非 A 意味着 A 自身代表了对 A 的排斥的排斥，亦即 A=—(—A)。反

① 《形而上学》I，1057 页 a. 33。

② tṛtīya-prakāra-abhāva（第三类缺无）= sapakṣa-vipaksābhyām-tṛtīya-abhāva（相同相异之余类缺无）。

③ prāgbhāvya-vikalpa-vāsanā（无始分别习气）。

④ 亚里士多德给它命名为背反相，背反相指向逻辑的而非本体的特征。它是"反言辞"(counter-speaking)而非"反存在(counter existence)"。但格罗特(前所引书第579 页)认为，对于亚氏说来，矛盾律原理与排中原理二者既有逻辑的，也有本体论的意义。

之，非 A 代表了对 A 的排斥，犹如 A 之代表对非 A 的排斥，即是(—A)=—A，犹如 A=—(—A)。这一著名的双重否定原则正确地说应称之为相互否定之原则，而相互否定不过是以莱布尼茨——康德的公式来表述的矛盾原则。

正如排中律之并非单独的原则而仍属矛盾律本身，双重否定也仍然是矛盾的思维原则本身。法称对该规律的定义所作的两点 418
规定 1)"完全的"2)"相互的"，简而言之，便代表了——矛盾律便是 1)排中律 2)双重否定律。

双重否定律可表述为下列形式。正如 A=—(—A)，那么被当作 A 的真实的相关单元的(—A)也就等于—(—(—A))。这便成了三次否定律了。寂护说[①]，当人们说"他不是不做饭"时即意味着他做饭，而依据三次否定律(例如，他并非不是非厨师)否定行为再次显露出来。依据第四次的否定(如，他并非不是非非厨师)，否定又给取消了，结果仍证实他是厨师。这样，双重否定也可称作三重，四重否定律之类的。这一重要事实说明每一命题同时在自身上是否定的。黑格尔说，世界的灵魂在于否定性，佛教的理论部分地证明了这一名言。

不过，施瓦特正确地看到，"正因为对否定的取消即是肯定，唯其如此，肯定与否定之间便没有中介部分，"[②]从而他证明了双重否定律与排中律的等同。他还同样正确地评述说，**排中律与双重否定律及矛盾律只是为了说明否定的本质和意义**。思想的**最普遍**

① TS.，p. 354. 6.

② 施瓦特，《逻辑学》I，第 200 页。

规律只有一个，那就是否定律。[①] 亚里士多德正确地称之为“一切规律的规律”。[②] 照佛教逻辑家们的说法，这就意味着人类的思想是辩证的。既然我们在后面有一章讨论佛教的辩证法，这里便只是简单提及，指出它同有关矛盾律的陈述有必然联系。

419 **c)同一律**

这一规律通常被说成是“A 即是 A”或“彼即彼”，并且被当作一切逻辑的断定的原则，同样地，与之必然相关联的另一表述，即：“A 并不是非 A”形式的矛盾律，也被认为是一切否定的原则。这些表述方式的恰当性已遭到了质疑。

这条规律有时候被解释为尽管陈述方式不同，但意义是等同的。果真如此，佛教是不赞成这种观点的，因为他们认为，语言的差异并不在逻辑范围内。法上说[③]，如果有两个命题：“胖子提婆达塔白天不进食”和“他夜间进食”表达同一事实，它们之间并非推论性质的，而是不同语言方式包含的同一事实，它们不应当视作逻辑的，因为逻辑涉及了对经由因果性的两个不同事实的必然联系或经由同一所指的两个不同概念间的关系，而不是不同语词的意义。

这样同一律就被描述为我们认识的稳定性的规律，与此相应

---

① 施瓦特，《逻辑学》I，第 202 页。

② 否定律与矛盾是一回事。它是第一公理。遗憾的是由于有多种哲学体系，也就有多种理解它的终极价值的方式。

③ NBT.，p. 43. 12；另见第 357 页注。

的是事物的持续性。筏遮塞波底称之为“**神圣的辨认**（再认识）”[1]，意思是我可以坚持“这是我以前见过的水晶石”或“这是我在它处见过的提婆达塔”，没有这种稳定性，就不可能有可理喻的言辞和预期行为。佛教徒自己将认识定义为无冲突的经验，[2]即意味着一致的或不变的经验，而若无再认识，一致的经验并不可能。但是在一刻不息地变化运动的实在中，持续稳定与同一性是无迹可寻的，它存在于我们的头脑而非客观世界中。因而，佛教哲学中没有同一律，而是一种同一构造律[3]或同一性的客观化规律。同一的事物只是投射出去的表象。[4]

但是，如果佛教徒坚持在终极实在中并无真正的同一性，他们
也就同样强调性地主张逻辑中绝对没有变化。附着在实在上边的 420
一般实体的本质，亦即形式，是不变化的恒常的。世间没有任何力量可以改变一个实在物，使之转变为非实在。全能的因陀罗大神也做不到这点，不能改变事物的本质[5]，事物的真性。无论是佛教哲学还是柏拉图的体系中，绝对不变的形式和永远变易的实在之间的冲突便构成了有关认识的全部戏剧。

施瓦特提出一种多少不同的同一律，这与他的判断论有直接的联系。由于它与佛教逻辑家们的判断论和同一律多少有些相符，形成了有趣的对照。我们在此顺便考察。

---

① pratyabhijñā bhagavatī，参见 NK.，p. 125. 8。

② avisaṃvādakam samyag-jñānam，见 NBT. 第 3 页。

③ ekatva-adhyavasāya＝kalpanā；参见本书（原书。——译者）第二卷第 406 页，409 页。

④ alīka-bāhyatva；参见本书（原书。——译者）第二卷第 411 页。

⑤ NK.，p. 124. 13.

照施瓦特的看法，必然存在着某种同一性法则。它是判断中主谓联结的本原，并且将实在性与稳定性赋予了这种联结[①]。他说，那种认为判断诸成分间的联系等于相应实在成分间联系的实在论观念必须坚决驳斥。实在与逻辑并不是一致的，即并非等同的、相像的。在客观现实中，主体和称谓是联结起来的有机整体。[②] 为了将它们重新结合起来，知性才将它们分割开。并不存在对应于理性分别（distinctio rationis）的实在分别（distinctio realis）。[③]

如此构造起来的谓词永远是一个共相，而主体总是单一的事物。“一般总存在于我们的头脑中，而客观对象中只有单一”[④]。另外外部的对象无论是有还是非有，都是与逻辑没有直接关系[⑤]的形而上的问题。判断“此为雪”并不单单意味主谓的统一性，而且还表示在不同的时间，对不同人从不同角度所观察的对象“雪”

421 的稳定性意义上的客观实在。无论我们是同意实在论者假设一个隐藏在我们表象之后的独立实体，还是赞成观念论者，坚决主张这种实体的真实性仅仅源于我们表象的稳定性，判断的构造作用都绝对地是相同的。我们已经知道，这正是佛教逻辑家的看法。他们都同意，不管我们是否承认外部世界，判断在这两种情况下都始

---

① 施瓦特，《逻辑学》I，第 105 页以下；另见基尼斯前所引书第 451 页以下，布拉德雷，前所引书第 142 页。

② 同上书，I，第 104 页；另见 TSP.，p. 157. 5。

③ 施瓦特，《逻辑学》I，105 页。

④ 同上书，I，107 页注释。

⑤ 同上书，I，105 页；另见陈那的 anymana-anumeya-bhāvo na sad-asad apekṣate（能比关系并非有的对待关系）。

终是心理构造。[①] 那么，稳定律也就能称作某种同一律了。这一规律将会是一切认识活动，一切言辞及预期行为的必要条件。不过施瓦特反对称这种规律为同一律，因为，(除非是在无意义的同义反复当中)主词与谓词的同一性不会是完全的，而某些逻辑家们提出的“部分同一”是自相矛盾的说法，部分同一本身就表明了非同一性，所以旋瓦特宁愿称之为符合律[②]或者叫“统一断定(Uni-positing)[③]”律。

这种视判断为客观化活动的观点，我们知道，也是佛教的观点。必须注意到施瓦特本人有两句话与印度人的说法极相近。他说道，谓词因为是一般的，所以与直观中的个别的生动性相比较倒总是模糊的。[④] 它只与主体这个具体的统一体中之某一部分有关。他还说，同一性绝不是重复观察所产生的，“它产生于对两个或者更多的短暂的分离的表象的差别的否定，并且仅此而已。”[⑤] 这种观点认为同一性的起因在于对差别的否定，所以并非真正的肯定。[⑥] 后面我们会看到，这种观点是佛教一般名言理论的基础。因而，同一的或者相符的规律如果不是被解释成，至少被设想成这样的事实——主词的具体生动的实在性与谓词的模糊的普遍的观

① 参见本书第 63 页。

② Übereinstimmung(一致；符合)。

③ In-eins-setzung(统一化)。

④ 施瓦特，《逻辑学》I. 111；另见 NK.，p. 263. 12—na vikalpānubandhasya spaṣṭ-ārtha-pratibhāsatā；另见 TSP.，p. 553. 9。

⑤ 同上注书，I 42；这里与印度实在论的 abheda-graha(取非差别)原则相对照的 bheda-agraha(差别不取)的原则。参见 Tātp，第 56 页。

⑥ 真正的肯定只能是感性的，实在 = vastu(物；所依) = vidhi(所为) = pratyakṣa(现知) = vidhi-svarūpa(知自性；了解本质)参见本书前面第 220 页。

念性的某种结合。

422 我们已经知道佛教将此事实称作符合律（sārūpya，相似相符）[①]，而佛教全部的判断论都依赖此规律。

佛教所称之为同一律的是本质根本不同的另一种东西。符合律关系到所有的现量判断，即有一个谓词的判断；而与同一律有关的是一种特定的具有两个概念的判断，亦即分析性判断。区分具有一个概念的判断还是两个概念的（亦即一致性的）判断的重大意义是不应低估的。在后一种判断中，主词与谓词都是一般性的、模糊的，主词没有生动性、具体性。可以称它为带有两个谓词的判断。不过施瓦特在其符合律（Law of Agreement）这一项下将两种主词与谓词的联系都列上了，即"这是雪"的感觉知识判断以及"这雪是白的"这种具有两个概念的判断联系。从印度逻辑的观点来看，它们是不同的判断形式，并且说到底，所依赖的是不同的原则。连接两个概念的判断是对两者之间一致关系（consistency）的判断，而不是关于它们的客观实在的判断。客观真实性在另一种判断中，如像后面"此为雪""此为白色"或"此为白雪"之类的判断中。实在的主体包含在"此（这，this）"的成分中。这种一致关系，这种联结"雪"与"白"的可能性事实上是以此两概念的客观所指的同一性为依据的。这是一种真正的同一性法则，但它只与我们的判断，亦即这种分析性的判断的一部分有关。而这依据印度的说法，应该被称作有同一所指的判断。

施瓦特将他的符合——同一法则扩展了，结果它包容了我们全

① 参见本书前面第220页。

部判断中的那另一半。他说[①]，“这种真正的同一性并不排斥不同时
间的对象的差别”；“同一棵以前绿叶婆娑的树现在是光秃秃的”；
“同一位我以前认识的年轻人现在老了。”这在佛教哲学中完全是另
外一回事。这些判断并非同一性的判断，它们并不是分析性的[②]，而
是综合的，因果联系的。其逻辑意义在于“彼有光秃秃树之处所从
前有过绿叶婆娑的树”；“如果此树现在是光秃秃的，它以往曾是葱 423
绿的”；“彼有老人处，从前有一老者由此变出的年轻人。”如果一个
对象在不同的时间可以是同一者，那么界限在哪里？如果枯树同
以前的小树是一回事，那么树同幼芽是一回事，幼芽同种子，种子
与其部分也是一回事，等等。我们也就达到了数论的物质性因果
的同一性理论[③]。而这是与佛教的理论一开始就不能相容的法
则。佛教以其矛盾律来反对数论的同一律，即是那称为“相互排斥
之属性属于不同的事物”的矛盾律[④]。每一对象在不同存在时刻
都是各各不同的对象，统一体在这里是逻辑的，是对**差异的忽略**，
是关于我们生起性假想的构造，而不是真的统一体。“符合”一语
如果使用时包括了分析性大前提中两概念的同一所指以及因果之
间的非同一所指，那就是引人堕入歧途。分析性大前提中的符合
以同一性为依据，综合性的前提之中，它以因果性为基础。

因而我们必须区分：1）数论的同一律，它指因与果的同一。2）佛教的同一律，它是关系到同一实在之点的两概念的同一。3）佛

① 施瓦特前所引书，I，109。

② tādātmya-vat.

③ sat-kārya-vāda.

④ yad viruddha-dharma-saṃsṛṣṭain tan nānā.

教的符合律(Law of Conformity),它联系了单一的主体与共相一般之谓词。4)施瓦特的符合律(Law of Agreement),显然它混同了所有这些关系,原因在于他并未充分区别感觉判断与遍充关系(伴随状况)的判断。

W.汉密尔顿爵士的《逻辑学》对同一律作了多少相同的解释。尽管出于遵从传统的"A即是A"的说法,他仍将它解释为意指一个总的概念与其范围内的一部分间的同一性论断。这使我们联想到辛莎巴与树之间的同一性,因为树之概念是辛巴莎概念的一种属性或辛莎巴的一部分。W.汉弥尔顿爵士将这一原则描述为"所有一切逻辑的肯定的原则"。但J.S.穆勒正确地评论道,[1]仅仅对

424 那些分析性的判断可以承认,它是对肯定的本质的一种正确的描述。接着他说道,若非如此,我们便不得不说"有多少种关系便有多少原则"了。[2]

这后一句话是句反话。表示穆勒先生认为关系是无穷多的不能成系统的,但佛教却信心十足地重复穆勒先生的话,他们所理解的关系是必然相依关系,他们只承认有两种关系。对他们说来并不存在"有多少关系便有多少基本原则"的问题。因为关系确定地只有两种,两种关系的基础不是同一便是非同一,后者只能是因果性。[3]

---

① 《W.汉密尔顿哲学的检讨》(第6版)(第484页)。

② 同上注书,第482页。

③ 必须注意,穆勒分析判断的领域比佛教的要狭得多。他说(该书第484页)"在综合性判断中,被称谓的属性并非作为一个部分,而是与构成该概念的一群属性并列存在于一个共同主体上的"。但是"存在于一个主体上"也就是它的一部分,就有共同的客观指向!

d) 两种欧洲逻辑

说到矛盾律，欧洲有两种逻辑，一以矛盾律为基础，另一则忽视矛盾律本身。前者是非矛盾的逻辑，避开了可能的矛盾。它由亚里士多德创立，并因他而为现今的欧洲哲学所继承，由康德扩展占据了认识论的相当大范围，直到现在仍居于统治地位。

另一逻辑是矛盾的逻辑，依据这种逻辑实在本身就是对立组成的，因为一切出自对立物和与之相应的思想的东西都只不过是矛盾。从前者的立场看(或者从真正的逻辑立场看)，这第二种应该称“非逻辑”才对。它在古代希腊甚而先于亚里士多德而有，后来遭受了亚氏逻辑的打击。但在中世纪，它在N.库萨诺(Cusano)那里复活了，并在上一世纪的黑格尔那里达到极致。到上世纪之下半叶，它因备受攻击而被放弃。今天它在某些哲学范围内 509
425
又有复苏的迹象。黑格尔在他的《逻辑学》一书中援引了印度人的理论[①]来支持自己的矛盾逻辑。他谈到了佛教的“空”的理论。尽管它在这方面的了解是间接、贫乏的，但却作出了正确的猜测，这种“空”并不仅仅是否定，而是纯的终极实在的肯定原理，是其中存在与非存在成为同一的实在。黑格尔显然受到了许多哲学家乐意将自己欣赏的思想的历史时代提前的自然倾向的影响，不过他的猜测为我们今天对中观宗的研究所证实。对此我们已有专著，[②]在此无须赘言了。

① 《逻辑论文集》I，第68页(G. Lasson主编)。

② 《佛教的涅槃概念》(列宁格勒，1928)第53页。

e)赫拉克利特

前已指出，佛教的无穷变易理论与爱菲斯的赫拉克利特的本体论有惊人的相似。更令人惊异不止的是，针对矛盾律，这种本体论的相似却导致了完全不同的两种结果。赫拉克利特断然否认矛盾，而如我们所知[①]，佛教却依靠它才建立了刹那存在论。

的确，赫拉克利特同佛教徒一样主张终极的实在是流逝的，其中完全不存在稳定性。它可以譬之为奔流的河，在某一特定点上绝无重复；或譬之为燃烧的火，有规律地出现，有规律地熄灭。[②]火之燃烧的规律，源于某种“和谐性”，一种理性，逻各斯，一种制约着迁流的宇宙实在的总规律。至此，这种理论与佛教并无不同。总的和谐原则之下不断变化的真实观念极为接近小乘的刹那法的观念，后者的刹那法（dharmas）随相依缘起的严格法则（dharmatā，法性）而出现。不过，这里有一点区别很大，赫拉克利特作为物理哲学家，他承认有某种无所不在的基本物质，实在的生
426 灭闪现于其中。因而，与其说他的不断变化理论近于佛学，不如说更近于数论。从赫拉克利特的残篇中，我们并未发现任何证据说明他否认实体（物质），对于绝对的实在之点刹那的理论[③]也未见

---

① 本书第 103 页以下。

② ἁπτόmευον μέτρα χαὶ ἀποσβεννύμευον μέτρα(Diels,30).

③ 尽管在赫拉克利特否认持续性时涉及了这种理论。按这种理论，“存在(is)”与“非存在(is not)”两者很相像并且在结合一起时是真，而一当分别被对方排斥时便为假。每一存在相续时刻因而都涉及了相互关连的生与灭，而这正好像是莲花戒说的“每一事物都代表着它自身的消亡”。但看不出有何证据说明赫拉克利特曾否认物质，他仅仅不承认持续。参见格罗特的《亚里士多德》，第 429 页。

任何清晰的迹象。他的“有规律”之燃烧大概所指是具有某种延续性的实在微粒。这显然出自他的因果理论。他坚持认为“流动的”实在“不断奔向自己的反面(εναντιοδρομία)”;坚持结果总是原因的反面。显然,为了相互反对,因与果必须具有一定的确定性与持续性,因而不可能像佛教所认为的,仅是纯粹的点刹那。它们是具有某种特性的瞬息闪现,湿变为干,热变为冷,光明变成黑暗,新成为旧,生成为死,如是等等。赫拉克利特认为,这些对立面(ε̄υάυτια)仍是同一的,虽然他所引述的例子大都可以解释为(且有时也的确如此解释)单纯的因果关系,但似乎可肯定的是:他坚持了因果之间如果不是矛盾性,也是对立性,同时他又坚持因果的同一性。这再次显示了这位希腊哲学家与数论观念的惊人相似,因为数论的基本原则之一便是因与果的同一性,即是说,果先存于因中,果与因俱时而有。[①] 因此这种物活论的基质之上的无穷变化学说使赫拉克利特倾向于对立的统一,而无视矛盾律。对立面的不断更新的结合,对立面不断从一端向另一端的过渡,被他解释为二者的共存与同一。亚里士多德揭示了赫拉克利特表述中的逻辑错误,因与果尽管是同一物质的现象,或同一物质因的现象,但不是俱时而有的。除非忽视时间的因素,否则不能认为因与果会同
一。赫氏对矛盾律的断然否定,前提基础首先是忽视了那被佛教 427
认为是最根本的东西,即实在之点刹那,果绝不会像因那么属于同一时间。每一实在事物之所以真,因为它是原因,而原因永远是先于结果的刹那。我们已经了解佛教的这一观点的逻辑结果,它绝

① sat-kārya-vāda＝tādātmya-vāda.

对取消了真正的持续性，而将一切实在归结为点之刹那。

因而，同一个流动的实在的理论在赫拉克利特手中成了否认矛盾律的理由，却使佛教徒证明了矛盾律。

赫拉克利特在因与果之间看到的对立与法称所建立的第一类反对关系是一样的。[①] 它是能动的实在的反对关系，如像冷与热那样。必须将它们与逻辑的反对或矛盾（antiphasis 背反相）区别开来。法称的例子，即冷热之间的对立在赫氏那里也有，这种对立并不是一切实在事物中都存在的，它只在其中的部分之上存在。我们已经知道了法上是如何解释从黑暗到光亮的因果场合，莲花戒[②]认为对这些事例使用相反甚而矛盾（virodha）的名称是相当错误的。他说：有的事物成为在另一些事物中（将其）逐渐削弱的原因，例如火之于冷为其削弱因。但在诸如火与烟那样的对偶体事物中却不存在这种关系。尽管前面提到的场合中存在的只是因果性，其原因导致了某一现象的取消，不过普通人的理解能力由于无明所障，却错误地执其为矛盾。因此他们认为火是冷的矛盾物，风是灯的矛盾物，光是黑暗的矛盾物。但在终极实在性上，在最终极的实在事物中，绝不可能存在这种相互取消的关系。任何（最终极地看来）存在的东西是一下子显现的，就其本质言，它不可能变化为别的存在物。如果我们建立这样的二难推理：或者一事物的变化是同该物自身不同的东西，或者是并无什么不同的东西，那么在这两种情况下，一个存在物都不会变化为另一存在物（更不用说它

① NB.第 68 页；（英译本）第 187 页。

② 前面第 408 页曾部分引述过，这里是此段文字的完整翻译。

不会变成非存在了)。非存在的某物,既然并不真实,就绝不能转 428
变为另一物。因而在这种情况下(对应物或者是存在物,或为非存在物),那(假设的)矛盾都不可能是真实的。正因为如此,(法称)大师在讨论两个对立实在之间的反对关系时这样表述道:"只要一事实的全部原因并未受到削弱它便有持续性,并且它随着另一事实之出现而消失。由此可得出结论,此二者是相违的(不相容的)(或就效能而言是相对立的),就如同冷与热的感觉一样。"大师说,不相容性(有效能的对立关系)"相随于后","相随"指它为我们的知性所构造,并不是说(作为实在之点的物自体之间)真有某种实在对立。

如果冷与热被设想为同一个持续实体的变化属性,它们就被构造为内在关系上的因果。甚而在某种程度上,如果忽略了时间条件限制的话,它们可以是同一的,但如果实在被认为是刹那而存在的,那么其中就不可能有真正的对立,这种对立关系是逻辑上的,意指知性依据矛盾律构筑的概念。[①]

f)赫拉克利特残篇中的因果关系与同一关系

赫拉克利特从他认为真正地同一的事物中发现了对立(ἑυάυτια),他所考察的大多数例子都是因果关系的例证。新旧、生死、冷热都是同一种材料中的变化的例证。因相对于果言,因不能无果而存在,它们是相互依赖的。由于同一性观念的含混,相互的依赖性很容易被解释为某种统一或同一。结果"依据"其因而存

① NBT.,p.70.13;(英译本)第196页。

在，既然它不能无因而有，它便被说成是在“因”之中存在或先存在。哲学史家们肯定都知道从“依据”到“在……之中”，这里跳跃了一大步。许多世纪以前的数论哲学家和19世纪欧洲的黑格尔都曾跨越了这一大步[①]。发现这一跳跃的是亚里士多德，这使他
429 不得不在同一律的公式中引进了时间的限制条件。

但这绝不等于说赫拉克利特所有关于对立面相符合（coincidence）的例证都是因果性的例子。他也引述了一些不能作因果解释的同一对立的事例，如善与恶，干净与肮脏，整体与部分，一与多等等。所有这些都并不是因果性的，就是说并非两事物时间上必然相随的，而是关于同一客观所指——即从不同角度着眼的同一事物——的例子。一件被视为集合的统一体如果考虑其为部分所构成，那么也是复合的多。同一事物从两面看可以是好与坏，干净与肮脏，喜与忧，动与静等等。所有这些从佛教立场看，都必须认为具有同一的特点。我们知道，这里的同一是关于客观所指的同一。此客观实在是同样的一个东西，它便是同一的，按这种观点，它所附著的特征是不同的，甚而可以是相反对的。许多历史学家、

① 在他的《精神现象学》（Lasson主编，第10页）的导言中那段有名的话中，他主张说花苞被花所取消和否定，而果实宣布了花只是植物的某种虚假的存在物。他说，“这些形式，不只是名不相同的，而且它们相互驱逐，不能相容。”但它们又是一个有机整体中不可缺少的各部分，并在这个意义上是同一的，因为他们都包容于一个称作植物的同一概念当中。从印度人的观点来看，黑格尔这里弄混了四种东西：1）如烟与火这样的简单因果关系；2）如火与寒冷这样的有效能的矛盾关系；3）同一时间同一地点的冷与不冷这样的矛盾关系；4）像莲花戒所说的，那代表了“自身的灭亡”的事物中的变迁的同一性，例如存在与非存在的融合便属于这种。这就导致了无从分清对立面之前的相互为“依据”以及相互包含（存在于对方“中间”）。

哲学家和语言学家都试图对赫拉克利特残篇作出解释。[①] 其中有一位，我发现，特别提醒人们注意这两种性质不同的情况的根本差 430
别。G. T. W. 帕特里克(Patrick)说：[②]“在这些残篇中存在着两种分明不同的对立，虽然赫拉克利特本人并未分清它们，但它却历史地导向不同的发展，前者为对立的统一，它源于这一事实，即：它们永不休止地转变为对立一方……它们因为相互转变而是相同的。可是我们现在却面对另一种不适于这一推理活动的对立。他说：‘善与恶是相同的。’这只是在普罗塔哥拉(Protogorean)发展成的相对学说的对立同一。”为防止这第二种对立同一，亚里士多德在其规则方面加了“在同一方面”字样的限制。关于这种对立面同一的最雄辩的例子是一与多的同一性。柏拉图为它伤透了脑筋，费劲地对它作了长篇大论。两个大类因为总可以转化为存在与非存在的同一而结合起来。赫拉克利特说：“在进入同一条河时，我们既进入了也没有进入它。”我们既存在又不存在于它之中[③]。这种对立的统一是存在与非存在的统一，这是黑格尔的基本信条。亚

① 如果考虑到赫拉克利特自己在他的时代就被批评为“晦涩哲人”，而且我们能见到他的哲学残篇又极有限，对他的解说如此纷纭便不足为怪了。不过，问题仍然在于——借用J. S. 穆勒的话说——“一个思想家如果将他自己头脑中的混乱从时间上倒置于他错误地解释的思想前辈的时代，他就不可能保持有关他们的知识的范围和精确。”那位著名的F. 拉萨尔便在赫拉克利特《残篇》中发现了拼命吹胀了的黑格尔的思想，而在今天，在一部本来可以是非常有功力的深刻的著作中，M. A. 弟尼克(Dynnik)(《爱菲斯晦涩哲人的辩证法》，莫斯科，1929)也将他解读为膨胀的马克思思想。马克思本人在给恩格斯的信中也有这方面的夸张之词(该信时间为1858年2月1日，《书信集》第二卷第242页)。

② G. T. W. 帕特里克《赫拉克利特论自然的两部著作残篇》，巴尔的摩，1889，第63页。

③ Diels 的《残篇》第49[a]。

氏和现代逻辑家都反对它，认为同一事物在同一时间同一方面不可能是存在又是非存在。

从印度哲学的观点看，这里有意思的是：从赫拉克利特据以否认矛盾律和亚里士多德据以表述矛盾律的这些事实的双重特性中，我们能够清楚地分辨两种基本关系的差别，它们是一切推理，甚而是一切思维的基础。它们是因果关系和同一性的所指。这两种相互依赖的必然而普遍的关系，既是印度范畴表的基础，也是印度比量理论的基础。

g）爱尼亚学派的矛盾律

上面我们引了莲花戒的一段话，[①]其中便看到了印度哲学中
431 常见的论点，乍一看，它与亚里士多德之前在希腊哲学中占统治地位的论点很相近。希腊人说："事物的本质是绝不改变的。"如果某物就本质言是一种存在，它便不会成为非存在。一个非存在物什么都不是，[②]从因果关系上看，它是无效能的；它又是不可认识的，不可言传的。事物之本质之为本质，正是因为它不屈从时间与相对性的条件。如果某物是统一体，如果它为一，它就必然地永远是完整的，亦即本质的并且无条件的，它不可能是多（plurality）。一百个能工巧匠也不能使蓝转变为黄[③]，或者使统一体成为非统一体。正是这未明说而公认的原理使赫拉克利特将下面的现象视为自相矛盾，即：事物可以是冷的和热的，是整体及其部分，是单一体

① 参见本书前面第408、427页。

② TSP.，p. 157. 7——asato avastutvān na kiṃcit kriyate.

③ Tātp.，p. 339. 11.

也是复合体等等。正因为如此，亚里士多德攻击了这一原理，他认为有必要以时间和关系条件来限制事物的同一性，认为一个事不可能在同一时间同一方面是存在与非存在二者。巴门尼德宣称“非存在物不存在”，而且既然一切相对的变易的事物都暗示了某一方面的非存在，他主张只有不变的整体才是真正存在的。柏拉图为解决矛盾的四难（contradictory tetralemma）——一存在；一不存在；多存在；多不存在[①]——而深感困惑，因为一与多在他看来都是不能既是相对又是变易的绝对的形式。同样他也无法解释从动到静的转化。既然运动与静止对他都是绝对形式，而世上没有任何巧匠可以将运动的本质或者形式改变成非运动，这种转变如同存在物之转变为非存在物一样都是不可想象的。

这样我们便在前亚里士多德时代的希腊哲学中发现了一种与亚氏不同的矛盾律。斯文德·拉勒夫（Svend Ranulf）先生对这个问题有透彻的研究，他说这是两种冲突的规律。前亚里士多德时代的矛盾律认为——“非存在并不是存在物，在任何方面、任何方 432
式、任何时间、任何条件下，从任何观点看它都不是存在物”，[②]但这于他仅仅意味着“任何在某一方面，某一时间，某种条件之下的非存在物，在同一方面，同一时间，及同一条件下不可能又是存在物。”或者，用他自己的话说“同一事物在同一时间，同一方面居然会又存在又不存在是绝不可能的。”拉勒夫先生表达他的设想[③]：

① 见 G. 格罗特，《柏拉图》II 第 302 页以下。

② Svend Ranulf，《爱尼亚学派的矛盾原理》（哥本哈根，1924）第 160 页。

③ 同上注书，第 207 页。

“绝对概念的逻辑”不只局限于欧洲。[①] 他认为，我们完全可能发现这种逻辑在印度比在欧洲的统治范围更广。而就佛教言，在极引人注意的程度上（我们看到），巴门尼德用同样的理由来论证自己的一元论，柏拉图用以证明他的永恒的形式；佛教却用以证明刚好相反的理论。前面所引莲花戒的一段话是作为论据以证成刹那存在论。我们已经了解了佛教在证明中的手法。如果实在是变化的，它就会是总在不断变化，并且是必然地自身地变化，存在即意味着变化。如果它哪怕在一刹间不变易，那它就绝不变易。因而同一事物不会是热的，然后变成了冷的。任何热的东西有热的本质，它“完全地”即永远是热的。对于佛教，它导致这样的结论：热与冷是两个不同的东西。不同的东西绝不会是相同的。“与某一不同的属性的结合就使该事物成为了别他，”[②]这便是佛教的矛盾律。

h）柏拉图

将佛教体系与柏拉图相比较，必须注意到以下几点：

1）两个体系都关心可感觉世界的迁流的真实性与其概念或形式的不可改变之稳定性之间的联系。

2）每一认识都可以归结为 X＝A[③] 这样的判断模式，其中 A 是某种永
433 远不可改变的东西，它总是 A，绝不会变化成非 A[④]；而 X 却永远是变化的，绝不是同一个 X，总是不断地由 X 向非 X 变化。

3）不过，在佛教体系中，这两重世界的关系刚好与柏拉图体系中二者

---

① 按他的说法，“Die Logik der absoluten Vieldeutigkeit”。

② viruddha-dharma-samsargād anyad vastu（相违法聚即别他物）见 NBT.，p. 4. 2。

③ 纳托普（Natorp），《柏拉图的理念说》第 151—152，390，403—408 页。

④ 同前书，第 155 页。

的关系调了个过。柏拉图的世界或形式是基础，而不断变化的可感觉实在是它的苍白的反映。对佛教逻辑家，具体的清楚而生动的变化①是根本的世界，稳定性概念倒是模糊的一般反映。

4)所以，柏拉图之终极而真实的世界是可理解的形式的世界，而可感觉的变易的世界最终却是非真实的；佛教则刚好相反，终极的实在是规定着无穷交易的单元(自相。——译者)是可感知的点刹那。而持续概念的世界对佛教说只是想象的产物。

5)两个哲学体系的起点是绝不相同的实在性观念。柏拉图的实在就是被认知为真(true)②的真相。观念性如果是真的也就是实在性③。佛教的实在性是效能，④最终的实在只是存在于外部世界中⑤的极端具体和特殊的对象。观念只在头脑中存在，真实性与非观念性⑥是一回事，观念性即是非实在性。真理，亦即作为真理的可知性，⑦非但不是实在(reality)的标志，而是最终非真实性的标记，因为终极的真实性本身是不可言说，不可认知的。⑧

6)对于柏拉图那可感觉的个别是不可知的，而他认为这正是否认此个别的最终真实的理由。⑨

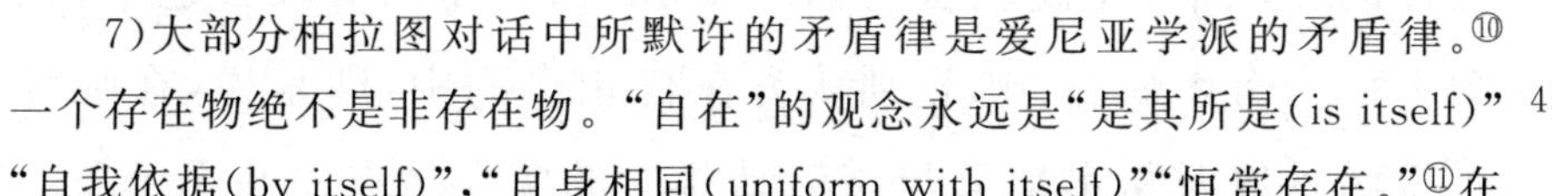

7)大部分柏拉图对话中所默许的矛盾律是爱尼亚学派的矛盾律。⑩
一个存在物绝不是非存在物。"自在"的观念永远是"是其所是(is itself)" 434
"自我依据(by itself)"，"自身相同(uniform with itself)""恒常存在。"⑪在

① spaṣṭārthatā(境象分明性)。

② 纳托普，前所引书，第391页。

③ 在印度也具有这种看法的是正理派(yat prameyam tat sat)。在它的掩护下，形而上学的实体，总先是实在的时间被偷运进入实在者的世界。

④ yad artha-kriyā-kāri tat sat；yā bhūtiḥ saiva kriyā.

⑤ bāhya＝artha-kriyā-kāri＝svalakṣaṇa＝paramārtha-sat.

⑥ paramārtha-sat＝kalpanāpoḍha＝pratyakṣa.

⑦ niścaya-ārūḍha＝buddhy-ārūḍha＝vikalpita.

⑧ anabhilāpya＝jñānena aprāpya.

⑨ 见斯文德·拉勒夫，前所引书，第150、151、152页。

⑩ 同前书，第147页以下。

⑪ 同前书，第150页。

其自身中，它是超越了相对性的。不过，对于可感觉的世界，柏拉图偶尔也引述那与亚氏观点一致的某种形式的规律。按照这种陈述方式，一种存在物只要居于两种条件之下——即“同时”“同一方面”——就不会是非存在物。①

8）佛教的矛盾律是从爱尼亚派的规律中得出的对立观点。正如爱尼亚派之认为非矛盾的只是恒常的存在物，佛教也认为非矛盾的只是感觉性质的点刹那（sensational point instant）。任何持续性、广延性、确定性都必然地牵涉到矛盾，因为它涉及了“别他”（otherness），亦即是说，它涉及了存在物与非存在物之间的差别。

所以，无论柏拉图还是佛教，都同意说，无论何时，只要逻辑被运用于实在（reality）就必然产生矛盾②。而这种运用，佛教认为只有通过构筑虚假的人为的“绝对相异者之间相同性”③才会有可能，在可感觉的现实当中，存在着不断的矛盾属性的会合，矛盾是无处不在的。同一事物表现为一与多、大与小、善与恶等等。但在纯粹的概念中，在概念自身（the concepts themselves）之中，柏拉图不认为有矛盾④。佛教则认为在自相事物中，即是说，在纯粹的感觉活动以及从本体上与该活动相应的实在之点中并无矛盾。⑤

① 纳托普，前所引书，第 154 页；参见前所引书，第 156 页。

② S. 拉勒夫，同前引书，第 153 页。

③ atyanta-vilakṣāṇānām sālakṣaṇyam＝sārūpyam，因而柏拉图的 παρουσία 就相当于梵语中的 sārūpya，参见 S. 拉勒夫，前所引书，第 180 页。

④ 纳托普，前所引书第 197 页，S. 拉勒夫，前所引书第 153 页。

⑤ 布拉德雷，前所引书，第 148 页，在这一点上，他显然主张康德的看法，它有些类似于佛教，而反对黑格尔派的观点。他显示了某个假想的黑格尔派对他的这样责备——“那么，为了挽救这可怜的物自体的幽灵不陷入矛盾，你随时准备将整个你所知或所能知的现象世界投入完全的混乱。”我惊异假若布拉德雷了解佛教对于物自体的观念，会产生些什么看法。整个世界不但完全没有陷入混乱，而且区分了那并非辩证性的点刹那的终极实在性和一切添加上的，辨证的相互矛盾的表层结构之间的差别，正是这种无处不在的终极实在性，这世界才免于混乱。

这一方面必须考虑柏拉图的某种暗示，它自身不易理解，但若 435
与印度哲学中的解决方法相对照，则多少容易解释了。柏拉图与佛教一样认为一个运动中的对象不可能转为静止，同样，静止也不会转为运动[①]，但在每一时刻，无论在过去或现在，它绝不会处于既非运动又非静止的时刻的。“从而结论也就是：没有时间可分配给变化，无论过去、现在或将来都不可能（有这种事）。因此变化是无时间的（timeless）。”变化物是一下子突然变化的——发生在既非静止亦非运动的瞬间。“这是时间之流中突然出现的停顿、中断，是一种极短暂的状况，其中主体没有存在性，没有属性，尽管它立即地被赋予了新的属性而复活，它是一种完全否定的消灭了的点。在这极短暂的一瞬间带有任何属性的主体都消失了。这当中它真正地被否定有任何属性，而未获任何肯定。这是一个既非运动亦非静止，非相像非不相像，与其自身不同不异，不一不多的东西。主体及谓词都消失了。”用莲花戒的话说，该事物是自身的湮灭，为了找到普遍的永恒的形式，柏拉图不是明白地接近了佛教的刹那存在观念了吗？他的突然的变化瞬间是非时间的，时间以外的。它是无持续性的，是绝对的刹那。由于无任何属性，它是纯粹无特征的存在。同时它又是非存在，因为它在出现的刹那间旋即消失，为另一刹那接续。柏拉图的突然变化之瞬间是佛教所谓的“相异刹那的生起”，[②]但其“异”是针对之前整个相续系列而言，并非说它自身。柏拉图承认时间的客观真实性是某种特别的形式。

① 在《巴门尼德篇》中，参见 Grote 的《柏拉图》II，第 309 页以下。

② vijātīya-kṣaṇa-utpāda.

对佛教说没有这种时间存在。每一刹那都是变化的刹那，变化因而成了存在的永恒形式。所有导致柏拉图承认可解释明显或粗大变化的刹那时刻是永久地继续的。它是纯粹的存在，是规定稳定的表象之世界的细微变化。这种绝对的变化刹那是对亚氏矛盾律的挑战，因为其中包含了创造与消灭，存在与非存在。格罗特
436 (Grote)正确地评述说："这似乎是对拉萨尔归功于赫拉克利特的那种理论的某种说明；永久地包含着肯定性与否定性(des Nichtseins mit dem Sein 非存在与存在)；每一个别永远地被包含于一般；并作为对立的个别永远再现出来。"[①]在解释赫拉克利特时，我们知道拉萨尔不过是步其老师黑格尔的后尘罢了。黑格尔就认为自己对矛盾律的否定与赫拉克利特的 ἐυατιοδρομία(向着对立面的流动)的论点是一致的。

从而我们得出了印度哲学中的同一与非同一的原则，不变本质的绝对同一与变化的感性实在的绝对非同一。二者都被用来为刹那存在论服务，前者近似于爱尼亚学派的矛盾律，后者为佛教的矛盾律所支持。

i)康德与施瓦特

法称特别强调真正的"没有矛盾的对立关系"与逻辑上的"经由矛盾"的对立关系的差别，这点在康德年轻时写的一部小册子《否定级在生活中的运用》(Application of Negative Magnitudes in life)[②]中

① G. 格罗特，《柏拉图》II，第 309 页注。

② Versuch den Begriff der negativen Grössen in die Weltweissheit einzuführen (1763)第 25—26 页。

也以部分相似的证据和理由加以陈述。他说对于同一对象，同一时刻同一意义上的黑与非黑是不可能的。前者是肯定，后者是逻辑地否定，尽管二者从形而上的角度都会是否定的。它们经过矛盾而作为存在与非存在相关连。在实在的冲突(repugnancy)中，黑与非黑两个谓词都是肯定性的(positive)，其中之一不可能与另一个矛盾地相对立，“因为如果那样，这种对立关系便是逻辑上的了。”便不是真实的了。矛盾的对立关系是同一处同一时的存在与非存在。

显然对于亚里士多德说来，在他的矛盾律的公式中加进同时
和同一关系的条件是必不可少的。否则便无法保全矛盾律。同一 437
人在一生中不同阶段可以是有学识的和无学识的[①]，但在同一时候同一门学问上，他不可能既有又没有学问。对于佛教，这些条件不言自明，因为判断的主词总是一个点，是“此(this)”的成分。“这是有学识的”“这是无学识的”，两者如果同时指向一个点，它们便是不相容的。而“这是树”与“这是辛巴莎”可以指向同一实在点，这些谓词之间并无不相容性，因为这里有基本的或内在共存性的同一。

对于这样一种限定性的表述的必要性，只有康德这样的权威才会提出挑战。他煞费苦心地坚持，这当中的时间条件的限制“是亚里士多德不小心引进的，并无真正的必要性”，“因为”，他说，“作为纯逻辑的矛盾原理，在其应用中不应受时间限制”。“纯逻辑”的原则显然与斯文德·拉勒夫先生的绝对概念的逻辑是一个

① 《纯粹理性批判》第 125 页。

意思。①

这是对爱尼亚派表述这一规律的方式的复归。“A 不是非 A”逻辑地导致巴门尼德的“存在是一”。康德解释道，“如果我要说一个无知识的人是无知的，我必须加上‘同时’的条件，因为一个在一个时期无知的人可能在另外的时候是博学的。但如果我说，‘并非无知者是有学问的’，那么，此命题是分析性的。因为‘无知性’的特征现在是主词概念的部分，因而否定性命题直接由于矛盾原则而变得明显，无须加上‘同一时候’的条件限定。”

从印度逻辑的立场来看，这个问题的巨大意义不仅在于矛盾
律本身，而且在于它对判断论以及佛教所理解的推理理论的解释。
施瓦特指责康德的公式，驳斥他对亚里士多德表述所加的限制，认
为他讲的与亚氏的根本不是一个东西。康德的批判只是“无的放
矢”。康德说到亚氏的表述涉及了两个矛盾的谓词时，实则是很有
见地的。它们固然不可以同时应用于同一主体，但在前后系列中
438 却是允许的。从而他将其中一个谓词转换为主词便有了两个概念
的判断，“A 并非非 A”这个判断从而便是分析性的，纯粹逻辑的，
它不受时间的影响并且关系到处于绝对状态中的概念。亚里士多
德心目中另有不同的东西，他头脑中有两个判断，其中之一被另一
所取消。而现在，我们从印度哲学的立场出发，一个具有两概念的
判断是对共存关系（伴随状况）的判断，因而它是推理性的（比量
的）判断或者比量或者大前提。实际上它是两个绝对概念的分析

① Logik der absoluten Vieldeutigkeit(＝Eindeutigkeit) der Begriffe（绝对性之概念的逻辑）。

性结合。这种结合(conjuction)并不依赖时间条件。但只要这些概念与实在发生关系,时间条件便出现了,这点总是在小前提(因)和结论(宗)表现出来的。事实上,我们会有下面的表述:

大前提——任何有知识的人不会是无知的(A 非非 A)。

小前提——此人是有知识的(在特别的主体中)。

结论——他不是无知的(同一时间、关系同一对象)。

依据印度哲学的观点,这个判断本身永远是带有一个作为谓词的概念的判断。在此意义上,任一概念都是谓词。主词永远是以"此(这 this)"的成分来代表的,"此"便包含了时间状况。矛盾律便涉及有两个矛盾的这种判断。"此(这、此处、此刻)是有学识的""此(此处、此时,是无有学识的)"[①]。

施瓦特的立场与佛教密切吻合。[②] 他问道:"为什么康德所说的'一个无知识的人是有知识的'这样的例子包含了矛盾呢? 因为谓词'有知识的'被运用于一个其自身中暗含了'他是无知识的'这样判断的主词,康德的例子可能为两个判断:'x 是有知识的'及'x 是无知识的',它在自身中包含了对两个这种判断的肯定,所以,它才包含某种矛盾。"

除了以符号 x[③] 来给主词命名这点,施瓦特的同印度人的论证都是完全一致的。这也完全符合他的"所有真实的真正的判断"都有一个未确定的主词的观点。例如"这玫瑰是黄的"判断归结为 439

---

① 这里康德顺便地称两个概念的判断,即结合了两个概念的判断,为两个谓词的判断。他说:"只有在第一谓词和第二谓词同时应用于一种条件下时……才会生出误解。"(《纯粹理性批判》第 125 页)

② 《逻辑学》I. 196。

③ kiṃcid idam.

"这是黄的"[1]这种感觉的或真实的判断。那真正的逻辑的主词总是由"这(this)"来表达的,并且可以结论说,每一关系到客观实在的概念都是谓词。从印度人的角度看来,康德在主张亚氏的表述与两个谓词有关时,是完全正确的,但他将谓词之一转换为主词却不对头了。[2]

j)亚氏的矛盾陈述式及法称的关系论

印度逻辑中的判断论,比量(遍充关系)论,关系论、矛盾论之间存在着内在的本质联系。如果我们认真观察亚氏的矛盾关系的表述。其中也隐藏着印度理论的精神,当施瓦特认为"一个有学识的人不会是无知的"这个判断包含着"x是有知识的"和"x是无知的"两者时,他无疑是正确的,连他自己也未必意识到了他是多么正确。判断,在康德看来,就是将多样性的直觉材料置于一个一般概念之下。所以它永远可以转化为"x是A"的形式,这是具有一

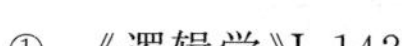

① 《逻辑学》I. 142。

② 有趣的是,像康德和施瓦特这样的欧洲学者们对于亚里士多德的矛盾律表述这样重大的问题展开的争论竟未引起任何反响。就我所知,以后再没有任何逻辑家介入这种争端,对施瓦特,或亚里士多德或康德表示赞同。B. 埃德蒙(《逻辑学》第511、513页)并未提出争论甚而并未提及两种表述式的创始人,他置身于他们两者中间将问题展示为仿佛康德的表述是基本的而亚里士多德的表述是它的结果。与此相反的看法(即认为亚里士多德的表述才是基础)则出自基尼斯(所著书之第455页)。布拉德雷的意见(前所引他的书第146页 I. V. §13)也许有意答复施瓦特。当J. S. 穆勒说(《汉弥尔顿哲学的检讨》第21章)"有效的推理是一个否定的概念形成过程"时,他与印度逻辑中的解决方法是很接近的。但在他的《逻辑学》中(II. 7 §5)他却认为矛盾律是经验的一般化! A. Pfänder(《逻辑学》第343页)似乎接受施瓦特的表述法则,我们本来认为他会更喜欢康德的表述,同意他的表述为纯逻辑的(分析性的)。他斥责施瓦特的(第228页)将否定视为心理活动性质的理论,但并未解释否定本身。

个概念的判断。施瓦特正确地坚持了依据分析性的或者依据综合性原则而联结两概念的判断本质上是不同的另一种东西。它是大 440
前提，是关于遍充关系的判断；而小前提所代表的判断本质上是感觉判断，这是伐差耶那[①]以来的印度逻辑家们的看法，为避免引起混乱，最好是为这个存在判断或者实在的判断的感觉判断保留判断的名称[②]；而按照印度逻辑中的做法，将另一类判断称作共存关系[③]的或比量的判断。因为它并非关于实在的，而只是关于一致性的判断。大前提与小前提在这方面的区别是这样表明的：凡违背大前提的谬误都是非一致的或不确定的；而对小前提的违背则属于逻辑理由自身的不真实。这在前面讲逻辑谬误时已经说过了。“雪是白的”这判断描述了两个概念间的共存关系。“这是雪”则断言了概念的客观实在性。它断定的是一个概念与其相应实在的一致性，所以它又是存在的判断，并非语法意义上的“雪存在”。存在，亦即真正的具体的存在不会是逻辑上的谓词[④]，而是一切谓词的共同主体。不过，这种判断之作为存在判断是因为它断定了

① NBh. ,p. 5,4——udāharaṇam praityakṣam upanaya upamāṇam，同时《正理释补》解释道——yatha pratyakṣe na vipratipadyate，evam，udāharaṇe’pīti（upanayaḥ），也即是小前提（upanaya）包含着与现量（感觉认识）的联系。

② adhyavasāya＝vikalpa.

③ vyāpti（遍充性）。

④ 为避免混乱，我们绝不能忘记存在或实在——它是一切谓词的共同主体（τóöυ＝Hoc Aliquid 此，仅此者，此唯一者）——是物自体，是对应于具体的，生动的尽管尚不可言说的感觉刹那的点刹那，有另外一种完全不同的可说的一般概念的存在。它可以以谓词的身份出现，例如“一棵树存在”（或更准确地说“这种树性包含了存在”），“这是树，它存在”《集量论》（第五品）中提到了这样一种抽象的存在概念，必须记住这一点，免得陈那也像康德那样遭受指责，认为他发明了一种并不存在的物自体，而一种只以自身原理为依据的东西并不存在也不能存在（!）。

“雪”的客观实在性，而不仅仅是两概念间的共存关系。

关于矛盾律的双重表述正是与判断的双重特性相对应的，在感觉的（perceptual）或存在的判断中，它则如康德所希望的那样，
441 是一切分析性推理（比量）及分析性判断的原则。亚里士多德与康德的表述不一样，那是因为他们所指的是不同的东西。

判断的双重特性与存在动词的双重意义正好相应。我们在前面已指出过，这种双重意义就在于它在称谓中既是系词又表示存在。那么，很明显地，属于这个词的存在意义只在存在的或感觉的判断中才会有；而在那表达共存关系的命题中，它仅起系词作用。

因而必须反对那种说法：判断或命题是由主词、谓词和系词三者组成。这如果是指分析性的共存关系的命题是正确的。而对那些依据因果关系的判断，根本就没有系词，除非完全从语言现象上看，我们自然可以说：“烟是火的产物。”但那意思并不在于烟是什么，而在于它由什么产生。这样，在一个感觉判断中，判断自身中必然有表达“存在”或“真实性”的词。在存在意义上，这个词所取的形式是“此为（This is）”“有（There is）”或简单的“是（is）”。否定的形式也就是“无（There is not）”的形式。在分析性的遍充关系中必然有一个表达同一性的词而且它就是系词意义的存在动词。最后，在基于因果关系的共存关系当中必然有表示产生的一个词。

因而判断便由主词、谓词及意味着：1）存在的；2）同一性的（系词的）或者3）因果性的词共同组成。特别有趣的是亚里士多德对矛盾律——一切规律的规律——的表述，它认为矛盾律本质上预先要求了三重逻辑理由，这正是佛教逻辑家们的基本信条。当亚氏在其矛盾律公式中引进并只承认两种必然相依关系（niyatapratibandha)时,(法称说明这些关系是一切逻辑思想的基础)他肯定是正确的,远较他的隐约感觉更为正确。事实上,不同时代的哲学家们所以否认矛盾律,根源在哪里呢?就在于始终没有区分清楚不同事实和概念的必然相依关系和同一关系。果不能无因而有,它们必然相互依赖。以不严格的话说,借助于半理想化的想象活动的飞翔,我们不妨称它们是统一的及同一的。从而便得到了黑格尔的根本信条,我们同时有了存在与非存在两者。

但佛教的矛盾律是与这种结论冲突的,它认为"每一事物都是孤立的(apart)",并不存在真的同一性。先于存在物的存在物肯定就是原因,它"有"一个结果,但这绝不"是"它自己的结果。另一方面,在从不同角度看待时,可以将两个不同的概念附着于同一个客观真实之点上。这样,这些概念便被那同一实在的共同指向联结起来了。在这一意义上,可以说概念是同一的。这并不与佛教的同一律冲突,反而得到其支持。不过,同一的只是共同的基础(负载体 substratum),而不是构造出来的概念本身。 442

印度的与欧洲的哲学中两种逻辑之间的争论,真正看来,便基于对这两种必然关系的不同的解释。其中一种逻辑——它在欧洲是从赫拉克利特到黑格尔,在印度则从奥义书到中观派再到吠檀多派——认为必然相依的关系是不能没有其中之一而另一单独存在的;所以,这些事物不仅相互对立,而且又相互包含而同一。另一种逻辑——在欧洲它从亚里士多德到施瓦特,在印度则从佛教到正理派——却回答说:"一切对立物都不是相同的东西。"①

① 参见赫尔巴特的表述:"Entgegensetztes ist nicht einerlei(对立的东西不会是同样的)"和佛教徒的说法"yad viruddham(=viruddha-dharma-saṃsṛṣṭam)tan nānā(凡相违的都是不同的)"。例如 SDS,第 24 页。

一切正确的经验认识都是无矛盾的认识，而无矛盾的认识的基础只有两个大原则，就是因果性和共同所指的同一性。无矛盾的认识对于因果性必然地是无矛盾的，它是关于不同时间的认识；无矛盾的认识就客观所指而言也是无矛盾的，它是关于同一实在(reality)的不同方面的认识。所以，任何对矛盾律的正当表述都必须考虑这两大基本原则，对这些原则的忽视必然损害经验的认识而使之陷于矛盾。从而，我们说，亚里士多德在其对矛盾律的陈述中，尽管无意识地，但却对法称的关系论提供了间接的而且很有说服力证明。事实上，亚氏自己的矛盾律也间接地隐晦地包含了与矛盾关系、因果关系及同一关系的联系，这三种关系也就是法称所称为共同构成我们的理智[①]或我们逻辑思想的三大原则。由此
443 三重理性原则，我们间接地，即以比量方式而认识实在(reality)，无此三重性的工具我们可以经感官而直接认识实在，但纯的感觉认识(现量)仅仅是不确定的感性活动。

我们在欧洲和印度的不同逻辑中看到了不同的矛盾律：

1)爱尼亚学派的两种矛盾律，巴门尼德的与赫拉克利特的。

2)柏拉图的矛盾律，它认为变易是幻觉。

3)佛教的矛盾律，它认为稳定是幻觉。

4)亚里士多德的，亦即印度实在论的，它认为每一事物或者是稳定的或者是变易的。

5)黑格尔的矛盾律，它将运动的实在性引入其概念核心，从而抹煞了实在与逻辑之间的一切差异。

---

① trirūpasya lingasya trīṇi rūpāni.

第三章　共相(一般)(universals) 444

§1. 事物的静止的一般性被行动的相似性所代替

印度的共相论可以分为两支,实在论的与观念论的。[①] 实在论者认为每一共相都作为单独的个体存在于客观世界中,它同共相自身所在的所有个别有不变的联系。观念论者,依其特点也可以称为概念论者和唯名论者,他们坚持只有个别才是实在的存在物,共相一般仅仅是假想,是概念,是名言。[②]

实在论者又可以分为两组,一些人认为附加的内在因[③]的真实性为一种单独的存在物;另一些人则否认这种实在物的实在性和必然性。内在因的坚持者又分为两支,一支认为其实在性是感官直接认知(现知)的;另一支认为它是推理推知的。胜论主张推理的内在因,正理主张现知的内在因,耆那、弥曼差和数论则根本

---

① 几乎没有一部印度哲学著作不触及共相问题的。佛教共相论的最好解说可见于枯马立拉的《颂释补》(ākṛitivāda,分类部分),另外可见 TS 及 TSP 中的论共相和言辞以及所有著作中论否定的各品。参见本书(原书。——译者)第二卷,p. 262. 22。

② Saṃjñā-matra=vastu-śūnya-vikalpa(境空分别)。

③ samavāya(和合性、共相)。

不承认有这种东西。[①] 佛教徒完全否认共相的实在性。佛教逻辑
445 家们的理论被描绘为观念论[②]、唯名论[③]、概念论[④]、符合论[⑤]、动力论[⑥]及辩证论[⑦]。说它是观念论,因为它主张共相一般只是主观的观念。说它是唯名论和概念论,因为这些观念同表象和概念是共同的,并且能够与名言相联系。说它是符合论是因为它坚持了表象同外界的有效的点刹那的实在是相应的。说它是动力论,因为它认为实在由唤起表象的效能构成。说它是辩证论则因为它认为所有的概念都是相对的辩证的。

符合论已经在判断论中讨论过了。现在我们来审查动力论和辩证论。

所有这些理论都可以用一块布的存在与认识的不同解说来加以说明。正理派认为它由三个单元组成:线、布性(clothness)和线中的布性的内在性(因),所有这三者都是外部的实在的分别的个体,都是感观可以感知的。对于胜论,内在的因是推知的,不能感知。但是线与其中存在的布性是可以感知的。对于耆那、数论和弥曼差来说,根本没有内在因,而只有线与布性两个个体。它们并不需要内在因在其间牵合。对于佛教,只存在纯然实在之点,它激发我们的生起性想象从而产生布的假象。这后一种理论是关于两

① TSP.,p.26.22.

② vijñāna-vāda(唯识说)。

③ vastu-śūnya-prajñapti-vada(境空施设论)。

④ vikalpa-vāsanā-vāda(分别习气说)。

⑤ sārūpya-vāda(符合说,带相说)。

⑥ śākti-vāda.

⑦ apoha-vāda(遮诠说)。

个完全异质的事物之间符合（conformity）或相应（correspondence)的理论。它是动力论。真实的个别事物不是实体，而是能唤起我们意识中表象的力。

寂护说:“事物，即依据因果关系生起的事物(是物自体)。这之中绝没有丝毫的其他事物混杂。”[①]实在是绝对的个别，其中绝不包含任何一般性的遗迹。一般性，相似性或共相一般永远是假想的或者说构造的。那么，真实个别与完全异质的认识之间的联系是什么呢？每一认识不总是一个一般吗？回答如下：

事物自身当中并没有丝毫共同的实体。既然我们已经看见了其中根本没有实体，为什么其中会有实体的相似性呢？这是力，而不是实体！可是，这并不妨碍我们假定绝不相似的事物或力产生 446
相同的结果[②]！例如，叫古杜吉的(Gūḍūcī)这种植物在医药中都知道有解热作用。无论在形状或质地上它与其他有解热作用的植物并无任何相似性，虽然它们有强弱不一的共同效用。这种相似性并非是实体，而是产生某种相似的或相同的作用。如果一般共相会是外部的真正的实在事物，是物自体，就像那真实的个别一样的话，那我们在头脑中也就必然会有对那一般共相的直接的反映。那么，思维的作用就会是消极的感受性。但事实并非如此！

佛教逻辑家极端重视我们称之为法称实验（experiment of Dharmakīrtī）的（过程）[③]；即是说，当观察者的精神处于茫然状态

① TSP.，p. 1. 9；另见 p. 486. 20。

② TSP.，p. 497. 16；另见 p. 239. 27 以下。

③ 参见本书前面第 150 页。

时,[1]当他的注意力保持另一状态下的专注时,对象可能产生完全的向内的刺激(incoming stimulus),感官的摄取作用可能得以充分发挥,但因为精神的茫然则根本没有识别(recognition 再认识)发生。观察者什么也不会"理解"。而他要能开始"理解"[2],要会有识别就必须将注意力集中于对象上,集中于感官的摄取活动,记住以往的经验,唤起名言及其内涵。这意味着什么呢?意味着知性是一种单独的功能,与感官不同。知性是在被动的感觉器官的功能之后的头脑的自发活动。如果名言的内涵是某种外部实在的话,如果它竟是对象中存有的恒常形式,是对象会"分享"的形式的话,那么只要刺激到达了感官,识别(recognition)就应该直接产生了。如果这种活动是习惯性的,[3]那么,注意力集中对过去经验和名言的回忆的过程就会飞快地运行。但如果它不是习惯性的,它就会是分阶段的并且由内省活动所揭示。如果那属于某些药草的清热作用竟然就是药草中的永恒的形式,那么它就会是永远相同的,
447 没有任何变化的。但我们知道它在不同的个别场合是变化的。这取决于植物的性质,这种性质又依靠它所生长的土地的性质,栽培及肥料等等。[4] 从而它分别地依据每一个别情况而各有不同。两种情况之间没有哪怕"最细微的共同"。一般共相是假象,仅仅是名言,并没有相应于它的任何普遍的实在性。莲花戒说:"我们

① anyatra-gata-citta(心不在所居处)TS. p. 241. 12。

② TS. ,p. 240. 17.

③ TSP. ,p. 240. 25.

④ TSP. ,p. 240. 5.

已经证明了，那个别的真实的物自体[①]——它便是被名言所称述的基础(负载者)——并不为知性的辩证(手段)所企及。而那形式为所谓生起性想象[②]的工匠所构筑的经验的(非终极)实在是内在的[③]而不是外界的，不懂得感觉与概念[④]的区别的人注意到了对象的形式仿佛是外在的，便将它当作外部的东西去追求。但这并不能证明它就是外在的对象。我们对待诸如赶家畜的刺棒这样外部对象的行为的基础是，它通过我们的感觉判断而投射到外部世界中去。[⑤] 可是它实则仅代表了我们头脑的主观构想。"莲花戒还针对实在论者说[⑥]："此外，你们所力图证明的就是：一般的观念[⑦]涉及某种与它们实际被感知[⑧]的物体不同的东西，可是这是错误的，因为(这些一般的实体并不存在)它们并没有给单独地被反映[⑨]。"事实上你们所描述为"牛性"的是被剥夺了颜色，具体形状和(实际的牛所拥有的)专用名的。我(在头脑中)经验的表象拥有这些颜色和所反映的其他(个别特征)。那么，它的形式怎么又可能被剥夺了颜色和别的(这些特征呢)？不可能承认说表象有一种形式，而它的外部模型却有一个完全不同的(一般)形式，因为

① svalakṣaṇa.

② kalpanā-śilpin.

③ antarmātrā-ārūdha.

④ dṛśya-vikalpayor viveka-anabhijñātayā.

⑤ bahī-rūpatayā adhyavasita.

⑥ TSP.，p. 243. 17 以下。

⑦ anugāmi-pratyayānām.

⑧ 换言之，因为你们将共相认为是一种单独的统一体。

⑨ tasya apratibhāsanāt.

那样一来,就会出现绝顶的荒谬了[①](即每一表象会相应于任何对象)。

448 我们知道这里寂护和莲花戒重复的是贝克莱反驳概念论(conceptualism)和赞成唯名论的论证,只是寂护和莲花戒赞成的是唯名论而反对实在论。[②] 不过在贝克莱和佛教之间明显地存在巨大的差别。而这显然是这位英国哲学家没有注意到的,这一差别在于这一明显的事实:他所称之为"具体的颜色和形状"的,对于在这概念之下的所有个别也仍然是一般的。非一般只是那严格局限于自身中的东西。如果它是蓝色,这已经意味着它不是非蓝色,而这已经是一般,不再是局限于自身了,而是在别它之中了(in the other)。它指的是感觉的"第一刹那",是对那"纯"对象,即被剥夺一切特点[③]的对象,尚未给知性的辩证手段触及[④]的对象的感觉。这"纯"对象是我们所有的认识的基础和原因。它是有效能的,从而是实在的。而它被知性以普遍的从而也是非真实的表象来"理解"或"摄取"。它代表了那具有一般图像的对象,第一刹那的认识是肯定的认识,它认识纯的实在。那么关于表象的认识也是肯定的吗?不,它只是分别性的,这点我们下面就会知道了。

① ati-prasanga＝sarvatra pravrṛṭṭi.

② 贝克莱的话"无论我设想的是手或眼,它都有某种个别的形态和颜色"只能这样译成梵语:yad eva cakṣuḥ-pāṇy-ādi-vijñānam mayā vikalpyate, viśiṣṭa-varṇa-ākṛtianugatam anubhūyate 此处可参见莲花戒的话,TSP.,p. 243. 20-vijñānam ca vaṃa-ādipratibhāsa-anugatam anubhūyate。

③ prathamataram sarva-upādhi-vivikta-vastumātra-darśanam pravartate, 见 TSP.,p. 247. 17。

④ na tad vikalpaiḥ spṛśyate.

§2. 关于共相问题的历史

一般共相的问题显然很早就引起了印度思想家们的注意，关于共相一般，殊相个别及它们与名言关系的可以援引的哲学家的名字最早都属于前哲学史的半神话时代。①

第一个历史时期是数论出现的时期，后来使各派分裂的两个 449
基本的原则的学说大概就起源于这一时期。随同因果一体的理论一道发展出了一般与个别的某种统一的理论；而伴随因与果分离的学说，一切存在分裂成了细微的单独成分，显然佛教否认共相一般实在性的理论是由此发展出来的。

稍后的一个时期在正理与胜论的联合派别中出现了关于内在因的学说。它们的实在论观点，因为受到佛教的攻击，更加顽固化以致到了哲学史上绝无仅有的地步。

印度思想的第三时期，主要哲学派别的相应观点立场都形成了系统著述，我们可以在这些系统的经典中找到共相概念在它们那里扮演的角色。

在极右方的是正理—胜论的极端实在论，它们的出现晚于其他各派。居中间的是耆那、弥曼差和数论等代表了较早期的哲学的温和实在论。

在极左边的是佛教，更晚些它在吠檀多派哲学中得到了支持。

佛教徒也许是某些正统派别的夸大的实在论的间接原因。

---

① TSP. ,p. 282.24.

胜论系统的经典之一中有这么一段陈述:"共相与殊相对于认识都是相对的。"[①]由于这一哲学派别的总倾向是非常实在论的,所以这句话不可以在相对主义的意义上解释为非实在性(unreality)。胜论哲学主张,事物可以同时是真实的又是相对的。[②] 经典中这句话只是简单地意味着共相一般具有不同程度的普遍性,而这些程度又是相互对待的。正理—胜论体系不但承认内在因(inherence),即是说,一个共相一般实然的(拟人般的)居于个别当中[③],它们还承认在每一个别事物当中都存在着另一个叫做差别
450 (异)的寄居者。[④] 既然一切事物一方面是相似的;另一方面又是相异的,从而后来的实在论就认为每一个别事物中都存在相似性(同性)及相异性(异性)这两者。例如每一个极微就有一个特殊的称作差别(异)的实在体。一切终极的无所不有的实在,如像时间(时)、空间(方)、以太物质(空)、灵魂(我)等都包含了这样的使它们相互不混淆的差别体,这些实在的区别体是感官所认识的各各分别的单元。在极微和无所不有的实体中(substances)时,它们是凡夫肉眼看不见的,只有瑜伽行者具有用眼睛直观它们的能力。这种实在论已经达到登峰造极的地步!

---

① VS. ,I. 2. 3.

② apekṣiko vāstavaś ca kartṛ-karaṇādi-vyavahāraḥ,参见室利达罗的《正理花饰》p. 197. 26。

③ sāmānyāni. . . sva-viṣaya-sarva-gatāni,普拉夏斯塔的《胜论经疏》(VS)p. 314,19。

④ 普拉夏斯塔 p. 321. 2 以下,有人会问,瑜伽派认为超常视觉可以分辨两个极微(原子)之间的差异,并不主张每一极微中有特别实在的寄居者的(异性)啊。答案是否定的。《胜论经》(I. 2. 5—6)认为一切实体(实)运动(业)、属性(德)中都有异性和同性(差异和普遍性),但最终极实体中只有异性。普拉夏斯塔的疏本中保存了这种最终极的异性的范畴。

在正理—胜论派内部的这种实在论观点几乎没有什么变化和发展，他们仅仅在上面提到的关于内在因的可认识性问题上有一些分歧。胜论派的争吵集中在永恒的共相一般的无所不在的问题上。其中一部分人认为共相只存在于相应的个别所居的地方。另一派人则认为共相不仅仅存在于这些地方，更存在于这些地方之间的空隙[①]，虽然它并未显露出来。普拉夏斯塔巴达赞成第一种观点，[②]这种观点以后为正统的胜论系统所接受。

佛教对共相的否认分为两个阶段，小乘佛教是前期，这一时期，抽象、综合、普遍性及命名都被认为是特别的精神性[③]的或一般的[④]力量(Saṃskāra 行)。第二时期在逻辑家一派当中共相被认为是概念(vikalpa)，是与客观的个别的实在相对照的(contrasted)。 451

在反共相的倾向上没有任何一种学说比得上小乘佛教。这里任何与共相一般相应的都归在抽象物的名义[⑤]之下。表示它的用语同语法上用来指称实体名词的词汇是相同的，不过在这里它的特征表现为一类独特的心理的能[⑥](a mental energy sui generis)。说一切有部则将它转成非精神的，也就是一般的能。[⑦]

显而易见，那被称作普遍性或共相一般的在这里被转化成了

---

① NB. 及 NBT.，p. 82.18 以下；(英译本)第 225 页。

② 普拉夏斯塔巴达，p. 311.14；另见室利达罗 p. 312.21。

③ citta-saṃpragukta(心相应行)。

④ rūpa-citta-viprayukta(色心不相应行)。

⑤ samjñā(名想)＝udgrahaṇa(执受)。

⑥ caitta(心所)＝citta-samprayukta-saṃskāra(心相应行)。

⑦ 包含在“心不相应行”之中的 nāma-saṃskāra(名言余气)。

一种分辨的功能,如同种类(genus)[①]在这里转成了一种单独的将某些被认为自身不具有任何共同性的个体统一起来的力量。

这一基本思想在陈那那里就已经有了清楚的表述。在他的分类表中,这是一类赋名的思想构造活动[②]。它是唯名论,但又与概念论不可分,因为概念和名词所覆盖的范围是一样的。

§3. 欧洲的类似理论

印度中世纪的逻辑充满了唯名论和实在论的争论,这跟欧洲的中世纪是一样的。双方各自的立场都确定于公元5—8世纪佛教逻辑的创造性时代。从那以后双方理论都僵化了并且基本保留了各自的立场而没有什么实质性的改变。在印度各学派几乎没有改变它们的基本原则的,如果它们能够保存下来,则都多半处于未有什么变化的状态当中。让我们姑且想象一下柏拉图学派在它所诞生的地方也会经历所有的政治磨难而生存下来并会继续宣讲同样的学说,仅仅是风格和文字形式发生了不重要的改变,——这正好代表了印度实在论的境地。在印度,随着佛教逻辑学派的消失,唯名论就消亡了。不过在西藏,它继续存在了近一千年直到今日。

印度的实在论者坚持认为一般是在外部世界的对象中的实际

---

① nikāya-sabhāgatā(众同分)=jāti(种、类),说一切有部将它归入心不相应行;参见拙著《中心概念》第105页。

② jāti-nāma-kalpanā(名种分别)参见本书前面第217页。

的存在物(actual Ens)。它具有:1)统一性 2)永恒性 3)内在性[①],也就是说,在每一个具体个别当中,它总以某种形式完整地永恒地 452
居于其中。佛教驳斥说,一般共相 1)仅是名言[②] 2)也仅仅是没有相称的外部实在性的概念[③] 3)该概念是辨证的[④],即否定的(遮诠的)。只有设想概念的否定性,我们才能懂得每一个别当中的一般的统一性、恒常性和完全内在性之另一面的绝对荒谬。

欧洲的唯名论与实在论斗争与它们在印度的争论有着明显的类似情况。它们的总体轮廓是相近的,虽然细节倒不一定如此。

第一点区别就在于,在印度这个问题同关于现量认识的两种不同理论密切联系着。实在论者假定了没有表象的意识[⑤]以及凭感官直接感知外部个别及个别中之共相一般。唯名论者则将共相从外部世界转移到内部并且假定了外部世界的个别仅仅是相对于表象的内部世界的,即是说,相对于共相一般的。感觉同表象发生关系如同个别之于一般共相的关系。于是唯名论的立足点就转到这样的理论上:感官和知性是完全异质的智能,虽说它们由一种特别的因果性联结起来,即是说表象在功能作用上总是依存于感觉的。

第二个区别只能视为前面第一种的结果。佛教关于个别的概念与欧洲哲学的个别很不相同。感觉活动中所理解的个别是纯然

① ekatva-nityatva-anekasamavetatva.

② saṃjnā-mātram(唯想)。

③ vastu-śūnyo-vikalpaḥ(无真实分别)。

④ anya-vyāvṛtta(遣他)=apoha(遮遣,否定)。

⑤ nivākāra(无相的,无形象的,无影相的)。

的个别。其中既无别它性(otherness)也无普遍性。所有的欧洲唯名论与概念论都基于这个观点:即个别仅仅是一个具体的一般。[1] 而这道分界线,我们前面已经看到在印度并没有划在具体的与抽象的一般之间,而是划在绝对个别和绝对一般之间的;因为
453 具体的一般和抽象的一般都是共相都是抽象。区别仅仅在于抽象化的程度。

我们可以假定印度的哲学争论同欧洲中世纪的争论是相对应[2]的,但不能忽略这两点非常重要的区别。

如果转到现代欧洲哲学中,我们就比较容易想象陈那会如何回答贝克莱及洛克。我们可以假定他们在平等地讨论共相一般的问题。“普遍及一般”是精神性的“观念”啦,是“知性的发明和创造”[3]啦,对这些陈那都会立即赞同。可是对于“简单的观念”可以是具体的和个别的这种说法,陈那会断然否认。如果一般必然是概念的,那么结论就是,每一可用理智去理解的就必然是一般。几何学家在桌子上划的直线是个别的,但在我们头脑中的直线是一般的。它是无限制的,代表了一切时间一切地方的直线。认为它既是个别又代表别的个别是没有用的。它不可能是一个东西又代

---

① 邓斯·司各脱坚持个别性的基本性质,但他将个性视为实体化了的种。吉洛姆·奥·卡姆断言个别是真实的实在的,而共相一般来自我们对个别性的直观认识。这非常接近印度的观点。但他仍然未有纯粹而绝对的个别的观念。

② 可以提一句,阿伯拉德(Abelard)企图调合极端唯名论和极端唯实论,他的看法部分地可以在印度看得到。他主张共相不只是一个名称,它是谓词,甚而是一个天然的谓词。我们已经知道,作为一个一般概念的共相永远是一个感性认识判断的谓词,因而一切共相只是谓词。

③ 参见洛克的《文集》,第三卷第3章第11节同上注,第二卷第11章第2节。

表对立的东西，即不可能是个别又代表了一般。

“简单的观念”只不过是某种“力能”的结果，这也是印度的思想。可是这种力能只是那刺激知性产生“它自己的创造物”的力能。这同样关系到那构造简单的蓝色的观念的能力以及那构造牛、马、树、正义、无限、永恒以及延展容积等基本性质的“观念”的能力。诚然，所有的观念都必然触及到某一个别，它们必然以它为基础(cum fundamento in re)。但是它们决非个别，或者对个别说来并不完全相称。用洛克的话说，就一般性的观念言，它们“仅仅是符号。”[①]

贝克莱主张，没有一般观念，只有关于个别的一般名称，“任何一个个别都无差别地在思想中唤起这个名称”。这大概是可以得 454
到陈那的响应的，陈那会说，名称同概念(ideas)一样是普遍的。能容受一个名称的状态就是表象同感觉区别开来时的鲜明标志，一切可称名的事物都是同它们借以称说的名称一样是普遍的。就其真实性言，抽象的概念与名称并没有什么区别。

试设想如果法称同洛克共同讨论这种问题，他会以独特的风格发表意见说：“你坚持说有的概念是合适的，有的是不合适的，有的是简单的个别，另一些是知性的创造物，是从外部加上去的。可是为什么呢？谁是宇宙的君主，要他才能宣布一组概念是合适的另一部分却不相称呢？概念就是概念，它们又不是实在。要么都不相称，要么都没有不相称的。”[②]不过当洛克坚持认为对象不过

① 同前注洛克书，第二卷第8章第7、10、17诸节。

② 这里的“相称”(adequate)，即指“名实相符”。——译者

是产生不同感觉的力能(powers)时，当他认为存在我们头脑中的相应概念并不是外部对象的相似性，而是说，它们的名称是我们概念的相似性时，法称是会乐于承认这点的，并且会进而将这一特点推广到所有的一般“概念”上去。

欧洲逻辑中实在论与唯名论的斗争至今仍然没有得到解决。参战的双方已经放弃了战场。大多数现代逻辑家认为这个问题是不相关的，不能解决的，从而将它放弃了。不过，马堡学派和胡塞尔仍有意对柏拉图的观念加以新的解释。经验派逻辑家也并非没有感受到它的紧迫性——有必要重新探求它的解答。很容易就可以想象法称会如何回答这些当代的学说。他会对胡塞尔说，“你坚持说观念的东西是真实存在的，[1]它们并不仅仅是语言形式(tagon de parler)[2]，坚持说世上任何一种解说者都不能完全否认观念的对象。[3]”另一方面，你又主张一般共相的观念存在与个别的真实存在间有某种区别。[4] 我们并不反对！真实的火是那燃烧的
455 做饭的火。观念的火则在我头脑中。我绝对没有否认在我头脑中的一般的火的存在[5]。但个别的火存在于外部世界中，它表明“终极的实在”[6]，即那有效能的点刹那(point-instant)。

对纳托普之捍卫柏拉图的观念，法称完全可能这样回答：你坚持说柏拉图的理论归结为 X＝A 的判断，其间 X 代表了具体个

① 《逻辑研究》II. 第 124 页。

② 同上书，第 125 页。

③ 同上书，第 126 页。

④ 同上书，第 125 页。

⑤ 这种实在称作 svarūpa-sattā(自性有)，见 SDS 第 26 页。

⑥ paramārtha-sat(胜义有)。

别，而 A 则代表一般普遍[①]；二者都“存在”。因为柏拉图的存在意味着“X 成分的完全规定”[②]。我们并不反对这种说法！我只要加上一个补充：“终极的实在”是具体的个别，而不是柏拉图主张的共相。法称改变一下对胡塞尔说的话：世上没有任何解说者能够否认这明显的事实——真实的火是燃烧的可做饭的，而我头脑中观念的火，当然完全可以“完全地规定”那个别的火，但它却不能燃烧做饭！[③] 我们必须区别最终的实在和假想，后者只是精神的实在，其真实性仅仅在于语言形式（façon de parler）上。

对于佛教说来，存在两种不同的实在性观念是人所熟知的事实，按旧的定义，存在意味着可认识性[④]。存在就分为十二范畴[⑤]，最后一类是精神性的[⑥]，但是大乘佛教将这个存在定义改为：“实在的东西是有效能的。”[⑦]从而只有外部的终极的具体和个别，即点刹那才是实在的。内部的对象只是感觉和表象。表象永远是一般的，它们分为能的想象（如空中莲花）[⑧]和具有某种间接的与实

① 纳托普《柏拉图的理念论》第 390 页。

② 同前书，第 391 页“Existenz sagt vollständige Determination des‘Diesen’”。

③ 在这一点上，佛教徒与经验主义派别的态度是一致的。参见 W. 詹姆士的极端经验主义的《论文集》第 32—33 页以及 B. 罗素《心的分析》第 137 页以下；——重要的区别在于只有点刹那才是终极的实在。

④ yat prameyam tat sat（一切所量都是实在）。这有时也成为正理派的定义。他们区别了 sattā-sāmānyam（共相有）和 svarūpa-sattā（自性有），参见《正理花饰》（第 162 页以下）的“量论”部分。

⑤ dvādasa-āyatanāni（十二处）＝sarvam jñeyam（一切所知境）。

⑥ dharma-āyatana（法处）＝dharmāḥ（法）。

⑦ yad artha-kriyā-kāri tat sat（一切能作者即存在）＝paramārtha-sat。

⑧ anupākhya.

456 在之点的“一般”关系,这后一种必然是共相一般[①]。

按照伯特兰·罗素的看法[②],外部的个别与精神的一般之间的关系是因果关系,这同佛教理论的一部分是符合的,后者以外部分离的个别所产生的不同刺激之间的相似性来代替了共相一般的实在性。另一方面因果性还不够,在个别和相应的一般之间另外还有“符合性”(a conformity)。下一章便说明这种符合性究竟是什么意思。

① 这也是佛教的比量式理论所证明了的。因为大前提(喻体)不过是概念真实性和概念的法则的一致性,而小前提(因)和结论意味着这些概念都指向作为感觉成分的最终极之实在;这后者是唯一的实在。

② 《心的分析》(第227页)——“外部观察可揭示的事实基本上是具有这种特质的习惯,即:那在许多方面互不相同的刺激会产生非常相似的反应。”另见《哲学纲要》第172页以下。

第四章　辩证法 457

§1.陈那的名言论(theory of names)

我们已经进入陈那关于认识的戏剧的最后一幕。这个戏剧的特点就是古典戏剧、动作、地点的一致性规律,整个认识舞台上只有两个戏剧人物,就是实在与观念。前者是不停运动的,后者是稳定的,前者被称为点刹那(point-instant),后者被称作概念,或者有时候就是逻辑。我们已经看见了实在在第一场以其地道的纯粹性出现,这是非概念性的、不可言说的,但却是生动的清晰的,并且直接反映出来。法上感叹道:"奇哉!"①它越是生动,越是不能以理智理解。在第二场中我们观察到间接的,或受到限制的,以概念出现的实在的反映。判断显示它自己是将似乎不可调合的实在与观念联系起来的一种活动。推理则好像是判断的延伸,它的作用注定是将实在与延展的或推知的概念联系起来。这一联系的充分理由是由两个极其重要的,虽说是从属性的特性,即是以同一性与因果性来展示的;同一性或因果性表明它们自身关系到一个同一的点刹那和关系到两个不同的但是互相依赖的点刹那。正是这个戏

---

① 在《遮诠法》(Apoha-prakaraṇa)中。

剧的第二场确立了概念之间的以及它们同终极实在的关系范畴。这一场可以被称之为先验分析的一场。在这之前则是先验美学的一场。在最后一场当中实在和言说之间的关系被加以描述。不可言说的事实仍然被赋予了名称，当然，这是通过名言间接达到的。认识活动的戏剧的作者不得不描述名言对于实在的行为以证明名言可以间接触及的那部分实在。如我们所知，既然名言仅仅是辩证地触及实在，戏剧收场的一幕就可以被称作佛教唯名论的一场。也就是佛教辩证法的一场。遵循一个非常有名的范例，我们由此便有了先验的美学，先验的分析和先验的辩证法；所以是先验的；因为逻辑在这里与终极实在相联系。

458 我们的认识活动中语言的作用究竟是什么呢？它是真实的知识来源吗？它是一种单独的，有别于感官和理智的来源吗？或者是包含在二者之一中的次一等的来源？乍一看来，一个真实的知识的来源的尊严并不排斥语言证明。依据这里分析的这一哲学体系，真知识的来源本相究竟是什么呢？我们知道，是无矛盾的经验。真知识是成功的知识。它先于每一个成功的预期行为。外部实在在我们认识器官上产生一个刺激，而我们的认识器官依据外来的刺激构造了某一表象。在表象的指导下，我们采取一定的行动，如果表象是正确的，行动则是成功的，目标也就达到了。设若我们被告知河边有棵苹果树，上面有五个苹果，于是我来到河边找到了树，拿到了苹果，这行为就是成功的。因为那言语证明是正确的。但是，这是否等于说（像某些哲学家说的）言辞就是外部实在的充分表达呢？对象及其名称之间的联系是基本的永恒的吗？名言先于实在而有，因而语言是某种生命的力能，它形成我们的概念甚而至于形成了符合我们概念的实在本身?结果我们将看到这种种的观点都在印度哲学中有所表现。佛教是断然否认所有这些观点的。语言不是单独的认识来源,名言也不足以充分而直接地表达实在。名言与表象或概念相当,它们只表达一般共相,就其本身言,它们绝非实在的直接反映,因为实在乃是由个别,而不是一般所构成的。共相并不会在预期的行为中达到。如同概念与名言一样,共相也是实在的间接,局限性的反映[①];是实在的"回声"[②],它们是逻辑的,并非实在的。作为对实在的间接认
识,语言与推理(inference)并没有什么不同,后者的定义也只是 459
"间接的认识方式"。名言是对象借以被认识的中词。中词与大词的关系这里基于客观所指的同一性,推导过程是分析性的并且理由的三个方面被认识到了。即:1)此对象被称为瓶,2)任何地方只要看见这样对象,它们就称为瓶,3)这个名称绝不适用于非瓶。不过,这种理论——即这种将名称看作逻辑理由、认为是实在的间接标志(征象)的理论——并非陈那理论的主要特点。陈那还进一步指出,一切名言都是**否定的**,照我们可能的称呼法,即是**辩证性的**。

---

① 印度人之清楚区分直接与间接反映二者可从巴尔塔萨罗底(pārthasārathi)的下面一段话(在《颂释补》第 559 页)中看出——"jñānākāram-svalakṣaṇam vā bhāsamāṇām anubhāsate,śabdam iva prati-śabdaḥ"事实上,心智的表象(jñānākāra)间接反映了(anu-bhāsate)那直接地被反映的实在(bhāsamānam svalakṣaṇam),bhāsanam(影相,亦即反映 pratibhāsa)是如镜中影象(ādarśavat)的反映,而 anubhāsa(继起的影相)则是间接或受到限制规定的反映。

② 参见前注中的引文。

从而在印度，佛教逻辑家将人类理性的本有的辩证性归在名言理论之下。这是某种名言论。人们都十分清楚概念和名言所覆盖的范围是一样的。因为概念性思想的定义就是可名称的思想，一种同名词密切联系起来的思想。“名言生起于概念，”陈那说，反之，“概念也能从名言中生出”。因而规定名言的意义同规定概念的基本特征是一回事。概念论之被归入名言论下只有从佛教理论产生的特殊历史条件来加以说明。语言在某些学派看来是一种特别的知识来源，与现量与比量相并列，因而同样是基本和终极的。陈那是这样回答这些理论的：[①]

从言辞而来的知识（原则上）与比量并无不同，事实上，名称之所以能表明其自身意义只是靠着它否定反面的意思，如像“有生”的言词（之指明其意义正是通过与一切无生起的或永恒的事物的对比而来）。

从言词而来的知识原则上与比量无异。这说明，它也是间接知识。知识也只能有直接与间接两类，或生于感官或生于理智，或是现量或是比量（即感觉活动与概念活动）。从言词而来的知识不是直接的，不是感觉活动。它是间接的，如同来自比量的知识。另外，它又是否定的辩证的。从而在直接知识与间接知识，感官与理
460 智的对比中生出了一种新的特征。感官是肯定并且是“纯的”肯定[②]。理智是辩证的，亦即总是否定性的。它的肯定绝对不是直接的，纯然的。它如肯定自己的意义，必然借助于对其他意义的排

① 《集量论》（V，1）。

② 参见本书前第 192 页。

斥,“白”(white)一词并没有传达出对所有白的对象的认识。白的对象是无穷的,没有人全部知道他们。它也没有传达那对感官所认识的外部的存在物的“白性”的共相形式的认识。但它却指出了白与非白的分界线。这是在每一关于白的个别事例中可认识的。白通过非白被认识,而非白经过白被认识。而对牛或牛性的认识亦得如此。牛是通过与非牛比较而被认识的。“有生”的概念除了它与永恒性的对比之外,什么也不再包含。否定是相互的。“有生”意味着永恒性的否定,而永恒性则是有生的否定。既然对于所有的概念与名言都是这样,我们在此意义上可以借用黑格尔的一句话“否定是宇宙的灵魂”。只是黑格尔认为世界上除了逻辑就别无其他,因而在他的世界中只有否定。但从佛教的观点来看,除了逻辑之外还有既非否定也非辩证的真正的实在。概念也好,逻辑也好统统是否定的、辩证的。实在,物自体是肯定的,是纯的肯定,它们是非辩证的。否定最终露出了它的真面目。我们终于能回答这个令人困惑的问题:“究竟为什么需要否定呢?单单肯定就足够了!”认识是对实在的断定性的认识。如果否定也是对实在的认识,那么为什么需要肯定与否定这两者呢?我们现在有了答案,直接的知识是肯定,而间接的知识是否定,不过纯的肯定只是感觉,而纯的理性始终是辩证的,即否定的。那种认为只有两个知识来源的,即只承认感觉与理智的学说便获得了新的深刻的基础。感官与理智不仅像直接与间接知识来源那样相联系,它们的关系也是肯定与否定的,非辩证的与辩证的来源关系。

在他的重要著作中,讨论言词传达的知识的那一章,陈那开始便申明了言证量(语言知识)并不是直接的,而是推理性的,相对

的，辩证的，然后他一一审察了其他各派的不同理论，他驳斥那种认为名言表达共相的理论，他所依据的理由是“无限性和不相符合
461 性”①，他批评的矛头指向这种主张，即认为共相是居于个别之中的并由感官直接认识的真实存在物。共相既然包含了无限多的个别，它就不可能直接被认识。接着陈那批判胜论学说。胜论认为名称表达出差别（异）。这看上去仿佛同陈那的关于否定性质的名称的理论极为相近。但陈那仍然斥责了它的实在论主张。我们知道胜论认为每一个别存在物当中都寓有一个真实的差别者（Differentia，异），即一个实在的“别性”（otherness）。借助此别异性，每一事物得以同其他事物区别开来。甚而一个极微原子也是这样分别出来的。陈那还批判了正理派。② 后者认为名称表示三种事物，即抽象的共相一般，具体的共相一般和殊相的个别。绝对个别是不可言说的，具体共相与抽象共相是不可分的，二者都属共相并且都是抽象的。名称当然表达了一般共相，但是究竟是怎样的共相呢？这些共相存在于我们的头脑中，它们是生起性的想象所创造的，并且在本质上是否定性的、相对的、辩证的。在批驳了不同的观点后，陈那重申道，言词所产生的知识是通过排除其对立面（Repudiating the Contrary）而认识实在，即以否定的辩证的方式来认识实在。

① ānantyād vyabhicārāc ca，同前注中《集量论》（V. 2）另见 TSP.，p. 277. 27—na jāti-śabdo bhedānām vācaka ānantyāt。

② NS.，II. 1. 65.

胜主慧在注释陈那著作的此处时[①]加进了他自己对这一理论的概述。这里我将它全文译于后。

§2. 胜主慧论名言的否定意义

a)一切名言皆是否定

(《集量论释》第五品之十一)“故尔一个词的意义就在于对其矛盾意义的排斥”,如同在“有生”等(这样的名称中所清楚表明的)。这意味着,它们(名词)在自身意义中保持了对不相符合者的排斥(这种理论一开始就提到过,而现在)“由一种对所有冲突意见的驳斥(而得到)证明”。

(胜主慧 f 285. a. 1). 这些话表明了,在总结对那些坚持言辞 462
表达(实在的)共相一般的实在主义观点的驳斥当中,(陈那)仅仅证明了他自己(一开始提出的)理论。人们可能反驳,说通过对异己观点的驳斥,并不能就确立自己的理论,理由我们在审察和批判混合假言比量式的否定后件式时已经解释过了。(数论倒是认为这是一种独立的证据)。不过这种诘难也不一定就能成立的,因为陈那本人在一开始就提到他的理论说,如同“有生”这句话那样,言词的自身意义总是由排斥它的相对立意义(contrary)来表达的。从而,证明了言证(原则上)与比量并无区别(385. a. 3)。通过驳斥那些认为语词是单独的知识来源,并且驳斥认为共相(同)和差别

① 《广博纯净疏》丹珠尔(北京版)经释,第115函,第285页以下。

（异）都经由直接的肯定而以言词表达的理论，（作者自己的）理论，亦即，（语言并非经过肯定，仍是经过否定而表达共相的）同一种主张得到了证明。（285. a. 4）[①]这些话是（介绍性的评述）（陈那）想阐释并证明他自己的理论。

（285. a. 4）. 那么，（“排斥”这一词）在这里指的是简单的否定呢？还是特别的否定呢？同时它会导致什么结果呢？如果它仅仅是对不相符合者的否定，我们就与经典冲突了。因为那上面说，语词是通过排斥对立面而“表达自身的意义的”；因为（一般说来）对别的某物的简单排斥并不依赖对自己的（直接的）意义的（陈述）（285. a. 6）。部分意义将由否定来显示，那个词（指“排斥”）会以一种（暗含的）否定方式来表达一种特别的（规定了的）意义。坚持这种双重意义理论的人同（陈那的）经典[②]是冲突的。

（285. a. 7）. 不过如果这个词（指“排斥”）指的是一种特别的否定。[③] 那么这种同样的观点也[④]排斥对立面（即它同样做两种不同
463 的工作，即否定对立意义并断定自身意义），这种观点是被否定的。这一意思实在是说如同否定词之只有否定而无别的功能，同样每一词除了排斥与它不相符的那部分而没有别的作用。

（285. b. 1）. 不过，这种关于双重意义的观点真的就是不同的观点吗？这种观点中所发现的（即：它与陈那经典相矛盾的）错误，

① 这里胜主慧所评论的是陈那在驳斥各种异说之后联系到自己的主张而使用的“证明”（gnas-pa＝vyavasthita 安立，成立）一词。评论本身是肤浅的。

② 这一行（285. a. 7）的前半部是因为误印刷而重复。

③ 这种特别的否定称作 paryudāsa。

④ 原文中之 mnan-par 应为 mñam-par。

这种错误会不会也延伸至这另外的观点中来呢？（因为陈那也谈了语词的"自身的"意义）不，不会！排斥对立面是（每一语词）唯一的意义！（而这同陈那的意见并无矛盾），因为语词的"自身的"意义正是对对立面的排斥（而非其他）。它在这里被表达为"矛盾的排斥"（contrary repudiation）。事实上，陈那的经典的目的也是说，语词是"从反面（per differentiam）表达"它的自身意义。

（285. b. 2）. 另一种考虑！（我们在比量式中用了合与离这两种格式，一为肯定；另一为否定）[①]如果我们宣布了某一特别的东西，我们理解：它与其他的东西是不同的。宣布某物的做法可以理解为一种肯定陈述及它的逆否形式的陈述。这些话从而也就是肯定和排斥的表述。从而这之中只有关系的一部分被理解为排斥对立方面（285. b. 4）。但这里又有人坚持认为语词仅仅表示特殊的意义。（换言之，这种意义在于对不相符合者（discrepant）的否定！）只存在一种意义，在肯定与对其对立面的否定之间，并没有那种互相规定其特性的关系。

（285. b. 4）. 不过，我们在日常生活中不就将言词的意义或者理解为只有肯定，或者只是否定吗？

不，并非如此！（言词表达的只是否定，只是差别！）因为纯然的并不暗含否定的肯定是无意义的（并不表达任何确定的）结果。（285. b. 6）同理，我们也不能立足于任何纯然的否定上，绝不存在没有（相应的）命题陈述的换质位形式命题，也不存在没有换质位

① 这里的合离，指三支比量式中大前提（喻体）所涉及的中词与大词的遍充关系。"合"指凡 M 必然 P，相当于三段论的大前提肯定式；"离"时为凡非 P 必然非 M，相当于大前提的逆否形式。——译者

形式的命题陈述。[①] 一个断定（或命题断定的共存关系）[②]理解为
464 直接的意义，但同时它不可能离开否定（或逆否形式的断定）。逆否形式的命题就在于将相异的意义从自身意义中排除。一个并不包含命题断定的逆否命题会存在是不可思议的。

(285. b. 7). 正是因为这一理由，语词并非完成两种不同的工作，也就是并非同时既排斥矛盾的意义又肯定陈述自身的意义。既然一个词的自身意义的本质在于与别的意义相区别。只要它一经说出，我们就直接感受到了对立一方的被否定。

(285. b. 8). 如我们说“一个孪生子”！既然一对总是两个，我们就必然会理解，只要说到一个孪生子，就必有另一个！——同样，任何由两个单项组成的种类也都如此；既然它们只是两个，那么一经提及一个便与那另一个区别开来。

(286. a. 2). (反对的意见说)[③]如果一个语词靠排斥对立面来完全发挥它的作用，那么为了表达它的正面意义我们就不得不找出那另一个词来。但这是一个错误，因为这个词自身便是排斥对立面的。事实上，一个词仅仅显示出自身意义也便暗示出对任何

---

① 见 NBT. , p. 78. 22——ekasya, anvayasya vyatirekasyavā, yo(a) bhāra-niścayaḥ sa cva aparasya dvitīyasya bhāva-niścaya-anantarīyakaḥ。

正文中的这两句话，可以简单地理解为：“没有无异喻的同喻，也没有无同喻的异喻。”这里的同喻指“合因于宗”，指确定中词 M 与大词 P 的必然关系，而异喻正好是“离因于宗”，即说明“宗无因不有”（$\overline{P}\to\overline{M}$），合与离正好是大前提（喻体）的两个方面。以“M→P”为一个命题陈述（position），则“$\overline{P}\to\overline{M}$”为该命题陈述的换质位（逆否）形式（contraposition）。——译者

② anvaya-vyatireka（合离）与 bhāva-abhāva（有非有，肯定否定）是相同的。另见 NBT. p. 79. 7——anvaya-vyatirekan bhāvābhāvau。

③ 据巴摩诃（Bhāmaha）反对，另见 TS 及 TSP 第 291 页。

与之矛盾的东西的排斥，因为它所暗示出的(否定)意义(同肯定意义)是不可分的。

(286.a.4).所以坚持语词的**自身**意义在于**否定**的看法并不包含丝毫的矛盾。

b)共相的起源

(286.a.4).那么我们再进一步说，(就算它是否定性的!)这否定的意义表明什么呢？表明了说话人打算指出的共相形式，事实上它一定是与语词相联系的，所以语词是说话人所要表达的东西的证据。

(286.a.5).不过，如果一个(真实的)共相是一个词所表达的，一个(具体的)思想表象被设想为相应于一个语词的对象又是怎么回事呢？(是的，事实如此。)正是这种思想表象构成了(整个的)共相。(286.a.6)如何会这样？(这个内心表象是一个共相，因为它代表着一个许多原因结合的结果)。我们以视感觉为例，其实(依
据一种哲学系统[①])它是视感官，反映和注意的共同产物。(依据 465
实在论)它是灵魂以及灵魂与内感官，外感官和外部对象间相互作用所产生的。所有这些因素都是单独的个体，在它们之中并没有渗入一切的共相统一性(但它们产生了一个共同的结果)，同样辛莎巴和其他的对象，在自身中间并没有互相地渗入的真实的统一体。虽然每一个观察者在他的头脑中分别地经验到它们，可它们仍然产生了一个单一的统一起来的表象，它们刺激了我们生起性

① 参见拙著《中心概念》第54页以下。

想象的功能并且经(这种想象的一些行为)产生了一个作为单一的概念[①]的统一起来的反映。[②]

(286.a.8).并且这(单一的表象)以某种方式给我们描述了有不同形式的,仿佛它们并无不同的(一系列事物)。它(表象)代表了那被赋予特性的(个别)与赋予特性的(一般)之间的统一。借助于迭加(imputation),它将自己无差别的反映附加于这一(个别事物的多样性上)。概念这种功能的本质就在于它抹煞个别的形式之间的差别(并以一个一般的形式来取代它)。

(286.b.1).既然这种(纯的内在的)一般反映被无明的凡夫错认为是外部的事物,它扩散开并覆盖了不同的个别体,将它们描绘成为凸现于外部世界中并赋予它们因果效能。

(286.b.2).于是纯粹的精神性的东西被转变成了客观的事物,它被投射而散布到外部世界中[③](仿佛是许多实在的对象)。而这是俗人凡夫的思维习惯,他们认为这一向外投射过程代表了真实的一般共相(286.b.3)。[④] 那么,我们又怎么会认为一个词的意义就是这样一个共相并且认为它仅仅是对对立面的排斥呢?(的确,事实上也是这样的!)这共相只不过是对对立面的排斥(286.b.3),那么那使外部每一对象相互区别的又怎么只是排斥

466 其对立面的思想活动呢?事实上,“差异”“对立面的排斥”“排除相

① tha-mi-dad-par snañ-ba=abheda-pratibhāsa(无差别相)。

② rnam-par-rtog pai śes-pa=vikalpa-vijñāna(分别智)。

③ kun-tu-hphro-ba-ñid=prapañcita(错误地表现的;戏论)。

④ 直译(286.b.2—3)——“事物的戏论完全在于分别,它们仿佛是外在的,但却是分别者施设的,所依据的是如共相这样的分别方式。”

异者”是表达这一事物的许多种方式，因为我们并不认为差异会是它所赋予差异性的事物之外的别的什么东西。

(286. b. 5). 因此就产生了下面的问题(如果我们的认识和我们的语词包含着真实并给我们指出实在，如果实在仅仅是个别，而语词表达的只是共相和否定)，那么一个外部个别者，即那物自体的自身等同的本质，怎么会转化到其实质为精神性的与否定性的事物中去呢？(286. b. 5)这个问题的提出，本身并不恰当。那致力于探讨终极实在的(先验哲学家)将始终了解(实在与观念的)分别，别的人则做不到。凡夫总把他们混为一谈。因为他们认为在自己头脑中的表象会是有效能的实在的，他们相信，在自己看见一个事物并给它命名时，如同我们对它采取行动的那一刹那一样，它始终是同一事物，如同我们表象活动构造的那样(他们认为实在与思想是一致的)(286. b. 7)。所以，如果他们硬要我们承认他们的意见，即对对立面的排斥正是某种外部实在，那也是合乎他们的思想习惯的。但是对于学者们，由于他们的修养目的是探究终极真理，所以绝不会相信(共相的实在性和)统一性，因为某一种反映和(每一事物自身都)是各各分离的。

(286. b. 8). 此外，理智产生一般观念的唯一基础就在于对立面的排斥。我们已经说过语词的意义在于排斥不相符合(descrepant)者，以便证明(共相一般本质上就是否定的)(286. b. 8)。(事实上，这种否定的普遍性)是实在中包含的唯一性质，并且可以顺理成章的加以承认的。

(287. a. 1). 因而可以顺理成章地假设那代表了相似的表象的基础的实在性不过是对对立面的排斥。(不同的个别事物实在地产生相似的刺激)从而产生了一个统一性的结果。刺激只是将这些个别物忽视了,并且真的产生了一个共同的结果。(产生共同的刺激的诸事物)然后成为了(先验的)错觉的原因,并且创造了一个
467 适于一切的,具有共相形式的表象。从而就证明了(共相一般是假象地外在而实为内在的产物)。[①]

c)同实在论者的争论

(287.a.2).坚持共相的外部实在性的(实在论者)作出下述反驳:如果一棵“树”仅仅是对“非树”的否定,我们就绝不能说明对一棵树的第一次认识。的确,在第一次认识一棵树时,我们并不知道非树是什么,如果对于什么是非树,答以“不是树”,对于什么是树,则答以非非树,这不过是循环论证,因此根本不可能仅仅靠排斥对立面而给一个唯一相关的并未(独立)居于我们理智中的对象固定一个名称。

(287.a.5).(先验论者)。如果你们根据习惯要给(实在的)共相的“树”确定名称,那么你们是取消了“非树”呢,还是没取消呢?假如你们乐意取消它们,但之前又并不知道什么叫树,你们便无从知道如何取消它们。事实上这时,认识者(人的头脑)还不知道什么叫树。他所以要解决这问题,正是因为希望知道什么是树,什么是非树,而如果不知道它,他怎么知道如何从这个词(树)的含义中排除非树呢?

---

① 直译(287.a.1—2)——“因而事实上,由于结果的统一性。这些个别事物便被忽视了它们并未领有那结果;通过头脑中的内在体验,它们却成了(产生)某一错乱结果的原因并创造出一个共相形式的联结起来了的观念。这是已经证明的。”

若不了解这点，使用一个并不排斥其对立面的词，在实际生活的行为中，他将无从区分非树与树，同时，(要是事先不知道何谓非辛莎巴)就不可能找出那叫辛莎巴的来。(287.a.7)如果我们给一件事物命名而又不能先区分(它与别的事物)的差别，我们实际上就不能够作这种区别，从而达到我们所欲者，避开所不欲者。(287.a.8)事实上，如果我们尚不知道如何区别(这个词的一般意 468
义同)辛莎巴和别的种类的意义。假定我们想避开辛莎巴(而得到别种树木)的话，我们绝对不知道如何行动。(287.b.1)此外这还意味着自相矛盾：我们用"树"一语来指一般的树木，而又不知道它们与非树的区别！(287.b.1)不过就算如此，(即令这种情况是有的)！坚持共相是实在物的实在论者(还有一种论证)。你们尽可以不同意你想反对的东西，他(实在论者)说，仅仅靠否定，你们将一事无成！可是分明直接指出我们眼前的一个对象时，我们则依据惯例确定一个名称，并说"这是树。"这样的话，在我们或者想达到它或者想避开它时，我们在行动中就会认识到或者是平时认识的共相或者是与所认识的事物有联系的共相。

(287.b.3).从而依据这种理论，(对于实在论者说来，行为结果并不会与先验论者的一样。他们会认出树来并知道如何行动)。

(287.b.3).(先验论者)。不！那结果并不会"不是一样的"(它们是完全一样的)！(的确要考虑下面的二难状况)。当你指出一个单一的对象并且说"这是树"时，你使用这个词是有限制的呢？还是无限制呢？在前一种情况下，其意义只是"只有这才是树，再没有别的东西"。如果你从前未见过任何树，如果你完全不知道什么叫非树，这个名称怎么能表达确定的意思呢？(287. b. 5). 可是如果你说话时并没有限制，你的意思是“这是树，但是，还有其他也是树的对象”，那么一个听了你说这话的人，设若他又需要避开树木，他会怎么行动呢？(对于实在论者)这个困难绝对是一样的！(他必须知道什么是非树才行。)

(287. b. 5). (实在论者)。我坚持认为，等你凭感觉器官认识到了一事物以后，要知道那与相对的(与它相区别的)是什么就很容易了。在这层意义上(实在论的理论)便避免了这一困难，(287. b. 6)因为获得了对一个(确定)的对象的直接的感觉认识，不管它是什么样的对象，当我内在地感觉到：关于另一对象(在我的头脑中)具有另一形式的另一表象时，(当我感到)这一形式区别于以往第一次提及这事物的名称时所见到的那形式时，——从而我就能

469 区别(这些树)与那不同质的(非树)。正是这时候我才清楚地了解“只有这些是树”并从它而得到结论：一切并不以它(这种形式)反映出来的都是非树。(287. b. 8)这个(理论的立足点在于对相同的事物的直接感知)。如果依据相互否定论[①]是不可能的，因为根据那种理论，被认识到的形式是一个东西，而第一次命名时，在我们眼前的东西以后是再也不会被感知了的，而且即使它被认识，那具体的个别的树，即第一次命名时看见的那树是绝不会在另一棵树上再被辨认出来的。我们绝不能说：“这就是(我们以前见过的)那棵树。”所以一棵婆罗莎树或别的什么树都会区别于那棵个别的

---

① rnam-par-gcad-pai-smra-ba = pariccheda-vāda = paraspara-parihāra-vāda(展转差异分别理论)。

被认识过的树，就像它之不同于一个瓶或别的什么对象一样，因为我们必然承认（并没有那同样存在于一切种类树中的，将它们统一为一个实在种的普遍的形式）。

（288. a. 2）.（先验论者）。可是，请注意！你们的这种理论同否定论是相似的！（你们假设了普遍的实在者，确实地存在于那属于同一种类的事物当中，我们认为相似的刺激产生于那不同的对象，这些对象中并不包含有普遍的统一体）（288. a. 2）。事实上，这些对象（这些树）其中的每一个都是单独的事物（一个单子），但是尽管它们中的每一个都依据本性产生一个相同的再认识（识别）之结果。这正是别的（非树的）对象不产生的。由于产生了这种形式的辨别性判断，即“这些事物是我的再认识的原因，其他的不是”。于是人的理智就将论域分为了两个部分。于是通过我的再认识（虽然是间接的），我理解了一个同一的对象，仅仅因为它是具有同一结果的事物产生的，（并不因为存在着同一性的外部存在物）（288. a. 4）。从而那产生同一结果的（不同对象的）结局，（即我们心智的）二分的活动便是一种识别活动，它在一个客观化了的感觉判断中，从一个被投射到外部去的共相获得其形式。

这些（心智的）二分产物似乎是单独的个别的表象，仿佛被赋予了外在性，因果性，仿佛被赋予了某种不变的联系。

d）个别者的经验成为人类心智的一致的经验 470

（288. a. 6）. 一个感觉判断建立了（一个人自己的内心表象），它具有外部对象的特性。表象就这样（在想象活动中）建立起来。

每一观察者都经验到他内心深处的表象，尽管如此，不同个人的想象活动是相互符合的。这如像患同一种眼病的人的视觉经验一样。他们都见双月，尽管其中任何一人在内心，只是他自己的表象，但他们又都确信他们所见的是相同的（双月）。

（288.a.7）.从而，由于一种错觉，我们仿佛看见了一个单独的遍于一切对象的共相。与那些远处的树相比较，（此处）这些也是树。这样（在规定一般意义中）那些并未成为产生（这种错误的外在化的）表象的对象就被排除了。从而我们自然就认识到，一切具有相异的形式的都是非树。

e）结论

（288.a.8）.被认为是单独的一件东西的事物——尽管它同时会被认识到又未被认识到，从而产生出树与非树的差别，它将是一个能被感官领会的统一体，——这样的事物（亦即共相事物）是不存在的，因为这些东西（树以及非树）并不是分别地被认识的，像分别地认识持棍人与棍子一样。（286.b.1）.它们之被作如是理解，因为其中之一并不是另一个的间接标志。（它们是辩证地相联结的，是同时肯定树并且否定非树的东西。）

（288.b.2）.在一个（个体中）认识到的同样形式也在另一事物中被认识到。如果真的存在某种同时**具有又不具有这种确定形式的东西，如果它同时是树又不是树，只有这种时候，我们才能够有作为自在的树的实在的个体**。

（288.b.2）.我们的论敌根本不了解语词否定意义的理论实
471 质，他们强加给我们（我们所不承认的）理论，并且坚持认为这种理论是对每一实在的断然否认，所以他时时准备羞辱我们。但是只要对否定的本质是什么加以冷静说明，我们便驳斥了他们的一切反对观点，因而（注定了）我们的论敌之失败。

为了驳斥他们，陈那取得了很大功绩，对这样博大的题目到此也就够了！

§3. 寂护和莲花戒论语词的否定意义

下面一段是对陈那理论的转述，不过用语不同而已。它依据的是寂护的著述和莲花戒的关于语词的否定意义的注本。[①] 它强调指出：我们的言词尽管直接意味着概念和共相，但间接地关系到个别的实在物。他们称事物也是否定。既然它是自身独特的，它就是对“所有三界的否定”[②]。它是“本体的（arthātmaka）”否定，即是说，是否定概念的肯定基础。其主要精神同胜主慧所强调的是一回事。换言之，语词由否定而表达它们的自身意义，所以是否定的。没有否定，它们则无所表达。它们只能辩证地表达某物，即是说，只能使用相互否定的一对（即词语的两面）。洛采（Lotze）非常接近这种理论。[③] 他说过：“对一内容的肯定断言和对此外任何东西的否定排斥是内在地相联系的。所以我们为了表达简单的肯定，就可以运用那仅仅意味着否定的语言（！）”这正是陈那的论题，

① TS. 第 274—366 页。

② trailokya-vyāvṛtta（三界止息，转灭）。

③ 《逻辑学》第 11 节。

虽说表述出来令人惊讶不已。不过洛采认为在名称中有某种肯定，而否定在这里（名称、概念中）是同肯定不同的某种东西。而对于佛教，真正的肯定是什么呢？我们在后面会看到。这里我们引述寂护的话。

472 (316.25).“否定是双重的，他说，或特别[1]，或简单。[2] 特别者含有对对立面的肯定。转过来，它又是双重的，或逻辑的[3]，或本体论的。[4]

(317.2).逻辑类的限定性否定是我们在自己的感觉判断中[5]所认识的（作为共相一般的）内心表象[6]，它具有（遍于多种对象的）[7]同样的那一形式。

本体类的限定性否定代表纯的实在。从而每一不真实的事物（亦即任何观念性）就被它排除。（它便是物自体！）[8]

以前说过诃梨陀基[9]和别的药草都有同一种镇痛去热的作用。但在这些药草当中并不存在一种遍于一切的共相形式。同样的道理，诸如花牛、黑牛等等，尽管它们本质上是各各孤立的东西，但仍然成为了重复的一律的表象的原因。而在它们中并无任何一

---

① paryudāsa.

② prasajya-pratiṣedha.

③ buddhy-ātmaka.

④ artha-ātmaka.

⑤ adhyavasita.

⑥ buddhi-pratibhāsa.

⑦ 就是说，一事物中所谓的共相仅仅是对立面（矛盾面）的否定。

⑧ 直译——“其本质为真性（arthātma）的（否定）是遮离了那异质的（观念性）的事物的自性（svalakṣaṇa 自相），是对象（artha）的实在本质（svabhāva）。”

⑨ TS.，p. 239. 19；另见 TSP.，p. 329. 7 以及 497. 15。

般共相的实在体。这仅仅是行动的相似性[①]。在这种相似的效能基础上，借助对它们（这些效能）的当下经验，便产生了概念性的知识。在这种概念认识当中出现了对象的形式、表象、反映[②]。（反映和对象）成为了同一的[③]。（但这种反映被证明是一种辩证的概念）并且对它使用了否定的（或对立的排斥的）名称。这是一个概念[④]，它是心理性质的[⑤]。它并不包含任何外在者，（而只存在于观察者的头脑中），而仅仅在感觉判断中[⑥]（被想象为外在的某种 473
东西。）

(317.25). 可是为什么给这种看起来根本不是否定的表象以否定的名称呢？这有四个理由，（一种主要的，另外三种是派生的）。主要的理由如下：

表象本身的显现仅仅由于它与其他表象相区别，（如果不能区别，它便什么都不能反映。）因为它同别物的区别，是对它们的否定，所以它称为否定。[⑦]

可是尽管它自身当中并没有任何外部的个别对象，这种一般的表象仍在三个不同的方面与它有关系。

1）表象是指导我们预期的行为，使我们达到外部的个别对象

① ekārtha-kāritayā sāmyam.

② artha-ākāra，artha-pratibimbaka，artha-ābhāsa（可互换的几个术语）。

③ tādatmyena.

④ savikalpaka.

⑤ jñāne，samānādhikaraṇyam.

⑥ adhyavasita.

⑦ aśliṣṭa-vastu＝anya-asambaddha-vastu.

的原因。所以表象被当成个别的事物的原因，尽管它实质上只是结果。

2)或者刚好相反，在预期的行为中我们所达到的对象被认为是它的原因(虽说它也只是其结果)；因为一般的表象是对个别对象的直接感知(现量)的结果。[1]

3)人类思维的自然错觉就会把(一般的)表象与那个别的事物同一化起来。而一般表象只不过是生起性想象的构造罢了。

(318.9).我们转而讨论本体论的否定。[2]

否定的名称也可以(间接地)用于指物自体。因它本身就包含了对所有其他事物的差别或否定。那种对于不相符者排斥的特色也是当下存在的。这就意味着或暗示，否定的意义也可以间接地[3]运用于指物自体。[4]

(318.15).简单否定的本质是什么呢？

474 简单否定意味着牛不是非牛等等。在这种情况下，排斥对立面的意义是非常清楚的。

(318.18).如是列举了否定性的三个形式之后，作者将它们同语词意义的论题联系起来。

① 直译(318.1)——或者是通过将果的性质赋予因，亦即通过成为达到一个(实在的个别)事物的原因，而同别的(东西)区别开来；或者是通过将因的性质给予果。他显示这点。因为这经历了无关联者的门。无关联意味着对别的没有约束。这正是事物的门，是权宜的手段(方便)。由于对它的直接认知(现量)，这样一个表象(概念)便产生了。

② arthātmaka-apoha.

③ 读作 na mukhyataḥ。

④ 从而可以说，物自体(svalakṣaṇa)的直接意义便是纯的肯定(vidhi-svarūpa)。

语词暗含着第一种否定,因为语词唤醒了同外部对象同一的表象(这表象是否定性的)。

(318.21).事实上,一个词的意义便是:当一个认识由一个词来传达时,那(在我们的意识中所)反映的东西。当几个词被认识时,既没有确定纯的(简单的)否定,我们也没有像在感觉认识中那样获得(肯定,即)关于对象的直接反映。那么所得的是什么呢?我们得到了仅仅是联系到外部事物的语词的知识。所以,语词的正确意义在于事物的表象而不是别的。因为在语词知识中,这种表象看上去与(外部)对象是同一的。(318.26).对象与语词名称之间的关系是因果关系……一个词的意义在于通过它而唤醒的表象。(319.7).所以(那种反对我们的理论的说法,也即是)“当说出一个词时,纯粹的否定并非显现于意识的东西”的看法,是没有根据的反对意见。**我们绝对没有承认过词的意义是纯粹的否定**。

(319.9).从而,由语词所表明的否定性的(或区别性的)意义仅仅是(鲜明的)对象表象。它直接由它的名称唤醒。所以这是语词的主要意义。其他的两个意义(事物本身和简单否定)都从属于它,因此承认后二者也没有什么矛盾。(319.12).当由一个词直接传达了这种意义,即一个表象的意义时,暗含其中的否定或简单否定的意思也透露出来。怎么会如此呢?一个反映出来的牛的表象的实质就在于此,即它不是别的表象,例如马的表象的实质。所以简单否定(是同任何鲜明表象)不可分的从属的意义。

(319.21).那个别者或物自体的(本体论的)意义(也是这一至

要意义的结果)。实在事物与名称之间的联系是间接的因果性的。[①]

475 (319.23).起初我们按其存在(呈现于我们的感官)而内在地体验到该物。接着以语言表达它的欲望便产生了,然后语言器官动作起来便发出一个语词。当这个语词以这种间接方式同那外部事物(如火等)联系起来时,我们隐约地认识到了那个别的对象是同所有相似事物区分开来的。

(319.25).因此,否定的第二及第三意义,亦即作为简单否定的意义与所指的区别于其他事物的那事物自身的意义。这两个意义是否定的形而上的(第二等的)意义。(主要的是表象或概念的意义。它与所有的概念相区别并且从而代表了对它们的否定。)

(320.7).(那种反对意见[②]——依据我们的这一理论,既然语词所代表的只是否定,就必须另外发现什么东西来表明肯定——是完全没有根据的,)因为我们主张,个别的(实在)事物也是名称所表明的。而这种意义便是肯定,而非否定。这是语词的间接意义。当我们说一个词'表明'时,这意味着它产生了一个包含在它的概念(或表象)的确定性之中的否定,它产生了一种在所有的其他表象中区别开来的表象并且是将它自身的对象,即那个别物同

① 参见罗素《心的分析》第227页——"依据(布仑塔诺的)这种观点(他认为真实的共相是实在的认识对象),一只个别的'猫'可以被感觉认识,而共相'猫'却是被思想的。但当心智事件对其'对象'的关系被视作仅仅是间接的与因果性的时候,看待我们与共相的关系的整个方式就不能不抛弃了……(=pāramparyeṇa kārya-kāraṇa-lakṣaṇaḥ pratibandhaḥ,TSP.,p.319.22)当然心智内容总是个别(?),而它究竟意味什么的问题,……是无从解决的……而只有了解它的因果联系。"

② 巴摩诃(Bhāmaha)的意见。参见TSP.,p.291.7。

一切它物区别开的表象。

因此，陈那大师的理论并不包含任何矛盾（它并没有假定语词的意义中仅有否定而不给肯定留有余地）……”

（315.15）.“实在论者乌地约塔卡拉的相反的理论提出，实在的共相代表——真实的统一体，永恒的存在物，并完整地内在于每一所欲达到的个别之中。依照他的理论，正是这种实在共相的存在才使知识具有确定性和稳定性。但是陈那大师回答说，他的否定性的（或区别性的）意义（具有所有被认为属于实在共相的功 476
德），它们有统一性，因为它们在每一个别当中是相同的；它们（逻辑上说）是永恒的，因为它们（否定性的）基础是不坏灭的，（它在每一变化的个别中保持等同）；在每一个体中它们内在地保持充分的完整性。尽管它们是纯粹否定的与相对的，但它们具有统一性、永恒性和内在性[1]，这样语词的意义便是否定（即区别于）别它的意义。既然与实在论观点相比较，这种理论有更多的功德，所以它更可取[2]！”

这就是佛教的辩证法本质，它认为一切概念与名称都是否定

① ekatva-nityatva-anekasamavetatva.

② 对于胜主慧、寂护、莲花戒给陈那的辩证法所作的注释，我们一开始就想增补一段由法上写的关于同一主题的短论的译文（《名言遮诠论》Apoha-nāma-prakaraṇa，丹珠尔，经释第112函第252—264页）。也许这是这个论题最好的阐释了。但它分量太大，插在本书这一卷中不太合适，另外本书第二卷中第403页以下瓦恰斯巴底的综述译文也是以法上这个短论为基础的。虽说这一理论的核心相同，但各种诠释都有自己的方法。从瓦恰斯巴底的解释我们可以看到法上特别强调遮诠论是差别忽视（bheda-agraha）论，它在其中解释说，外部实在的同一性源于我们对它的主观表象以及错误地相信这些表象的客观实在性。

性的。因为它们借助否定对立面而表达自己的意义，因此有的诠释者说，既然这也是黑格尔辩证法的基本意思，我们不妨称之为佛教辩证法，但我们必须注意到，在佛教理论中，因与果并没有矛盾性（只有简单的别它性），也不存在概念的自我发展，发展与运动属于实在，而不属于逻辑[①]。

但另一方面，佛教辩证法包含了唯名和唯实论之间争吵的解答。既然概念是纯粹否定的，它们的普遍性、稳定性和内在性却被解释为精神的、逻辑的和辩证的。如果一个仅仅是与别它事物相区别的否定标志（符号），那么它同时完整地持续地存在于一堆事物中就没有什么矛盾。既然一切概念与名称都是否定性的，那么
477 佛教就可能说黑格尔宣布世界的灵魂是否定性是完全正确的，但是世界并不只是灵魂，还有肉体，这肉体在佛教看来是什么呢？我们下面就知道了。

§4. 佛教辩证法发展的历史简述

佛教的辩证法是逐步发展起来的，起初并不明显，其萌芽形式也只对部分问题有所影响，但以后发展成了关于知性的总的理论。作为特别的认识来源，知性的本质被发现是辩证的。这种辩证法发展可以分为三个阶段：

1）初期（小乘）　2）早期（大乘）　3）批判的逻辑学派

---

① 那些严格区分了矛盾的辩证法（Cotradictory Dialectic）和对立的辩证法（Contrary Dialectic）的人（如 Benedett Croce）会看到，佛教徒只承认前者，而取消了后者。

最早的经典记载，佛教的创始人拒绝回答那些形而上学的问题，这些问题是：1)关于世界开端的问题，即有始、无始、亦有始亦无始、非有始非无始；2)关于世界的终结问题；3)关于身体与自我同一的问题；4)阿罗汉死后有存无存的问题。值得注意的是柏拉图在《巴门尼德篇》的类似问题的讨论中也用了这种特别的四边分说的论法①。

姑且不论这种学究式的表述公式。14 个形而上的问题可以分为两个基本大类：无限的问题与绝对的问题。它与康德在陈述某些类似命题时的二律背反，以及解决方法上的相似非常明显，并 478
已引起了学者们的注意②。

有的问题是无法用是或不是，或又是又不是，既非不是又非是来回答的。它们是绝对无答案的。但人类的理性又必然要与它遭遇。我们的理性在解决它时便会陷于“辩证”，即自我矛盾。

中观派将这一判决毫无区别地扩展到一般的人类理性和概念上。依据分析它们都将显示出是自相矛盾的。人类心智含有一种

① 奥登堡在他的论佛陀的有名著作中——今天看来，该书使人觉得关于佛教观念的叙述不免有些幼稚，但尽管如此——并未忽视佛教一开始便具有的辩证特点。他说，“苏格拉底要到的地方，诡辩家们不会不到”(《佛陀》第 80 页)。但辩证性并不只是在诡辩术的意义上才属于早期佛教的，它也包含了人类理性一旦面对无限与绝对的终极问题便会显露的自然辩证法。(《佛陀》第 81.232.315 页)H. 奥登堡教授称这种辩证法为“中庸的聪明”，但这一评价是很不够的，因为该书所属的时代对于佛教基本术语——诸如苦、法、行及缘起等——的正确理解与翻译都仍处于幼稚的阶段。

② 参见 O. Franke，《回忆康德》(哈雷，1904)中有关康德与古代印度哲学的叙述，第 137—138 页；另见拙著《涅槃》第 21 及 205 页。关于无限可分的二律背反。参见本书面讨论外部世界实在性的部分(观念论一节)，另见 S. Schayer 所译之《明净疏》(即月称之《中论疏》)，Prasannapāda，第 29 页。

虚幻的逻辑，因为根本没有任何与概念一致的对象，它们（对象）是由互相排斥的部分组成的。

月称这样总结中观派方法的中心思想①：

“头脑简单的人②想象（即辩证地构造）并分别③物质（及精神）④，而并未触及（分别的）根本⑤……但所有这些（想象的辩证的）概念⑥形成了同无始世界过程⑦相随的固有思想习惯⑧。它们生起于（由原初宇宙的统一性）向多样性散离⑨的过程，这样概念⑩便被（成对的）创造出来——认识与被认识（能知所知）；对象和主体（所称能称，谓词主词）；行动者与行动（能作所作）；原因与结果，瓶与布；王冠与车子；男人与女人；得失、喜忧、苦乐、荣辱、毁誉，如是等等⑪，一旦所有单独存在物的实质被认识到是相对的（最终并

479 非真实的），此世间的多样性也就完全不留痕迹地消融（于空的相对性之中）了。”

月称在这里把矛盾的对立与反对的对立混为一谈。瓶与布只是间接的对立，因为瓶属于非布的一类的，男女之间的对立则是完

① 《中论疏》（英译本）第 350 页。

② bāla-pṛthag-jana（凡愚之人）。

③ vikalpayantaḥ.

④ rūpādi.

⑤ ayoniśaḥ（不如理行）。

⑥ vikalpāḥ.

⑦ anādi-saṃṣāra（无始流转世间）。

⑧ abhyāsa（习）。

⑨ vicitrāt prapañcāt（种种戏论）。

⑩ vikalpa 指概念和逻辑分别，即 dvaidhi-karaṇa（令成二）。

⑪ 拉森（Lasson）在解释黑格尔辩证方法时也引用过这些例子说明二分，见《逻辑论文集·导言》（第一卷第 57 页）。

全的二分。毁誉对立，更正确些说，毁与非毁是“完全的相互的”排斥，或者就叫矛盾，知性所创造的每一事物都是成对的，就像胜主慧说的，知性领域中生起的都是“孪生子”，这些对立物之间依据它们的相对性相互排斥，或由它们定义的否定性排斥。而结果，如康德所表述，便是“不可描述的否定的空无”(nihil negativum irrepraesentabile)或照中观派的说法便是一切个别对象的空[①]和不可离散者、非多重者[②]的唯一实在性。

佛教逻辑家一派，尽管完全接受知性的一切概念有相对、辩证的特性，但却反对说知识完全无真实性；并且也承认非辩证的物自体之纯实在性隐藏在每一对辩证的概念后边。

在逻辑方面，陈那的理论很可能受了胜论派所主张的某些观点的部分影响。胜论这一名称，大概源于“差异(异)”范畴。他们主张真实存在于每一个别事物之中，既居于原子(极微)中，也居于无所不有的实体中。照他们的观点，每一对象都包含了相似性(同)和相异性(异)。[③] 如果我们将同与异归结为只是单一的差别并排除它的实在性，我们就得到了陈那的遮诠论根本精神，即纯粹否定性的和纯粹精神性的一般共相论。除了这一点，还有一些别

① sarva-bhāva-svabhāva-śūnyatā＝sarva-dharma-śūnyatā(一切法空)。

② nisprapañca(离诸戏论)。

③ 参见第449—450页。VS. I. 2. 6的措辞显示了这种理论，在诸存在等级表的一端，在有(sattā存在)中是有“同”而没有“异”；而在表的另一端，在极微(原子)和无所不在的实体中，则只有“异”(viśeṣa)并没有“同”(sāmānya)。不过普拉夏斯塔巴达便已经假定了“边异”(antya-viśeṣas最终极的个别者)。后者的定义为“毕竟差异因”(atyantavyāvṛtti-hetuḥ)以及“自性区别性”(svato-vyāvarakatvam)，它透露出与佛教的vyāvṛtti(差别，遮遣＝apoha)的某种相似性。

480 的方面都可以看出胜论与佛教逻辑家的某些共同立场，其间的根本差别仅在于前者的实在论原则和后者的观点论原则。

陈那的否定性名言论的命运同佛教逻辑本身的一般遭遇一样，它也随佛教在其诞生之地的灭绝而消失了。它随佛教而传到了西藏并保存至今。它在印度一问世便遭受了其他各派的一致反对，即令“佛教的朋友”普拉巴卡拉（虽然赞成佛教的否定论）也没有跟随它走到底，接受它的否定名言论。显然如果他在否定论上走得太过火，也就再不是弥曼差派了。在反对陈那理论的斗争中，弥曼差派成了旗手。弥曼差派认为言说名称具有宗教尊严的价值性，对他们说来语词因为同它们表达的事物的永恒联系，因而是永恒的肯定的存在物（Ens），在他们的眼里，语词首先是吠陀经的语词。毫无疑问，他们当然对于陈那之以为语词只是从习惯（无始习气）而来的分别行为的否定性符号的说法感到震惊。正理派认为肯定意义是神所创立的，所以他们也不会赞同陈那的观点。各种实在论者的论据都几乎是一样的。既存在肯定性的事物也存在否定性的事物，实在性便是存在与非存在二者。肯定性事物就由肯定的名称表达，否定事物则由加上了否定的小词“非（non）”的名称来表达。

修辞学家巴摩诃[①]驳斥陈那的理由是：如果语词真的完全是否定的，那么要表达肯定的事物就会有另外的一词或表达手段，如果“牛”这个词的意思真的仅仅是非牛的否定，那么就需要用别的什么词来表达那不同的事实，即对那种有角，脖下有垂肉和其他一

① TSP.，p. 291. 7 以下。

些特点的家畜的肯定的感知，总得用什么来表达。一个词不能有两种不同的甚而相反的意义，既然照否定论，否定的意义是主要的，肯定的意义是随之而生的。那么我们在思想一头牛时，必然首先有“非牛”的观念，其后才是“牛”的次要观念。

对这种驳斥意见，佛教方面是以这样的理由来对付的：佛教根 481
本就没有主张那否定的意义先将自己表明出来，然后在后面跟随了一个肯定的意义。相反，他们承认，肯定是直接的，不过在没有否定的状况下，它什么都不是，反之亦然。

枯马立拉[①]的主要反驳意见，是如下的论证：当佛教坚持说“牛”的意义是否定的，即它是“非非牛”时，他们不过用另一种方式表达了实在论者的主张，即是说，在肯定的“牛”之种中有着真正的客观的实在性。如果“非非牛”是暗含着对立面的肯定的一种否定，那么否定“非牛”就同对牛的肯定是完全一样的了。的确，照佛教徒的说法，“非非牛”的说法究竟表明了怎样的对象呢？是一个严格限于自身的，没有任何外延的个别事物吗？这不可能，因为这样的事物根本不可言说。所以必须承认在该种类的每一个体中都存在一头牛的不可言说的本质。这普遍的本质就是实在论者的共相。

但是，如果佛教用“非牛”表示简单否定，而并未肯定其对立面，这是纯粹的观念论，是对外部世界的实在性的否认。作为一种本体学说，它已经遭受了弥曼差派的反对。而现在它又重新以一种关系到名言意义的理论外衣出现了。

① 《颂释补·遮诠论》，参见 TS，及 TSP，第 292 页以下。

实在论者的理由也是五花八门的，有的非常细致复杂，这里不必一一引述。它们都可以归结为基本的一系：存在着肯定性的名称，它们相应于共相；共相是实在的外部事物，是感官所现量的；同样也存在着感官可以现量的也是实在体的否定性事物。

不过尽管陈那的理论遭受了各派实在论者的强烈斥责，但它的间接影响借后期正理派的否定性定义方法而保留下来。几乎每一定义他们都是从反面作出的，他们通过排除对立面陈述每一事实。众所周知，为了给一种表达以清晰性，我们必须说到与它相对立的一面。这是我们语言的自然特征。不过正理派运用否定性定义方法似乎过了头，以至于在根本无益于逻辑清晰性的场合也在
482 这么运用。例如：他们并没有将遍充（共存）关系定义为结果与原因之间的必然联系，而将它定义为：原因与“其结果的绝对非存在的对立部分”的联系。他们不说烟是逻辑的理由，提到它时，称它为“烟的绝对非存在的对立部分①”，这种别扭的否定意义在后期正理那里过于泛滥并构成了它的特点。

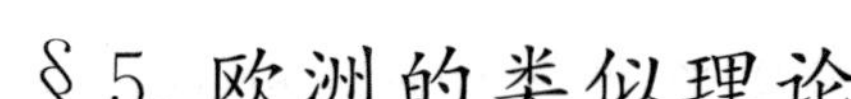

§5. 欧洲的类似理论

a）康德与黑格尔

以上我们陈述了陈那关于名言概念的否定本质的理论。这一

---

① hetu-samānādhikaraṇa-atyanta-abhāva-pratiyogi-sādhya-samānādhikaraṇyam 这中间，因（hetu）是 dhūma，而所证（sādhya）是 agni，见《摄真实论》（Athalye）。

过程中，我们尽可能地使用了陈那本人或他的印度诠释者的语言，我们称他的理论为辩证理论，而我们本来也可以称之为否定论或相对论的。每一种称呼都可以有一定的理由，这些名称如果说不是可直接互换的，也是非常相近的。依据本书采用的方法，我们下面将接着从欧洲哲学史中引述某些理论，通过类比对照，可能会引起对印度观点的反思。同时也证明我们所以选择辩证法作为陈那的学说的名称是不无道理的，姑且不论在古代希腊哲学和欧洲中世纪哲学中的类似学说，它们有的已经在讨论矛盾律时涉及了。我们的注意力现在转到近代哲学中来。

照康德的看法，辩证法是错觉的逻辑[①]，但它并非一切错觉的逻辑。有两种错觉[②]：经验的或简单的；另一种则是当人类理性企图解决四个问题时遭遇的本质的错觉，这四个问题是：(1)无限性；(2)无限可分；(3)自由意志；(4)必然的终极存在。这里有四个二
律背反，即是说，这些问题不能从逻辑上直接答以是或非，所以它 483
代表的是理性的本质的错觉。这多少与小乘佛教是相符合的。后者认为世界的起源问题，世界的终结问题，无限可分性问题及绝对终极的存在问题，是无法解决的。既不能肯定，也不能否定，大乘佛教也假设了两种错觉，根本的或本性的[③]，另外的是简单的错误。前者也称为人类理性的“内在的不幸[④]”；不过，若列举本性的

① 康德说古代人已经这样使用辩证法这个术语，《纯粹理性批判》第 49 页，不过可参见 Grote，《亚里士多德》第 379 页。

② 同上注，第 242 页。

③ mukhyā bhrāntiḥ(根本错觉)。

④ antar-upaplavaḥ(内在的障害、烦恼)。

错觉是不胜枚举的。因为每一共相每一概念都被宣布为人类理性的本质的错觉。

这跟黑格尔的观点有相吻合之处。他为了答复康德的四个二律背反，宣称[①]“**有多少概念就有多少二律背反**”。每一概念就其为概念，所以是辩证的。康德认为一切经验的对象，以及与之相应的表象及概念都不会是辩证的，这些对象被“给予”我们，尽管它们包含了多样性的直观，但它们也是由生起性的想象所构造的，所以它们仍然是“被给予的”。它们被给予感官，而由知性再次创造出来[②]。有的解释康德[③]的人为此感到困惑，为什么事物的起源是双重的呢？既是被给予感官的，又是构造的？他们都倾向于在康德那里寻找出动摇或缺乏确定性来作为解释，依照印度逻辑，只有极其具体的和个别的东西，即点刹那是“被给予的”。其余的一切都是生起性的想象及知性的辩证本质所作的注释，如果我们这样解释康德，那么“被给予者”只能是物自体——这种解释在他的著
484 作[④]中是不乏佐证的。这样在印度逻辑与康德之间就有了一致之处。经验的对象将整个地在先验实在的基础上建立起来，但是它

① 《逻辑论文集》(I. 184)(Lasson)。

② 《纯粹理性批判》第 40 页。依据佛教说法，只有第一刹那(pratamatara-kṣaṇa)才是被给予的(nirvikalpaka)。

③ 如 Fr. Paulsen 的《康德》第 171 页。

④ 特别参看他反驳艾伯哈德(Eberhard)的论文的那段文字(第 35 页)，艾伯哈德问道：“(那么)是什么东西给感性提供材料呢？……我们可以选择自己所欲选择的东西，以便达到那物自体。”(原文为德文)康德答道：“批判性的断定是这样的；但是它……包含着想象力依据感性来规定的能力。而它并不就是那材料自身。”(原文为德文)如果将这段话解释成通过刺激生起性想象力而唤起相应表象的能力(Grund＝Kraft)，那么这里的吻合便是完完全全的。

们并非是辩证地被构造出来的，不过，照陈那的观点这些经验的事物如同无限等等的观念一样都是辩证的[①]。陈那的这一观点与黑格尔相符合，黑格尔说："概念的普遍性是通过其否定性而断定的。概念只是与自身同一的，因为它是自身否定的否定[②]。"这听起来太像印度哲学中一切共相皆为否定的说法[③]了。例如："牛"不过是自身的否定的否定，并不是"非牛"。黑格尔[④]说："辩证法是别它之中的自我的永恒沉思"，即是非自我中自我的沉思。"否定"他说"也是肯定的，矛盾并不导致绝对的无，并不导致空。但从本质上说，它导致自身的特殊内容的否定[⑤]"。康德在提出他的二律背反时迈出的那一步是"无比重要的"。黑格尔认为[⑥]，"因为辩证法从此又被断定成理性所必需的"。"概念的确定性是它的作为肯定而被断定的否定性。"这正是斯宾诺莎的命题 omnis determinatio est negatio（一切断定皆是否定），它有"无比重大的意义[⑦]"。

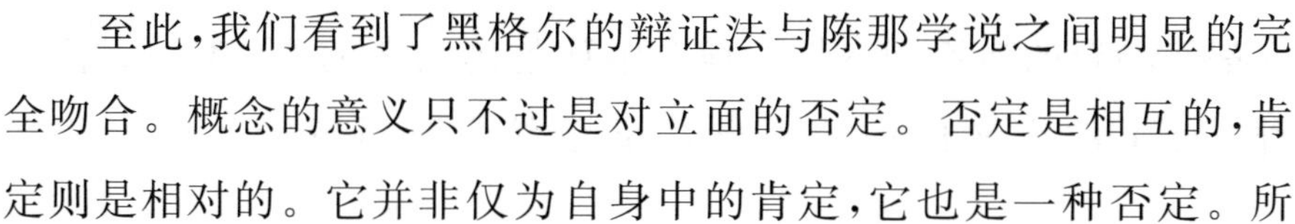

至此，我们看到了黑格尔的辩证法与陈那学说之间明显的完全吻合。概念的意义只不过是对立面的否定。否定是相互的，肯定则是相对的。它并非仅为自身中的肯定，它也是一种否定。所

---

① 参见本书前面第 459 页。即令像"可认知性"这样的一般概念也必须解释为某种设想的"不可认知性"的对立物。另见 TSP. p. 312，21 中所引陈那的《正理门论》。

② 《逻辑论文集》(II. 240)。

③ anya vyāvrtti-rūpa（遮遣别他的本质）。

④ 《百科全书》第 192 页。

⑤ 《逻辑论文集》(I. 36)。

⑥ 同上书，II. 491 页。

⑦ 同上书，I. 100 页。

以黑格尔才主张①“光明是否定的而黑暗才是肯定的，善是否定的而恶是肯定的”。

485 只是他更进了一步。康德认为矛盾的两个对立面互相取消，所以结果是空无（nihilnegativum irreprae sentabile 不可描述的否定的空无）。② 在黑格尔，矛盾的两方并未互相取消，结果不是零，而只是“对自身的特别内容的否定③”，这大概是因为宣布了“一切概念都是否定的”之后，黑格尔觉得有必要找出真正的肯定。然后他宣称“肯定者和否定者只是同一回事④”。一个对象的非存在是包含在它的存在中的一瞬间⑤，他说：“存在是同它的别他，它的非存在结合一体的。”“任何事物在多大程度上为此，即在多大程度为彼。它通过非自己而存在；通过其非存在而是其所是，”从这一论题出发，黑格尔转到了另一论题“存在正如非存在”或“肯定与否定只是同一回事⑥”。相反，作为逻辑家，陈那认为“任何为别（他）的即不是相同的⑦”。的确，从另一角度着眼，从超逻辑的立场看，一元论者的陈那会承认，在那唯一的世界实体中，一切对立都将融合的最终同一性。他会承认整体大全的“空性”⑧。但这种形而上的宗教信仰的观点是小心翼翼地同逻辑的观点相区

---

① 同上书，II. 25 页。

② Kirchmann 主编之《否定级概念之研究论文集》（Versuch über den Begriff der negativen Grössen），第 25 页。

③ 《逻辑论文集》I. 36 页。

④ 《逻辑论文集》II. 54 页。

⑤ 同前，II. 42 页。

⑥ 同前，II. 55 页。

⑦ yad viruddha-dharma-saṃsṛṣṭam tan nānā（一切相违法各各为种）。

⑧ prajñā-pāramitā＝śūnyatā＝jñānam advayam（波罗蜜多智＝空性＝不二智）。

别的。

这种双重性的立场(我们在陈那学说中也看到了这一点,)在黑格尔那里是通过他从康德那里继承下来的对知性和理性的区分表现出来的。“知性”,他说[①],“是确定的并牢牢地抓住对象的区别。而理性是否定的与辩证的。”对于理性,在肯定与否定之间并没有区别。而在知性,这种区别至关重要。理性消除了知性的一切规定性并将一切差别融为无差异的整体。

黑格尔和陈那之间还有一个重大的分歧,黑格尔不承认感性与知性是不同质的知识手段,同样他否认纯感觉中认知的物自 486
体[②]。在他看来,感觉是对精神的一种限制。

大致总结康德、黑格尔和陈那相互之间对于感觉、知性和理性三种认识能力的主张,我们所得,有以下几点:

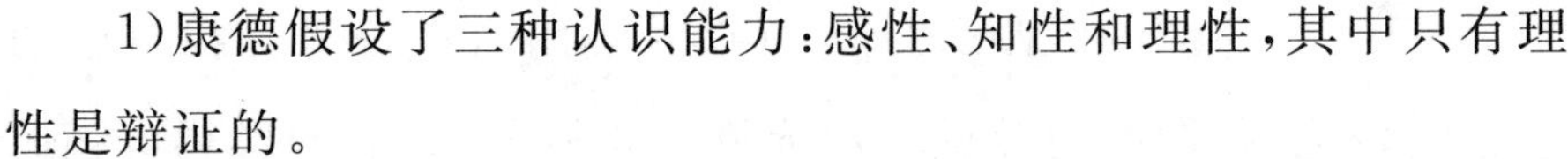

1)康德假设了三种认识能力:感性、知性和理性,其中只有理性是辩证的。

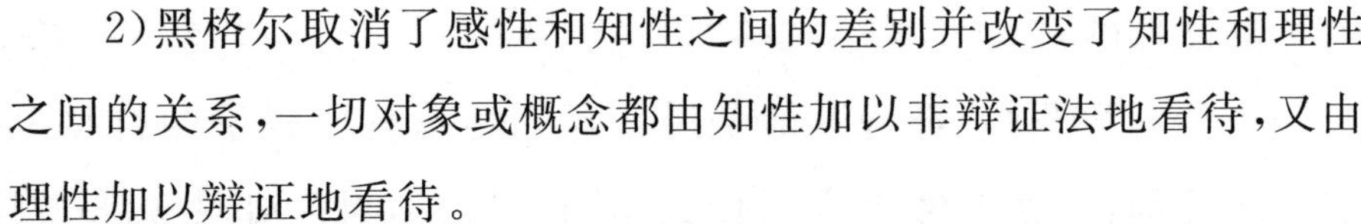

2)黑格尔取消了感性和知性之间的差别并改变了知性和理性之间的关系,一切对象或概念都由知性加以非辩证法地看待,又由理性加以辩证地看待。

3)陈那取消了知性和理性的差别,但保留了感性和知性的根本区别,感性是非辩证的认识来源,而知性总是辩证的。

4)康德和陈那都一致认为感性和知性之间存在根本的区别。同样又都承认物自体之为最后的,非辩证的,一切真实知识的来

① 《逻辑论文集》I. 6。

② 《精神现象学》第 427 页;另《逻辑论文集》II. 440 以下。

源。另一方面，黑格尔追随费希特和谢林，辩证地取消了物自体。

5)在康德的哲学体系中，实在(物自体)同逻辑是分开来了的，在黑格尔那里它们则混为一体[①]。而在陈那体系中，就逻辑范围而言，实在与逻辑是分家的，但在形而上学的领域中，二者又消融于一元论的那个整体。

b)J. S. 穆勒和 A. 培恩

我们现在终于知道了，绝对不存在并非否定的确定的思想。一个什么都不曾否定的思想同时也就什么都没有肯定。陈那说，每一个语词都通过否定而表达它的自身意义。假设否定是暗含的
487 结果的说法是不真实的。语词本身就是否定的。否定性是世界的灵魂。辩证法或相互的否定是知性所作的一切决定的否定性本质，**一旦我们理性的眼睛开始看事物并且用语言符号寻找自己的感觉的表达，我们的对象就已经充满了矛盾，而我们的思想也就成为了辩证性的**[②]。

一旦理智开始"理解"，即是说一旦它在感官所提供的材料上辩证地活动，它就已经否定了什么东西。所以，对于知性说来，真正的名言是分离的[③]、二难的、一分为二的，其中之一是对另一的"完全的、相互的"否定。

---

① 不过，黑格尔的同非存在是一回事的纯有概念在某种程度上使人想起那代表着"自身的消灭的"印度刹那存在。

② palagyi,《空间和时间的新理论》第 7 页以下。

③ vikalpa＝dvaidhī-karana(二重作法)；它也是概念的名称，＝eki-karaṇa(集一作法)。

现在我们就来引述一些欧洲哲学家的意见，以说明他们一直寻求那或多或少在印度理论中给出了的答案。

J. S. 穆勒[①]认为存在着肯定的与否定的名言，但是要决定究竟哪个是肯定的，哪个是否定的是不容易的，因为否定性的名言常常是肯定地表达出来的，而肯定性的名言，又是否定地表达出来的。例如："unpleasant（不快乐）"一词是肯定的。因为它完全意味着"痛苦的"，而"idle（懒散）"一词是否定的，实在它意味着"不工作"。那么如果我们真要问哪些名言是真正的肯定，哪些又是真正的否定，显然并不能得出明确的回答。它们都是否定性的，如此而已。然后穆勒评论说，在法律用语中"民事的（civil）"一词表示的是"刑事的""教会的""军方的"和"政党的"等的反对面（亦即一种否定）。这就意味着"民事的"就是否定的。如果它不含有否定，它就完全没有意义。但是，如果"民事的"是否定的，又为什么不宣称一切都是否定的呢？因为他说了"对于每一个肯定的名言，人们都可以构造一个相应的否定"，而我们绝不可能知道究竟哪一个词是以肯定的意图，哪一个词又是以否定的意图构造出来的。这一段话了就含有了陈那的否定名言论的萌芽。

如果把穆勒的另一段看法同印度观念作比较，那也将是有趣的。他说，"有一类名言称作缺性（privative）名言的，它们在意义 488
上与否定与肯定的名词两者之和相当。因为它们是某种本来应该被认为有某一属性，但（现在）却没有这种属性的事物的名称。例如：'瞎子'这个词同'看不见'（not seeing）是不等值的。因为它只

① 《逻辑学》I. 43 以下。

能运用于那能看得见的，或看见过的，或被认为能看得见的事物。”这一意见包含了法称和施瓦特的否定论的基本含义。而且这段话也不应该仅仅局限于称作缺性名言者。它还可以扩展到所有一般的否定之上。结论显然便是：所有的名言都是“肯定与否定的和”，因为它们在某一方面都是“缺性的”。

这结论是A. 培恩坚决断言的，但结果却是他所未曾料到的。他因此而被指责，说他陷入了黑格尔学说的异端，背叛了经验主义的信条[1]。

他的确坚持认为所有的名言都是肯定的又是否定的。不存在那种同时不是否定的肯定，也没有同时不是肯定的否定。从而得出结论：没有自我肯定，也没有真正的自我否定。每一名称在肯定的同时也就是否定，这几乎接近了陈那观点的实质。但A. 培恩教授坚持同样的观点，并未觉得他陷进了深渊。他显然不认为否定性是宇宙的灵魂，他想过有肯定的事物，也有否定的事物，而表达这二者的是同样的词！但如果同样的名言用来称呼肯定或否定的事物，那么要确定孰为肯定，孰为否定，简直是不可能的。“事实
489 上，”培恩说[2]，“肯定与否定必定总是可以互换位置的，”那么只能

---

[1] 布拉德雷，《逻辑学》第158页——“如果经验派重蹈黑格尔的主要错误，那会是有趣的，是命运的嘲弄。J. S. 穆勒也赞成培恩的‘相对性法则’至少便显示出这种倾向，我们认知活动的实际情况被说成是两属性的相互的否定。每一方都是肯定的存在，因为另一方是否定的(《情绪》第571页)。我并未说，A. 培恩的这番兆头不妙的话真就是他的本意，但他肯定是立在悬崖边缘上的。如果经验派对这一事实有些微了解，他们就会知道，黑格尔的罪过并不在‘相对性’不足，而恰好是过多了。一旦培恩教授说‘我们仅知道关系’，一旦他所说的意思是关系都有肯定与否定两者，那么便已经接受了正统黑格尔主义的基本原则了。”

[2] 《逻辑学》I. 58。

有一个结论：一切都是否定的，因为它们是相互否定的。

我们知道，康德在逻辑的与实在的对立之间作了清楚的分别[①]，"在逻辑的矛盾中，"他说，"（即在矛盾中）我们所考虑的仅仅是那种事物的谓词，通过它而相互排斥的关系，并且通过矛盾而达到的结果。"这两者中间孰为真正的肯定，孰为真正的否定，并不是我们所注意的。但是光明与黑暗、冷与热等等的关系则是能动的。对立的双方都是实在的。这就不属于逻辑的矛盾，而是实在的别他性（otherness）及能动性的矛盾。

我们已看到，法称[②]也表述了同样的理论。他说逻辑的矛盾[③]包含了所有一切真实与非真实的对象；另一方面，能动的矛盾只存在于某些真实的对偶体（couples）中，蓝与非蓝的对立是逻辑的。前者之为后者的否定犹如后者是为前者的否定。而蓝与黄、瓶与布只是简单的别他性（otherness）。法上说："所有的极微并不占据同一位置，但它们的持续性却互不妨碍。"它们和平地极邻近地存在着。

从而，康德与法称明确区分开了的两种对立，却被培恩为一方，黑格尔为另一方，又重给弄混淆了。培恩说[④]，"一个人可以设想一把椅子是绝对的无联系的事实，并不涉及任何对立，矛盾或相关的事实。情况完全是另一回事。"它涉及了意义非常广泛的那个非椅子。依培恩看来，一把椅子因而只是否定了非椅子，而非椅子

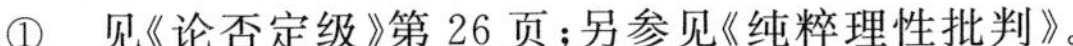

① 见《论否定级》第26页；另参见《纯粹理性批判》。

② NBT.，p. 70. 22.

③ paraspara-parihāra.

④ 《逻辑学》I. 61。

也只是否定了椅子，二者是互相否定的。

c)施瓦特

施瓦特讨论了使J. S. 穆勒和A. 培恩及F. H. 布拉德雷[①]感到
490 棘手的问题，这也是陈那在他的《集量论》第五品中详尽考虑过了的。“一切名言都是否定的，”陈那说。“有的名言，即所谓的‘缺性的’名言，同时是肯定又是否定，”穆勒说。而培恩认为“所有的名称永远是否定的同时也是肯定的”。布拉德雷说：“小心！你们真的如此认为么？你们正在陷进黑格尔辩证法的危险之中哩。”而施瓦特看来是听取了布拉德雷的警告。他小心翼翼避开黑格尔的陷井，至于他收到的效果，我们下面就会看见：

“如特兰德仑堡所指出的，”他说，“那种认为一切事物由是与否，由存在与非存在构成的理论先是托马斯·康帕内拉明确表述的。按照这种观点，一个确定事物的存在只是因为它并非别的东西。那男人存在，——这是肯定的，但他之为男人，不过因为他既非石头，亦非狮子，不是驴子等等。”施瓦特斥责这种说法，认为它将要堕入黑格尔主义的危险的异端，因为它弄混了逻辑和实在的关系。不过他承认，他也不知道如何解决否定！他说[②]，“问题在于要知道，为什么我们为了认识那其中并不能找到我们否定思想

① 此处施瓦特并未提及培恩、穆勒和布拉德雷的名字，但他《逻辑学》中第22节的第12—13部分，显然表达了他对他们讨论的问题的看法并答复了他们。这在说明“瞎子”一词时，清楚地可以看出来了。见第187页。

② 同前注。

对应物的实在世界,就需要作主观的兜圈子呢?”显然施瓦特为了避免陷入黑格尔主义,完全牺牲了否定!一切名言都成为了肯定性的。因为找不出否定的(实在)对应物!

然后,他进一步问道,不相容性能被否定说明吗?“人”与“非人”是不相容的。同样的东西不能是人和非人,但是对于亚里士多德非人并非实在的某物[①]。它意指除人之外的论域中的一切。它 491
意思是说,缺少关于人的表象,施瓦特认为:“缺少人的表象,它本身并不是另一个表象。”因而,既然非A并不是实在的。施瓦特得出结论,在所有被归为A与非A两类的对象之间并没有反对性,它们可以毫无争执地和平地相邻而存。说它们不能同时做谓词称述同一主词,完全是从经验而认识到的事实。这是不可能用否定来解释的。施瓦特便以这种方法来回避黑格尔主义的危险,说明否定。“人”的名言纯粹是肯定性的,其中根本没有否定,而“非人”的名言则是完全的无[②]。

---

① 施瓦特讥消康德的无限判断并竭力显示它的可笑(同前注施瓦特书第182—185页)。洛采愤怒地抨击了他的说法(《逻辑学》,洛采,第62页)。但科亨(Cohen)则为施瓦特辩护(《逻辑学》第74页)。从佛教的角度看来,所有这些争吵只需指出一个事实便解决了,非A与A是同等真实的,因为若无包含于非A中的差异,绝没有所谓的A。双方都是辩证的构造物。此外,A也与非A一样是无限的。例如,判断“这是白的”便指出了两种无限体的分界点。这点似乎也是被施瓦特接受了的。因为他说,他必须受到限制,否则它也是无限的,参第182页(《逻辑学》)——(原文为德文)“但‘白’这个词所表明仅仅是全白的东西而已!”

② 同前施瓦特书第178页——(原文德文)“人与狮之概念的无甚冲突,正如黑与红的概念或者黑与白的概念无甚冲突。”施瓦特显然认为只有在狮子攻击人、吃人的情况下,人和狮子的概念中才存在相互的反对关系!

“不过，”据施瓦特说[①]，“有一种情况，在其中似乎并不能否认存在着**经否定而来的对立的根源**。”这就是“缺性词[②]”，“事实上除了说‘瞎’意味着‘看不见’，还能怎样来表达‘瞎’与‘看见’二者的关系呢？”这样一来，“瞎”就是“看得见”的简单缺乏，而我们就得到了“否定产生的对立”，“无论我否定其中一方，或是肯定相对的一方，这都绝对是一回事，即是说，我说‘他看不见’与‘他是瞎的’，这都没有区别。”于是“看得见”会意味着“不瞎”，而“瞎”意味着“看不见”。那么至少有部分名称是自身否定的，而这又会遭遇（陷入黑格尔主义的）危险！施瓦特说[③]，“要证明情况并非如此，并不需要什么证据！如果那人没有看见，为什么没有看见的理由并没有陈述。但如果说因为他是瞎的，这就表明那使他能看见的器官被毁坏了。”在不失去视觉的情况下，那人显然会因为缺乏注意力或距离太远而看不见，他会“看不见”，但他并不瞎！

目睹一位非常敏锐的逻辑学家拿出这种可怜的证明来，真让
492 人惊讶不已！他好像根本忘了一个人在同一时间同一意义上绝不可能是瞎的又是不瞎的，而在不同的时间和不同的意义上尽可以是瞎的又是不瞎的。事实上，这种情况下“看见”与“瞎”将不会互相排斥，不然的话它们就一定互相取消，都是“排斥性的”，亦即俱为否定的而非俱为肯定的。

既然这样证明了所有的缺性名言都真正地是肯定的。施瓦特只能更进一步了。所以他断定根本没有否定性的名言，一切都是

① 同上注，第185页。

② 这里显然施瓦特谈起了穆勒和洛克发起的讨论。

③ 同上注，第186页。

肯定的！“事实上，”他说[①]，“一切否定只有在判断的范围内才有
某种意义”……非 A 的表述式是完全没有意义的。被归在一般概
念之下的词项，即逻辑划分的成分是相互排斥的。所以自然会引
起猜测，以为每部分都在自身中包含了对另一部分的否定。但是，
据施瓦特说[②]，这是一种错觉，“这是错误地认为黑与白、直与斜等
等，都有一种特殊的相互敌视。仿佛它们是同一个父亲的儿子似
的[③]。”施瓦特承认说有对立的和矛盾的对立关系——后者是我们
面对完全的二分时才有的，前者则出现于三分或更多的词项
时[④]——但这些反对关系都只能在判断中出现。名言并不是相互
对立的。（事物）有直的，也有斜的；但不存在直和非直，因为“非 A
的表述式并无意义！”坚持这种态度，施瓦特本该主张只有存在，没
有非存在和非有的；每一事物都是存在！因而，无意之中，他竟会 493
从另一极端掉入了黑格尔主义，即 όυχ ἔστι μήεῖνdι（存在是一）。
这种理论的结果便是：客观实在中不存在否定。它同那种认为客

① 同上注，第 181 页。

② 同上注，第 180 页。

③ 有趣的是陈那在《集量论》（第五品第 27 颂）也用同样的事例说明自己的意见，而它正好反对施瓦特的看法。陈那的意思是说一个普通名词之下的各类相互对立，“就像一个国王的诸子一样”。国王死后，儿子们便为那是他们共同财产的王权发生了争吵。一个说，“这是我的”；另一个也这么说，结果便是一场内战。同样辛莎巴树还有别的树也为共相树性而争吵不止。当然这种争吵是逻辑的、想象的。在诸如冷热、明暗的场合它也可能像是实在的。法称说，不过这些场合，它们是因果性的，而不是逻辑上的矛盾性。

④ 同上注，施瓦特书第 368 页——（原文为德文）“所谓矛盾的与反对的对立关系的划分，如果正确地理解，是与类之分为两重或多重相关的。”不过并不完全如此：男女、对错除了是矛盾体，还是实在的对偶体，而人与非人只是纯然矛盾，只是纯逻辑性的。

观实在中只有否定的学说导致了同样的结果[1]。

这个问题，印度人的观点如下，他们的态度是分明的：

1)一切确定事物都是否定的。确定即否定。

2)它们或是直接矛盾的否定或是间接的对立的否定。

3)只有作为它们自身否定的否定，它们才是肯定的。

4)纯的肯定只是物自体。

5)所有其他的都是它在之物(thing-in-the-other)，即是说对某一别他的否定，离开这种否定，它们是无。

6)直接的矛盾(否定)仅仅是在同一事物的存在与非存在之间[2]。

7)任何一对确定对象之间都潜伏着间接的矛盾，因为其中之一必然包含于另一的非存在之中[3]。

8)每一对象都首先排斥包含在同一共相之下的别的种类[4]。

9)一切别的对象都由于它们所从属的共相的相互排斥性而被排斥[5]。

494 10)这一直接或间接的矛盾性或别他性(otherness)是逻辑上的[6]。它妨碍同一性，但并不妨碍和平的共同存在[7]。

① 因为希望证明自然中并无实在的否定，证明对象的不相容只是一种"并非由否定来解释的"，而是经验集累的终极事实，他轻率地得出不可能的判定。"我们可以想象，"他说，(《逻辑学》，I，179)，"我们视觉的结构将使我们得以在不同的颜色中看见相同颜色表面。"如果施瓦特真的这么看，如果他是说同样一件东西可以同时是蓝的和黄的，亦即蓝的和非蓝的——若不如此解释又怎么说呢？——那他为避开黑格尔主义所付的代价就不仅只是牺牲否定本身了，他连逻辑也葬送了。他以为蓝与非蓝之间没有反对关系，因为非蓝是无限多的是不实在的。而蓝与黄之间也没有任何对立，因为它们可以和平地相邻而存在！

② NBV.，p. 70，5——bhāva-abhāvayoḥ sākṣād-virodhaḥ.

③ NBV. ——vastunos tu anyonya-abhava-avyabhicāritayā virodhaḥ.

④ 《集量论》(v. 27)——它们"像是内战中的国王诸子"。

⑤ 同上注，v. 28——"辛莎巴一词并不直接排斥瓶。为什么呢？因为没有相同的类。"但是瓶是属于共相陶器的，而辛莎巴属于植物类。它们又都在共相 pārthjvatva(硬材料)的属下。因而辛莎巴之排斥瓶如同反对"朋友的敌人"，是一种间接的排斥性。

⑥ NBT.，p. 70. 73——lākṣanikoyam virodhaḥ.

⑦ 同前注，p. 70. 20——saty api ca asmin virodhe sahāvasthānam syādapi.

11)还有一种能动的对立关系(像是热与冷之间的[①])。实在地说,它只是因果性的[②],而且它也并不干涉热与非热的逻辑矛盾。逻辑的对立关系排斥它们的同一性,而能动的对立中——它们相邻近而持续[③]。

12)同一基础(负载者)上的两种属性只是因为或多或少的排斥才有区别。它们部分地是同一的[④]。

13)只有确定的概念间才有矛盾。纯粹的感觉刹那与完全不明确的物自体是在矛盾律之外的,它们是非辩证的[⑤],它们排斥了所有差别,亦即所有的矛盾。

在两个无中间地带的同时表明完全的相互否定的对立面之间确实有逻辑的矛盾。另一方面,也存在或简单别他性或能动的对立性。它们之中允许有中介过渡,而对立两方并不表现为直接相互否定。J. S. 穆勒和施瓦特都坚持"不快乐(unpleasant)"是肯定的,而非简单地否定"高兴"。"瞎"也是如此。可是他们忘了,同一事物不可能同时同一意义上是高兴而又非高兴的,如果"不高兴"在意义上比"高兴"多点什么,那只是因为"非高兴"可以进而分为"不高兴"和"痛苦"。这样比仅仅不高兴又多了点什么。矛盾总是绝对的二分体,并且我们肯定这个对偶体的其中之一与否定另一完全是一回事。但当分裂不是二分,而是三分或多分时,情况就不同了。蓝与非蓝是矛盾体,蓝不是非蓝,而非蓝也不是蓝。可蓝与 495

① NBT., p. 70. 22——vastuny eva katipaye.

② 同前注, p. 68. 9——yo yasya viruddaḥ sa tasya kimcitkara eva... viruddha janaka eva。

③ 同前注, p. 70. 20——ekena viorodhena śītoṣṇayor ekatvam vāryate; anyena sahāvasthānam。

④ 《集量论》(v. 28)——rten—gyis ḥyal-ba med-pa-ñid。

⑤ NBT., p. 70. 7——na tu aniyate-ākāro' rthaḥ kṣaṇikatvādivat, (kṣaṇa = svalakṣaṇa = vidhi—svarūpa = pratyakṣa = paramārthasat).

黄是间接的矛盾体。否定蓝并不意味肯定是黄，反之亦然。黄在非蓝之中，仅仅在这个意义上它与蓝不相容，所以蓝不是非蓝，瞎不是非瞎，牛不是非牛，树不是非树，等等。一切名言在此意义上都是否定的。

所以蓝与黄不相容。如前已说，因为黄被包括在非蓝中，而蓝又在非黄属中。可是一株树与辛莎巴并非不相容，因为辛莎巴不在非树属中。所以从佛教同一律的意义上说，它们是同一的。“不相容性”或“不可共称述性(uncompredicability)”完全是通过否定及矛盾律来解释的①。所有确定的事物都由是和非组成。可是这意味着佛教已经陷入黑格尔主义了么？中观派肯定是如此，而佛教逻辑家并未陷进去。他们所以免于如此，原委将马上描述。

d)何谓肯定

那么，如果所有的名言概念是否定的，如果没有否定包含于其

① 按照施瓦特的说法(同前所引书第179页)为什么有的属性是不相容的无从得出规则。它们不能同时称谓同样一个主词，但这不是用否定能说明的。这是一个终极的事实。按佛教徒的说法，这必然地永远属于矛盾律范围内的。从亚里士多德以来，逻辑中就区分了两种否定的基础，缺性与不相容(στέρησις，ἐναντιὸτης)。前者显然是真正的否定判断，相应于感觉判断的“非现知”判断；型式为“这里没有任何瓶(因为我未现见)”的判断。第二种则是否定性的伴随关系，或称矛盾性的，它含有两个概念(或两个谓词)及一个被否定了的联系词。后者基于矛盾律，因而依据施瓦特自己的说明，应该视为两个判断之前的不相容性。如同在肯定判断的场合我们证明了两种判断——即(只有一个概念的)严格意义的判断和(两概念间的)共存(伴随状态)的判断——间的差异，同时在前一判断中，“is”作为动词，意味着存在(有)；而后一判断中则为系词“是”；同样的道理，我们在否定判断的情况中也可以证明这种差异。缺性意味着非存在；不相容则意味无联系。藏文中，前者称为 med-dgag(abhāva-pratiṣedha，自性遮遣)，后者称 mindgag(sam-bandha-pratiṣedha 相属遮遣)。

中，名言概念则毫无意义；而且，另一方面，如果每一概念都是某一暗含的感觉判断中的谓词，那不就等于说一切判断都同样是否定的了吗？当亚里士多德把肯定与否定的划分引进判断定义时，他是否误解了呢？能不能说黑格尔是正确的，因而世界上只有否定，496
全然不存在肯定呢？当施瓦特困惑而找不到证明否定存在的理由时，他是否误入了歧路呢？印度人对这些问题的答复如下：一个孤立的概念和相应的感性（现量）判断的全部区别在于：现量判断中包含了两个异质的成分：一为非辩证的主词；一为辩证的谓词。肯定被含于主词中，即"此（this）"的成分中。例如："有生（having an origin）"的概念包含的只是对永恒性的否定，而永恒性的概念正意味着对"生起"的否定。这些概念自身就没有包含实在和肯定；它们自身就是相互排斥的，结果就会是否定的空无（nihil negativum），但是"此瓶有生起"的判断，或者更正确地说，"此为某种有生起的物"在"此（this）"当中包含了某种真正的肯定。从而具有"意义及正当性（meaning and validity）"的概念之为肯定的只是因为在某种程度上它联系到某种称"此"的成分。它可能是间接地肯定性的，但就它自身而言却必然是否定的或辩证的。对于瓶及瓶性（jarness）这样的具体概念也是一样。如果这概念本身竟然是肯定性的。那么"瓶有"的判断就是多余的重复，而判断"瓶非有"就是矛盾[①]。一个概念、一个名言只有在判断中才成为肯定或断定的。施瓦特认为否定仅仅在判断中才有意义[②]，而一切名言自身

① 本书（原书。——译者）第二卷第306、415页。

② 《逻辑学》（I. 181. 182）——（原文为德文）"否定只有在判断中才有意义……'不（Nein）'和'不（是）'（nicht）的地位仅在句子当中或者与句子相对照时。"

就是肯定的。事实正好相反！肯定仅仅在感觉判断中(或三段论小前提中)才显示自身。一切谓词，即一切名言概念就其自身而言，都是否定的。康德在他批判本体论的论据时已经证明：概念自身没任何肯定性。它自身中并不含有任何存在的成分。

结果呢，亚里士多德是间接地正确的，他的定义必须在这种意义上加以改变，即是：每一感觉判断中都有某种肯定成分与某种否定成分[①]。判断是两个完全异质的事物的连接，它将一个假想的
497 内容联系于一个实在之点。黑格尔错误地抹杀了我们两种意识来源的差别，而施瓦特的错误在于没有充分估价否定的力量。不过施瓦特坚持说实在之包含否定只有在它从外部被引入时。这点他是正确的，只是他应该补充说，概念名言之包含肯定，也只有在它们从外部被引入时。这些就是陈那对于欧洲逻辑的诸代表所作的可能答复。

真正的纯的肯定仅仅包含于每一感觉认识的第一刹那。设想我已经获得了某一当下的印象，这印象是生动明晰的。我是困惑的。在第一刹那我什么也没有“理解”，但这种绝对不确定状况只持续了一刹那。下一刹那它变得清晰起来，逐渐成为了确定的。Definitio est negatio(确定即否定)。理解过程可以是逐步发展的。理解程度同否定的程度是一致的。施瓦特问道，当我们显然可以直接认识实在时，为什么我还需要主观的兜圈子的否定(sub-

---

① 判断“此为瓶”和“此非瓶”两者，从这种观点来看都在“此”上是肯定的；在“瓶”及“非瓶”上是否定的，因为瓶只是非瓶的否定，而非瓶也是瓶的否定；它们是相互排斥的，除非通过“此”的成分来结合才是肯定性的。“此为”与“此非”的判断显然也是一样的情形。

jective circuit of negation)呢？唯一可能的答案是我们有两种结合的知识来源而其中只有一种是直接的。对于感官，对象是“被给予”[①]的，而不是被理解的。它们之被理解是逐步地实现于不断发展的否定过程中。带有非 A 作为其谓词的判断，在这种意义上是无限的，但它紧随第一刹那的纯感觉活动而开始。如果我们不把蓝与非蓝对比，我们绝不会认识蓝色。那些认为自己直接凭感官可以现知树的人，如胜主慧[②]所说，应该立即地在同一个对象上看见了树与非树，同时地看见它们。但是否定是知性的功能，而不是感性的功能。在这两种知识来源中，一为肯定，一为否定。

在所有欧洲逻辑家中，赫尔巴特似乎是唯一的[③]像佛教徒一 498
样将纯然感觉等同于肯定[④]的。他说[⑤]：“感觉活动当中包含了绝对的断定，但未被我们注意到。在知性中我们必须经过对其对立面的否定而重新创造它。”

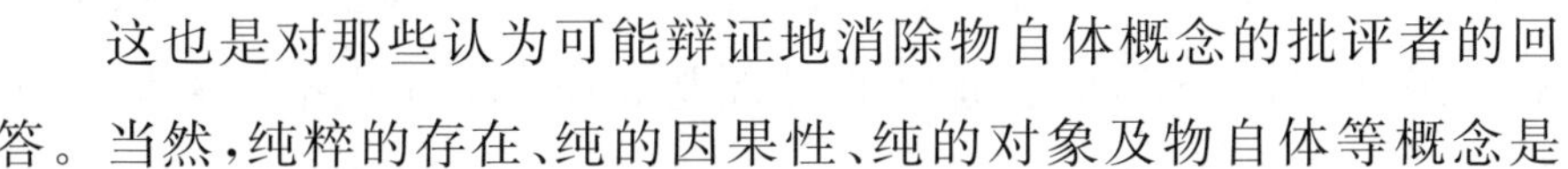

这也是对那些认为可能辩证地消除物自体概念的批评者的回答。当然，纯粹的存在、纯的因果性、纯的对象及物自体等概念是

① 在感性认识（现量）中，对象是实有认识（sva-sattayā pramāṇa，自有量），对于知性（anumāṇa，随后的量度）对象是经由心智的（或借助否定或排除的）认识[jñatatvena＝(apohena)pramāṇam，智量或遮遣量]。

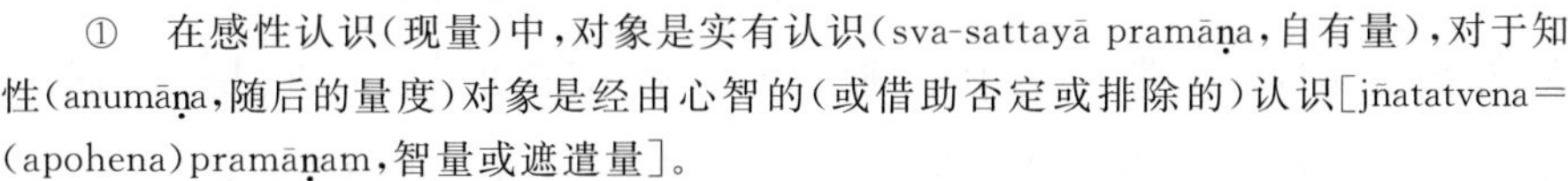

② 参本书前面第 470 页。

③ 参见康德的评论（《纯粹理性批判》第 141 页）——“感性直观当中实在性的不存，本身是不能认识到的”；同时参见该书第 117 页——“现象中（感觉判断中？）相应于感知的东西构成了事物本身（实在者 sachḥeit）”。从而可以得出结论，纯感觉（kalpanā-poḍha-pratyakṣa，二取分别现量，亦即有认识主体和客体两者作前提的认识）是对应于物自体的并且包含了纯的或绝对的断定。

④ svala kṣaṇam＝paramārtha-sat＝vidhi-svarūpam＝nirvikalpaka-pratya kṣam.

⑤ 《形而上学》(II. § 202)，参见本书前面第 192 页。

知性通过对立面的排斥而辩证地“新构造的”。但这一或那一感觉的个别事实，这一或那一点刹那(point-instant)的个别效能，那并未包含丝毫“别它性(otherness)”的物自体，这些都是终极的实在，而相应于它们的感觉就是纯的肯定。

追寻这位后康德时期的重要逻辑学家为避免黑格尔的否定学说而作的努力是颇有教益的。他的努力虽难说就是成功的，然而却是令人注目的。因为他近乎获得了解答，并且部分地用他自己的话表述出来。他困惑地注意到否定对于认识实在仿佛是多余的然而又是不可避免的。他说[①]：“这些人(指斯宾诺莎，黑格尔等)的看法中始终包含了某种混乱，即未分清否定本身和所设想的它的客观基础——多种多样的事物中，每一个都有的严格局限于自身的个别性和唯一性。任何它们所不是的东西(指否定)绝不与它们的存在与实质相关。它是借助比较的思想从外部输入的。”否定是比较性的或区分性的思想。否定与区分性的思想是可互换的术语。黑格尔说否定性是世界的灵魂是正确的，但世界的肉体并不是否定。它是肯定并且是肯定的实质[②]。用施瓦特的话说，它是“每一单个事物的，严格局限于自身的个别性和唯一性”，它是从外部无物可以进入其中的那东西。用寂护的话说，它是那“尚未
499 由于混合哪怕一点点别他性因而与别它(other)成为同一的事物[③]”。

---

① 《逻辑学》I. 171。

② vidhi-svarūpam.

③ TS. p. 1. 6——aniyasāpi nāṃśena misrībhūtāparātmakam (亦即 pratītyasamutpannam artham svalakṣaṇam jagāda)。

我们现在明白了，如果每一概念在自身中包含着“是”或“否”，两个互相排斥的部分，如果在这个意义上它包含了存在与非存在；如果牛不过是对非牛的否定，而非牛不过是对牛的否定；那并不意味着这些辩证的概念归根结底没有肯定的东西。就像康德所说的，并不意味着这种相互否定的结果是零、是“不可描述的否定的空无”的。陈那及黑格尔都会强烈地抗议那种认为他们的哲学导致了某种绝对的零的指控。胜主慧说[①]：“我们的论敌无视言词否定意义的学说的真实本质。他强加给我们一种（我们从未承认的）理论，他们坚持说这种理论断然否定了每一实在。然后他们再根据这点而随时攻击我们。”黑格尔说[②]：“矛盾并不会导致绝对的无，零，而是本质上导致对于自身的特别内容的否定。”康德也许会回答说：“对自身的特别内容的否定”正是零。不过，对于佛教逻辑说来存在一种纯的实在，正如存在着纯事物，而且那是“封闭于自身中”的，是在纯感觉中被认识的事物。它是具生动清晰性的第一刹那。生动清晰性则是一种新的感知的特征标志。从而那事物就是在它的完全具体性之中，但又相当不确定地被认识的。用施瓦特的话说，它是“被封锁起来了的”。但是一旦它“获得自由”，进入由理智控制的领域，它的清晰生动性就消失了，与此相应它也就成为确定的。它所获得的确定一如它失去的清晰生动性。清晰生动性和确定性是成反比的，高度抽象的概念如存在，可认知性，因果性等仿佛是完全死寂的，与具体的实在性是分离的。而瓶、牛（即

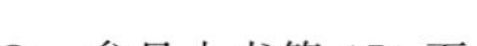

① 参见本书第 470 页。

② 《逻辑论文集》(I. 36)，参见《百科全书》§82。

是说瓶性、牛性)等等的观念似乎非常接近可感印象的具体性。尽管如此,它们又是概念性的思想,是根据二分原则而作的构造。这点同那些高度抽象的概念是一样的。只要理智被唤起,只要它开始“理解”,它就会比较并且成为了辩证性的。从本质上说它并非
500 直接认识的能力,这不是极端令人惊讶的吗?法上说[①],“这难道不是一个大奇迹么?”我们的概念尽管可以充分认识那(从概念上看)确定的实在(reality)的本质,却不能确定实在自身“(它们只是认识共相一般,而绝对不能确定认识个别者)。”“不”他接着说“这里没有丝毫的奇迹!概念本性上就是想象,它赋予我们的知识以一致性而不是实在性[②]。所以任何确定的东西就必然是概念思想的对象。对象的当下被理会的形式没有任何确定性!”

有一些反对意见[③]认为一事物的观念也就是共相,它在每一个别事物中重复,并在其内涵中包括了所有的该类事物。实际上,存在、实在、物性、实体性都是一般概念。佛教并不否认这点。如果这些一般概念并不存在,我们也无法称它们的名。每一名言都指向某一共相,但是那具体的物自体,仅此者(Hoc Aliquid),并不是一般概念,而是一般概念的矛盾地对立的方面。一般概念,由于是某种假想的东西,所以要求真正的实在作为其对应物,而那事物

① 在他的《名言遮诠论》(Apoha-nāma-prakaraṇa)(丹珠尔,经释第 112 函,f 253.6.8—254.a.2)中。

② 同上注出处——r nam-par-rtoy-pa-rnams-ni-... dnōs-po ñes-pa-ñid-du skyes-pa-rtogs-pa yin-gyide-gagdnōs-po yad-pa-ñid ñas-pa-ni ma-yin-no。

③ 这是耆那教徒的看法,参见 TSP.,p.487.22。

由于封闭于自身中所以是实在者；它就是那个别者，统一体，真实者。纯的肯定是某种先于逻辑的东西，逻辑永远是否定性的或辩证性的[1]。

※　　※　　※

从前面所说的必然可以清楚地显示出陈那的立场。陈那仿佛兼容了黑格尔的辩证法和康德的物自体。但与此同时他又似乎剥掉了二者学说中的神秘性并因此而解除了攻击这两种理论的人的武装。事实上，认识就是判断。而判断的认识论形态可归结为“此 501
是瓶”的模式，或更正确些说，“瓶性的表象被联系到这种瞬时的事件上”。这是一种感性的或实在的判断。它是“此(this)”的成分中的现量，是“瓶性(Jarness)”成分中的判断。前者指明那严格地“局限于自身中”的东西，后者指明那在别它中，即在非瓶(non-jar)中的东西。前者是实在，后者是概念；前者是可感觉的，后者是可思想的；前者是纯粹对象，后者是纯粹辩证；前者是肯定，后者是否定，前者为直接认识，后者为间接认识。既然两成分都关系到同样的终极实在，一为直接，一为间接，所以寂护才说[2]，物自体是知性的逻辑辩证关系[3]的本体理论基础[4]。康德说[5]：“那在现象中

[1] 这种前逻辑认识成分大概与原始人认识活动中存在的现象是一样的。知性在这里处于活动的最低点，但并未完全排除，而是非常地接近于绝对未分化的，本身不可认识的(因为它并非概念式的)“性质复合体”(complex-quality)；但是它却是后来的理智活动的源泉。参见列维—布留尔的《低级社会的智力机能》(Les fonctions mentales dans les sociétés inférieures)(巴黎，1910)，以及前面所引过的 S. Ranulf 的书。

[2] TS.，p. 316. 28 以及 TSP.，p. 317. 2。

[3] artha-ātmaka-apoha.

[4] jñāna-ātmaka-apoha.

[5] 《纯粹理性批判》第 117 页。

（我们必须说在判断中）相应于感觉（‘此 this’的成分）的东西便是物自体。”黑格尔说[1]：“一切事物在自身中是矛盾的，这种矛盾是发展了的无。”这可以解释为纯粹存在的逻辑谓词是辩证的。

从而以黑格尔补充康德并且以康德补充黑格尔我们就达到了陈那。[2]

很难说有什么必要，硬要坚持这些相似之处只是接近而已。它们同一切相似的情形一样，只是略去了差异[3]。

e）乌尔里奇和洛采

否定问题、辩证问题、无限判断及物自体等都像共相问题一样，没有得到最后解决就被现代逻辑抛弃了。这些问题是整个联系在一起的，对于其中任何一个的解决就是对其他所有问题的解决。黑格尔之后的德国哲学被神秘的辩证法倒了胃口，不但放弃了它，甚至还厌恶提到它。要解决否定与辩证法的问题，单单对施瓦特的充分理解是不够的[4]。

这一方面，乌尔里奇教授的逻辑解释相当重要，他将知性定义
502 为“灵魂的分别活动（differentiating activitiy）[5]”，因而，就有责任将“分别活动”与否定区别开，否则灵魂本身就会成为否定，而那是

---

① 《逻辑论文集》II. 56。

② 这里无须重复说一句，我们说的是“矛盾的辩证性”而非“反对的辩证性”。

③ bheda-agraha（差别忽视，差别不取）。

④ 洛采，《逻辑学》§ 40；特兰德仑堡，《逻辑研究》，第一卷第 3 章；E. V. 哈特曼（Hartmann），《论辩证法》以及其他重要著作。

⑤ 乌尔里奇，《逻辑概论》，第 33 页，“灵魂的分别活动”请参见第 45、52 页。

黑格尔主义。"每种差异,"他说[①]:"涉及的不是对象间的相互否定,而且涉及他们相互的统一。"这又是非常黑格尔式的。这是一种同时又是非存在的存在。不过,乌尔里奇似乎坚信他自己是避开了黑格尔的"纯存在"的,这种存在同时又是非存在。乌尔里奇说[②]这一命题是黑格尔"竭尽全力要用诡辩的辩证法"来证明的。但他在解释自己的主张时,却仍然重复了黑格尔的论据。事实上,黑格尔[③]说,"任何事物存在,首先只是因为存在着另外的事物。正是通过别它,通过了它自己的非存在它才成为自己。其次,它之存在因为那别它并不存在。它之为它,是通过别它的非存在。它是自身本质中的反映。"他得出结论说,这两方面之任一都可以与另一方面交换,"它可以被当作肯定也可当作否定的[④]"。乌尔里奇很清楚,这种理论意味着对真实肯定的否定并且陷入了否定主义的泥潭。所以他强调坚持:[⑤]"当我们分别某物时,我们设想它是像存在物那样肯定的。"不过这一存在物显示自己又是非存在物。事实上,他解释道[⑥],"当我们分别红色同青色时,我们设想它是对青色的否定。但与此同时,我们又建立了对立的联系,即红与青的联系,并且我们将青认为是非红……从而,兜了一个圈子之后,红经过青隐含地与其自身联系起来。"存在物"经过它自己的非存在的圈子"而与其自身相联系,不是很有些稀奇么?! 乌尔里奇

---

① 乌尔里奇,《逻辑概论》第 59 页。

② 同上书,第 57 页。

③ 《逻辑论文集》II. 42。

④ 《逻辑论文集》第 43 页。

⑤ 同上书,第 60 页。

⑥ 同前注。

在想象自己驳斥黑格尔的同时，却不过是在重复他的论据！而当陈那说，“每一个语词都（经过否定）排斥其对立面，从而表达它的自身的（肯定的）意义”时，若加以适当的修改，陈那的论点与乌尔里奇不是相符的吗？

503 根据这一点，乌尔里奇接着指出“确定的红色”例子[1]，他说，“只是因为那红色，正如红之同时为非青、非黄等等，只是因为经过这些否定，它才成为我们称为红的明确的色彩。”红的肯定性消逝了。它是确定的，但是确定意味着可思想并且必然是否定的、辩证的。他希望逃脱黑格尔的“纯存在”，[2]但他仍然跌入了那深渊！

施瓦特[3]看到了乌尔里奇的危险立场，赶紧加以补救。“这种理论”，他说，“认为表象之成为确定的只有经过区别[4]。但是它忘记了区别本身之成为可能只有在那已经存在着的区别开来了的表象之间。”他接着说道，“对于红色的感知，或更准确地说，对于一种确定的红的感知，由于其具特征的内容，因而是某种相当肯定的东西。”从而得出结论说，这种相当确定的、相当肯定的东西，这一非常确定的红的色泽，无须任何帮助，便最大程度地与知性区分开来，或者用乌尔里奇的话说，“同灵魂的区别活动分别开来”。从而知性要么根本就用不上，要么就是将别人已经完成的工作重做一次。

---

① 《逻辑论文集》第 60 页。

② 同上书，第 59 页——见黑格尔的纯存在（纯有）。

③ 《逻辑学》I. 333 底注。

④ 这当然可以意味着它“经定义而成为确定的”，或“经分别而差异的”，这里的确定与差异几乎是一回事。

很显然，为了强调这一双重工作，洛采[①]将它称为“肯定性的断定[②]”。但如已经所指出的，他说，这一断定是如此清楚地与“排斥任何一个别它”联系起来的，以至于当我们企图描述“肯定的简单意义”时，只能使用“对别它的排除”这样的用语，也即否定来说明其特征。这真是个奇特的肯定，它只有经过否定才能表达！这不又跟陈那的命题正好相投了吗——我们的语词通过排斥其对立面而表达它的意义？洛采说，“这种肯定与这种否定是一个不可分离的思想[③]。”这不有些类似黑格尔告诉我们的么——肯定和否定是同样的一个东西[④]，因为它们的思想是“一”和“不可分开的”。

通过胜主慧的综述[⑤]我们可以大致看到，肯定与否定在这方 504
面究竟是否像洛采说的，是“一个不可分离的思想”，对此印度人自己也是颇为困惑的。或者它们是两个各不相依的思想，或者其中一个是另一个的结果？陈那的判断意见大致是说，它只是同样的一个思想。这也是黑格尔与洛采的理论。尽管洛采满心是想躲开黑格尔的泥潭。佛教徒由于他的两种知识来源的理论与黑格尔和洛采的立场区别开来。设若除红色之外绝无别的颜色存在，那么我们肯定会感知这红色，但我们绝不知道它是红的[⑥]。

① 《逻辑学》§ 11，第 26 页。

② （德文原文为）eine bejahende Setzung。

③ 前所引洛采《逻辑学》第 26 页——（德文原文为）Jene Bejahung und diese Verneinung sind nur ein untreunbarer Gedanke。

④ 《逻辑论文集》II. 54——Das Positive und Negative ist dasselbe.

⑤ 本书前面第 462 页。

⑥ nīlam vijānāti，na tu nīlam iti vijānāti（见青而非了是青）《集量论释》（I. 4）。

当洛克指出一个“清楚的观念”和一个“分明的观念[1]”时，他非常接近陈那的立场。一个清楚的观念是指：“关于它，心灵有这样一个充分而明白的认识，因为心的确是由一个恰当作用于良好的器官的外部对象获得它的。”一个分明的观念则是“在其中心灵认识了与所有别它的区别”。这些话透露出洛克触及到了陈那学说的精髓。当然他并不打算说，清楚者并不分明，而分明者并不清楚。但他却说，清楚由感官产生，确定性由知性创造。如果他真的再进一步而说清楚只有在纯感知（现量）中才找得到，并且现量中根本没有确定性（或否定），并且确定性（否定）是知性的排斥功能，那么，他同陈那便会分毫不差地吻合了。但迈出这一步就意味着一头栽进了具有物自体和别的特点的先验哲学，也就部分地掉进了黑格尔辩证法的泥潭。

W. E. 约翰逊（Johnson）显然在他的《逻辑学》[2]中也提到了同样的这样差异。他说，“无论表象还是感知都无从反映那个别事物的具体性和特殊性，若与心理过程中的不确定性相比，它们应该被称为确定的。”事实上，这一对比并非是事物及过程之间的，而是具体个别的感觉的新明与某一概念的普遍性之间的对比。洛克称之
505 为“清楚观念”的东西，这里被称作“确定的”；洛克称之为“分明的”，这里则意味着“不确定的”。关于“确定的”一词的理解混淆也可见于梵语中的 niyata（决定、确定）和相对的 aniyata-pratibhāsa（不定似象、不定影象）[3]。感觉就其唯一性言，是确定的，而表象

---

① 《论文集》（第三册）第 29 章第 4 节。

② 《逻辑学》I. 第 29 页。

③ 见本书第二卷索引以及 niyata（决定）一词的注释。

就其普遍性言，也是确定的。这种对比更为恰当地应转换为生动的（感觉）与模糊的（表象、影象）的，或者“实在”个别与“纯粹”共相的对比。这里的用语“实在的”与“纯粹的”意味着终极的，或者照康德的说法，意味着先验的。归根结底它只是感官与知性之间的相当细致的区别，里德（Reid）首先注意到这种区别的意义。但它却被其后继者忽视了；康德追溯它直至先验的源头，但他的后继者又忽视了它。

施瓦特说这种作为否定基础的肯定“是自我封闭于事物个别性与唯一性之中的”。洛采说每一名言中都存在“某种肯定的断定”。约翰逊认为每一感性知识中都有“个别事物具体性与个别性”。“个别事物的具体性与个别性”，显然只是意味着“个别者的具体的特殊性”！这些二重甚而三重的修饰语，都表明了它们的著者们想必会从那“不含丝毫别它性的”极端个别事物获得的感受。

第五部分

外部世界的真实性

§ 1. 何谓真实 506

佛教逻辑家的真实性是什么，一开始就谈过了[①]，我们还谈到真实性是双重的[②]，即直接与间接的两种。直接的真实性是感觉的实在[③]；间接的真实性是联系到感觉的概念的实在性[④]。

存在着某种纯的实在，即是纯感觉的实在；也存在纯的某种假想性，或称纯的理性。纯的假想性即那同感觉活动没有联系的概念的非真实性。真实者又称为个别；假想者称为普遍。真实者是事物；假想者是观念。绝对真实的是那严格在自身中(in itself)的东西，即纯的肯定。不真实的是在别它中的(in the other)与别它相区分的东西，所以它是否定的辩证的。从而我们获得了一个总的二分系统，一方面被称为：1)实在性，2)感觉，3)个别，4)"自在"之物，或 5)肯定；而另一方面又相应地有五个名称：1)观念性，2)概念，3)一般，4)"它在"之物，5)否定。

而这二分系统的第二方面是一个单面体，它是完全内在的，外部世界中既不存在共相也没有否定。但是此系统的第一方面似乎并不如此，它分裂为两部分。内在的是感觉活动，而外在的是那"在自身中"的(自在的)事物。

关于真实性的定义是大乘与小乘的主要争论点。早期部派都

---

① 本书前面第 63 页。

② 同上书，第 69 页。

③ nirvikalpakam.

④ savikalpakam.

主张"一切事物存在(sarvam asti)"的原则。这一口号解释起来意
507 味着元素(dharma)的存在。它们被分为75种或者12大类范畴,其中包括主观客观的,内在的外在的各项。关于感性、观念、意志的单元(unit),既是实在的元素,又是色、声、香、触等感觉材料,即物质的单位。这里并没有区分物质及精神性(ideality,观念性)。每一事物都是同样真实的,因此就实在程度而言,事物同它的属性并没有区别。"任何被发现存在的都是事物。"[①]一个瓶的真实性是色(这是一事物)、表象(又是一事物)等等的实在性。但是绝对不存在作为它们之于瓶中的统一性的实在事物。瓶只是想象的事物。正如自我(Ego)是假想的一样,虽然所有它的元素,即五蕴(skandhas)是实有的东西(Elements)。涅槃和空这些恒常的项目也是元素,因此也是事物。元素,真实性,存在,事物是可以互换的用语。[②]

到了大乘佛教中,这有了根本的改变。在大乘佛教的第一阶段只有不动的整体才被宣布为绝对真实的。对于佛教逻辑家而言,真实性(reality)与假想性(ideality)是正相对的。不仅是观念、感情、意志,而且理智构造的每一共相、每一持续性、每一广延性都被认为是假想的,非真实的。真实的只是那严格自身中的事物,即不含有丝毫概念所表示的东西。这样的事物就是物自体的实在性,是康德的真实性(Realität=Sachheit),它同纯的感觉活动是相对应的。[③]

实在观点的根本差异集中在涅槃或永恒的不同观念上表现出

---

① vidyamānam dravyam,参见拙著《中心概念》第26页底注。

② dharma(法)=vastu(境,物)=bhāva(有)=dravya(物,实体)。

③ 《纯粹理性批判》第117页。

来。在小乘佛教那里，实在是一元素，一事物，正如空间也为一种事物。但在大乘佛教中，它亦非单独的元素，并非单独的东西。[①]

所以，在佛教逻辑学派[②]内部，实在性（reality）并没有被放在与假想性（ideality，观念性）同等的水平上。真实的东西只是纯粹的可感觉的世界（mundus sensitilis）。概念只具有功能上的真实性，相应于此真实性的论题的两重特性，逻辑也便是两重的。即关于一致性的逻辑和关于实在性的逻辑。前者是两概念间的相互依赖性逻辑关系，后者是将这些概念与实在自身联系起来的逻辑关系。前者体现于比量式的大前提中，后者则见于小前提或感觉（现 508
量的）判断中。我们对感觉、判断、比量、比量式和逻辑过类等等的分析想必已经充分地说明逻辑的这种双重特性。如同逻辑谬误或错误被分别为违反（大前提中的）一致性与违反（小前提中的）实在性两种，[③]逻辑真实也便分成了（大前提中的）一致性的真实与（小前提中的）实在性的真实，亦即现量的（感觉的）判断的真实无误。[④]

§ 2. 何谓外在

外在意味着超出。外在于认识活动便意味着在此活动之外，

---

① 参见拙著《涅槃》第 45 页以下。

② 据著者的看法，这里的逻辑学派是佛教晚期的瑜伽-经量部哲学系统。——译者

③ 前一类包括不定和相违过失；后者则指不成过失。——译者

④ 既然感觉判断将我们联系于感知，这种关于实在性的概念便使我们想起了康德的设定——“任何与经验（感觉）的物质条件相关连的都是实在的”。

超出此认识，意味着是认识活动之外存在的对象，如果实在性是外部的，真实者便与外在者是可以互换的用语。但是，此对象并非绝对地超出认识活动之外。黑格尔指责康德的物自体，认为它绝对处于认识活动之外，因而是不可知的。但是绝对无此必要将实在分裂为感知与个别事物两部分。事物可以归结为感知。

主客、内外的相对性词语容易引起误解——如果不考虑它们各自不同的意义的话。我们的思想、感情与意志是由内省[①]来理解的，它们是内省的“对象”。它们并不是外在者。思想观念本身就是内省性质的，亦即自明的（self-conscious 自我觉察的）。这种情况下存在着的是黑格尔将其扩展为一般的主客关系的主客之间的同一性。外部物质世界与内心的精神领域之间的主客关系完全不同。外在者是真实的有效能的，[②]而内在者是假想的[③]观念的。那燃烧的可煮食的火是真实的，头脑中假想的火是观念的。但假想并不意味着全然不真。真实与假想是两个依据因果律联结的异
509 质的实在者，外部对象是内在表象的原因。它们依赖因果律而不是依赖所指的同一性才联系起来。只有从混同了观念性与实在性的唯心论者的立场出发，它们之间才有同一性。外在的事物是某种个别者。它是运动的、瞬息性的和肯定的（positive）。内部的表象是普遍的、不变的、否定性的。

假设有对应于感知的外部对象是出于心理的需要，而非逻辑的绝对的必然。

---

① sva-saṃvedana.

② artha-kriyā-kāri.

③ buddhy-ārūḍha.

§3. 三个世界

除了通向物的或者观念的世界的逻辑道路，还有一条神秘主义的道路，它导向对大千宇宙的超逻辑之直观（meta-logical institution）。从而便有了三个世界，或三个不同的存在层次，每一层次都是自在的。那最终的形而上的层次上，宇宙展现为唯一不二的不动的统一体；而逻辑的一层则展示了感觉与概念所认知的物质与观念的多元实在；居于第三层次的则是全无物质而仅为观念的中介过渡的世界。物质本身就是一种观念。除了巴门尼德的世界，还有亚里士多德的世界，这中间则是柏拉图的理念世界。三个世界并非互相排斥的，而是各各存在于自己的领域中，并且互为补充的，并取决于我们从其中哪一个出发到此或达彼。如果我们的出发点是逻辑，是"一切规律之规律"的矛盾律，我们便会达到多元的世界，它或是实在论者的或者是批判实在论者的世界。如果我们从超逻辑的立场出发而无视矛盾律，便会直接进入一元论。而从内省出发——内省是把握物质及理念之双重世界的——并且如果我们取消了逻辑上说来是多余的复制品之事物，只承认理念的客观性，便会成为完全的唯心主义。陈那从一元论的立场出发写了《般若波罗蜜多集义论》（Prajñāpār mitā-piṇḍārtha），并且在批判实在论的基础上建立了他的逻辑大厦，他避开了幼稚的实在论。后者（如像弥曼差派与胜论派）完全取消了内省与表象，而坚持仅以现量直接把握外部世界。

510 §4. 批判的实在论

佛教逻辑家关于外部世界真实性的理论，不必再重复了。我们这部书总的说来都直接或间接地以这个问题为中心。本书第一部分讨论了我们感性活动对于外部世界的直接反映。第二、三两部分考察了知性活动中的间接反映。在比量和比量推理式中，小前提始终要求知性构造活动与实在的接触。如果理智的构造失去了同外部事物的具体真实性的联系，那么概念的辩证特征便会将我们的知识（价值）降至虚无。**外在者是真实的**，它即是实在。真实与外在是可互换的术语。观念性（ideality）是想象。而外部实在是直接认知的，或者更准确地说，不是被认知而是在纯感觉中反映的。感知把握个别的特殊的事物。知性认识的对象只是"一般"，它不能认识个别者。没有一般性便无明确的认识，而普遍性就是观念性（ideality，即假想性）。从而实在与假想是矛盾地相反对的，真实者是非假想者，假想者非真实者。

外部的实在又是有效能的，这就是原因。观念性是一种表象，从因果关系上看，观念性并无效能。仅仅从形而上的角度着眼，它才是准备预期行为的中介环节。

不仅如此，实在又是能动的。外部的对象不是物质，而是能。实在是行为所以发出和预期目的的行为所集中的焦点。"实在是作用"，它是瞬时性的，是力能之核心的点刹那，是能的点（kraft-puncte）。[①]

① yā bhūtiḥ saiva kriyā.

这种多元实在性与概念性之间的关系是什么样的呢？是**因果的与间接的**。[1] 实在性是人类理智所间接把握的，它如同声音的回声[2]，如同“透过门缝泄出的宝石之光。”实在之被“嵌入”思想依据的是辩证概念的表层结构。不仅仅可感知的属性是主观针对外部刺激的反应模式，而且那些所谓的第一性质，诸如广延、持续、时空、存在、非存在、一般、实在、因果性等等的观念都是知性的主观构造物。 511

如果时空和一切外部现象都是知性的构造物，人们就会问，实在究竟是什么呢？有何价值呢？不仅如此，甚而实在性、因果性、实体性等的观念不也都成了对某种不可知的最终极真实的主观诠释了吗？

答案是极简单的！真实的是感知，（除了纯的感知）之外别无其他的东西，别的一切都是知性所作的诠释。没有人会否认，真实的只是作为感性被给予的东西，而非想象！

外在与内在的关系由于立足点的改变而成为感觉与表象的关系、感性与知性能力的关系、感觉与概念的关系、个别与一般的关系。从本体论的角度看，这是个别与一般的关系；从逻辑与认识论的角度看，则是感觉与知性的关系。那么这两种不同质类的领域又以什么方式统一起来呢？其间的鸿沟总得有什么作为桥梁而沟通吧。这只有借助下面的方式：这种联系首先是因果方面的。表象由感知所“产生”，即是说，它的生起在功能上依赖于感知，但这

① 本书前面第 474 页注。

② 参见巴尔塔萨罗底·弥室罗（Pārthasārathimiśra）之《颂释补》第 559 页。

还不够。在表象产生的过程中还有别的因素在活动。纯的感知由于后者的相符性[1]而区分开来。

将一种不可理解的关系称作“相符性”——相符性又被解释为“绝不相同者之间的相似性”——自然不能解决问题本身。前面我们好几次提到了这种神秘的“符合性”，在本书的第二卷中我们特意翻译了一组文章，它们从不同角度描述了这种“相符性”，但只是在这里，即我们已经分析了佛教的辩证方法之后，我们才有可能较深刻地理解这一理论。与别的任何概念一样，相符性（即相似性similarity，conformity）也是否定性的，它是从否定性而来的相似。在绝对个别与纯粹一般之间就没有任何相似。但它们由共同的否定关系而联结起来，由于排斥了共同的对立面使自身成为相似。这便是所谓的“相符性”。它是否定的相似性。

从而其表现为瀑流的效能之点便是绝对个别的感觉（现量），
512 但由于它同别的东西相区别，便从负的一方面取得了某一瓶的一般特征。从而，火只是对热的严格地个别感知，如此而已。但通过将它与别的对象的对置，经过对其对立方面的排斥，我们便构造出（不过是以负的方式构造出）包括过去、现在、未来的一切世间之火的一般之火。被洛采认为必须视作 Offenbare Grille（完完全全的古怪观念）而从逻辑中开除出去的非 A 便是它的本质，即“世界的灵魂”。这便是作为个别的外在与作为一般的内在之间的关系。它同时又是可感觉的与可思想的二者之间的关系。

---

① tadutpatti-tatsārūpyābhyām viṣayatā，从彼生与彼相似之依存必然性。

§5.终极的一元论

这是对认识活动进行逻辑分析的结果。如果对认识活动的构成成分加以追溯,它便是由外在的物自体、相应的纯现量(感知)及随后而起的表象组成的。即令追溯其最最简单的构成成分,它也仍然是二分的。因而逻辑不能再深入了,它不可能想象会有一种更高的、融合主体与客体为一的无差别的一元整体的综合。做到这一步是超逻辑的,它意味着落入了形而上学,意味着对矛盾律的否认,对逻辑的挑战。不过对于佛教逻辑家,真实性存在于两个领域——逻辑与超逻辑领域,陈那与法称自命为观念论者,但他们在逻辑上则是实在论的。就形而上学言甚至是一元论的;逻辑中,实在性与观念性是分离的,但是"无上智(Climax of Wisdom)",陈那说,"便是一元论。"在最终的绝对者当中,主客是融为一体的。"我们以为,"陈那说,"这种精神的非二重性,亦即宇宙的一元实体与佛陀,即所谓的法身是一回事。"[①]哲学在此转到宗教中去了。

胜主慧说,[②]"对一个根本不承认外部世界存在的哲学家说来,如何可以在其中并不包含认识手段(量具)及认识结果(量果)的差别的认识中,依然区分出能知与所知两个方面呢?"(答案如下:)"从此性(亦即绝对实在)的立场出发,不容有任何区别!"但我
们为先验的幻觉所扰(我们所认知的仅是实在的折射而已)。我们 513

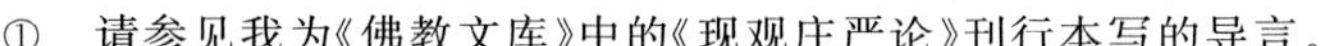

① 请参见我为《佛教文库》中的《现观庄严论》刊行本写的导言。

② 参见本书(原书。——译者)第二卷第396页。

所知道的一切都是间接的，由主体与客体之间差异的构想所区分的影象。因此认识及其对象的划分完全是从经验角度来着眼的，而不是从绝对实在的角度来看待的。可是，一个自身无差异的事物如何可能表现为分别来呢？由于错觉！这种错觉当然是先验性的，是人类理性深处固有的根本错觉。[①]

我们在《佛教的涅槃概念》一书中已经详尽地讨论了这种一元论的理由。非佛教各派对大乘佛教最普遍的攻击，是指责它将外部世界说成梦幻(svapnavat)。[②] 但梦幻泡影对于(佛教的)不同宗派却有不同意义。对法称说，世梦(醒态的梦幻)的说法意思是：表象就是表象，它们无论在沉睡，或是清醒状态中本质都是一样的。即令在梦中，表象也并非与实在全不相关，如同在清醒状态中，表象作为实在的间接反映，它也在某种程度上是梦幻一样。

§6. 观念论

现在我们来审查那种为保卫观念论立场提出来的主要论据。实在论者主张唯一实在的是那唯一的并且不变的大全整体，[③]他受到了(观念论者的)挑战。后者断言唯一真实的是观念[④]而不是那为一的整体。观念是无限多样的[⑤]、不断变易的[⑥]，并且鲜明地

---

① antar-upaplava(内障害)＝mukhyā bhrāntiḥ(根本错觉)。

② 参见 NS.，IV. 2. 31。

③ TSP.，p. 550. 10——yathopaniṣad-vādinām.

④ vijñānam 同上注出处 p. 540. 8。

⑤ anantam，同上。

⑥ pratikṣaṇa-viśarāru，同上。

在一切有情中表现它自身①。唯有它存在着，因为非精神的东西，物质的东西如果被认为是依据自身存在的话，是不可能的事。之所以不可能，有两点理由。即：1)它引起了矛盾。② 2)对外部事物的把握是不可理解的。③ 换言之，实在论者的假定是不可理解的， 514
因为他们认为：认识应该向外在事物运动，离开它的住所，捕捉对象的形式并将其俘获回来。

当我们考虑下列的二律背反时，就会发现假定外部的物质对象(的存在)显然是要引起矛盾的。外部事物必然地或者是单一的或者是复合的，④决无第三种可能性。⑤ 如果能证明它既非单一亦非复合，那也就等于证明了它什么都不是，只是“空中莲花”⑥而已。因为只有空中的莲花才是既单一又复合的。下面的思想可以证明复合的东西必然由单一者组成。假定我们要消除一个复合物，我们一点点地将其组成部分剔除，最后便只剩下了非合成的部分。这个非合成的剩余物将是没有部分的，不可分的。可是它也就成为了非广延的；像某个精神性的对象，它将是刹那之点；像刹那性的感受；从而它仅仅是某种观念⑦。

① ojāyate sarva-prāṇabhṛtām，同上。

② artha-ayogāt. 见 TSP.，p. 559. 8。

③ grāhya-grāhaka-lakṣaṇa-vaidhuryāt，同上注。

④ ekāneka-svabhāvam，同上书 p. 550. 26. 它意味着是 paramāṇu(邻虚)和 avayavin(有分)。

⑤ tṛtīya-rāśy-abhāvena，同上书，p. 550. 18。

⑥ vyomotpalam，同前书，p. 550. 17。

⑦ 参见《纯粹理性批判》第 352 页及 TSP. p. 552. 2 以下：——apacīyamāna-avayava-vibhāgena... yadi niraṃśāḥ(syuḥ)，tadā na mūr tā vedanādivat sidhyanti；而康德会说：“将思想中的结构成分抽出，同样将那些复合的部分也抽出，……从而那已有的(更一般的)材料(substanz)也就不存在了。”这里的梵文简直像是从德文译过来的！

另一证明是出于下面的思考。设若有一个单一的部分，一个没有广延的极微(原子)，周围被同样的极微所包围。这里就出现了疑问，它是以相同的面还是以不同的面去面对那前后的极微呢？[①] 如果贴近所有这些极微的是同一个面，这些极微便融为一体而不成复合物了。[②] 如果它以两个面贴近前后两个极微，那么这两个面也就成了两部分了，极微便成了复合物。[③]

有的极微论者(或单子论者)企图这样辩解：我们姑且假定极
515 微并非占有空间的最细微物质部分，而是其空间(方所)本身。[④]空间并不由部分构成，而只是空间所组成，最细微的部分也是可以分割的空间。它是数学性质的，无限可分的，但它仍并非观念，而只是空间。[⑤] 对此，回答如下：尽管你们自己确信，你们否定了有广延的极微，[⑥]但实际上却暗示了它们的存在。事实上，如果为了

① yena ekarūpeṇa ekāṇv-abhimukho... tenaiva apara-paramāṇv-abhimukho yadi syāt，TSP.，p. 556. 11. 31；世亲与陈那也作过同样的论证。

② pracayo na syāt 同上书，p. 556. 12。

③ dig-bhāga-bhedo yasya asti，tasya ekatvam na yujyate. 同上书，p. 557. 19。

④ pradeśa(方所空间)，H. 雅各比教授(《宗教及伦理百科全书》. VII. 第 199 页)认为 pradeśa 对于耆那教徒意味着“点”；但 TSP. (p. 557. 21)明白地说 pradeśas 是可分割的(tatrāpy avayava-kalpanāyām)。那不可分割的(niraṃśa)，无广延的(amūrta)极微是联系到占据空间的微粒来讨论的，见第 552. 1 以下。此外，它还说，“尽管(在假定 pradeśa 时)你并未假设有不同的面(dig-bhāga-bheda)，你的话否认了它，但它却包含在你假定的复合当中(samyuktatvādi-kalpanā-balād āpatati)”。它大约有些像数字上的，无限可分的支持着物理性原子的空间。从数学上的空间我们知道无限可分性，从物理性的原子，则知道了复合的可能性，康德指责单子论者的也是类似的荒谬。参见他的第二个二律背反的反命题(《纯粹理性批判》第 357 页)。

⑤ yadiparam anavasthaiva(syāt)，na tu prajñāpti-matratvam TSP.，p. 557. 22.

⑥ dig-bhāga-bhedo(不同的面)vācā nābhyupagatas. TSP.，p. 558. 18。

解释复合物而假定了单一者，你就暗暗地承认了[1]这些极微是占据空间的某种材料。我们不能不承认，除了单一的但不是微粒的数学之点，还存在同样单一的具有特权的物理之点，即是说，作为空间之部分，仅仅通过聚合它们便可以充实空间。而这是不可能的。因而结论便是：那既是单一的同时又非单一的极微什么都不是。它是“空中莲花”。[2] 说是聚合而来，情况并不会更好些，因为聚合也被认为由极微所组成。

反对者然后质问，如果极微是一种观念，如果这种观念并非全然空洞的，它就必须有某种基础。而这基础，无论如何都会是极微。[3] 佛教徒答道：是的，的确如此，胜论派假定了尘埃，[4]阳光中
飘浮的微粒是这种基础，但那么一来，自我也便成了实在（reality）
了。如果极微的表象是极微，那想象的自我就成了真实的自我了！
真实的自我将不由组成它的实在的诸蕴构成。[5] 事实上，简单性 516
是绝不能从任何现量去推知的。[6]

从直观尘埃而推导出极微的思想是“某种依据研究和灌输（朴素实在论）的荒谬观点[7]的学说传统的自然结果”。这是观念论者的主要的第一位的理由。

---

① saṃyuktādi-dharma-abhyupagama-balād eva āpatati. TSP. 558. 18.

② ekānek-svabhāvena śūnyatvād viyad-abjavat，同上，p. 558，10.

③ yat tad upādānam sa eva paramāṇur iti，同上，p. 558. 21.

④ (trasa)-reṇuḥ，p. 558. 22.

⑤ ātma-prajñāpter atmaiva kāraṇam syāt，na skandhāḥ，TSP. p. 558. 23.

⑥ 见康德为证明反命题举出的证据——（德文）“无论感觉是什么样的，简单性都不可能来自感觉，而只能被推导出来。”

另参见 na tāvat paramāṇūṇām ākāraḥ prativedyate，TSP.，p. 551. 7。

⑦ TSP.，p. 558. 21.

观念论者的第二种论据是强调主客的二分是知性的构造。[1]所有这些构造物都是辩证的。主体是非客体,而客体是非主体。互相矛盾的两部分在作为它们共同基础的更高的单一的真实中成为同一。使这些对立面汇集的实在是什么呢?是某个单一的纯感觉活动的点刹那。那最终确定无疑的认识中的事实即是感官正常的[2]人的纯感觉。其他的一切,或多或少在不同程度上是想象的产物。这种纯感觉是瞬时性的,自身绝对唯一而不可以概念来思想的。它可以为知性也就是想象所扩展、协调并加以解释。知性揭示出,某种其自身为实在且不容怀疑的感觉,必须解释成包含于三重外壳(tri-puṭī)中的。[3] 第一是自我;第二是对象,例如一个瓶;而第三则是自我与对象的结合过程。因而知性是以一种主体、客体和主客过程的三重结构代替了纯的真实的感知。离开对象与过程,自我便没有丝毫的真实性,它便完全是想象的产物。在作为对象的瓶中也没有纯的真实性,而只是理智对简单的感知的诠释。而在这主客交互的过程中,真实性就更少了。作为某种分离于主客体的东西,如果认识活动并非瞬时性的感知,它便不存在。相应于认识者、被认识者及认识活动这三者合一的只有一种真实的单
517 元,它就是感觉。Ens et unum convertuntur(存在与一可以互换)。一个单一体,即一种实在!但知性却将它造成了隐藏于三重外壳中的核心。其中有假想的瓶性与纯感知的配合。这种配合称作(相似)相符(conformity)。相符(conformity),可以说,也就是

---

① TSP.,p. 559. 8 以下。

② svastha-netrādi-jñānam,同上书,p. 550. 14。

③ vedya-vedaka-vitti-bhedena,同上书,p. 560. 1。

感觉的形式化(formity),[①]亦即感觉获得了某形式的事实本身。在逻辑方面,它们成为了同一的。从心理角度看,[②]感觉与概念并非同一的,它们是不同的刹那,其中之一为另一的原因。而从逻辑角度着眼,它们按照佛教的同一律则是同一的。二者都把我们引向同一个实在之点,所以依据客观所指之同一性它们是同一的。概念活动虽然产生于不相同的时刻,但它们关系到的正是那产生感觉活动的同一对象。法称问道:[③]能量和量果,量及所量[④](noësis 及 noëma)如何会是一个东西呢?他自己答道:由于相似相符[⑤](conformity),即通过感知的形式化(formity),知性将想象的,一般的形式赋予感觉活动。[⑥] 那么,它们如何成为一致呢?因为感知显示那对象如它"自在"的样子,而相符则是"它在"(在别它中)的同一事物。我们现在知道,"在别它中"意味着"辩证地",[⑦]意味着"通过对别它的否定"。感觉与概念的一致性是否定性的。纯的自在的同一感知借助对非瓶的否定而成为瓶之表象。再借助更进一层的分别活动,任何分量的辩证的概念都可以附着于单一的关于瓶的感知上。就其潜藏的内容言,现量(感觉)的内容是丰

① tādrupyād iti sārupyād,TSP.,p. 560. 18.

② 参见法上关于这个问题的思考,即逻辑上一个概念与一事物是同一的,但从心理角度看,那概念则是对象的结果,NBT.,p. 59 以及 60. 4 以下。

③ NBT.,p. 14. 15.

④ 这里能量=来源,量果=结果,量=过程,所量=内容。——译者

⑤ artha-sārūpyam asya pramāṇam. NBT.,p. 14. 15.

⑥ ākāra(行相,形式)=ābhāsa(类似,影象,表象)=anya-vyāvṛti(除别;离异;排斥,别它)=sārūpya(相似相符)=apoha(遮离,遮遣,否定)。

⑦ 见 NBT., p. 16. 3 = asārūpya-vyavṛttyā (apohena) sārūpyam jñānasya vyavasthāpana-hetuḥ。

富的；而在确定的思想中，它又是最贫乏的。

实在论者然后质问道，知识的效用不是被当作了真理的标准吗？在目的性行动中所达到的对象不是被宣布了显示最终的实在吗？而在成功的行为中达到的对象是外在的对象吗？观念论者答道，不错，成功的行为是[①]实在性的检验标准，根本就不需要外部
518 的物质对象（作标准）。我们的行为仅仅是一种观念，[②]是那表现为成功行为的某物的表象。[③] 根本不必设想有所谓双重的成功行为，一个存在于我们头脑之中，另一个在思想之外。只需要一个单一的成功行为就足够了。诚然，一切如“牧人樵夫”那样的凡夫不免陷入这种思想，误以为外部世界中存在着真实的广延的物体，[④]而智者却了解根本不必假设有被认识的对象的对应物。如同你们假定了外部实在作为我们表象的相应原因，我们则认为对象及其这种原因都是内在的（immanent）。知识是迁流不止的真实性，其每一刹那都受在前刹那的严格地制约。假设任何外部原因是多余的，在我们看来，在前的意识刹那[⑤]正好发挥了那种功能，由于它你们才假设存在着外部原因。

① artha-kriyā-saṃvādas，TSP.，p. 553. 21.

② jñānam eva arthakriyā-samvādas，TSP.，p. 553. 23.

③ artha-kriyā-avabhāsi jñānam，同前注出处。

④ vad etad deśa-vitānena pratibhāsamānam avicāra-ramaṇīyam āgopāla-prasiddham rūpam，同前注出处。

⑤ samanantara-pratyaya（等无间缘）＝ālaya-vijñāna（阿赖耶识）＝vāsanā（习气，无始习气）见 TSP.，p. 582. 19。

§7. 陈那论外部世界的非真实性

称作《观所缘缘论》的著作只有八个颂，其中带有陈那本人的解说。论中的证明过程简说如下：一开头它便宣布了外部对象不是极微便是极微的聚合。[①] 而如果可以证明外部对象既非极微，又非极微聚合，那么外部对象也就只是观念而没有相应的外部实在。

因此陈那用以证明认识对象的观念性质，否定外部世界实在性的理由便是无限可分引起的二律背反，以及对可分割对象作经验主义看待引起的矛盾。按照陈那的逻辑，他设想外部对象是瞬时性的力（能）。它激发感觉活动并引导出表象的构造来。在论 519
中，陈那批判了胜论主张的关于外部对象的观点，他们认为外部对象是双重的，是由极微及极微和合构成的。这些和合物被当作自在之物，是它们所藉以组成的极微之外的东西。之后陈那证明了极微并不能产生与之一致的表象。即令我们假定极微是表象的隐伏原因，但它们之作为对象是无法证明的，因为感觉官能也是原因，而感官并非对象。[②] 原因并不总是对象。胜论所杜撰出来的

---

① Ālambana-parīkṣā《观所缘缘论》。其依据汉藏两种文字的法译本由 Susumu Yamaguchi（山口益）和 Henriette Meyer 刊行（巴黎，1929）。关于 ālambana（外在对象，所缘）和 viṣaya（一般对象）的区别，参见拙著《中心概念》第 59、97 页。

② 正文中的论点，据玄奘译的《观所缘缘论》，是——“诸有欲令眼等五识以外色作所缘缘（对象条件）者，或执极微（原子）许有实体，能生识故。或执和合（聚合），以识生时带彼相故，二俱非理。”——译者

另可见 TSP. p. 582. 17——yadīndriya-vijñapteḥ paramāṇuḥ kāraṇam bhavet，显然这是据莲花戒的记忆写下的。

自在之物的聚合物只是如同双月那样的幻象。[①] 我们需要一个能说明感觉与表象的对象。可是极微不能产生表象，而和合又不能产生感知，二者之一只能产生一半作用。[②] 在陈那眼中，极微是“空中莲花”[③]，因为事物绝不是不可分的；而那作为第二等存在者的和合物只不过是“第二个月亮”那样的幻象。

极微的和合也不能说明形式的差异。瓶与盆同样由极微构成。[④] 它们的不同组合及数量并不能说明不同的表象，因为组合及数量本身并非自在之物。形式仅为现象，是主观形式的或者观念的。[⑤]

从而对于不可分割的极微和对象形式的假设都仅仅是观念而已。[⑥]

斥责胜论的实在论观点之后，陈那得出结论：“所以诸感官所认知的对象并非外部的。”[⑦]

之后，陈那进一步证明观念论的主要原则。[⑧] 认识活动的对象是内在地被我们内省力所认识的对象，并且只是表现为仿佛是

---

① TSP.,《观所缘缘论》第2颂；据唯识论者的看法，无广延性的极微无论如何也不能产生有广延性的东西；另见 TS. p. 552,20 及山口益译的本论第5颂（该书第35页，重印本）。

② 同上书中本论第2颂，参见山口益书第30页。

③ 见 TS. p. 558.10。

④ 同上注中本论第4颂，山口益译本第33页。

⑤ buddhi-viśeṣa，前注中之译本第33页。

⑥ sāṃvṛta，前注中本论第5颂；译本第35页。

⑦ 前注中译本第37页。依玄奘译本，为：“以能发识，比知有根，此但功能，非外造故……而外诸法，理非有故。”——译者

⑧ 前注中之本论第6—8颂。

外在的。[1] 因而，最终的实在就是“观念”。[2] 逻辑中的外在之点，520
物自体（自相）在此只是内在的“观念”。主体与客体都是内在的。内在世界便有两重。青及对青的现量（感知）并无区别。同一观念可视为认识的对象及过程（所量及量）两者。[3]

该论接着解释被感知事件的有规律的过程。实在论者认为这是由于外部客观世界的有规则过程的缘故。观念论者则认为它是业习气[4]的控制的结果。为此，他们假设了取代物质性宇宙的潜意识的藏识，假设了取代实在论者的业之观念的精神性的习气。[5]

这些实在论者（说一切有部）接着指出有契经说道：[6]“视感知（眼识）的生起从功能上讲依赖于对象及感官。”[7]如何理解这段话

① 前注本论第 6 颂，全引于 TSP.，p. 582. 11。汉译（玄奘译本）为“内色如外现，为识所缘缘，许彼相在识，及能生识故。”

② vijñāpti，或者 vijñāna-mātratā（唯识性）。

③ 主体（viṣayin 能有境）与客体（viṣaya，所行境）的统一性是依据能所不相分离的关系推导出来的，这倒类似黑格尔的证明方法。参见《逻辑论文集》II，第 440 页。参见《观所缘缘论》第 7 颂；山口益译本第 40 页。

④ ālaya-vijñāna，同前注译本第 40 页；TSP.，p. 582. 19。

⑤ 这种生命的力（vāsanā，习气）是双重的。它将在前的刹那与同质的相随刹那联系起来（sajātiya-vāsanā 种类习气），并且将分离的各不相续的感觉置于共同的概念与名言之下（abhilāpa-vāsanā 或 vikalpa-vāsanā 名言分别习气）。参本书第二卷选译克主杰著作。在 TSP.，p. 582. 13—15 中第 7、8 两颂部分是连在一起的。法称说，既然每一刹那都有被下一同类刹那相随的力（śakti-vāsanā），那么将每一刹那看作过程和内容便没有什么矛盾抵触的；noëma 和 noësis 便是同一回事。尽管如此，法称说，将它们描述为前后相随也没有什么不对的。我们也许会说，从心理方面看，有时间与程度的差别，但逻辑上说只是一回事。法称（在 NB.，14. 16 以下和 18. 8 中）又说，这与量及量果的关系问题是一样的。这点可从胜主慧的译文（本书（原书。——译者）第二卷，第 386 页以下）中的解说可以看出。

⑥ 见该《论》归敬颂至第 7 个颂；山口益译本第 42 页。

⑦ rūpam pratītya cakśuś ca cakṣur-vijñānam utpadyate.

的意思？陈那答道，对象是内在于眼识的，感官（眼根）是一种生命
的力（习气）的作用。[①] 事实上，代表感官的并非眼球，而是相应的
521 视觉功能。如果假设了潜意识的阿赖耶识而取消外部世界，假设
了某种生命的力（业的熏习力量）而不是物理性的感官，便可以无
矛盾地说明认识过程了。[②]

陈那观念论的中心思想在于强调没有必要去假设外部世界的存在，实在论可以轻而易举地被相应的观念论来置换。每一事物除了换一种名称、一种解释而仍然是原来的事物。

《观所缘缘论》的后半部分是对无著的观念论的扼要叙述。陈那的独创性表现在对无限问题的强调。外部世界之作为无限的或无限可分割的某种东西便是非真实的，只是“观念”而已。同在希腊的情况一样，唯心观念论的基础是（Aporetic）（怀疑论的）。[③]

§8. 法称破斥唯我论的短论

法称深知观念论唯心主义会直接导致威胁它自身的唯我论。他专门针对这个问题，写了一个短论，叫《成他身论》（又译《成他相续论》）。[④] 由于该论是在一个特别复杂的问题上发挥法称的认识

---

① 同上注，本论第7颂—śaktiḥ＝indriyam（根）。

② 同上注，本论第8颂；译本第43页。

③ 这指的是通过发现同一系统内两个相悖的结论从而发现该系统中的基本公设的谬误的认识方法。——译者

④ 《成他相续论》（santānāntara-siddhi），本书著者译作《别的心智存在的证明》。藏文丹珠尔有译本。该论另有律天和蒙古学者丹达拉让巴（Dandar Lharampa）作的疏本，笔者已辑在《佛教文库》中。俄文译本有两个，一为直译，一为意译，1922年在彼得堡由笔者出版。

理论,其中包含其全部认识论的证明,因而具有重大意义。但限于篇幅,我们不能完整复述其论证过程,只能扼要简述如下。

法称一开始就指出,实在论者通常将观念论错误归结为唯我论的论证方式是毫无作用的。实在论者以为可以通过类比推理方式而推知他人心智的存在。由于他可以直接地由自己的言行了解
它们是意志所发动的,故也可以由他人的言论和行为推知,它们也 522
应该是有原因的,这就是他人的心智。然而观念论者只要略略变换一下说法,也可以作出同样的结论。当他遇见异己的语辞及行动的表象时,将会得出结论:这些表象必有其原因,这原因便是外部的(异己)心智。观念论者会说[①]:"在表象当中我们的言行显示于我们,它起于意志的发动,这种表象与并不起于我们自己的意志的表象不同。前者的形式是'我去''我说',后者则是'他去''他说',因此这表明两种情况各有不同的原因。这原因便是异于自我的心智存在着。"

实在论者质问道[②]:"为什么你们不假设:第二类表象并不需要异己的意志就可以显示呢?""因为,"观念论者答道,"如果怀疑预期目标的行动之表象无须意志就会显露,那么,所有关于我们一般言行的表象就不会由意志所发动。差别无疑是存在的。一组表象维系于我的身体;另一组则并非如此维系起来的,但这并不等于说一组是意志所发动;另一组并非意志发动所生。两者皆生自自觉的意志。不能认为我们预期目的的言行的表象中只有一半与意

① 《经》11。(此处不明白原著者所指的《经》如何编目,出自何处。姑且照录。——译者)

② 《经》12。

志有关。任何心象都是意志所发动的。”

观念论者坚持：“无论呈现于我们自身的是怎样的预期目标的言行，无论其是否与我们自己的身体存在有关，它们的起源必然地是有意识的意志。那被我们称为预期目的性行为的一般本质始终与称作意志的一般本质是相关连的。”[①]

实在论者认为，他直接地认知了异己的怀有预期目的的行动；观念论者认为他所理解的并非真实的外在运动，而仅是运动的表象。如果这些表象的原因——意志不存在的话，也就根本没有了它们。当依据某一种表象而推知意志存在时，实在论与观念论并无实质的区别。

实在论者接着指出，对观念论者说来，外部实在仅为梦幻。外部世界仅由表象组成而无相应的实在性。因而，他自己的行动言辞只是内省力所证实的，外部的异己言行则会是梦幻。对此观念
523 论答道[②]：“如果预期行动指明某种有意识的意志存在，那它们无论在梦中还是现实中就应该或者是必然地、永远地表明这点，或者根本不能指明这点。”如果我们只承认可以不依赖自明的意志便获得关于目的性行动的表象，那么我们便绝不可以光凭行动去推知意志的存在，因为这种行动也可能根本不需要意志发动的。“可是，”实在论者说，[③]“梦是错觉，梦中所得的表象便与实在没有什么联系，它仅仅是没有相应实在性的表象。”对此观念论者回敬说：“谁给了你们这样的权力，可以说有一类表象有相应的实在性，而

① 《经》22。

② 《经》53。

③ 《经》55。

另一类却不具有实在性呢?"表象就是表象,如果它在一种场合下是实在的表象,便应该在任何场合下都是实在的表象。梦与其他表象的区别[①]仅仅在于,当醒着时,目的性行为的表象与实在的联系是直接的,而在梦中或别的错觉中,表象与实在的联系是间接的,真的事实及其表象之间,于时间上有一间断,但任何人都不能认为它与实在的联系是完全没有的。梦中我们可以见到学生进入老师的房间,向他问礼,坐下读书,背诵课文等等。这些表象虽然只是梦中所显,不错,实在与这些表象有一个时间上的间隔,但并非与实在全无关系,真如此,便没有这些梦境了,观念论者说,[②]"如果你们是说存在着完全没有相应实在性的表象,那倒是另一个问题了!所以,我们的表象无例外地都是与真实不相符合的表象,因为它们都是先验错觉的产物,后者是错觉的世间存在的总的宇宙根源。"

然后,法称依据其认识论而谈他对异己的心智存在的看法。互为异己的两个人,由于具有关于外部世界的同一错觉,仍然有观念上的一致性,通常这可以作如下解释,好像两人患了同一种眼疾并且都见到了两个月亮。[③] 知识的根源无非现量与比量,它们是 524
真的来源。因为它可以将我们导向预期的行为。[④] 直接的现量认识要认识别人的心智的存在是不可能的,但比量对实在论与观念论说来都是唯一的认识手段。而这比量可以引导我们的目的性行

① 《经》84。

② 《经》58。

③ 《经》65。

④ 《经》72 以下。

为涉及别的有生的存在者。从而他便是证明他人心智存在的间接知识手段，而这样一来，它也便成为了对实在论与观念论说来都是正当的认识来源。这方面并不存在什么区别。唯我论在逻辑范围内尚非真正的危险。

§9. 外部世界的实在性问题的历史

早期的佛教体系中，严格说起来并没有与统一的自我相对峙的统一外部世界。自我根本不被认为是实在性的。这是佛教的出发点。自我后来被纯的意识成分所取代，对这种纯的意识说来，一切别的成分都是外在的。感受（受），思想（想）与意志（行）并不被认为是自我意识（自明）的。对于这种单独的意识成分，它们都是外在的，是"所行之境"（对象）。感受或思想之于意识，是作为可触摸的成分或一块颜色之类的外在性质的。那被分解为构成成分的个体是自我（补特伽罗，灵魂），但它也只是藉因果律聚合一起的分离的诸元素。这一人格存在包含了通常被认为存在于外部世界中的以及相应的所谓内部世界的诸成分。对这种自我人格说来，这一切成分都是内在的。这些成分之间是相互外在的。当外部世界的某一对象被两个自我（补特伽罗）思考时，它便作为单独的项进入了两个复合体成为它们的构成成分。已故的O.罗森堡教授认为，这种情况下，我们只能假定存在着两个不同的而非同一个共同对象，每一补特伽罗中各有一个。

世亲本人是这样谈外在的及内在的成分的：[①]

① 《俱舍论》(I.39)；参见拙著《佛教的中心概念》第58页以下。

“如果自我(或这种人格)根本不存在,那么就自我说,在内或 525
在外的诸成分有什么在内在外的可能呢?”他的回答是,意识之被譬喻性地称作自我,正由于意识给执有自我的错误观念提供了某种支持。“佛陀本人这样说……眼根或别的感官对相应的感觉说来是基础的成分;另一方面说,意识又是误执有我的基础成分。从而紧随着从意识取譬,诸感官也就归属到了内在成分的名下。”

内在与外在性的混淆使毗婆沙师误认为即令在梦中,我们所见的也是实在之外部对象,法称讥诮地称之“出自愚顽不冥”。他针对毗婆沙派说,“你们已经陷入了荒谬的境地,明显地违背了经教与正理(逻辑)。你们总该知道,无论如何,我都不会相信:只能在梦中得见的东西有真实性。”“这等于说,我在梦中见了一头大象从窗缝中进入房间,我的房中便真有一头象了。或者,当我在梦中离开房间时,便有两个我了。”

总之,小乘佛教的观点是实在论的。个体生命(自我)的客观成分与主观成分都是真实的。

大体说来,小乘佛教假设有一个实在的世界,而大乘佛教却否认这种真实性。而到了佛教逻辑派别中,这种真实性又部分地重新得到了肯定。

事实上,大乘佛教各派都不承认这种实在性。不过为了反对中观宗的极端相对主义态度,弥勒—无著一派却明显地坚持纯粹的观念①(citta-mātram = vijñāpti-mātram),②认为它是不可分裂

① 《三十颂》之第25。

② 铃木大拙,《楞伽经》第241页以下分辨了这几个术语,但我看没有什么分别。

为主客的最终绝对，而它之外的观念都是错觉（虚妄分别 parikal-
pita）。这种观念论刚好与柏拉图的理念论相反。这两大佛教派
526 别（中观与唯识——译者）的区别极其微妙，无论无著本人还是别
的学者在写作时都毫不犹豫地采用了两家的观点。①

这种新理论最初以一系列的经典出现。这类经典中的《解深密经》在西藏被认为是根本经典。②

不过在印度，任何宗教著作（经典）都是学术阐发（śāstras 论）的对象。在论当中，同一主题依据某种系统被重加阐述。在其"大论"中总结了十八部派理论的世亲着手奠定这一新理论的阐释③原理，他写了三个小论。④ 在他之前从事这工作的还有他的哥哥

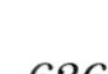

① 参见奥登堡的文章，下面仍会引述。

② 属于这一类的（瑜伽行派的——译者）经典还有胜鬘经、楞伽经、密严经，以及大部分甘珠尔藏经经部的典籍。关于这一派别，可参见 S. 列维的《大庄严经》（Sūtrālankāra）（巴黎，1907）和《唯识宗文献》（Matériaux pour... Vijñāptimātra）（巴黎，1932）；L. d. la 蒲山的《玄奘的成唯识论》（Vijñāptimātratāsiddhi de Hiuen Tsang）（1928）；铃木大拙的《楞伽经研究》（伦敦，1930）；S. N. 达斯古普塔的"世亲哲学"（《印度哲学史季刊》，1928）和"楞伽经的哲学"（《佛教研究》，加尔各答，1931）；S. 山口益和 Henriette Meyer 的《陈那的〈观所缘缘论〉》（《亚洲研究杂志》，1929）。但尽管有这些著作，佛教观念论的问题依然没有解决。译本是极难理解的。也许研究西藏的文献资料可以提供新的曙光。无著本人的特点便是在中观随应破派和唯识派之间摇摆的，可参见奥登堡的文章"从现观庄严论及其疏本看般若学说"（The doctrine of Prajñāpāramitā as exposed in the Abhisamayālankāra and its Commentaries）（载《东方文录》Acta Orientalia，1932）。

③ 有关这一类论，参见拙文"布通之后的瑜伽行派文献"（La litterature Yogācāra d'après Bu-ston）以及布通的佛教史全译本（E. 奥登堡，第一卷第 53—57 页，海德堡，1931）。

④ 它们有《大乘五蕴论》，《唯识二十论》和《唯识三十颂》，后两部梵本由 S. 列维发现、校刊和翻译。

无著。[1] 在这些著作中世亲讨论了：1)赞成观念论的逻辑理由；2)藏识的理论；3)改造过了的法的体系；4)一切诸法的三重性质的理论。

他赞成观念论反对物质实在性的逻辑论证如下：

> 1)无论我们是假设外部对之存在或者仅以内在原因来说明感知与表 527
> 象，世界的景象都仍是同一样子。[2]
>
> 2)主体客体的关系是不可理喻的。设想意识趋向外部客体并俘获对象之形式回到自身的说法是非常缺乏根据的。[3]
>
> 3)物质的无限可分说明极微仅仅是一种观念。[4]

所有观念种子的聚藏的理论意在用来取代外部世界。[5] 我们生命中现象事件的连续流动是不断的，它的根源就在这种藏识中，其中诸种观念在生命的力（vāsanā 习气）的影响下依次显现。每一识（观念）都追随藏识中的而非外部世界中的“等无间缘”[6]而起。诸观念（诸识）从藏识中显现又复归于藏识。

从下列表格中可以见到诸元素（诸法）体系的变化[7]——

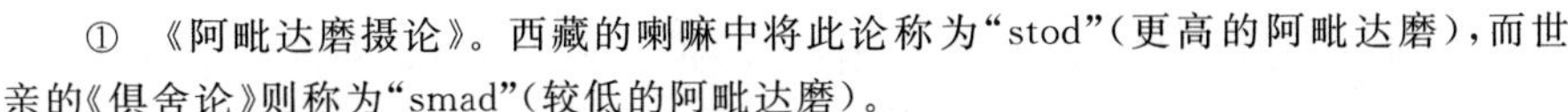

① 《阿毗达磨摄论》。西藏的喇嘛中将此论称为“stod”（更高的阿毗达磨），而世亲的《俱舍论》则称为“smad”（较低的阿毗达磨）。

② 见 TSP.，p. 553. 27——yathā bhavatām bāhyo'rtha iti tathā tata eva（samanan-tara-pratyayād eva）niyamaḥ siddhaḥ；《唯识二十论》第 1—9 颂。

③ 同上书，p. 559. 8 以下，其中说明了 grāhya-grāhaka-vaidhuryam（能取所取不相应），世亲在《唯识二十论》中也提到了同样的内容。参见 S. 列维的《索引》。

④ 《唯识二十论》第 11—14 颂，这是陈那在《观所缘缘论》中的主要论证；列维常常引用，见他的《唯识宗文献》第 52 页注。

⑤ 《唯识三十颂》第 15 颂及别处。参见 S. 列维的《索引》。

⑥ TSP.，p. 582. 19. samanantara-pratyaye＝ālayākhye.

⑦ 参见拙著《佛教的中心概念》第 97 页。

六种感受官能(六根)	观念的客观方面(六境)	观念的种类(八识)
1. 视感觉	7. 色	13. 视意识
2. 听感觉	8. 声	14. 听意识
3. 嗅感觉	9. 香	15. 嗅意识
4. 味感觉	10. 味	16. 味意识
5. 触感觉	11. 触(物质)	17. 触意识
6. 意(烦恼意)	12. 诸法(精神现象)	18. 非感觉意识(理智的)
		19. 无意识的藏识
		20. 绝对之识

第 19 与第 20 两项是对小乘佛教原始系统的补充:

十个物质成分(即第 1—5 项的五根,第 7—11 项的五境)被转成了相对的五种识,意根转成了经验之自我[①](kliṣṭa-manas 烦恼意),因为它原先的意义(citta-mātram 随心量)现在转到第 20 项

528 上去了。每一识显现之前的刹那则包含在第 19 项藏识中;而一切诸法的最终统一性则包含于第 20 项,即"如"的观念(tathatā 真如际)或绝对观念(citta-mātram 唯自心)中。演化论的简略描述是为了解释绝对观念的转变(pariṇama),[②]——起先在藏识中,然后分裂为主客两方,变现出经验自我和所有自我所认识的观念(诸识)。世亲接着列举了包含于第 12 项中的原先包含着一切非感觉的各项的法。[③]

---

① 《唯识三十颂》。

② 同前注,第一颂。

③ 《唯识三十颂》第 9—14 颂。将复数形式的 dharmāḥ(精神现象)当作与 sarve dharmāḥ(一切诸法)中情况一样翻译是个大错误。其错误不亚于将"色"的词译成了"声",因为第 12 处(āyatana)和第 7—11 诸处(参见正文中诸法表格。六根六境合称十二处。——译者)的区别并不亚于第 7 处"色"与第 8 处"声"的差异。

世亲在他的《论》一开始，将世界的转变过程描述为从一绝对观念向多样性的假想的世界的下降。在他论著的末尾又从多样化向统一性上升复归，这一上升过程取决于泯除主客分别。[①]

这便是出现在该派别中的修订过了的诸法存在的理论，依据他们的信条，这一派的观念论称作唯识说(vijñapti-mātratā)。

这种理论的形成与佛教逻辑派别的兴起是同时的。它也就是后者的最终理论形式，此后，便是该派的消亡。这种理论在逻辑学派中仍然作为历史遗产而被研究，但已经失去了重大意义，完全被逻辑的研究所取代了。佛教已不再是一种元素论了。[②] 佛教学说已经不再是阿毗达磨(元素论)。阿毗达磨已经成为过去的历史。这一重大改变从某种程度上说，近似欧洲近代哲学史上的变 529
革——形而上学为批判哲学所取代，认识论成为主要的哲学科学。至于这一逻辑派别如何从观念论中演化出来前面已经说过了。

佛教徒关于外部世界真实性的思考使他们钻入了牛角尖。这一问题本身已被发现并不重要。重要的是逻辑，而无论我们假设或者否认外部世界的实在性，逻辑都仍然没有改变。这一有趣的结果是通过调合早期的极端多元论和后期的一元论而实现的。一元论者发展成为观念论的派别。瑜伽行派从中观派中诞生。说一

---

① 同前注，第 26 颂。

② 《解深密经》和无著的观念论学说中，诸法的遍计执、依他起、圆成实三重性质划分是主要特点。而世亲的观念论中这一划分和无限可分性而来的论据是同样重要的。从陈那的阐释看，他略去了三重划分以及那个心理部分(dharmaḥ，作为精神现象的"法")的第 12 处。顺便说一句，在世亲的著作中用同一个词来翻译随处可见的dharma(法)是很别扭的，因为他自己在《解释道理论》(Vyākhyā-yukti)中也特别用心强调这个术语可能有完全不同的意义。参见 E. 奥登堡译的《布通佛教史》第 18 页。

切有部，多元论者发展成了经量部的批判派别。后者显然最先假设了外在现象之后的物自体的实在性。

这些逻辑家们调合并建立了混合的经量—瑜伽部。

§10. 欧洲的类似理论

未来的比较哲学史家们一定会注意到无穷分割在论证中的重大意义。无论在欧洲还是印度，它都是唯心主义（观念论）的重要武器。它及另外几个二律背反使康德犹豫不定，使其在《纯粹理性批判》的后半部分更倾向于唯心主义。世亲[1]与陈那[2]都采用它作为主要论据以说明自己特有的观念论。爱尼亚学派在证明其一元论时，它也同样成为了重要的论证手段；康德[3]与黑格尔[4]所赞许的芝诺的论证，主要也基于分割的矛盾性。连洛克与休谟也受其诱惑而在某种程度倾向于唯心主义。洛克说：[5]"任何有限广延的无限分割都给我们造成这样的结果……较之任何非物质的认知实
530 体的观念，前者造成更大的困难，更明显的荒谬。"休谟也持相同的观点，他说[6]："除了无穷分割的理论及其后果，再没有什么东西比这种有意构想出来以驯服、慑服反叛的人类理性的宗教教条更使

① 《唯识二十论》第 11 颂。

② 《观所缘缘论》第 1 颂。

③ 《纯粹理性批判》第 409 页（第一版，第 502 页）。

④ 《逻辑论文集》2.191。

⑤ 《文集》II.23. §31。

⑥ 《论休谟》第 12 节，第 2 部分。

人的常识震惊的了。"黑格尔非常重视这种二律背反,[①]他抨击了康德的解决方式,提出了"辩证的"答案。他说,"连续性与间断性是二者不可或缺的,它们的统一便是真理(truth)。"不过,康德仅仅坚持说无限分割并不适合外部的真实——自在的对象。纯数学中无穷分割本身是通行无碍的。既然黑格尔取消了外在世界,他就不应该反对先验的无穷分割的观念性。但如果辩证的解决方式也用来说明外在对象,那它便与耆那教的看法很相似了,后者就认为同一极微同时既是广延又是非广延的,是具有两重特性的。[②]"这简直是傻瓜的荒谬见解!"寂护感叹道。[③]

按照佛教的辩证法,连续性是分离性的否定,极微则是对广延体的否定。既然外在事物既非单一又非复合,则意味着这种对立面的统一并非"它们的真相";意味着外在事物不能同时既为单一又为复合。外在的事物如果批判地予以思考,便被证明为"空中莲花"。[④] 黑格尔[⑤]与法称对观念论证明的依据是一致的,这便是对某种意识之内的对象的设定。[⑥]

下面的讨论会中,我们试图将某些欧洲哲学家对外部实在的看法同印度人的观点比较。不过,就此问题言,更应注意的是康德

① 《论休谟》第12节,第2部分,《文集》I. 193。

② TSP.,p. 554. 1 以下;另见 p. 557. 21;关于空间无限可分割的耆那教的不定说法,参见单子论者的论据,在《纯粹理性批判》第357页(第一版,第440页)。

③ TS.,p. 554. 10.

④ TSP.,p. 550. 17.

⑤ 同前注,《文集》II. 441。

⑥ TSP.,p. 559. 8 以下,从论证的两个理由看,似乎陈那更强调前一个论据(artha-ayogāt,境不相应);而法称则更强调能取所取不相应(grāhya-grāhaka-vaidhuryāt)的论据。

531 与陈那各自的立场。众所周知,康德对此的立场并不总是明确的。[①] 批判他的物自体的人说,物自体既非实在,亦非原因,因为因果性与实在性都是知性的构造物。我认为,这种指责是没有说服力的。因果性与实在性将我们联系到具有广延与持续的事物,而非终极实在之点。[②] 看看法称的范畴表,立刻就明白了因果性范畴的地位。[③] 它属于关系的逻辑,一致性的逻辑,大前提的逻辑。物自体则属于实在的逻辑,感觉判断或小前提的逻辑。它是五类范畴(实体、属性、运动、类名、专名)的共同主体。[④] 康德的过失恐怕主要在于他并未充分强调一致性的以及实在性的逻辑关系的差别,具有一个概念的判断和具有两个概念的判断的差别。[⑤] 他的因果性范畴由假言判断推演而来,这点与陈那法称的做法是

① 参见文德尔班,"康德哲学从自在之物开始的几个阶段",载《哲学季刊》1877 第 244 页以下。

② 亚里士多德认为,可感知的个别者(Hoc Aliquid,仅此者)被宣布为最终极的主词,所有一切共相都是依附于它的限定词或伴随者。如果这一条件不满足,那么未被附属的共相便不可以跻身于完全的实在者之列(Grote,《亚里士多德》附录 1)。尽管这个 Hoc Aliquid 被亚里士多德作为第一本质列入其范畴表,但正确地说,它并非范畴,而是非范畴,非谓词。它始终是主体,是纯粹主体,纯事物,是一切谓词的主词。谓词永远是一共相。实在性,因果性,物性都是谓词,都如同瓶性一样,并非终极的实在之点,并非作为共相基础的终极因。

③ 参见本书前面第 254 页。

④ 我们可以作"这是实在性,""这是因果性","这是实体性"的判断。实在性,因果性,实体性都可以作为谓词,因而都是范畴;但是"此(这)"的成分并非谓词,它是主词,是真资格的一切称述的领有者。一个主词并不是范畴,它意味着绝不会变成谓词。即令我们杜撰出"此性"的概念,那个别者"此(这)"与共相"此性"的差别仍然存在着。

⑤ 这种他偶然想起的差别,我们可以依据他在批判的解决这部分的考虑(关于二律背反的第 7 节)而看到。其中,它区分了两个概念间的联系"绝不受时间限制"的大前提的逻辑(《纯粹理性批判》第 407 页)与现象依据自身而同事物联系的小前提的逻辑。

一致的。但物自体并不是一种关系,不可以来自假言判断,它仅仅是感觉判断的主词。[①] 物自体等于说自在因(a cause-in-itself)。[②] 532
而我们知道,实在性的概念是能动的。

在先验的辩证论中,康德的立场更加摇摆不定。他的全部论证都倾向于绝对的唯心主义,[③]尽管他并不打算与贝克莱搅到一块并且坚持他在分析论阶段所证明了的物自体。无限性(无限可分)的辩证性质破坏并摧毁了人类对外部世界实在性的自然信仰。既然这种情况仿佛只是重复印度曾出现过的思想,便有必要就此问题将康德与陈那的相互立场作一界定。它可以总结为下列五点。康德这样说:

1)解决宇宙论之辩证性质的关键在于此事实:所有的(外部的)"对象仅仅是表象而已;作为广延的存在物和变化的系列,它们并不具有我们思想之外的独立存在性。"[④]

2)但是,(外部对象)并非梦幻,而仅仅是并不具有相应的外部实在性的表象,它们与梦幻毕竟有区别。贝克莱的"经验论唯心主义"认为它们属于梦幻,而"先验论"唯心主义却认它们为真实的。姑且不论在别的场合,"先验论的"一词作何解释,在这里[⑤],它的意义是"非梦幻"同时也是非外在的。依据这种观点,我们有两种表象系列,并无实在性的梦中的表象与事实上的,但又没有相应的符合的外部实在的表象。(原文如此!)

3)"甚至连作为意识的对象的我们心智的内在感性直观",也即自我

① 这是 Fr. Paulsen 的看法,即是说,康德的眼中有两种因果性,参见 Paulsen 的《康德》第 157 页。

② yā bhūtiḥ saiva kriyā.

③ 参见 E. Caird 的前所引书(II. 136)——"在其批判之初,物自体仿佛是在我们感性中生出影响的对象,而在批判的末尾,它却是头脑所需要的本体,因为它在经验之中找不到任何与它自己相称的对象。"即是说,开头是事物,末尾则成了观念。

④ 《纯粹理性批判》第 400 页。

⑤ 同前注,第 401 页(第一版,第 491 页)。

(Ego),都不是真实的自我,因为“它也在时间的制约下”。①

4)如果被认知对象及具有认识能力的自我都并不是自身实在的,便似
533 乎可得出结论:那联结此两非实在体的过程(认识过程)也不是真实的。但这并非康德的陈述。显然地,“观念论”一词应该包含着观念具有主体、客体及认识过程的意义。这便是印度人的“三重外壳(tri-puṭī)”。

5)但是我们“必然有某种东西,它相应于作为某种领受性的感性能力”。②它是先验的对象,即是自在之物。“我们可以将自己可能的一切感性认识的全部范围及联系归属于这个先验对象,并且可以说它是在一切经验之前被给予的。”……“但除非它们可以在经验的回顾系列中被理解,否则对我说来它便是无,从而也就不是对象。”③

对这五点,陈那与法称可能会作如下答复:

1)外部物质对象只是某种观念。一旦认为它是无限可分的,只要你确实这么看,它便成了数学上的对象,亦即观念。

2)何以一组表象会是表象而又真实,另一组则是表象而非真实呢?表象只是表象,在醒着的状态中,它们与实在直接联系;在梦中或别的错觉中,④它与实在间接联系。

3—4)这一实在是纯感知的点刹那。⑤ 由知性的作用而裹上了三重外壳(tri-puṭī),即能知、所知及认识活动三者。这三者并未显示对立的实在形式,而仅仅是针对同一个实在的形成对照的态度(contrasting attitude)。⑥

---

①②③ 《纯粹理性批判》第 401 页。

④ 康德说(《纯粹理性批判》第 781 页):“在梦中和疯狂状态下,一个表象也许仅仅是想象能力的结果”;但它只有通过复制从前的外部认知才能成为这样的结果。参见本书前面第 522 页法称的看法。

⑤ 如果没有这种将间接的实在性赋予所有世俗存在(saṃvṛti,世俗有)的感觉,实在论者的讥诮评论便是对的,他们说:“你们的优秀的逻辑讲,一切事物毫无例外(bhūtāny-eva)地都是不存在的。”见 TSP.,p.550.21。

⑥ 这就是陈那对“所有哲学的圆满起点”的问题的解答。它仅仅是“某种东西。”它可与笛卡儿的“我思故我在”相比较,后者包含了一个真的主体和一个真的对象。汉斯·德里希(Driesch)的表述方式“我从意识上得到了它”(亦即,我未把捉而得到了它)——它暗含着某一“界”的实在性——是相应于说一切有部的观点的。它的确意味着“我在意识上得到了一切。”

5)最终的实在(即纯感知)是唯一摆脱一切辩证的思想造作的。它是主客体(能所)分裂的基础,是一切逻辑立足之处。实在论者与观念论者都同样可以接受这种逻辑,虽然观念论者否认外部的物自体而实在论者承认它。对于观念论者,主客体(能所)关系是知性所设想的分别差异;而实在论者一开始就认为主客体(能所)双方是既定的“被给予的”。 534

陈那如果要指责康德,多半会说他并未见到观念论与实在论的双重可能性。① 我们可以承认自在之物,并且停留于这一思想水平上,无需考虑它最终是否分裂为主体和客体两方。但我们也可以考虑它是分裂为二而存在于另一层次上②。这并不会有什么矛盾。如果我们谈论外部对象时,始终记住它仅仅意味着现象③,

① 依据文德尔班(见前所引他的书)康德对外部自在之物的否定(他称作他学说的第三阶段)是他最大的功绩。(德文)“在思想中,想象之外无物存在,——这是科学为之苦恼的——是康德对人类所作的最伟大的贡献。”另一方面,对物自体的假设(他称之为第二阶段)则是无意义的不必要的,(德文)“一个完全无意义的,无用的,因而也是混乱的神经错乱的胡思乱想。”因而康德想方设法要给人类一个神圣礼物和一种无意义的烦恼——在同一部书中,对待同一个问题!文德尔班指控康德的赤裸裸的矛盾,但他自己并未避免矛盾!

② 某种程度上,陈那的立场很像一些现代哲学家——他们同时将形而上学与实在论结合起来,事实上,正是由于主客体分别的“困难”——无限性引起的困难只是它的一部分——才诱使 Nicolai Hartmann 以形而上学来补充康德学说。这两个证据(即:grāhya-grāhaka-vaidhurya〈能取所取不相应〉和 artha-ayoga〈境不相应〉,参见 TSP.,p. 559. 8)也是陈那以某种形而上的唯心观念论来补充实在论逻辑的理由。

③ 在《对观念论的驳斥》中(《纯粹理性批判》第 778 页以下)康德证明说,我们的意识是关于事物的意识并因此而证明了我之外的空间中某事物的存在;换言之,没有无客体的主体。同样的理由也被黑格尔用来证明主体与客体的同一,而印度人同样也主张主客观的二分(能取所取分别 grāhya-grāhaka-kalpanā)是辩证的。“表象的原因”,康德说,“被我们(也许这是错误的)归属为外部的事物。但它们也许就在我们的内部”(同前引书,第 780 页),这也是印度人的观点。我们已经看见了,印度的观念论者以一种生起性的想象(vikalpa-bhāvanā 分别假想)的内在的力去取代了实在论的经验(anubhava-bhāranā,领纳想象)的力。

那么连说法都不必改变。

535 这也就是施瓦特的看法。[①] 他认为那直接“被给予的”只是“表象的呈现”，[②]印度人认为是纯感知（pure sensation）。至于它们与外部世界的联系则是下一步的事。主观唯心主义者坚持这一步的必要性，但对他们，这意味着，任何认识都必然联系到某种被假想为外在于我们的对象。通过这种假想的活动，我们不过进入了想象的“第二阶段”，[③]而非进入外部世界。[④]

这种客观化过程是心理上的需要，[⑤]但在逻辑上根本不必设想我们的表象世界之外有实在的外部世界。所以陈那认为这里并无矛盾。[⑥]

从印度的观点看，康德的摇摆不定表现在两种同样可能的理论之间。他被自己的思考引向不同的两个世界，但他尚未意识两者在逻辑上都是可能的。施瓦特首先揭示了这一双重可能性。

他正确指出，[⑦]仅仅出于心理上的需要我们才从某种感觉的

---

① 施瓦特，《逻辑学》I. 408。

② Vorstellug（想象）。

③ 同前施瓦特书，“ein zweltes Stadium des Vorstellens”（想象之第二阶段）。

④ 施瓦特，《逻辑学》I. 408——“我们所认为的实在，只是一种现象的实在，而不是一种独立于我们的物的实在。”

⑤ 同前书，I. 409. 参见 NBT. 第 60 页上法上对以语词同它的原因的关系为例说明的不同类型的关系的有趣看法。一个语词与其意愿（abhiprāya 悕求）之间的关系，被称作因果性的及实在的或心理上的（vāstava，实在的）；一个词语与其对象的关系被称为因果性的和构造的，即逻辑的（kalpita，分别妄计的）；一个语词和一个概念（pratīti，观念活动）的关系被称作逻辑性的（kalpita）和同一性的（svabhāva-hetutvam，自性因）关系。

⑥ 《观所缘缘论》第 8 页。

⑦ 《逻辑学》（I. 409）——（德文）“这样一种（对外部世界的）心理必需并无对应的逻辑必然”。

直接证据去推知外部世界中有其原因。这在逻辑上并无必然性。从心理学角度着眼，感觉仅为一刹那，产生这种刺激的事物是此前的另一刹那。那之后的刹那，即外感官的感觉之后，是内感官的注意或感知。[1] 它是某种概念性感知。而最后才出现了概念性的表
象刹那。[2] 所知对象与认知活动（所量与量）的关系是因果性的[3] 536
间接性的。但从逻辑上看，它是同一性的关系。[4]“同一个认识活动”，法上问道，“如何可以既包含那被确定的部分又包含对它的确定呢？”[5]假定同一单元中既有原因又有它的结果不是自相矛盾吗？[6] 他答道：“由于否定，这完全可能！”事实上一块蓝色所生的纯感知借助于对非蓝的排斥，才获得明确性。[7] 即是说，知性通过与非蓝对照比较后，而将不确定的感知解释为蓝之确定的表象。同一事物因被不同方式看待，就变得仿佛成了不同的东西。这种客观性是建立在因果性加同一性之上的。[8] 因而只有纯感觉才是直接而不容置疑的认识活动，它包含着每一事物。它是内容最为丰富的而又是思想最贫乏的。思想借助否定而使它具确定性。否定是思想的本质。确定性，知性，符合性（conformity），形式化（formity），否定，对立面的排斥，表象，概念，分别（二分），如此等

① mano-vijñāna（意识，第六意识）＝mānasa-pratyakṣa（意现量）。

② 参见本书前面第 309 页以下，附录 III。

③ tad-utpatti，参见 NBT.，p. 40. 7——prameya-kāryam hi pramāṇam。

④ sārūya＝tādrūpya（同形的）＝tādātmya（同性的）。

⑤ NBT.，p. 15. 22——vyavasthāpya-vyavasthāpana-bhāvo ' pi katham ekasya jñānasya?

⑥ 同前书，p. 15. 19——yena ekasmin vastuni virodhaḥ syāt。

⑦ 同前书，p. 16. 3。

⑧ tadutpatti-tatsārūpyābhyām viṣayatā（从彼生与彼相似的依存性）。

等都是同一个纯感觉的不同发展方式。通过对自在之物的思想解释，它展示开来，如同非自在的，如同“他在的”(in the other)。

这一部分佛教哲学我们在欧洲，在黑格尔而不是康德那里也可以看得到。

§11. 印度—欧洲关于外部世界实在性的讨论会

a)对话一　题目：一元论

吠檀多甲：起初真实是无。①

吠檀多乙：起初真实非有非无。②

537 吠檀多丙：起初真实只是有，是唯一不二者。③ 它是梵。

吠檀多丁：梵与我同一。此即是汝。④

巴门尼德：没有无(Nought)。⑤ 宇宙是一。它是不动的。

德谟克利特：不动者即是无。它是空洞的空间。其中充满了运动的原子。⑥

---

① 《歌者奥义》III. 19. 1。

② 《梨俱吠陀》10. 129. 1。

③ 《歌者奥义》VI. 2, 1—2。

④ tat tvam asi.

⑤ οὐχ ἔστι μὴεἶναι.

⑥ μὴ μᾶλλόν τό δέν ἤ τὸ μηδέν. 参见 H. 科亨《逻辑学》第 70 页。μή, ὄν 显然 = tadanya + tadviruddha(余与彼相违) = paryadāsa(不受约束) = parihāra(回转，运动)。

佛教徒：存在一个空洞的空间。其中包含有无限多无常的诸法；当一切无常法（元素）归于寂灭时，有零无（涅槃）的状态存在。

龙树：一切无常诸法相待且空。零无，或大空[1]（mahā-sūnyatā 丘）是唯一真实性，是如来法身（宇宙之身的佛陀）。

斯宾诺莎：只有唯一的实体，它便是（宇宙之身的）上帝。

陈那：最高智（般若智）是唯一不二的。[2] 此统一性即是如来智身（精神之身的佛陀）。

法称：意识之本质是不可分的。[3] 能取所取差别（主客体的二分）是误执分别。二取分别于如来智身中消失。

瑜伽行派佛教：唯佛陀知见离二取分别。除佛知见，一切知识皆为错觉，由有二取分别故。[4]

b)对话二　题目：二元论与多元论

数论：永恒的初始原理是二非一，即精神与物质（神我和自性）。二者都是恒常的。精神恒常不动，物质恒常变易。二者之间
不可能相互作用。但其中之一的变易却被反映或被照显于另一 538
的不变动的光之中。自性内部，有六根及相应的六种对象物质在衍化。因而有两种外部实在，一种属于相对于精神（神我）的

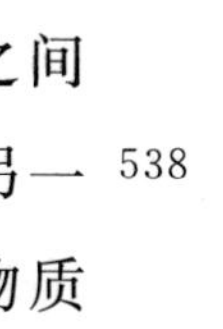

---

① mahā-śūnyatā（大空）= sarva-dharmāṇām paraspara-apekṣatā（一切诸法，展转相待）。

② prajñā-pāramitā jñānam advyam，sa Tathāgataḥ（参见笔者为《现观庄严论》译本写的导言）。

③ avibhāgo hi buddhyātmā，经常被引用的法称的颂，参见 SDS. 第 32 页。

④ sarvam ālambane bhrāntam muktvā Tathāgata-jñānam，iti yogācāra-matena，参见 NBTT ipp.，第 19 页。

物质;另一则则属于相对于物质(自性)的神我。并无任何神存在。

笛卡儿:对!只有两种实体,外在的与心灵的。不过两者都是变动的。上帝作为两个实体的创造者与运动支配者而存在。

(小乘)佛教:既无神,也无自我;既无精神性的,也无物质性的恒常实体。只有无常生灭的诸元素(诸法),以及相依缘起的法则,诸法藉它而有蕴集。与数论相同,有六根的感觉功能以及相应的对象境界(六境)。故有两种外在性,一是诸法相互为外;二是六境对六根为外。

数论:诸元素是超极微的单元(guṇas"德"),彼无意识且永恒变易。

赫拉克利特:这些元素按一种不断变化的规律燃烧和熄灭。

德谟克利特:这些元素是(精神性的)实在。

马赫:这些元素不过是感觉。自我与物质都是纯粹的神话。如果哲学不再对自我的真实性发生兴趣,那么除了感觉之间的在作用上相互依赖的因果律之外便没有什么可以解释整体(the whole)的联系。

J. S. 穆勒:所谓实体不过是感觉的永恒的可能性。而被当作实体的物质和心灵仅仅是由我们感觉的顺序性产生的。现象并不是依存于实体的,而是依存于永恒的(相依生成)律令的。

龙树:只有相依缘起是无始无终无变易的。它是绝对者。它是涅槃,是永恒的(sub specie aeternitatis)世界。[①]

① 参见拙著《涅槃》第48页以下。

c)对话三　题目:朴素实在论的逻辑与批判的逻辑 539

陈那:不过,永恒的(sub specie aeternitatis)世界只有通过神秘的直观[1]才能认识。它不是逻辑可以成立的。

月称:只有取消逻辑才可以建立永恒的(涅槃)境界![2] 既然一切逻辑概念都是相待的非真实的,那就必然存在一个无待的(非相对的)绝对真实。这便是空。空是如来法身。

陈那:逻辑当中"我们只是依据能量(知识来源)和所量(相应对象)对生活中发生的东西加以正理的描述!"[3]逻辑当中不妨承认外部世界的实在性。

月称:如果逻辑并不导向绝对真实,又有什么意义呢?[4]

陈那:实在论者将逻辑弄得一塌糊涂,他们的定义漏洞百出,我们只好加以纠正了。[5]

实在论者:我们所知的外部世界是有真正的实在性依据的。如同灯旁边的对象为灯光所显照,外部对象亦为纯的意识之光显照。(知识当中)不存在表象及内省。自明性(自我觉察性)是比量性质的。[6]

瑜伽行派佛教:存在着表象。存在着内省(自证分)。"如果我们竟不能意识到见了蓝色,则我们绝不能认识它。世界将会是一片

① yogi-pratyakṣa(瑜伽现量),参见《涅架》第16页以下。
② 同上注书,第135页以下。
③ 同上注书,第140页以下。
④⑤ 同上注。
⑥ 参见本书(原书。——译者)第二卷第352页以下。

漆黑，它什么也不会被认识。”因而根本没有外部的对象，为什么我们要将知识的客观方面弄成双重的呢？

实在论者：不过我们感性认识（现量）的连续变易[①]，只有依靠经验
540 的力量才能产生。它们随外部世界的变化而变化！[②]

佛教：为了说明这种变化，你必须承认某种生命的力（业的熏习力）。它或者是生起性想象的力量，[③]或者是经验的力量，[④]或者是幻觉的力量。[⑤] 如果假设是幻觉的力量，则外部世界纯系梦幻泡影，绝无一点真实性；如果你采用第二种力量，便有多余的二重真实性；如果你采用了生起性的想象力，便有了现象真实性相伴随的先验的观念性。[⑥]

实在论者：“你们的理论就像买东西不付款[⑦]！”事实上虽然这外部世界仅由点组成，虽然它由于想象力而获得形形色色的可感知性，但它在交换中并未给出什么，因为它是由无形色的点组成的！如果感性与知性性质完全不同，纯感知如何可以为纯知性概念所理解呢？“因为看来似乎没有人会说像因果性等可由感官而认识的吧？”[⑧]

康德：必然存在着某种一方面与范畴；另一方面与具体地被给予的

---

① kadācitkatva.

② 参见本书（原书。——译者）第二卷第 369 页和 NK.，p. 259. 11。

③ vikalpa-vāsanā＝vikalpasya sāmarthyam（分别力）。

④ anubhava-vāsanā（觉受习气）。

⑤ avidyā-vāsanā＝māyā（幻）（无明习气）。

⑥ 参见本书（原书。——译者）第二卷第 360 页以下，实在论者与瑜伽行派观念论者的详细争辩。

⑦ amūlya-dāna-kraya，参见 Tātp.，p. 269. 9。

⑧ 《纯粹理性批判》第 113 页；其中这句几乎每个字都与 NBT.，p. 69. 11 相吻合 na niṣpanne kārye kaścij janya-janak-bhāvo ñama dṛṣṭo’sti。

对象相同的东西。

法称：这种中介物便是概念性质的感觉，我们假定了在第一刹那的纯感觉之后，有依赖内感官的概念性的感知刹那，它即是纯感觉与抽象概念的中介物。[①] 此外，纯感觉与概念之间还有某种相符(conformity＝sārūpya)或者叫做配合的[②](作用机制)。

实在论者：这相符和配合是什么东西呢？

世亲：它是这样的事实，由于它，认识活动——尽管它也生于感官——但据说它认知的是对象而不是感官。[③] 认识活动的诸因缘中，对象是最重要的了。

法称：相符或配合是“绝对不同者之间的相似”。[④] 事实上所有事物作为统一体都是彼此绝不相同的自在之物。但我们在某种 541
程度上却忽略其绝对的不相似性(自在性)，使之成为相同的。这种相同藉否定而达到。所以一切表象都是共相而一切共相又都是相互否定的。否定性是知性的本质。唯有感性才是肯定的。[⑤]

黑格尔：我们的辩证法认为否定性同样是与主观世界一致的客观世界的本质。

法称：我们必定有某种与概念的否定性相对照的肯定。

赫尔巴特：只有纯感觉是肯定。它是绝对的断定。

---

① 参见本书(原书。——译者)第二卷附录Ⅲ中有关意现量部分。

② NK.，p. 258. 18——tatsārūpya-tadupattibhyām viṣayalvam.

③ 参见本书(原书。——译者)第二卷第 347 页。

④ atyaata-vilakṣaṇānām sālakṣaṇyaṃ，见 Tātp.，第 339 页。

⑤ pratyakṣam＝vidhi-svarūpam.

陈那:我们的逻辑目标就是使否定或承认外部世界的人都同样接受逻辑。没有人否认存在着两种被认识了的本质——个别与一般(自相与共相)。个别似乎总在外部世界中,而一般总在我们头脑中。

贝克莱:并不存在真实的一般或者抽象的观念。

陈那:根本不存在个别观念。观念总是一般而抽象的。个别的表象是称述中的自我矛盾(contradictio in abjecto)。个别只于外部世界中存在。除纯感知外,头脑中仅有共相一般。

贝克莱:可是,存在即是被感知(esse est: percepi),除了被感知的东西,没有外部世界。

陈那:存在意味着效能。

康德:丢脸的是:现代哲学尚未成功地使人确信无疑地证明外部世界的实在性!如果没有自在之物,那么那呈现于我们的现象就成为了这样的东西——这些东西被“给予”了我们的感官,它们被知性依据其范畴所“认知”,亦即被构造出来。

寂护:是的!纯感知当然是非构造的,但它刺激我们的知性产生事物(一般)的表象的点刹那!

法上:这不是大奇迹么!感官清晰而生动地描述那对象,但它却未懂得任何确定的东西。理智的理解是确定的,可它又是不清晰的、模糊的、昏昧的、一般的;它构造的只能是共相一般。但这种奇迹不难理解,知性只是想象力而已!

542 **d)对话四　题目:物自体**

F. H. 雅各比等人:设若自在之物真存在,它并不能作用于我们的感官,因为因果性作为主观范畴只能存在于现象间[①]而不是事物之间。

耆那教徒:的确如此!一个严格的自在之物,与整个世界的任何其他东西没有任何共同处的事物是非存在物(non entity),是空中莲花!如果你希望将事物与非存在物区别开,就必须承认"物性(thingness)"是真实的范畴,如同因果性与实体性(substantiality)的真实性一样。[②]

法上:物性,因果性与实体性当然都是知性的一般范畴。它们是一般的、辩证的。但是,单一的纯感知既非一般,亦非想象的,亦非辩证的。对一般性有一极限,一般性由它而构成的。因果性自身并非可感的事实,[③]而是可感事实的诠释。但自在之物却是原因,实在有效能之点,能动的真实,统一体,严格在自身中的,非他在的(in the other)或在对立者中的(in the opposite)。诸如终极个别,终极原因,终极实在,真实,真实的单元,自在之物,无广延持续之物等等,都是同义词。但这并不等于说,因果性、真实性、物性、统一性等就不是一般的名词,不是依据这种观点可将相同事物归属于其中的不同范畴。除瞬时生灭的自在之物外再无别的真正的直接实在。只有对此实在的认识是纯的肯定。它不是辩证的否定的。它是直接的肯定的。因而,对于知性而言,因果性与实在性是概念和范畴的事实就丝毫不妨碍自

① F. H. 雅各比《著作集》II. 第301集。

② TS., 1713颂——tasmāt kha-puṣpa-tulyatvam icchatas tasya vastunaḥ, vastutvam nāma sāmānyam eṣṭavyam, tat-samānatā。

③ na kaścid janya-janaka-bhāvo nāma dṛṣṭo'sti, NBT., p. 69. 12.

在之物是被纯感知认知的实在这一事实。

黑格尔：你们的自在之物是幻影[①]！虚无[②]！是一切认识之外的绝
543 对。[③] 这样一来，认识就成为自相矛盾的了，成为一个绝对未被认识的实在的认识。[④]

德谟克利特[⑤]：这种自在之物并不是幻影，它只是潜在地规定整个现象实在的物质原子。

伊壁鸠鲁：自在之物（αρχή）是带有空间与运动的物质原子。

卢克莱修：我们必须承认某种始基和种子，这就是物质性的坚实种子。

黑格尔：这种始基既不是原子，也不是"超越的绝对（absolute beyond）"而是包含于认识的观念中的，诚然，每一认识的观念本身就要求对象的独立存在（existing by itself），但既然认识的概念离开对象便无法理解，则对象并不能在认识之外存在。"因为认识活动肯定了它自身，也就肯定了它的对象的对立否认是无意义的[⑥]。"从而那作为某种超出于认识之外的，与它相对立的

① "Gespenst"，见《逻辑论文集》II. 第 441 页。

② 同上书，第 440 页，"der formale Begriff... ist ein Subjectives gegen jene leere Dingheit-an-sich"（形式概念是那个空洞自在之物的主词）。

③ 同上书——"ein absolutes Jenseits für das Erkennen"（对认识说来的绝对境地）。

④ 同上书——"ein Erkennen dessen was ist, welches zugleich das Ding-an-sich nicht erkennt"（未被认知的自在物的认识）。

⑤ 我们将德谟克利特视为唯物论和以机械论解释世界的先驱者。W. Kinkel（《历史》第一卷，第 215 页）的看法实在是罕见的，他认为德氏"结果成为唯理论的唯心主义者。"

⑥ 同前注——"das Object ist daher zwar von der Idee des Erkennens als an sich seiend vorausgesetzt, aber wesentlich in dem verhältniss, dass sie ihrer selbst und der Nichtigkeit dieses Gegensatzes gewiss, zu Realisierung ihres Begriffes in ihm komme。"（意义见正文）

东西的自在之物便消失了。而认识的主体与客体结合起来，因为依据总的规则：任何一个确定的事物都不是自在之物，而是他在的(in the other)或在对立者中(in the opposite)的东西。

法上：诚然，一事物成为确定，只有在它相对于或包含于其他事物时，而它一旦成为确定的。与此相应，也就是普遍的模糊的。生动清晰的只是具体的个别，是自在之物。

法称：首先，说自在之物意味着对某种绝对未被认知的东西的认识并不正确。其次，说对象与关于此对象的认识关系是包含的(遍充的)或者同一的关系也是错的。事实上，如果自在之物竟然意味某种绝对不可认识的东西，那我们甚至就根本无法猜测其存在。它不为我们知性认知，不被“理解”，而只是在纯感觉中被认识。它是被清晰地、生动地、直接地认识的。对它的认识是瞬时性的。我们称之为“不可言说”。但同时它又并非完全不可言说 544
的，我们不也称之为“那物(the thing)”“自在者(in itself)”，原因，点刹那，效能，纯对象，纯有，实在，终极实在，纯的肯定，等等么。另一方面，知性意味着间接的认知，判断，推理，想象，分析，一般性，模糊性，否定性，辩证性。生起性的想象力，只能设想一般的和辩证的东西。而感官认知真实者，而真实者只能是个别者。

法上：逻辑上，对象与认识主体的关系并非同一的。将一切关系转换为“别它性”，然后宣布对立面是同一性的做法不对。认识与认识对象是因果关系[①]。对象与认识是从因果上相互联系的两

① NBT., p. 40. 5—7——pramāṇa-sattayā prameya-sattā sidhyati... prameya-kāryam hri pramāṇam；英译本，第 108 页。

事实。

e)对话五　题目:辩证论

黑格尔:主体与客体,内在与外在的关系一开始好像是两个实在体(realities)之间的因果的关系[①]。但如将二者视为一有机的整体,则根本不存在什么因果性[②]。果中所有的东西无不先存于因中[③],而因中真实的东西无不转化到果中[④]。但尽管它们相互同一,因果二者之间又是矛盾的。正是由于事物自身含有矛盾,变化与运动才有可能[⑤]。运动是矛盾的实在性[⑥]。

莲花戒:我们必须区分因果性与矛盾性,前者是实在性方面的,后者则是逻辑的。普通人由无明所障,实际上将因果与矛盾看成
545 一回事[⑦]。但智者必须懂得矛盾和单纯的别他性的区别,别他性与必然相依性之间的区别,因果关系及共存性或同一性的区别。他们必须了解法称大师的关系学说。

E. V. 哈特曼(对黑格尔说):你的辩证法简直是一派胡言[⑧]!

---

① 《精神现象学》第 238 页(论述心灵和肉体因果性的部分)。

② 同前书,第 291 页,(德文)"由于作为有机生命体的连续体分成了两者,它们之间的因果关系也就消失了。"

③ 《哲学科学百科全书》第 151 页,(德文)"它是原因中绝不会不存在的结果之内容;而同一性正是这种绝对内容。"

④ 同前书,第 153 页——(德文)"整个变化是原因的设置,而这种设置仅仅在于它的存在"。

⑤ 《逻辑论文集》II. 第 58 页,(德文)"这里只是矛盾自身中的某物在运动变化。"

⑥ 同前书,第 59 页——(德文)运动便是存在着的矛盾本身。

⑦ 同前书,第 408、427 页。

⑧ (德文)"Eine Krankhafte Geistesverirrung". 见 E. V. 哈特曼《论辩证方法》第 124 页。

法称(对黑格尔说):你的辩证法完全正确!但它仅仅限于知性的,亦即概念构造的领域内!概念是辩证地相互联系起来的。而实在则由相依缘起的因果律而相互联系起来。另外还有一种主客消融结合的最终极之实在,因而,便有假想的(Parikalpita,遍计执)实在,相互依存的(Paratantra,依他起)实在以及最高的(Pariniṣpanna,圆成实)真实。

结　论

上面的分析过程中，我们从不同时代的不同哲学体系的思想家那里，部分或完全地引述了相似的现象和类似的见解。但不能因此而得出错误的结论，认为整个印度哲学体系只是七拼八凑的东西，其中包含了可以随时抽出来与某个著名思想类比的内容。真相实则正好是相反的。

其各部分如此完美地同一个严密的总体框架契合无间的哲学体系中，也许这是唯一可以归结为一个单一并且极单纯的观念体系。这观念说，我们的知识有两个不同的性质的来源——感性和知性。前者直接地反映实在，后者创造作为间接反映实在的概念。纯的感性只是第一刹那的清晰的感觉活动，亦即 x 刹那。随其清晰程度的减弱，理智开始“理解”了。知性活动是判断。判断是 x＝A，其中的 x 是感性；而 A 是知性。推理（比量）或（比量式）三段论式是判断的扩展，即 $x=A+A^1$，x 是小前提的主词，仍代表感觉。$A+A^1$ 的联系是理由与结论的联系，理由是充足理由或称三
546 相因，它分为两种，也只有两种。它是同一性的与因果性的。它们在知性所创造的概念间建立一致关系并表现于大前提中；小前提则表现了与可感的实在之联系。这部分中这种学说不过是对坚持知识来源只有两个的基本思想的发展。而关于知性的辩证特点的

学说则是同一个基本思想的另一特点，因为只存在辩证的与非辩证的两个知识来源。它们与感性和知性的对应是一致的。

外在的个别自相的世界与内在的共相一般的世界，从另一方面看，不过是感性与知性的两个活动范围。个别自相是自在之物，而一般共相则是他在之物。

而最终，当上升至最高哲学层次时，我们又发现感性与知性的区别也是辩证的。本质上它们相互否定，相互排斥，又最后地相互融合于一元论之中。

因而结论便是：同一个知性，其特征可以表述为一种特别的功能，它显示自身于如下活动中：1)判断，2)充足理由，3)同一性与因果性这两个比量(推理)的原则，4)内在的共相世界的构造，5)任一概念中必然包含的分别(二分)和相互否定。所有这五种活动中，知性始终是同一个。它是纯感知的矛盾的对立的部分。所以陈那在其《集量论》开头颂中正确地宣布："量有两种，唯现与比！"

陈那的体系的确是一浑然整体！

547

专用名索引*

1. 梵文(著者、学派、著作)

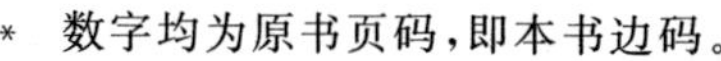

* 数字均为原书页码,即本书边码。

2. 欧洲人(兼及中国、印度、日本近代学者名)

3. 藏文名称

551

逻辑主题索引* 552

* 每一主题中数目字为原书页码,即本书边码。——译者

样性，127；原因力的无限性，129，相依缘起的四种不同意义，134。

因果性(2)

譬喻性的因果关系指一现象必然地依赖在前的现象(kālpanika-kārya-kāraṇa-bhāva，假说因果性)，属于关系范畴，309 以下。

相似相符(sārūpya)

它是 1)无分别现量与概念(savikalpaka，分别的展开，妄想)的关系，或者 2)外部实在之点刹那与构造的(分别的)思想表象(jñāna 智、ākāra 所取相、pratibhāsa 影像、ābhāsa 影像、kalpanā 想分别、vikalpa 分别构想、adhyavasāya 贪著、决智、niścaya 决定)之间的关系，或者 3)自在之物(自相)与他在之物(现象)(sāmānya-lakṣaṇa 共相、anya-vyāvṛtti 剔除异相、apoha 遮遣、否定)之间的关系，213，511，它是"绝对不相同者之间的相似性"(atyanta-vilakṣaṇānām sālakṣaṇyam)，213；这种相似性生自"对差别的忽视"(bheda-agraha 差别不取)，或者生自共同的否定(apoha)，511；实在的表象的这种关系是双重的。它同时是因果性与同一性二者(tadutpatti-tatsārūpyābhyām，从彼而生，与彼相似)。对于实在论者，它在心理过程上是因果关系；而对观念论者，在逻辑上是同一关系；既然感觉与概念将我们引向同样一个境(对象)，与这个刹那的"相似相符"也就是一个"形式化"(sārūpya＝tādrūpya＝tādātmya)，517，另见本书第二卷，343—400)。

553 **矛盾(virodha 相违)**

两概念之间的完全的相互排斥(paraspara-parihāra 展转相除)，403；或者是判断间的排斥，438；矛盾律同时是排中律与否定之否定律，404；"别它"律也依赖矛盾律，409；矛盾律有不同的表述公式，410；它的根源，400；应与逻辑矛盾关系相区别的能动的反对关系，404；它的历史，413；对矛盾律的否认(耆那教徒)，415，503；类似理论，416 以下。

逆否命题陈述(异喻体)

(vyatireka 远离言＝modus tollens 否定后件式)，它与命题陈述或结合言(anvaya＝modus ponens 肯定前件式)是必然联系的，286，302；唯有一种换位有逻辑意义，303；命题与逆否命题的陈述相应于存在与非存在的关系(anvaya-vyatirekau 合离＝bhāva-abhāvau 有非有，NBT.，79.7)；所以异喻体也是矛盾律的一个方面(同前出处)；第二格的三段论，279，303；三支比量

558

附　　录

乌易(Ui)教授依据汉文资料[①],在天台大学最近的一份出版物上说,可以证明因三相理论是数论或自在天派[②](pāśupatas)在世亲之前就采用了的。如我们前面所述[③],真正可以归功于数论的,是被认为属于混合假言推理的否定后件式——五种不离因(avīta-hetus)——的特有证明能力。诚然在这种推理式中,小前提不过是理由的第一相,而大前提相当于第三相(它仅仅是第二相的换质位形式)。实质上,混合假言三段论预先规定了三相的存在。显示出陈那的独创性的是第二相与第三相完全等值。依据这点,陈那表达了针对数论的异议,后者将否定后件式(不离因)看作一种独立的证明方式。参见《正理门论》(英译本第 21 页)。这一意义重大的改动可以从陈那的辩证法中反映出来[④]。混合假言判

---

① 《入中观论》(Madhyāntānusāra-śastra),藏译本未见,据说为龙树与无著(?)合著,由东魏时的瞿昙·般若流支(Gautama Prajñāruci)在 543 年译成汉文。该论提到因三相,但三相秩序是颠倒的——先是第一相,然后才是第三、第二相——这是与不离因有重要关系的结果。(该论可参见《南条文雄目录》No. 1246)另,该论汉译名为《顺中论义入大般若波罗蜜多经初品法门》。

② 图齐,《陈那之前的经典》,第 29 页注。

③ 参见本书前面第 293—294 页。

④ 它很接近斯多噶派修习的三段论式,而不太像亚里士多德的。但斯多噶派并未得出像陈那那样的结论。

断(一般原则的肯定陈述与其逆否命题形式)及因三相也许可归功于数论。但它在陈那整个学说中的认识论意义,在他的逻辑中的地位,并不像正理派始终主张的那样,而是陈那本人所奠定的。而我希望,本书的读者不至于不能了解这点。

图书在版编目(CIP)数据

佛教逻辑/(俄罗斯)舍尔巴茨基著;宋立道,舒晓炜译.—北京:商务印书馆,2017
(汉译世界学术名著丛书:120年纪念版:珍藏本)
ISBN 978-7-100-14606-7

Ⅰ.①佛… Ⅱ.①舍… ②宋… ③舒… Ⅲ.①因明(印度逻辑)—研究 Ⅳ.①B81-093.51

中国版本图书馆CIP数据核字(2017)第153306号

汉译世界学术名著丛书
(120年纪念版·珍藏本)
佛 教 逻 辑
〔俄〕舍尔巴茨基 著
宋立道 舒晓炜 译

商 务 印 书 馆 出 版
(北京王府井大街36号 邮政编码100710)
商 务 印 书 馆 发 行
北 京 冠 中 印 刷 厂 印 刷
ISBN 978-7-100-14606-7

2017年12月第1版 开本710×1000 1/16
2017年12月北京第1次印刷 印张43½
定价:218.00元